北京大學《儒藏》編纂與研究中心　編

《儒藏》精華編選刊

〔清〕翁方綱　撰
吴振清　校點

北京大學出版社
PEKING UNIVERSITY PRESS

圖書在版編目 (CIP) 數據

復初齋文集：全二册 / (清) 翁方綱撰；北京大學《儒藏》編纂與研究中心編. —北京：北京大學出版社，2023.10

(《儒藏》精華編選刊)

ISBN 978-7-301-34503-0

Ⅰ. ①復… Ⅱ. ①翁… ②北… Ⅲ. ①雜著–中國–清代 Ⅳ. ① Z429.49

中國國家版本館 CIP 數據核字 (2023) 第 179607 號

書　　名	復初齋文集 FUCHUZHAI WENJI
著作責任者	〔清〕翁方綱　撰 吴振清　校點 北京大學《儒藏》編纂與研究中心　編
策劃統籌	馬辛民
責任編輯	魏奕元
標準書號	ISBN 978-7-301-34503-0
出版發行	北京大學出版社
地　　址	北京市海淀區成府路 205 號　100871
網　　址	http://www.pup.cn　新浪微博：@北京大學出版社
電子郵箱	編輯部 dj@pup.cn　總編室 zpup@pup.cn
電　　話	郵購部 010-62752015　發行部 010-62750672 編輯部 010-62756449
印 刷 者	三河市北燕印裝有限公司
經 銷 者	新華書店
	650 毫米 ×980 毫米　16 開本　49 印張　517 千字
	2023 年 10 月第 1 版　2023 年 10 月第 1 次印刷
定　　價	196.00 元（全二册）

目録

上册

復初齋文集卷第三……二七

復初齋文集卷第四……四三

復初齋文集卷第六……八三

復初齋文集卷第七……一〇三

復初齋文集卷第八……一二二

復初齋文集卷第九

復初齋文集卷第十

復初齋文集卷第十一

復初齋文集卷第十二……一九七

復初齋文集卷第十三

復初齋文集卷第十四……二三一

復初齋文集卷第十五……二五二

復初齋文集卷第十六……二七二

復初齋文集卷第十七

復初齋文集卷第十八

復初齋文集卷第二十一……三七七

復初齋文集卷第二十四……四三一

復初齋文集卷第二十五……四五一

復初齋文集卷第二十六……四六八

復初齋文集卷第二十七……四八二

復初齋文集卷第二十八……五〇二

復初齋文集卷第二十九……五二一

復初齋文集卷第三十 …… 五三八

復初齋文集卷第三十一 …… 五四八

復初齋文集卷第三十二…………五六八

復初齋文集卷第三十三…………五八六

復初齋文集卷第三十四 …… 六〇四

復初齋文集卷第三十五……六二五

復初齋文集跋……六三五

復初齋集外文卷第一……六三七

復初齋集外文卷第二

復初齋集外文卷第三……六八七

復初齋集外文卷第四……七一〇

校點説明

翁方綱（一七三三——一八一八），字正三，一字忠叙，號覃溪，又號蘇齋、彝齋。清順天大興（今北京）人。乾隆十七年（一七五二）進士，入翰林院，授編修。其後歷典江西、湖北、江南等地鄉試，三任廣東學政，並督學江西、山東。曾任國子監司業，遷洗馬。歷官詹事府少詹事、内閣學士、侍讀學士、文淵閣校理等職，擔任過《四庫全書》纂修官。（主要依據《清史列傳》）

翁方綱才學宏肆，博通金石之學，精於鑒賞考訂。擅長書法，真草篆隸無一不能，與劉墉、梁同書、王文治號稱四大家。他的詩宗法江西派，寫作各體詩六千餘篇，具有「學人之詩」風貌。其一生與文教事業密切相關，選拔和獎掖了衆多人才。《清史列傳》稱其「屢司文柄，英才碩彦，識拔無遺」。他與當時諸多學者交往密切，多有切磋討論。

其學術見解獨樹一幟，主張「博考古今諸家，而一切以勿畔程朱爲職志」。對於漢學、宋學之争，取調和折中的態度，認爲考據和義理不可執一而有所偏廢。批評明代學者疏於考證，提出「事有歧出而後考訂之，説有互難而後考訂之，義有隱僻而後考訂之」。同時又主張「萃漢儒之博贍與宋儒之精微一以貫之」。

翁方綱著述甚富，著有諸經《附記》（包括《易附記》《書附記》《詩附記》等十二種七十四卷）以及《經義攷補正》《兩漢金石記》《粤東金石略》《蘇詩補註》《石洲詩話》《十三經注疏姓氏》《通志堂經解目録》等，以「復初齋」名集者，有《詩集》七十卷，《文集》三十五卷。

晚年困窘，卒後蕭條，作品散失嚴重。其文稿輾轉流傳、收羅抄輯、編印刊刻的經過，於李以烜、劉承幹的兩則跋語中可窺其大略。

李以烜敘述編印《復初齋文集》的經過時説：其父李彦章乃翁方綱弟子，翁氏殁，李彦章謀鈔定遺文，終因宦游四方，僅校勘抄録前十卷而卒，遺命門下士編輯刊印，遂於道光十六年（一八三六）刊刻問世。以烜繼承父志，與魏錫曾通力合作，向丁丙、丁申昆仲借翁方綱文稿，重校原刻，於光緒三年（一八七七）蕆事，據正原刻之訛奪倒衍五百七十餘事，卷三末一篇撤去《中州文獻册跋》，補入《花王閣賸稟序》，對篇目錯亂作了調整。光緒三年印本牌記云「道光丙申開雕，光緒丁丑重校」。光緒四年，又有補正，印本牌記旁有雙行小字識語：「戊寅五月復據手稿補正六十一條。」

《復初齋集外文》四卷，劉承幹嘉業堂刊本。劉氏於民國六年（一九一七）五月所作跋語中記述：劉氏先刊印了繆荃孫鈔出《集外詩》二十四卷，「文定目一百餘篇，未鈔，爲人易去，僅存一目。今得魏氏績語堂鈔本，文止一百二十一篇，分爲四卷」。可知《集外文》乃取資於繆荃孫、魏錫曾從稿本中鈔出未編入《文集》的文章。劉氏之後，學者續行補輯，多未刊印行世。翁氏稿本今仍存，一九七四年由臺北文海出版社影印出版，名爲《復初齋文集》，收入《清代稿本百種彙刊》中。

此次校點，《文集》部分以光緒四年重校本作爲底本，校以道光刻本以及臺北文海出版社影印《復初齋文集》稿本（簡稱「稿本」）。重校本系就原刻挖改而成，增補之字多以小字刻於行間，增補内容較多或存疑處，則於書眉按語中寫明。這次校點，凡文中已改正者則徑視作底本；文中未改而書眉按語指出改動者，則仍將正文視作底本，將書眉按語視作校勘成果加以吸收。集内文章存於稿本者有四分之三，因多用行草書寫，塗乙較多，頗難辨認，此次校勘，力求謹慎從事。《集外文》部分，以嘉業堂刻本爲底本，亦校以稿本。不妥和疏誤之處，敬希專家與讀者指正。

校點者　吴振清

復初齋文集卷第一

大興翁方綱撰

門人侯官李彦章校刊

周易李氏集解校本序

予於治《易》，頗不勸人專言漢學，而獨以李氏《集解》爲足寶。李氏所集三十餘家，自孟喜以下，大抵多漢學也。予篋中細字校本，有謀重鋟梓者，乞一言序之。校本者，東吴惠棟所校也。惠氏又自爲書，題曰「易漢學」，又自爲書曰「易述」。《易述》之書，其藁未竟，今之嗜學者或欲爲惠氏補完之，予曰：「盍慎諸！」慎其補惠書乎？慎其演漢學耳。漢諸家具有師授，奚爲而必慎之？慎其支演也。由漢學以補惠氏書，其必多出於支演者，勢也。然則曷爲獨寶李氏《集解》？李氏《集解》之於漢學也，存什一於千百，以資後學之詳擇焉，則經學之寶也。若以供後人之演説，則經學之蠹而已矣。是在善學者能擇之。故李氏之書其爲益匪細也。然則校本其有裨歟？曰：亦在善學者擇焉耳矣。庀材者，竹頭木屑皆實用也；治羞者，芝栭蔆椇皆嘗腴也。而況漢學之具有師授者哉！然而惠氏有踵增之華，李氏則有質素而無絢飾也。惠氏啟嗜異之漸，李氏則有並存而無偏阿也。豈惟讀者有不能善擇之防，即校者已先有不能闕疑之懼矣。吾正以徒寶而秘藏與弗慎而輕輟言者等其戒焉，乃不闕不慎之爲弊又在徒竇而不開篋者下矣。慎之哉！

讀易偶存序

説經之家，莫詳於《易》。所最宜慎擇者，在漢儒則取象之説、卦氣之説也，在宋儒則先天之圖、卦變之圖也。承朱門遺緒者，如平庵《翫辭》、雲峰《通釋》，極意釐正矣，而於此數大端尚未能釋然也。近日白田王氏顧譏項氏繳繞於文辭，而不及此數端，何哉？

吾里邵厚庵先生著《讀易偶存》十四卷，嗣君楚帆給諫持以示余。讀之帀月，而楚帆屬爲一言。方綱於平庵、雲峰二家，蓋兼取其理前人之緒，而每以節齋訓解之約言爲得體也。然節齋於古今諸家之説尚多所未審定者，則説經之體段，與其持擇之精微固不可同語矣。先生是書有節齋之簡該，兼有平庵、雲峰之剖釋，而其謙言「偶存」之意，猶自歉然其未足焉。然其大者則在於不信卦氣，不信卦變，是則尤後學之所宜深味者。方綱於先生有世學淵源之舊，昔嘗舉邵庵欲問先天之作賦詩記之，今復得誦先生手系諸條，而於嗣君昆季之校讐籤記，兢兢乎篤承庭訓，彌可感也，故書此以復之。

重刻三山林氏尚書解序

林氏《尚書全解》，朱子所稱，而宋槧本不可得。今西川龍君志在補刻舊籍，問序於予，蓋欲補通志堂舊刻也。通志堂本惟闕其第三十四卷《多方》一篇，今於《永樂大典》鈔出，補之爲完書矣。予又告之曰：此書

《洛誥》以後，舊本亡失，通志本是據其孫畊叟淳祐庚戌所補刻，尚有未審正者。應將《立政》篇第三十五卷之八葉第三行末「此篇之言三宅」句至九葉第六行「又一説」三字凡三十五行皆刪去之。予因而進告曰：林氏此書，當與柯山夏氏《詳解》並讀之。欲重刻此書，則夏氏《詳解》可同刊也。抑又推此以例諸經，亦有非必其相輔而足以相備相資者，如《易》則項氏《翫辭》、胡氏《通釋》可同刊也，《詩》則吕氏《讀詩記》、嚴氏《詩緝》可同刊也，《春秋》則程氏《分記》、吴氏《纂言》可同刊也。抑又若《易》之李氏《集解》、李氏《義海撮要》、《春秋》之杜氏《會議》、《禮記》衛氏《集説》，皆當以類相從而同刊之。推此以例其餘，凡義例相資者，皆得使學者並讀之，豈不愈於刻及《春秋類對賦》者乎？

古文尚書條辨序

説經家之彼此互辨也，自穀梁子「鼷鼠」條始也，然未嘗以同異攻守相奪也。以同異攻守相奪，則無若近日治《尚書》者，有閻之《疏證》、毛之《冤詞》矣。近今復有人作一書，名曰「冤冤詞」。冤冤相報，何日了之？吾之説《尚書》也，蓋甚不欲以古、今文涉筆端也，中間疑義待析者，不知凡幾，何暇爲此哉？每與友論之，猶記陽湖孫淵如曰：「先生意蓋信古文耶？」愚笑而不答也。然一日杭州姚忍齋謂愚曰：「吾見閻氏駁古文，輒爲之髮指。」噫，此則人人具有天良，何獨讓姚君爲之髮指哉！吾嘗謂説經宜平心易氣，擇言而出之，和平審慎而道之。彼閻氏若璩者，多嫉激不平語。今見長樂梁子之《條辨》，頗亦多出嫉激語以敵之。然則二者皆嫉激也，皆嫉激則豈非皆過歟？曰：此非梁子之過，而誠閻之過也。何以言之？古文《尚書》，自朱子已疑之，吴才老、吴草廬以下諸家羣起而疑之。愚竊嘗深思覆思，古文諸篇皆聖賢之言，有裨於人國家，有資於學者。且如《大戴記》之有漢昭冠辭，《小戴記》之言魯未嘗弑君，不聞有人焉私撰一書駮《戴記》之非經者，況如六府三事、九功九敍之政要，危微精一之心傳，此而敢妄議之，即其人自外於生成也必矣，自列於小人之尤也審矣。又況其所謂《疏證》者，何「疏證」之有哉？謾罵而已矣。説經者，敬慎之事也，汝則謾罵耶？汝既謾罵矣，何怪夫人之謾罵耶？是其咎不在人之覆酬以謾罵，而實在乎彼謾罵者之自取之。而彼顧不以謾罵自居，而靦顏自題曰「疏證」也。是故吾之説經，不敢以古文、今文一字涉筆也。夫然後得以序吾梁子之《條辨》耳。

古文尚書條辨序二

梁子九山每來吾齋談藝，極虚衷，不以議論鳴於人。今其兄子芷林始以所爲《古文尚書辨》諸條輯鈔來示。予再讀而三歎焉。毛氏《冤詞》可不必有，而此書不可無也。毛氏《冤詞》之書，吾最惡其以程子改《大學》與歐陽之毀《易繫》並論。程、朱皆更定《大學》古本，今用朱子定本，實勝二程子本，非改也，是乃《大學》定本也。豈得與歐陽修毀《繫辭》同語乎？歐陽之誣毀聖人《繫辭》，獲罪大矣，又非僅區區閻若璩之比耳。惟其中太過者，則十六篇之説不可駮也。蓋班氏《藝文志》云得多十六篇，而《史記》云逸書十餘篇，若竟以司馬氏之軍括爲正，❶而班《志》之十六篇爲

❶ 「軍」，疑當作「渾」。

偶沿劉歆歟？不知司馬所云十餘篇者，《史記》偶未詳覈爾。班氏亦未嘗詳覈十六篇者，則當日考校所得，賴此猶足以見孔壁古文篇目多出之實數。特班《志》未言其細目，史家紀事而已，非以考經也。然居今日，猶可因此借以見古籍之舊也。孔疏援馬融謂十六篇絶無師説，亦非疑之之辭，乃正以見古文見者之少，是致惜之語，非外之也。今日讀此經，知有古文篇數之概足矣，其果孰爲真古文，更千萬世，孰能起而復理之？亦更不必於此間再下斷語耳。況説經以紬繹經義爲務，此等處勿庸究心焉，或無害乎？梁子此書如付梓時，願以此意附識於末。

古文尚書條辨序三

客曰：既有諸家争論古文真僞，則豈可不賴善讀者一剖其真邪？

曰：不能也，請舉一事以質之。許祭酒，師賈逵者也，其《説文》明著之曰「《書》孔氏」，則求其古文，莫若《説文》所引矣。嘗取許氏《説文》所引《尚書》語以驗之，所引《周書》曰「在夏后之詷」，今書《顧命》「在後之侗」，若增「夏」字，其可通乎？此又必非後來校《説文》者所能增入也。黄公紹《韻會》引作「在後之侗」，據此或是《説文》傳寫偶誤入「夏」字乎？然「詷」作言旁，系在言部，則非傳寫誤也。注：詷，共也。陸氏《釋文》亦引：「馬本作詷，云共也。」此則與成王顧命語義不倫矣。又毛氏《古文冤詞》載許氏所引《尚書》「圛圛升雲，半有半無」，此則非也。予見金崇慶間刻《集韻》引此《尚書》「圛圛者升雲，半有半無」，第二「圛」下有「者」字，則知《尚書》曰「圛」，即《洪範》曰「驛」也。以漢時師賈逵之許氏親見古文矣，而其所引實有不可解如此條者，則其他家更何足述乎？至後來薛士龍以古字寫其文，輒命爲「古文尚書」，則更名實皆非矣。《周官》出於山巖屋壁者，鄭君謂之故書。愚嘗謂《周禮》《儀禮》古字作某，今皆具在鄭氏注，可裨參考，竟當撰「禮經古文考」，千餘年來未見有人撰此事者，而獨於渺不可追之古文《尚書》是求也，孰易而孰難哉？況夫治《尚書》者，並未欲考其字，實欲假此以定其文，則誠不揣本而求末矣。乃近今又有作《尚書撰異》者，專摘其中考異之字以成編，則又所不必耳。

重刻許氏詩譜序

《詩》之有譜也，原於鄭，繼於歐陽，而東陽許氏又繼鄭、歐陽爲之。今吴君得舊刻本，又重校而錂之，謂可由此以研精六義之旨也。嘻，其信然耶？譜也者，譜作詩之時世也，其必於三百篇作者時世無一不燎如指掌，而後譜之可也。歐陽子以康叔封於殷墟屬之武王時，此在北宋時已居然改竄《春秋》傳、《史》世家矣，而歐陽云吾據《史記》也。《史記·年表》起共和時，固無武王時之説，而《衛世家》則明言成王封也。此篇「孟侯朕其弟」及「乃寡兄」之云，特周公作誥，述先王語意也。如因此誤會，遂欲追改爲武王所封，豈不思武王之世以殷故都付管、蔡監武庚也，康叔安得有封衛事乎？許氏此譜則大書曰「武王元年封康叔」，孰聞之孰見之哉？此開後來不考之漸，甚不可也。而許譜之謬尤甚者，則依魯齋王氏作「二南相配圖」，將儼然以删定自居乎？吴師道序以此稱其善，而轉以其不盡删諸國淫詩爲憾。則何怪今之嗜異者，力攻宋儒，其亦宋以後諸儒恃理大明而蔑視古籍之弊有以激成之耳。東陽此《譜》，特散見於所撰《詩名物鈔》卷中，意或存以俟攷乎？今必專主此《譜》，以爲研精六義之所自，❶則吾竊不敢附和矣。至若王氏《詩疑》之獘，善學者當知之，故不具著。

詩攷異字箋餘序

奉新周生撰《異字箋餘》，因王伯厚《詩攷》而作也。其所攷諸條固有增於伯厚矣，然其研經之用意有出於伯厚所未及者。伯厚之自序曰：「述三家緒言及《説文》《爾雅》諸書，以扶微學，廣異義，讀《集傳》者或有攷於斯。」是其書爲朱子《集傳》作矣。至其後董斯張、范家相又廣摭之，近今攷訂家若陳啟源、惠棟之屬則援據益博，而其間致啟嗜異之漸者，亦不可不防也。往者吾友盧學士文弨以校讐爲職志，撰《釋文攷證》以綜覈之。以方綱淺學，竊嘗平心而論，《説文》《爾雅》之訓詁，《釋文》之音義，釐然具存，惟在學者善取爾。然後來專守宋儒章句者，則往往以《説文》《爾雅》爲迂遠不足稽也；而其專爲《説文》《爾雅》之學者，又轉多喜創獲，好爲立異。如惠氏《易述》，毅然改經字以就其所據一家之説，以新奇爲復古，此則欲窮經而反害於經。究其致此之由，亦未嘗非專守宋儒者有以激成之。吁，可鑒也哉！

周生此編，虛懷審慎，不執一説，不偏一家，其實難斷定者，則以俟善學者加詳焉。昔者生來吾齋，問字於南昌。時方綱擬以《釋文》諸卷，屬西江勤學之士若萬載辛生紹業、浮梁鄧生傳安、南城王生聘珍、新城魯

---

❶「自」下，稿本有「始」字。

生肇光、嗣光輩，博採諸書以勘訂之。既而聞吾友盧君有校證《釋文》鋟板於杭州，其業遂未竟。今又十年許，而周生殫心綴緝，能不歧於所趨，而有資於研索，故吾謂其用意有非伯厚所能盡者。❶而往時區區訂正之願，得籍生之勤篤爲我踐之，不禁慨然而三歎也。❷

春秋傳説從長序

《春秋傳説從長》十二卷，山陽阮紫坪氏所述也。其曰「傳説從長」者何也？曰：謙不敢自任也。其謙不敢自任柰何？曰：吾聞諸班氏之志藝文矣，曰：「左氏恐弟子各安其意，以失其真，故論本事而作傳。」夫後儒之失其真者，皆安其意者也。紫坪氏之爲是書也，蓋先有以見乎聖人所以爲是經之旨，所謂觀史記、據行事、仍人道者，平易中正而無所岐惑。故於日月、名字、爵地之屬，諸儒所執以爲例者，悉舉而撤其蔀。如是，則讀是經者之法，固已先得矣。彼失真之説，惡足以淆我乎？然而其述之爲書也，不曰吾所已得也，第曰「就諸家傳説之義從其長」而已。杜元凱曰：「其發凡以言例，皆經國之常制，周公之垂法，史書之舊章。」吾每三復斯言，以爲義類之實，非聖人不能因也。國史衷乎得失之原，亦非後儒所能度也。顧唐、宋以後，遞闡訓故，推而衍之，詞意益棼耳。學者童而習之，至白首而抱遺莫究者，逐末而忘本也。得紫坪氏之書，

---

❶「盡」，稿本作「及」，當從。

❷ 文末，稿本有「嘉慶六年春二月望日北平翁方綱序」。

其庶幾知本矣。知其本則弗安其意，其謙也蓋其慎也，故得其本，雖有更説，而無自任之獘矣。文不拘體者，以達意而止，弗取乎摹古也。讀是書者，以紫坪氏讀經之法爲師，而勿以前人決疑考讞之作視之，則庶幾矣。❶

韋孝廉儀禮章句序

昔黄慶、李孟悊有《儀禮章疏》，皇侃有《喪服文句義疏》，其書皆不傳。而韋昭、臣瓚二家釋《漢志》説各不同。顔監則以冠、昏、吉、凶當威儀之目，其信然乎？《漢志》曰：「《禮古經》，出於魯淹中及孔氏學，七十篇文相似，多三十九篇。」又曰：「《禮古經》五十六卷，《經》七十篇。《記》百三十一篇。」劉仲原父以爲：「七十」，蓋「十七」也。然則抽其遺事，發其緟文復字，豈無枝柱相錯者乎？禮有統系，有別目，然其別也皆可以還其始，故曰其數可陳也，其義難知也。

吾聞韋君治《禮》之勤，二十年於今矣，始得見所爲《章句》者，可謂辨於物而知本者也。近時杭人吴中林氏亦爲是經章句，濟人張稷若氏爲《鄭注句讀》，韋君是書又兼綜而條理之。嗟乎！自綱領以至節目，皆

❶ 影印稿本中，此文有眷清稿，文末有「乾隆四十九年秋八月大興翁方綱序。阮芝生字紫坪，號謝階。癸酉舉人，丁丑成進士，後即讀書於武林山中數年。初仕浙江德清令，罷職，奉旨發直隸，補武清令，題永定河北岸同知。卒年四十九」。

章句也；自經禮以至威儀，皆章句也，豈徒函雅故、正文字而已！雖一簡一文，視如全經可也，蓋其慎也。

韋孝廉儀禮蠡測序

予既序韋君《儀禮章句》，君復出《儀禮蠡測》十七卷。予既受而讀之，又合其所爲《章句》者覆讀之，曰：學《禮》者，師其意而已矣。知其意，則其禮至今行可也。而或者竟欲試肆而行之，是泥古之弊也。曾是讀古而可泥乎哉！今韋君之書，於其事同者則以他篇證之，於其節同者則以本篇上下章證之，經未顯者必析言之，禮見於文外者必質言之。蓋於儀度節次以至一閒一曲之層遞委折，皆必據其實而求其合，穿互對質，旁推交通，雖當日之爲小相者或未之過也。

然予竊有説者：韋君之意，豈果以是經之儀確徵諸實迹乎？《漢書·藝文志》曰：「天子、諸侯、卿大夫之制，雖不能備，猶瘉倉等推士禮而致於天子之説。」夫其不備而瘉於推而致之者，亦期於得其意而已。得其意則文可疏也，❶得其意則禮弗襲可也，得其意則禮至今猶行可也。昔人奚爲而有無所用於今之疑乎？禮文所臚者，有周一代之禮，後人不可泥也。禮意所存者，萬世同然之義，後人不可不知也。吾嘗欲參以《周官》，見二經之合焉；又嘗欲參之大、小戴《記》，見四經之合焉。此皆韋君所已發其凡者，更何庸以贅諸！

---

❶「可疏」，疑當互乙。

經義攷補正序

丙申春，與丁小雅晨夕過從，相質諸經説。見所校朱氏《經義攷》，積數十條，録存於篋。後十二年秋，在南昌重校是書，欲彙成一帙而未暇也。又後三年，方綱按試曹、沂、登、萊諸郡，而門人王實齋來相助，重加校勘，因録所補正凡千八十八條爲一十二卷。竊念先生是書，綜覈該貫，爲經訓淵藪。其於楊止庵《周易古今文》正其訛舛，曰：「非敢形前賢之短，慮誤後學也。」然則今兹區區附綴之意，固亦先生所樂予乎。小雅名杰，浙江歸安進士。實齋名聘珍，江西南城拔貢生。❶

經解目録序一

徐氏所刻《通志堂經解》，近有以不全本别爲目録以眩人者，故不得不就其原刻次第，略舉卷帙原委，録爲目，備檢查而已。或曰：此書未有總序，盍序之？予應之曰：是無庸也。當徐氏未入梓時，仿宋槧楷書，悉用此板樣寫成，而後來卻未果刻，予前後見數種矣。且以諸經如《易》之李鼎祚《集解》，《書》之伏生《大傳》，《詩》之吕氏《記》、嚴氏《緝説》，《春秋》杜謂《會議》、程公説《分紀》，皆學人所時時取資者，此内尚皆未

---

❶ 文末，稿本有「乾隆五十七年歲次壬子夏六月文淵閣直閣事内閣學士兼禮部侍郎大興翁方綱識於濟南使院」。

有也。宜廣勸有力者博取精校而彙刻之，豈得以此數十種該備經學耶？目則宜録之，序則無庸也。

經解目録序二

李生常洽、葉生志詵既皆録前數語於《經解》目録前，進而請曰：「《經解》久無人作總序，先生曷不略筆其概？」予曰：難言哉！昔聖人諸經，固不計後人爲作傳釋也。後人作傳釋，又豈好爲此煩言哉？誠慮經之不明也。乃至有注經而經反因以晦者，故讀者有舍經從傳之説焉，有以經訓經之説焉。夫謂以經訓經，則所立不偏矣，信無獘矣。然而經有各見之時地，有各見之指歸，若必以彼經所云即此經也，將執一而不能權兩，安在其立於無偏乎？不平心虛衷以研審之，而但經語之是執，其與舍經從傳者，厥獘均也。是故通經之難，有旁推借證以爲通者，有墨守不變以爲通者，有融合隅反以爲通者，有闕慎以爲通者，有其語必博綜前説者，有其義不得不申己説者。知通經之難，則知讀《經解》之難耳。

經解目録序三

二子又進而語曰：「盍悉陳其利獘？」曰：利固難言，獘則有之。夫以後人讀後人之訓釋，其推演滋益，日出不窮，吾烏從而詳究之？惟傳説之最在前者，則人所宜敬之慎之。伏羲畫卦，文王命繫，難以語後人也，惟吾夫子筆諸十翼，此萬古傳注之祖始也。乃有宋歐陽修者，疑十翼非聖人作，其誣謗《繫辭傳》至數千百言，而無一言近於理。此則獲罪於聖人，即獲罪於天。學者顧未詳觀其卷耳，未有觀此而不爲之髮指者矣。歐陽，世所稱有道而文者也，吾爲此語，得不議其過乎？然愚又竊有説焉。聖人作《春秋》，賴三傳以考之，韓昌黎欲推許盧仝，乃有「三傳束高閣」之語。三傳既束閣，則更從何處究其終始？恐韓公亦當自笑也。盧玉川之書，吾嘗於江陽杜氏所輯卷中見之，亦有一二可取。其厭三傳，偶束高閣，卻又時復取而讀之，未可知也。惟一事不得不説者，《書》《詩》之序，即古經之傳也，更無在此前者。而宋儒必力攻《書》《詩》序，若蔡傳於《康誥》《多士》《多方》諸篇，竟是立意與序爲對敵而攻擊之，此則復安用傳注爲乎！

復初齋文集卷第二

大興翁方綱撰

門人侯官李彥章校刊

字林考逸序

吕氏《字林》，據諸家著録，皆言七卷。今禮部主事任君爲之《考逸》，凡八卷，而以序録居其一者，蓋不欲以今之所輯定爲七卷，此其慎也。又不欲真目爲八卷，而依陸氏《經典釋文》之例爲次焉，遂使吕氏本書若宛然復七卷之舊者，又何其恰合也。昔吾子行謂許氏《説文》即《倉頡》十五篇。是説也，予嘗疑之。蓋吾子行誤讀《漢書・藝文志》，而謂後人並字目爲十四卷，以十五卷著序表耳。千古讀書人果有誤會如此者，不可不慮也。予故於任君用心之勤與其編次之慎，並著於卷首。若其採輯之所以然，則卷内自詳之。

重刻張吴興復古編序

韓子目羲之爲俗書，其言在元和初年，而顔氏《干禄》之書，已在前四五十年。韓子所謂俗者，不僅籍帳、文案、券契、藥方也，又非第筆勢也。君子之於言也，其必有不得已而後言者，且事固有從俗而不戾者。

夏造殷因，或素或青，此不必泥古者也。先河後海，或源或委，此宜求之古者也。許氏《説文》之恉，至宋雍熙暢析之矣，而其卷末所列二十八文者，百二十年之後，至吴興張有謙中而益推闡之，此亦原委之義也。爲《説文》之學者，必以《復古編》爲職志，而斯編之久無善本，更甚於《説文》。吴氏增修之書，兹以叢襍而弗能有所補正，則斯編之重刻尤不可以已。曲阜桂馥未谷力任校讐，數年於兹矣，又得其鄉人孔繼榦雩谷出貲開雕，而未有舊本。去年揚州羅兩峰來京師，云有影宋寫本，嘗託友人某致之京師，而予乃未見也。一日以語新安程魚門，魚門則出之篋中，字畫頗精審不苟。於是未谷喜斯本之不易得，而傳寫之必親也，遂依以鋟木。又合諸本校之，信乎其爲善本矣。非雩谷之力不能辦之，非是本之出不能成之。予每與未谷言《説文繫傳》一書宜及今精校付梓，未谷任之尤力，其機緣之合，將以斯編之梓卜之也。作者之意在於祛俗書，而重刻之心則在於證《説文》。湖州弁山，謙中篆迹在焉，儻可與考訂圖經者志其緒乎！❶

小學攷序

《小學攷》者，補秀水朱氏《經義考》而作也。朱氏之攷，既類次《爾雅》二卷，而形聲訓故之屬闕焉，是後學之責也。顧南原自言《隸辨》一書爲解經而作，意固善矣。往者學人狃於帖括之習，沿塾師音義，幾不識古字古訓爲何物。邇年士大夫則又往往侈談復古，博稽篆籀古隸，審定《説文》《爾雅》，闡形聲，訂同異，而

❶「儻可」至「緒乎」，稿本作「儻可得，當與未谷精摹而傳之」。

於童年肄誦經書實義或轉不之省。某嘗謂近日攷古嗜博者，每求之六合之外而遺於耳目之前。嘉興王惺齋有言：今人爲文，棄韓、歐諸家所用之字，而好辨許祭酒重文、張次立附字，此學者之大患也。昔宋鄱陽洪氏續《急就》，類《滂喜》，自以爲博識矣，其究也徒啟濫觴之弊，於復古乎何有？然平心論之，學者鑒彼兔園册子局束見聞，則又不得不引伸類長，旁極而摹據之。夫學問之實，惟在識力正定而已。苟其識力之不正也，務博之失與苟簡之弊均也。如其氣足以内養，力足以自充，則與其陋也寧博，與其臆斷也無寧稽古矣。曩在館下，每以此事諗吾謝子。今三十餘年，而謝子從政之餘，果克裒輯成書，是其養氣有餘而識力正定之驗也。讀是編者，幸勿忘其爲解經而作，則得之矣。

秦篆殘字記序

岱頂秦篆，宋汶陽劉斯立作譜。至明吴同春所記，云僅存劉譜之半矣。其後北平許名闕半字。於榛莽中僅得廿九字殘石，嵌置碧霞元君廟東廡之壁，至乾隆五年庚申六月燬於火。今此廿九字原拓本，藏者罕矣。今又七十餘年，知泰安縣事常熟蔣君，於岱頂廢池址剔得此殘石二片，尚存十字，仍以嵌於廟壁。蓋二千年以前之篆蹟，自周石鼓外，惟此與琅邪臺，是其真刻之僅存者。琅邪臺篆石刻在海上，拓者罕至，而此刻尚賸存十字。往者黄岳張君著《雲谷編》，僅據廟中道士録本以校《史記》與石刻之同異，則以今日遥想宋莒公、歐陽文忠、董廣川往復致慨者，後先有同情也。諸君子爲之詩若跋，積成帙，將並梓以傳之。而予適爲漢陽葉子東卿重摹勒劉譜於石，又改正《甲秀堂帖》行次之誤，故樂爲書其卷端。嘉慶二十二年丁丑春正月，北平翁方綱。

原石四面環刻，此廿九字在其南鄉二段之西一段。此一段凡四行，「斯臣去疾」四字在第一行，後六字是其後三行之首二字。

惠氏後漢書補注序

元和惠君補《後漢書注》二十四卷，顧復初氏序之，謂此其少作也。然此注内，時時自言所著經説，則非僅惠君少時筆矣。顧序又稱其據義門所攷校，然此内於何氏校語亦間有論正者。又稱是書仿裴松之注《三國志》之例，是固然已，然而劉珍、楊彪諸帙世已罕傳，即此内所據補者，惟《循吏》卷末數人而已。世遠籍闕，焉能復以裴注例之？而予則竊喜其補注八志爲不苟也。八志併入范書久矣。近日義門何氏頗糾北海《劄記》稱范志之陋，然其説實祖陳直齋。直齋之説則援孫奭乾興初校本不著紹統之名，而《館閣書目》已失之矣。然竊案劉氏總敍云「借舊志注以補之」，又云「分爲三十卷，以合范史」，則後來板本《律準》《候氣》以下列入紀後傳前者，姑勿過繩焉可矣。況於《百官》通稱本注，是劉昭所述，雖具紹統舊文，而景祐中余靖、王洙參校，以補系劉，以注系章懷，未爲忘其本也。今惠氏次志於紀傳後，且不曰「補後漢書志注」，而曰「續漢志補注」，無併入之嫌，而還舊題之義，庶幾乎其無失矣。吾友海門李子將鋟諸家塾，故爲質言其最有裨益者。❶

---

❶ 文末，稿本有「嘉慶九年夏五月望」。

集古款識序

書無古今，一也。今彙刻行草者，董與文、祝不同，米與蘇、黄不同，正楷則歐、虞與顔、柳不同，即獻與羲已自不同。又上而分隸，則瘦肥、闊狹、長短之勢又各不同。然則夏后氏至周末千年矣，其間乂百官、察萬民者，豈能聽其上下左右之移易，形聲同異之通轉，竟無定制以畫一之耶？特於今不可考耳。王順伯集鐘鼎款識六十種，今尚存其文，皆真蹟也。薛尚功之款識法帖，則出於重摹，吕大臨、王俅之録亦然。甚至王俅之録，概以首尾鋭末爲之，則一字萬同矣。吕、薛所摹，雖間有巨細之殊，而其行筆類皆一似。此在鐘鼎篆韻之類别爲裒輯，或類記以資考乎？若必就其器如覩原拓者，則未足反其本也。蓋於今集古器銘之文有二説焉：其文古質可信，必非後人所能爲者，上也；其或不能保其不出仿摹，而行筆實有古趣，亦不害其爲可存者，次也；不則千篇一律，皆作「隹王年月沪女肅戈赤芾，用作某尊彝，其萬年子孫寶用」，其文略移换一二字，其書又無他奇，陳陳相因，纍纍箱篋，家昆吾而户夏殷也，曷足貴乎？甚至今日漁洋、竹垞所稱鼎文「世惠」又稱「無專」，篆形之盡失，而目爲三代物也，其視襄陽米祠壁妄鐫行書以爲寶晉帖者相去無幾。此亦多聞與闕疑並宜滋甚者爾。

爲錢梅谿徵刻金石圖序

集金石者，歐陽、趙、婁皆有録而無圖。金石之縮圖於册也，自洪氏《隸續》始也。然圖其式而已，非圖其文也。近日滋陽牛氏、郃陽褚氏始縮其文而圖之，於是嗜古之士皆樂其便於檢核矣。然而豐碑巨製，胥準丈尺而寸分之，又況泐蝕之形，古畫之秘，非可望而測識者，雖世南之畫肚，王粲之覆碁，無以儷其巧也。故凡執牛氏之圖而沾沾議其後者，皆不諒人之甚者也。然今日欲效牛氏之爲圖，知作者之勤且艱矣，而先冀觀者之必吾諒焉，則又不可。

竊嘗論之，攷訂之與臨池，蓋二事也。工書法者，必皆求其博極經史以討析之，猶之樸學之士必責以三真六草之擅能也，可乎哉？然而事有處於不得不兩能者，二者闕一，必致失之千里，則縮圖之作是已。鄭氏之説經也，曰《易》《詩》《書》《禮》《樂》《春秋》策皆四尺四寸；❶《孝經》謙，半之；《論語》八寸，策者三分居一，又謙焉。班氏之志《藝文》也，曰：「《酒誥》脱簡一，《召誥》脱簡二。率簡二十五字者，脱亦二十五字；簡二十二字者，脱亦二十二字。」古人於簡編之式，不憚剖析若此，然未聞其著夫科斗古隸之形皃者，道傳而藝不存焉耳。今也欲沿流以溯源，因末以知本，而漢唐已後，真贋雜陳，後先紛糾，則雖下垂上曲之執，筆迹小異之間，亦皆可以測景於圭而縣金於市也。非殫數十年之力心營而目運者，烏足以爲之哉！

金匱錢子立羣，視精而氣專，凡吉金貞石之蹟，巾箱所輯，以燈取影，不爽銖黍，其於二者合一之途，應矩而不勞矣。蓋舉諸家之所難兼者，一旦從容擘理而皆有之。予故爲系述其所以然，以俟夫博雅嗜古之君子，相與贊其力而觀其成焉，事寧有快於斯者乎？士生典籍大備之日，固有後出而彌精彌信者，正不必以

❶「四尺」，疑當作「二尺」。

跨越牛氏之圖爲矜詡也。

黄秋盦得碑十二圖序

《得碑十二圖》者，錢塘黄子秋盦自繪其乙未至癸丑十餘年間所訪古刻事境而作也。予識黄子在歲丁酉，時於都門初得漢《熹平石經》殘字三段，予借摹勒石於書室，用洪文惠越州事，題曰「小蓬萊閣」。而黄子先世已有此扁，何其不謀而合也！既而黄子筮仕濟寧，爲漢魏六朝以來金石最富之區。而黄子以政務之暇，窮力搜剔，始感張力臣之言，升起《尉氏令鄭季宣碑》之下半，鐵橋李君助之。夢華何君又助之重修武氏石室，剔永壽、熹平殘刻。於是，舊所云任城五碑者增而十之。曲阜孔廟同文門下之碑，亦踵而增焉。予既爲「四年三至」詩，而繼予至者又得詹事阮公有同嗜。蓋自古聚碑之地不皆遇此人，而嗜古之人又不恰逢此會，宜黄子手寫之而傳勿諼也。

黄子幹濟之才，其宦遊所至，博訪古刻，必將日有所得，不止於此。而予與黄子共几欣賞之緣，當亦繼此而未有艾也。《韓勑後碑》，竹垞與谷口皆得之，則如黄子與予者，如夢華者，皆期於必得之，是當作《得韓勑後碑圖》。黄子方欲搜討嵩山三闕上下巖洞秘文，雲木蓊鬱，靈境霅然矣，又當作《嵩岳訪碑圖》。《延熹華岳廟碑》，今海内有三本，予皆摹得之，嘗擬與黄子共摹勒焉，又當作《重勒華碑圖》。其他若梁之《舊館壇碑》、唐之《化度邕師銘》《孟法師碑》，皆當窮恣奇探而精摹勒石者。繼今以往，黄子將理素縑，調丹緑，日夕作繪之不暇也。晉齋北來，夢華東去，但笑予輩日苦詩債逼人太甚耳。

爲常熟趙氏乞曲阜顏衡齋歸兕觥序

明神宗之五年，張居正父死奪情，時編修吴中行、檢討趙用賢疏劾之，受廷杖，出國門。庶子許國鐫玉杯以贈吴，兕觥以贈趙。兕觥之銘曰：「文羊一角，其理沈黝。不惜剖心，寧辭碎首。黄流在中，爲君子壽。穎易生許國爲定宇館丈題贈。」是觥傳之黄端伯、陳潛夫，又傳之章藻功、何蕤音諸人，今在曲阜顏衡齋所。乾隆戊戌夏，衡齋拓其文來京師，予爲賦詩並考辨，而以拓本裝册存於篋。

丙午秋，奉使江西，而趙翁者庭自常熟往湖南，道出南昌，見訪，語及家世，知爲趙公五世孫也。出拓本相眎，翁泫然久之，别去。明年春，予按試袁州，翁自醴陵寓書來，道其積念先澤之忱篤於寤寐，乞爲致書顏氏，謀所以易之者。予謂：「衡齋爲人重然諾，敦古義，非可以利干也。無已，則以法書名帖相易，可乎？然亦不敢必也。」得此札時，予爲篝燈夜起，耿耿無寐，願以翁此意風厲天下爲人後者，是可以作忠教孝矣。然使者既已還楚，其秋七月，翁果自來訪予於南康。予時扃院試士，不可與客通謁也，謂：「翁可相待旬日不？」翁曰：「諾。」則僦旅舍以俟予試竣，而屬予爲文乞之。予曰：「顏氏之物，既無物可以相易，若某之文，又豈足道乎？」然竊念衡齋於鄙人文字有篤嗜之癖焉，且夫顏氏收藏之博、鑒别之精，不止此一觥也。若其歸於趙氏，則二百年先人之手澤也。在收藏家，損一物不足減其美富，而在孝孫之用心，得此一物足以回二百餘年忠義之氣。則豈獨予願之，天地神祇將昭格而式憑之，是故至情之歌泣可以動鬼神而貫金石也。今者庭趙翁不遠數千里，凌寒暑，涉艱辛，百方營求之不恤，乃獨欲假鄙人之一言，而敢以拙劣辭哉？予既爲賦《兕觥歸趙》之歌，又爲之小引，將遍乞京師及四方知交共屬而和焉。蓋深懼鄙言之拙且蹇，不足以讚揚顔氏高誼之什一，而尤冀當世通人麗藻交誦而傳道之也。於是乎書。

兩漢金石年月表序

柳子厚論文之言曰：「近古而尤壯麗，莫若漢之西京。」惟書亦然。夫東漢之文，音情華縟過於西漢，而柳子獨以壯麗推西漢，何哉？有虞氏之泰尊，夏后氏之山罍，殷之著，周之犧象灌尊，夏后氏以雞彝，殷以斝，周以黄目，由質而文，固其勢也，故曰：「公侯之有冠禮也，夏之末造也。」黄山谷亦云：「以古人爲師，以質厚爲本。」蓋許叔重爲《説文解字》，溯六書，沿八體，而秦篆、漢篆區以别矣。迨洪文惠作《滂喜》一篇，乃標舉漢隸以爲準繩，何其顓也！漢刻存者希矣，然歐陽子以不見西漢字爲恨。而今所收者亦已數種，又竊自幸也。夫徵文考事，以時爲紀。兹編録全文，或以地，或以事類，惟以目所親見爲據，不復能依年次矣。故貫系年月，爲條敍於書首。

桂未谷續三十五舉序

曲阜桂未谷精研六書，嘗舉所説摹印條件如元吾子行之數，題曰「續」，志原始也。續其舉，故引説無例也。宋王球字夔玉，王俅字子弁，是兩人，子行誤以嘯堂爲球。今徑改之，不主於糾正也。未谷論摹印諸條，尚不止於是，是舉隅之義也。其不名「續學古編」者，以此。

審正廟堂碑原本序

王弇州有言：「以《蘭亭》參《宣示》，則華實配矣；以《化度》參《廟堂》，則方圓協矣。」吾嘗以此理參悟三四年，而今乃得之也。《廟堂》唐本見於孫退谷《庚子銷夏記》，何義門獨非之，謂退谷所藏本曾見於王文貞諸孫處，乃以山左本湊合重刻本者爾。退谷既稱唐搨久亡，世無二本，而明韓存良所藏唐本，王弇州、孫月峰皆及見之，退谷獨不聞乎？何以弗稱也？韓存良，明神宗時人，既藏有唐本，而何以百餘年來，退谷、江村、虛舟、義門俱未之見乎？然董香光不善臨書，而其偶作虞書者遒古特甚，則韓氏之帖，想香光或見之，而百餘年以來不知此真本存何處矣。

孫月峰見唐本，故以王節度本爲僵。馮定遠未見唐本，而以王本爲鈍。「鈍」字蓋不若「僵」字之精，而定遠之妙悟亦已至矣。予因反覆寢食於子固、弇州、月峰、定遠諸先生之言，而每念山谷老人之言不吾欺也。山谷云：「字有鋒鍔，造筆之勢甚遒。」此與月峰所言「筆筆皆蹲注法，轉折特峭勁，近歐書」之語正相合。然則月峰之見唐本蓋可信也。山谷之云：「張福夷家本與榮咨道本其中缺字略相類。」又云：「以石未刓缺，不以摹本補綴，則榮本第一，張本次之，蔡本又次之，它數本新舊雜揉，所謂『海圖拆波濤，舊繡隨曲折。天吳及紫鳳，顛倒在裋褐』者。然尚有典刑，亦不可廢也。」以此證之，則山谷時所見，已有王節度重刊湊入之本矣。重刻本之斷，不知在何時，嘗以碑陰《敎興頌》考之，此頌刻於宋真宗天禧三年，而鮮于困學在元世祖至元時已有「京兆府本無裂乃佳」之語，❶則是宋天禧以後、德祐以前此三百五十餘年間所斷也。王節度再立此碑，在宋初建隆、乾德間兼中書令復鎮永興軍之時。天禧則去立石時五十餘年，山谷題跋則去立石時百二十餘年，蓋其時重刻之本尚未斷也。然山谷所見本雜以重刻本者，蓋非選重刻之精者，乃是補舊刻之失者耳，而山谷以爲「尚有典刑」，則居今日重刻本又已斷缺之後。因諸先生語，取今日之善搨，想像選集以追補之，奚不可也？

予得宋搨《化度》舊本，玩索數年，乃敢選集是碑，財得不滿二百字耳。非慎之又慎，曷敢輕爲品目也？故僭題曰審定唐本。杜詩云「秋月仍圓夜」，明其爲望後之月云爾。此文愚未見唐本時作也，今既得見唐本，別有考論矣，亦仍存此以附之。

重刻隸韻序

宋淳熙二年，劉球輯《隸韻》十卷，今揚州人重録之，秦編修來求序。予既爲校訂訛誤，可無庸序矣，而於其求序不厭煩言者，隸雖一藝，然不可不知要也。其知要何在？曰戒嗜異而已。學者幼習正楷，其能者或喜涉隸以通於篆，此正路也。然書必衷於法，而法必準六書。六書者篆也，篆則必無一畫可假易者。至篆變爲隸，隸由漢始，而漢人作隸書已有隨手之變。至六朝而字體雜出，魏、齊、周碑尤甚。洪文惠之續《急

---

❶「鮮于」，原誤作「鮮於」，依文意改。

就》也，曰：「蔡氏石經未嘗有一字好奇。」乃洪氏《續急就》篇中所舉漢隸，則已多開好奇之漸矣，何以謂未嘗好奇哉？然亦皆漢碑實有之，非洪氏自撰也。且如《吴仲山》《戚伯著碑》之類，漢人所賃石師既各不同，其間習俗沿承之同異，莫能齊也。即以山巖屋壁之故書《周禮》六官、《儀禮》十七篇，雖杜、鄭諸儒，已不能俾以畫一，況後人遠溯乎？第就其流傳可信者，守其常而勿鶩其變，亦學者慎思之事耳。

惟漢碑泐蝕之餘，有不可盡以意斷定者，則寧守其常，而所謂廣異聞者，尤可懼也。即如劉氏此書，以《孔廟碑》「恭」字下半爲重圈筆，以《鄭固碑》「吿」字中間直畫誤與左邊横畫相穿，此則漢隸所本無，而嗜異者誤會其石泐之勢以當之。諸如此類，則大不可也。而婁氏在南宋時方且沿劉氏此書以踵襲成書，儼然命曰「字原」。即如褒斜谷《揚淮表紀》「敎」字是「司敎」，❶官名，未言「篆隸」之「隸」可通也，而必以隸皆通此乎。凡婁之演説多類此，是則視洪氏《續急就》之所舉者，其爲嗜異豈不更甚乎？

蓋隸者承篆而啟楷，不可以不慎也。婁氏之書，每一字下省其某碑之名，止列一二之數，觀者第見其出漢隸，而更不詳檢其出某碑。即檢其首卷出某碑矣，而其原碑又未必皆能目見而檢尋之。於是但據所摹者，命之曰漢隸，如此，豈知吾所偶舉「恭」字、「吿」字之類，尚有不止此者？吾惡能遍勸學者，每見一字，必理其拓本而加詳之？亦惟可信者信之，稍有疑則闕之。即此一學隸書之事，儼若與攷訂經傳敬慎之心同一兢兢焉，勿馳勿貳也，或亦爲學之一端乎？

❶ 「揚」，疑當作「楊」。

洪筠軒讀碑記序

臨海洪筠軒以《讀碑記》八卷示予，讀之，歎其勤且博。近日錢詹事《金石跋尾》用意之密，庶其匹矣。王司寇《金石萃編》雖廣摭，而精密或不逮此也。

吾嘗笑攷金石者動言可證經史，其實證經者二十之一耳，證史則處處有之，記載揞拄，何可勝原，惟當論其大者而已。有如唐温彦博，史言其褊急，好争論是非，而碑特言宏量，不與人争，其相反乃若是。岑江陵固不應作諛墓文，此當表出之以資論世者。

金石文固不專以書論，然若秦《繹山碑》、魏《受禪表》，實以備篆隸體耳。唐《昇仙太子碑》，以其陰銜名出薛鍾二家書而存之，不則仆而毁之可也。若職官之除授、年月之前後，其實有關係者，著之可也。其他偶有錯互，不可校舉，吾安能爲此廢日損功耶？至如唐文宗「大和」，宜據石刻以正板本作「太和」之誤；遼道宗「壽昌」，據石刻以正史作「壽隆」之訛。又如漢《禮器碑》，知闕里聖母姓并官氏，以證姓氏書。宋《泰山碑》「尊賢尚德，下武緩刑」，以補《大雅》傳説。諸如此類，則亟宜表出之耳。不然，豈有傳注箋疏之不治，而孜孜日從事於金石文者哉？

近人輯録金石文者多矣，未有若洪君之精密者，故於此略及之。

復初齋文集卷第三

大興翁方綱序
門人侯官李彦章校刊

蘇詩補注序

昔趙東山有《左傳補注》，近時顧氏、惠氏又皆有《左傳補注》，蓋補之爲辭，不嫌於複也。方綱幸得詳攷施、顧二家蘇詩注本，始知海寧查氏所補者猶或有所未盡。聞前輩於山谷詩任注、半山詩李注序葉殘字皆訪求珍録，蓋古人一字之遺，後來皆得據以考證。是以凡原注所有者，攟殘拾墜，録之於篋久矣。歙縣曹吉士從方綱訂析蘇詩疑義，日鈔一二條，遂成此帙。而方綱之管見亦間附一二者，❶欲以益彰原注之美耳。❷

❶「者」上，稿本有「焉」字。

❷「注」，稿本作「本」。

刻黄詩全集序

乾隆壬寅冬，方綱校黄詩三集注上之，詔刊入聚珍板，於是數百年未合之足本廣布藝林矣。後四年奉命視學江西，攜其草藁於篋，而寧州新刻本《外集》之後八卷，即舊本《豫章先生外集》之四卷也；又其别集與史季温注者不同，而寧州新刻分體失其舊式。爰合寫爲一本，附以黄子耕譜，通爲五十六卷，時時與學官弟子論證其所以然。蓋自方綱年十九誦浙澥陳蘇庵輯《漢書》，輒奉先生「質厚爲本」一語爲問學職志，今將四十年，所與學侣敬申修辭立誠之訓者，不外乎此。書諸卷端，以俟稍有解會處，欲略疏數語爲之序。然每一念及，輒立愢爲汗洽襟也。

道園遺藁序

運使曾君既以愚所編次《道園詩》十卷鋟版於揚州，梧門學士復出所藏《遺藁》六卷，寄曾君續鋟之。予曰：是不可不詳説也。蓋予三十年前於史館手鈔補入前編者，即從是本得之，而其不欲盡鈔補者，非僅以爾時校勘無暇力也，直謂不必盡鈔補耳。凡爲古人編集外詩者，重其人也，重其文也，而其文足爲其人重者，又有不同焉。若山谷之詩，既有《前集》矣，又有《外集》《别集》，而《外集》《别集》注本，至今與《前集》並著。東坡之七集，則又視今行之全帙爲尤足珍矣。吾於《道園集》，每據門人李本序以辨正黄序自編之說，❶然當斡克莊徵全藁時，先生豈竟略不加意乎？虞勝伯之編遺藁，蓋從其後追憶之，故遇殘篇賸草，皆所不忍遺，此則後人用心之勤，抑與當時得失寸心之自知，固微有間矣。以今覆讀是編，而後知黄序謂先生自編者，特言之未詳耳，非失實也。蓋《學古録》所未收，實皆先生所不欲存者，故黄序以爲先生自編耳。先生當日所棄去不欲存者，而今反以其後人勤録之意而附存之，將以重其人歟？將以其文爲其人重歟？試取遺藁之作與前編同讀之，直有判如出二手者，先生有神，寧勿顧之而心未愜歟？故必深味斯義，而後可附存是編於全集之後，或録諸别帙以備考訂，其庶幾無害乎。嗟乎，詩至蘇、黄而後，難乎其爲作者矣！若先生之詩，醖釀六經，薈萃百氏，鎔精鍊液，以成一家之言。善讀者深探而神會之猶恐不及，遑復多求哉！若放翁、誠齋洋洋灑灑，篇目動以千萬數，抑又當别論爾。

陳白沙先生集序

君子所以學者，爲己而已矣。渾之天地萬物，皆爲己也，爲己則必無人，己間尚有纖芥累者。有明白沙陳先生之學，則可謂爲己而無累者矣，而人猶或謂其《西南驛詩》寓意於瓊山者，何哉？世傳瓊山之齮三原也，坐吴禎、劉文泰輩耳。且説者以瓊山主會試發策之語度之。試問瓊山發策所指，虚慕道學之士爲詭異之行以徼名干譽者，曾與先生奚涉乎？彼蓋痛斥其時士習之不醇者，俾養學術而正文體也，即與三原尚無

❶「説」下，稿本有「爲不足信」四字。

與，而況先生乎？三原之去官，在瓊山入閣之後。先生以成化十九年應召，在瓊山入閣之前。而瓊山之主會試，在成化十一年乙未。其援此傅會者，不辨而自明矣。❶先生入京不謁瓊山，蓋正在以疾辭秩之時，而其《祭瓊山文》所云「足不至公之門」者，又特以自道其積慕未申之隱。而好事者又援斯文與「山雨不來」之句並案焉，其亦支而弗通矣。粵之先賢如二公者，其學之醇實，心之光明磊落，亦可以無他議矣，而世尚有疑而議之若此者。甚矣，爲己之學衆人不識也！君子之於人也，學問議論初不必其盡合，然必顯然有所駮正發明以伸吾見，而期歸於一是，未有口不明言而故假他端以寓其憤激者。假若瓊山有所異於先生，則必昌言於先生而使知之。其未昌言之，則其心無異於先生必矣。明代士大夫習氣，喜爲黨同伐異之論，稍有可假之端，則科道諸曹譁然交章，辨難蠭起，横議滋而門户立，朋黨衆而權奸熾。自古爲學爲文之害及世道人心者，莫甚於此。以白沙先生之道力常伸於天地之間，超然獨立於萬物之表者，而何爲亦必援之使入此而後快哉？予讀先生之集，不足以毫髮闡明先生之所得，顧見序先生文者，斤斤於朱陸異同、江門會稽之辨，予則何敢焉。因見重刻本尚存黄氏所爲《應召録》者，而懼覽者之弗究其實，故第就此一條言之。

安我素先生集序

歲己亥，予典江南省試，得無錫安生吉以《春秋》冠其鄉。比生來謁，則温粹之氣油然而深長。一日，手

❶「不辨」上，稿本有「可」字。

所校刊其先我素先生集，屬予序之。卷首則當時諫草也。當明神宗之世，高、顧諸君子爲士林標準，一時若大庾之譚、餘姚之孫，皆附載安光禄傳中。而光禄裔孫獨能表章其遺文，顯幽光而伸亮節，與史策並垂矣。予嘗得萬季野手書先生本傳草藁，慨然想見其爲人。又嘗獲藏先生之祖桂坡公所舊藏宋槧蘇詩施、顧注本，每念文字之真契出於忠孝，非區區藻繢之藝所能工也。今安生日抱遺經，研窮古人心得之祕，剖析其同異，而所以闡揚先人之撰述者，篤志不渝又如此。君子之澤，必昌其子孫，理之可信者也。生又爲余摹桂坡公遺像於《蘇集》之前，而余得敬識數言於其先人遺文之卷末，庶安氏後人之讀書感舊者有所興起焉，則所禆豈淺哉！

孫忠靖公詩序

明督師總制兵部尚書代州孫忠靖公，當明社岌傾之際，奮力獨支於關隴河陜之間，爲楊嗣昌所撓阻，卒以身殉。而威震三邊，英光塞天地，忠節具於史傳，豈復僅以文字見於後世哉！所著《白谷山人詩鈔》上、下二卷，古今體凡二百五十首，其門人馮君如京序而傳之。昔秀水朱檢討綜有明一代詩人，至殉節諸臣，或表其事以重其人，或因其人而存其詩之什一，而是集獨不與焉，蓋朱氏所未見也。是集在公平生，泰山一豪芒耳，然猶足見公之襟懷寄託，如聆其談笑而親其翰札也，詎不幸哉！集名題曰「白谷山人」。蓋沿其舊草也。今敬依乾隆四十一年欽定勝國殉節諸臣專謚，題曰「孫忠靖公詩」。蓋其片言隻字，皆精忱所流露矣，又惡得徒以詞翰視之？

重刻王文簡五七言詩鈔序

漁洋先生《五七言詩鈔》，雖云鈔，不求備，而古今詩法之正脈繫焉。即以所託古調，若仍沿白雪樓遺意。且五言自杜、韓以後，若皆視爲變體，或類舉一廢百乎？然先生提唱神韻，高揭羣言，其所舉似本自如此。揆諸《三昧》十選，沿波討源，若涉大川，兹其津涯也已。顧刊行板本時，於諸家原序、原注，校寫皆未歸於畫一。愚嘗憾秀水朱先生《經義考》，於原序歲月多所遺失。二老此意，儻可相視一笑歟？竊謂詩教崇深，通才精詣，自當博綜諸家全集。如以彙輯一書，擇其尤雅，則斯編實後學指南，有通途而無流弊也。暇日偶取曩所校寫之本質諸雲谷葉君，君復以其尊甫花谿翁夙所考次適有相印合者，遂依次重録之，以公諸同好，猶先生初志也。篇内有未及書按者，亦猶昔蔣刻附注之例云爾。❶

漁洋先生精華録序

昔任天社選山谷詩文曰《精華録》，而漁洋詩亦以是名，❷此録饜飫人口久矣。方綱按試來山東新城，學官以此書無專序，謂此土士人之意欲方綱爲之序。方綱宜援計甫草之例以謝之，而又不敢以空言謝者，

❶ 文末，稿本有「嘉慶十年乙丑秋七月朔北平後學翁方綱撰」。

❷ 此句，稿本作「而漁洋先生門人盛君仿其意以録先生詩，亦以其名名之」。

何也？先生之詩，自漁洋前後集以訖《南海》《雍益》《蠶尾》諸集，可謂富矣，今約取之而目曰「精華」，其果先生精華所在耶？且先生詩之精華，當於何處覓之？在當時有謂先生祧唐祖宋者固非矣，其謂專主唐音者，亦有所未盡也。謂先生師韋、柳者似矣，顧何以選《三昧集》而不及韋、柳？又謂具體右丞似矣，然又何以鈔五言詩不及右丞？是皆未足以盡之也。或曰讀先生詩當熟《史記》《漢書》，故以惠氏、金氏、徐氏諸箋説援據極博，而尚有補注者。然且又舉司空表聖、嚴滄浪言詩之旨歸於妙悟，又若不假注釋者。此皆仁智各見，吾惡乎執一處以求之？天社之於山谷也，其録取精華之義，蓋罕有知之者。即以盛君此序所謂《山谷精華録》者，愚嘗考之，乃後人僞託之本，而天社原書久佚。且山谷之詩，或云由崑體而入杜也，又或謂其善於使事，又或謂其純用逆筆也，此果皆山谷之精華乎？愚在江西三年，日與學人講求山谷詩法之所以然，第於中得二語，曰「以古人爲師，以質厚爲本」。尚未知於天社之意有合乎未也，而奚敢直舉所見以序先生詩哉！願與善學者質之耳。

孔撝約集序

凡作序者，必於其書有所資證而後序之。予從來不欲以泛贊作題辭也，況吾撝約相與對榻論析非一日矣。今於其所著述，思所以闡其要而補其遺者。説經之條則《大戴記》《公羊傳》，其最著也《公羊》。予所論者皆不能以入此，惟夙所最心切者，《小辨》以下三篇之目次也。《漢志》：「《孔子三朝》七篇。」師古曰：「孔子對魯哀公語也。三朝見公，故曰三朝。」王應麟曰：「七篇，今在《大戴禮》，《千乘》《四代》《虞戴德》《誥志》

《小辨》《用兵》《少閒》也。」今《大戴禮》，《小辨》第七十四，《用兵》第七十五，《少閒》第七十六。昔嘗與撝約讀至此，撝約曰：「此三篇當在《文王官人》之前，則《三朝記》七篇相屬矣。」此非諸家所云錯簡可比，實《大戴》篇次之定論，學者所宜知也。撝約每來吾齋，有所劄記，今其手蹟尚有未盡檢出者。若所輯《岐鼓凡將篇》，久欲勒諸石而未果，今屢檢敝篋，尚未得也。惟讀《漢書》一條，《地理志》下篇魯國分壄條末：「東平、須昌、壽良，皆在濟東，屬魯，非宋地也，當考。」此句師古亦誤注。撝約曰：「此十八字是後人讀《漢志》者校勘之語。須昌、壽良皆屬東郡，光武叔父名良，故曰壽張，今仍稱壽良，知是魏以後人所校語誤入正文耳。」此於攷訂《漢志》極有關繫，予已書諸《漢書》校本矣。舊學相知之語如此，有益者安可不記？書此於君集前，以資訂證。

濤音集序

《濤音集》八卷，皆掖縣人詩，蓋西樵教授萊州時，阮亭省兄於學舍，相與觀海賦詩，因撰次其邑人之作也，往往有兩先生系評云。予訪此書，三十年不得見，今按試於萊，始見之。試竣日，亦觀海於蠡勺亭，而求所謂亞禄窟室黄門别墅者，則堙廢久矣。漁洋《窟室畫松歌》，蓋和孫黄門作，所謂「江南吴生」者，賴此集以傳其姓名。而注漁洋詩者皆失之，則是集之久不著於世可知也。集内附載漁洋詩，吴生前後凡三見，中以道子襯託耳。今所行漁洋詩，則删去中間吴生句，雖視初本若稍薙其蕪，而於層折乃轉未了然也。黄門原唱亦有未合拍處，當是一時偶以石几刻畫，見其神致飛動耳。集中類此者亦尚復不少，讀者第賞會其神致而姑勿深論可也。是集之成在順治十四年丁酉，正兩先生昆季盛年馳聲藝苑之時。其後漁洋作《西樵年譜》，於《然脂》《濤音》二集皆追序及之，蓋已不能無陳迹之感，而況今日考新城著録者耶！萊之人士方謀重鋟於木，欲方綱爲之序，故獨就其切於漁洋者言之。

新城縣新刻王文簡古詩平仄論序

詩家爲古詩，無弗諧平仄者，無弗諧則無所事論已。古詩平仄之有論也，自漁洋先生始也。夫詩有家數焉，有體格焉，有音節焉，是三者常相因也，而不可泥也；相通也，而不可紊也。先生之論古詩，蓋爲失諧者言之也。紊亦失也，泥亦失也。紊斯理之，泥斯通之。夫言豈一端而已，言固各有當也。

方綱束髮學爲詩，得聞先生緒論於吾邑黄詹事，因得先生所爲《古詩聲調譜》者。既又見江南屢有刊本，或詳或略，又有所謂《詩問》《詩則》者，其論間有掊拄，亦大同小異。今見新城此刻，抑又不同，或遂疑其有贋。方綱蓋嘗熟復先生言詩之旨，而知其不相悖也。夫張、王、元、白之雅操，不可以例杜、韓；山谷之逆筆，不可以概歐、梅。吾惡知先生當日有所爲而言之之爲桓司馬耶，爲南宫敬叔耶？其知者，則曰舉一以反三也；其不知者，則曰舉一而廢百也。今日高才嗜古者稍有所得，輒往往詘薄先生，漸且加甚矣。其墨守先生之論者，尚知聞聲欬而愛慕之，得其片紙隻詞以爲拱璧。方綱若不爲之剔抉源委，俾讀者知其立言之所以然，其於甘辛丹素、經緯浮沉之界所關非細，故因新城學官之請，而爲之序如此。

小石帆亭著録序

石帆亭者，漁洋先生論詩處，在新城里第池北書庫間。昔吾邑黄崑圃先生受學於漁洋，至視學山東役竣，猶親執經問業於此。方綱幼及崑圃之門，輒心慕之。後四十年而方綱視學於此。竊思漁洋先生以詩學沾溉後賢，顧後來受其膏馥者，或往往厭薄先生，蓋始於趙秋谷。後人所聞不逮秋谷，而亦轉效之。實則先生言詩，窺見古人精詣，誠所謂詞場祖述江河萬古者矣！方綱幸得承先生門牆緒論，復得與學人訓故齊魯之間，急以闡揚先生言詩大指爲要務，輒因新城新刻《古詩平仄論》而推廣沿溯，約爲書六卷。使院四照樓前有石焉，旁有水亭，因題以「小石帆」，而竊比於著録之義。

三元詩序

乾隆四十有六年歲在辛丑，聖天子久道化成，壽考作人之慶，錫福極於衆兆，民毓瑞於士林。厥有三元應昌辰而出，則吴郡錢生棨也。維時帝庸作歌，風雲之壯麗，禮樂之光華，騰耀呈露於天章藻彩之間，猗歟盛哉！於是刑部侍郎姜公、翰林侍讀學士彭公，偕吴郡諸公仕都下者，於聞喜公讌之後，卜期張筵爲之賀。而方綱舉酒以相屬，再拜言曰：

粤稽甲乙科之設，自唐至今千一百六十四年，其間狀元之可考者，自武德元年孫伏伽以來，三百四十有一人矣，而三元者纔八人耳。若唐張又新、宋楊寘，其名位行業無可稱於時，其見稱者或以字，或以官，或以封爵，然獨王沂公、宋莒公爲較著。而李心傳所記宋之三元，則及沂公而不及莒公。其曰青州試，曰南省試，曰廷試，蓋沂公之相業尤著於當時，載誦於人口也。《禮·射義》曰：「古者天子之制，諸侯歲獻貢士於天子，天子試之於射宮，其容體比於禮，其節比於樂，而中多者得與於祭。」鄭注曰：「三歲而貢士，舊説大國三人，次國二人，小國一人也。」然則古之所謂選士、俊士、進士者，既同等而進於王朝，則必皆有冠其等者，而其人之姓名不傳，則是所重者在設教觀德，而不在於榮名也。唐宋已後，士大夫益重科目之選，而考德敦行之實或不逮於古者，何歟？毋乃不求諸忠孝之大原，而徒騖乎名譽也，其甚者或競逐於榮利也。昔楊大年見沂公所作賦而歎曰：「王佐才也。」及後爲相，范文正以宰相之任推之，沂公獨遜謝不自任。然則其謙退敬誠之意根於器量，而無弋名邀利之心，蓋終身以之矣。夫士以學養爲歸，以質厚爲本，此讀書立身之要言，非爲中三元而後以此受之也。然而所以膺福禄於無窮者，初不出乎此。

於是錢生再拜受之。爰爲考序唐宋已來三元姓氏書於册，而方綱與諸公同賦喜讌之詞，書此以爲之序云。

續禪智唱和集序

南康謝子移守揚之四年，將入覲，以次韻蜀岡蘇詩合爲卷，而以録别諸作附焉，曰《續禪智唱和集》，踵新城王司寇故事也。方綱於其旋任而告之曰：「漁洋有《唐人神韻集》之撰，刻於揚州，而其本不傳久矣。今子續是集也，儻更可訪耶？漁洋詩得山川挺秀之氣，少年時得之揚郡居多，將以吾子之續是集卜之也。

蘇詩，漁洋所最服膺，而於五言古、七言近體頗有未愜者，顧若《遊東西巖》諸篇，何必盛唐之爲三昧哉？則是詩也，其於漁洋離合必有間矣。然吾嘗謂漁洋真知詩之正法者，蓋曠代之感，❶綿邈而相屬者，即詩法也。空山禪榻之間，泉窈然而鳴，樹蓊然而合，子其若或遇之，非我所能言詮矣。」謝子曰：「有是哉！」遂書此以序之。❷

重刻吴蓮洋詩集序

汾陽曹僕卿以其鄉人張觀察之意，俾方綱校訂蓮洋詩刻之，爲取鈔刻諸本，校月餘乃定。序之曰：此事，離、即二義盡之矣。即者，或可執迹以求；❸而離者，不當執迹以求，此其大較也。昔漁洋先生每謂開元、天寶諸作，全在興象超詣，然如王右丞之作，則句句皆真實出之者也。即王少伯齋心一詩，空洞極矣，而按之具有實地，如畫家極空濛煙雨之致，而無一筆不可尋其根源，此詩之所以爲詩也。唐人惟白香山處處着實，轉有求其著實而過者，如言音聲之直，而譬諸筆描，豈有不類於滯，❹是以漁洋先生極不勸人學之。

❶「曠代」，稿本作「曠古」。
❷文末，稿本有「乾隆四十三年夏四月九日文淵閣校理翰林編修北平翁方綱序」。
❸「或可」，稿本作「所當」。
❹「有不」二字，稿本互乙。

然民之質矣，日用飲食，布帛菽粟，皆至鄙淺，而可以充人飢寒之用。❶ 若所謂五城十二樓，彈指即見者，則即之轉遠已矣。然漁洋先生雖以此自高，而獨具中和之氣，不至太過，是以他家亦不能及。若蓮洋之詩，則奚所處乎？語曰：日臨蘭亭一本，終不成書，見過於師者，不從門入也。開元、天寶諸公，孰其似漁洋者耶？今漁洋以爲三昧，則漁洋之似而已矣。後乎漁洋者，孰當似漁洋者耶？今漁洋以爲得髓，則不漁洋之似而已矣。夫浮海之喜，信道之篤也，況其一往所託實有不朽之處，而氣之所至，吉祥止止，騎箕尾而比列星也。過此以往，未之或知，雖漁洋莫能節制之矣。無已，則仍就漁洋之説編之。❷

愚谷文存序

予與槎客以文字相知，定交三十餘年矣，而未得爲之序，今得見所存藁而序之者。槎客，東南名士，其文淹貫載籍，力追古作者，不待予言也。其徵文攷獻，裨益於風化，人皆見之，亦無俟予言也。乃今見其言人所不能言者，則周松靄訂閻之序也。《古文尚書》誠不無可疑處，然義皆醇正，列於學官久矣。即如其中一二偶見他書者，安得從而議之？今日讀《尚書》者，竟以駁古文爲事矣，皆閻氏此書樹之幟也。且如《大戴禮記》有漢時冠辭，不聞有人特爲一書專駁《大戴記》者，而梅、閻之輩顧必力訐《尚書》之僞。且如切磋道

❶ 「充」，稿本作「供」。

❷ 文末，稿本有「乾隆甲午七月一日大興翁方綱序」。

學諸條，既見《大學》矣，又見《爾雅》，《春秋傳》穆姜亦有「元者善之長」諸句，古籍錯見處曷可勝言，而閻氏輩必舉《大禹謨》「危微精一」之語而亦疑之，此其害於世教人心非細，則其他條即或偶有所見者，亦當存而不論，總之此等書不作可也。今周君之書，予所未見，予亦時時有訂閻條件，不過附記於讀經條下。況閻氏之縱筆輕肆，啟人好議論古人之漸，其書，學者本不必觀。而今日讀槎客集，有以發我所欲言，敬告讀斯集者，勿僅視爲談藝資見聞之助而已。他日儻得見周君之書，更當出區區訂閻諸條相質證焉。

坳堂詩集序

司空表聖生於王官谷，元遺山在汾晉，王漁洋在濟南，皆北地詩家之秀，而皆能知神韻之所以然。今人顧專目漁洋言神韻者，何哉？獻縣戈芥舟《坳堂詩集》，不蹈格調之滯習，亦不必以神韻例之，顧其藁有任邱邊連寶一序，極口詆斥神韻之非，甚至目漁洋爲神韻家。彼蓋未熟觀古人集，不知神韻之所以然，惟口熟漁洋詩，輒專目爲神韻家而肆議之。且又聞其嘗注杜詩，其注杜，吾未見也，第就此序舉杜詩「浣花溪裏花饒笑」二句、「巡簷索共梅花笑」二句，謂杜集中只此二處是神韻，不通極矣。

神韻者，非風致情韻之謂也，今人不知，妄謂漁洋詩近於風致情韻，此大誤也。神韻，乃詩中自具之本然，自古作家皆有之，豈自漁洋始乎？古人蓋皆未言之，至漁洋乃明著之耳。漁洋所以拈舉神韻者，特爲明朝李、何一輩之貌襲者言之。此特亦偶舉其一端，而非神韻之全旨也。詩有於高古渾樸見神韻者，亦有於風致見神韻者，不能執一以論也。如「巡簷索共梅花笑」二句，則是於情致見神韻也。若「浣花溪裏花饒笑」「笑」字則不如此，此乃「竊笑」「取笑」之「笑」，與「笑樂」之「笑」不同，且此二句亦與情致不同。彼舉眼但見二處皆有「笑」字，遂誤混而言之，可乎？即觀此語，則所謂注杜者，其謬更何待言。而以此序坳堂詩，其可乎？

芥舟昔爲邊君作序，亦何嘗無稍憾漁洋之意，然而不害者，芥舟之意先舉信陽以影出漁洋，則切合矣。愚曩者固已於藐姑神人之喻，微覺漁洋儗不於倫矣。漁洋又嘗謂杜《吹笛》一篇爲大復所本，即此類也。神韻者本極超詣之理，非可執迹求之，而漁洋猶未免於滯迹也。芥舟詩正妙在不滯迹，雖不滯迹，亦不踐迹，觀者聊以存其真可矣。故削去邊君序而爲之説如此。

陶廬雜録序

《陶廬雜録》六卷，法式善梧門撰。梧門姓孟氏，内府包衣，蒙古世家，原名運昌，以與關帝號音相近，詔改法式善。法者，國語「奮勉」也，其承恩期許如此。自其幼時穎異嗜學，尊人秀峰孝廉受業於予，故梧門得稱門人。刻意爲詩，又博稽掌故。其於詩也，多蓄古今人集，閎覽强記，而專爲陶、韋體，故以「詩龕」題其書室，又以「陶廬」自號。其於典義卷軸，每有所見，必著於録，手不工書，而記録之富什倍於人，即此卷可見其大凡矣。與予論詩年最久，英特之思，超悟之味，有過於謝蘊山、馮魚山，而功力之深造，尚在謝、馮二子下。故數年間阮芸臺在浙，以其《存素齋詩集》送付靈隱書藏，而予未敢置一語。今笠帆中丞以所梓是編屬爲一言，則其中有係乎攷證，有資於典故者，視其詩更爲足傳也。梧門子桂馨亦能文，早成進士，官中書舍人，深望其以學世其家，而今又已逝去。撫卷懷人，耿耿奚釋。況吾文之譾陋，又安足以序之！

花王閣賸稿序

昔歐陽子序梅聖俞詩，有「窮而後工」之語，予竊非之。周末板蕩，諸什不能躋諸《清廟》《生民》，而少陵稷契自許，豈必借彼羌村巫峽之寄興哉？詩之工不工，不係乎穷達明矣。今觀景城紀公之詩，而知歐陽子之言未可盡非也。

詩皆明季天崇閒作，憂時感事，多怫鬱沈痛之音，然則每有事外遠致。蓋嘗綜論有明一代之詩，其僞體無論已，其稍有氣骨者，每變而卒不能自勝，何者？無事外之致也。明之季也，黨於朝而社於野，一二篤志古處之士，出言而不自知其過激也。公安、竟陵兆其先，雲間、西泠洩其後，其既洩而莫可遏，則有力者弗能收也，故必不得已而寧取桐城錢飲光之詩，以爲能稍斂浮響云爾。本榮于春，落於秋，而飄蘀之音、焜黄之色反足以增天趣者，惟其閒寂之感人深也。

予曩嘗與吾友錢蘀石論《田閒集》，謂北方詩人無其比，蘀石爲言阮旻錫《夕陽寮集》可以相兢。及取阮集觀之，乃閩人也，然其詩亦不及《田閒》遠甚。而北人之集在其時竟無可舉者！今見是集，雖視《田閒》多寡不同，要其峻冷孤峭可以相視而笑矣。集本六卷，既散佚，此其殘稿也，然蕭寥無多之境與所遇正相稱。君子論詩至明末諸家其音哀以思，比於亂矣！謂庶幾河閒訓典之區尚有詩在也，其必自此集乎。

復初齋文集卷第四

大興翁方綱撰

門人侯官李彦章校刊

蘀石齋詩鈔序

秀水錢閣學所爲詩曰「蘀石齋集」者三十有六卷，閣學既自序之。乾隆丙申夏，閣學奉命視山東學政，將出都，新安程吏部、欽州馮孝廉屬方綱鈔其詩。方綱與蘀石相知在通籍之前，而譚藝知心，於同年中爲最。自己卯春蘀石自藜光橋移居宣南坊，方綱得以晨夕過從，至今十有八年，中間方綱使粤者八年，而前後共吟諷者則十年。十年論文之交，世固有之，至於心之精微，人所難喻。方綱於蘀石，則固敢謂粗喻之矣。❶ 其詩濃腴淡韻，若畫家賦色，向背凹凸，東坡謂於王維「千枝萬葉，一一皆可尋源」者也。爰略摘取爲四卷，以見其概，以俟其全集之刻云。

❶ 「之」，原脱，今據稿本補。

甌北詩集序

語曰：「心之精微，口不能言也。」豈以時易過而境不留耶？ 吾嘗疑之矣。 白傅之於元相也，格調既合，工力亦相埒，而其言曰：伐石者觀劃迹，發矢者聽弦聲。 兩公之心力，必有耑至微眇而不易以告人者矣。

歲己卯、庚辰間，予與耘菘鄰居寄園舊址，日夕過從譚藝。 癸未春，同校藝禮闈，夜聞君吟嘯聲，與諸桐嶼聯句至百韻，達旦相示，才氣橫溢，辟易萬夫。 比出闈旬日，耳側猶作硑訇砯砉聲，欲出一二語以舉似之，而竟未得。 閒後八年，予視粵東學政，而耘菘守廣州，辛卯秋遷貴州兵備道，將受代，未行。 一日，獨與畫師吴水雲買小舟，探羅浮、華首、冲虚諸勝。 予時試諸郡畢，日坐使廨藥洲上，想君詩思聊聊，在海天雲石之外，亦欲於贈行時題記數語，又未得遂也。

今耘菘之詩裒然成帙，既登於梓者二十七卷，郵寄示予，且屬以一言。 君方掌教邗江，而予於二千里外披誦前後諸什，坐臥不能去，宜有以發揮集中之所得矣。 然旬日以來，把卷馳溯，如見君雙眸射人，摇膝撚髭於煙月間。 而其詩境硉兀奇宕，音在空外，❶吾安得執一解以印定之，豈得以時與境不相值爲辭？ 又豈得以良工藏璞之秘自擬乎？ 他日晤耘菘，對案伸紙，必有所以相質者矣。

❶ 此句下，稿本有「昔人評魯公書力透紙背，與褚河南書用筆高出紙上寸許者其理正同」。

祝芷塘使蜀詩序

芷塘編修典蜀試之後三年，方綱始得見其紀行詩二卷，吾友魚門吏部序之，舉新城王文簡以發端。予蓋反覆讀之，而不欲以文簡儗也。世或言《蜀道集》爲文簡補作，是或未必盡然。❶然其時文簡年纔三十九，郎官出掌文衡，不可謂非盛遇。而其詩壯浪頓挫，中間出幽崖密箐之氣，嘷虎豹而嘯猨狖。此文簡蚤歲自序其詩，以爲性多感慨者，而豈可以律後人哉！學文簡詩者，或望其氣而不本其内心，襲其貌而不究其君形者，詩人之秀氣，所以終無由自達也。今編修斯集，其題、其境什二三同於文簡，而其深秀穠發，天骨映徹，不可於筆墨間求其肖似者。元裕之有言「乾坤清氣得來難」，必非日臨《蘭亭》一本者也。予八年於粤，亦文簡所舊遊，深愧學殖譾薄，風流莫接。而去年春旋役，道中望靈尾諸峰，青峭雲表，偶然有會，亦賦一詩以微寄此意。不謂今日得讀編修斯集，而有以發吾所欲言者，因併以質之魚門。

黄仲則悔存詩鈔序

今年夏，聞黄君仲則殁於解州。其冬，運使沈公鈔寄其詩來，俾予編次。既而得洪君稺存所爲仲則行狀，稱其詩可傳者凡二千首。今是鈔僅千首，予又删其半，存五百首而已，又不知尚有可傳之作若干首落何

---

❶「必」，稿本無此字。

處也。予既惜其詩不盡鈔，而於所鈔乃從嚴删者何哉？予初識仲則於吾里朱竹君學士座上，讀其詩，大奇之。自此仲則時以其詩來質，其信予之篤，出於中心之誠。予今日見是鈔如見仲則，亦相待以不欺而已。予最不服歐陽子「窮而益工」之語。若杜陵之寫亂離，眉山之託仙佛，其偶然耳，使彼二子者生於周、召之際，有不能爲雅頌者哉？世徒見才士多困躓不遇，因益以其詩堅之，而彼才士之自堅也益甚，於是怨尤之習生，而蕩僻之志作矣。仲則天性高曠，而其讀書心眼穿穴古人，一歸於正定不佻，故其爲詩能詣前人所未造之地，凌厲奇矯，不主故常，其有放浪酣嬉自託於酒筵歌肆者，蓋非其本懷也。仲則爲文節後裔，每來吾齋拜文節像，輒凝目沉思久之。予亦不著一語，欲與之相觀於深處。而孰知其飢寒驅迫，無晷刻發篋陳書之隙，而其精氣已長往矣。然而其詩尚沉鬱清壯，鏗鏘出金石，試摘其一二語，可通風雲而泣神鬼，何必讀至五百首哉！所以兢兢致慎，删之又删，不敢以酒聖詩狂相位置者，欲使仲則胸中抑塞磊落之真氣，常自軒軒於天地間。江山相對，此人猶生，正不謂以長歌當痛哭也！稺存評其詩出於太白，然此或人多知之者，吾是以不具論。

陳南麓先生北園集序

方綱爲兒時，則聞外祖張方九先生每稱都御史南麓先生家訓之善。及壬申與公子齊紳同成進士，官翰林，語及先生詩文集，而未得見也。先生與方九先生皆林氏壻，林本丁氏，嘗於山陰祖居之後山築北園，丁公憲侯所爲營搆也，故以「北園」名集。又有《春明》《擷芳》諸集，而《北園集》山居之詠爲多。今丁巳秋，始於先生從曾孫雲騎尉廣寧篋中見之，屬方綱爲序。又得題華秋岳所爲《北園圖》，並讀圖後金繪卣十詩，即謂斯園至今存可也。

先生於性道之學、經濟之學、詞章音律之學，他人所畢生精力莫能殫究者，而以一身兼之。又挾以清剛雋上之氣，如見其侃侃不阿而目光四矚也。是集始於官京師，終於居鑑湖，即以北園諸景詳於繪卣詩，而此集三卷中亦多拈其所未備者。是則考山川可以裨地志，述祖德可以補家乘，宜乎賢從孫之手寫不釋，出入與俱也。而方綱以姻家子姓之末，積數十年之久，得快覩從前之所未見者，迴環今昔，感慨以之！附名其後，有深幸焉，故不辭拙劣而爲之序。

見吾軒詩集序

壬申冬，方綱初入翰林，得問字於桐城張中畯先生。時先生嗣君茳亭前輩已先讀中秘書，長方綱二歲，每請業於先生齋中，退而與茳亭切磋論文。其後數年，與茳亭同修起居注，晨夕共几商訂者又四年。於是先生論詩之秘，前後飫積於胸者迨十年矣。蓋先生最服膺者在《昌黎集》，嘗手評之數遍，故其氣勁而詞達，有得於韓詩者爲多。然方綱於時肄習國書繙譯之課，又以質鈍，矻矻無暇日，於先生詩未得手寫以卒業也。茳亭雖同館同直，然每體先人志，謙抑不自任，其全集亦未竟讀。後二十年，方綱自江西旋役，道出宿州，而茳亭弟荔亭司鐸於宿，手輯四代講筵詩，屬爲序之。先生與茳亭詩皆在焉。

國朝詞林一門四世入直講筵者罕矣，四世皆有著述以傳後者抑又罕矣。始歎桐城張氏自文端公以來，累葉碩學名家，忠孝之篤，風雅之宗，未有能及者也。今又六年，而先生孫某手録全集以來，且屬爲序。方綱既幸夙昔受知之深，今始得藉以償所願，而又幸乃孫之克成先志也。夫以翰林館課應制之體，與韓子陳言務去之義能合爲一手者，有幾人哉？況今讀先生集中諸篇，其古今各體，又不僅以效韓爲專長。則其包孕才人、學人，奄有諸家之所擅美者，非合訂而編次之不能知也。故敢不揣闇昧，勉徇其請，爲排輯成若干卷，而略述師門數十年中區區願學之忱以復焉。他日仍當訪先生韓詩手評本以究精詣，則又方綱所日夕悚然惟恐弗及者也。

月山詩稿序

傳曰：「詩發乎情。」又曰：「感於物而動。」夫感發之際，情與物均職之，而情與物之間有節度焉，有原委焉。溺而弗衷者，非情也；散而紀者，非物也。嘗持此義以例近日詩家，如漁洋四言曰典遠諧則者，衷乎情盡乎物矣，而至於發抒極致，各指所之，則初白諸體，乃有漁洋所未到者。

三十年前在端溪舟中，嘗與沈椒園前輩暢論斯義，椒園輒欲舉初白詩集引申而箋疏之。然予竊謂初白深入白、蘇，每患言之太盡耳。今讀《月山詩稿》，亦出椒園所手訂，乃覺尋常景色，悉爲詩作萌坼，凡有觸於目者，皆深具底蘊焉，非物自物而情自情也。故爲詩者，實由天性忠孝篤其根柢，而後可以言情，可以觀物耳。又讀《月山詩話》，雖上下千年評隲不多，而就其大者，如漁洋之薄視香山，至於杜公《八哀》而亦譏之，若《李潮八分小篆歌》高出韓、蘇之上，皆漁洋持論未定者，得此數條以辨正之，誠詩家定案矣。予於論詩，深不欲似近來學人騰笑於新城，而於椒園欲注初白詩之意，今始得觸發於言情體物間。爐香茗椀，處處皆實詣也，正如讀山谷《大雅堂記》，則毋庸注杜可矣。❶

蔣春農文集序

乾隆壬申禮部試同榜成進士者，以古文名家二人，曰餘姚盧紹弓，曰丹徒蔣春農。時予在諸君中年最少，輒與二君子往復上下其議論。紹弓則同讀中秘書，以校讎相與辨證。而春農授中書，直禁近，以隔歲再入春明，相與握手言歡，函資雅故，視諸同輩，相得爲尤甚也。

予嘗謂爲文必根柢經籍，博綜攷訂，非以空言機法爲也。紹弓之文，得力於校勘諸經，貫串百家。每聯几賦詠，紹弓起步庭中，以手自拭其面，同人笑曰：「此君胸中剖別同異，省卻頮面脂藥錢耳。」而春農每來坐中，手篋櫝，快辨橫飛。有與商古籍者，則屈指唐鐫宋槧某書某板闕某處、某家鑒藏某帖如貫珠，如數家珍，問者各得其意以去。而春農雜以諧謔，初若不經意也。嗟乎，此則文之心也！

已後數年，諸友或出使，或告歸，聚散不一。紹弓歸里後僅一至都門，與予共論次者數旬耳。歲己亥，予典江南鄉試，春農訪予於秦淮驛館，猶相與考訂《攝山》諸碑，出所藏古研，與予審定欵識者累夕。而同年諸友罕得合并，無復曩時城南唱酬之盛矣。紹弓逝後，予爲志其墓而未得序其全集。今春農之孫延莒出其

---

❶ 文末，稿本有「乾隆六十年秋九月朔北平翁方綱序」。

所鈔諸體文來，屬爲序，乃慨然思舉此中汲古苦心以導後學，而迴思四十年前所得於益友者，不禁涕泗之交集也！遂書此以復之。

謝蘊山詩序

予與蘊山相劘切爲詩者十有二年，乃蘊山出守，予以其宜勤職務也，又相誡不爲詩者十年。今則舊學之懷復積成卷軸者，又十有二年矣。此中甘苦相喻之微，弗能一言盡也。蘊山今將裒其近數歲之作彙爲帙，欲予一言以序之。予時在濟南，方論著新城石帆《蠶尾》幽敻空澄之詣，若不可以言詮得者。一日，與鄰林尚書濟寧舟中對月説梅花詩，懷吾蘊山，自謂此足當一序矣，惜匆匆未筆於卷也。其秋予還都門，而蘊山馳札來曰：「先生可無言乎？」是夕惝怳不成寐，因舉吾二人以詩爲息壤之諾，約略書之，以志蘊山此次裒輯之概。語曰：「心之精微，口不能言也。」異日得共几磨墨，續城南退直之風味，丹素揣稱，如吾意所欲盡言者，更必有進於此者矣。

朱艸詩林集序

壬辰之春，予自粤北歸，始晤羅子兩峰於錢擇石之木雞軒，睟子炯炯，有曠古之懷，手冬心前、後集，逌然作鸞嘯聲。擇石笑曰：「如見冬心復生矣。」蓋冬心之高弟子腹貯皆金石琳琅，深情遠韻，不僅師冬心畫梅者也。既而南返，又一再北上，其於畫理深入古作者之室，幽深敻邈之趣，悉寓之於詩。蓋冬心之詩以含蓄見味，而兩峰能盡發其所欲言者。然予嘗論古淡之作，必於事境寄之。放翁亦言，絶塵邁往之氣，於舟車道路間得之爲多。兩峰自南北數千里間選勝懷知，登臨節物之感，離合振觸之思，蕭寥沉頓，每以空音淡佇，若不欲暢發之至盡者，此即冬心詩畫髓也。予與兩峰論文譚藝，往復相質，倏復二十餘年，相對皆白髮矣。兹爲裒次其前、後諸集二百餘篇，以志吾二人結言古歡之素，而屬思飛騰，仍以冬心爲歸宿焉。此後兩峰詩詣之益深，則迴向舉似皆鏡象離銓之旨矣，更何從而拈説也哉！

梧門記科目故實二書序

梧門司成博學多聞，勤於攷述，自其爲講官學士時，輯録制科、貢舉、官職、姓氏之類無不備具。洎先後任司成，課業之暇，攟摭諸家集部、説部，凡有關於科目者皆足以備文獻、資掌故焉。

國家重熙累洽，百五十年以來，魁儒碩學，際會中天之運，砥廉隅、矢文章以報稱者，指不勝僂。乾隆辛丑春，方綱忝貳司成，而是科會試、殿試，皆吴人錢棨第一，即前秋己亥方綱典江南省試所録第一人也。故事，一甲三人，謁聖廟禮畢，拜司成於彝倫堂。三人簪花訖，所設備用金花一枝以歸總理大學士攜歸，歲以爲常。時大學士漳浦蔡公謂方綱曰：「此三元，君所得士，而今又親與此禮，此花以歸君。」於是方綱作《三元讌詩》《三元花歌》，又撰《唐宋以來三元考》，一時和詩者甚衆，吴人爲鋟板者是也。

夫人知科目之爲重，則益知君恩之不易報，益知榮名之不易副，而敦節行、勤職業，官箴士習，皆系於此。若夫題目之式，品藻之鑒，語資之記，或足以正文體、裨經傳，或足以觀得失、備勸懲，又非光化進士百有三門所能該悉者矣。昔汪學使薇題福建使院句云：「爾無文字休言命，我有兒孫要讀書。」竊嘗感佩此二言，願凡有司衡之責者，皆當書於廳事以示多士。故因梧門此二書而識於卷端，俾吾學侶皆敬聽焉。❶

馮魚山詩集序

予與及門諸子論詩，所知之最深者，無若謝、馮二生。謝藴山自翰林出守，予誡以十年不爲詩，藴山亦知予勖其吏治，果逾十年乃與友唱酬。自監司以至節鉞，勤職之暇，無歲不以詩求定，予一序再序，期之勉之而已。馮魚山則天骨開張，更過於謝，而其自翰林改部曹，衣食奔走於四方，遍遊五岳，窮探奇險。其遊太華蒼龍脊，攀絙索而陟千仞，昔人危慄咋舌處，猶手拓鐵絙題字以寄予。然所爲詩則無片紙寫以見寄者，非藴山之勤而魚山之怠也。蓋藴山在館下，日見予與萚石共燈燭研聲律尺黍，而萚石酒酣以往，頗不耐攷證之煩。予獨以屬望藴山，故其久歷外任，尚時時殫尋樸學，補《小學考》，撰《西魏書》，以推本囊相證訂之意。其於詩也，亦以爲孜孜如是則已耳。而魚山亦因予得受益於萚石，乃深有見於此間分刌節度之不可强爲，是以至於屢索其詩而不輕出也。予雖序藴山詩，然實知其夙夜殫心職務，雖嘗以李丹壑目之，而不欲急趣其以詩名也。至魚山則前歲掌教端溪，尚以羅浮古藤杖及摹勒東陽《蘭亭》本見寄。予既賦《藤杖歌》答之，又爲極論東陽本之毫釐出入，則實望其所造益深，乃求其全詩定之。而孰知魚山竟倏焉化去，留此數十

---

❶ 文末，稿本有「嘉慶三年冬十有二月朔」。

年未竟之緒餘，使我振觸不忍卒讀也！

乾隆乙酉，予初識魚山於未冠之年。及其舉於鄉，陸耳山典粤試，榜發，予與耳山交口稱爲天才，羅臺山、李南磵皆同几激賞其詩筆。今羅、李二子之集杳不可得，即耳山篇什最富，今亦尚未裒輯成帙，而魚山門人鈔其詩來屬予序，是則何妨過而存之。然而此事之精微，予則何敢自欺。今日知馮魚山者無若吴蘭雪，蘭雪力任删訂，存此百三十首以付其門人。予則謂存其多篇，不若少存之爲質實，故爲追説昔以詩望魚山之鄙意。陳思有言，吾亦不能妄歎者，畏後世嗤予也。凡吾學侣皆宜懸此以爲銘鑑，而況於魚山乎？❶

洪介亭詩序

吾門諸子可與言詩者，無若謝藴山、馮魚山，二子之詩，予皆序之矣。藴山之出守也，予誡以十年不爲詩。及其裒集前後所作，予爲序之，乃又在此十二年之後，予惟勉之期之而已。魚山則俟其大成乃爲之序，而魚山不能待也。其所存詩，則其門弟子輩所裒集，雖予亦序之，而聞者未免疑吾言過嚴也。念此事精微，罕共質者。比歲以來，洪介亭有志於此，其才思亦不減謝、馮，而予語以十年之功方可有成。此語如昨日耳，而介亭又不能待也。今其嗣君扶柩將歸宜黄，鈔其詩四册來求序，予則奚忍不言！予於魚山詩序，已援陳思「不能妄歎」之言。昔漁洋先生亦云：「於論文無假之中，見吾心不欺之學。」故仍舉吾門謝、馮二子

---

❶ 文末，稿本有「嘉慶十三年冬十二月十日」。

詩以爲之質。蘭雪即北來，芷溪又出守，耿耿予懷，將誰是語？介亭嗣君其或深喻此意，則寫吾序而存之；其或不諒此意，則如魚山門人輩之舉而刻之，是則鄙人所不能代爲籌者矣。

環中廬初藁序

昔徐昌穀以吴門雋才從北地李獻吉游，其後詩名與李、何並駕。而當時論者或謂文章煙月之作，散華流豔，自足傳世，及其趨爲漢魏盛唐，乃有守而未化之譏。予竊以爲不然，今《談藝録》具在也，而陳約之、王敬美皆以迪功與蘇門同論者，故在詩外有微旨矣。至於守而能化之秘，則獻吉固未能幾此，而以譏迪功，可乎？吴人金子青儕前歲與吾友王述庵偕來都門，予一見輒爲説太白詩之所以然，青儕録其語於所寓齋壁。年來與輦下詞壇諸公迭相唱和，其才日益進，其氣日益充實，蓋不僅空言格調者，而此事之精微，非一昕夕所能竟也。今將南歸，出其《環中廬初藁》見示，述庵期許之言在焉。予於青儕知其才力必能直到古人，而又不可以一格相繩者，江漢之流，浩乎放海，始於此矣。往嘗與梧門司成、魚山編修細論迪功《談藝》之理，青儕此歸，於舟車間養其充實之氣，恐未可僅以迪功《談藝》相期矣。近日言太白者，不於獻吉之推何、徐，則於漁洋之推吴天章。今予於青儕則似尚不止於此，青儕勉之矣！

嵐漪小草序

乾隆丁未秋按試南康郡，郡在廬山東南。由德化入星子，必經山之隘口，而試院在山麓，日與湖中落星石對。予以七月十四日入隘口，飯瞻雲寺。比試竣，以八月二日宿秀峰寺。明晨遊萬杉、栖賢，午到白鹿洞書院。又明日並五老峰，❶東北度吴章嶺，至九江。此廬山之陽經遊大略也。中間數詩試院作，合前後入山、出山，凡得四十八首。不曰「匡廬小草」，而曰「嵐漪」者，落星石上舊有嵐漪軒，見山谷《外集》注，蓋宋龍圖閣學士吴仲庶所顔者。今其址廢已久，予因書「嵐漪」二字扁於試院後軒，兹集所以志也。前數日皆陰雨，出山後亦稍稍雲而風。惟入山二日朗霽無點翳，山光水翠，豁然與目謀，又嵐漪之貺我也。此行僅山之陽，故不敢以「匡廬」名云。

陸象星五十壽序

吾友陸子精於《易》，然其於《易》也，深造自得將二十年，而未有成書。兹爲五十初度之辰，於是方綱舉酒以屬曰：子之於《易》，今不可更遲遲矣。昔有胎息坎離以爲學《易》者，然究非學《易》也。況陸子今不爲此，又有以苦身力作營生事，代昆弟婦子之勞，斯乃躬踐庸行爲學《易》矣，然究非學《易》也。西莊王子從事於《尚書》鄭學者三十年，今始成書，而日以學《易》不及惠氏爲歎。然惠氏發明孟、荀五家之言，是果足究言之乎？方今能究言之者，其惟陸子乎！今書尚未成，未知其何日底於成也。杜陵詩曰：「妻子亦何人，丹砂負前諾。」每念斯語，汗未嘗不發背沾衣也。如必曰吾不以著述爲事，是固然矣，然此是釋氏離文字以爲

❶ 「又明日」，稿本作「初四日」。

義者耳，具此髮膚，何者爲安身立命之處？「無愧天地，如臨父母」，此語重於南山矣！敢再拜敬書，以爲君壽。

奉饌圖後序

予從來不輕爲人作序，誠以無所發明，則序不作可也。廣濟孝子正齋閔君繪其二親爲《奉饌圖》，當世賢而有文者既皆詩之矣，何以序爲？閔君將歸，抱其册來，泣謂予曰：「諸君子所言者多譽某之孝耳，某何敢言孝。顧未有一語及於吾先人之爲人者，則某奚以即安！」予告之曰：「此奉饌者，子職也。惟子職是供，則惟子職是述，奚其及於尊親哉？」閔君則撫圖以泣，若不勝其痛者良久。予再三問以二老人之行誼，則閔君惟有稱其淳古篤實樸厚之狀，若摹於目而繪於手者。嗟乎，此真言語所不能傳而圖繪所不能盡者也！凡言語可以傳，圖繪可以盡者，皆非其真也。世間長松千尺，靈芝九莖，裂山石而感風雷者皆是物也。嗟乎，此焉得不爲之序乎？於是序其質直之語以爲是圖後序。

曹州牡丹譜序

昔歐陽子作《洛陽花品序》，至於翻駁《周官・司徒》噫，亦太甚矣！日至之景尺有五寸，得地之中，此先後鄭説皆同，而歐陽必不信之，何也？且云天地之和氣，不宜限其中以自私，此尤非也。和氣聚則鍾美，理之常也，豈謂私乎？曹之有牡丹著於天下，蓋亦其土壤物宜有得於和氣所鍾者。吾恐學者信歐陽之説，不以爲美而以爲病，則誣之甚者也，故不憚辨正前賢之論。則或因物以驗性，就地宜而勖人材，庶有裨乎。

曹花舊無譜，懷寧余孝廉主講席於此，予屬其輯新譜一卷，門人安君鋟以傳之。曹國之詩曰「其儀一兮，心如結兮」，君子之和也。又曰「芃芃黍苗，陰雨膏之」，壤物之和也。然則百物阜安，皆和其聲以頌之，宜矣。曹之郡邑士大夫將題詞於後，踵而成編，故爲序以俟焉。❶

貴溪畢生時文序

詩有江西派，時文亦然。江西派者，文之正乎？曰：非也。然其所以得派之原者則正爾。得其所以得派之原，則其派亦正矣。予比年來極爲江西士人論詩文學術之所以然，而今乃悉於貴溪畢生之文發之。始予與武進錢文敏來主江西鄉試，是時予鋭意欲窮搜嗜學之士，而文敏亦力持文格，相與擊節高唱，以爲獨得是邦清粹之氣。比役旋至京，有友人戲謂予曰：「異哉，獨君識江西人文字耶！」予笑而不應也。蓋能知江西文格之所以然者，固不必其江西派之云也。夫固有爲之主宰者，吾嘗賫山谷二言，曰「以古人爲師，以質厚爲本」，三十年來與天下賢喆論文不出此語，而況於江西哉！乃予既抱此識江西文字之癖，而今日江西士人則不爲江西之文久矣。

金谿周生，予己卯舉首也，今老且病。予視學三年，將受代，而訊諸學官弟子。有抄周生之文以來

❶ 文末，稿本有「乾隆癸丑四月望日北平翁方綱」。

者，予竊欲甄録其一二，以爲江西士人式，而匆遽未果。惟貴溪畢生雖老且貧，而神智愈壯，骨力愈勁，爲文亦愈深且肆。予視學使還，生賦五言詩爲贈，其感知篤學之意，肫然出天性，此真江西文也已。其明年，予勘書奉天，而生緘其文遠求予定之。既勘書事竣，俶裝登車，乃取其文讀之，與去年欲選周生文往復感激之衷相發也。故爲道其從出之原，以爲今江西之爲時文者質焉。予重來江西，與諸學官弟子研經談藝，得樸學沈博之士屢矣，而復賞味不置者，❶獨與此荒邨冷席一貧病老塾師淡焉相對。謂江山精氣耿耿如結，誰其信之？顧後學不肯深思耳。生文亦不能多選，然予意終欲合周生文共訂而存之，此可爲知者道也。❷

蛾術集序

《學記》所引「蛾子時術」，語在《戴禮》之前，蓋古經之節目在焉。而注家但釋「大垤銜土」之義，尚未盡也。此篇引「斆學半」，即爲上文「教學相長」言之；引「官先事，士先志」，即爲上「皮弁祭菜」「宵雅肄三」言之。則此正指上文一年以至九年考校道藝之事。自「離經辨志」以訖於「知類通達」，皆所謂蛾術也。兹得讀陳蕁渼先生所撰《蛾術集》，而有以發之。昔人蒙求之作，與《急就》《滂喜》等耳，然而辭必舉其要，事必詳

❶「賞」，稿本作「嚐」。
❷文末，稿本有「乾隆庚戌七月八日」。

其義，是即所謂「博依」「雜服」、「安詩」「安禮」者也。

今讀此集，上下古今，出入經傳，因文辭以約其旨趣，即「離經辨志」之屬矣。由肆事以比其原委，即「知類通達」之屬矣。士生今日經學昌明之際，皆知以通經學古爲本務，而考訂詁訓之事與詞章之事未可判爲二途。誠得人人家塾童而習之，以此爲安詩、安禮所從入，則其爲藝圃之津逮，爲詞學之指南，立誠居業，皆由是以廣益焉。而儷語之工，特其餘事耳。又豈石梁王氏所疑，泛論者所能該悉也哉！

銅陵章簾堂聽鶴和鶴二圖詩序

銅陵章簾堂以通儒有聞於江左，厥嗣天育來京師，以先生八十初度之辰，屬友作「聽鶴」「和鶴」二圖，屬方綱爲一言。予聞先生精於《易》義，而嗣君之承志與先生之緝嘏合爲一義，不可無以申之，請爲先生陳聽、和之旨，可乎？

《中孚》六爻，皆不比他卦之以應言也，然而五之「攣」即二之「靡」也，上之「音」言「登」不若二之「鳴」言「和」也。何者？我與爾，皆純乎内心也。説者或疑二與五有君臣之分，不應以「子」與「爾」稱之，是固然已，然不知此爻之義非果以「子」與「爾」之稱屬諸二爻之指目五爻也。以全卦言，則二、五兩陽皆得其中，中孚之理藴在此矣。以爻義言，則專就九二本爻見其有感必孚耳，故《象傳》曰「其子和之，中心願也」，即以「其子和之」實諸中心之願，則其子之和即於在陰之鳴具之矣，爾、我之共靡即於好爵之本有具之矣。簾堂之品行聞望，固皆其所夙有，而厥嗣之克承令聞，❶篤其家聲，以承歡侑祝者，豈外致哉？有此孚誠，所以共此好爵，此中孚之實也，盍舉此以爲諸什弁焉。

裴鶴峰觀蓮圖序

佛以蓮喻性，而儒以蓮喻道。屈子之槩荷與周子之愛蓮，一也。然屈子以初服之芳感激而發於騷，類乎幽憂怨憤之作；而周子之灑落光霽見於昔人之詠歌，雖亦騷賦之遺，而寄託殊矣。

往年予視東粵學，與吉水裴子鶴峰論文於藥洲之上。洲有愛蓮亭，周子提刑廣南時種蓮處也。鶴峰繪爲觀蓮之圖，一時賓友唱和成什，以紀其事。後十年鶴峰來京師，重繪於幀，而俾予序之。昔周子愛蓮，雖不言其地，而以山谷之文證之吴興施元之《東坡詩注》，則以廬山蓮花峰下有溪合於湓江，故取營道所居濂溪以爲名也，故曰「津有舟兮蕩有蓮」，「寫溪聲兮延五老以爲壽」。而先生之子元翁爲吉州司法，所以發明造化之機，仁智之藴，於今猶可追摹者，蓋得之吉州爲多，宜鶴峰之留連觀感而不能釋也。比者鶴峰由江廣上燕薊，經河陜，十年以來閲歷益深，當必有玩於目而得於心者。今又將遊皖口，訪石牛黄山白岳間，求志事而證今古，則是圖也，其視向之酒闌拈韻、凭欄而聽雨者更有進乎？因書之以代贈處焉。

❶「之克承令聞」，原脱，今據光緒刻本書眉及稿本補。

彭晉函時文序

昔己山、還淳二老人提唱制舉義於江介間，而丹陽彭晉函以一諸生參其席，蓋二老人者皆欲晉函出己門下。一日晉函持其文往質還淳老人，還淳對客贊頌不置，謂世無此文久矣，而晉函終未嘗師事之，即此刻爲王誦之篇也。方綱髫齡聞此事，輒渴思讀其全帙，其後得識吉毅、揚何、罕勛，皆爲予言晉函娓娓，每竟日憶此風味，遂將五十年矣。吾友梁元穎，晉函房師也，今出篋中所藏晉函文，丹徒郭君爲鋟木傳之。予嘗歎文家與義疏並行而不能相賅者，詞章之士騁其妍秘，而或未暇攷訂；及專一於攷訂，而又不能概以文律繩也。晉函潛心經術，發於制舉之文者已如此，此可謂之經義也已。善學者由晉函之所得而進以求之，或不至如昔之爲疏者泥於鄭《志》、晉於劉《規》者矣，豈僅時文云爾哉。己山、還淳二老人皆未及爲晉函文作序，方綱則何敢言序，始書此以覆於鋟斯集者。

吴懷舟時文序

有義理之學，有攷訂之學，有詞章之學，三者不可强而兼也，況舉業文乎！然果以其人之真氣貫徹而出之，則三者一原耳。

吾弱歲典試江西，輒於几研間會合性靈江山之真趣，而得金谿周生以冠多士。後三十年復來視學，欲求周生之遺文哀録之而不可得，延竚秋渚，悵焉慨息而已。今又十年餘而得見東鄉吴生之文，論者推本其鄉人，以爲直接艾千子也。夫文何流派之有？衷於經而已。往者丹陽彭晉函爲文深至入理，可謂抉經之心者，吾蓋佇想其稿三十餘年鬱未出，今始得見録本而序之。懷舟之文，其品味當在晉函伯仲間，而艾先生沉勁之骨，瘦硬通神之妙，百五十年後得吴生以發之，豈以時地、家數限量之耶？然吾有以語吴生者，研理者喜深入而疎於博綜，嗜博者又多騁奇秘而遺坦途，是二者厥失均也。生其由吾説而充之，慎思則勿侈其有餘，養源則不匱於所往。他日當有續以相示者，千子或未敢知，晉函則恐望而卻步矣。

吴氏書畫記序 原題曰大觀録

嘗憾墨林、蕉林二家之無記録也，惟江邨高氏、蓋牟卞氏有之。然而鑒藏之家未能有一一出於手記，特屬其門客輩爲之輯成，轉不若好古之士書所寓目者爲足據也。然高、卞二書皆有起例，非苟作者。若朱性甫、張米庵、郁叔遇、汪砢玉諸編詳矣，然而著録自各有體。即如真蹟，不具録其全文，以爲人所習知耳。若禊帖，既詳徵其題跋，而於五字、九字之損，龜針蟹爪之存，皆所不著；米老所鑒「懷」字折筆、「僧」字合縫，明見於後跋而置之不問，此復何庸其記録哉？

吴氏是書，蓋亦參互於高、卞之間，而其人於書畫之理實能言之。近日有安岐者，亦頗能曉書畫所記，與此亦可互證。然如《蘭亭》跋尾之分合，安岐尚能言之，而此未深究也。所賴於記録者，古人精神式憑之，後人心眼印合之，至如近世裝接之失、抽换之欺，一視鑒藏者爲之糾正，而豈徒以廣見聞云爾乎！又若記録之式，或以書與畫各爲卷，或以時代各爲卷，亦非可漫無整比者。若夫知人論世，借書畫以備參攷，則此書亦勤且博矣。此書本名「大觀録」，不若題曰「吴氏書畫記」爲得其實。吴君名升，惜無其自序大略耳。

坳堂集序

乾隆辛未，予始從香樹錢先生論詩，先生於北方學者首推宋蒙泉、戈芥舟二君。時蒙泉與吾同年紀曉嵐鄰居，芥舟與曉嵐同里，故予知二君詩最早。及予授館職，甲戌夏，詔擇翰林十人於院廨校勘《文選》，芥舟與予同研席者帀月。其後癸酉秋，芥舟副董文恪典試江西，文恪奉命，於出闈後手繪匡廬，芥舟同遊，得詩一卷。歸而快讀之，雖相知如蒙泉、曉嵐，未有若此暢愜者也。蒙泉出膺外任，其集未克全讀。即曉嵐同唱酬者數十年，而其詩不肯自録成帙，今所刻者，其孫所補輯耳。惟芥舟詩文集彙成卷。癸卯，芥舟子廷模執贄吾門，求其遺集而未克寫竣。今又三十餘年矣，吾婿寶樹，君猶子也，始以所寫《坳堂詩》十卷、文十卷來眎，予所見匡廬諸作已删其半。婿曰：「及今不爲之序，則吾北方詩家知者益少。」予於曉嵐集未及爲之序，而芥舟之服膺陶、杜，與曉嵐之服習後山微有差别，此意非深喻甘辛者不能傳也。其文亦多有關政教風化之大端，非僅摛藻爲務者，故不辭而綴言於簡後，亦俾吾婿與其族人善體交勉之。

樹蘭齋時文序

士人束髮受書，習爲帖括之文，惟繹注以尊經而已。迨由此取科第，摛華藻，涉獵羣籍，於是拾不準之編，侈毖緯之説，即帖括依經爲之，而亦好用奇字僻事，忘其初入家塾之舊業，則逐末而失其本者衆也。吾是以於青陽王春甫宗伯手録其先人植庭先生時文而重有感焉。

予於春甫同館，心交者四十餘年。春甫嗣君蓮府爲吾女婿，又二十年矣。父子相繼入翰林，相繼掌邦禮，蜚英騰實於六藝之圃，將有以大闡其家學。而今則首以先生之制舉義爲急，是可以敦士風而作之式也。而春甫之爲學也，必敬稱其庭聞。其視學楚粤也，奉先生杖屨如在家塾時，奉先生之教以教子，以教多士。而今日校讎是編者，即昔所課孫也。其文不爲新奇，不騖時習，其結撰一以經爲骨，其詮義一以注爲宗。使人讀之，依然寒窻燈火之風味，而無嗜異之趨。使人忘其子若孫膺膴仕而柄文衡者，把卷傴僂，如見先生粗衣蔬食，作經笥老儒生，而不知其服綸誥、光閥閱也。此一編也，豈惟諸曾孫以下世守之，抑可以興起士林，封植角弓，以弗諼永譽，則區區弁言，何足以道其什一也哉！

濠上邇言序

嘗謂學者立言，宜以聖人三言爲法：曰多聞，曰闕疑，曰慎言而已。多識前言往行，多識於鳥獸草木之名，此皆多聞之屬也。罕言利命，不語怪力亂神，此皆闕疑、慎言之屬也。予不喜作説部之書，有持説部書屬題者，亦以此告之。蓋説部之書可取資者二焉：一曰有裨於攷訂，二曰有關於勸懲。近日王漁洋於説部分四目：談故、談獻、談藝，皆吾所取也；談異，則吾不欲聞之。曩時以此私記而未著於説部之序，吾友桐城章子完，素好學而守道者，其爲言也必取則於此，故於所撰《邇言》而以此序之。

廬山紀遊圖序

吾與西江諸友論詩，前則謝子藴山，今則吴子蘭雪，最其秀也。西江秀氣在匡廬，而藴山、蘭雪先後應聘主鹿洞講席。吾遊廬山欲與謝子偕，時約桐城胡雒君作敷淺原攷辨，藴山欣然襆被從之，而以病未行，又欲作圖亦未果。今乃得披吴子紀遊之集，即以題其圖，何啻申宿諾乎！廬山詩，歐陽子一篇最著，吾昔遊欲訪歐詩石本而未得。今蘭雪之遊直造漢陽峰、仰天坪，僅得剔其石耶？蘭雪詩中拈出歐詩幻哤語，最有卓識。

然吾嘗竊訝歐陽於廬山知剖異學之幻哤，顧何以有《易童子問》之惑？吾嘗宿開先禪榻，夜起摩挲石壁，歎陽明手蹟與山谷並峙，而不以《傳習録》爲畦畛，顧何以有《大學古本》之刻？是二者，二十年來迴環胸臆間久矣，而《大學古本》石刻正在鹿洞講院之堂壁。昔歸安沈兼山主鹿洞時嘗以此語之，及藴山繼往，於其行也又詳語之。惟吾蘭雪未之詳語也，故於其《紀遊圖》詠而書此以爲序。

延暉閣集序

詩必研諸肌理，而文必求其實際，夫非僅爲空談格韻者言也，持此足以定人品學問矣。乃今於曹子儷笙詩文集發之。聖門善言德行，則文章即行事也；《樂記》聲音之道與政通，則文章即政事也。泥於言法者或爲繩墨所窘，矜言才藻者或外繩墨而馳，是皆不知文詞與事境合而一之者也。儷笙於詩文，自其家學已探粹密，比入詞垣，日校勘中祕書，益進而窺古作者之原委，積今蓋四十餘年矣。其力學之誠，敬業之勤，由翰林以至端揆，恂恂如寒素，几案間無代筆之門客。以暇録其詩文成帙，曰「延暉閣集」，敬識蒙恩賜「綸閣延暉」之額以名之。讀斯集者第知其紀榮遇，而其實即文章、政事合一之義也。凡臨事視若具文者用心必不誠，故其毅力不克勤以副之，是即爲詩文，徒襲格調而不得其真際者也。學者涵養深醇之候與歲俱進，與日偕長，然後仰見延暉之義無微弗徹。誠以貫之，勤以永之，備諸體以綜百家，是有準乎繩墨之上而立乎格韻之先者，將由經訓以衷道要，豈獨詩文已哉！

薇垣歸娶圖詩序

昔宋金華送張藻仲乞假歸婚，有「紅錦紫簫」之句，朱竹垞收入詩話。其後花、吴諸公皆登朝後授室，然其詩均不傳。我朝館閣掌故，登科歸娶者數人，而同時投贈篇什亦不多見，蓋嘉話若是其難也。明《閩省賢書》有陳應魁、梁懷仁、王慎思、周鳳岐歸娶之事，顧考之志乘皆闕如。惟嘉靖乙未候官藍用楫舍人以弱冠賜歸娶，當時榮之。舍人廷議大禮，風節凛然，爲閩海人傑。今相距二百七十七年，而蘭卿未冠成進士，槖筆薇省，品學才地有聲，京師供職二年，始以癸酉八月乞娶得請，一時公卿士夫圖畫歌詠，以榮其歸。余既作詩貽之，且於其行也作《同學》一篇，勵以植學植行之要矣。及再入祕閣，將直樞禁，然無日不來吾齋賞析考證，從遊日親，學亦日進。迴憶三十年前，與馮、謝二子日日論詩，尚未能如此篤摯也。往者漁洋之門，獨許李丹壑爲言詩得髓。蘭卿來吾齋雖晚，而天才英特，嗜學好古，卓然必成，吾實不能以丹壑限量之。其

《歸娶圖》中詩若文已積成數巨帙，余樂見其編録之成也，因書數語以勖之。他日事業學行爲邦國光，豈徒以是編播豔士林、媲美鄉哲已哉！

志言集序

昔虞廷之謨曰：「詩言志，歌永言。」孔庭之訓曰：「不學《詩》，無以言。」言者，心之聲也。文辭之於言，又其精者。詩之於文辭，又其諧之聲律者。然則在心爲志，發言爲詩，一衷諸理而已。理者，民之秉也，物之則也，事境之歸也，聲音律度之矩也。是故淵泉時出，察諸文理焉；金玉聲振，集諸條理焉；暢於四支，發於事業，美諸通理焉。義理之理，即文理之理，即肌理之理也。韓子曰：「周詩三百篇，雅麗理訓誥。」杜云：「熟精《文選》理。」曩人有以杜詩此句質之漁洋先生，漁洋謂：「理字，不必深求其義。」先生殆失言哉！杜牧之序李長吉詩亦曰：「使加之以理，奴僕命《騷》可也。」今之騁才藻貌爲長吉者知此乎？不惟長吉也，太白超絶千古，固不以此論之？然後人不善學者輒徒以馳縱才力爲能事，故雖以楊廉夫之雄姿，而不免詩妖之目。即以李空同、何大復之流，未嘗不具才力，而卒以勦襲格調自欺以欺人，此事豈可强爲，豈可假爲哉？士生今日，經籍之光盈溢於世宙，爲學必以考證爲準，爲詩必以肌理爲準。《記》曰：「聲相應故生變，變成方謂之音。」又曰：「聲成文謂之音。」聲音之道與政通矣。此數言者，千萬世之詩視此矣。學古有獲者，日覽千百家之詩可也，惟是檢之於密理，約之於肌理，則竊欲隅舉焉。於唐得六家，於宋、金、元得五家，鈔爲一編，題曰「志言」，時以自勉，亦時以勉各同志，庶幾有專師而無泛騖也歟！

復初齋文集卷第五

大興翁方綱撰
門人侯官李彦章校刊

辛鼓殘字記

岐陽石鼓第八，無字久矣。乾隆辛丑三月，方綱官司業日，於橋門手拓十鼓，於此鼓之首得此半字。以四明范氏天一閣所藏本與上海顧氏所摹舊本核定此鼓行次，每行五字，而顧摹此鼓首有此「工」字，益信矣。此字在第二行「𡰥」字之上，隔一格與下行「走」字隔上一字對也。後二十年再往拓，則此半字亦又損去，不可尋矣。若不亟摹傳之，更無知者矣。此從來薛、潘諸家圖釋所未及也。

重立漢武氏祠石記

昔歐陽子《集古録》，以漢魏已來古刻散棄於山崖墟莽間未嘗收拾爲足憾，又自謂荒林破冢、神仙鬼物、詭怪所傳莫不皆有，然而漢武氏祠像之文，則《録》所未著也。至東武趙氏始有《武氏石室畫像》五卷，而其録不傳。惟鄱陽洪氏乃圖且釋之，凡四百餘字而已。當南宋時已以重刻本爲可珍，而況逮今又六百年乎？

錢塘黄子秋盦既於濟寧州學扶升《尉氏令碑》，得拓其全石，已而復於嘉祥縣南之紫雲山，得《敦煌長史武班碑》洎《武氏石闕銘》，遂盡得武氏石室所刻畫像，又得《孔子見老子象》及《祥瑞圖》石刻，視洪氏所著，功蓋倍之矣。於是敬移《孔子見老子象》一石於濟寧州學，而萃其諸石，即其地爲堂垣，砌而堅之，榜曰「武氏祠堂」，俾土人守焉。往者予與黄子考訂金石文字，每以斯碑舊本不得賞析爲憾。今吾二人十年以來心營目想之狀，一旦得遇其真，而予適按行鄱陽廬阜間，遠懷文惠洪公，千里關山所悵結而三歎者也。後之摩挲斯石者，當何如護惜之！

五鳳甎記

漢甎一，就其側有字處以建初尺度之，長七寸弱，厚二寸弱，蓋稍有磨去也。餘三面皆經琢研時磨平矣，面背僅闊三寸四分，則非甎之原制矣。研左側四周複邊，中作陽文「五鳳五年」四字，字皆一寸許，下「五」字視上「五」字稍長，「年」字下直似極長而磨殺也。研右側下有小隸，書「竹房琢」三字。近時張芑堂以小楷書錢擇石銘並序於研四圍，「竹房琢」三字幾爲所壓。擇石家澉浦，芑堂家海鹽，皆吾子行居遊之地，而擇石、芑堂若皆不知有吾竹房者何也？阮侍郎自浙江得之，攜來京師以示予，爲記之曰：

薛尚功稱「漢器必謹其歲月」，《記》所謂「物勒工名，以考其誠」者也。周秦以前尚矣，漢武帝始有年號，宣之五鳳，距建元財八十年，此以年記器之最古者。而曲阜五鳳二年石，則字在正面，其文陰。此則陶瓬所成，故字在側，其文陽，其文陽則模型所成也。文陽而居器之側者，未有先於此者也。班史謂孝宣綜核名實，至於工匠器械皆精其能，故此一甎也，可以見工度焉。漢五鳳僅四年，何以云五年也？曰：五鳳之四年，其明年爲甘露元年。李善《西都賦》注引《漢書・宣紀》甘露元年詔曰：「乃者鳳凰至，甘露降，故以名元年。」攷此詔乃甘露二年撮敍之詞，不言甘露降在何時，而元年夏特書曰「黄龍見新豐」。據詔詞，則甘露瑞在黄龍之前，而五鳳之改元於前冬書其事，此甘露改元前一年不書其事，而本年夏四月特書黄龍見。此則班氏文章詳略間伏之妙，使人知甘露之降在次年春也。則甘露之改元在其春三月間，而浙𣶒之地至陝都闊遠，則此春三月間仍稱五鳳五年，何疑乎？故此一甎也，可以見史法焉。

此側四字，其上「五」字中間二畫直交，用隸勢；而下「五」字中間彎交，用篆勢。是爲西漢隸古，去篆未遠，是篆初變隸之確證。嘗於曲阜石刻已詳言之，而此下「五」字中畫視曲阜石刻爲更顯，故此一甎也，可以見書勢焉。昔歐陽文忠嘗憾不得見西漢字，而今於五鳳年間既見曲阜之石，又見海鹽此甎，宜乎吾竹房琢之而阮侍郎寶之。亟宜表其文於金石著録者也，附系以詩。

墨池記

廬山舊志云：「晉王羲之守尋陽，覽勝於廬山之陽。解郡後，卜金輪峰下家焉。時西域僧佛馱耶舍持舍利來，羲之捨宅爲寺以居之。」《歸宗寺志》曰：「攷晉史，佛陀耶舍於義熙十年甲寅至廬山，羲之守九江在咸康初，歸宗寺則咸康六年造也。前後相去六十餘年，當知所請爲達磨多羅，而耶舍實金輪開山，繼主歸宗耳。」

方綱按：此説固然，然以右軍守九江在咸康初，亦非也。《晉書》本傳：羲之起家祕書郎，征西將軍庾亮請爲參軍，累遷長史。亮臨薨上疏，稱羲之清貴有鑒裁，遷寧遠將軍、江州刺史。亮卒於咸康六年，則右軍刺江州當在咸康六年以後，咸康止有八年，安得云咸康初乎？右軍刺江州既在咸康六年後，而歸宗寺之建乃云在咸康六年，則解郡後乃卜居，卜居後乃捨宅，其事蓋有所不合矣。

王褘記曰：「歸宗寺有池，水色正黑，乃羲之洗墨處。羲之慕張芝臨池學書，池水盡黑。此其蹟也。或曰臨川亦有墨池，南豐曾氏爲記，蓋深疑之。以謂方羲之不可强以仕，嘗極東方，出滄海，以娱意於山水間，豈其徜徉此兩地耶？」愚按：南豐文猶是想像遺蹟之詞耳，若以晉史言羲之刺江州，晉《志》亦言尋陽、柴桑皆屬江州，則墨池之在廬山者，當較臨川爲得其實矣。且南豐雖疑而尚必記之，則此寺捨宅之由與墨池之蹟，雖不能確指其時日，而又曷可使之湮没耶？

有美堂後記

昔歐陽子爲梅公儀作記，以遊覽之盛歸美於斯堂，愚竊非之。梅公取賜詩「地有湖山美」之句以名其堂，而歐陽正切杭湖言之，曷爲而非之乎？君子於友當擇所當務者以告之，錢塘湖山之美，則一語足矣，何賴乎作記？爲斯記者，宜舉習俗之工巧，邑屋之華麗，悉衷諸質樸而勉以勤儉，持以淳厚，然後所謂富完安樂者貞之於永久。必如是以言所有者，有風俗之美焉。又言臨是邦者選公卿侍從之臣，因而延賓客，占形勝。此則宜導以早作夜思，黜貪舉廉，懲奸剔弊，釐案牘以靖閭閻，防微而燭隱。必如是以言所有者，有吏治之美焉。

杭人文藝甲於東南，往時《浙西文滙》《紫陽院課》諸編競尚華縟，近益多貪用子史。是宜崇經術，使士皆研精傳注，不苟爲炳烺之觀，然後風會益趨於醇實。必如是以言所有者，有文章之美焉。歐陽豈不知此，而徒娛意繁華之是稱，其將何以示後人？顧不慮銷金頹廢之風日長耶？

今則官清而政平，士務學而民安業，胥入於聖天子綏和熹育之中。使歐陽子居今日，其文當不如彼矣。吾友嚴子，即歐陽所云清慎好學者，故竊舉曩所疑於歐陽者，爲吾嚴子記之。

東軒記

瑞州使院廳事之東有軒三楹，潁濱所謂東軒也。潁濱此記作於元豐三年十二月，時以謫監筠州酒稅，假部使者府以居，因有東軒長老之號。其後四年，東坡至筠與潁濱相晤，蓋在七年之夏五月，潁濱詩所謂「公來十日坐東軒」者也。合二集考之，則潁濱居此前後凡五年，然潁濱記中輒以不能安居此軒爲憾，而東坡過此亦惟嵩陽茅軒之是懷者，何哉？

予初試士來此在乾隆五十二年二月，撫蕉桐而吟春雨，效蘇氏書體以扁其楣。其明年夏五月復以科試來此，游息十日而去。古今人懷抱同不同，奚必其一致也？既爲賦詩繪圖裝軸於蘇齋，因併爲此記，書於去年題扁之後。

重立表忠觀碑小記

蘇書《表忠觀碑》，四石存二，蓋在元末之際瘞於杭州郡學，至乾隆辛酉始出土，而蕪沕未重立也。今錢子立羣爲武肅裔孫，自金匱來杭，脩葺祠宇，乃考原石，嵌以太湖石柱而重立焉。

世傳是碑大字本，明嘉靖中陳太守柯易石摹刻者，其石亦四片，或謂與醉翁《豐樂記》同法。然方綱嘗於萊州得《醉翁亭記》舊石，乃知滁州之刻非真。而弇州、月峰皆嘗想像《表忠》小字本爲難得，則此二石久埋未出時也。今真石出土五十餘年，始得錢子重立之。俾蘇書真氣照耀湖山，與錢氏祠宇精靈耿耿相質，其視蘇詩引所謂「自託於不朽者」更何如哉！錢子自杭寓書京師，屬爲之記，故具言二石出土重立事。❶

雪浪石盆銘記

蘇書《雪浪石盆銘》刻於盆口四周，自上「盡」字内至下「存」字内，從徑四尺五寸。自右「原」字内至左「東」字内，横徑四尺四寸五分。盆口寬五寸四分，合外内計之，須得圓石徑圍五尺五寸也。其高未見，不能計，然大約亦須數寸或尺許。若選美石可琢爲盆者，度一時未能就，是以姑用圓研代之，縮臨其字刻焉。此原刻之字已被俗人磨去，拓本今存者，至爲珍罕矣。慮摺疊易損也，故翦開略依其原石彎環勢粘於册，時時

---

❶ 文末，稿本有「嘉慶元年夏五月内閣侍讀學士大興翁方綱撰并書」。

翫之，而并繪此圖於後。他日儻得用原式依此尺寸伐石爲之，更當詳加敍贊以傳爾。

仰止樓記

仰止樓在無錫城南泰伯瀆上，宋楊文靖公講學地也。明邵文莊始葺書院，其廢興之略，見於王文成所爲記。厥後顧端文改建書院於城中，而東林舊址遂無過而問者。乾隆辛丑，黄君尚典重葺留馨堂，建樓三楹，以祀文莊。嘉慶戊午春，賈君素齋偕同志增祀文靖於兹，而以文莊配焉。

於惟文靖闡二程之微言，啟紫陽之正脈，而文莊以經術繼之。國朝湯文正之言曰：「遊東林者，當講求龜山、涇陽、景逸諸先生之學，潛修默證，而勿啟門户之争可矣。」斯言也，其仰止之要歸歟？素齋來屬爲記，遂書此以復之。

鐵公祠記

曾子曰「臨大節而不可奪」，此以守言也；「寄百里之命」，又兼守土言之，則才與守合矣。古今忠節之臣，以守土之才而兼殉身之烈，孰踰有明鐵尚書者？而尚書當時未有謚，至我皇上特賜謚曰「忠定」。昔於史館得見欽命賜謚諸臣黄册，忠定之謚詞曰：「策勵守城，氣吞伏版，才能優裕，志節堅剛。」嗚呼，此四言者，實以才與守並言之，足以昭千古矣！

方綱竊因斯義繹公之前後事迹，所以致命成仁者，皆以浩氣行之。孟子曰：「其爲氣也，至大至剛。」不以時之久暫異也，不以事之成敗計也，不以地之遠近殊也，而況濟南爲公矢志固守之區乎！公以濟南居南北之間，遏挫燕師，至今四百年矣。故老猶傳給燕王入城，懸鐵板幾中者，今之城西門也；慷慨誓師者，北湖水面亭也。其氣足以壯雎華、澈源泉、貫金石而耀日星也，則其精靈妥侑於湖之北渚宜矣。

先是，今禮部侍郎長沙劉公視學於此，與巡撫長白長公謀立公祠而未果。今運使長白阿公始度地於湖上，以今夏六月工就。適方綱試事畢，獲與拜祠，阿公以書石之文爲屬。爰敬書聖天子褒忠之曠典與公之才守相發明者，庶幾伸此土人之積感，而爲百世效忠者勸。

英佑將軍江公祠壁記

神姓江氏，諱起龍，江南徽州人，官海安水師副將，其封爵曰英佑驍騎將軍之神。今海安所海口並有祠，來往渡海者必虔禮焉。

謹按：志載將軍爲人仁勇忠直，初任水師參將，駐白鴿寨通明港。當雷州初開，白鴿營署俱圮，又無城塹可守。將軍周視白鴿當郡城入海之口，爲雷州左臂，無白鴿是無雷矣，乃捐貲立營寨，廣招居民屯聚爲墟市。於是舟車輻輳，商貨畢集，與雷城相應，遂爲一方雄鎮。是時順治十三年也。康熙元年晉副將，三年移水師駐海安口，兵民帖服。五年廟碑及省志並作「五年」，郡志作「八年」。出洋捕盜，風發舟覆，殞焉。民頌其功而思之。將軍没後，疊著靈異，祈禱立應。雍正八年十二月，布政使王士俊請於朝，明年春，上欽定爵號，至今官民事祠逾謹。方綱以乾隆二十九年冬按試至此，遂祀於神祠，而碑記事蹟弗詳，退而考據省志、郡志，謹書諸祠下，而爲之詩曰：

《國語》所載，以死勤事，禦灾捍患，著於祀制。神則兼之，忠直勇仁。功垂於疆，德施於民。於廓靈海，神錫純嘏。儵欻騈羅，靈旗雲馬。作廟奕奕，降祜孔多。以贊皇化，重溟静波。爵由帝命，蹟爲民思。官屬奉嘗，子孫守之。于雷于瓊，櫪燎一氣。保疆綏民，更千萬世。

佛公祠記

事有實至而名垂，歷久而彌新者，非人力所爲也。方綱幼時則聞吾先人説長白佛公撫山東，吏民於今稱之。今方綱來視學於此，而公祠適成，距公撫此土也百年矣。考諸志乘，則公撫東四載，凡厥均徭賦、籌倉儲、靖萑苻、戢豪右、扶士氣、劾貪婪，皆公之實政也。御賜之詩表以風化，御題之扁顔以水鏡，則公所以上契乎天心也。之秦而攀援載道，鑿井而勒銘永久，則公所以下孚乎民志也。

公舊有祠在西關，山蕫田公記之，而其地湫隘久弗葺。今運使阿公以公裔孫來筦都轉於此，乃度地於北湖之上，建祠屋三楹，與鐵公祠並峙焉。昔嘗讀田公所撰記，鋪揚懋績，擬以陶侃、宋璟、李沆諸人，韙矣。而方綱今所記，獨在公之實事，有以動主知而洽輿情者，良以此祠之建，實愜乎斯人之同願也。公由東撫擢川陜總督、禮部尚書、文淵閣大學士，其歟歷中外前後事蹟，士大夫多能稱道之，故兹不具述。

家祠畫像册記

嗚呼，方綱不肖，不克於吾父母在日寫真容，及遭大故，匆遽呼畫史，史又庸，雖寫如未也。乾隆二十七年，以覃恩誥贈之典，焚黄告於庭，始謀更寫之，而初寫者又不可據。弟元綱鼻以下微肖吾父，時去弟殁已三年，去吾母見背六年，吾父則十有五年矣。婦韓氏曰：「盍謀諸朱兄？」朱兄者，婦表兄，幼善畫，嘗來吾家，吾父、吾母所習也。居南郊外，不相見已數載。是日大風，邀之至，則憑几静思，雙眸炯然若有遇，已而索秃筆淡墨，空際旋轉良久，曰得之矣。捲其稿去，曰某日來。至期往，則宛然二人容在幅，痛哭拜受之，即今摹於册者是也。先母見背時，方綱與弟跪牀下哭，莫能仰視，方綱顧謂畫者：「視吾母某色上衣，某色袖，某色裙，一一如其色畫之。」畫者唯唯。故朱兄所畫一依其色，今摹於册亦然。顧當時於面容反不能語畫史改其不似處，今雖追似一二，尚不能盡也。而先父見背時，并衣色亦未語及。

憶吾父欲爲祖母寫容，伺祖母意，有某史者，吾父邀之齋中，請祖母出。祖母意不欲，顧念吾父已邀之來，强爲一出，然意猶不欲，色見於面。祖母撫孫輩色極慈和，而遇他人嚴正罕笑容。是日祖母坐而目畫史，史執筆惟謹，畫成，望之凛然。後每誕辰挂堂中，祖母指而目曰：「焉用留此爲哉！」方綱時數歲，與張氏表姊笑相視，謂與畫中同一神情也。先祖像，亦殁後有熟祖貌者追作之，祖母與吾父母展拜，❶未嘗不流

❶「母」字，稿本作「每」。

涕，則其肖可知矣。先祖方面豐頤，莆中族姓來拜者云似先襄敏公，今視前册所摹襄敏像，信有似也。先曾祖像畫於陝西，曾祖母像畫於江南崑山，相傳皆甚肖。先祖像畫於山東齊東縣。像皆未有合軸，焚黄日始畫先祖、祖母合軸，先父、母合軸，又十二年至今始摹於册。

吾家出莆田，先世自宋六桂分支，所謂一桂房也。自一桂禮部員外郎處厚公至吾父奉直大夫中允府君，凡二十三世。聞莆中有先代像册，而吾家遷北幾三百年，失已久。前八年，方綱視廣東學政，德慶州訓導進取揭陽人持所藏册請題，則自唐諫議公、宋補闕公、禮部公以下皆在。方綱拜而命工摹之，凡十四幅爲前册。今年秋，始摹三代先人像六幅爲後册，總一函，告於先靈，敬奉無斁焉。高祖已上數世像不存，無得而摹也。嗚呼！先人數十世之容貌得聚於册，以垂示子孫，子孫隔數世者猶將感涕而念所生，況方綱之不肖，不克早寫遺容，而僅得之追想者，其寤寐罔極，欲報未伸，爲何如耶！此文撰於方綱蒙恩贈祖父中允時，故稱中允府君。其後晉贈資政大夫、内閣學士兼禮部侍郎，謹記於此。❶

家祠畫像册後記

既摹畫先像於册之後四年，莆中族子霔霖偕計吏入都，摹祖像十二幅來奉於祠，敬續裝册，合前凡一函三册，時乾隆四十三年四月五日也。其明日，霔霖中禮部試，而其兄子蘭以選拔入都，亦前一夕適至，家庭

---

❶ 文末，稿本有「乾隆三十有九年八月九日方綱謹記」。

聚合之樂，科第聯翩之樂，先靈顧之喜可知已。此十二幅已見前册者九，未見者三：散騎公、二桂、三桂公也。散騎公始居莆田，爲莆始祖，摹於册首者，大宗之義也。《禮》曰：「别子爲祖，繼别爲宗，繼禰者爲小宗。尊祖故敬宗，敬宗所以尊祖禰也。」是册自補闕公而下，六桂具全，而我翰林公、尚書公以次列焉。翰林公像與前册小異，蓋摹手偶不同。餘亦間有小異處，皆以此本爲是也。方綱得考悉本支源委者，由前進士孝豐令霈霖，今其仲氏奉母教諸子，克有成立，而殫心家乘，切敬宗尊祖之義又如此。以方綱之不肖，何以克承之！四月十二日方綱謹記。

先祖祀齊東名宦祠記

先祖以康熙三十四年丞齊東，至四十七年陞知單縣，未之任，卒於廨，官斯邑凡十有四年。值歉歲，鬻衣物以賑民，所活無算。卒後，紳士公請祀名宦祠。是時先父年十三，邑人賻金八百，請留寓應試於斯邑。先父體公清節，卻弗受。公嘗署知萊蕪，再署知淄川，又嘗護理知武定州，合昔丞江南崑山，前後將二十年，而無儋石之儲、寸椽之庇。及先父歸里，以諸生貢成均，家益貧，操益介，每舉先祖在官時事以勖後人。公卒後八十五年，孫方綱來按試濟南，攷專祠姓氏册，其名宦祠神位大書曰「清廉明翁公」。嗚呼，公之積勤於民，至今猶在也！泣而志之。

公諱麐標，字孝定，順天大興人。先父諱大德，字希舜，號純庵。今並誥贈資政大夫、文淵閣直閣事、内閣學士兼禮部侍郎，加一級。乾隆五十八年夏六月朔，提督山東學政孫男方綱謹記。

彝齋四圖記

宋趙子固號彝齋，《定武蘭亭》落水本主人也。而予所藏蘇文忠書《天際烏雲帖》，是元義興王子明家物。子明曾得牛彝，故以彝齋自號，鄭元祐所爲記者也。明清河張氏四世鑒賞，而米庵之父應文號彝齋，又號蘇庵，亦以藏蘇書《乞居常州奏狀》墨蹟也。予於諸賢無能爲役，然幼時先大夫命此二字以勉之，而喜讀浙人陳蘇庵《漢書雋》之書，故以蘇齋名其居。事之相類有如此者。乾隆庚子春，屬羅生兩峰爲作彝齋四圖。其明年，適得手搨落水《蘭亭》，遂不揣僭妄而爲之記。

寶蘇室研銘記

予年十九，日課誦《漢書》一千字，明海鹽陳文學許廷輯本也。文學號蘇庵，則願以蘇齋名書室，竊附私淑前賢之意。戊子冬，得蘇書《嵩陽帖》。癸巳冬，得蘇詩施顧注宋槧殘本，益發奮自勖於蘇學，始以「寶蘇」名室。昔陳眉公裒輯蘇書成《晚香堂帖》二十八卷，可謂勤且專矣。顧眉公堂曰「寶顏」，而未以蘇名。宋牧仲摹蘇像而侍其旁，然未嘗名齋也。蔣樹存亦得蘇像，俾王麓臺圖之，始有蘇齋之目，查初白爲賦詩者也，而銘記之屬未有傳者。予名室之後六年，始書此扁於所居蘇米齋之北楹。適得歙研，黝澤而宜墨，己亥元夕展玩《姑孰帖》東坡書，摘是三字摹而朱之。甫濡紙於研背，而朱暈濃漬滿石，自笑弗成字也。已而揭去其紙，則石上三字宛然，博厚中具筋骨，迥非《姑孰帖》本也。異哉，豈先生默使之成此室而又親爲書此於研耶？雖善蘇書者，百方臨摹不能肖至此也。

予於是竊有感焉：凡室之中有益於身心則寶之，資於行事則寶之，能助問學、廣見聞則寶之。其耳目之翫好，器物之巧麗，非寶也。石之資用也莫如硯，而但取色澤者失之；文之可鑑賞者莫如詩筆法書，而但取姿媚者失之；人之尚友至蘇文忠可無譏矣，而但取其激昂豪放者抑又失之。予蓄硯不多，不敢輕説硯，而頗喻石墨相得之理。於書不專嗜蘇，而未敢僅以王僧虔、徐浩目蘇書。於詩則但見其深至冲微，而不見其奔放；但知其平實純正，而不知其激烈叫號也。然而所謂寶者，敬而勿失謂之寶，念而弗釋謂之寶，慎思而弗敢歧惑也謂之寶。是予所以銘諸心者，而豈僅以銘研也哉！

二老話舊圖記

《二老話舊圖》，予與楊立山表弟同話而作也。立山名庭柱，乾隆癸未進士，官廣東連州直隸州知州、湖南岳州府通判，晚年歸里，居於涿州。每清明節來都拜祖墓，輒過予齋。予二人同癸丑生，今年皆八十矣。老年兄弟能相聚話，因屬友寫此以記之。是日陸鎮堂之子光燧恰來共話，予意欲併四兒樹崐皆寫於此畫者，匆匆未暇爲也。明日陸郎屬友摹「二老同話」大意於扇頭，予亦題之，因以締數十年後四兒與陸家二郎繼此同寫之兆云。立山還涿後數日，予復得訪予城東羅家井舊居，并至育嬰堂幼時讀書處。乾隆戊辰，予讀書於此，陸鎮堂時相過訪，表兄林天衢與予讀書於東偏書室，始與天衢、鎮堂相劘切爲文。又與天衢族弟蘊齋。❶明年己巳，乃與立山兄弟聯榻賞析，故予詩有「丁陸馮林」之句，馮鶴亭、丁受堂相過從，又稍在後數年也。城東訪舊之遊，受堂諸郎與陸郎皆偕往焉，予有詩記之，併記於此。

❶ 底本書眉：「按：『蘊齋』下疑有脱文。」

復初齋文集卷第六

大興翁方綱撰
門人侯官李彦章校刊

友善堂記

《詩》曰：「鶴鳴于九皋，聲聞于天。」釋之者曰：「此陳善納誨之辭也。」《易》曰：「鳴鶴在陰，其子和之。」《繫辭傳》曰：「君子居其室，出其言善，則千里之外應之；出其言不善，則千里之外違之。」故曰「他山之石，可以攻玉」，《鶴鳴》之詩，善言友者也；「我有好爵，吾與爾縻」，鳴鶴之爻，善言友者也。

予視學來江西，日與中丞山陰何公研求治教之方，切磋箴規之益，而何公廨院中蓄數鶴，以其二來贈予，予因蓄於斯堂之前，顧友善之名而思義焉。蓋予之課士，酌法意而劑寬嚴者，將隨事體察，時質證於何公，此亦應求攻錯之義也。文學江陰夏君、嘉興吴君，皆下榻於堂之南軒，各爲詩以賀予，而太學生江陰曹君、歙縣凌君亦將來館於此，皆直諒多聞士也。若夫學官弟子不我鄙棄，庶幾聞過而改焉，見善而遷焉，則何曠乎九皋，何遼乎千里，不以聲應而以心孚矣！堂故有扁，今户部尚書新安曹公視學時所題也。蓋至今

日而其義始於二鶴發之，故書記於堂壁。❶

蓬鶴軒記

丙午冬，予視學南昌時，則江陰夏莕隈、嘉興吴映飄兩文學館於廳之東軒。映飄爲淵穎先生二十四世孫，實藏先生《寄柳待制詩》手迹，有「岐原周鼓，闕里魏碑」之句，先生之意蓋在漢石經也。昔者一字、三字之説，史家、著録家聚訟紛然，得先生一言而定，從來攷石經者皆不及也。愚嘗手摹中郎《論語》《尚書》，刻於家塾，援越州洪文惠故事，名其閣曰「蓬萊」，今以此題映飄寓齋，可乎？莕隈有《竹里讀書圖》，蓋遠稽輞川，近擬已山。已山精時文，於今日談藝尤切。所謂「竹里」者，取《鶴銘》也。莕隈，江陰人，又與《鶴銘》相合，故合二事以名是軒。唐人呼秘書曰大蓬，此「蓬」字出處，不僅其下一字，避淵穎先生諱耳。

谷園書屋圖記

江西學使廨廳事之後，東爲友善堂，凡五楹，昔吴荆山先生題曰「德有鄰堂」者也，新安曹侍郎易今名。予蓄雙鶴其間，故仍取《易·中孚》《詩·小雅》之義爲之記。其西五楹曰静香齋，其前曰蓬鶴軒，予所名也。又西則雙清館，爲卧室。其前曰谷緣者，即谷園也。

---

❶ 文末，稿本有「乾隆五十二年正月十二日北平翁方綱記」。

己酉八月二十日，集諸生於此校經譚藝，凡十有八日，於九月九日繪此圖。静香簷前木筆一株，春作花，而今秋再花；蓬鶴軒老桂四年不花，而今始花，豈以諸生誦習之誠，兆文字之祥乎？故畫二樹焉。静香五楹，其徒倚東室而觀插架者，謝蘊山也。西室二間，坐而擁書者，外則魯習之，内則傅聽珊也。蓬鶴東軒則吴蘭雪，西則辛敬堂也。友善之西室執筆勘書者爲魯純之，東室則王實齋，而中有坐玩雙鶴者，覃溪也。畫者萬殿卿，名上遴，分宜人。

巽齋記

今之爲經學者約有二端：曰漢學，曰宋儒之學。其弊又有二端：曰執，曰通。執之爲弊人知之，通之爲弊人不知。人之不知何也？曰：通則無弊矣，顧何以通乃爲弊乎？夫百家之説至難齊也，而鄭氏曰「整百家之不齊」，則夫旁通訓故，上絜淵微，孰從而濟之？故執之爲弊顯，而通之爲弊隱；執之爲害小，而通之爲害大也。

吾嘗抉其受弊之由，曰果於自是，曰恥於闕疑。是二者皆意氣之爲也，非學也。然而人皆蹈此而不悔者，則期必於齊之也。期必於齊之，乃愈不能齊矣。經曰：「齊乎巽。」聖人之觀物也，使物自見其情而已，故曰齊也者，言萬物之潔齊也。丌取薦而顛取具，齊之用也；命以申而風以散，齊之能也。橈乎風，斯不病於執矣；稱而隱，斯不病於通矣。夫物之善入者必鋭，而事之行權者多變。至於守正不務其變，虚心不乘其鋭，此之善入則真善入矣，此之行權乃可以行權矣，夫然後可免於執與通之兩失而適於大道矣。新城魯子嗣光，虛心而守正者也，其書齋以巽名，故於其將南歸也，而申是説以爲之記。

西涯圖記

予昔得《西涯種竹詩卷》，屬廣濟閔正齋爲作《西涯圖》，以意擬度爲之耳。後二十年又得沈石田所爲《西涯移竹圖》，與前卷詩若合璧矣，而西涯地址仍未之攷也。今年秋梧門司成爲予言，所居距西涯不遠，即今積水潭也。既而梧門撰《西涯考》，予因屬江寧王春波爲作圖，大局以外城德勝門與内城北安門定其章法，而西涯可識矣。

西涯者，德勝門水關之内，法華寺之南海子，積水潭之西，今寫叢竹於此，而所謂「三間矮屋一重樓」，略得其概而已。其東則德勝橋，又東南則藜光橋，梧門云當是李公橋也。其北則稻田，其南則楊柳灣，其東則月橋，又北則銀錠橋，又東則響閘橋，北安門外大橋也。又北爲鼓樓，又北鐘樓，月橋之西則慈恩寺舊址，是爲銀錠橋之南灣，文正故居在焉。蓋文正誕生於此，而積水潭之西涯是其童子時所釣遊，故以自號也。際稻田而北，屋宇隱隱，猶想像查初白、唐東江諸人唱詠處，而楊柳灣之旁，梧門詩龕在焉。春波王子蓋未身歷其地，是梧門指説而作之者。丁巳臘月朔記。

重建古墨齋記

明從化黎瑤石《古墨齋記》略云：良鄉縣學有北海所書《雲麾將軍碑》，雲麾名秀，幽州人。碑舊在官廨，不知何時校官裂爲柱礎，好古者深惜之。近復脩學舍，更以新砥，置而不用，推之瓦礫中，過者不睨也。友人邵生正魁、按歐楨伯詩中稱邵孺，蓋粵人也。董生鳳元按吴匪庵記云：董，閩人。往經其地，蹤跡之，則古礎存焉。以語宛平令李侯，侯喟然興歎，寓書良鄉令，輦至都下，搆齋於寢室之右，納礎壁間，屬藩參王子世懋署曰古墨齋，王敬美時由尚寶司丞出爲江西布政司參議。李侯暨歐子大任諸君歌以落之。侯名蔭，字于美，南陽人，工詩善書法，歐博士集中嘗與李宛平唱和者也。是記作於萬曆六年戊寅夏六月。黎民表，字惟敬，號瑶石，廣州從化人，時官内閣中書舍人。歐大任字楨伯，南海人，時官國子監博士。是時又有盱眙李言恭、亳州朱宗吉，皆同賦《雲麾將軍斷碑歌》者也。

按：是碑，逸人太原郭卓然摹勒並題額。李秀，字元秀，卒於開元四年，葬范陽福禄鄉。劉侗《帝京景物略》云：李蔭所得六礎，共存百八十餘字，碑首尚存「唐故雲」三字。其後少京兆王惟儉攜其四礎之大梁，今僅存二礎，可辨者數十字而已。董文敏得宋拓殘本，是未作礎以前者，凡數百字。而戲鴻堂摹勒四十七行，三百二十八字，綴集成句，訛失頗多，且不著是碑之名，觀者憾焉。予去年於吴門借摹董藏舊本，❶而適武進蕙麓胡子來知宛平事，政成務暇，雅稽古蹟，勒爲二石，去其泐蝕者，文雖未全，恰與鴻堂行數相等，得三百六十有三字。以視昔日李侯所得六礎之字，乃倍過之。予爲重書「古墨齋」扁，復李侯之舊觀，存北海之妙蹟，紀都門之掌故，資藝林之攷據，並撮述黎記大略，以補吴記所未備云。

❶「年」下，稿本有「得」字。

附　攷

是碑與陝刻《雲麾將軍李思訓碑》，官同、姓同、書人同，故諸家易於牽混。趙子函謂趙臨者，誤也。董文敏刻入《鴻堂帖》，不著碑名，但稱北海書。而陳子文《碑攷》目爲小雲麾碑者，誤也。碑由良鄉學輦至宛平廨，而劉侗《帝京景物略》稱宛平署中掘地得之者，誤也。《古墨齋記》在萬曆六年，而吴少京兆記稱嘉靖間者，誤也。趙明誠《金石録》云：「明皇天寶三年，改年爲載。」今此碑元年正月立，而稱「元載」，爲可疑。然黎記竟改云「天寶三載」，不知碑後書「天寶元載歲在壬午正月丁未朔」。以史攷之，是年正月丁未朔，無可疑者，其稱「年」爲「載」，當闕疑耳，而改爲「三載」者，誤也。董刻鴻堂四十七行，以不全之文强集爲句，而於中間可資考據處反删去之。如北海系銜靈昌郡太守，《舊唐書·李邕傳》：「累轉括、淄、滑三州刺史。」《地理志》：「滑州，天寶元年更名靈昌郡。」此碑正是天寶元年所立，當即是滑州刺史。而宋人《寶刻類編》於書人系銜臚列最詳，亦不載是官，賴此碑與《靈巖頌》存此銜字耳。而《靈巖頌》世無傳本，惟是碑摹得爲可珍也。

《鴻堂帖》中間空處，皆以意爲空格，非原本所有，至以「蕭條」爲「蕭蕭」，尤誤。今此字稍泐，未摹入。序末「其詞曰」，「曰」字，董刻肥闊，如今人所寫「語曰」之「曰」，不知北海書尚存古意。古人寫「日月」之「日」皆方而扁，「語曰」之「曰」皆窄而長，《瘞鶴銘》「詞曰」已如此矣。北海書《靈巖》《岳麓》二碑，其「詞曰」皆是如此，即以此碑内「公曰」字證之，尤足徵北海書此「曰」字舊蹟也。

楊東里、趙子函皆妄謂陝碑勝於是碑。董文敏既得宋拓殘本，又得一宋刻翻本之舊拓者，中多誤筆，而紙墨甚舊，文敏乃貴其拓之舊也而悉從之，又付庸工摹鐫，盡失北海筆意。今愚摹此雖亦非全文，而實準量宋拓原本，信爲北海妙蹟之存其真影者矣。且世所鈔《全唐文》，已無是碑之文，則此粗具大略，而附以此攷識其顛末，亦庶幾足傳信矣。

移立廟堂碑記

《孔子廟堂碑》，虞世南撰並書。唐刻久湮，今惟王彥超重立石在陝西碑林，世所傳虞楷止此爾。又有宋時摹刻一石，不知勒於何年，元至正間，定陶濬河得之，久在城武縣學，而知者甚少。昔在山東曹州日，見其碑厚僅四寸許，日久恐益銷蝕，擬謀移置曲阜宮牆而未果也。其後得見元康里氏所藏唐刻原本，始知城武石刻所據祖本，實在王節度所祖本之前，亟宜移立也。今嘉慶丁丑，聞曲阜脩葺聖廟，因致書山東巡撫陳公，預飭所司移此石置同文門下，左右以二石柱輔之，敬書記於其側，庶得以永傳，並撰《廟堂碑考》一卷，梓於曲阜。

米書藥洲石記

廣州學使廳後九曜石，相傳南漢時所移太湖石也，石上多宋人題刻，其一石云：「藥洲米黻元章題，時仲公詡積中同遊，元祐丙寅季春初八日題。」《廣州府志》云：「此石不知何時置在布政使署，宜移歸學使署。」乾隆甲申，予視學來此見之，嘗屢謀移歸而未果也，今五十餘年矣。嘉慶丁丑春因札致藩伯武陵趙公，始知前任藩伯康公久已建亭覆護之，今趙公新葺亭壁，屬爲之記。此則米蹟已妥帖安置，無煩移動也。且學使者終歲以按試諸郡爲務，不暇在署剔石。予八年三任於此，始得手拓諸題，並撰《藥洲考》二卷以識之。此後接任諸君子，實有未及盡見諸題刻者。今於趙公葺亭，安得不記？

抑又有宜記者：或以此石後同遊題字，非必盡出米書，蓋因《寶章待訪録》亦在元祐丙寅而疑之。不知寶章之録自在丙寅八月，此在季春，何疑之有？米老《英光集》百卷，久無全帙。且以米老歷仕浛洭、臨桂之先後，蔡天啟、方信孺紀述之同異，尚待詳證。予嘗撰《米海岳年譜》，其名改寫「芾」，在元祐六年辛未，則此題丙寅，與「黻」字正合。且世傳米書罕見正楷，以焦山《瘞鶴銘》側米題，匡廬、岳麓北海碑側米題楷法，正足證此，是「藥洲」二十五字皆米書也，觀者可以勿歧視矣。

野圃記

野圃者，學士裕軒圖塞里先生養痾之所，在平則門外三里釣魚臺址，昔金人王飛伯垂釣於此，其後爲丁氏玉淵亭者也。乾隆二十九年四月，方綱從先生後，侍直西苑，歸過此，步而尋水源，先生謂方綱曰：「吾他日於此結屋，可乎？」是日微雨灑塗，與先生攜手，語甚快。其秋方綱奉使廣東，八年而歸，歸而先生抱痾已五年，結屋治圃於此者四年矣。

屋在圃之中，南向三椽，曰菜香草堂。折而西二椽，上有小樓曰山雨樓。南迤爲欄，架木疊石爲臺，臺下二椽，北向折爲廊，東向又東爲茅亭，亭南横木爲橋，橋下荷數十柄。每夏月出入步其上，傾露滿襟袖。其南籬門也，門外方池積水，沿而東過土阜，則新疏官渠也。土阜高下，隔水望山，而坐臥可致者，樓與草堂之所得也。亭東諸畦，鑿井引泉，而交響於菜香之間者，取少陵詩而總名之，所謂野圃，泉自注者也。春韭秋菘，饜風露之氣而無擔負之勞，可謂得養性之方矣。方綱既記先生夙昔之言，而得時與客來樂先生之樂者，又三年矣。先生曰「子不可以不記」，遂書其齋石記之。❶

裕軒學士從獵泛舟二圖卷記

裕軒圖塞里先生諱圖鞳布，一字丹崖，又號枝巢，鑲紅旗滿洲人。乾隆辛酉舉人，戊辰進士，官翰林院侍講學士，充日講起居注官，《續文獻通考》提調官，山東、四川鄉試考試官，再充會試同考試官。凡居詞垣者二十年，養疾家居者十有八年。其平生行役登眺、館閣唱酬之境，皆所弗及，而獨繪《從獵》《泛舟》二圖者，述其志也。

先生家世駐防秦隴邊關之地，先生以科第起家，備官侍從，而平日嫺熟庭訓，於騎射命中之技最所嫺習。又精研國書楷字用墨之法，是以每當扈蹕行營，晝馳圍場，夜草詩劄，皆如其所素習。蓋其篤念根本，克勤職業如此。而迨於抱痾屏迹，則又能翛然物外，卜築於郊西之釣魚臺，金人王飛伯垂釣處也。有茅舍

❶ 文末，稿本有「乾隆四十年二月十三日記」。

八九椽，題曰野圃。其屋曰菜香草堂，籬門之外方池積水，沿而東過土阜則官渠也。花辰月夜，時棹一艇，賦小詩以自適。間與野叟講農課，山僧究禪理，得養性之術焉。晚歲築延寧庵爲葬地，自爲文勒石記其屋舍地畝。以今年八月二十八日端坐而逝，年六十有六。

此二圖，先生親命筆屬安邑舉人宋葆淳畫者，其門人劉侍御湄裝爲卷，而方綱爲之記。

小滄浪記

運使雨窗阿公既建鐵公、佛公二祠於濟南明湖之北渚，於是事舉而人和，氣舒而民樂。渚面故多植蓮，自歷下亭沿葦蕩而西北，境愈曠，眺愈遠，蓮亦益靚且深。

爰因築祠餘工，度面勢，搆軒檻，周以迴廊，帶以彎橋，有亭翼然，有臺豁然。地不加高，而城南千佛諸山皆在几席，水香花氣，摇颺於半陂峰影之間。謁祠者載酒而溯洄，懷古者興歌而沿棹。昔漁洋先生謂水面、歷下諸亭皆在湖之南，不足以當北渚遺址。鼂无咎所賦北渚亭應更在其北者，當即斯地歟？前人所謂百花之堤、七橋之徑，今皆已不可盡攷，獨此地得於脩祠之隅，若天造而神貽之者。雨窗題曰小滄浪，實則一攬七十二泉之勝有餘矣，故書此以記之。❶

❶ 文末，稿本有「乾隆壬子秋七月北平翁方綱撰并書」。

硯山丙舍記

吴縣之西有硯山焉，《越絶書》所謂吴人於硯石山築宫者是也。北爲獅子峰，石上有宋淳熙間鐫「尊華」字，所謂尊華巖也。峰之南爲資政大夫王公墓，今刑部侍郎述庵先生曾祖也。先生以進士起家，敭歷中外四十餘年矣，邊徼勒其勳績，封疆載其治行，學士大夫誦其文章，而先生獨惓惓於丙舍數椽者，懷資政公之遺訓也。資政公葬後百二十餘年，先生光而大之，顧不欲擴於其舊規者，示不忘先志也。

丙舍三楹，背獅峰而面靈巖，吴郡諸山，遠近襟帶於此。西則梵香齋，南則棲雲閣，青藤覆簷，漾以蓮漪，夾以細竹。春而桃梅之華，秋而丹黄之葉，杉楠相接，巖户相依。住僧奉其廬，子弟讀其書，詩人紀其勝。他日談硯山者，又將以丙舍傳矣。述庵將南歸，屬方綱爲之記，故不辭而書於石。

潄芳西室記

潄芳西室者，翁子筠樓思兄而作也。筠樓之兄雨三，名其室曰潄芳，故兹以西稱。蓋自二陸居參佐廨，遂以東西爲兄弟故事，而士衡二十作《文賦》，已有「潄芳六藝」之言。夫人生惟詩書文字之味歷歲彌長，況又以天倫敍樂之思引而長之，六藝之旨，可勝既乎！雨三爲廉吏，有令子，今筠樓又體雨三之志，奉母以教諸子，長松蔭於庭，瑞草茁於階，使人孝弟之心油然生也。此則芳潤之實理，非所謂摛藻掞華以爲潄藝者也。吾聞之也，萬物發生於東，成實於西，芳之爲言，又萬物之清粹者也。其在人則爲美質，其在事則爲懿矩，其在載籍則爲道德之光，其在家庭推而至於邦國，則爲善氣仁風之感被。《易》曰：「兑，正秋也，萬物之所説也。」《莊子》曰：「正得秋而萬寶成。」是室也，一名新梧書屋。梧之初引也，得春氣以榮，及其青蒼結實，菶萋而茂密，則在乎秋。此亦西之義也。

吾家一桂房後代有聞人，至雨三兄弟同登進士，筠樓又以省試第一人起家，皆近族所罕有。而雨三平生未罄之蘊，奉母教子之休祜，胥於筠樓收其功而食其報，可謂成實於西矣。往者雨三成進士，南歸，予爲作《漱芳室記》。至今十有八年，又爲筠樓作《西室記》，故特發明此義，著之家乘，傳之宗族，並以語蘭、芑、藻等，使知同芳共氣之克承有自也。其已見前記者不復贅云。❶

三李堂記

金子子青瓣香太白、長吉、義山詩，而以三李名堂，噫，淵乎奥哉！吾嘗怪放翁謂「温李自鄶」也，然此亦非放翁之過，世稱温、李，固已失之矣。義山、柯古之名三十六體，以紀年輩則可耳，以示後學則不可。厥後漸乃波及西崑，供人撏撦，則益失之矣。然則義山孰可與並耶？曰：義山，杜之的嗣也。吾方欲準杜法以程量古今作者，而適聞子青以三李名其堂，是不可無一言記之也。

❶ 文末，稿本有「乾隆四十三年夏閏六月四日方綱記」。

夫唐賢氣體近杜者莫若昌黎，而昌谷，韓徒也。昌谷之從韓出，實以天機筆力行之，則杜法何遠焉！自古詩人並稱者，皆同格調耳，惟少陵與太白不同調，則義山有曰：「李杜操持事略齊，三才萬象共端倪。」此其不似而似者乎？此三李之義，豈子青臆説乎？吾故願子青深思善養，得三家之所以然，而勿襲其貌也。則此堂何名三李，仍即共此蘇齋之師杜而已，故予於是堂不可不述吾意以爲記。

三硯齋記

野雲朱君蓄三古硯於櫝，予爲銘曰：「一即三，三即一。」是果用《維摩詰經》語耶？坡公曰：「吾兩手，其一解寫字。而有三硯，何以多爲？」客曰：「再購以備損壞。」坡公曰：「真硯不損也。」朱君此三硯，則趙凡夫有自篆銘矣；葉臺山硯有芝岳銘；鄭所南硯四周宋鐫曲水流觴圖，圖兩側有銘，背有所南臨禊帖，歲久磨失，屬予縮臨玉枕本以補之。是則依然三君子之精神留寄此銘矣。而朱君以十指作煙雲，驅萬象，此三硯者皆相從而融液出之，淋漓元氣，即硯即人也，故曰「真硯不損也」。此則所謂「一即三，三即一」之説也。是日野雲持櫝來，舉似吾齋坡像前拈瓣香相視而笑，遂書此以爲記。

愛蓮堂記

歲己酉，予按試九江，訪濂溪周子愛蓮之堂，時與門人謝蘊山遊鹿洞，和其白石山房詩，即東坡爲李常兄弟作記者也。予因慨然想見昔人讀書之勤，與名賢書堂相照映，而李常兄弟皆以文學敭歷出爲名臣。每佇思五老峰下，徘徊不能去，輒欲攷其讀書之所，求所謂寶陀巖、楞伽院者而不可得。其後九江、南康二郡守於其地重建光霽之亭，予爲書扁，而愛蓮之池檻不可復識矣。今忽忽十有二年，而得見蘭峪李氏斯堂名與之合，亦屬予爲之書扁，而李氏伯仲時來問字於予，予因舉蘇記所謂「採華實而探源」者勖之，並附書於堂楣焉。將以作書櫝箴可也，將以作蓮蒂頌亦可也。

石畫軒記

予藏蘇書蔡君謨《夢詩帖》將四十年矣，遍覓好手寫之，未肖也。嘉慶癸亥冬得石屏，妙出天然，真此詩意也已。明年春重葺茅齋，名之曰石畫軒。蓋晴陰不可合而夢幻難爲傳，今竟於造化神力遇之，異哉！昔歐陽子詠石屏有「神鬼鐫鑱」之句，第不識君謨夢境，豈亦與造物者合契耶？此夢此石，孰端倪耶？蘇君寫此句，❶蓋江南草長，鶯花辭飛時耶？予得此蹟之日，則羅浮咫尺，風雨合離。江文通云：「倏忽南江陰，照曜北海陽。」豈復求諸文辭筆畫乎？軒可名也，石畫孰從而名歟！吾還以蘇帖質之。❷

---

❶「君」，稿本作「公」。

❷文末，稿本有「嘉慶九年甲子夏五月望」。

並蔕蓮圖記

辛酉之秋，李氏愛蓮堂花作並蔕。其冬，予四兒樹崐締婚焉。因屬中州吴翰林繪爲圖，諸君子詠之。甲子春，予還都，見其裝軸，讀其詩而爲之記曰：物之得氣也有時，而事之應祥者有自。氣即理也，名即實也，視乎承之者何如耳。

方予攜樹崐僦茅舍，謀一几之課讀尚未即安，豈遑爲之議婚娶事。樹崐年尚幼，亦甫冀其温肄經書未能習熟，豈遽籌及成室。愛蓮主人爲予東鄰，是年秋，仲通初叩户來論文，亦無意締言婚媾也。乃至臘月而締婚事就，始知其秋此花爲之兆。適歲除，次兒樹培省親還，而明年春圖之詠之，以成此卷，視親賓之集喜讌作吉語者，其爲慶幸不既增倍乎？然而好合者善之，先見者也；祝頌者詞之，近夸者也。近夸者吾引以爲勉，則先見者吾當承之以實。

吾家本寒素，先人屢躓場屋，而予得邀聖恩，叨爵禄，樹培又繼入詞館，造物者將恐其得意之見稍萌矣。李氏以舊族務本力田，諸子姓甫將烝然有造也，而於迨吉于歸，若微示之以機者，必將於此，百倍其精勤以益培其根柢，不慕浮華而積之以謙厚，不期速效而持之以永久。我兩家其常視此圖而守之無斁乎，故書此以爲圖記，使樹崐與仲通皆日三復之。

先大夫文藁册尾記

先大夫時文草底一册，凡三十六首，内複寫原稿者一首，誤裝尾於紙後者一首，又不全者三半篇，内六篇有孟潁仙先生手評。孟諱智佺，順天拔貢生，與先大夫交最善，工楷法，尤深於《易》，每來吾家，呼方綱亹亹講《易》不倦。官山東東平州州同、湖北興國州知州。此皆來吾家時就案頭手書之蹟也。《鑽之彌堅》篇，王寅寫；《蚤起》前一篇，許思誠寫，二人皆受業先大夫者，餘則皆方綱九歲時所寫也。是爲乾隆六年辛酉，正潁仙先生選拔貢生時。

吾家僦居正陽門外般若寺衕衕陳氏之屋，坐南向北，三椽。中間一椽，方綱初讀五經於此。先大夫日課以小題，作半篇，教以應童子試之式，故每戲寫「進」字。先大夫常語方綱曰：「吾家書香須有人繼，且望汝一進庠門耳。」其後三年，方綱始進庠也。先大夫熟於隆、萬諸家文，而最厭薄時墨華縟之習，詩古文皆無存藁矣。舊時二場用表，有小楷書表稿在手蹟册，已裝函。此文稿紙破爛，再不裝册，誠恐失墜，至今七十二年後始得粗裝此册。嘉慶十七年壬申四月六日，男方綱記。

先外祖手蹟記

先外祖張公諱嗣琮，字方九，號静芳。順天廩貢生，選授奉天開原縣訓導，未及赴任，主管育嬰堂事凡二十年。乾隆庚午夏卒，年七十八。其先世浙江山陰人，所謂白魚潭張氏也，公之父始入籍順天。自公之祖命二十字爲後人取名，前十字云：「可嗣爾祖行，其振我家聲。」故舅氏以「爾」字爲名。然國初張學曾字爾唯，即白魚潭族人也，用「爾」爲字。張爾唯在國初與孫退谷、梁蕉林同著名鑒藏者，而外祖未嘗語及，故不知其世次近遠也。外祖多蓄書帖，然不觀非聖之書，篤守宋五子學，自題屋壁曰：「長幼内外須嚴恭和順，言行衣食毋放縱奢侈。」吾家所有外祖手蹟，惟此數字，今敬裝於册。嘉慶十七年壬申四月六日方綱記。

十二圖自記

嘉慶壬申八月，爲予八十初度之辰，屬友寫十二圖。客曰：「子寫此以自娱乎？抑又自爲詩曰『畫圖十二勞丹粉，幅幅能追省過不』，則是十二圖者以省過耳，豈自娱之謂乎？」予笑曰：「此十二圖中最熟最久者，無若粤東之三任、西江之再使矣。自壬辰春使粤，役竣北歸，至丙午秋復使江西，出都途中有詩曰：『憶昨拜命初，竟夕自攻疚。讀書十五年，所學仍未進。所以漆雕云，斯之未能信。』及己酉九月北歸，詩云：『昨非雖屢悟，昔遁何從收。韋弦戒已佩，褊急仍未瘳。日對匡君語，尚未除驕浮。此去讀何書，始克寡悔尤。』夫以自知自悔之言往復若此，而依然有待於省改也，則所謂借此畫圖以省過者，裨益幾何？而謂必賴此圖以省過乎，則質言之，不如仍曰寫此自娱而已。」

十二圖者：一滕閣，二黄鶴樓，三七星巖，四藥洲，五棲霞，六澄海樓，七五老峰，八蠡勺亭，九曝書，十閲文，十一校經，十二攷金石，而惟登岱則以幅小不及繪入也。方綱謹記。

自題校勘諸經圖後

攷訂之學何以專系之經也？曰：攷訂者爲義理也，其不涉義理者亦有時入攷訂，要之以義理爲主也。學者束髮受書，則由程朱以仰窺聖籍，及其後見聞稍廣，而漸欲自外於程朱者，皆背本而騖末者也。是亦因宋後諸家專務析理，反置《説文》《爾雅》諸書不省，有以激成之。吾今既知樸學之有益，博綜攷訂，勿蹈宋後諸家之弊，則得之矣，而豈敢轉執攷訂以畔正路乎！

嘉興王惺齋曰：「學莫陋於厭薄韓、歐習用之字，而嗜講《説文》内不常用之字。」吾每敬佩斯言，以爲切中今日學者之痼疾。蓋攷訂家以墨守宋儒爲陋，而惺齋乃以苦研《説文》爲陋，所謂彼我易觀更相笑也。讀《易》而兼及考禘，因考禘而及明堂。讀《禮》而必合證明堂、路寢，其於《大司樂》鄭注、《盛德》篇盧注別無可取徵之書，而必斷斷傅合之，吾不知其意欲何爲也。即夏五十畝、殷七十畝，與《周官》分田制禄，必欲如目見而詳説之，吾不知其意欲何爲也。則若李資州之於《易》，杜江陽之於《春秋》，博涉其津涘以資問途，奚不可也？尚憾陸元朗所釋有未盡歸一者，徐楚金所繫有未盡校核者，尚憾秀水朱氏所考於前後歲月有失於備記者。若非實有確據，遽援鄭氏禮堂寫定以整不齊爲任也，則豈敢乎！夫惟兢兢恪守聖言，曰多聞，曰闕疑而已矣。

自題攷訂金石圖後

客曰：「然則考金石者，豈其專爲書法歟？」曰：不爲書法而考金石，此欺人者也。彼固曰以訂證史籍爲專務耳。夫金石之足考經正史固然已，且夫集録金石始於歐陽子，而歐陽之言曰：「物嘗聚於所好」，此非以其書言之乎？然吾尚覺歐陽子之答石守道謂「鍾王以下不足言書」，此特過激之語。洪文惠作《隸釋》，謂「無一字好奇」，而其《續滂喜篇》仍未免好奇也。夫學貴無自欺也，故凡攷訂金石者，不甘居於鑒賞書法，則必處處攟摭某條某條足訂史誤。金石文足訂史誤固時有之，然其確有證者，若唐年號「大和」誤「太和」、遼「壽昌」誤「壽隆」，似此之類則無可疑者，至於一官一地，偶有搘拄，苟非確有證據，何以知史必非而碑必是乎？

且即以篆變隸、隸變楷以來，上下正變之概，豈易罄陳而可忽視之乎？正惟力窮書法原委，而時或他有所證，則愈見金石文之裨益匪淺也。其書極醜劣而足證史事者，此特千百之一二而已。即書法亦僅就其涯涘可尋者，循循下學之是程，而遑敢遠騖爲乎！雖得見虞書《廟堂》唐本矣，而未知智永之《真千文》若何。雖得見趙子固落水《蘭亭》矣，而未知押縫闊行之古本若何。雖見梁唐摹《樂毅論》真影矣，而未知王順伯所見徐氏海字本若何。即今得精摹漢建初銅尺矣，而猶未敢繪鼎、彝、尊、卣於几案間也。學貴無自欺也，正惟有此建初尺正式，而所見欵識古器，愈以難信也夫！

蓮本堂記

吾友陸鎮堂嗣君求名其堂，告之曰：子之家世居吾里將百年矣，其先居甯波之慈谿也，蓋聞子家慈谿舊居門有蓮花塘焉，吾欲記此於子之屋壁久矣。周子《愛蓮説》曰「中通外直，亭亭浄植」，此則蓮之性也，可以覩本矣。今子居北京而溯水源，雖蓮之趺萼非其舊，而蓮之根本固在也。事固有發榮於一日而滋培於久遠者，是在克自樹立者扶植勿諼而茂澤益長也。遂書此以爲記。

復初齋文集卷第七

大興翁方綱撰
門人侯官李彦章校刊

讀李穆堂原學論

臨川李穆堂，蓋宗陽明之學者。陽明以良知爲説，故不遵朱子《大學》定本，吾既詳論之矣。穆堂以此言學，謂學者學其行事，非篇章撰述之謂，非名物象數、詳略異同之謂。其言之透徹，雖朱子無以易之也。竊嘗繹之：知與行，一事也，必能知而後能行，必能行而後能知，無二理也。由斯義也，二者孰重？則行爲要矣。行爲要，則知在所後乎？然則《大學》舊本置知本於誠意之前，朱子之審定其無庸乎？然則諸經傳義其可勿究心乎？然則考訂辨析者其徒滋擾乎？蓋穆堂之論學，亦非爲矯此之弊而作也。人必明乎知與行爲一事，則一身一家之日用倫理，無在非實學也。一日間起念誠僞邪正，一接物之公私當否，皆實學也。不此之亟講而徒殫心於誦説討論，是與古人所謂學者正相違也。然則陽明所謂良知之學乃正學也，豈不視朱子更正《大學》本以格致在前爲愈歟？曰：學者惟當合知與行而一之，而朱子實未嘗教人專以知爲務也。朱子謂《大學》首先格物致知者，正即講求其德之何以明，民之何以新，至善之何以得止也。朱子之言學，固未嘗有能知不能行者也。乃若穆堂之論，則是所謂知而不能行者也。何者？「大學之法，禁於未發之謂豫」，謂其灼知有所未盡，則無以豫定所行也；「當其可之謂時」，謂其擇善研幾未能中節，即無以適於所行也；「不凌節而施之謂孫」，謂其未知即易蹈於妄行也；「相觀而善之謂摩」，謂其見賢思齊、見善則遷：是皆以知與行合言之也。策其行即所以勵其知，勵其知即所以策其行，故教易施而學易從也。今由穆堂之言學，專於行不事乎知，且如國學之六堂，不程以經書典籍，而惟日課其起念公私誠僞以爲甲乙，此其事可行乎？今如鄉會試、歲科考，不閲其試卷，而惟日督學官問其處家之言行動作以爲去取，此其事可行乎？童子入塾延師督課，每日無經書誦讀之事，而欲其心不放，而欲其有所恪守，此其事可行乎？蓋既有學校庠序之設，則必閑其志於道藝；既有書册音訓之習，則必矢其誠於規矩。夫然後可以生奮勉之心，而獎掖於作忠教孝。化戾改愆之路，祇在勤學之務實而已，奚必矯變成説而轉涉於空言爲耶？正須知孝弟謹信即所謂學文也，學文即學孝弟謹信也；正須知志道據德依仁即所謂游藝也，游藝即游於道、德、仁之内也。愈講此輕彼重，則愈岐而二之耳。

原學論

愚既論穆堂之《原學》，而又自爲《原學論》者，深見學之無事於原也，原學者，則欲廢學而已。

請以禮言。禮者履也，人所踐履，則率由之，持循之，正志齋莊，斯即禮矣。故曰克己復禮，其綱也；非禮勿視，非禮勿聽，非禮勿言，非禮勿動，其目也。然此則聖人爲顔子言仁所從事，聖門大賢，鑽仰高堅，有博文之功，乃得此以約之。若其教天下之人，該悉天下之事，則安能以此概説之？是以釐其經，三百焉；致其曲，三千焉，必如是乃足以立禮也。今若舉凡尊卑遠近、問勞酬獻之儀，舉凡吉、凶、賓、軍、嘉之事，皆推原禮所由起，以數言該舉之，此必不能通者也。然則學者三代共之，千萬世服習而修明之，而今乃曰吾欲原其始也，故曰原學者，直是欲廢學而已矣。

聖人以躬行示人，即必以躬行爲學也；以五倫爲教，即必以五倫爲學也，然此其大綱耳。三代庠序、學校、辟雍、頖宫有其地，鐘鼓絃歌有其器、有其節，而其師若弟子諷誦講解，即必有其簡編請肄之業，今不傳耳。彼石梁王氏者且謂《學記》之不詳陳矣，豈知漢承秦火之後，六經始漸出於世，博士之録《王制》，尚不能明言其時代；制氏之鏗鏘鼓舞，尚不能言其義？不特此也，即班固之志禮樂，已不能臚舉其典物；即鄭康成之注《禮經》，亦不能舉所引諸書悉整比以示後學矣。陸德明、孔穎達皆唐初聞人，而陸亦尚未能盡衷音訓之一是，孔尚未能盡衷毛、鄭、服、杜之指歸。直待宋程、朱遥溯孔、孟之傳，而又苦於去聖太遠，攷訂久虚，參定較量，驟難畫一。幸有朱子章句研析，使後人稍得以尋津筏之所自。今日爲學者，正宜乘此問津有由之時，平心虚懷以上叩淵源經術之實，是乃千萬世服習而修明者，其程功致力、探本攷原，全在今日。而其稍敏悟者輒欲原學也，曰學者效其行事而已，不在記誦講肄之末也，則將曰禮者履也，不在乎器數典司之末也？愚故曰：原學者，直欲廢學而已耳。安得不爲吾學侶敬論之！

姚江學致良知論上

姚江之學與朱子異，人皆知之，然所以謂致良知之學與朱子異者，正以其不當以此詁《大學》之格致耳。陽明以致良知詁《大學》之格致，故必欲從舊本以誠意居先，是則《大學》欲誠其意者先致其知，致知在格物，皆紊其次矣。紊《大學》之次，則失古人所以爲學之實矣。

夫《大學》條目，豈自孔氏之遺書始言之乎？是固自時教正業，退息居學，若王之胄子，則先以某條件焉；卿大夫適子，則先以某條件焉。其所爲度量數制之詳，今無由以稽矣。蓋古大學之教不知廢於何時，聖門教人博文約禮，則六經其要也。孟子初見滕君，首言性善，稱堯舜，此其大綱也。至其剖析事爲，一則曰諸侯之禮，吾未之學；再則曰若夫潤澤，在君與子。假若滕君爲世子時親受業於門，必有詳加考析以裕經國之本者矣。即使當日夫子得柄用，以治魯，以興周，亦必由文武之方策、周公之典禮，未有以空談性道爲之者。孔子、孟子皆不得已而託諸刪定教言。迨秦燼已後，漢儒漸次修舉舊籍，而又間以晉之清談、唐之詞藻，無由以整理遺緒也。宋之程、朱始能窺見聖賢大旨，而宋元以後帖經訓義變爲制舉之時，文正得由肄繹經書以上溯正學矣。而有明一代，其務本業者專習時文，不克深究也。於是其間通敏之資如陽明王氏，奮其獨造之見，意以爲直到聖涯，而轉覺朱子之近於庸常也。白沙、甘泉、江門静坐之學從而和之。此其始未嘗不深會於聖賢之詣，而其一意孤行，漸啟門户之幟，則不可不防其弊也。

幸至今日經學昌明，學者皆知奉朱子爲正路之導，其承姚江之説者，固當化去門户之見，平心虛衷以適於經傳之訓義。而又有由漢荀、虞、馬、鄭博涉羣言以爲樸學，此則攷證之學，又往往與朱子異者，是皆不探其本而逐其末者也。攷證之學則與良知之學正相反對。以愚區區之見，則良知既不必自名其學，而攷證諸家精心研討，以漢儒爲名乎？豈漢學果能究悉乎？則吾謂攷證之學，實自馬端臨、王應麟、黄震之徒而後濬發之，其用意深粹，仍自朱子門人之緒得之。孟子固曰：「夫道，一而已。」然則學，一而已矣。攷證之學，仍皆聖賢之學也；良知之學，則無此學也。

姚江學致良知論下

前而鵞湖之學，後而江門之學，皆可綜理條貫之，使與朱子合也。惟姚江之學，以致良知爲説，則實異乎朱子，所不得不辨者。

彼固謂其説本孟子也，孟子擴充之旨，謂以仁心行仁政者，推此以加諸彼，就仁術以啟發當時之國君，非於《大學》條目言之也，故曰：「所不學而能者，其良能也；所不慮而知者，其良知也。」孟子固明説不學、不慮矣，言不學、不慮，則與《大學》「格物致知」之用力程功不同矣。夫所謂致良知者，即擴充其良知也。乍見孺子將入井，此迫切之際，可與之言學乎？興甲兵、危士臣之際，可與之言學乎？則不得不指其良心發見之端，然亦必準之以權度。權度於物皆然，而心爲甚。心爲甚者，指其急切處也；物皆然，則平日從容分析輕重長短，是又即《大學》「格物致知」在「誠意」前之謂也。孰謂《大學》本末厚薄之下，未嘗申繹「格致」而遽先釋「誠意」者乎？孰讀《孟子》，而致良知之説，是有意與朱子立異，灼然無疑矣。凡爲學，切勿分别門户也，而爲説經計，則焉得不剖其歧説？《大學》章句，必以朱子所定爲正本，不可妄言復古本。是則姚江致良知之説，大有蠹於經者，是以申切論之。

攷訂論上之一

攷訂之學，以衷於義理爲主，其嗜博嗜瑣者非也，其嗜異者非也，其矜己者非也。不矜己，不嗜異，不嗜博嗜瑣，而專力於攷訂，斯可以言攷訂矣。攷訂者，對空談義理之學而言之也。凡所爲攷訂者，欲以資義理之求是也，而其究也惟博辨之是炫，而於義理之本然反置不問者，是即畔道之漸所由啟也。如近日惠棟之於《易》，極意博綜而妄取他本以解經字，甚至以《繫辭傳》「天一、地二」以下爲後人所增，以「富有日新」諸語爲後人所訓，以《説卦傳》「乾，健也」以下爲後人所益。又如近日閻若璩之於《書》，苛求古文，毛舉細碎，逞其口辨，甚至以「危微精一」十六字爲非經所有。凡此等謬説，皆起於偶有所見，而究其自信自炫，遂反唇而不顧其安者，皆嗜博嗜異而不惟義理之是求也。

學者束髮受書，則誦讀朱子《四書章句集注》，迨其後用時文取科第，又厭薄故常，思騁其智力，於是以攷訂爲易於見長。其初亦第知擴充聞見，非有意與幼時所肄相左也。既乃漸騖漸遠而不知所歸，其與遊子日事漂蕩而不顧父母妻子者何異？攷訂本極正之通途，而無如由之者之自敗也，則不衷於義理之弊而已矣。

然則攷訂之學轉不及空談義理者歟？曰：攷訂之學豈惟勝之，正賴有攷訂之學，然後義理尤長。近日秀水朱氏《經義攷》，其有資於攷證，人所知也，朱氏此書可謂切於攷訂矣。然吾所最憾者，每書載其原序，而於序尾之年月反多刪去，將使觀者何由而得其師承之所自乎？何由而參驗其沿革同異乎？宋以後言義理則益加密矣，顧有恃義理之益明，而轉薄視漢唐注疏者，忽視《爾雅》《説文》者，甚且有以意測義而斷定訓詁形聲者，有無所憑藉而直言「某與某古通用」者。此皆空談義理、不知攷訂者誤之，乃激而成嗜博嗜異之侈爲謏説者，是二者其弊均也。言正誤則開妄改之弊，言錯簡則開妄作之弊。若究其所始，則錯簡之疑始於鄭康成之注《玉藻》，其段段言脱爛者，原自有所以處之，非私見也。而極其弊，至於宋儒之改《康誥》首段以爲《洛誥》之文，則誤甚矣。詳具拙撰《書附記》。至於正誤以某字當爲某字，則鄭氏之失爲多，後人又豈得尤而效之？語其大者則衷之於義理，語其小者則衷之於文勢，語其實際則衷之於所據之原處，三者備而攷訂之法盡是矣。然而文勢亦必根柢於道也，所據羣籍亦必師諸近聖也，故曰攷訂之學，以衷於義理爲主。

攷訂論上之二

客曰：子謂攷訂必衷於義理者，以治經言也。若博攷子、史、諸集，其盡然耶？

曰：吾固謂攷訂在於審其來處也，如攷史，則所攷之事必以所據之書爲斷，其所據之書出於正史歟？出於别史、雜史歟？出於野史歟？即同出正史，而正史所據必有其足信之實，有前後數代之史以證之，有前後諸紀傳之歲月以證之，有旁推諸紀載以證之，則益足以申其是而辨其非矣。

攷諸子、集亦然，既有其所據之書，則其記載之先後，互校之虚實，此其中即有義理之所徵者，即有文勢之所區别者。故凡攷子、史、諸集者，皆與治經之功一也。天下古今未有文字不衷於義理者也，豈惟諸子、諸史、諸集哉，即稗官説類之流，皆可以此概之矣；豈惟稗説哉，即里俗鄉曲傳誦勸善之文，苟其合於義理者，即無庸執攷訂之學以駮難之。此所當權其輕重而已矣，如權其輕重，則不至泥古反古，致以爲攷訂者之累矣。如古有「父在，爲母服朞年」之説，通儒皆信之，然吾合古今參攷之，雖其明有所徵而不得不直言其不可從也。詳見《禮附記》。又見近日全氏祖望著一文，辨閩海祀天后事，此惟衷諸義理有功於民則祀之，而毅然奮筆以辨之，可乎？故曰：凡攷訂者一以衷於義理爲主。

攷訂論上之三

客曰：子謂攷訂衷於義理，而所據之書與文勢兼之，是三者固足以該攷訂之學矣。惟有一事不能以此例之者，則攷訂法帖耳。豈其攷訂法帖者必皆以書法爲主耶？

曰：金石自是一類，法帖與書畫自是一類。攷金石，則仍吾前所云攷史之例矣；若攷法帖，則專以書法爲主。何者？法帖書畫者，藝而已矣。雖言藝，亦必根於道，然未有言藝而轉舍藝以爲言者。故凡攷法帖而博極參證於經史者，此言藝之本也，其有不甘於言藝而必假攷訂經史以爲名者，此自欺之事也。

嘗見陜碑有修某城一碑，字極醜拙，而其事足以證史，如此之類，不以書法言可也。至若篆變隸、隸變楷以來歷朝諸家之原委，亦必講求之，以定學術之淳漓，趨向之邪正。此非衷於義理者乎？如漢唐隸書，肥瘦骨肉之上下源流，非關於學術乎？楷行以下雖流别漸多，然如王羲之書以《樂毅論》爲首者，正爲其小楷中具開闔起伏正變之勢，所以《瘗鶴銘》可與並論也。而後之不知書者，推吴廷所刻本一例圓熟者爲真，則適以開作僞者之漸，此非關於學術士風者乎？

近日如王澍知學書，而所撰帖跋，避論書談藝之名，而嗜援史事矜爲攷訂之學，實則所攷轉多舛誤。今之學者動輒舉碑刻之文以斷史之誤，然其中固實有史誤而碑可信者，亦有不妨兩存以備攷者。如唐文宗年號「大和」，是「大小」之「大」，史皆誤爲「太和」；遼道宗年號「壽昌」，史皆誤爲「壽隆」：此則必以石刻正之。若其他歲月、職官、名氏，或有不得執一以遽斷之者。近日言碑帖者，不知藝之與道通也，嫌其涉於僅言鑒賞，似遊客之所爲，故於碑帖必先求其與史傳之合否，又往往必申石刻以抑史傳。其意未嘗不善，而其實則欲避居論書之名，爲大言以欺人而已矣。歐陽子已薄視鍾、王、虞、柳，以茗飲、圖畫爲比，直恐劃界道與藝而二之，則吾不敢也。歐陽子與石守道書，以鍾、王、虞、柳之書比於嗜茗飲、觀畫圖。其云鍾、王、虞、柳者，石守道來書中語，蓋以鍾、王、虞、歐並説，不欲斥言歐，而改云柳。抑何不云虞褚而云虞柳？柳可與虞並稱乎？此其隨手措語，又不足以較量也。然歐陽之文，世所重也，今以書法比之茗飲圖畫，茗飲固不足道，至若圖畫則雖藝事，而亦不得謂全不關於攷訂也。漢人石刻之畫像，有可以攷冠制毋追者，有可以攷車制桯蓋達常者，即唐宋以後畫家之沿革出處，亦有足裨於史傳詩文者，豈得與茗飲一例輕之？經曰：「游於藝。」又曰：「工執藝事以諫。」藝，可盡卑視乎？且夫攷訂之學，大則裨益於人心風俗，小則關涉於典故名物，然一言以約之曰：取資於用而已。經曰：「不作無益。」有裨於用者則當攷之，其無益者則不必攷，知此，則攷訂之大端在是矣。如其不適於用也，雖以古經師大儒所言，如鄭氏之言六天、盧氏注《大戴》之言明堂路寢，甚至顯著於經如《祭祀》之「皇尸、公尸」，《喪服》

之「父在爲母朞年」，此等不可行之事，攷之何用？不攷之未爲寡陋也。如其適於用也，雖以後世書家畫家之蹟，至如《黄庭》《樂毅》《洛神》諸本之原委先後，能詳攷之，豈不有裨益乎？故攷訂不論其巨細遠近，但争其有用與無用、有益與無益而已。又如吾邑黄氏《中州金石攷》，前有陳祖范序，此必因陳有學古能文之名，欲借其序以重此書也。及觀陳序，其文之薄弱固不足言，即以所稱「攷金石者有資於攷證經史，而非玩物喪志」，其言攷證經史是已，其言非玩物喪志，則即歐文所比茗飲之類也。作此攷之序，正當以其所録碑目不盡著撰人、書人，則無益於攷；不盡著存否闕佚，則無益於考。不此之究，而以玩物喪志相形言之，則是從未嘗留意此事者之言，而遑問其序之工否乎？因論歐文附及之。

攷訂論中之一

有訓詁之攷訂，有辨難之攷訂，有校讐之攷訂，有鑒賞之攷訂。古之立言者欲明義理而已，不知後之人有攷訂也。古之爲傳注者欲明義理而已，不知後之人有攷訂也。若東漢時淹洽諸經如鄭康成者，知後人欲加攷訂之功，則所見之書尚多，必已備陳之矣；所據之音訓何自，必亦詳説之矣。豈惟鄭氏之於諸經，古之人有先我而稽纂者，當早剖其本末而具其節目，則無事於後人之攷訂矣。此固必不能之勢也。

然而原其大要，則稽古之勤自漢儒始，漢儒所自爲訓義者又不盡傳於後，於是荀、虞、鄭氏之《易》，申、轅之《詩》，服之《春秋》，反賴後人爲之掇拾輯録，至有不能知其上下文義若何，而專舉其一語爲證者。然而師承之遺緒時有聞見引述，賴得假途問津者，即徐遵明、二劉之徒，尚矻矻綴及之。而又間隔以有唐一代，博涉詞藻而其源弗探也。陸氏在隋末唐初作《釋文》，已多兩歧之音訓矣，何況鄭康成生於許慎作《説文》後之廿九年，其上下原流、沿革同異之所以然，孰從而一一詳質之？即當北宋時，亦安知無一二遺聞逸説在人口耳者？而啖、趙以後，爲《春秋》學者已多自立議論，推而上之，昌黎已有「三傳束閣」之語。曾不知三傳俱束高閣，更何據以究遺經之終始乎？

直至南宋而朱子出焉，吾非敢目朱子爲攷訂家也，謂其用心之精、用心之正也，即一攷訂之事，未有不本於用心之精、用心之正者也。夫然後鄭樵、馬端臨、王應麟之輩出焉，用心之精自南宋始也。而其後又間隔以有明一代之不知攷訂，明人之不知攷訂，則八比時文之弊也，學者童而習焉，則由八比時文入也。然而上下千古，通徹言之，則攷訂之學未有盛於我國朝者也。宋人之推歐陽子也，曰以通經學古爲高，乃歐陽氏之於攷訂尚有待焉者，則通經學古之事，必於攷訂先之。雖沿有明之制藝，而實承宋儒之傳義，萃漢唐之注疏，則未有過於今日者也。學者幸際斯時，其勿區漢學、宋學而二之矣。然而劃漢學、宋學之界者固非也，其必欲通漢學、宋學之郵者亦非也。今日上則有欽定諸經傳疏義説，下則内外皆有四庫書寫本，即以科舉時文，亦人人知有稽古通途所自出。昔之患其儉陋者，今且轉欲防其騖廣嗜異之漸，是則此時之攷訂視前人倍易爲力，其收功也亦視前人倍多所逸獲，則用心之精、用心之正，與用力之勤兼而出之，何不可隨所近之路以適於大道乎？故吾曰：攷訂之事，必以義理爲主。

攷訂論中之二

然則證據經史、整齊百家，近儒孰先耶？曰：豈敢品次之哉！前乎我者，誦其遺文而已。此中分別出入之際，難言之矣。若就吾見聞最近者，無錫顧氏之於《春秋》，元和惠氏之於諸經，婺源江氏之於三禮，吾皆未及見其人而粗得其緒矣。吾所目及見者，則休寧戴震、歙縣金榜、金壇段玉裁，是皆惠、江氏之後出者，然吾雖皆略知其人而未與之友也。就吾所與辨析往復者，則如餘姚盧文弨，嘉定錢大昕、大昭也，此諸子之書具在，抑又不必從而軒輊之。吾門從遊者，則若寶應劉台拱、海州淩廷堪、曲阜孔廣森、南城王聘珍，亦其亞已。高郵王念孫與其子引之，皆推服金壇段氏《説文》之學，引之亦謂劉台拱深於《論語》。昨阮侍郎元以所録台拱之書來示，其《論語》卷中有精審者，亦有偏執者。而淩廷堪之《儀禮釋例》，雖不爲害，而究亦無所益。蓋此事原不能求其備善者也，故執己所長以議人之短者，可偶舉其一二而不可繩其全也。

惟詩文家竟有不事攷訂者，此固無害其爲專長。秀水錢載，詩人也，不必善攷訂也，而與戴震每相遇輒持論齟齬，亦有時戴過於激之，然而錢不敢斥言攷訂家之失也。惟鉛山蔣士銓詩集有《題焦山瘞鶴銘》一詩，「注疏流弊事攷訂，鼷鼠入角成蹊徑」。此則大不可者。攷訂《瘞鶴銘》，特金石中一事耳，與注疏何涉？而以攷訂之爲弊歸咎於注疏，是特俗塾三家邨中授蒙童者，第知有范翔《四書體註》，語以《十三經注疏》，則茫然未嘗開卷者。蔣或即其人耶？若非其人，曷由有此語耶？聞蔣主講席於揚州，諸生有汪中者，夙以博辨自詡，起而問曰：「女子之嫁，母送之門。是何門？」蔣曰：「姑俟查攷。」汪曰：「俟查攷則無所庸其掌教矣。」蔣以此深銜之，語學使欲置之劣等。今若以蔣此詩證之，則其答汪生似太過自抑矣。推其《題瘞鶴銘》而斥注疏之攷訂，則其答汪生應云：「母送何門，不應來問。」則與其詩相應矣，而蔣不敢也。吾所識如諸城劉閣老墉之於金石碑板，及錢侍郎載之於詩文，皆不善於攷訂，而不敢公然斥攷訂爲非，惟一蔣君有出言之違失若此者。蔣之詩近頗爲人傳誦，此豈得阿私好而諱匿之。凡人各有所長，豈其人必攷訂而後成家乎？要在平心而勿涉矜氣，則攷訂與不攷訂皆無弊矣。

攷訂論下之一

凡攷訂之學，蓋出於不得已。事有歧出而後攷訂之，說有互難而後攷訂之，義有隱僻而後攷訂之，途有塞而後通之，人有病而後藥之也。乃若義之隱僻者，或實無可闡之原，或猝無可檢之來處，則虛以俟之可矣。事之兩歧，說之互勘，而皆不得其根據，則待其後定而已矣。此亦莊生所謂「緣督爲經」也。借如未有窾郤，有何從批之導之哉？

若其立意以攷訂見長者，則先自設心以逆之，而可言攷訂乎？若其於事之兩歧、說之互出、義之險賾，苟閒以私意出入而軒輊焉者，其爲攷訂也，必偏執而愈增其擾矣，又奚以攷訂爲哉？攷訂者懲棼絲而理之也，未有益之以棼絲者也。是故攷訂之學可以平吾心，可以養吾氣，可以漸問於學道之津矣。故曰：攷訂之學，以義理爲主。

攷訂論下之二

客曰：攷訂之學其出於後世學人，而非古先聖訓所有也乎？

曰：聖言早已具矣，特未明著其爲攷訂言之耳。蓋嘗反覆推究上下古今攷訂家之所以然，具於此三言矣：曰多聞，曰闕疑，曰慎言。三者備而攷訂之道盡於是矣。

大抵攷訂者之用己意，初非好矜己以炫所長也，亦實因乍見某書某處有間可入也，而未暇於此事之旁見於他處者，悉取而詳核之，則誤者什有幾矣。其或又見一處正與此處足以互按也，喜而並勘之，以爲兩端之執在是也，而不知前乎我者某家某文早有説以處之，吾不及知而遽以吾所見定之，又非漏則略，故觀書貴博也。每有積數十年之參互待決者，一旦豁然得之矣，而後此又於某書見有此條，其所見又倍於我者，乃始皇然省也。此皆未多聞之故也。

至於不肯闕疑，不甘闕疑，則其弊最大。今之言攷訂者相率而蹈之者，比比皆是也。何者？不平心，不虛己，而好勝之害中之也。未攷訂之前已有胸中成例在矣，及其所遇偶有不合於吾例者，則遷就圓合以爲之説，必不欲闕疑也。經史之事，有能析其一端而不能盡白其後一端，則恥之，則概以己意演繹之，必不欲闕疑也。今有衆賓廣坐中某舉一事爲問，其知之者則應曰某作某義，某出某典；其不知者稍有愧色，不欲顯也，則起而更以他事亂之，不則出一别説以間之。今有市鬻貨者，某貨取直若干，其欲應者則緩圖之矣，其黠者則詭言他物以亂之，若不以爲意者。俟其人悔而更議也，於是黠者以離得合矣。此固市井小人之爲也，其出别説以間亂者，奚以異此？

然則攷訂而不甘於闕疑，是殆與市井小人之習相埒乎？曰：不然，彼聞一言而出他説以間亂之者固非矣，然而坐中有識者輒掩口笑之，衆皆知其無能爲役也。若攷訂家遇難解處，毅然以一説强質之，則竟筆諸著述，傳諸藝林，甚且有奉爲定解者，直有以爲利而不知其害者，此其爲弊中於人心學術，以視市井小人之所爲，不更下一等乎！不意攷訂本至精之正業，而其可笑至於如此者，則强不知以爲知之爲患大也。夫然後知聖人教人，灼見後世人心學術之利弊至深遠也。

客曰：子以疑必當闕，則古籍可疑者多矣，如盡從而闕之，將安用注釋爲耶？

曰：聖人固明言之，其必不可不闕者，則無寧闕也。其稍有可通之處，則慎言而已矣。治家者惟儉可以養廉，治經史者惟慎可以補闕，有慎言之一途，而闕疑之法圓足之，至矣。至於併欲慎言而無從者，則仍歸於闕疑而已。然而慎言亦豈易哉？有出入採取之慎，有比較絜度之慎，有落筆字句之慎，有出言詞氣之慎。夫非爲畏物議而慎，爲友朋箴規而慎也。學者立言，本宜敬以出之，遠鄙倍而擇尤雅，或者其庶幾乎。

攷訂論下之三

攷訂者，「訂證」之「訂」，非「斷定」之「定」也。攷訂者，攷據、攷證之謂，非斷定之謂。如曰攷定，則聖哲作之也，非學者所敢也。近見戴震謂：「非典制名物不足以窺聖道。」且如宫室之制，必據《大戴記》盧注，謂明堂即路寢。不知盧注所謂路寢與明堂同者，未知是言其中某制、某義之相同也，而謂路寢即明堂乎？如井田之制，近日沈彤得漢尺，即準之以命有周之世分田制禄之法，可乎？如祭祀之制，鄭康成氏謂禘是祭天，實是誤會祭法，而近日爲鄭學者必傅合其説，謂禘非宗廟之祭，可乎？

愚謂治《禮經》者，但當纂言，而不當纂禮。蓋纂言則古説，即有沿革同異，或不妨並存以資考析耳。纂言則諸經雖各爲指歸，而間或取彼以證此，亦未遽伸此以抑彼也。若竟居然斷定某制當如何，某事是如何，非其目覩，誰則信之？自聖人仰述夏、殷，已云無徵不信。今日之視周，與周之視夏、殷何如哉？況居今日而斷定古之典制名物，非妄則鑿也。妄則啟僭以誣世也，鑿則嗜異以自欺也。凡學問之事，苟非大爲害於世教者，慎勿剖斷之也。且勿論不當纂禮，凡典制名物，吾未目見，必不可斷之固已。且即以纂言之法，雖一字義，苟非有前人成説，亦不可以斷定。

嘗見一友集中述戴震説：朕兆「朕」字，謂是舟之拆裂隙縫，此字從舟。而《説文》舟字條下無此説也。今以己是造爲《説文》，可乎？又見一友集中援近日段玉裁説《左傳》「人盡夫也」句，謂此條杜註數句皆有「天」字，欲改云「人盡天也」，可乎？然此皆不足道也。請就一事言之：《尚書》「武成王若曰」以下，乃是史臣重述之文，而蔡《傳》必執原本爲錯簡，居然更造一篇名曰《攷定武成》，至今塾師遵爲定本。此則宋儒明於義理者自蹈於蔑古，皆擅言攷定之弊有以致之，可勿慎諸！

理説駁戴震作

近日休寧戴震一生畢力於名物象數之學，博且勤矣，實亦攷訂之一端耳。乃其人不甘以考訂爲事，而欲談性道以立異於程朱。就其大要，則言理力詆宋儒，以謂理者是密察條析之謂，非性道統挈之謂，反目朱子「性即理也」之訓，謂入於釋老真宰真空之説，竟敢刊入文集，説理字至一卷之多。其大要則如此，其反覆駁詰牽繞諸語，不必與剖説也，惟其中最顯者引經二處，請略申之。

一引《易》曰：「易簡而天下之理得矣，天下之理得而成位乎其中矣。」試問《繫辭傳》此二語，非即「性道統挈」之「理」字乎？「成位乎其中」者，謂易道也，則人之性即理無疑者也。對上「賢人之德，賢人之業」，則此句「理」字，以人所具性道統挈言之更無疑也。此處正承「天地定位」而言易之「成位乎其中」，豈暇遽以凡事之腠理條理言耶？此不待辨而明者也。

再則又引《樂記》「天理滅矣」，《樂記》曰：「人生而静，天之性也；感於物而動，性之欲也。物至知，知然後好惡形焉。好惡無節於内，知誘於外，不能反躬，天理滅矣。」此句「天理」對下「人欲」，則天理即上所云天之性也。正是「性即理也」之義。而戴震轉援此二文以謂皆密察條析之「理」，非「性即理」之「理」，蓋特有意與朱子立異，惟恐人援此二文以詰難之，而必先援二經語以實其密理條析之説，可謂妄矣。

夫理者，徹上徹下之謂，性道統挈之理即密察條析之理，無二義也。義理之理即文理、肌理、腠理之理，無二義也。其見於事，治玉、治骨角之理即理官、理獄之理，無二義也。事理之理即析理、整理之理，無二義也。假如專以在事在物之條析名曰理，而性道統挈處無此理之名，則《易·繫辭傳》「易簡而天下之理得矣」、《樂記》「天理滅矣」，即此二文，先不可通矣。吾故曰：戴震文理未通也。《樂記》此段下，愚既略附記矣，《易》傳首章下，則不敢也。是以别録此篇題以駁戴震，豈得已哉！

附録與程魚門平錢戴二君議論舊艸

昨蘀石與東原議論相詆，皆未免於過激。戴東原新入詞館，斥詈前輩，亦蘀石有以激成之，皆空言無實據耳。蘀石謂東原破碎大道，蘀石蓋不知攷訂之學，此不能折服東原也。詁訓名物，豈可目爲破碎？學者正宜細究考訂詁訓，然後能講義理也。宋儒恃其義理明白，遂輕忽《爾雅》《説文》，不幾漸流於空談耶？況宋儒每有執後世文字習用之義，輒定爲詁訓者，是尤蔑古之弊，大不可也。今日錢、戴二君之争辨，雖詞皆過激，究必以東原説爲正也。然二君皆爲時所稱，我輩當出一言持其平，使學者無歧惑焉。

東原固精且勤矣，然其曰聖人之道必由典制名物得之，此亦偶就一二事言之可矣，若綜諸經之義，試問《周易》卦爻彖象、乘承比應之義，謂必由典制名物以見之，可乎？《春秋》比事屬辭之旨，謂必由典制名物見之，可乎？即《尚書》具四代政典，有謨、訓、誥、誓之法戒存焉，而必處處由典制名物求之，可乎？即《詩》具徵鳥獸草木，而有忠孝之大義，勸懲之大防，必盡由典制名物求之，可乎？聖門垂教，《論語》其正經也，《論語》《孟子》必以典制名物求之，可乎？《孝經》以典制名物求之，可乎？戴君所説者，特專指三禮與《爾雅》耳。三禮云者，經部統籤之稱也，究當分别言之。《小戴記》，《禮》之傳也，當合《儀禮》説之。韓子已言《儀禮》非後世所用，顧宜知其義而已，其義難知，則合其經、傳以求之。學者正宜先知《禮運》首段之並非歧入異説也，又宜知《學記》之並非泛事空説也，又宜知《玉藻》鄭氏所謂「脱爛」處之不宜徑皆接合也，又宜知《樂記》十一篇之宜各審其篇次也，此又豈概以典制名物得之者乎？

《周官》六典，何以不略見於諸經？《禮記》六太，何以不同於《周官》？古籍邈遠，不能詳徵，必欲一一具若目見而詳陳之乎？況禮所具者，周典耳，夫子於夏、殷禮皆能言之，以其無徵，故民弗從而不言也。今雖周之典制尚有存其略者，而其於善之無徵、民之弗從，則一也。是以方綱愚昧之見，今日學者但當纂言而不當纂禮。纂言者，前人解詁之同異，音訓之同異，師承源委之實際，則詳審擇之而已矣。若近日之元和惠氏、婺源江氏，以及戴君之輩，皆畢生殫力於名物象數之學，至勤且博，則實人所難能也。吾惟愛之重之，而不欲勸子弟朋友效之。必若錢君及蔣心畬斥攷訂之學之弊，則妬才忌能者之所爲矣。故吾勸同志者深以攷訂爲務，而攷訂必以義理爲主。

復初齋文集卷第八

大興翁方綱撰
門人侯官李彦章校刊

詩法論

歐陽子援揚子「制器有法」以喻書法，則詩文之賴法以定也審矣。忘筌忘蹄，非無筌、蹄也。律之還宫，必起於審度，度即法也。顧其用之也無定方，而其所以用之實有立乎法之先而運乎法之中者，故法非徒法也，法非板法也。且以詩言之，之作作於誰哉，則法之用用於誰哉。詩中有我在也，法中有我以運之也。即其同一詩也，同一法也，我與若俱用此法，而用之之理、用之之趣各有不同者，不能使子面如吾面也。同一時、同一境、同一事之作，而其用法之所以然，父不能得之於子，師不能傳之於弟。即同一在我之作，而今歲不能仿昨歲語，今日不能用昨日之語，況其隔時地、分古今，而强我以就古人之法，强執古人以定我之法，此則蔑古之尤者也，而可謂之效古哉？故曰：文成而法立。

法之立也，有立乎其先、立乎其中者，此法之正本探原也。有立乎其節目、立乎其肌理界縫者，此法之窮形盡變也。杜云「法自儒家有」，此法之立本者也。又曰「佳句法如何」，此法之盡變者也。夫惟法之立本者不自我始之，則先河後海，或原或委，必求諸古人也。夫惟法之盡變者，大而始終條理，細而一字之虚實單雙，一音之低昂尺黍，其前後接筍、乘承、轉换、開合、正變，必求諸古人也。乃知其悉準諸繩墨規矩，悉校諸六律五聲，而我不得絲毫以己意與焉。故曰禹之治水，行其所無事也，行乎所不得不行，止乎所不得不止，應有者盡有之，應無者盡無之，夫然後可以謂之詩，夫然後可以謂之法矣。

格調論上

詩之壞於格調也，自明李、何輩誤之也。李、何、王、李之徒泥於格調而僞體出焉，非格調之病也，泥格調者病之也。夫詩豈有不具格調者哉？《記》曰「變成方謂之音」，方者，音之應節也，其節即格調也。又曰「聲成文謂之音」，文者，音之成章也，其章即格調也。是故噍殺、嘽緩、直廉、和柔之别由此出焉。是則格調云者，非一家所能概，非一時一代所能專也。

古之爲詩者皆具格調，皆不講格調，格調非可口講而筆授也。唐人之詩未有執漢魏六朝之詩以目爲格調者，宋之詩未有執唐詩爲格調，即至金、元詩，亦未有執唐宋爲格調者。獨至明李、何輩，乃泥執《文選》體以爲漢魏六朝之格調焉，泥執盛唐諸家以爲唐格調焉。於是不求其端，不訊其末，惟格調之是泥。於是上下古今只有一格調，而無遞變遞承之格調矣。至於漁洋變格調曰神韻，其實即格調耳，而不欲復言格調者，漁洋不敢議李、何之失，又惟恐後人以李、何之名歸之，是以變而言神韻，則不比講格調者之滋弊矣。然而又慮後人執神韻爲是，格調爲非，則又不知格調本非誤，而全壞於李、何輩之泥格調者誤之，故不得以不論。

格調論中

「熟精《文選》理」，非謂效其體也，漁洋先生乃謂「理字不必深求其解」，故李滄溟之純用選體者，直謂「唐無五言古詩」矣。所謂「唐無五言古詩」者，正謂其無選體之五言古詩也。先生乃謂譏滄溟者不合其下句觀之，而但執「唐無五古」一句以歸咎於滄溟，滄溟不受也。豈知滄溟之咎，正專在此「唐無五言古詩」一句乎？彼謂唐之古詩皆不仿效選體耳，豈知唐古詩正以不仿選體爲正。唐人尚以不仿選體爲正，而後之爲詩者轉欲選體之仿耶，此所謂舛也。且即以選體言之，《文選》自漢魏迄齊梁，非一體也，而概目曰選體，可乎？如謂《文選》諸家之詩共合而目爲選體，則只一體，非衆體矣，中間何以復有擬古之作乎？即觀選詩中有擬古之篇，則知古之上復有古焉，何可泥執而混爲一乎？泥而一之，則是蔑古而已。此則正受古人之憾，正受古人之笑而已矣。

然則學之汲古師古何爲也哉？曰：聖言好古敏求，而夏殷之禮不能於杞宋徵之。凡所以求古者，師其意也。師其意，則其迹不必求肖之也。孔子於三百篇皆弦而歌之，以合於《韶》《武》之音，豈三百篇篇篇皆具《韶》《武》節奏乎？抑且勿遠稽三百篇，即以唐音最盛之際若杜、若李、若右丞、高、岑之屬，有一效建安之作，有一效謝顔之作者乎？宋詩盛於熙、豐之際，蘇、黄集中，有一效盛唐之作者乎？

直至明朝而李、何在前，王、李踵後，乃有文必西漢、詩必盛唐之説，因而遂有五言必效選體之説。五言不效選體，則謂之唐無五言古詩。然則七古亦將必以盛唐爲正矣，則何不云宋無七言古詩？而彼不敢也。

是以漁洋代爲下轉語曰：「蘇詩七律不可學。」是則直曰蘇無七律，而有其七律，夫然後可以繼李滄溟之論耳。漁洋豈但謂蘇七律不可學，又謂白詩不可學。夫謂七律宜宗盛唐，則杜固居其正無疑也；然又謂五古宜宗選體，選體之説不能旁通也，故又變格調爲神韻，而以王、孟、韋、柳當其正，則杜之五古又居其變。同一杜詩，而七言居其正，五言居其變。然則仰窺弦歌《韶》《武》之音，其將必以《清廟》《思文》之什爲正，而《東山》《鴟鴞》之音爲變乎？其將何以爲後學者之準式？吾故曰：作詩勿泥選體。

格調論下

化格調之見而後詞必己出也，化格調之見而後教人自爲也，化格調之見而後可以言詩，化格調之見而後可以言格調也。今且勿以意匠之獨運者言之，且勿以苦心孤詣、戛戛獨造者言之，今且以效古之作若規仿格調者言之。

古之擬樂府者，若《行路難》，其初本以行旅閱歷言也，其後漸擴寫情事矣。若《巫山高》，其初以雲雨十二峰言也，其後漸以曠望之懷言矣。如原題所指某事，而後來擬作變而推廣者，不可勝原也。惟其如此，所以賴有樂府解題也。若使其後來擬作悉依原本爲之，則何爲而有解題之作乎？又如《鄴中集》之有擬作，江文通之有擬作，丹素甘辛之喻，亦特就其體制而申析之，以爲此某家之格制如此，則其後來學者之引伸類長不皆如此，又可知也。若使人人篇篇悉依仿此式而爲之，則曷爲拈此以擬出之哉？

又若阮、陳以後，《詠懷》《感遇》諸篇，皆名曰效古也，後人詩集亦多效之，亦正可見其全集諸作皆不執此體式，而特假此題樣以見端，此亦正是古調不盡可概施之徵驗而已矣。然吾舉此如江文通擬古之作，如陳伯玉《感遇》之作，特其偶一爲之可耳。蘇子美之四言，非復韋、孟之四言也。四言，古制也，尚且如此，況五、七言乎？東坡之和陶，非復柴桑之五言，非復左司之五言也。五言近古，尚且如此，況七言乎？

今如鐫類帖於石者，其首卷必《黄庭》《樂毅》《洛神》《東方讚》諸古楷也，或其所據之本出於某代某家、中間實有訂正舛訛者則可耳，不則陳陳相因，誰其賞之乎？今編刻一集，其卷端必冠以擬古、感興諸題，而又徒貌其句勢，其中無所自主，其外無以自見者，誰復從而誦之？夫其題内有擬古、仿古者，尚且宜自爲格制，自爲機杼也，而況其題本出自爲，其境其事屬我自寫者，非古人之面而假古人之面，非古人之貌而襲古人之貌，此其爲頑鈍不靈、泥滯弗化也，可鄙可恥莫甚於斯矣！吾自日接親戚賓友，有必應言之言，有必應答述之語，而顧妄作戲場優伶之聲音色笑以爲中節，雖奴隸之愚賤、村野之牧豎，皆將起而非笑之，而操觚者顧自蹈之，豈理也哉！

神韻論上

《詩》三百篇，聖人皆弦歌之，以求合於《韶》《武》之音。《韶》《武》，古樂也，盛德之所同也，謂《清廟》《猗那》合之可也，謂《節南山》《雨無正》合之可乎？謂《關雎》《鵲巢》合之可也，謂《株林》《匪風》合之可乎？是必有標乎音之本者矣。以其義言之，則聖人一言蔽之曰「思無邪」。以其音言之，則曰「樂不淫，哀不傷」，曰「各得其所」，曰「洋洋盈耳」，而未有一言該其所以然者。音之理通於微，而音之發非一緒，在善讀者領會之而已。况乎漢魏六朝以後，正變愈出愈棼，而豈能撮舉其所以然？

盛唐之杜甫，詩教之繩矩也，而未嘗言及神韻，至司空圖、嚴羽之徒乃標舉其概。而今新城王氏暢之，非後人之所詣能言前古所未言也，天地之精華，人之性情，經籍之膏腴，日久而不得不一宣洩之也。自新城王氏一倡神韻之説，學者輒目此爲新城言詩之祕，而不知詩之所固有者，非自新城始言之也。且杜云：「讀書破萬卷，下筆如有神。」此神字即神韻也。杜云：「精熟《文選》理。」韓云：「周詩三百篇，雅麗理訓誥。」杜牧謂李賀詩：「使加之以理，奴僕命騷可矣。」此理字即神韻也。神韻者，徹上徹下，無所不該，其謂羚羊挂角，無迹可求；其謂鏡花水月，空中之象，亦皆即此神韻之正旨也，非墮入空寂之謂也。其謂雅人深致，指出「訏謨定命」「遠猶辰告」二句以質之，即此神韻之正旨也，非所云「理字不必深求」之謂也。

然則神韻者，是乃所以君形者也。昔之言格調者，❶吾謂新城變格調之説而衷以神韻，其實格調即神韻也。今人誤執神韻似涉空言，是以鄙人之見欲以肌理之説實之，其實肌理亦即神韻也。昔之人未有專舉神韻以言詩者，故今時學者若欲目神韻爲新城王氏之學，此正坐在不曉神韻爲何事耳。知神韻之所以然，則知是詩中所自具，非至新城王氏始也。其新城之專舉空音鏡象一邊，特專以針炙李、何一輩之癡肥貌襲者言之，非神韻之全也。且其誤謂「理字不必深求其解」，則彼新城一叟，實尚有未喻神韻之全者，而豈得以神韻屬之新城也哉！

---

❶ 底本眉案：「按『昔之言格調者』下疑有脱文。」

神韻論中

「君子引而不發，躍如也。中道而立，能者從之。」中道而立，非界在難易之間之謂也。朱子集註蓋偶用某家之説，以中爲難易、遠近之中間。此「中」字一誤會，則「而立」二字亦不得明白矣。道無邊際之可指，道無四隅之可竟，道無難易遠近之可言也，然而其中、其外則人皆見之。中道而立者，言教者之機緒引躍不發，只在此道内，不能出道外一步，以援引學者助之使入也，只看汝能從我否耳，其能從者自能入來也。道是一個大圈，我只立在此大圈之内，看汝能入來與否耳。此即詩家神韻之説也。

今以藝事言之：寫字欲運腕空靈，即神韻之謂也，其不知古人之實得而欲學其運腕空靈，必致手不能握筆矣。知其所以然，則吾兩手寫字，其沉鬱積力全用於不執筆之左手，然後其執筆之右手自然輕靈運轉如意矣。以爲文之理喻之，則即據上游之謂也。

然則何以能得神韻乎？曰：置身題上，則黄鵠一舉見山川之紆曲，再舉見天地之圓方。文之心也，文之骨也，法外之意也，夫然後可以針對痴肥貌襲之獘也。彼癡肥貌襲，正患坐在題中，舉眼不見四周之輪光，「不識廬山真面目，只緣身在此山中」。癡肥既不可，削枯又不可，似既非也，不似又非也。是以李、何固謬，王、李又謬，抑湯若士、徐天池輩之矯變李、何，亦又非也。抑且公安、竟陵之矯變李、何，又無謬不出也。然而新城以三昧標舉盛唐諸家，盛唐諸家其體盛大，貌其似者固不能傷之，徒自敝而已矣。矯其説者一以澄夐淡遠味之，亦不免墮一偏也。何者？盛唐元是真詩，横看成嶺，側看成峰，隨其人自得之而已矣。至於舉明朝徐昌穀、高叉業之一得，遂欲於五言截去杜、韓、蘇、黄以下，直以此接漢魏盛唐作者，則又非正論矣。夫陳伯玉之在初唐，以上接漢魏可也；韋左司在中唐，以接陶亦可也；高、徐、皇甫諸家在明，以遥接漢魏盛唐則不可也，此則言神韻者之偏辭也。

綜而計之，所謂置身題上者，必先身入題中也。射者必入彀而後能心手相忘也，筌蹄者必得筌蹄而後筌蹄兩忘也，詩必能切己、切時、切事，一一具有實地，而後漸能幾於化也。未有不有諸己，不充實諸己而遽議神化者也。是故善教者必以規矩焉，必以彀率焉。神韻者以心聲言之也，心聲也者，誰之心聲哉？吾故曰：先於肌理求之也。知於肌理求之，則刻刻惟規矩彀率之弗若是懼，又奚必其言神韻哉！

神韻論下

詩以神韻爲心得之祕，此義非自漁洋始言之也，是乃自古詩家之要眇處，古人不言，而漁洋始明著之也。神韻者，非風致情韻之謂也，吾謂神韻即格調者，特專就漁洋之承接李、何、王、李而言之耳。其實神韻無所不該，有於格調見神韻者，有於音節見神韻者，亦有於字句見神韻者，非可執一端以名之也。有於實際見神韻者，亦有虚處見神韻者，有於高古渾樸見神韻者，亦有於情致見神韻者，非可執一端以名之也。此其所以然，在善學者自領之，本不必講也。吾既爲漁洋之承李、何而不得不析言之，乃今又爲近人之誤會者，更不得不析言之。世之不知而誤會者，吾安能一一析之，今姑就吾所近見其最不通者，莫如河間邊連寶之論詩。目漁洋爲神韻家，是先不知神韻乃自古詩家所共具，漁洋偶拈出之，而别指之曰神韻家，有是理乎？

彼既不知神韻是詩中所固有矣，乃反歸咎於嚴儀卿之言「鏡花水月」涉於虛無，爲貽害於後學，此非罵嚴儀卿也，特舉以罵漁洋耳。漁洋詩專取神韻而不能深切則誠有之，然近日之譏漁洋者，持論皆不得其平也，請申析之。

詩自宋、金、元接唐人之脈而稍變其音，此後接宋、金、元者，全恃真才實學以濟之，乃有明一代徒以貌襲格調爲事，無一人具真才實學以副之者。至我國朝文治之光乃全歸於經術，是則造物精微之祕衷諸實際，於斯時發洩之。然當其發洩之初，必有人焉先出而爲之，伐毛洗髓，使斯文元氣復還於沖淡淵粹之本然，而後徐徐以經術實之也。所以賴有漁洋首倡神韻，以滌蕩有明諸家之塵滓也，其援嚴儀卿所云「鏡中之花，水中之月」者，正爲滌除明人塵滓之滯習言之。即所謂「詩有別才非關學」之一語，亦是專爲鶩博滯迹者偶下砭藥之詞，而非謂詩可廢學也。須知此正是爲善學者言，非爲不學者言也。

司空表聖《詩品》亦云：「不著一字，盡得風流。」夫謂不著一字，正是謂函蓋萬有也，豈以空寂言耶？漁洋之詩雖非李、何之滯習，而尚有未盡化滯習者，如詠焦山鼎，只知鋪陳鐘鼎款識之料；如詠漢碑，只知敍説漢末事，此皆習作套語，所以事境偶有未能深切者，則未知鋪陳排比之即連城玉璞也。蓋漁洋未能喻「熟精《文選》理」理字之所以然，則必致後人誤會「詩有別才」之語，致墮於空寂，❶則亦當使人知神韻初不如此，而豈可反誤以神韻爲漁洋咎乎？若趙秋谷之議漁洋，謂其不切事境，則亦何嘗不中其弊乎？學者

❶ 底本眉案：「按『空寂』下疑有脱文。」

惟以讀書切己爲務，日從事於探討古人，考析古人，則正惟恐其不能徹悟於神韻矣。神韻者，視其人能領會，非人人皆得以問津也。其不能悟及此者，奚爲而必强之？其不知而强附空門以爲神韻，與其不知而妄駁神韻者，皆坐一不知之咎而已。不知何害？不知而妄議，則爲害滋甚耳。

唐人律詩論

律詩則自唐始也，其必以唐人律詩俎豆不祧無疑也。然而源流升降之故，難言之矣。古詩自漢魏訖陳隋，其正變得失人皆知之，至於律則概之曰唐律云爾。豈惟渾概云唐律哉，乃至言五律者，專習爲大曆十子，以爲五律之正也。乃至近日言七律者，亦自中晚唐作者言之。其他人不知者勿論已，即以新城王漁洋深於詩者，亦首舉劉文房七律以教後學。

然則古詩第從何遜、吴均以下爲圭臬也，可乎？論古詩者必由建安、黄初以衷諸謝、鮑，則唐律自必由右丞、少陵基之，未有可畏難而小就者也。若近人之拈舉賈長江、姚武功五律者，則將謂古詩必以齊、梁、陳之作爲職志歟？夫中晚以下諸家非不欲效右丞、少陵也，力不勝也。夫在唐時中晚諸家力所不能勝者，而後人顧能勝之乎？曰：非欲人人皆學右丞、少陵也，詩之理則實如此而已矣。士人束髮入塾，未有先誦子、史、集者，必先誦讀孔孟之書。豈人人能效聖賢乎？讀書之理則如是也。然雖非人人能效爲聖爲賢，而自帖括取士以來，凡操筆爲文者，皆自言孔孟之言始，其法行之歷數百年矣，較昔之詩賦論策取士坦而易趨者，布帛菽粟，近於日用飲食之需也，未有疑其違道轉遠者也。若作詩則切己言志，又非代古立言之比。

至於律詩，則更非衍擬古效古之比矣。唐之玉溪、樊川已不肯爲大曆以後之律詩，至蘇、黄而益加厲矣，此即教人自爲之理也。至於放翁、遺山、道園律詩，則真克自爲矣，有一篇之襲唐調乎？惟遺山五律不克自振，吾已詳言之矣。夫惟日與古人相劘切，日以古作者自期，而後無一字之襲古也。夫惟無一字襲古，而後漸漸期於師古也，豈特律詩也哉！

徐昌穀詩論一

今之説詩者，皆曰《迪功集》，雅音也；《歎歎》等五集，鄭聲也。然而爲吴下詩派者則曰：少作，其本色也；改從北地者，其變也。爲之説者則又曰：《迪功集》，師古而仍存吴音，非學北地也。然而《迪功集》是其手定，《歎歎》等五集則其所棄餘也。故善言詩格者，必以爲昌穀深得於空同師資之力矣，然空同序其詩曰：「守而未化，蹊逕存焉。」是必空同之詩能化蹊逕者，而後議其未化也。今試取李、徐二家詩所學杜、李盛唐諸家分刌切比而弦歌之，❶其孰果能化歟？曰：均弗化也。均弗化則奚以未化譏之？然則李子之意，蓋自謂其能化也久矣。何者？少陵、供奉之詩縱横出没，不主故常，彼空同者未能知其故也，然亦未嘗不自以爲縱横出没、不主故常也。而顧視徐子之紹古爲篇者，專近於執著摹擬矣，故毅然譏之曰「未化也」。

夫徐子舍其少作以就李之所學，李則學古，徐亦學古，等學古耳，顧使李子目以蹊逕未化，反不若其少

❶「所」上，稿本有「與」字。

作可以跌宕自憙者，此於徐子之心果甘若是乎？然吾揆諸徐子之心，而知其實若是也。夫李雖與徐同師古調，而李之魄力豪邁，恃其拔山扛鼎、辟易萬夫之氣，欲舉一世之雄才而掩蔽之。爲徐子者乃偶拈一格具體古人，以少勝多，以静攝動。藉使同居蹈襲之名，而氣體之超逸據其上矣。故曰揆徐子之意如此也。

然則徐子自知其爲蹈襲歟？曰：不知也。不知而何故蹈襲之？曰：非此不足以洗滌其少作也。然則少作五集果鄭聲，而《迪功集》果雅音歟？曰：嘻，是亦目論矣。五集之詩縱披沙多而揀金少，然亦未嘗無偶然造詣之處。若合其後來所謂天然神秀者，中間一二浮詞或不免反謝之，是以激而爲明妃遠嫁之誚，亦其勢使然也。

客曰：綜前後論之，究以何者爲正？曰：《迪功集》其正也。曰：以《迪功集》爲正矣，而又不免議其浮也、襲也，則迪功將何以自立？曰：迪功，豪傑士也，真知所以自立矣，然則改少作者，不任咎也。然則惟是五集之少作任其咎乎？曰：皆不任咎也。皆不任則咎於誰任之？曰：吾反覆前後之詣，執兩端叩之，則任厥咎者惟一師資之李子耳。夫徐子知少作之非，悟學古之是，此時若有真實學古之人，必將引而深之，由性情而合之學問，此事遂超軼今古矣。李子本具蹈襲之能事，以其能事覝其良友，以如此清才而所造僅僅如此，爲可惜也！以如此能改之毅力而所改僅僅如此，爲可惜也！然吾非咎李子也，曰時爲之也。有李、何之蹈襲，不足以饜人心也，又出一精於蹈襲之徐子，而人心饜矣，詩格成矣，時論定矣。在徐子固行乎其所不得不行，彼亦無如何耳。

徐昌穀詩論二

馮子伯求篤嗜迪功詩，欲予合輯而論次之。適從時帆齋中借《迪功集》并《談藝録》，又俾兒子樹培合諸家所選通寫爲二册，攜至灤陽寓舍，竭二日之力遍讀而審擇之，附以諸家評語，并系愚論如右，而約舉之曰：

迪功詩，七古不如五古，七律不如五律，七古、七律又不如七絶，蓋能用短不能用長也。夫勢短字少則可以自掩其鑿痕，故蹈襲者弗病也。篇長則將何展接乎？是以凡能用短不能用長者，皆執一而廢百者也。然而陶、韋之短篇，則真短篇也，豈其襲之云乎？由所病在襲，故短亦襲耳。

人各有所讀之書、所處之境、所值之時，不必其似也。王新城眼力極高，顧欲跨宋元數百年，直以徐昌穀諸人上接六代三唐作者，其然，豈其然乎？新城又獨題漢魏五言無過十韻者，輒欲大薙工部《八哀》諸句，其然，豈其然乎？然伯求生稟異才，時帆博涉詩奥，乃二君皆欲就短篇以服習古人，吾不能必謂短篇之執一也，然而高蘇門勝此遠矣，四明陳約之一序勝《談藝録》遠矣。❶

❶ 文末，稿本有「乾隆五十九年夏六月十日」。

趙子昂論

出處大節，人之本也；藝文，其末也。趙子昂之仕元，人皆譏之，而其書，人皆習之。説者以爲此自二義，不相妨也。吾則欲合而論之者，君子之論人也，擇其要者權其重輕，則可以尚論古人耳。

夫以出處之節與藝文之末，擇而權之，孰重孰輕乎？則必曰出處爲重爲要矣。然而吾欲合觀者何也？以出處言，則宋之王孫也，不當出仕，夫人而知之矣。即以其詩集言之，身在京師，每懷退隱，其本志也，而究不能掩其出山之行迹。以其學言之，既承敖繼公《禮經》之學，又知疑《尚書》古文，而究不能掩其晝箕子以自解飾，則其藝文更安足論？然而世皆奉趙書爲模楷，則非一日矣。即以董思白目短吴興，而世或以文人相輕，不能遽伸董而抑趙。則究竟品趙子昂者，取其書以薄其人耶？吾則謂子昂出處之大者人既皆知之，又莫能以此全蔽之，則何若以人所最取重之書法論之。而其書之側媚取妍，實非書之正格。吾每見趙書之側鋒者，笑曰：奸佞體也。俾後來學者專趨圓熟流便以悦人目，而漸失古法，此所爲害於學術人心者大矣。此較之但執出處以概其生平者，孰爲切中哉？

吾則又有説焉：子昂大楷多側媚，而小楷尚有存《黄庭》之遺意者，行書則實有淵深渾厚可入晉人室者。專取其書法之深厚以概其餘，則子昂之真品出矣。上而米書，下而董書，皆極神秀，皆有習氣，以子昂之深厚例之，則可以仰窺晉法。其有功於學者，視米、董爲更優。而無如世人轉不知此義，乃於其有關學問之深者忽焉不察，而斷斷焉徒議其出處，正是好立虚名而不求實得者，是論古者之獘耳，與子昂何有哉！

復初齋文集卷第九

大興翁方綱撰
門人侯官李彦章校刊

養生論

養生之道，勢逆而理順。知順而不知逆，則失其養；知逆而不知順，則失其養。夫山棲草茹之輩，吸朝暾而飲夜瀣，自以爲得生理矣。至於平淡冲虚，寂處一室，而富厚聲利不以攖其心者，雖不言服食，豈必遜之？然必矜言世味之盡足傷生，而名位事物舉觸所忌，是談養生者必屏絶人事而後能之，則又不然。夫流泉不凍，户樞不腐。充其大者至於日月星辰之躔度，百昌動植之蕃滋，無不新故相推，轉旋爲用焉。有枯槁寂默以爲生理者哉？《易》曰：「君子以嚮晦入宴息。」説者但以爲休息、止息，❶而莫知其爲滋息也。莊子曰「至人之息以踵」，此即貞下起元之義。水歸於尾閭，而發於星宿海；陽極於碩果，而動於不遠復；氣滙於正子午，而驗於平旦；天地之大化日周行於羣生羣息之間，而人之血脈應之：故曰往來不窮

❶「説者」，稿本作「注家」。

謂之通，利用安身乃所以善養也。集義則氣充，無是則餒；操存則物長，舍之則消。世徒知濃味可以悦口，美色可以悦目，盛音可以悦耳，而不知精理可以悦心也。世又或知無憂患之爲養性，無嗜無營之爲養氣，而不知隨事研理、素位居易之所以養安也。君子勞心，小人勞力。明動而晦休，日邁而月征。不如是，不可以爲人；不如是，不足以盡生理養生之道，如是而已。工不治器則窳，農不治穡則飢，飲連夜以損其神，眠至午以耗其精。而高談清福，以逸豫爲樂，以勢分爲不足齒，吾不知其所養也。

或曰：以隨事盡理爲養生，則感事而動，所傷必多。予應之曰：天下固未有利中無弊者也，善思其弊而豫防之可矣。金石草木之藥，雖有調劑，庸無弊乎？氣也者，吾身自有之物，所以待用也，非所以退處也。用之而稍過焉，則善劑之以補其過焉。《胎息訣》曰：「既思爲病，不續爲藥。」吾嘗訪羅浮道院，❶登白鶴峰，至思無邪齋讀東坡之銘，其詞曰：「乃根乃株，乃實乃華。金丹自成，曰思無邪。」因反覆於二蘇子相與論養生之旨，驗之禾莖筍節，收之虎坎龍離，乃悦然曰：事固有順而輔以逆者，是故養生者，逆數也。黄陶庵曰：「昔賢遇讌集，有女樂，未嘗流盼，以拇指掐中指，至明日指痕尚在。」險哉人欲乎！然欲不用逆也，得乎？若彼繪燕几之圖，著尊生之箋者，固不必概斥爲非養之正。而樂天、放翁之詩，子久、啟南、徵仲之書畫，皆自適其適，以享大耋，豈必有術也哉？

蓋無論學爲聖賢，學爲一藝，學爲長年，皆不越孟子「勿忘」「勿助」之二言，而其用之總在乎自然。或勉

❶「嘗」，原作「常」，今據稿本改。

强而行之，及其成功則一，所謂「千塗萬轍，皆可以適國」者，此也。

制義江西五家論

制義之有江西五家也，皆以深想重氣、抉理奥而堅骨力，蓋得乾坤之清剛而發江山之秀異，自成氣格，不蹈故常者也。後之能爲文者，或就一家引而伸之耳，至如羅、楊之沉邃，大士之淵厚，或未能以至也，而徒張大其名曰「五家」云爾，是豈真得乎五家之所以然者哉！

然而有説焉：今日江西士習，文體漸入於浮膚矣，所以審其弊而救正之者，果必以五家歟？夫經訓之文以和平怡愉爲主，而五家之文幽者、峭者、險而肆者，各詣其極而惟變所適也。今使學人之心思，出蒼天而入黄泉，騖八極而遊萬仞，則經云「博學而篤志」，又曰「博學之，慎思之」，吾又懼學人不善用之而惟才力之是騁矣。

然則由斯以談居今日爲文者，竟弗敢涉手於五家乎？夫今日士子之心力薄弱極矣，乃又禁之格之，使望五家而河漢焉，問其名則曰戒其偏也，懼其恣也；叩其實則曰便於時墨之庸俗也，是之謂懲羹吹虀、因噎而廢食耳。是故爲江西今日文體計者，學五家，非也；不學五家，亦非也。然則如之何而可乎？曰：昨在臨江與諸生論《七經小傳》，權衡《意林》諸書，以經學之有二劉，譬時文之有五家，此則大意已曉然矣。爲經學者當先從事於注疏，而後及於師儒百家之説。爲時文者當先研極於經傳，而後及於藝林流别之派。然則欲學人致審於五家之文，乃轉置文藝勿論而專欲其窮經也？其高才者則可矣，不然，則於爲文之格力不稍遠乎？曰：吾非欲置文藝勿論，且非欲置五家弗講也。蓋有得乎五家之同歸，而出於江西文體之至正而無獘者，豈其必艾、陳、章、羅、楊之謂歟？曰歐、曾而已矣。歐、曾者，經訓之文也，歐陽之文出於史遷，出於韓；而曾子固之文出於班固，出於劉向。學者誠能於二家之文熟讀而深思之，則五家之所以爲五家者，蓋亦不外乎此。如是則出乎五家而非庸矣，入乎五家而非偏非恣矣。救五家之獘者當以中正，救今日江西之文獘者當以深厚，於中正求深厚，則非歐、曾不可。上而經傳注疏，下而帖括，❶一以貫之矣。

歐虞褚論

虞，晉楷也。歐、褚，唐楷也。然虞伯施，唐人，其楷亦唐楷矣。綜論唐楷，則必以歐陽爲圭臬乎？吾故曰虞、褚二家合而爲一歐陽也。然則歐勝虞乎？非也。虞則猶是右軍以來江左字體，羊、薄之遺，智永、辨才之亞耳。歐則特立獨出，是爲唐楷之正矣。然則舉一歐陽而唐楷之法胥準是焉，則又何必虞、褚？曰：虞以渾融之，褚以潤澤之，故曰合二家而成一歐陽也。竇尚輦之賦曰「永興超出」，曰「河南專精」，夫其所謂「超出」者，非必言超於歐也；所謂「專精」者，非必言精於歐也。然吾論二家而及於歐，論歐而及於二家，則此兩言者其可謂曲中也矣。尚輦又論褚曰：「價重衣冠，名高内外。澆漓後學，而得無罪。」此四言者，吾初以爲尚輦之過言也，然而言之過者其言必有所因。董廣川之論褚也，曰「西京銅甬書」。近日王篛

❶「帖括」，稿本作「時藝」。

林之論褚也，亦曰「漢韓勅《禮器碑》」。夫褚書既銅甬、《禮器》之似矣，是淳古之極也。淳古之極而目以澆漓，尚輂雖失言，不至斯之甚也。嗟乎，其所以爲淳古者，斯其所以澆漓者也！

夫天地之運由質而文，文明既啟之後，復反於渾樸則有之矣，所謂「斲雕爲樸，反本還淳」者是也。然此特言其概耳，若鼎烹綺繡之極而歸於布帛菽粟，正也；歸於茹毛飲血、衣木葉之衣，則非正也。今使爲正書者，復爲安陽刀幣、齊莒化布之文，可乎？故褚之似銅甬者，褚之老境耳，非可以概唐楷也。必以是爲學焉，則轉致後人之弱豪競奇者，非所謂澆漓後學乎？然此論古今書道之運會則可，而專以繩褚則不可。故曰尚輂之過言也。

若褚之《孟法師碑》，上追分隸矣，而其分際恰到歐陽之體而止，故曰潤澤之也。若虞之《廟堂碑》，即見真本者亦以爲峭直似歐，故曰渾融之也。然虞、褚之《廟堂》《孟法師》者，世皆不見其真，而世徒見《鴈塔聖教》之神力孤行，《伊闕三龕》之古質獨造，以此爲師古，必致陳義過高，力追夫邃古無上之品，則與竇氏之譏褚者適相合也。而虞之《廟堂》真本及《千文》後七十餘字者，又不可得見，是以吾必懸《化度》《醴泉》以爲有唐正楷之極則焉爾。

歐顔柳論

近時吳郡有蔣仙根者，予嘗見其摹刻《醴泉銘》，雖不能造微，然頗工穩。既而又見所刻它書，乃不稱遠甚。跋之者謂其精於歐、顔，又用敬客《甎塔銘》也。予因記明之俞允文、近日之王澍，皆稱精於歐、顔。嗟乎，斯蓋其所以不能造微者也！

夫唐人之書，説者以魯公爲至，然有當區別觀者。蓋顏書上通右軍，下開蘇、米矣；其於唐人則上通虞、褚，旁通徐、柳，而獨不可通於歐。歐書亦上通右軍，下開蘇、米；其於唐人也旁通虞、褚、薛諸家，而獨不可通於顏。且夫右軍之脈一也，其在唐賢，虞所得者正脈也，歐所得亦正脈也，顏所得亦正脈也。通徹前後言也，則顏得於褚，褚得於虞也，歐則與虞並得於右軍，尚不若褚之爲虞所掩也，況於顏乎？然至於褚而其脈猶近，至顏則遠矣，此亦別子爲祖，繼別爲宗之義也。

世之並稱歐與顏、柳者，蓋見夫《皇甫誕碑》之峻峭，《醴泉銘》之方整，遂以顏、柳之筋骨合之耳，此所謂以目皮相也。唐人之書直接右軍者二碑，曰《廟堂》，曰《化度》耳。《廟堂》之法則有《孔穎達碑》嗣之，《化度》蓋無能嗣者，雖歐自書亦不能更有《化度》，則不得已而以《醴泉》當之。《醴泉》誠足嗣右軍，顧其前半含蓄淳古，殆將與《化度》同功，至其後半則演迤而下，漸以朗暢出之。此則近日王澍之所驚爲極至，而外人所以與《多寶塔》並論者也。其病蓋在不知歐、虞合一之理，是以爲虞書者失之疎薄，而爲歐書者純取方板，一家之神理失而上下之源流全紊。是以褚雖沿虞之法，且亦洩歐之巧，而《房玄齡碑》《鴈塔聖教序記》尚不能與《醴泉》並論，況於敬客之《甎塔銘》乎？顏則惟一《廣平碑》側純乎褚法，此在顏爲最高之境。❶夫其似褚者已爲最高，而論者乃謂顏書一洗虞、褚之習，然乎？然而顏本出於篆籀，柳亦源於古隸，其發端之始未

❶「顏則」至「之境」二十字，原脱，今據稿本及書眉補。

嘗不同，而及其成家則畦畛迥判。

若以唐人論，則虞爲集大成，而褚、顏、柳皆可以詣其極，歐則特立超出無上，而同異之際未可輕論。然則右軍之嫡嗣，當別歐與顏爲二派，猶之禪家有南、北宗也。虞雖統系之，然而虞與歐，兄弟也；虞與顏，則祖孫也。褚於歐，則兄弟之子猶子也；顏、柳於歐，則親盡而不屬矣。世又有以歐、柳並稱者，故不可以不論。

化度勝醴泉論一

近日金壇王氏若林專習歐書，而其論以前人「《化度》勝《醴泉》」之説爲非，何歟？夫《化度》在《醴泉》上，昔人之論皆同，然猶曰不必泥古説也。且不聞若林之論篆書乎？曰一要圓，二要瘦，三要參差。又自釋之曰：圓乃勁，瘦乃腴，參差乃整齊。即此三語，而《化度》《醴泉》之差數了然矣。

或曰：彼自論篆，非論楷也，非論歐楷也。吾應之曰：劉有定注《衍極》曰：「《蘭亭》，篆法也。」而《化度》則純乎《蘭亭》也，《醴泉》亦純乎《蘭亭》也，皆《蘭亭》矣，則皆篆法也。故二碑者，歐書之極也，唐人書之極也，自古以來正書之極也。

或曰：皆極矣，子曷爲必辨之？曰：夷、尹、惠皆聖也，而孔子智巧兼備；五岳皆鎮也，而泰岱爲伯；鍾、張、羲、獻皆書家也，而右軍古今爲法。安得而弗辨之？且夫遒逸之勝朗暢，不辨可知也，故拙者勝巧，斂者勝舒，樸者勝華。西漢之文近質，故勝東漢；馬史之文用疎，故勝班史；畫家亦曰逸品在神品之上。故太璞不完，勝於彫琢也；太羹不和，勝於淳熬也；五弦之琴，清廟之瑟，勝於八音之繁會也。天地發生之氣積於春，而萬寶成於西；春風沂水之撰在乎目前，而禮樂兵農俟異日。此其本末、先後之間昭昭明矣。

書，小技也，而精其義可以入神。宋、元、明以來品書者未必皆知道也，而其論皆以《化度》勝《醴泉》。今之能書而知問學者若林也，而其論反是，是奚以牖後進之士而衷於一是乎？故因臨是碑而反覆論之如此。

化度勝醴泉論二

予去年得《化度》真本，吴門陸謹庭孝廉見而歎爲希有，因説其少時於吴下見賈人持一本，字更少於予本，後有王虚舟跋，墨色古香，至今在目也。及今春謹庭復北來，云去年冬於其友人齋中見一本，有陸子淵、胡孝思二跋者，尚不及予所得本及賈人本，然亦真本也。予按其言，即弇州所得第二本，則知虚舟所見之本不盡是翻本明矣。

然則虚舟不以《化度》勝《醴泉》之説爲是者，蓋其病先中在「長庚芒角」一語。夫歐書之藴藉者，蓋莫如此二碑矣，即《醴泉》且不當以芒角賞之，況《化度》耶？此所謂不揣其本而齊其末者也。此二碑皆出自《蘭亭》，而《蘭亭》根於篆筆，❶此其不當以芒角見長尤爲可信。

❶「根於篆筆」，稿本作「全用退筆」。

然則虛舟直未解歐書者耶？虛舟論褚書出《禮器碑》，其論隸最不直鄭汝器，可謂於書道有獨得者。豈他書皆有所得，獨於歐書祇效其皮膚耶？凡今之士，宜務含蓄以養氣質而已，不止書法一藝也。若虛舟此跋入於人心，將使學率更者墮入異趣，所關匪細，故不得不再三辨之。

宋人楷書論

吾不甚服歐陽薄鍾、王書，以爲等諸茗畫藝事也。然歐陽謂書必有法，因以薄鍾、王書，猶之韓詠周鼓而薄羲之書耳。韓詠周鼓而薄姿媚，歐言書法而薄鍾、王，其言則過也，其意則吾蓋取之。夫歐陽所云書必有法，未明言何等法也，書法之法，即衛恆所謂書執耳。歐陽乃高陳六書之義，是書恉也。若作書而度其執，則米老云「大字欲似小字，小字欲似大字。小則宜寬綽有餘，大則宜結密無間」，此四言盡之矣。山谷於大取《鶴銘》，小取《樂毅》，此二言盡之矣。抑唐文有云「勢似欹而反正」者，一言盡之矣。夫欹未有不衷於正者也，後世習姿媚而弊生者，知欹不知正也。唐至歐、顏，純乎楷矣，宋之蔡、蘇、黄、米，亦能純楷乎？吾見蔡以虞法爲行，以顏法爲楷。又見山樵《鶴銘》之旁，米作古楷而陸務觀作宋楷，以米古楷程諸山樵書，則古今判矣，陸楷則不必然也，宋楷故也。

君子好學，以勿欺爲本，宋楷則何必高陳古義哉？高陳古義則蔑古之漸生焉，後之爲米楷、董楷者，漸皆不講結構而自謂逼古，其弊將不知所止。吾所見宋楷若眉山《任氏墓志》，若廬山山谷二尺以外大書，則真古義矣，不則守宋人格轍何傷乎？張温夫以書名於南渡，而或稱其楷曰行書，故不得不詳論之。

明人小楷論

有明一代小楷，宋仲温第一。仲温小楷，《七姬帖》第一。吾題《七姬帖》云：「東吴生楷有明冠，兒視枝山孫孟津。」蓋祝京兆嘗以「天授」推仲温也，承元人之雋逸，變宋人之雄奇，而漸可以問津羊、薄矣。至其後以全力規仲温者，乃得一孫雪居耳。

然而枝山之學晉法，得一王履吉，復得一黄淳甫，竟若據有明一代楷法之勝者，亦猶徐迪功之《談藝》云爾。明人書派結穴於董文敏，文敏不多作楷，而楷則淳古，殆欲突過前人。然若以結構尺度繩之，則壽承、公瑕在前，子柔在後，豈多讓哉！故吾究不欲因枝山之學晉而竟薄衡山之學唐也。善乎豐道生之論楷也，獨推石熙明刻歐陽《千文》，其有合於華陽隱居之蹟，其即《鶴銘》之縮本矣。夫論明人之書者，固勝於論其詩，然於五言詩竟專舉徐、高以上下千古，豈得已乎！

復初齋文集卷第十

大興翁方綱撰
門人侯官李彦章校刊

兆於南郊就陽位説

説者或執「南郊祭天，北郊祭地」以證邵子所謂先天八卦方位「乾南坤北」之説，此不特不知卦位，抑并不知南郊就陽位之義也。《郊特牲》云「兆于南郊，就阳位也」，不云就乾位也。就陽位也者，於人事著其宜也，於祀典著其宜也，非於卦位著其宜也。鄭氏注曰：「日，太陽之精也。」方氏曰：「天秉陽。日者，衆陽之宗。」故就陽位而立郊兆。若以鄭氏、方氏之語傅合卦位，則《易卦》離爲日，豈不轉與八卦方位之「離南」適合乎？《説卦傳》曰：「聖人南面而聽，天下嚮明而治。」此以訓離卦之義，非以訓乾卦之義，則正當依此祀天兆南郊主日之義，以證離南之方位矣。

要之，祀典自論祀典，卦位自論卦位，固不必援南郊主日以爲離之方位，而豈必援以爲乾之方位乎？總之，此言祀典，與卦之方位義無涉也。蓋以祀事言，則祀事者人君主之也，人君南面謂之當陽也，猶夫上節云「君之南鄉，答陽之義」也。既就人君答陽言之，則與八卦之方位何與乎？天，統八方者也，若就上天之尊言之，則豈得就八方内專舉其一方，以爲天之位在此乎？乾則雖統八卦，而八卦成列，乾在其内矣。乾在八卦之内，則不得不與七卦分位，故曰乾，西北之卦。此則就八卦成列並言之，實其本來具此位置者也。是則乾可以方位言，而天不可以方位言。不可以方位言，而祀典出於人事之秩禮，則就人君之答陽以定其成禮之所在，與所謂方位者不可同語矣。蓋曰祭天於南郊，未嘗曰天位在南也；曰祭地於北郊，未嘗曰地位在北也。事理判然，文理判然，而豈得援以證邵子卦圖乎！

易漢學宋學説答陳碩士

碩士爲山木《易注》序，以山木治《易》本於程、朱，謂今人因資州《集解》以演測荀、虞，不如求諸程、朱。此固然已，然此論不惟不足以饜演測漢學者之心也，抑且愈以張演測漢學之説。何以言之？凡今言《易》欲演測荀、虞者，豈其欲求適於聖人之道歟？特嗜博以炫於人而已。今謂其不及程、朱之入理，彼將曰漢學自有深祕，奚理學之云哉。且荀、虞諸家徵實處，亦實有宋儒所未及者。

昔常熟毛氏鋟諸經注疏，序之者乃謂「儒林與道學分，而傳注箋疏無復遺種」，是誠欲判漢學、宋學爲二途矣。彙梓經説者，於《易》則資州李氏，於《春秋》則江陽杜氏，於《禮》則崑山衛氏，蓋古經説多賴以存者。杜之於《春秋》則偶系以己意，衛則於《禮》皆據前言也，李雖於《易》亦有附己意者，而每同一簡中二説歧出，特並存以供採擇焉爾。夫理至宋儒而益明，訓辭至宋儒而益密，然而古訓故有必不可改者，宋儒自恃理明而徑改之，是則授議者以攷辨之端矣。

然荀、虞之於《易》，又非毛、鄭之於《詩》可例觀也，古訓故則有必不可改者，若荀、虞非訓故比也。此當就王弼之舍象變與漢儒之執象變平心擇之，亦實有荀、虞摭據極當者，王注不及知，即程、朱亦未及詳也。若此類者吾嘗取其一二條，竟當實漢學如球圖矣。惟其然也，然後合諸宋儒之説理以問津於入聖之路，則質諸東山堂室，孰爲得其要歟？此則不待煩言而千古之指歸定矣。是故欲伸朱子傳義者，必先知古注之不可輕廢，又必詳攷某條實朱子未定之論，不泥不滯，而後其説長也。然而程傳之過泥大象與朱傳之過信先天方位，又焉得不謹記之！慎於尊程朱乃所以能尊程朱也。山木之於《易》，猶是時文家言耳，昔嘗與其仲子言，而兹不具贅云。

古銅戈説

海鹽吴槎客騫寄示銅戈摹本二，且曰騫疑釋《禮》家以胡内接柲者爲内，非也。愚按《考工記》鄭注「内」謂：「胡以内接柲者也。」賈疏云：「内倍之者，據胡下柄入處之長也。」胡以内接柲者，即柄也。歙程易田嘗著《戈戟考》，云：「《説文》曰：『戈，平頭戟也。』然則戟爲戈之不平頭者矣。又曰：『戟，有枝兵也。』然則戈爲戟之無枝者矣。《説文》言枝，《攷工記》言刺，枝、刺一物也。是故戈之制有援，援，其刃之正者，衡出以啄人，其本即内也。内衡貫於柲之鑿而出之，故謂之内。援接内處下垂者謂之胡，胡上不冒援而出，故曰平頭也。戟之制，内也、胡也、援也，猶之乎戈之内也、胡也、援也。其刺則胡上冒援而枝出者也，内、胡、援、刺四相際交午於中，不似戈形三相際平其上而不交午也。戟之援衡，如内之平，而内小卻焉。戈之援昂然如橋衡，其衡不與内之平相應，故戈之倨句外博。外博者，援與胡從衡不正方也。戟之倨句中矩。中矩云者，援與胡一從一衡，適正方也。所以然者，戈無枝，其上徒平，故使其援外博焉，而不令中矩也。」

方綱嘗以所見古戈驗之易田此《考》，正與宋黄長睿之辨相合。黄氏《銅戈辨》曰：「《攷工記·冶氏》，戈之制，有内、有胡、有援。鄭注：『戈，今句孑戟也。内，謂胡以内接柲者也。援，直刃也。』今詳戈制，兩旁有刃横置，而末鋭若劍鋒者，所謂援也。援之下如磬折，稍刓而漸直，若牛頸之垂胡者，所謂胡也。胡之旁有可接柲之蹟者，所謂内也。援形正横，而鄭氏以爲直刃，《禮圖》從而繪之若矛槊然，誤矣。蓋戈，擊兵也，可句可啄，而非用以刺也，是以衡而弗從。故《冶氏》之職又云：『已倨則不入，已句則不決。』鄭氏亦云：『倨，謂胡微直而邪多，以啄人則不入。句，謂胡曲多，以啄人則創不決。』既謂之啄，則若鳥味然，不容其刃之端上向而直也。今觀夏商彝器銘欵，作人形執戈者、荷戈者，其戈皆横如斧鉞，而鋭若鳥味。又胡垂柲直，正與此戈之制同，此最可證也。」據長睿此辨，與槎客、易田之説，皆符合矣。

所難者，向來讀鄭注、賈疏，皆以爲似真兵耳，所以陳祥道《禮書》亦曰：「内謂柲，所以受胡者也。」陳氏之圖既繪爲援上而胡下，近時戴東原《攷工記圖》更因而詳之，謂直刃通長尺二寸，下接柲爲内，凡六尺六寸。皆由於未見古戈之形制，而妄逞臆説，非一日矣。

然方綱竊謂：鄭注本不誤，而後人傳説之誤耳。詳觀鄭注曰「内，謂胡以内接柲者也」，此句本謂胡之旁向裏者爲内也，其曰「接柲」云者，亦謂其銜接處與柲之質相附，非謂從其末而受之也。後人傳訛，蓋由於賈疏「胡下柄入處」一語而致誤耳。鄭未嘗言「胡下」也，止云「胡以内」耳，賈則誤會而云「胡下」，是從來之失皆失自賈疏也。又鄭注所云「援，直刃也」者，乃引先鄭之説云爾。先鄭之全文今不可見，味此二語云「援，直刃也；胡其孑」，蓋先鄭特對句孑而目爲直刃，猶言其刃外揚耳，非通柲而謂之直也。黄長睿執此以駮鄭，則亦過矣。是以《書·顧命》曰「執戈上刃」，「上刃」云者，亦表其是横出也。若直出之器，則凡器未有不上刃者，何煩特書耶？

槎客、易田二君今日之有功於經學大矣，惟易田以「芊子之造戈」「造」字爲「寢」字，則有所未安。今槎客亦見貽拓本，文曰「敔之造戟」，「造」字更爲明白，二器之文足以互證矣。

《曲禮》：「進戈者，前其鐏，後其刃。」孔疏云：「戈，鉤孑戟也，如戟而横安刃，但頭不向上爲鉤也。鐏在尾而鈍。」據此則孔冲遠固以戈爲横刃矣。《説文》：「鐏，柲下銅也。」此語與孔疏「鐏在尾」更足以相發明耳。

竊嘗謂戈之制，二鄭及許叔重氏皆見而知之，自賈公彦以内爲胡下，又曰倨謂胡上，句謂胡下，以「上、下」字，易注中「表、裏」字而轉晦矣。注「或謂之雞鳴」者，此語尤妙。雞鳴也者，象形之詞也，雞之喙，或俯或仰可也，及其鳴則引頸而昂，喙乃横出矣，戈之立也象之，然則援之外更無有也。其視戟但無刺，而餘皆同，故曰平頭戟也。往者讀疏文而疑焉，得此文疏通證明之，意豁然矣。嘉禾陸費墀附記。

擬師説一

柳子厚以馬、鄭二子爲章句師，而自謂以文翼道，無師之名而有其實，善矣。而洪興祖乃云「學者不歸子厚，故其言如此」。何也？蓋馬、鄭之學專門，執經篤信而可守者，不若子厚所謂抑奥揚明、疏通廉節之云，自爲則精，而導人則惑者也。是故師者必有所可守以爲質也，《書》曰：「主善爲師。」《論語》曰：「賢者識其大，不賢者識其小。」吾觀漢儒斷斷持其師説至數傳而不變者，有所可守故也。後世師道不立者，善無定主而大小皆無可識也。故士必先自占一經，而後可以擇師而從之；爲人師者亦必先自立一經，而後不虚所師，至其深造自得之妙，則心之精微，口不能言也。弟子不能必得於師，師不敢必求諸弟子，道待其人而已，學俟其候而已。若乃高談崇論以矜所獨得，倡爲人師，與夫游移無據而不知所師者，厥弊均爾。

然今時學者之弊又皆不在此，其畏人者重繩人。其怙己者重人繩之。每見坐有數人，或曰某事出某書，某義作某解，其知之者必曰不僅此，又舉他以錯互之，謂吾不甘承其誨也；其不知之者必曰吾亦以爲云爾，不甘以爲誨己也。長者躬蹈焉，幼者熟習焉，有面折之羞，無謙受之益，求其篤信師説而守之也，何由哉？

王文成嘗戒賓客導子弟以匪僻之事，吾以爲此不待誡者，稍惜顔面當不爾矣，惟當祝其勿諛吾子弟，而求其面斥吾過失而已矣。凡吾之爲此説，非以警人，乃以自誡也。吾幼無師而得名早，是以其爲説如此。當世之邃於養而優於學者，或不必慮此乎？然吾見朱竹垞以廣譽附於承師，而中夜悚然汗浹襟也。

擬師説 二

天下之學，務實而已矣。古今之學，適用而已矣。今有煎金者其金最良，或次良，極而殺之至於最下之金，然皆金也。夫且或多其銖兩以準之，則下者可以躋於高，次良者可以躋最良矣。有人焉，操銅連鉛錫以假爲金，則有司得窮治之矣，何者？物徵於實，實徵於用也。

惟師亦然，今將必使天下大而書院，小而家塾，盡以舉業爲俗學，時文爲卑近也。凡童子束髮受書，則皆以道統之傳期之，無論一時猝無此等人可爲之師，即使積世累年，通儒輩出，亦不得人人抱此願而來受業也。且有重可慮者：今搆一詩文，尚且積習相輕，此不足以害道也。若使一邑之中里塾不下數十，天下之大書院、義學不下千百，此以道鳴，彼以學辨，設有好爲同異者樹之幟而滋其議，其害於道特甚，而毒於世爲不小也！明末幾社、復社諸人，其始不過分肄五經文，而其後遂至水火玄黄，蔓衍一世，君子之爲禍反烈於小人，不可不防其漸也。

然則正學其不可急講歟？曰：安得不亟講也，就其近而引之也易爲力，圖其遠而致之也難爲功，近者不能假，而遠者不能不假也。今如教人爲時文，則必篤守傳注之人以爲之師，精研《史》《漢》唐宋諸家義法之人以爲之師，則雖一帖括，而漸可以得爲文之本矣。如教以策論，則必考據源委、熟諳經濟、博通時事者爲之師。教以詩賦，則必審聲律、正體裁；教以書法，必窮點畫、核形聲。豈但已哉，即或小數醫卜之流，亦必導以樸誠不欺之術，所謂千塗萬轍皆可適道也。吾嘗見書院爲師者，但知看陸平湖《講義》，而屏除范翔

《體注》，斯已可敬矣。府縣學官，但能不顧贄儀厚薄而教督月課，亦已稱職矣。訓蒙童者，但能課誦諸經全本且略識字，則已不素餐矣。若必人人與之反本考原，進而究聖賢之緒業，反恐啟空言之詐，而於實用無補。所謂篤近而舉遠者，此也。

抑今日爲師者喫緊之目蓋有二：曰戒飲酒，曰慎交遊。自書院院長以及閭巷一經一家之師，日有程，月有課，明動晦休尚不能給，稍有暇也，則宜與後生小子研天下事務利獘，究古人言行本末得失之故。而無如爲之師者，習與其朋輩酒食徵逐，甚且博簺於燕几之上，甚至招邀聲氣，梯榮弋巧，中於心術而不可解。他日弟子爲人師，又復加甚矣。沿斯弊也而欲返之於正學之統，是猶遠遊者未知里門而遽責以入室也。❶故因魚門先生之論而附說之。

友說

徐鍇曰：「友，二手相順也。」而古文「友」與「習」類，學之所以安也，故君子慎焉。友者，所以化氣質，析疑義，廣見聞也。出處之未信，畏吾友焉；言行之或疎，恃吾友焉；鄙僿之未釋，須吾友焉。故其友之也，知友之以友道自處，又知其以友道處我也。其自待也不以道，必不受我以道友之也，則弗與之友矣。損益之友易見，而友之損益難知，以其見病之日而後藥之，則金石草木皆伐性之具矣。其成之也無意，而入之也無

❶「入」字，原刻本作「堂」，今據稿本改。

迹，其相習也多遷，而其相順爲可懼也。幾微之辭色不諛其友，幾希之清夜不欺其友，而後千變百折之死生患難不負其友。今於安居無事之日相誘以利，相慕以勢，相煽以聲氣，而欲其急難之際有定於中而不能奪夫久要也，可得哉？

然世有大勇之夫，目不識《詩》《書》，能赴蹈湯火以信於友，而窮理養氣之君子或轉有所不逮者。千金之璧可輕而破釜是惜，簞瓢之茹可樂而孟賁股慄，是有存乎平日者，非僅以取友論矣。同學諸子以續《師說》後相屬爲《友說》，故作此以見志。

酒說

同人相屬爲《酒說》，予不能飲，是不知酒也，然竊聞諸先君子之説矣。《周禮》，酒人共賓客之禮酒飲酒，酒正授酒材，辨五齊之名，酒官監用六物，此酒之政令也。《易》占濡首，《書》陳「有正有事無彝酒」，《詩》稱「立之監，佐之史」，「人之齊聖，飲酒温克」，此酒之性情也。凡酒之説如是而已。

陶潛始有《飲酒》詩，後人或擬之、和之。白居易有「何處難忘酒」之詩，嗣而作者體格不同，要皆極言酒中之趣，非止若鄱陽之賦酒已也。於是乎酒之性情反入而爲人之性情矣。

王勣作《北山酒經》，後人續之，田錫有《麴本草》，何剡有《酒爾雅》，曹繼善有《觥律》，皇甫崧有《醉鄉日月》，李鷹有《罰爵典故》，袁宏道有《觴政》，田藝蘅有《醉鄉律令》，其依託推廣而爲之者尚不一書，於是酒之政令變而爲人所寓言之政令矣。

夫酒自爲性情，而必使入而爲人之性情；酒本有政令，而必變之爲寓言之政令，則酒之實義其烏從而求之？請以酒之爲字言之。古文□，象形也；今文酒，諧聲也，而其从酉則同。許慎曰：「酉，就也。八月黍成，可爲酎酒。」然則酉之爲字，本因酒也，然古文酉本作丣。丣、丣，對待闔闢之象也：丣爲春門，出萬物也；丣爲秋門，入萬物也。古者儀狄作酒，蓋在夏后之世，而其時但有古文，諧聲之法先具於象形者，若水在壺，所以就人性之善惡也。《漢志》曰：「酒者，天之美禄，所以養病扶衰。百禮之會，非酒不行。」然古人一獻之禮，賓主百拜，是以終日飲酒而不得醉也。

抑吾又有説焉：天有十二時，丣、丣相對爲早晚者也。飲於卯則湎溺，而於酉則可者，日終宴息而不可過也。故曰：「卜其晝，不卜其夜。」亦以示閉藏之義，歛足之時，至酉而極也，若至於夜則已過矣。而説者或援《詩》「厭厭夜飲」之一言，是未知《詩》者也。傳曰：「夜飲，私燕也。宗子將有事，則族人皆侍。不醉而出，是不親也；醉而不出，是渫宗也。」正義曰：「主則當留賓，賓則可以辭主。故曰於同姓諸侯則成之，於庶姓讓之則止，禮之意也。」夫以詩人曲喻之意，援夜露以爲辭，此特美膏澤之形容耳，而傳者尚必以辭讓之義終之，此則《湛露》之詩固未嘗不與《賓筵》之詩合矣。嘗欲舉此義作《卜晝説》，故附綴以爲説酒。

戒酒説

客曰：「子之説酒，豈説酒哉，直戒酒耳。此則專爲戒酒説而已耳。」予應之曰：惟其然而後其説長也。昔周誥之命康叔也，鑒以「酣身」，勖以「剛制」，猶必先之曰：「厥父母慶，洗腆用酒。」且無算之酒著於《禮》，無量之酒著於《論語》，是豈與戒酒有二義乎？聖人之惡旨酒，聖人之訓湎酒，聖人之董治酒正，聖人之自理酒德，其心一而已矣。未有不深於戒酒之理而能言無算、無量者也。其切陳乎「剛制」之法戒者，乃其所以深喻夫作酒之本原者也。

客曰：「然則曷爲而必著爲戒酒之説乎？」曰：所惡乎好以飲爲事者，非必其果出於深知醖味、深切性情也。詞人藝士之流，曠達不羈之輩，姑且借此以爲偷安閒曠之具，則大不可也。周誥之戒酒，非言言皆説「崇飲」「羣飲」也，其惟曰「服休、服采」，其惟曰「農父」「圻父」，其惟曰「乃事」「乃司」，「不惟不敢，亦不暇」，蓋不敢之心準以不暇，而無義不該矣。夫人一日有一日之正務，日就月將之不遑，日邁月征之不給，而何能及於飲酒乎？

凡天下萬事無不要於節制，而酒爲甚。酒以成禮也，亦即以敗度；酒以成事也，亦即以廢事；酒以養人也，亦即以害人。然則吾又何暇事事處處刻爲酒防耶？其惟曰敬吾德而已矣，敬吾事而已矣，敬吾身而已矣。

戒殺生説

戒殺生之説，今人以爲二氏説也，陳長發《毛詩稽古編》極言網罟之宜除，而治經之家集議焉。杜少陵詩法自儒家，而曰：「前王作網罟，設法害生成。」然則《易》稱「結網罟以畋魚」，《孟子》謂「鷄豚狗彘之畜，老者可以無失肉矣」，「數罟不入汙池，魚鼈不可勝食」，是又豈有二義歟？然而中古以還，聖人之制法也日以密，則所以濟其不及、補其不足者亦日以周。故曰「王用三驅，失禽，不戒」也，故曰「聞其聲不忍食其肉」「君子遠庖廚」也。是則戒殺生者酌其宜、通其變、順而易行也，戒殺者不自我特殺也。夫如是則非迂闊之談矣，非二氏之學矣，揆諸時、審諸勢矣。

乃吾則竊欲反諸己焉。何者？凡饗祀燕賓之外，則惟自養而已。《易》曰：「頤貞吉，觀其所養也；自求口實，觀其自養也。」《孟子》曰：「飲食之人無有失也，則口腹豈適爲尺寸之膚哉？」吾嘗謂觀所養即觀其自養，則山谷「食時五觀」之義畢具矣，人一日間而所養備焉，豈必殺生哉！一簞豆之粟粒，一瓢之井華，皆受造物之膏澤，每飯即思何脩而克受之，是以一粒之墜拾，虔奉將之；一勺之飄灑，謹護持之。推此義也，有飫我以膾炙，充我以鼎烹者，其益加敬承。自課自問何福以消除之，更不知其幾什百倍矣，而更何有自加特殺之一隙容乎其間也哉？故曰：惟口啟羞，惟甲胄啟戎，勿謂一言語之易出，猶夫視甲胄興戎之凜慎也。惟衣裳在笥，惟干戈省厥躬，勿謂一衣服之華不啻見干戈省躬之惕志也。凡一切日用出入動止胥視諸此，則吉祥虛白常自湛然，又安得有一蝦蛤之涓沸來吾静鏡者而遑言戒乎！

杜詩熟精文選理理字説

自宋人嚴儀卿以禪喻詩，近日新城王氏宗之，於是有「不涉理路」之説，而獨無以處夫少陵「熟精《文選》理」之「理」字。且有以宋詩近於道學者爲宋詩病，因而上下古今之詩，以其凡涉於理路者皆爲詩之病，僅僅不敢以此爲少陵病耳。

然則孰是而孰非耶？曰：皆是也。客曰：然則白沙、定山之宗《擊壤》也，詩之正則耶？曰：非也。少陵所謂理者，非夫《擊壤》之流爲白沙、定山者也。客曰：理有二歟？曰：理安得有二哉，顧所見何如耳。杜之言理也，蓋根極於六經矣，曰「斯文憂患餘，聖哲垂彖繫」，《易》之理也；曰「舜舉十六相，身尊道何高」，《書》之理也；曰「春官驗討論」，《禮》之理也；曰「天王狩太白」，《春秋》之理也。其他推闡事變，究極物則者，蓋不可以指屈。則夫大輅椎輪之旨，沿波而討原者，非杜莫能證明也。

然則何以別夫《擊壤》之開陳、莊者歟？曰：理之中通也，而理不外露，故俟讀者而後知之云爾。若白沙、定山之爲《擊壤》派也，則直言理耳，非詩之言理也。故曰「如玉如瑩，爰變丹青」，此善言文理者也。理者，治玉也，字从玉，从里聲。其在於人則肌理也，其在於樂則條理也。《易》曰「君子以言有物」，理之本也；又曰「言有序」，理之經也。天下未有舍理而言文者。且蕭氏之爲《選》也，首原夫孝敬之準式，人倫之師友，所謂「事出於沉思」者，惟杜詩之真實足以當之。而或僅以藻繢目之，不亦誣乎？

自王新城究論唐賢三昧之所以然，學者漸由是得詩之正脈，而未免歧視理與詞爲二途者，則不善學者之過也。而矯之者又或直以理路爲詩，遂蹈白沙、定山一派，致啟詩人之訾謷，則又不足以發明六義之奧，而徒事於紛争疑惑，皆所謂泥者也。必知此義，然後見少陵之貫徹上下，無所不該，學者稍偏於一隅，則皆不得其正，豈可以矜心躁氣求之哉？但憾不能熟精而已矣。

韓詩雅麗理訓詁理字説

近有疑此篇「理」字者，故不得不爲之説。曰：理者，綜理也，經理也，條理也。《尚書》之文直陳其事，而《詩》以理之也。直陳其事者非直言之所能理，故必雅麗而後能理之。雅，正也；麗，葩也，韓子又謂「詩正而葩」者是也。凡治國家者謂之理，治樂者謂之理，治玉者謂之理，治絲者謂之理，故曰「國史明乎得失之迹」，得與失皆理也。又曰「以一國之事繫一人之本，謂之風；言天下之事，形四方之風，謂之雅；頌者，美盛德之形容」，形與繫皆理也。又曰「風、雅、頌爲三經，賦、比、興爲三緯」，經與緯，皆理也。理之義備矣哉。

然則訓詁者，聖王之作也，理則孰理之歟？曰：作是詩者不知也，及其成也，自然有以理之。此下句曰「曾經聖人手，議論安敢到」，此即理字自注也，理者，聖人理之而已矣。凡物不得其理，則借議論以發之，得其理則和矣，豈議論所能到哉？至於不涉議論，而理字之渾然天成，不待言矣，非聖人孰能與於斯？

評陸堂詩

陸堂詩，不評可也，以其目杜爲罪魁，不得不説之。彼固云「罪魁而功首」是欲揚先抑之詞，然而已謬矣。彼蓋謂杜具有宋元格，杜詩曷嘗非含孕宋元乎？然彼亦不自知此爲何語也。昔王漁洋嘗斥白香山爲屠沽矣，白公之廣大，豈以漁洋此語而減價乎？然白詩亦實有不擇俚俗、不避直率者，原無怪漁洋議之。

且即使漁洋不應議白詩，而漁洋本自高揭羣言，獨標古淡，則其滕口於白公也，❶即使太過，猶可諒之。若陸堂者專爲尖刻取勝，全不知古人渾厚意而妄議焉，可乎？

其集最擅譽者，《花龕》三十首耳，此僅與謝宗可、瞿宗吉争勝，豈得遠企前人？其詩題乃至有「園柳垂絲」「紅桃掩映」云云爲題目者。其每卷自標集名，夫自名某集，或以其事，或以其官，或以其地，據實即事可也。今陸堂自題其集則曰《洛如》、曰《潛虬》之類，皆臆造名義以題其集，此何説也？《花龕》詩取六朝唐宋詩料以入花類可也，於杏花取夢孔子入詩，此豈敬謹之道乎？事亡如事存，對存而言以見禮制也，自稱其母曰亡母，此豈人子所宜出乎？杜詩之具宋元格也，本所應有也，詩至於杜而天地之元氣暢洩於此。天地之大無所不包，日月之明無所不照，天縱之聖無所不能，即至卜筮、星命、相宅、醫術，無不託原易卦，聖人見天下之賾而盡利盡神，何所不備，安得以此爲聖經病乎？且杜法之該攝中晚唐，該極宋元者，正見其量之足而神之全也。善讀杜者，則知其筆尖處即其筆圓處也。至若後人不善學者，則但見其形不見其神，於是用尖筆者不能用圓筆矣，其讀古人至用尖筆處竟莫知其爲筆圓矣。愚嘗謂竇氏在唐時亦深見後學之流獘，不得已而爲此言，而杜詩又非乎？此後學自蹈於罪，非褚之罪也。竇尚輦論褚書曰「澆漓後學」，得無罪褚書比矣。論詩惟元遺山於蘇詩有滄海横流之慮，此與竇論褚書正同，愚嘗作文辨之，皆不得謂其僭議古人。此爲學者慎導之計，顧宜善體會耳。

---

❶「滕」，據文義，疑當作「騰」。

若論杜詩，則自有詩教以來，温柔敦厚必歸諸杜，興觀羣怨必合諸杜，上下古今、萬法源委必衷諸杜。才人學人，千百其家，從未有陸堂之輕肆下筆者。近日何義門於研析音韻之學，斥顧亭林曰「小人無忌憚」，以義門之所造詣，尚不敵亭林十分之一，豈可作此評哉？若移此語以評陸堂之集，則庶乎其允當矣。

貞女説爲管室徐貞女題

世人有論女未成婦不必守節者，此經生之謬也。《曾子問》曰：「婿之父母死，已葬，婿之伯父致命女氏曰：『某之子有父母之喪，不得嗣爲兄弟，使某致命。』女氏許諾而弗敢嫁，禮也。婿免喪，女之父母使人請，婿弗取而後嫁之，禮也。」此經所謂「弗敢嫁」、所謂「而後嫁」者。陳氏澔竟以婿不取，則此女嫁於他族，此其爲悖理害道甚矣。鄭注、孔疏亦未嘗明析，以致之也。且孔疏有婿别娶之説，則亦猶然陳澔説也。不知此經所謂「弗敢嫁」者，謂不敢遽從吉也；「而後嫁」者，謂婿若終不忍取，則女家以婦歸之也。羅氏、鄧氏之説是也。蓋必明乎此，乃見從一而終之義，乃見女之所謂貞、婦之所謂節者，其義一也，而況其事更有至難者耶！後儒如歸熙甫尚不免沿此誤，而文士遇貞女之事，徒以空言文藻譽之，是終無以大白其節義於天壤也。故因題管室徐貞女之事而發明之。

錢東垣字説

錢子既勤得古瓦，文曰「豊」，因援《大射儀》鄭注「豐，从豆，豳聲」以證此即「豐」字也。程易疇謂《説文》

不言「𠡠」字，惟鄭有「𠡠聲」之注，當據瓦文以明鄭、許之合。愚攷《説文》此條而知非許、鄭之異也，昔嘗以黄公紹《韻會》所引《説文》校補之矣。《韻會》引《説文》「豐」字曰「从豆，从𠡠，象形」，是黄公紹所見《説文》舊本如此。然則今無「从𠡠」之文者，徐氏所删耳。準此言之，則《大射》疏所云以𠡠爲聲者，正合許氏之指。且疏又云：「今諸經皆以承尊爵之𠡠，不用本字之𠡠，而用豐年之豐，故鄭還依豐字解之。」據此疏文，則「𠡠」乃豐之本字，而「丰丰」乃豐之古文，審矣。

既勤既定此瓦爲文王豐宫之物，説者又疑是漢初新豐宫室所施。然《漢志》應劭注未言作宫之制，而《詩》鄭箋明言作宫之文，豈得以其時太遠而疑之歟？抑愚更有説者：賈疏既以本字之「豐」久不著於經，則是經典相承以來皆用「𠡠」字，❶夫以經典相承久不用之字而施於新徙之里居乎？此又不待辨而知非漢瓦者也。既非漢瓦，則推而上之，更無他書可據，安得以既勤所攷爲迂遠也？

愚昔見候官林吉人漢瓦詩册，其小印曰「且閑」，蓋以自寓「佶」名也。今既勤得是瓦裝於册，予因題曰「維豐艸堂」以寓其名，視吉人爲尤切矣。

既勤説

予雅不喜爲人作字説，而於錢子之字，有不能已於言者，仍不以字説目之。錢子年少篤學，以所業讀

---

❶ 「豐」「𠡠」，依文義，二字疑當互换。

《孟》之文寄予，沈博而知要，今之學人所罕見也。其名曰「東垣」而字以「既勤」，然傳疏皆以「已勤」爲訓矣，夫少年鋭進之始而曰已勤乎？此不可不慎也。蔡傳於此下「今王既勤」之文，以「盡力」爲訓，而此節「既」字無訓，則猶云「已勤」也。夫豈陳誠以「盡力」爲正而著訓則否耶？以愚度之，此篇「既」字，皆於「已然」而兼訓「盡力」也。若學者所以自勖，則不當取其「已然」，而當專取其「盡力」也。

吾嘗中夜起坐，心觀所養，因悟《周易》「嚮晦入宴息」之「息」，非止息也，蓋滋息也。故嘗謂《燕禮》「賓爲苟敬」、《湯盤》「苟日新」之「苟」，皆當作自急勅義。鄭以爲苟且，固非，即以苟爲誠，亦非也。今日與詹事辛楣先生話別及此，遂書以爲錢子勖焉。吾且因以自勖而遍告吾學侣也矣，豈區區字説之謂哉！

丁受堂字説

房山丁生兆隆，於予中表兄弟也，意似良自下者，不顧所擇而從鄙人遊。既有字矣，請爲別字。予進而諗之曰：《易》曰「謙亨，君子有終」，《書》曰「謙受益」，往時於座右書此二言。抑又念吾輩少年意氣盛壯，若不可遏抑，豈其貌爲謙退可以融貫表裏者耶？近一二年與陸子象星往復論説，頗知變化氣質而磨礱浸潤之方，自覺去之益遠。山谷云「以古人爲師，以質厚爲本」，不第爲學書言之也。生字曰吉占，合之其名，是所謂亨且益者耶。余以爲在所以受之者如何也，爲別字曰受堂，而舉予所自矢者示之。癸酉秋八月二十四日燈下湛冶艸堂藁。

是藁不存於篋，至今二十六年矣，中間予奉使於外，與受堂不相見者且十年。歲癸巳，予受詔纂四庫書，受堂始以孝廉校録書籍，時時相與追憶往事。越二年乙未，受堂成進士。又三年，爲予大兒樹端聘受堂長女，益相過從，從容道故，而受堂出是藁要予重書。昔年劘切諄復之味如在目前，而受堂亦將筮仕矣，獨慚予之問學視昔未有加進耳。

黄詩逆筆説

偶見《梧門劄記》，援愚説「山谷詩用逆筆」而其言不詳，恐觀者不曉也。逆筆者，即南唐後主作書「撥鐙法」也。逆固順之對，順有何害而必逆之？逆者，意未起而先迎之，勢將伸而反蓄之。右軍之書勢似欹而反正，豈其果欹乎？非欹無以得其正也。逆筆者，戒其滑下也。滑下者，順勢也，故逆筆以制之。長瀾抒瀉中時時有節制焉，則無所用其逆矣。事事言情，處處見提掇焉，則無所庸其逆矣。然而胸所欲陳，事所欲詳，其不能自爲檢攝者，亦勢也。

是以山谷之書卷典故非襞績爲工也，比興寄託非借境爲飾也，要亦不外乎虚實乘承、陰陽翕闢之義而已矣。《易》曰：「尺蠖之屈，以求信也；龍蛇之蟄，以存身也。」此則道之大者，就其精義入神言也。若下而就至淺者言，則米老作書云「無垂不縮，無往不收」，又何嘗非此義乎？凡用筆四無依傍則謂之瘦，傅以肉彩則謂之肥，乃坡公《墨妙亭詩》譏杜之貴瘦，而卻有「細筋入骨」之句，則肥、瘦豈二義歟？知瘦肥非二，則順與逆、欹與正非二也。可與立乃可與權，中道而立，其機躍如。夫道，一而已矣。

尖圓肥瘦説

用筆有尖圓，故結體有肥瘦。尖筆而純任自然則尖筆之瘦，尖筆而加藻飾則尖筆之肥也。圓筆純任自然則圓筆之瘦，圓筆而加藻飾則圓筆之肥也。古今來尖筆而肥者，楊廉夫也；尖而瘦者，或厲樊榭也。然由樊榭以問廉夫，又若欲兼有其圓者，豈樊榭能勝廉夫歟？吾不敢知也。圓筆之瘦，則山谷也；圓筆而肥，則凡競言肉彩者，家隋珠而户和璧矣，吾更不敢知也。

然則尖每易瘦，圓每易肥乎？尖筆與圓筆較之，豈曰尖勝乎？就瘦體與肥體較之，則肥遜於瘦多矣。何者？肥則易滋僞也，瘦則易見真也，是以杜評書貴瘦，而蘇矯之，相者取肥，究非能識真也。夫惟肥不剩肉，瘦不剩骨，古今書惟一王右軍，古今詩惟一杜少陵耳。天地造化，由質而文。人之生也，由骨而生肉。然則入手之功其必由尖而瘦耶？然而結體由於用筆，請以筆喻：試問縛毫作筆者先尖乎？先圓乎？則尖必隨其圓，圓則求其尖，孰先成焉？孰後及焉？造筆者無成見，故用筆無成見。若見古人用筆之尖而欲以尖筆效之，見古人圓筆而欲以圓筆效之，未有不滯者也。

然則將如何而二筆如一筆，皆得其所以然乎？吾則爲進一解曰：用活筆而已。活筆斯不呆不滯，而尖者圓者皆真筆矣。不浮不飾，而瘦者肥者皆真物矣。夫然後可免於剪綵之爲花，刻木之爲魚，内求之於立品，求之於胸次焉；外求之於書卷，求之於講習焉。尖圓肥瘦，夫豈二事也哉！

復初齋文集卷第十一

大興翁方綱撰

門人侯官李彦章校刊

與曹中堂論儒林傳目書

承示史館所擬《儒林傳》目，衰朽之餘得聞著作之目，雖昏髦善忘，然以此事敬承商訂，不敢忽也。

惟我朝經學之盛邁東漢跨南宋者，以業富而理醇也。往古諸儒至南宋洛、閩之徒，義理日精，其理醇矣，而學未富。東漢馬、鄭諸家，師承之富而理未醇。至我朝聖聖相承，稽古闡道，欽定諸經義疏，集條理之大成，實前古所未有。士生其間，研精正業，勿敢蹈於歧趨，是以今日儒林之目必以篤守程朱爲定矩也。昔在漢時，馬、鄭之傳注，申、轅、后、戴之著録，淵源訓故，各自名家。然而諸經立學之後先，諸儒講解之同異，尚有未能畫一者。逮於宋儒説理，漸入精微矣。然而諸經之繁博，諸家詁訓之網羅散失，豈能猝以一時甄定之？是以吕東萊於《詩傳》尚存朱子未定之論，黄勉齋、楊信齋於《禮經》尚待次第補朱子未竟之緒。蓋其積漸臻於成就者，又不能執一日之專業以名之，亶其難矣！

至今日際會聖人在上，實學光昭，乃得萃漢儒之博贍與宋儒之精微一以貫之。學者束髮受書，皆從朱子章句集註始，及其後見聞漸廣，必從事於攷證焉，則博綜漢唐注疏，以旁及諸家遞述之所得，皆所以資辨訂而暢原委也。顧其間師友所問難，名義所剖析，漸多漸衍，緒言日出，則攷證之途又慮其旁涉，必以衷於義理者爲準，則博綜馬、鄭而勿畔程、朱，乃今日士林之大閑也。故其墨守宋儒，一步不敢他馳，而竟致有束漢唐注疏於高閣，叩以名物器數而不能究者，其弊也陋。若其知攷證矣，而騁異聞，侈異説，漸致自外於程、朱而恬然不覺者，其弊又將不可究極矣。

是以文必歸於行而藝必衷於道，則凡援據辨訂、訓詁、校讐諸名家者，一以經律之。凡漢儒之詳審所不能齊，宋儒之探討所不能悉者，合而爲我國家儒林之實學，庶其克副乎國史之《儒林傳》也矣。凡入此目者，有其人必有其所著之書，有其書必有其援據準證之所趨，然後上而進呈御定，下而垂示士林，寧慎取，勿濫收，乃足以爲將來讀書稽古者勸。館下校勘諸君，俾其凛此意也，則或足以無憾無悔歟。

孫奇逢先生，理學大儒，此與陸稼書二先生皆儒林之冠，無可復疑者矣。況陸隴其久已配食聖廟兩廡，其在《儒林傳》固不消説矣。此二老皆在國初者，其在近日則顧棟高，已經奉旨入國史列傳，此在乾隆年間諸人之首，又不待言矣。

毛奇齡著書五百卷，其中説經者亦有數種，固當入《儒林》，然朱彝尊撰《經義攷》三百卷，豈不視毛之數種更有益乎？惟以其詩集内有《風懷二百韻》一首耳。昔竹垞自定其集，已删去此首，既而不能捨之，繞几回旋至通夕不寐，乃曰：「實不欲棄此首，不過不吃生猪肉耳。」蓋自知其集有此作不能配食廟廷也，然而畢竟有《經義攷》三百卷，即使不可配食聖廟，而入《儒林傳》究與配享不同。毛奇齡全書五百卷，開首一卷是

《舜典補亡》，乃其最末一卷是賣唱之《打花鼓兒曲》，此則較之《風懷詩》何如？學者但見其全書五百卷之富，而不省記其末卷是打花鼓兒之賣唱曲子，此則竹垞與西河一在儒林而一删之，可乎？愚竊以爲毛西河若入《儒林》，則朱竹垞亦不能删也。

又若錢澄之入《儒林》者，因其有《田間易學》一書也。爾日錢田間與查初白共講《易》，查初白有《易玩辭集解》一書，實在《田間易學》之上，卷帙加倍之而刊本罕行。若查初白只入《文苑》，則錢田間獨入《儒林》，可乎？至近日若朱竹君、周書倉，學皆極博，然未嘗有撰述之書，桂馥亦然。桂馥尚有《續古文韻》、《續三十五舉》之書，朱竹君、周書倉則并此而無之。錢大昕，史學也，則其弟錢大昭亦應附於下。盛世佐既入此，則姜兆錫、吴廷華亦應附矣。

江聲之《尚書注疏》，不用舊注疏一字也，直是自已另作注，又於每條下以小字另自爲疏，注與疏皆此君一手寫，雜仿六書體，非篆非隸，自成一部注疏，乃自刊板行世。此人若入《儒林傳》，將必開嗜異者自撰注疏之漸。即使其中無誕妄不經語，而此風亦不可長，誠恐使天下學者自外於傳注，漸漸自外於程、朱，開無數矜奇嗜博之流弊，不可不防也。

大抵此傳中之人，必皆深信於藝林，衆所允服者方可入此，寧慎無濫，其有不盡知者皆以此據之。雖以此遍質於同館諸公，奚不可也。

又與曹中堂書

事有不難爲力而頗關於藝林故實者，及今日不得不爲院長言之，則數科以來新翰林拜前輩太遲也。從前改館之後，不過月餘之頃即拜前輩。愚壬申會榜在九月，十月初改庶吉士，即於十月内連車三日拜前輩，前輩答拜亦即在十一月也。後此尚在夏間拜前輩，近來則遲至秋間始拜前輩，前輩答拜竟至交冬矣。以理論之，固以早拜爲得宜；即以情事言之，新改庶常每有欲告假暫歸者，數科以來，竟有拜前輩時其人已訂歸期，或已出都，及至前輩答拜，還其白柬，而其人不在館下，竟致虚此一答者，皆遲拜之所必致也。

如謂新作庶常車馬或不能人皆齊備，又或苦於夏日炎熱，連車竟日未免過勞，則近來原有分日輪流之事，如七十人，不過每日二三十人一行，則豈有暑月皆不出門拜客者乎？况暑雨蒸濕多在六、七月後，則五月下半月及六月初頗有餘暇，即其必須請假歸者亦尚未定歸期，趁此新改館職，蒙聖恩入庶常館後，即擇於旬日内拜前輩。諸君子亦適乘登瀛之吉，公服求面，於體制既得，於事亦不難行，亦必不致遲至假旋北歸後有補行回答之事。於新吉之榮，詞林之盛，更爲整齊周匝。

如果艱苦勞費，亦不敢輕此瀆商，實無太費而於本衙門有裨益，何憚而不亟改。爲此專商中堂院長，務於今科亟命館人早言日期，復此禮儀，非愚之私言也。

與魯習之書

愚曩時與習之期共學者，欲以三傳攷證三禮，斯言約舉而未究其實，將愳有聞而疑之者。聞而疑之，所慮猶小，使吾習之猝不得愚之本意，則所慮非細。昨出都後馳而東行玉田道中，輒發憤而長思之。❶此思夫勉齋、信齋二先生，欲有以續補子朱子未竟之緒，然其大要則皆循治夫家鄉邦國王朝喪祭之儀，此仍非愚所謂纂言而不敢纂禮者也。婺源江氏之爲《禮經綱目》也，愚亦粗記其略矣，亦以大宗伯五禮爲次而加之廣摭羣書耳。愚今所與習之約共學者，則不如是也。且以勉齋、信齋之書，曷嘗不參伍諸家之説以稽經乎？顧諸家之説非可概論者，有相沿之説焉，經文渾而未析，先儒師承以爲如是，後遂立爲根據。有異説焉，諸家詮釋不同。有疑説焉，先儒疑以爲當如是解，蓋猶未敢質言者。有推説焉，經無是文，先儒演繹以爲如是，後遂援爲定制。若悉舉以爲先聖之訓詞，可乎？此猶曰注家也，至於經文，則或記者所處之地不同，所值之時不同，所見聞傳授之詳略又不同，故此經與他經某條既符合矣，而其中又自有錯互者，因流而溯源者，因不同而得同者。《春秋》屬辭比事，於傳多及之耳，實亦不止於三傳也。《易》《書》《詩》《論語》《孝經》《孟子》《爾雅》，皆其通會處也。誠能觸類而比之，件繫而參攷之，於此可以漸得聖人之用心，可以驗羣經記述之先後本末，可以見百家師説之同異得失。《禮》有經曲之實，非虚言義理者比，則所得皆可徵也。所得者皆可徵，則庶幾由此

❶「長」，稿本作「仰」。

可以讀書乎，故曰纂言也，非纂禮也。

今之少年英俊不乏嗜學者，顧出筆輒思撰述，撰述輒希斷定，吾疑其太早耳。欲撥旬月之暇，於蘇齋小屋對設几硯，共綜質之，倘得粗有端緒，即將來讀書之路，可稍定其大凡矣。

致吴槎客

君子不以方綱椎魯無似，輒以大著《國山碑攷》諉譔訂定，悚切彌日。又侑以古墨舊軸，感戢何似！是碑某夙所究心，屢獲拓本，凑合讀之，未若今日承示之詳且博也，未若今此所餉手拓之朗析也。竊以爲此刻之事與文皆不足道也，所可寶者，惟其篆而已。此篆上比周鼓秦碑固弗逮遠甚，即以《天發神讖碑》，嘗見舊拓本筆力峻絶，非郭允伯所可議也，而是碑則又加以圓渾耳。乃若「對受祇」下一字謂爲「筵」字者，殆未必然，餘則籤於卷内詳矣。此書遠過周雪客，殆必傳於後而無疑者。

顧僕頗不喜近之學者多借碑以駁史，其中未嘗無一二創獲可裨舊聞，然得者什五，失亦什一。學者處千載後論列千載前之事，苟非深有所見如燭照數計、親履古人之地者不能周悉也，故先聖曰多聞闕疑。疑之不能無也，則闕之爲功大也。若併其疑而不生焉，則廢學矣，又大不可也。今之學者不患其不能疑，但患其不能闕耳。此區區之見，曩嘗屢爲盧抱經言之者，不揣其固陋，亦以奉於君子之前，未知可蒙曲恕與否。

至於一書不當兩序，則前人已言之，而盧序專言駁陳志一義，則僕未之敢許，更請質之抱經以爲何如也。祇下一字作「[illegible]」，似當是「慫」字，第不知即「悚」字否？後得槎客書，謂淵如云疑當作「慫」，《荆溪外紀》作「悚」，特古今字不同耳。竊按此語甚合，但「悚」與「慫」通，不知所出，姑記於此以備攷。

答金秋史

省手札具叩諸經義，蓋意在欲治《儀禮》，甚善。所説鄭注未剖析處，此須通徹詳之。當東漢時，古籍尚有存者，如王居明堂禮諸條，鄭所見必有足資攷者，顧未及詳徵耳。且如《周官·大司樂》注既以祭天、祭地皆謂之禘矣，而《祭法》「泰折」條下不言禘也，則何以取信？近乃有主張鄭説以爲禘是祭天者，其可從耶？鄭君所著《禘祫志》亦散見於注疏，意宜據注疏所引諸書分條鈔爲一編，則可通徹觀古人之用心矣。

抑愚有説焉：治《禮經》者但當纂言，不當纂禮。項明府嘗謂以某經之條證某經之條，竟有如醫家成方以攻補並用，此言深可味也。所以愚意在纂言者，經語之詁訓則宜精核也，如《燕禮》《聘禮》皆云「賓爲苟敬」，鄭注：「苟且之敬，小敬也。」此復成何説乎？此「苟」字即《説文》「苟」字，从艹頭，急敕也，與「苟且」「苟」字从艸頭者迥別，言其急加敬也。《詩》「無易由言，無曰苟矣」，亦即此字，謂不得藉口出言之急也。凡鄭君之讀某爲某，有可，有不可，且如《小雅·斯干》「似續」即頌之「似」「續」，而鄭於《斯干》箋云「讀辰巳之巳」，其可信乎？鄭康成，後漢大儒，嘗於禮堂寫定諸經，欲整百家之不齊，而豈知鄭説之不齊先宜整核乎？

宫室衣服諸制，有宜精審者，有不必傅會者。且如明堂與路寢同制，此《禮》註語渾而未析焉。知其中某制相同，而張惠言必謂明堂即是路寢乎？楊信齋《儀禮圖》每條具載經文，所以足徵；若張惠言之圖不載經文，全以己意爲圖，竟若條條得之目覩者，有是理乎？凡讀傳注，必以經爲主，慎無舍經以從傳。如《春秋傳》：「趙盾弒其君。孔子曰：惜也！越竟乃免。」此乃左氏補此筆以足上太史氏之文，非謂其越竟則可以不討賊也。而杜注誤解聖言，後人反因以議左氏此條非孔子語，則傳注之爲害滋甚。杜注此等處尚多，惜服虔注不傳耳。

兄如有意欲筆録前人之説，即如鄭君《魯禮禘祫志》之類，可先一一鈔核成帙，但宜審其注疏上下文句，勿若輯鄭氏《易》注者，從劉逵《吴都賦》鈔撮鄭語，乃至併劉逵語亦算入鄭語，則不可也。如兄之好學深思，而又有閒暇餘力，年富才敏，足以濟之，其臻大成可必也。鄙人之説雖積成卷帙，但鈔出副藁者止此一本，其原底則艸艸塗改過甚，須再謄一本乃可奉寄。然亦頗欲商諸知好，謀所以次第付梓者，未知果此願否。若兄手輯諸注疏之條果能成帙，便中寄示，必有所以奉報者耳。

與友論王惺齋詩易疑義二通甲辰八月

朱紱，王者之服；赤紱，臣下之服：此《易》《詩》之所同也。市、芾、韍、紱、韠，五字一訓，亦皆《易》《詩》之所同也。《説文》：「天子朱市，諸侯赤市。分勿切。韠也。」篆作韍，俗作紱。即此已明白無遺義矣。今惺齋所疑者乃在《斯干》詩之鄭箋云「天子純朱，諸侯黄朱」，疑於朱兼黄色謂之赤耳。然《斯干》疏云：「芾，所以明尊卑，雖同色而有差降。」《乾鑿度》以爲：「天子之朝，朱芾；諸侯之朝，赤芾。朱深於赤，故天子純朱言其深也，諸侯黄朱明其淺也。舉其大色，皆得爲朱芾也。」此數語尤極分曉，蓋分析言之，則深者謂之朱，淺者謂之赤；而渾合言之，則統謂之朱芾。其《采芑》毛傳云「朱芾，黄朱芾」者，❶《正義》曰：「服其受王命之服，黄朱之芾也。於諸侯之服，則謂之赤芾耳。」又引《玉藻》：「『一命緼韍黝珩，再命赤韍黝珩，三命赤韍葱珩。』是據諸侯而言。」則是自《曹風・候人》、《小雅・采芑》《車攻》《斯干》《采菽》諸詩傳箋及《禮・玉藻》之説皆合矣。至《玉藻》注云：「緼，赤黄之間色。」疏云：「以蒨染之，其色淺赤。」此固不得與黄朱之芾同義，而亦可見毛氏所云黄朱之是淺而非深矣。愓齋蓋未細會「通稱爲朱，分析爲赤」之義，故疑諸説之相背，而其實諸説固未嘗相背也。

至於《易》之取象，各指所之，困取紱象固不必牽上互之巽色白以爲疑，而即以程傳所分王者之服、臣下之服，亦正與前儒詩訓相合。朱子本義釋九二「朱紱方來」云「上應之也」；釋九五「困於赤紱」云「下既傷則反爲所困」，亦仍與程傳相合，黄東發所謂朱子亦未有他説以過之者也。蓋二與五應，故以君臣相應言之，豈必與互卦離明之義言之乎！

愓齋引孔穎達以爲「朱深云赤」，此條亦未分曉。按孔疏之意，乃謂朱深而赤淺，非謂朱淺而赤深也。今若泥此句「朱深云赤」之語則義背矣。《詩・斯干》疏云：「朱深於赤，故《困卦》注云『朱深云赤』是矣。」今毛氏汲古閣本「困卦」二字譌作「内封」。其下文又申説之曰：「故天子純朱，明其深也。諸侯黄朱，明其淺也。」此

❶ 下「芾」字，原誤作「服」，今據《采芑》毛傳改。

條正與《采芑》疏「諸侯之服謂之赤芾」之義相應也。至《困卦》注「朱深云赤」句，乃鄭氏注語。鄭注又云：「離爲火，火色赤，四爻辰在午時，離氣赤爲朱是也。文王將王，天子制用朱韍。」據此，則鄭氏固以天子爲朱韍矣。李鼎祚《集解》曰：「乾爲大赤，朱紱之象也。赤紱謂二也。」據此言之，則《斯干》孔疏引鄭氏《易》注「朱深云赤」之語，亦猶是上句「朱深於赤」之旨，不過引此句以見朱、赤二文可以通稱耳，而非謂赤之深過於朱也。是不得援此句之「深」字致觸背上句之「深」字，明矣。

且孔疏又引《乾鑿度》之文矣，愚又按《乾鑿度》云：「孔子曰：朱、赤者，盛色也。孔疏引鄭氏「朱深云赤」一語，只應如此解。天子、三公九卿，朱紱。諸侯赤紱。」鄭氏注朱、赤雖同而有深淺之差，此句亦極明析。可見《困卦》注「朱深云赤」一語，只極言朱赤之同色而已。孔疏引之亦止以證朱赤之可以通稱而已。至於朱深赤淺，則衆説所同，無可歧惑者也。

答丁小雅進士論樂飢

小雅來書云：邵子湘《蘇詩王注正譌》云：「《答周循州》詩：『且覓黄精與療飢』，程縯注引《毛詩》『泌之洋洋，可以療飢』，因蘇詩有『療飢』字，輒改竄《毛詩》『樂飢』爲『療飢』，此最眼前謬誤云云。」杰按：《陳風》「樂飢」之「樂」有二音二義。《毛詩》：「泌，泉水也；洋洋，廣大也。樂飢，可以樂道忘飢。」鄭箋：「泌水之流洋洋然，飢者見之，可飲以瘵飢。」❶《釋文》：「樂，本又作瘵。毛音洛。鄭力召反。沈云：『瘵當作療。』按《説文》云：『瘵，治也。』療或瘵字也。」《正義》今定本作「樂飢」。觀此傳亦作「樂」，則毛讀與鄭異。杰謂毛、鄭二説不可偏廢。蔡邕《焦君贊》：見《藝文類聚》《古文苑》。「衡門之下，栖遲偃息。泌之洋洋，可以忘食。」王肅詩注：「洋洋泌水，可以樂道忘飢。」孫毓《毛詩同異評》：「此言臨水歎逝，可以樂道忘飢。」是感激立志慷慨之喻，是皆與毛傳同也。《後漢書·霍諝傳》：此在鄭箋前。諝奏記梁商曰：「觸冒死禍，以解細微。譬猶療飢於附子，止渴於酖毒。」王逸《九思·疾世篇》：蔡邕、王逸與鄭同時。「吮玉液兮止渴，齧芝華兮療飢。」皇甫謐《高士傳》：四皓歌曰：「可以療飢。」王融《策秀才文》：「療飢不期於鼎食。」庾信《小園賦》：「可以療飢，可以棲遲。」白居易詩：「何以療夜飢。」是皆與鄭箋同也。瘵、療二字，自《説文》而下，《玉篇》《廣韻》《集韻》《類篇》並收之，《廣韻》「瘵」字兼入鐸部，《集韻》「樂」字兼入笑部。《文選注》《五經文字》《羣經音辨》《增修互注禮部韻略》《附釋文互注禮部韻略》並引《詩》箋爲證，證據不爲不多矣。觀子湘所撰《古今韻略》，蓋未能知樂、瘵、療三字之通，故於蘇詩舊注引《詩》箋者，反以改竄古經斥之。查初白亦未經訂正，子湘同時倪魯玉、吴顯令各有《庾開府集注》，於《小園賦》「栖遲」句引《毛詩》，於「療飢」句别引四皓歌，是不讀鄭箋者也。

方綱答之曰：《正義》謂毛、鄭異者，徒以鄭加「可飲」一語耳，愚以爲不作「飲」訓，則「樂」直作「瘵」，於

---

❶「飲」下，原衍「可」字，今據稿本删。

義尤快，不必又云「得水可以小瘵」以幹旋其辭也。❶《説文繫傳》：「瘵，治也。臣鍇按：《詩》曰『多將熇熇，不可救藥』是也，弋勺反。」是徐楚金又多此一音，而與瘵義亦可相證。又毛晃《增韻》三十四嘯下列文凡三：曰療，曰瘵，曰樂，而引《詩》曰「可以樂飢」，其下兼引毛、鄭二音。又歐陽德隆《押韻釋疑》嘯韻療字下注云「亦作瘵」。黄補云：紹興十一年福州進士，黄啟宗表上。「亦作樂，治也。《詩》：『泌之洋洋，可以樂飢。』又鐸韻。」此二書皆南宋時習用者，《説文》瘵、療之並與樂通明矣。近日陳長發《毛詩稽古編》：「樂飢，鄭作瘵。」義更明捷，與愚見同，似不必判毛、鄭爲二説。惟毛音不同，故有樂道一義，亦可相通耳。蘇詩之用鄭義更自釋然，謹已附入補注卷内。

答胡雒君

承示惠氏《詩古義》一條，《魯頌》「薄采其茆」，《釋文》：「茆音卯。徐音柳。」此陸氏兼載二説，未有以定之也，則當以毛傳爲主矣。《毛傳》「茆，鳧葵也」，則與《説文》訓合。既毛義與《説文》合，則當從《説文》字从丣，音从柳矣。《説文》：「从艸，丣聲，力久切。」此則可據者也。篆變隸、楷，丣之爲卯，非一日矣，故陸氏亦不能定之，而兼載卯、柳二音耳。至《周官·醢人》「茆菹」注云「鄭大夫讀茆爲茅，杜子春讀茆爲卯」，而康成謂「茆，鳧葵也」，則仍與《説文》訓合。既鄭康成之注義與《説文》訓合，則亦當從《説文》「力久切」，所以陸釋

❶ 「幹」，據文義，疑當作「斡」。

云：「茆音卯，北人音柳。」此所謂北人音者，即《詩釋文》「徐音柳」之音也，故疏云：「後鄭云『茆，鳧葵也』者，增成子春等義。」是《周官》鄭注不从茅、卯之音也。

至《爾雅》「莤，蔓于」，《左傳》「無以莤酒」，皆與此「茆」字不同，而惠氏必援《左傳》「莤酒」之「莤」以駮《毛傳》「鳧葵」者，核其所據，乃在《汗簡》云「古文《尚書》以茆爲縮也」。郭忠恕《汗簡》雖云集七十一家事蹟，然中間諸字頗有不注出處者，其有數字同出者，則注曰並見某書。此「茆」字下雖注「縮」字，未言所出何書。至此行末「芧」字，乃注云「兹見《尚書》」，是謂此一「芧」字見古文《尚書》，何嘗謂「茆」即「縮」字見《尚書》哉？此惠氏誤讀《汗簡》，以下條之注連合上條之注，遂執以爲古文《尚書》云爾，亦可謂扣槃捫籥以爲日者矣！《魯頌》「茆」字，今板本皆从「寅卯」之「卯」，乃自陸氏《釋文》已有音「卯」之讀，其實則當以《説文》《毛傳》爲定説也。朱子《詩傳》皆用吴才老《韻補》，而吴才老於此字亦云「力久切」，正與《説文》合，而朱子不用之，乃别出「叶謨九反」之讀，其實此字無庸多出叶音之讀耳。

與陳石士論攷訂書

昨見尊集有王君芑孫紅字識語，因言義理而斥攷訂，遂比之於邪説。此不特不知攷訂，抑且不知義理也。夫攷訂之學何爲而必欲攷訂乎？欲以明義理而已矣。其舍義理而泛言攷訂者，乃近名者耳，嗜異者耳。然若以其矜言博涉目爲邪説，則言義理者獨無涉偏涉空者，亦得目之以邪説乎？義理至南宋而益加密，用心至南宋而益加深切。是以楊信齋之《禮圖》、陳北溪之《字義》、黄東發之《日鈔》，皆本於朱門也；馬貴與、王伯厚之博聞多識，皆南宋之善學者也，故攷訂之學必推南宋。雖朱子不專以攷訂名，而精義入微，所必衷之於此者也。惟其攷之也確，是以信之也篤，是攷訂乃義理所必資，而豈得外之乎！其空言義理而不知有攷據者，無過於有明一代，經書則專尚《大全》，文則僅知帖括，是言八比時文者其或與攷訂異歟？然特明人不知攷訂耳。至我國朝而攷訂之家輩出，實足以補救之。惟時藝之爲體自與攷訂不同，以致日習時藝者，置漢唐傳注箋疏束手不觀，問以訓故徵實則茫如也。此自在善學者通經學古以正其趨耳，而不善爲之者，乃涉取子史之僻事、訓詁之奇字，雜入於時文中，自命博取之通才，而不知其弊百出也。又或輕以己意測古籍，不甘闕疑而目爲錯簡，不知六書而目爲通用，此皆不善攷訂者致之，而非攷訂之過也。

甚有臆逞才筆者，視攷訂爲畏途，如吾同年蔣心餘，有詩筆者也，而其詩有云「注疏流弊事攷訂」，此轉以攷訂爲流弊，且歸咎於讀注疏，適以自白其未嘗讀注疏而已。今見王芑孫之言，至於比攷訂於邪說，則其害理傷道，視心餘爲尤甚矣！將使學者株守兔園講章，不敢涉目注疏而後止耳。

芑孫者，吾同年王世琪孫也，昔來吾齋，知吾欲理《尚書》諸條，問曰：「先生必專治今文也？」予應之曰：「古文豈可廢乎？」蓋彼習聞閻氏說，妄以此疑我耳。而今見其評文之謬又若此，其亦進退無據耳矣。聞此人在南方頗有能文之譽，恐其偏謬之論致誤學者，故不得不著之。

答友人小牘

居今日而辨攷載籍，其不得已而加議論者有二端焉。一則實有大關繫古人處，若皆觀望唯諾，不爲決擇，則古人受無窮之累。既如此，則雖實難下手，亦不得不爲之剖析也。一則實於寸心有憑據處，若不發抒，即是自欺其本志。既如此，則雖於古人非甚關切，而亦不妨爲剖析也。除此二端外，則闕疑其最要矣。嘗謂自古以來著述家，總坐在處處求通而難於收拾，此天下古今之通病，而《周易》《春秋》爲尤甚矣。

答友問鍾山札記

承示弓父《鍾山札記》：「《公羊·宣六年傳》：『則無人門焉者，則無人閨焉者。』段若膺云：『當作「則無人焉門者，則無人焉閨者」。』予謂下句注云『故不言堂焉者』當作『故不言堂者』。」此條未通。按何休注：「焉者，於也。是無人於閨門守視者也。」據此注，則文義正應作「門焉」「堂焉」，何得以後世時文之句法例之？弓父此條啟後人臆改之弊深矣。今見阮刻《公羊注疏校勘記》亦從段説，誤也。記於此當並改正。

與桂未谷論所作説文統系圖

來示以所作《説文統系圖》屬題，其圖據案者許慎也，坐於左者江式，立者李陽冰，右則二徐、張有，而執卷傴僂於前者爲吾衍。豈非以衍作《學古編》，溯篆書品目有功於許慎哉？顧有所未曉者。衍之言曰：

「《倉頡》十五篇，即是《説文》目録五百四十字，許慎分爲每部之首，人多不知，謂已久滅。又後人并字目爲十四卷，以十五卷著序表，人益不意其存矣。僕聞之師云爾。」按《漢書·藝文志》：「《史籀》十五篇，《倉頡》一篇。」又曰：「漢興，閭里書師合《倉頡》《爰歷》《博學》三篇，斷六十字以爲一章，凡五十五章，并爲《倉頡篇》。」此即所謂《倉頡》七章、《爰歷》六章、《博學》七章者，無所謂《倉頡》十五篇者也。

且此圖於許慎下首列江式，則爲《説文》之學者可信莫如式。式《論書表》曰：「倉頡覽二象之爻，創文字，用書契。迄於三代，厥體頗異。及宣王太史史籀著《大篆》十五篇，與古文或同或異，時謂之籀書。其後七國殊執，文字乖別，秦相李斯作《倉頡篇》，中車府令趙高作《爰歷篇》，太史胡毋敬作《博學篇》，皆取史籀大篆，或頗省改，所謂小篆者也。」式之此論亦不言《倉頡》十五篇也。且即吾衍自言亦曰：「籀文者，史籀取倉頡形意配合爲之，損益古文，或同或異。」則可見大篆與倉頡已異，何況小篆乎？亦未明言所謂《倉頡》十五篇者何所本也。

況許氏字目十四卷，從來著録家皆謂許氏所撰，未有言其爲倉頡者。始皇之時，鳥跡初起，❶古文尚始萌芽，何從而有一、丄、示、三之部敍乎？無其部敍，何從而爲十五篇乎？此明是誤讀《漢志》，以十五篇妄屬之倉頡，又以倉頡妄屬之許慎。此誠紕謬之極者矣，而可以承許氏之統系乎？愚意初疑「統系」二字太大，未可據以摹印繆篆之法當之，然猶未大害也。既而取《學古編》核之，吾衍之言乃直誣許氏若此！則是

❶「起」，稿本作「啟」。

圖之作，恐須更正。謹此奉覆，請詳擇焉。

吴興丁小山見予駮吾子行《倉頡》十五篇之説，因附論一篇，今録於此。

或云：《漢・藝文志》及《説文敍》云：「周宣王太史籀作大篆十五篇。」子行所云《倉頡》十五篇，乃誤記大篆爲《倉頡》耳。且以《説文》十五卷九千餘字，爲即《史籀》十五篇九千字，乃唐張懷瓘《書斷》語，是又子行之所本也。曰：據《漢志》及《説文》敍，則《史籀篇》者，周時史官教學童書也。能諷書九千字以上乃得爲史，《説文》作「吏」。漢興太史試學童法也，未嘗言《史籀篇》九千字也。且《説文》引《史篇》如私、甸、奭，明著《史篇》，則不盡取《史篇》可知也，張氏誤矣。況《漢志》明云「建武時亡六篇矣」，故唐玄度《十體書》亦云：「王莽亂，此篇亡失，建武中獲九篇。章帝時王育爲作解説，所不通者十有二三。今《説文》引王育説者，蓋出於此。」然則許慎當和帝永元十二年作《説文》，豈得有《史籀》全書供其采取乎？《説文》敍云：「今敍篆文，合以古籀。」其爲博采諸書可見，即改倉頡爲史籀，以爲其説本於唐人，亦不可通也。又觀其「建首」也云云，其爲創造，而非因襲可知。又按《説文・皕部》「奭」下注：「史篇，徐鍇曰：謂史籀所作《倉頡》十五篇也。」《玉海》亦引之。《繫傳》又以《倉頡》《爰歷》《博學》爲《三倉》，并《訓纂》爲四篇，則益知《倉頡》無十五篇矣。又按吾子行之説有數謬，《漢書・藝文志》「《倉頡》一篇」，小注云云。又云「《倉頡》七章」者云云，❶然則《倉頡》《爰歷》《博學》文字多取《史籀》，而篆體頗異，謂之秦篆。❷《説文》云小篆。在秦則三書各一篇，共二十章。在漢則合爲一篇，凡五十五章。即班固續楊雄混入《倉頡》篇中，亦止一百二章。未有云十五篇者也。❸十五篇之説起於徐鉉《説文》注，皕部「奭」下注引徐鍇語。而子行承之。果如其説，則《楊雄傳》云：「史篇莫善於倉頡，作《訓纂》。」此句又見《華陽國志》。何故《訓纂》止一篇邪？《藝文志》云杜林爲《倉頡》作訓故，何故林所作《倉頡訓纂》《倉頡故》各止一篇邪？無名氏之《倉頡傳》及楊雄之《倉頡訓纂》亦各止一篇邪？推其致誤之由，則《説文叙》云「凡《倉頡》已下十四篇」，❹而《説文》亦十四篇，連《敍》爲十五篇，❺遂疑《倉頡》之末亦有《敍》一篇，共十五篇，因合《倉頡》《説文》而一之。不知《説文敍》下句明云「凡五千三百四十字」，與《説文》五百四十部不相干涉。況《敍》文「凡《倉頡》已下」，已下者，乃合秦八體、漢楊雄《訓纂》及張敞、杜鄴、爰禮、秦近所説而言，《漢志》以八體、六技列於十家。何二人之不察也？

小山此論極該悉矣，顧其以《説文》「私」字引《史篇》，蓋謂「厶」字引韓非曰「倉頡作字，自營爲厶」也，然此條所稱倉頡乃始制文字之倉頡，與「奭」字下引史籀所作《倉頡》是篇名者不同。而徐鍇所云

❶ 旁注：「此須全寫爲妙，并及《説文》爲妙。」

❷ 旁注：「并及江式表爲妙。」

❸ 旁注：「庚元威云九篇，『篇』系『章』字之誤。」

❹ 旁注：「此二徐之説所由來。」

❺ 旁注：「子行之説又異於是。」

「史籀所作《倉頡》十五篇」者，當即是大篆十五篇，或其大篆篇首推本倉頡，以爲緣始，亦未可知，今無從而臆斷矣。然究是史籀之書而非倉頡也。吾子行直言倉頡，則並未著其爲史籀大篆之篇，其爲紊淆益見矣。

附桂未谷論説文篆作某

《説文序》曰：「秦始皇帝初兼天下，丞相李斯乃奏同之，罷其不與秦文合者。斯作《倉頡篇》，中車府令趙高作《爰歷篇》，太史令胡毋敬作《博學篇》，皆取史籀大篆，或頗省改，所謂小篆者也。」《漢書・藝文志》曰：「《倉頡》七章者，秦相李斯所作也。《爰歷》六章者，車府令趙高所作也。《博學》七章者，太史令胡毋敬所作也。文字多取《史籀篇》而篆體復頗異，所謂秦篆者也。」馥按：許氏謂之小篆，班氏謂之秦篆，此即《説文》所偁篆文、所偁秦刻石文是也。

與謝金圃論萬字

《説文》：「有足謂之蟲，無足謂之豸。」故曰：萬，蟲也，非若虫之專名，䖵之總名也。蓋特以其足跡名之，蟲之與萬，萬之與蠆，是皆所謂轉注者也，蟲之名義轉爲萬，而萬之名義注於足。虫、䖵、蟲皆象形，而「内」則足跡之象形也。故因萬之轉蟲注足，而取獸迹之内以屬之。蠆則或作萬、蠤，又不專以足跡取義矣。《説文》引《爾雅》曰：「狐貍貛貉醜，其足蹞，其迹内。」鄭康成《周禮・地官注》引《爾雅》曰「貂狐貒貈」。貂與貒爲獸不同，而迹相似也。則蟲與獸類不同而迹相況也，故禹、离皆蟲名，而亦从内也。禽之从内，則明著其爲走獸之總名，亦指其足跡言之耳。是以蝯、蜼皆寓屬而从虫，萬爲蟲名而從内，亦互見之文也。

又按：寓屬，康成《春官注》引《爾雅》作「禺屬」。《説文》亦云「蝯，禺屬」，禺字爲正。蓋亦取内跡之義，其作「寓」者，後世傳寫板本之或體耳，不以宀取義也。釋《爾雅》者以爲寄寓之義，蓋失之矣。

與辛敬堂論單字

單，《説文》：「大也，从吅、甲，吅亦聲。闕。」按：此注云從甲，非「尊卑」之「卑」字也。板本於中間横畫左旁加點，謬矣。辛生云：此即𠠦之隸體也，驗《𠠦部》𠶾字、𠶾字注皆作覃，則知此甲字即𠠦之隸體作甲者也。愚按：𠠦，厚也，此於訓「大」義尤切。《詩》：「俾爾單厚。」毛音都但反，信也，或曰厚也。鄭音丹，盡也。孔疏：「毛於單字，自作兩解，以爲天使汝誠信愛厚天下臣民。又云『單，厚』者，天使汝以厚德厚天下耳。」愚按：孔疏云「以厚德厚天下」，此語蓋亦不得毛傳釋「厚」之義。蓋單即厚也，單、厚二字相連，猶如「敦厚」「博厚」二字相連，毛恐專主此一説，則致後人易啟複疊之疑，故列此於第二條，而先以「信」詁之耳。實則信即厚之實理也，未有敦厚不本於信實者也。自鄭箋以後，乃專主「盡」爲訓，無復見釋訓之原本矣。甚矣，古人師承之不苟也！

初未得辛生説時，見惠氏校本《説文》「單」字條云：「單與亶同，故云大。《般庚》『誕告用亶』，馬融本『亶』作『單』也。」愚按：《爾雅》「亶」字前後兩見，其一云「亶，誠也」，注不言亶與單同。其一云「亶，厚也」，注云「見《詩》」。疏云：「《小雅・天保》『俾爾單厚』，《周頌》『單厥心』，皆訓厚也。亶、僤、單，音義同。」驗《周頌》「單厥心」，毛傳云單，厚也。鄭箋亦云「能厚其心」，則鄭氏於《周頌》「單」字，固仍毛傳「厚」義，而於《小雅》「單厚」獨改云「盡」也，未知其有所自耶，抑自申其解義耶？詳毛氏《小雅》「音都但反」，則單與亶音義相同之證也。故《尚書音義》「亶」字云「馬本作單，音同」，是其徵矣。合此數條，則「單」字訓「厚」，乃其本義；其訓「大」、訓「誠」，猶「厚」義也；訓「盡」、訓「隻」，則漸加申釋者。説經固以本義爲正耳。

與友論太白詩

太白詩逸氣横古今，不待言矣。顧其中有順逆乘承之祕，不可順口滑過。且即如人人習讀之《圯橋詩》，起句「虎嘯」二字飛空而來，卻以一「未」字翻勒住，則勢蓄而不瀉也。及説到「報韓」，卻偏從「不成」説，又以「雖」字翻勒住，則勢益蓄而不瀉也。如此蓄而不肯瀉去，然後放出「天地皆震動」五字，摇山掣海之筆來也。識此祕妙，則後句之「曾無黄石公」，乃掃得青空突兀耳。今讀者乃但咀吮其「懷古欽英風」等句，是必至於平順膚庸，以凡近貌其雄奇，未有不謬者也。

或曰《廣武懷古》一篇，乃云「有成功」「有古跡」，此獨非開膚庸一路之句乎？不知「有成功」「有」字對上「無」字，「有古跡」「有」字對下「頽」字，俱是指點之神，正在「撫掌黄河曲」五字心眼中飛躍而出，豈其平膚之謂耶？

大約古今詩家皆不敢直擂鼓心，惟李、杜二家能從題之正面實作，所以義山云「李杜操持事略齊，三才萬象共端倪」，蓋非具此胸次者亦無由而知也，不然李與杜何以得並稱乎？李之沉鬱頓挫，全於飛揚宕逸得之，又與杜不同耳。

與友論杜詩

「風簾自上鈎」，「自」字乃「獨自」之「自」也。江樓對酒，忽見月吐，逕自起鈎簾納之，其無侍賸之人可知。此「自」字正對末句「寡」字也。且此字露出自身，方與末句「酌酒」相貫，方與五六句「鶴髮」「貂裘」相接，此二字向來未曾拈出也。

答劉廣文問杜題桃樹詩

因一室而推之天下，因一樹而推及萬物，聖賢胞與之懷，稷禼經綸之量也，非爲此桃樹作也，拈此一物以慨時事耳，故題曰「題桃樹」。中四句皆指往日言之，「舊」字、「非」字正相呼吸，「正」字總收。「亦從遮」即上句「不斜」之注脚。作詩之日乃「寡妻羣盗」之日也，迴憶小逕不斜、五桃遮門之日，乃「天下車書一家」之日，非今作詩之「寡妻羣盗」日也。蓋少陵所居之室門內有桃樹五株焉，其從前承平無事時原不禁人之摘實而食也，是以一入其門直見五桃當逕，桃樹之外則宅門也，桃樹之內則堂室也，並未嘗於門之內、桃之外，别營一斜曲掩護之垣扉籬棘也。至是當天寶亂後，人自爲計，家自爲謀，於是乎家人遂生防人摘食之計，爲之籬垣以掩蔽之，因此而入門之逕遂不得不遷就斜曲以升於堂矣。少陵不覺覩今懷昔，而慨然曰此「小逕升堂」之斜曲者何爲也哉？爲此桃樹故耳。其實舊日直入門、直升堂，並不如此之斜也。不過一入門即見五株桃樹遮其堂室，而亦不妨聽其遮也。秋則食實，春又開花，不特人我同此食實看花之境，抑且鳥雀共此飛翔栖止之所。萬物一體，即一居室，而胞與無私之景象藹然在目也。於是慨然遠想曰：此正天下一家之日也，非今作詩時「寡妻羣盜」之日也。就此一物之植而俯仰今昔之感，所該者非一事矣。

與友人論少陵望嶽詩

向來解此詩者，皆以「岱宗夫如何」作一問，「齊魯青未了」作一答。若此則首句直是「岱宗如何」四字可畢，何爲中間著一「夫」字？少陵豈有如此率爾安放之虚字，等於可有可無耶？此一「夫」字乃是實按之詞，非虚字也，猶言不圖爲樂之至於斯。此一「夫」字乃即下文之「青未了」也，乃即下文通篇之盪胸層雲諸實際也。蓋少陵固夙聞岱宗之高大矣，今一入望乃不料其如此之綿亘無際，盡齊魯兩大邦之境而其青尚未了，此其故直欲上叩真宰矣！「如何」者，仰而訝之之詞，將通篇神理俱攝入一「夫」字中，於是乎通篇神境皆少陵之眼光矣。杜詩一字不輕下如此。

答儷笙小牘

儷笙問蘇詩《壬寅重九不預會獨遊普門寺僧閣有懷子由》一首。此詩愚有鳳翔石刻本，第六句作「意已違」，第七句作「不向秋風强吹帽」，皆當從石刻爲是。其作「不問」者，字形相近而訛耳。第一句亦定作「盃不歸」，其作「盍不醉」、又作「盍言歸」者，皆非也。「不與會」者，❶不預府中太守讌也。次句「冷」字、第七句「强」字，皆所謂文之心也。是時先生爲鳳翔簽判，若以孟嘉爲桓温參軍之例，必與參佐同集，是强之耳。此第七句一「不」字，乃是正點題中「不與會」之「不」字也。「南山之冷翠」正與「楚人之冷笑」相激射，其不曰「蜀人譏」而曰「楚人譏」，言楚以當蜀也。先生初自荆楚一路北來，筮仕於秦，故以楚對秦也，若云「蜀人譏」則淺直無謂矣。

復張瘦同論聯句書

昨聯句一章既承鈔副，虚懷付訂，僕何敢不細加決擇以求一是。然僕以爲聯句之作存諸集中者，不必彼此畫一也。聯句之體盛於韓、孟，顧後之論者猶或以爲各有删潤，況後人乎？且聯句之體不足以爲精詣審矣。古今人聯句惟皮、陸擅場者，取其清迴有味，而皮集迴不及陸，至聯句乃渾然不覺，斯爲勝耳。降及後賢，未聞以聯句名家者。錢蘀石至欲盡芟聯句，不存一首。斯言固不必過泥，要之其用意可謂深矣。

僕嘗論此事，蓋非對酒徵歌、屏風卻扇之所能盡也，且詞場祖述，時有後先，境有淺深，而體裁造詣因之。至於今日讀書攷證之學，其多且難已倍於古人，而説經訂史之文，又不可闌入詩句，既不欲多涉議論，又不欲沾滯文字，又不欲空拈風雲花月，則將如何而可乎？其必有深潛博厚之氣，獨出於古人之所已得與

---

❶「與」，依上下文疑當作「預」。下「不與會」之「與」字同。

古人之所未言者，而又懼其離而背去也。操之使存，守之欲固，謹之又謹，無一時之敢放，而又懼其規規而勿化焉。甚矣，其難也！

若聯句之作，則不過一時談興，與所謂屏風卻扇、偶然欲書者無以異，則或者短篇可以有會，而長篇必不能以無疵，此其大較也。不過其中幸而蒙吾友之恕者十之三四焉，又幸而竊自恕者十之三四焉，此而偶存一二，則特記此一日之清興，如寫意之圖畫，不必其盡肖，所謂蟠螯江柱，多食輒發風動氣者也。是以此篇不敢寫於陸卷之末，而謹作一跋附之，庶無罪悔乎。

若夫聯句之事，誠不可多舉，久則起人觸興淋漓之想，漸且無所不闌入者，皆其必然之勢，雖賢者亦必蹈之也。擗石藏前人尺牘册，僕所屢欲致詠而未能合一者，故不得不爲此一二章之聯句以記之，幸藉諸君子清興以成此段，足以豪矣。至其分寸合離，豈敢自欺哉！方今鋭志學古孰如先生者，故敢罄陳其愚，惟鑒納之。幸甚！

與金手山書

承示邗江同人集平山堂作漁洋生日，用《秋柳四首》韻并屬愚和之。愚固未敢遽和，及讀來詩，而竊幸愚之不和爲是也。凡和詩必次韻者，於古無之，自宋諸家乃有之，今則遂成和詩之定式矣。然此或因君父師長之作在前，爲肅將步矩之義則勉爲之，不可謂非正也。又或因難字險押以見巧者，此亦視其時事，不可不踵原韻，而於此見機巧焉，則亦可也。若本無因而必依用其韻，欲就窄路出奇策，則非詩道之正也。

蓋次韻之多者始於蘇集矣，蘇公之才力跨越今古，無所不可，奚以押韻病乎？然平心論之，與其自謀篇，自拈韻者，安與勉固較有差矣。然則蘇之押韻，究未免使人覺其有迹也，而況於後人乎？

古今文章之變，歷久生新，亦所謂通其變使民不倦者，固非可以一理繩也。然善用節制者，毋俾太過而已。必應次韻者，則雖偶出奇險，不以爲異，不以爲難也。其可以不次韻者，則究以作詩之人爲本，作詩之時地爲本，而於韻則必依部分，雖通轉尚宜慎之矣，況詩之工不系乎此，曷爲必蹈其難，必矜其異也乎？雖欲竊以此意附質於蘇集之末，奚不可也？

與吳蘭雪書二通

昨見尊作，以陽明之言良知與孟子同論，既極言其不可矣，然此不惟不知孟子，且不知陽明也。孟子言良知，即性善之旨；陽明言良知，則是欲破朱子補格致之傳耳。蓋因古本《大學》所謂「誠其意」者一段，在諸章之前，自朱子乃移正之，列於「格物致知」之後，此定論也，必不可妄矜復古者也。陽明乃欲矯爲立異，謂本心自有真知，不待用格知之功，以此駁朱子，是正與《大學》教人之序相乖剌，有是理乎？在朱子補格致之傳，愚自有攷證之説，今且勿庸詳也。而陽明之主良知，乃是誤解《大學》之要義，其可以與孟子之言良知同日語乎？吾子竟未讀陽明《傳習録》，且於二程子以來言《大學》之次第條理皆未之詳考，而第見「良知」二字，以爲孟子嘗言之，此則不學之弊。若鄙人不言，更何人直言之？凡事當以聖言多聞、闕疑、慎言三語銘之坐右也。

讀書爲文，凡遇聖賢名則敬避之，與尊君上無二理也。昔鄱陽洪文惠於漢碑假借「尼」字，輒正言闢其謬誤。愚昔於唐陸元朗《經典釋文·孝經》開章二字注釋之歧説，亦嘗力駁其失言。若韓昌黎《石鼓歌》敢於押韻，此出於儒者之作，更不可以曲恕之。至若劉越石、李白之輩，本非儒者可比，然即使甘於不爲儒者，亦非鄉愚不識字之蚩氓也，吾輩更宜敬之慎之。

答王實齋書

久不得相與析疑，今見吾實齋寄所撰《大戴禮記解詁》之序説，雖未讀其全書，然知其所引證訓義必有補於是書無疑也。惟是序云：「《隋志》以馬融增益《月令》《明堂位》《樂記》三篇，支離傅會。」此則宜慎言之。愚曩見《隋志》此語，誠不知其説何所本。如《樂記》一篇，據鄭君所言，劉向《別録》已有之，安得以爲馬融所益乎？且《禮記》四十九篇之名見於《橋玄傳》，不自馬融時始有之。是皆足以疑《隋志》之非實也。然陸氏《經典釋文》云：「漢劉向《別録》有四十九篇，其篇次與今《禮記》同名，爲他家書拾撰所取，不可謂之《小戴禮》。」據此則劉向《別録》之四十九篇，與今所見小戴之四十九篇，名同而實異。此在唐初陸《釋》與《隋志》各舉所聞，必實有所據而爲此言，未可因今見《小戴》四十九篇之目，而遂疑《隋志》之傳誤也。

況《史記·樂書》所取《樂記》之文與今所見《樂記》，其中又自有前後移置互異處，則劉向所得《樂記》二十三篇，又安知此十一篇非於其中又自爲連系者乎？是《樂記》十一篇連合爲一篇，又未必是小戴初删時之舊矣。究其斷取此十一篇合爲一篇出自何時、何人，則孔疏云「此十一篇之説事不分明，仔細不可委知者」是也。孔氏已言「不可委知」，而況後人乎？其《隋志》所謂馬融增益之説，其間沿革同異如何分合，本無從而詳攷，何妨並存以備攷證，而必毅然斥其爲「支離附會」，則吾不敢也。

且在今日治經，惟有於前儒所已言而未析者，或前賢留未盡之緒待剖説者，尚宜博攷而慎思之。若此等篇次之説，惟有理其舊而勿辨焉可矣。《大戴禮記》一書頗難釐定，昔吾友盧抱經一生專力挍讐之學，及見其《大戴》挍本《諸侯釁廟篇》「雍人割鷄屋下」，注：「《小戴》：割鷄亦於屋上，『上』字當作『下』字。」不知小戴《雜記篇》孔疏此條實是「屋上」，非「屋下」也。蓋大、小戴氏所記偶有不同，此條則以大戴爲正也。然此《諸侯釁廟篇》之一條與小戴《雜記》一條，正是二書接笋相證處也。

又如《周禮》六官與諸經無一處可相合證，惟《大戴記》祭侯之辭與《梓人》祭侯詞可相證也。前人注釋甚罕見，盧辯之注已闕至十五篇矣，其最謬者《保傅篇》，盧注謂「性本無善」。此人非有鄭康成注《禮》之淹通，而什倍其訛失；非有《荀子》全書之博贍，而專用其邪言，吾學侶所當辭而闢之者也。

昔年吾門孔生廣森亦爲是書作訓義，大約未必能及吾實齋之書也。昨見武進莊進士述祖撰《夏小正訓》一帙，以己意辨釋，訛誤極多。蓋今之學者多侈言博古，而不知實作功課，《易》《詩》《書》、三傳、三禮，其中要義有待研核者不知幾十倍於此，而一則畏難而苟安，一則厭常而嗜異，轉不肯循循下學如幼時窻下課也。吾行年八十，尚每晨温肄諸經，每有剖析，慎之又慎。在都門惟一辛敬堂，又日勤官課，不能日日同几研究。渴念之勤與厲積，書此曷勝愧汗！

附録王實齋大戴禮記解詁原序

劉向《別録》曰：「古文《記》二百四篇。」古文者，孔子壁中書也。《漢書·藝文志》云：「武帝末，魯恭王壞孔子宅，欲以廣其宫，而得《古文尚書》及《禮記》《論語》《孝經》凡數十篇，皆古字也。」又云：「《禮》古經者，出於魯淹中，及孔子學七十篇文相似，多三十九篇。及《明堂陰陽》《王史氏記》所見，多天子諸侯卿大夫之制，雖不能備，猶瘉倉等推《士禮》而致於天子之説。」其目有《記》百三十一篇、《明堂陰陽》三十三篇、《王史氏》二十一篇。此《禮記》之所由來，惟孔氏壁中之本也。孔穎達《曲禮疏》曰：「鄭康成《六藝論》云戴德傳《記》八十五篇，則《大戴禮》是也。戴聖傳《記》四十九篇，則此《禮記》是也。」晉司空長史陳邵《周禮論敍》云：「戴德删古《禮》二百四篇爲八十五篇，謂之《大戴禮》。」此大戴之書，篇數具在，惟取於孔壁古文，未嘗闌入諸家也。或曰：「壁藏之書，當在先秦，今《禮察》《保傅》篇中俱有秦二世而亡之語，與賈誼《新書》同，得無大戴取於賈氏書乎？」聘珍曰：顔注《漢志》引《家語》云：「孔騰字子襄，藏書於夫子舊堂壁中。」而《漢記·尹敏傳》云孔鮒所藏。按《史記》，孔鮒爲陳涉博士，固在秦亡之時，而子襄爲漢惠博士，則亡秦久矣。《漢惠本紀》：「四年，除挾書律。」張晏注云：「秦律，敢有挾書者族。」然則漢惠四年以前，皆是藏書之日。而古文二百四篇，亦非出於一時一人之手。若《禮察》《保傅》諸記乃楚漢間人所爲，合於二百四篇之中，而爲孔氏所藏，亦别有流傳在外之本，而爲賈氏所取。此賈書有取於古記，非古記有待於賈書也。又《大戴禮》有《孔子三廟記》七篇、《曾子》十篇，❶皆是古文《記》二百四篇中書。自劉氏總羣書而奏《七略》，序六藝爲九種，分諸子爲九流，於是出《三廟記》於《論語》之類，出《曾子》於儒家者流，此又劉氏剖析傳記，而非大戴采取諸家也。今《小戴禮記》燦然具備，而大戴之篇祇存四十。《隋書·經籍志》謂戴聖删大戴之書四十六篇，漢末馬融足《月令》一篇、《明堂位》一篇、《樂記》一篇。其説頗爲附會。蓋因大戴八十五篇之書，始於三十九，終八十一，其中又無四十三、四十四、四十五、六十一四篇，多出第七十三一篇，《隋志》又别出《夏小正》第四十七一篇，則存三十九而闕四十六，故支離其辭，以爲小戴所取耳。豈知《月令》《明堂位》劉向《别録》並屬明堂陰陽，固古文三十三篇之内者也。而《樂記》疏引劉向《别録》云：「《禮記》四十九篇，《樂記》第十九。」則《樂記》之入《禮記》，自劉向所見本已然矣，又何待於馬融之足哉？且當時古本具在，大、小戴同受業於后蒼之門，小戴又何庸取大戴之書而删之？蓋二家俱就古文記二百四篇中各有去取，故有大戴取之，小戴亦取之，如《哀公問》《投壺》等篇者也。況大戴所闕之篇，其名往往見於他書，如《王度記》《辨名記》《政穆篇》之類，皆不在於小戴記中，豈得以大戴闕篇即小戴全篇耶？夫以大戴之書，同是聖賢緒餘，自古未立學官，兩漢經師不爲傳注，陸德明不爲音義，迄無定本。後周盧辨雖爲之注，然而隋、唐、宋志並不著録，則其書傳者蓋寡，是以闕佚過半，而存者亦譌變不能卒讀。自時厥後，未有專家。近代以來，人事校讐，往往不知家法。王肅本點竄此經，私定《孔子家

❶「廟」，據文義，疑當作「朝」，下同。

語》，反據肅本改易經文，是猶聽信盜賊，研審事主，有是理乎？又或據唐宋類書如《藝文類聚》《太平御覽》之流，增删字句，或云據《永樂大典》改某字作某，是猶折獄者舍當官案牘兩造辭證，而求情實於風聞道路，得其平乎？是非無正，人用其私，甚者且云某字據某本作某，豈知某本云者，皆近代坊賈所爲，其人並無依據，是直向聾者而審音，與盲人而辨色。凡兹數端，大率以今義繩古義，以今音證古音，以今文易古文，遂使孔壁古奥之經，變而文從字順，洵有以悦俗學者之目。然而經文變矣，經義當由兹而亡，可不懼哉！

聘珍今爲《解詁》十三卷，《目録》一卷，與諸家所見，未敢雷同，惟據相承舊本，不復增删改易。其顯然譌誤者，則注云某當爲某。抑或古今文異，假借相承，依聲託類，意義可通，則注云某讀曰某而已。其解詁專依《爾雅》《説文》及兩漢經師訓詁以釋字義。於古訓之習聞者，不復標明出處。稍涉隱奥，必載原書。亦復多引經傳，證成其義。間有不知而闕，必無杜撰之言。舊説有可采者，則加「盧注云」以别之。至於禮典之辨、器數之詳，壹以先師康成緒論爲主，以《禮》本鄭氏專門之學，而其學則聘珍生平所私淑諸人者也。未免膏肓之疾，難辭墨守之愆，以云有功經學，實所不敢。但於二千年來天壤孤經，亦可謂盡心焉爾已。憶垂髫受書，家父口授此經，聘珍年纔幼學，迄今誦習三十餘年矣，爲兹解詁，槀凡數易，亦歷有年所，不但稟承家學，抑亦博問通人。今檢其簡札，弁諸書首，以誌師友淵源、著書歲月，庶傳諸將來，知非鄉壁虚造者也。

復初齋文集卷第十二

大興翁方綱撰
門人侯官李彦章校刊

送盧抱經南歸序

乾隆四十五年秋，餘姚盧抱經學士祝釐北來，其冬將南歸，同人集方綱詩境軒，各爲文以贈其行，而方綱序之曰：

予同歲進士二百三十一人，予嘗自謂：抱經挍讐之精、用力之篤，惟予知之最詳。往者乙酉之冬，抱經視學湖南，而予在廣東，未得親送其行。及壬辰春抱經南歸，予未北還，又不及送之。至今始獲附名於諸君文後，而始愧三十年之久，於君之學茫乎未測其涯涘也。君所挍正書目甚繁，予初成進士時喜讀遷、固之書，則借君所挍三史録之。甲戌授館職後，借所挍《文選》録之。今君北來，始讀所挍《周易注疏》《逸周書》、皇侃《論語疏》、《春秋繁露》《鄭志》《五經異義》、馬氏《意林》諸書，又讀其挍《孟子》《大戴禮記》，然予不惟君之精且博是歎，而獨歎其弗畔於朱子也。

凡挍讐家之精且博者皆在南宋，而論樂律如西山，詁字義如北溪，胥於朱門發之。今之學者稍窺漢人厓際，輒薄宋儒爲迂腐，甚者且專以攻擊程朱爲事。虞道園有言，此特文其猖狂不學，以欺人而已矣。抱經題跋諸篇謂「世人於朱子因一二未安而遂并議其全」，又於妄生詆諆如郭宗昌者則昌言排之，宜其校正古今、虛公矜慎，而不蹈流俗之弊也。凡諸君之贈抱經，與予之附託諸君後以借讀抱經諸書，皆若逐節以求抱經之學者，故道其大者以序之。

送姚姬川郎中歸桐城序

姬川郎中與方綱昔同館，今同脩四庫書。一旦以養親去，方綱將受言之恐後而敢於有言者。竊見姬川之歸，不難在讀書，而難在取友；不難在善述，而難在往復辨證；不難在江海英異之士造門請益，而難在得失毫釐悉如姬川意中所欲言。姬川自此將日聞甘言，不復聞藥言，更將漸習之久，而其於人也亦自不發藥言矣，此勢所必至者也。

夫所謂藥者必有其方，如方綱者待藥於君者也，安能爲君作藥言乎？吾友有錢子者，其人仁義人也，其於學行文章深得人意中所欲言，願姬川之聞其藥言也。君之門有孔生者，其人英異人也，其於學行文章樂受人之言，願姬川之發其藥言也。

送錢獻之序

予年來自惟學之不充，始恨向者得名太早。人生最難得者多作數年秀才，磨鍊功苦，後來享用不盡耳。

如吾獻之錢子，適其時哉！獻之以一介之士遊京師，未三年而同學前後數輩無不知有獻之者。今舉京兆府副榜，將歸拜其親，省其叔父於粵。人皆以壯遊頌獻之，而予則不頌而規者，何也？獻之之學博而有要，不泥古亦不戾古，其肯以人之見稱稍貯於其懷耶，無待於予之規可知也。

然以予觀獻之，三年來，始也視專而容寂，繼也志日以廣，氣亦日以揚，未知其於古也，信乎？疑乎？於其所得者，足乎？未足乎？以予之寡學，固不足爲獻之言；然以予之自悔，有不得不與獻之言者。學使辛楣先生，予畏友也，獻之試以予斯言質先生，將必更進以實學，則予斯言又不足道矣。

送吴亦山序

歲丙申秋九月，吴子亦山將歸襄陵。客謂方綱曰：子之序而弗詩何也？方綱應之曰：詩在其中矣。客曰：吴子居京師數年，今歸而省其兄、課其子，家庭之至樂也，是子所謂詩理者乎？曰：非也，此吴子所自有者，亦歸人恆事耳。客曰：然則子所謂詩者，吾知之矣，吴子殫心六書有年矣，於許氏之微恉、二徐之辨釋，皆抉其堂奥，剖其甘辛。今之學者未易一二數也，子必將道其得力之故，爲同志者一勸歟？方綱曰：此吴子之學勖以終身者也，僅於此别言之，不已淺乎？乃若方綱所以序吾吴子之歸者，則有説焉。

吴子館於太僕曹先生齋，太僕扈蹕熱河，而吴子得其兄書，勸之歸，然太僕未歸，吴子弗言也。太僕歸，吴子猶未遽言，既而徐徐言之，又若不敢質言之，蓋其與太僕悃欵相依之意深矣，不忍直言歸也。及太僕再三留之，吴子亦竟若皤然不歸者，然實不忍直言歸也。此皆詩之至味也。秋且深矣，寒燈落葉，無可寫以贈吴子者，故不若實寫此段情事以爲之序，❶而弗贅以詩也。驪駒之歌，陽關之疊，古之人蓋有不能繪畫者，而何詩與序之别乎？

贈楊彤三序

予與彤三不相見者二十年矣。乾隆四十一年冬十月，彤三以泉州守計薦入都，來視予，明日，邀鶴亭、象星就予舍共話。予與鶴亭同居京師，不相見亦一年，而鶴亭不見彤三者十三年，象星不見彤三則與予同也。相與握手，感歎久之。鶴亭與彤三兄弟交最先，彤三母氏，吾姨也，尊甫贈公又與先大夫厚善。所居城北鑼鼓巷，鄰順天府廨，與鶴亭俱讀書廨旁。君兄弟已負文譽，是時甲子、乙丑間，予始與相識，至戊辰後交始密。每暑月，君兄弟或葛衫來訪予，留連日夕，與天衢、象星聯步城南塘葦間，倚樹坐石，意有所得，歸而寓諸詩文。抵掌論天下士，尚友古賢豪，以爲人生富貴之樂無以易此也。天衢，予表兄，又與君兄弟俱呼爲姊夫，至今病廢不出户七八年矣。❷彤三因言，此行旋閩道出涿，當往訪之。馳驅宦途中能懷舊若此，可以風世也矣。

午晴，烹茗，適商邱陳伯恭庶常以其先迦陵檢討填詞圖卷來請予題識，遂同展觀，流連竹垞、阮亭諸老

---

❶「實」，稿本作「直」。

❷「至」，稿本無此字。

詞翰間，其同聲吟諷之樂，乃不減曩時。庶常爲閩中陳觀察望之之子，君至閩當語觀察，以庶常日親前輩，問學有進也。然彤三議論佳勝，較昔亦益進，其評予贈詩，謂得杜法，予固不敢當，然詩法上下千年，必於杜是程。聞閩中人家有藏宋槧吴若本者，顧若本亦不精，予近注杜已得千五百餘條，皆向時注家所未及，惟未獲善本校勘耳。安得吾四人如昔日聯床問業，切磋往復耶？因縷縷絮語，問生産瑣悉事，語都無文，不具贅。

彤三比年連守大郡，有善政，於所學既無負矣，獨愧予日事鉛槧，無毫末補也。然猶勸彤三、鶴亭自理舊作，而付予論次之。吾輩年皆長大，相呼字者已少，實相警勉者抑更少矣，豈獨詩文哉，習氣未除耳。彤三歷官閩、浙，湖山數千里，聲馳海表，不以爲豪，而以二十餘年不得今日四人挑燈聚話爲足樂。故筆之爲贈行序，借記體。

送謝藴山之任揚州序

予嘗讀歐陽子《有美堂記》而疑之：梅公儀之守杭也，仁宗賜以宣化撫俗之詩，而公儀取其首句以名堂，此豈僅以湖山觀聽之爲美乎？吾謂爲之記者，當惕以美之不易有，而冀其持盈保泰，形民以勤儉也。豈以歐陽子而不及此耶？

南康謝子良璧以翰林編修出守鎮江，越二年移守揚州，又四年秩滿入覲，出其公暇所爲筆記相質。❶予最取其《郡守題名記》，深感於化民成俗之不易，謝子可謂知治本矣。揚之繁麗名勝不減於杭，而其所爲堂者名之曰「寄餘」，不惟不敢以文字之長自詡，且不敢以民康歲稔爲已足，而益早夜孜孜求其所以報主而盡職者。然則予之送謝子也，其可僅以詞章之末、憑眺之事爲言乎？方今聖化漸濡，士日醇而習益厚，昔之所謂竹西歌吹、紅橋煙月者，今皆爲一二學人根柢經術之地。予既嘗於送任禮部、王翰林詩中言之，況乎今之送吾謝子哉！至於謝子與予景仰前賢翰墨流風，有同嗜焉，是又具於别幅記曰，夫言豈一端而已，言固各有當也。

送周鞠人南歸序

送歸者於介壽出之，則其境真矣；介壽者於書畫得之，則其味長矣。鞠人周子來遊於蘇齋，今年四月上旬禮闈將揭榜，予方切望其中式，而鞠人惟以其尊人涉春先生六十慶筵，欲書其翰墨高致以代祝辭。自古一門書畫兼長者，無若米家父子，每想小米隨侍鑒定，多在其未上敷文閣之前，而三米《蘭亭》，退谷硯山齋所藏已非真矣。

人生最難得者，未中第時得娱親於依仁游藝間，此鐘鼎之榮所不能易者也。況乎守愛蓮之理學，承胡

❶「筆記」二字，稿本作「詩若文者」。

静之文编，篤古而日有心得者耶！ 他日涉春先生七袠、八袠以後更積慶筵，得值鞠人登瀛乞假、篋祝詞多篇以爲侑觴之助，迴思今日，未必不以此淡寫數言爲得味也。 遂書此以贈其行。

送劉端林歸寶應序

寶應劉生學廣而氣醇，吾嘗謂今世後進之士攷訂《禮經》者，必於生屬焉。 故於其歸而發之曰：吾所謂訂《禮經》者，非謂禮有所未安，有待於釐次之也。 昔者朱子嘗作《通解》矣，曰《家禮》、曰《鄉禮》、曰《學禮》、曰《邦國禮》、曰《王朝禮》，而後來蕺山劉氏亦嘗首《夏小正》而附《月令》矣，次《丹書》而附《王制》矣，稽之於《禮》，合乎？ 曰：是有辨也。 楊信齋固言之矣，曰近世儒生知有唐開元以後之禮，而不知有《儀禮》，此蓋所值之時不同，而其所捄之獘亦異也。 今之爲儒者，不審朱子之用心，而動援古自飾，曰朱子亦嘗云爾，此所謂舛也。 且焉有儒生而議王朝邦國之禮者哉？ 吾所屬望於生者，則欲考其篇目章句而已。

然而又有所不可者，如管、荀、賈子之書，皆《禮》文所散見者，因而掇拾移補則不可也；又以某之錯簡當置某篇，某句當屬某篇，則僭忒之心生焉，又大不可也。 經禮、曲禮有秩然可分者，《少儀》《内則》之類是也；有不可分者，《玉藻》《大傳》之類是也。 如必以一人之意類次而輯定之，則亦不可也。 去此諸不可者，而因訓故著録以討求其先後類記之所以然，因以得先聖制作之精意，則庶乎得禮之宜矣。 凡今之士，先務在於平心、不爲苟得而已，故書以爲生贈。

送顧文子進士歸興化序

歲庚子辛丑，禮部疊奏貢士於廷，蓋天子壽考作人，加甲乙科，海内窮經篤古之士應昌辰而蔚起。其在庚子恩科，方綱所知者則嘉定錢塘溉亭、高郵李淳成裕。其在今辛丑正科，則歸安丁杰小山、興化顧九苞文子，其尤著也。錢、李皆方綱前秋所得士，而丁、顧皆方綱執友，又寓居同巷，晨夕過從者，是以知之視錢、李尤詳。而文子舉鄉試出予門人吴學齋編修之門，其視予益親，而予益畏其學之專且厚也。❶今之精研三禮者，吾最許寶應劉端林，端林之於三禮也，視文子之用力似分軌而實合轍。蓋端林之意在於證經，而文子之意在於翼注，皆學人所難能者。而翼注之力尤爲强毅而縝密也，其於賈、孔也什之九信之，什之一或弗信之；其於大夫、司農也，所已發者意得之，所未發者亦若意得之。蓋其致力在墨守鄭氏而已。

去年秋，小山將屬兩峰羅君畫鄭公象，與予往復論逢掖之制，以爲深衣近是，而任禮部子田遂爲《深衣考》一書以詳釋之。子田，文子邑人也，今亦將歸矣。秋初，小山亦將言歸。荒江老屋之間，所得必更多於城市。庶期異日者二君謁選北來，相與對榻，出其所得，補正前賢之所未備，雖寡陋如予者，亦得津逮膏馥以自充廣，其樂何如也！子田、小山行亦有日矣，輒以此言先之。

❶ 「學」下，稿本有「力」字。

送董曲江歸平原詩序

壬寅秋，平原董寄廬先生將東歸，其同年友大興翁方綱與其鄉人歷城方昂坳堂，爲茗蔬於城南東湖柳村之崇效僧舍，於是獻縣紀茶星昀、宛平張晴溪模、鉛山蔣定甫士銓、新安程蕺園晉芳、歷城周林汲永年、餘姚邵二雲晉涵、歙洪素人樸、汪訒葊啟淑、桐城吴華川詒豐、湖口周載軒厚轅、錢塘吴穀人錫麒，或以舊侶，或以新知，皆相與戀别述懷，徙倚蕉梧之陰，歡言竟日而不能去。寺於聖安寺爲西隣，迴憶漁洋、方山諸公餞念東侍郎於聖安寺，在康熙庚申冬，至今百有三年矣。聖安金元古蹟一無存者，而此寺猶有王覺斯、田山薑題字及竹垞、漁洋諸前輩題卷。今日之樂，何啻百年前諸老宿優游笑語時也。

方綱與先生同舉於鄉，又同成進士，讀中祕書，冉冉三十年於兹。而先生年最長，其於詩文師法淵源粹然醇且正，今且課孫娱老，紬德水杜亭之緒言。追維曩日寓居紀侍郎之東齋，相與掀髯抵掌、淋漓浩唱於酒闌燈灺間者，此味依依如昨也。時雨霽經旬，菊籬初蕾，西郊數峰如畫，秋光在濃淡遠近間，他日作「舊雨草堂圖」者，當補此一幅矣。於是諸君子相和爲歌詩以記之，而方綱爲之序。

送張肖蘇之汝陽序

即墨張孝廉將之汝陽，過予論文，自言嘗苦多病，既而持舊簡紙屬書數言爲贈。愚方恧然懼無以益吾子者，抑心所欲宣者，又不敢嘿也。昔歐陽子之於石徂徠，謂君子不以相見爲歡，不以疾病爲憂，惟其有不至於道者，乃可爲憂云爾。然觀徂徠之答歐陽，猶曰「永叔待我淺，不知我深」，蓋其氣未能平也。今吾肖蘇之虚己受益，過於徂徠遠矣。然談藝數日，雖未遽深推闡於學道之實，而以吾觀予肖蘇之病，在於心不專而神志未能定也。讀書之道原不在求强記，蓋亦務定其志而已，志定則得淺而不啻深，得少而不啻多也。始之以一而積之以誠，其有不逢原而大快者哉？

旬日以來，僅得見吾子時文一篇、詩一二十篇耳，格調之高誠不肯依人步武者，然求其識趣所歸，如記里鼓車、如土圭測景者，則又若怳乎不得其準的也。時文之法在於審題，題得而理定，理定而法生焉。其但務古調以震駭於人者，猶之浮詞也。古文上下接武而日用不可離者莫如韓，詩則莫如杜。然韓文杜詩各有其所以然之極至，不在於貌似也。能知韓之所以然，則可以上窺馬、班，又上而六經矣。知杜之所以然，則可以上通漢魏，又進而騷，又進而三百篇矣。其貌襲者則由於中無物，中無物則由於識趣不真而已矣。由吾肖蘇今日之詣，力專而精之，山谷有言曰：「以質厚爲本。」姜白石曰：「離而能合。」此二語是詩文書法之總訣也，然其道要在於平心易氣，静虚以涵泳之，是又養氣卻疾之一法矣。

送吴亦山進士歸襄陵序

予年來所與交遊精《説文》之學者，高郵王懷祖、嘉定錢獻之、襄陵吴亦山其尤也。然居恒過從碌碌，每不暇深談。往年獻之舉副榜，於其歸贈以言，以其初應舉而歸，當告以持身涉世之大者，不暇及《説文》。又前年懷祖選庶常，請假歸，以館課語之，於《説文》亦未暇及。亦山曩者之歸，予贈以文，僅言一時别緒，未及

《説文》。甚矣，學問之事，求一共語之頃而不易多得也！

今亦山成進士而歸，將以講求民社之餘力詳校是書，於其別也，乃得一二及之。亦山之治是書也，曰从某、曰某聲、曰攷義、曰引經。予復以篆體原委進之，仍「从某」之類例也；復別之曰正誤、曰存疑，仍「考義」「引經」之條目也。《説文》舊本今既不易得，徐氏《繫傳》傳寫復多闕字，惟賴校者精於用心耳。而校者或矜己，或好信，或喜異同，或恥詢訪，今亦山皆無此四病，以優閑之歲月殫力其中，吾知《説文》之學當大闡明於世也。

獻之留陝，懷祖在吴，予又日荒廢無似，不得潛心問學。即兹於亦山之去，深致不忍遽別之意，而仍不能自暢其所欲言，竊用自媿而彌自笑也。曲阜桂未谷亦究心此書，每語予寄聲懷祖，索其近著篇目，至今未得見之。蓋別後之難致者如此，安得輕言別哉！

送魯絜非知夏縣序

新城魯絜非進士，以古文名三十年矣，而始出知夏縣，人皆以爲遲也。吾昨與桐城姚夢穀語及此，夢穀作色起立曰：「先生獨不能止其出邪？」夢穀之意蓋以爲絜非家居既久，文既醇且肆，當益篤力著述耳。吾於己酉秋始得識絜非，歎其樸厚淵粹如其爲文，及反覆讀其文，所著《保甲》諸篇，尤深切於經濟，知其即當見諸實事矣。明年絜非謁選來京師，得廣東之吴川，天子特命改知夏縣。絜非攜二子，載書數簏單車之官，宛然所爲文之本色也。邑爲涑水所經，司馬公祠墓在焉，唐魏勤儉之遺俗猶有存者，予將相屬以訪求温公布衾之銘，知足齋之題字，潞公、温公對論之遺跡，是又皆與吾絜非之所學交勖以勿諼者。絜非又寫其所爲文，留於予齋以相印證，吾故舉其筮仕之初，天意之因篤，士風之淳美，若皆與樸學適相資者。他日重見夢穀，當共理此言，相視而一笑也。

送陸鎮堂知絳縣序

天道不可盡知，而人事不可不盡知。然人事有不可推而知者，《春秋》是也；天道有可推而知者，《易》是也。吾友陸子鎮堂嘗謂《春秋》無例而《易》有例。予謂此言若有所會者，然而於《易》言例有不能盡該者，非道之不能該也，人不能也，故曰天道不可盡知也。

予與鎮堂幼同學，壯同遊，其居家孝友，審物情而達事理，宜其於人事所應得者無不備得矣。然而年將五十始成進士，艱於育嗣，奔走衣食以養母。學淹今古而不以文詞名，即其於《易》尤深而亦不肯有所著述。予昔於其五十誕辰時已寓詞勸之，❶鎮堂仍謙抑而弗宣也。予少鎮堂一歲，於經涉世事、精義析理，不及鎮堂十之二三。往歲同在粤中，嘗以暇日共論行己接物之方，至今用之未竟。其後鎮堂之關外，之山東，及予再使江西，不得同研席者數年，而吾二人齒益加長矣。及未幾時，而鎮堂謁選得絳縣，奉壽母以涖厚俗，臨別乃稍出其所釋十一卦者以略見其概，且曰例未備也。夫人事與天道一也，士當讀書，日恨不能悉出所蘊

---

❶「時」，稿本作「詩」。

以見於世，及其逢時得地，相其勢、審其宜而爲之，豈必事事備盡所施哉！夫且有欲求備施而轉泥者焉。

絳，古邑也，民淳而訟簡，正不以多立科條爲能事，而以奉承聖化、涵濡教養爲功也。於是鎮堂向所期其效者，今將皆獲效焉，而其於《易》也，蓋庶幾矣。壽母有孫，康强逢吉。異日得以稍暇，相與共論天人之應，俯仰今昔，蓋待其既定而驗其胥合也，抑又何不備之有乎！吾門魯子純之與鎮堂談《易》最契，作《説易》一篇送之，故予亦因而有言。

送吴石亭視學安徽序

石亭編修奉使視安徽學政，於其行也，握手而相告曰：吾所得士膺此使者，及子而四矣。琢堂之於湖南，儷笙之於河南，吾皆未得親送之，今將何以贈子？客曰：昔雪門之使楚也，先生舉長沙詩法贈之，今亦將述黄海天都之詩脈歟？予曰：未也。客又曰：安徽昔得竹君爲學使，先生以粤東金石與之相易，然則必舉姑孰潁上之古刻以爲言矣？予曰：未也。上江，經訓文辭之藪也。邇者大江南北之士，頗皆知俗儒兔園册子之陋，知從事於注疏矣，知研習於《説文》矣。而徽國文公之正學，邇之在日用行習之地，慮或有轉事高談漢學而卑視宋儒者，其漸不可不防也。

往時學者專肄舉子業，於訓詁攷證置之弗講，其獘固已久矣。今則稍有識力者，輒喜網羅舊聞，博陳名物象數之同異，以充實爲務，以稽古爲長，是風會之變而日上也。而此時所最要之藥，則在於扶樹宋儒程朱傳説，以衷漢唐諸家精義，是所關於士習人心者甚鉅。吾昨在山東，每按一郡，輒首舉此義以提唱多士，冀吾學侶之同之也。而吾石亭校讐天禄，出膺是任，於經術淵源，熟籌於胸非一日矣，其必於吾言有符合焉。故於此行也，不以詩而以序。

送羅兩峰南歸序

兩峰羅子三至京師，先後二十餘年，今其嗣君自揚州來奉親南返，同人多爲詩以贈其行。憶壬辰春，予初識兩峰於蘀石同年之木鷄軒，蘀石指目之曰：「見此君如見壽門也。」蓋壽門孤孑性成，於詩不作長篇，亦不作一近人語。獨兩峰學其詩、書、畫，抱其前後遺集欲并梓之，是可感也。既而兩峰南歸，又再北上，所居邗江遊集之區，昔人所謂煙月文章者，兩峰顧不甚泥之。而於杭人丁敬身、金壽門諸人吉金貞石摩挲攷訂之癖，若針芥，若膠漆。

其來都門，嘗一寓竹井之獨往園，蕭然淡對，若退院老衲者。或與予商確一二舊銘欵識，冷僻寂寥，求無味中之味，又非詩書畫之所得而盡也。今一旦襆被策蹇而去，而竹井、蘀石諸人皆已不可作，惟余與味辛、梧門一二淡交，出貧苦語以充其行橐，是又贈行中之無可著筆者。善尋筆意者，其在此無可著筆處耶？兩峰笑曰：此禪偈也。遂書以爲序。

送伊墨卿郡守之官江南序

墨卿之再領郡也，天子灼見其前日之用心矣，而此後所以力圖報稱者，方於是益深也。出都之日，同人皆擬作贈言，而《江城視膳》之圖適成，將何以摹揣而曲傳之歟？ 墨卿帀歲寓京師，與吾輩談藝題襟，無一夕不寤結趨庭之樂也。今得江郭名區，日承温清，則比年來見於酬唱者胥歸實際，庶幾於此圖也該此日贈言之要義乎！

然仍有未盡者。光禄公之來就養也，非其地勝之謂，謂其驅馳夙夜足以自效者且自兹始也。江城河堧皆財賦要區，民之利病，吏之臧否，風俗之淳澆，視乎守土者精心毅力以整飭之。一平反之當，則爲之加餐；一舉劾之公，則爲之伸眉。至於光禄公怡愉安閑，坐竹石以參梵偈，而江城之庶績底釐也，不待言矣。其不知者乃謂知交之贈處，卷軸之題詞，有以致光禄公之歡顔而舉酌也。是固可以勸同輩之爲文者，而猶非文之心也夫。

送吴生序

乙亥冬，吴子蘭雪將歸江西，客曰：子於蘭雪相知深矣，今其行也，未知何時能復來，獨無一言，可乎？予曰：殊歉然耳。昔歸熙甫歸江南，既登騾車矣，有門人以李獻吉文來質，熙甫爲誦曾子固《書魏鄭公傳後》一篇至數十遍，僕夫催行，而熙甫誦不輟。予每愛此致，以爲别緒之最足記者，此前人事也。

憶乾隆壬辰春，予甫自廣東旋役歸，謝藴山出守鎮江，其明日首塗矣，亟來爲别。是夕與馮魚山聯句，予爲略疏其章法，至漏下四鼓。藴山歎曰：「不圖今夕大悟詩理。」其後每與藴山書，必縷及此夕語。己酉秋，予自江西滿任歸，行李僕從皆入舟矣，惟魯習之在几側不肯去。適吴興丁小雅來，予曰「難得此共質經義也」，因舉鄭氏注數條相辨説，至午乃别。今蘭雪寓鄰巷二年矣，未嘗以學相質也，況今日乎？雖吾懷歉然，柰之何哉！即書此以爲序。

復初齋文集卷第十三

大興翁方綱撰
門人侯官李彦章校刊

金壇蔣氏三世合傳

予少時即聞金壇蔣拙存老人寫十三經之名滿天下，既而督河高公以墨本上之乙覽，授以國子學正。於是天下學者益知稽古之榮。今所見《傳神祕要》一書，即老人季子勉齋驥所撰也。今年春識勉齋子和，出其三世志狀等。而勉齋於父學獨能發明八法之旨，因書及畫，又及姓氏、梵音諸篇，信乎其克家矣。

其於姓氏，謂淩氏《萬姓統譜》有複、有漏，因别條次之，曰姓本、曰封國、曰氏别、曰姓氏合併、曰代北姓、曰遼金元姓、曰改氏、曰無徵，凡百八十卷。又撰《讀史偶記》《九宫圖釋》《梵音釋略》各一卷。於畫著《畫學記聞》一卷。蓋勉齋三歲失怙，既泣求母容弗得，則學寫像法，盡得其祕，乃徧問家人追摹母容，家人以爲神。於書尤精分隸，著《漢隸謌體》一卷，《集古帖字體》一卷，《續書法論》一卷。其言曰：「漢魏字體不同，性情各異。」又曰：「書須懸臂，中鋒而用力，以和平爲主。」又曰：「作山水人物當如作書，用筆之提頓逆折，章法之參差映帶，其理一爾。」勉齋之闡其家學如此，拙老人可謂有子矣。

然老人平生著述，首在顯親，其敍先人略曰：諱進，字度臣，號退菴。父鳴玉，崇禎丁丑進士，官兵科給事中。兄超，順治丁亥第三人及第，王漁洋所稱「前世峨眉山老僧」者也。退菴公九歲能詩文，長以詩名，而性至孝，篤於兄弟。喜交遊，嘗以歲暮遊歸，出囊金百餘封貯一篋，奚童負之偏詣親友，問何以卒歲，視所需多寡周之。又嘗客歙，歙有土豪奪其族子田，乃言諸郡守，置豪於法。母病，刺血寫佛經，又割臂乞以身代。母卒，椎心泣血，死復甦者再，伏地七日，勺水不入口。嘗以先祖所遺膏腴田散族人貧乏者，而受石田數畝。行人劉子端以事徙瀋陽，爲撫其幼子。平生以友朋爲性命，手録交遊姓氏一册，題曰「第五倫」，今其曾孫和寶藏裝册者是也。

拙老人之寫十三經也，以陝本唐開成石經多謬誤也。始於雍正四年，訖功於乾隆三年，凡十有二年而成八十餘萬言，爲卷三百，函五十，可謂勤矣。先是，雍正三年觀碑於秦，因獲臨摹晉唐以來諸名蹟，是爲「拙存堂臨古帖」三百六十六種，王虚舟爲篆題者也。而虚舟又曰：「吾與拙存相期鬬勝，在甲辰之冬，每臨一書已，必相從質證，酌泉賞奇，兩年中無虚日。」兩年者，❶蓋合前後言之。君以甲辰夏秋間養病虚舟齋，是歲病幾不起，因自號曰再生人，有《再生人臨古帖目録書後》一首。今見君手蹟，有「再生後書」印記者是也。君之病由經理王氏喪葬致勞而劇。王隆川者，吾邑崑繩君之子也。君既得古文法於崑繩，以兄之子妻君，崑繩、隆川先後卒，君日徒步數十里營護其後事，復爲孤子營衣食，而王氏以安。方望溪謂「王兆符所排

---

❶「兩年者」，原脱，今據書眉及稿本補。

纂《周官》及詩文若干卷，蔣君湘帆爲編録而藏之，俟其孤之長而授焉」者是也。

君爲人性嚴毅方直，非義不取，而好推獎士類，其行誼足爲世則，不僅以書。而早歲出居庸，渡滹沱，詣曲阜，謁孔林、周公墓。中年往會稽，謁禹陵，汎富春江，題詩釣臺，復遊中州，歷嵩少，涉鄱陽，道荆楚，過庾嶺，登白鶴峰，抵瓊海，觀扶桑出日，至厓門山弔文、陸諸公之蹟。又爲終南、華嶽之遊，晚宿玉句洞天，皆借山川以發其奇氣。即以書論，亦非區區鈎摹摒押所能盡者。而所著《周易私箋》《毛詩箋》《禮記補注》《莊騷注》《杜詩駁注》諸條目，予皆未得一讀，時以爲憾。至其前後勒石諸種爲《拙存續帖》者，又其餘也。拙存，别號也，君名振生，字新函，亦字函潭。原名衡，字湘帆云。

曹慕堂小傳

先生姓曹氏，諱學閔，字孝如，號慕堂。山西汾陽人。乾隆辛酉舉於鄉，甲戌成進士，改庶吉士，授翰林檢討，監察御史、給事中、通政參議、太僕少卿、内閣侍讀學士、宗人府丞，予告致仕，卒年六十有九。先生官於朝三十年，居諫垣八年，兩充史館纂修，三巡城，再充同考官，皆以樸誠勤慎受知主上。官御史時疏請立辟雍，部議未准行。及官侍讀學士時有詔建辟雍，舉行臨雍禮，以前疏特擢宗人府丞，稽古之榮也。先生爲人敦本行，篤於友愛，在京師捐俸葺山西三忠祠、三晉會館、義園，并宣武門外楊忠愍公故宅。又於永定門外舉掩骼之會，偕同志春秋集，訂規條以垂久遠，其好義多此類也。先生爲學以養性爲功，精導養之術。蚤歲歷遊東南山水，居京師，每以暇日尋勝西山戒壇、香界諸寺，晚益專功静攝，僦道院以課孫。

有詩集若干卷，體格在香山、放翁間。嘗手自核定河汾諸老詩集刻之。自古詩人在中條王官谷，若李義山、司空表聖、元裕之，及近日吴蓮洋，皆以才力跨越前後，而先生獨以性情冲澹，與道大適，脱然於名譽之外。此則三十年同館相知中，先生獨許方綱爲能窺見一二者，故述其略爲之傳。

丁小雅傳

丁杰字陞衢，號小山，又號小雅，浙江歸安人。乾隆辛卯舉人，辛丑進士，官寧波府學教授。嘉慶十二年二月卒，年七十。子授經、傳經，皆能世其家學。傳經述其狀略，俾予爲之傳。

君爲人純孝誠篤，於滇南迎父柩，以歸葬於寧郡。捐貲監脩聖廟，尤其足記者。而以方綱知君，則北學齋晨夕商訂之益爲多也。予爲君題北學齋扁，在京師宣南坊金氏家，與予對門而居。乾隆戊戌、己亥數年間，無日不相過從，共几展卷，審正罅漏，如對古人。嘗相約補正秀水朱氏《經義攷》序尾年月。竹垞此書綱領閎富，有資援據，顧所載序跋多删去末行年月，此鈔胥意在省便，致使作者先後次序無所按據。予時在四庫館，日鈔數條歸以語君，君亦博採見聞以相證合，惜其後未能竟功。竹垞所見之書今或有未見者，而其每書下載「某人曰」，不明著出於某卷，尤失攷訂之宜。君亦慨然與予同志補正之，今予所刻補正卷内，雖閒有述君語者，特其字句小異處，尚未足盡發君之篤志也。

丙午秋予視學江西，不相見者二年餘矣。至己酉九月，予自南昌役竣將登舟，而君適來相訪。是日送行者皆出，惟新城魯生嗣光在側，猶及與君相質鄭義數事。巡撫何公裕城已待於河干，予臨别謂何公曰：

「吾此行極戀戀者，惟一研經老友丁君適來在此，公幸以講席延之。」於是君應聘主吉安鷺洲書院，而此後訖未得見矣。

予在館中挍讐數年，所時資取益者，盧抱經精挍讐，王石臞、桂未谷精訓詁，而君兼有之。每竟一編，挍籤細字壓粘倍其原書，皆目光髯影，栩栩飛動處。所定《鄭氏易》《大戴禮記》《尚書大傳》，皆將次第刊布。至如因鄭芷畦《窆志》而摹毛西河、朱竹垞二先生像，因王次然《周禮訂義》挍本而摹方望溪、鍾勵暇二先生像，其心目刻刻與古人爲徒，精神所至，穿透萬卷，一時學人實罕有其匹，非予弱筆所能摹繪者矣。

黄秋盦傳

君姓黄氏，諱易，字大易，錢塘人。明參議貞父先生七世孫。父樹穀，以篆隸名家，世稱松石先生者也，故君自號小松。其先世居馬塍，即姜白石詩「每聽秋聲憶故鄉」地也，有秋影庵，故君又自號秋盦。

君幼承家學，精究河防事宜，初佐治州境，輒有能聲。既而出仕東河歷縣倅，分剌東平，擢蘭儀同知，前後兩任兖州府運河同知，兩護運河兵備道事。其才足以大受而志未竟，是可哀也！君官河壖二十年，凡堤埝大工，閘口蓄洩，每伏汛秋汛，晝夜殫力捍禦。兑漕趲運諸務，籌畫備至。丁未之冬，浙江糧艘十餘帮阻凍於七級閘，舵丁水手乏食，君力請借帑，活萬餘人。其他督率工員，相機剔弊，皆此類也。

君爲人誠信，重然諾。伯兄以事遣戍，君措貸爲贖罪。兄喪，數千里遣幹僕扶柩歸葬於杭。及爲幼弟、爲兄子女營婚嫁，以逮族黨，推誼肫摯，咸視此。

君精於金石六書之學，自歐陽、趙、洪所未見者皆著於録，嘗手自鈎摹漢魏諸碑，附以題跋，開雕成帙，曰《小蓬萊閣金石文字》。又有《小蓬萊閣碑目》。小蓬萊閣者，其先貞父先生讀書南屏書室名也。丁酉秋，君於都下得漢熹平石經《般庚》《論語》三段，時方綱亦摹此勒石，援洪文惠鐫石經於會稽蓬萊閣故事以名齋，既乃知君家先有此名，洵一異也。君在濟寧升起鄭季宣全碑，於曲阜得熹平二年殘碑，於嘉祥之紫雲山得武斑碑、武梁祠堂石室畫像。適揚州汪氏所藏古搨武梁像册歸君齋，此册自竹垞、衎齋、查田諸老輩往復鑒賞，幾疑世久無此石矣，一旦君乃兼得之。於是敬移「孔子見老子像」一石於濟寧州學而萃其諸石，即其地築室砌石，榜曰「武氏祠堂」，立石以記之。

君北抵燕趙，南遊嵩洛，又四方嗜古之士所得奇文古刻，無不就正於君，以是所蓄金石甲於一時，皆不及縷數，而述其一二大者於此。君每得一舊蹟，眸色炯溢顴頰間。又多蓄漢印、諸吉金雜器物欵識，摩挲終日不去手。畫雖兼效倪、黄，而實自成一格，蒼秀出意表。又精於摹印，談笑之頃，鐵頴剨然，立成數枚出懷袖以贈友。馳論千古，眉軒尋丈外。嗟乎，黄伯思、米芾而後，世久無此人矣！

濟寧李東琪字鐵橋，亦以金石之學世其家，與君最契。適有《鐵松觀碑圖卷》，方綱題甫就，而君訃音至矣。嗚呼傷哉！今日石墨論交，惟予知君最深者，故不辭而爲之傳。鐫諸石者，安邑宋葆淳也。嘉慶七年六月朔。

金愚巖小傳

昔吾先君子獲交於吾邑金太史元音前輩，時方綱初應童子試，輒聞金氏家世甚悉。及通籍後，聞吾友盧弓甫縷縷説愚巖公學行政績，蓋太史之猶子而藩伯公之子也。其後二十餘年，公與予居同巷，益得日聆緒言，則丁小雅進士日來予齋所備述也。以方綱之疎懶善忘，又未獲件繫著於録，而今僅就公嗣君所爲狀者粗述於此。

公諱克城，字孚中，一字恆甫。先世由江寧遷居京師。曾祖國勳，以祖懷瑋公貴，贈榮禄大夫。父溶，陝西布政使。公學有本原，所涖有政聲，宰江西之新昌、萬載、廣昌、宜黄、瑞金，而於瑞金尤著。又宰甘肅之碾伯、安定，罷歸里居又十有二年而卒。公每涖一邑，計月立簿爲交代總册，曰：「吾時以自省，且不使人欺也。」又所至之境，必寫四至八到山川地圖於屏，凡地勢險阻與利弊所繫，無不日往復於懷也。在碾伯，湟水高店堡舊有二渠，引湟灌之，廢三十餘年矣，公捐俸脩復，有長至三十里者。又按脩臯蘭紅柳溝渠，民得長享其利。其在瑞金，縣西南桃陽隘庵子前爲章貢上游，路通閩粵，舊有石橋，坍壞七年矣，公捐俸葺之，今名金鵲者也。凡脩葺坡塘四十有六，橋梁四十有四。

初至瑞金，手釐積年訟牒六百三十餘案。嘗仿王文成編鄉約法，立約長、約副、約史、約贊，定彰善糾惡之牘。邑有貢生張永堯、永亮兄弟訟産，公視之二人鬚髮皆白矣，然氣洶洶面青白色，公徐徐與説後漢樊氏宏父重三世共財、唐張公藝九世同居等事，二人者氣色漸就和。又呼使近案前曰：「予家大父當分居時一切財産俱讓不受，僅取户額數字耳。後它房漸衰替，而吾大父享年八十有四，子六人，登科者五，成進士者三。世間難得者兄弟耳，爾二人年皆垂老，知相聚尚有幾日？忍復相搆耶！」二人噫嗚流涕，相抱持痛哭而去。

又條復錦江書院，增膏火，以朱子白鹿洞規條及桑弢甫大梁講院課規爲士人式。蓋桑徵君調元，公所師事，嘗與盧弓甫語，「同爲勞餘山再傳弟子」者是也。弓甫、小山二君，皆與公最相善，二公皆時來予齋稱公篤志諸經，議論有根柢，惜予未能盡記憶也。其最有益者，謂《易》八卦方位明著於《説卦》傳，不可移易。宋儒未達乾西北、坤西南之旨，乃以先天圖爲伏羲所定方位。《易》注之最古者，無若李鼎祚《集解》，所列三十餘家皆未言及此，漢、隋、唐《志》亦無易圖之目。朱子謂其出自陳希夷，《宋史·藝文志》希夷惟傳《龍圖》一篇。此所謂《先天方位圖》者，即以之屬希夷尚無確據，而況可躐加於文王、孔子之上乎？公此論大意與胡東樵《易圖明辨》相埒，學者所宜各書一通於《周易》卷前者。近見嘉定錢辛楣行狀内亦有此論，蓋辛楣與弓甫、小山皆邇日經師之足傳信者，而愚巖公一生殫力民事，其貫穿經訓又如此。

今日知公者惟小雅在也，公之第三子紹綸屬爲公作傳，踰歲矣，恨予筆弱不足以張之。當寄語小雅，共爲詳立家傳爾。

吉水趙氏五節婦傳

吉水城北趙氏一門五節婦：爾基妻曾氏、基從兄弟爾圭妻蕭氏、爾堅妻曾氏、爾堂妻郭氏、圭同母弟爾臺妻龍氏也。爾基有能文聲，然試輒不遇，抑鬱死。曾氏守志四十餘年，無子。其女弟爾堅妻有子，既授室矣，子婦皆早卒。曾氏守志三十有五年。蕭氏生子發銘，五月而爾圭卒，守志三十有一年。發銘，邑庠生。爾堂妻郭氏亦無子，年十八歸堂，越六年堂卒，與諸姒事姑尤謹，哭夫與姑至失明。郭氏守志三十年，而與蕭氏、兩曾氏同被旨旌其閭。爾臺妻龍氏方待旌云。趙氏家傳云：「先是，吉水城東解氏者一門五節婦。」故時人爲之語曰：趙若解，婦之楷。

論曰：明桐城鍾氏一門四節婦，時人稱之曰四節里。今吉水趙氏以五節稱，於古罕臻焉。故爲斯傳，無溢辭，以俟史氏。

洪節母傳

乾隆己亥夏，予得識武進洪君禮吉，發其篋得所爲詩文若干首，皆磊磊志節之言，又刊史傳謬誤若干卷。洪君蓋欲予知其學行所自也，泣而言曰：「公可以爲某母氏之文矣。」君甫壯歲遊京師，而衣飾樸素無華，曰吾母教之以安志而平心也。君客於外數年矣，非義之財視若酖毒，曰吾母教之以禮致養也。君所與交皆聞人正士，有延君授讀者，母聞其服官狀，戒毋往。其時相過從者，必審察其學行，曰擇友最難，當慎於始也。君爲學無所不窺，而訓故尤精，蓋母幼肄《詩》《爾雅》、漢魏樂府辭、《急就章》，辨正古今字音義。父嵒峨令，嘗命手書諸經授弟妹。及洪君從母受諸經難字，分日手課之。君猶記讀至《禮經》「夫者婦之天」句，母慟絶良久，呼曰：「吾何戴矣！」遂廢是句讀也。

君生六歲而孤，母夜績授經，淘麥屑及糠覈以食，而日儲米數合食其子，子不食，泣，母亦泣。洪氏世有隱德，然母居貧不肯貸於人，曰惡其近於取償也。每訓子，輒陳説先世遺澤及居官善政，聞於君父監生君者。爲子制衣，尺寸必使如其大父及父，時曰毋隨俗遷改。又曰汝父生平砥志礪行，吾望汝爲完人，非求貴顯也。嘗積紡績及子授讀所入，舉三世七棺。遇諸姒暨撫諸從子尤厚，娣婦余蚤寡，以次子迪吉後之。通州人盛聰者，其弟覆舟於江，君父監生君出之。監生君在殯，比户失火，聰冒死翼棺。而聰貧，一子年幾四十未娶，母鬻子裝助之。其以内行爲教皆此類。

嗚呼！節母之孝慈者世固有之，至於服飾取予之際，關係士人之品概、世教之廉隅者，求諸壼訓，不其難歟！若夫函雅故，正文字，尤婦人所難，而在母則猶其小者。故洪君以副榜貢生克有聞於時，蓋不徒以其文矣。監生君諱翹，其卒也，母年三十八，母姓蔣氏，卒年六十三。洪君以母命客處州，聞母病遽歸，已後含斂十八日矣。故其求所以傳母者哀切尤異於人。嗚呼，吾文何足以傳之！

次兒樹培小傳

次男樹培以末疾病廢，歲餘竟不起，老人不忍爲之傳也。顧念兒入詞垣，職部曹，受聖恩，未效涓埃報，賫志以没，又無子，若不爲撮述大略，恨且焉窮。是以濡淚筆之。

兒生於乾隆甲申臘月十三日，余方渡海試瓊州府，其夕夢筆端若有光，訊之占者，謂是文字祥也，占者曰此兒壽命不長，宜出繼異姓爲子或可免。及北歸以語同年友錢萚石，萚石曰：「是宜爲吾子。」遂攜至錢家，撵石名之曰申錫，字曰申之。幼學時往來錢氏家，是時予以再入翰林預修四庫書，日事校讐，不暇爲舉業課計。兒獨竊窺所校《説文》，❶嗜之，雖案有他家墨帖，皆所不願學，惟篤好摹寫篆隸。撵石曰：「此兒日日手作𨕖、𨘢諸字，我所不能知也。」其後習舉業而不嫻詞藻，專力校勘於史家年月、歷朝年號、後先同異，如鍾廣漢《建元考》、萬柘坡《紀元韻敍》諸編，尤所詳核。於洪、顧諸家泉志更爲該悉。予亦望其將來從此博涉攷訂之學，庶幾有成，而孰意竟止於此！

乾隆丙午舉順天鄉試，丁未成進士，改庶吉士，肄國書。己酉四月授檢討，充國史館、會典館纂修官，然於詞賦非所長也。嘉慶丁巳御試三等，補刑部主事。辛酉、壬戌會試，充同考官。己巳陞貴州司郎中，總辦秋審處行走。俸滿引見，蒙恩記名，以繁缺知府用。感激恩遇，日夜思所以展力圖報稱職者，實則無他長才，惟有能細心校勘訛字，自本章、文移及司稾、案册，每以夜歸，篝燈詳看。夜入直宿，或備奏西苑，皆件系手抱，每五鼓趨入，則夜半即起，以此爲常。而其受病在於不能夜起强飯，始而懷蓄食物，繼乃空腹從事，又其後乃習飲酒，又每於夜起不食而飲酒，是以積毒始發於目，漸不能治官書，漸且毒發遍身。醫者又多投以涼藥，遂至中氣大虧，卒以不救。可哀也夫！

著有《錢録》若干卷，應鐫板以成其志。於分隸最所究心，去年秦敦夫於揚州鐫淳熙《隸韻》，兒欣然有志校讐。昨敦夫以拙著《隸韻攷正》二卷續刻於揚，亦寄一本於兒，俾附名其後，而已無及矣。

❶「竊窺」二字，原誤作「規」，今據稿本改。

桂未谷所作説文統系圖贊

未谷作《説文統系圖》，乞題於方綱，既糾吾子行所稱《倉頡》十五篇之失，以復於未谷。未谷曰：盍即以此跋之？爰爲之贊。贊曰：

竹素聞師曰，十五篇即倉、即許，予竊惑焉。然其論諧聲，爲韻書之所先。若依其法則，《毛詩》《楚騷》皆可了然。以此承江、徐之後，其庶無愆。然竹素又論《嶧山碑》攸字，李處巽本直筆相連。而於許氏以爲从水，何以不加言詮。徐精許書，而碑弗許沿。即此一字，而《滂喜》《急就》上下相宣。予是以冀古人之我告，而日日焚香拜祝於此圖之前。❶

撥鐙法贊

炷火以爲鐙，撥鐙實撥火。不聞發的時，手或礙於笴。不聞撇舟時，手或牽於舵。火燭爲之樞，以指爲關鎖。山谷論亦云，病右常豐左。似欹實乃正，争上非偏頗。或云逆筆是，逆亦非由我。所以東坡云，守駿莫如跛。

---

❶「而」下，稿本有「思」字。又文末，稿本有「乾隆四十三年春三月二十八日北平翁方綱」。

杜少陵戴笠像贊

飯顆之詩，傳其戴笠。太瘦之神，萬古獨立。其瘦似耶？其笠似耶？則吾何敢執。

坡公笠屐像贊

此像繪於粤東，時甫得嵩陽帖，載一葦之煙篷。後廿七年供於蘇齋之中，乃得偃松屏贊，與施顧集注，共香篆而交玉虹。浩乎襟袖，大海長風。

蘇文忠笠屐像贊

焉得好手，散髮而騎鯨。惟此金山之蹟，龍眠所營。蔡詩公書，宋槧公集。天風海濤，坐客起立。寄之公像，篆煙一縷。一笠一屐，横萬萬古。昔聞陳氏之蘇庵，與蔣氏之蘇齋，今我寶蘇名室，真見公來。蔣有麓臺之畫，陳則不知。我但日誦《漢書》，以配公書與詩。

黄秋盦所供東坡笠屐像贊

黎鄉載酒之東坡，即玉堂制草之東坡；秋影盦中之東坡，即詩境龕間之東坡。嗚呼！奎躔月午，星斗

森羅。乞公墨瀋而不克肖也，我勞如何。❶

夢蘇草堂坡像贊

翩然乘風，爲誰而來？草堂月下，人静簾開。公眸炯炯，注視徘徊。其有所指顧耶，喜補注之寫懷。王施顧查而後，誰許訂爲同儕。是以題自寶蘇之室，而供於踵息之齋。

東坡居士像贊爲周載軒題

昔於湖口，記石鍾山，噌吰鏜鞳，響激人寰。後七百年，有奉公像者焉。嗚呼！心耳之微，口不能傳。萬竅喁于，即此坐間。

黄秋盦摹雪浪石盆銘贊

雪浪盆銘今毁失，坡公大楷吾誰質？研池神光雪以帥，庚庚刻畫盆口匹。依然老守中山筆，秋盦笑證寶蘇室。七百二年辰溯戌，方綱續銘仲夏日。

---

❶ 文末，稿本有："「乾隆癸丑冬，秋庵寄此像來京師，欲方綱於十二月十九日拜公生日之頃，集同人題其上，方綱謹爲之贊。」

黄文節公像贊

乾隆乙未，先生生日，稽首奉像，而公詩逸編適出。今十年後，摹像重開，敬題像贊，而公集新本適來。昔則在蘇齋耳，况今在豫章乎！公之視此齋也，何以異於視分寧之草堂乎！然則區區寸心，苟有一毫愧於先生者，將何以拜像而焚香乎！

羅兩峰摹孫雪居畫米南宫像贊

楊之庵，桂之巖，友仁之贊，雪居重拈。兩峰夢中，嘗與對談。曰曾在蘇米齋中，以供硯山，而配子瞻。

方正學先生像贊

摹公之書矣，復摹公之圖。摹書未肖也，摹圖則應弗殊。公之威儀文章，或想像於操觚。獨所不能摹者，公之心乎。所以合裝於公文者，如日侍於坐隅。審其精神，覿其起居。在月映寒江之際，星芒射斗之初。

邊華泉尚書像贊

尚書峨峩，眉宇高寒。久宦金陵，袖有煙巒。四傑初唐，七子建安。豈讓詞場，何、李登壇。後有漁洋，遺集重刊。司徒司寇，並峙鄉關。至今逸韻，猶在人間。

文衡山像贊

嗚呼！公之歸也，兆於守温。植彼不芳，而反茁其根。消息之理，莫知所存。嗚呼！名高師友兮慶及子孫。

邱東河所藏倪文正公柱石圖贊

嗚呼！此甲戌之秋，時勢何如。其易言柱石乎！吾直拈此，以爲學《易》之功夫。

朱竹垞煙雨歸耕圖贊

先生果言歸乎，食力以療饑乎。所犁鉏者，三百卷之精微；所刈穫者，自序篇之發揮。噫嘻，知者希矣！

吴蓮洋像贊

手一卷書，據石而坐。河水九曲，嶽蓮一朵。玉谿、王官，誰彼誰我？漁洋、蓮洋，即薪即火。天風海濤，緑房丹瑣。水流花開，無乎不可。

黄秋盦四十九歲像贊❶

丁酉寫像，初持石經。小蓬萊閣，覃溪共銘。今十六年，髩猶未星。齋於泲上，運河之廳。何啻馬城，秋影滿庭。鐘鼎尊彝，古光熒熒。先生微笑，語我試聆。更多心得，請啟祕扃。先生不言，恐洩精靈。但持此卷，覷古墨馨。仍與覃溪，相對眼青。

劍亭司成像贊

時而綠波花霧，時而簑笠欆𦨴。貌則西清東序，神則山巔水涯。所以寄三泖九峰之夢，而結楊雄、庾信之齋。時劍亭僦居魏冉衕衕之屋，此屋前明吴梅邨居之，國朝史胄司居之。舊有前輩集聯云：旁人錯比楊雄宅，異代應教庾信居。劍亭屬予重書。

夢因居士小像贊

誰其居者，乃夢之因。集虛生白，念念塵塵。金石盟言，松竹精神。水與月乎，孰是前身？

❶ 稿本篇題下注「壬子五月」。

瑞金楊節婦傳贊

嗟乎！予讀其傳，是不死其夫。又讀其末章，是不愧其姑。宜乎羅君乞題，此而後出都。嗟乎！誰其傳者？蔡尚書。

復初齋文集卷第十四

大興翁方綱撰

門人侯官李彦章校刊

皇清誥授朝議大夫前日講起居注官翰林院侍讀學士抱經先生盧公墓誌銘

公姓盧氏，諱文弨，字紹弓，號磯漁，又號檠齋，晚更號弓父。抱經，其堂顔也，人稱曰抱經先生。其先自范陽遷越，又自餘姚遷居於杭。曾祖承芳，建平令。祖之翰。父存心，恩貢生，應試宏詞科。公以乾隆戊午中順天鄉試，壬戌授内閣中書。壬申一甲第三人進士，授編修。丁丑會試同考官，尚書房行走。戊寅署日講起居注官，陞左春坊左中允，翰林院侍讀。甲申陞翰林院侍讀學士。乙酉主廣東鄉試。丙戌會試同考官，視湖南學政。戊子，以條陳學政事降調還都，旋假歸里。至壬子，猶賦《重遊泮宫詩》。年七十九而卒。公前後在中書十年，在翰林十有七年。又前後於鍾山、紫陽書院及崇文、龍城、婁東、暨陽、晉陽叠主講席，著録稱極盛焉。

公精於挍讐，於陸氏《經典釋文》取宋本參校，又别爲攷證附本書後。又於《逸周書》《孟子音義》、賈誼《新書》、《春秋繁露》《方言》《白虎通》《西京雜記》、蔡邕《獨斷》諸書，皆彙諸家校本詳勘刊正。又於友朋相質，若《荀子》《吕氏春秋》《釋名》《韓詩外傳》《顔氏家訓》《封氏聞見記》《謝宣城集》，皆手加是正。又於五經正義表若《周易》《禮記注疏》，若《吕氏讀詩記》，若《魏書》《宋史》《金史》，若《新唐書糾謬》，若《列子》《申鑒》《新序》《新論》諸本脱漏者，咸加薈萃，曰《羣書拾補》，并系以校語。公精研許氏《説文》，晚復雅意金石文字之學。所著述古文集外，有《廣雅注釋》訂正，《儀禮注疏》《史記索隱》，而鍾山、龍城《札記》及其他題跋件繫攷證之書不可勝記。即以秀水朱氏《經義攷》，公所補正手書草藁以寄方綱，出於方綱所補正千餘條之外者，此尚皆未刊行者也。公爲人方嚴誠篤，事親孝，與人忠，其殫竭心力爲人所難能者，筆不勝書。而方綱於其嗣君之請志墓，專詳於所訂諸書者，校讐經籍之功，近世儒林之所少也。

公生於康熙丁酉六月三日，卒於乾隆乙卯十一月二十八日。娶桑氏，繼娶謝氏、楊氏。子男四：慶詒，附監生；武謀，監生；慶鐘、慶録。女四。孫男一。以嘉慶元年十二月葬於朱芳橋之原。

銘曰：盧氏系出，稽自范陽。大、小戴《記》，解詁始詳。淵矣先生，後先相望。緝之《禮》注，功續議郎。整齊百家，訓故三倉。包羅羣粹，攟摭衆長。先生精靈，汗竹有光。須友之齋，康成禮堂。學海長瀾，滙注於杭。詒厥後人，湖山澤長。

皇清例授文林郎賜同進士出身署福建將樂縣知縣惺齋王君墓誌銘

君諱元啟，字宋賢，號惺齋。先世自杭遷嘉興。曾祖國泰，祖承榮，父昌業，世有隱德。君幼即有志聖賢之學，不爲時俗文字。舉乾隆甲子浙江鄉試，辛未成進士，署福建將樂縣知縣，三月而罷。然其釐訟獄、禁博塞、設十家牌、平鹽價、立排糶之法、禁質庫重利、疏濬溝渠、脩築橋梁道路諸實政，悉殫心力爲之，邑人以爲抵作令者數十年之功。既以詿被吏議，復至其邑，民扶老攜幼饋芻米汲爨，及鄰境之民皆歡迎如慈母。

君雖於經濟未竟其志，而教人之用尤著，前後歷掌講席於延平道南書院者再。又於仙遊之金石、邵武之樵川、順昌之華陽，蓋在福建最久也。河南則衛輝之崇本，山東則濟南之濼源、嵩安，曹州之重華。於其鄉則鎮海之鯤池。三十年間十主書院之任，所成就之士以學行、文藝著顯者數千百人。❶

君爲學以宋五子爲宗，説經尤精於《易》，而爲文一本韓子，撰《讀韓記疑》十卷。《周易》《四書講義》《韓非子》《史記》《漢書》、孫可之、歐、曾、王文集及錢文子《補漢兵志》諸書，校正評注凡若干卷。《惺齋論文》《勾股九章總論》《祇平居士文集》《恭壽堂庭訓》若干卷。凡嗜學多聞之士知攷訂者，輒多厭薄宋儒以自憙，今日學者之通患也。君博極群書，勤攷證，工文詞，而篤守程朱之旨，終身勿貳，誨人勿懈，可謂真儒也矣。既病革，猶補注《周易》下經及校勘《韓集》，《易》至「既濟」止，《韓集》則易簀前一日命子尚繩改定《順宗實録記疑》條中二字。蓋其貫天人古今之精力畢生以之。

先生生於康熙五十三年七月十一日，卒於乾隆五十一年七月一日，年七十有三。娶沈氏，例封孺人。男三：天石，早卒；尚玨，附監生，四庫全書謄録，廣西候補縣丞；尚繩，增廣生。孫男二：克任，國子生；克新。孫女一。曾孫男一。

---

❶「文藝」下，稿本有「科目」二字。

銘曰：孰能博綜漢唐，而確執程朱？淵哉若人，不見是圖。學則伯厚、東發，教則鹿洞、蘇湖。蓋超出於籍、湜紹述閒，而獨爲韓之徒。

皇清誥授奉政大夫翰林院編修加四級蕺園程先生墓誌銘

昔方望溪爲李剛主志墓，於習齋、崑繩諸人自别於程朱之非痛切言之。虞道園所爲慨然於魯國許公以表章程朱爲己任也。新安程編修蕺園，少以文名江南，乾隆壬午始官京師，予與接席賦詩，目爲淹雅者流耳。後十年予自粵東歸，始與深交，往復劘切者十有二年。嘗歎其博綜經史詩文，撰述皆所易幾，而獨其篤守程朱爲後學所宜矜式也。

君束髮時讀蕺山劉念臺《人譜》，見其論守身事親大節，輒心慕之，故以蕺園自號。其後綜覈百家，出入貫串於漢宋諸儒之説，未始不以程朱爲職志也。著《正學論》七篇，反覆於體用博約之際。嘗與友人書，謂宋儒講太極、河洛，牽入麻衣、希夷之説；又以鄭衛爲淫詩，其他小誤處閒亦有之，大者止如是。至於天道人紀、節心制行，務爲有用之學，百世師之可也。古人一飲一食必祭先嗇、先農，示不忘本。吾儕被服儒素，亦思其源安在，而敢自異乎！君治經之功與年俱進，著《周易知止編》三十餘卷，《尚書今文釋義》四十卷，《尚書古文解略》六卷，《詩毛鄭異同考》十卷，《春秋左傳翼疏》三十二卷，《禮記集釋》若干卷，《諸經答問》十二卷，《群書題跋》六卷。又所爲詩文凡若干卷，《桂宧書目》若干卷。桂宧者，君讀書室名。

君家素饒於財，自少至壯，積書三萬餘卷，中年已後家落，而書亦稍散失矣。君先世系出周大司馬伯休父，封於程，以國爲氏。西晉末以宦遷新安。君之高祖自歙遷揚，以鹽筴起家。君早失怙恃，中遭逋負，然家故業商。❶兄弟三人接屋而居，食口百人，延接賓客讌集無虚日。

君好學工詩，及見江淮老宿，一時若無錫顧震滄、華半江、宜興儲茗坡、松江沈沃田諸君子，咸與上下其緒論。然屢躓於場屋，肄業國學，南遊金陵，愛栖霞、牛首之勝，憑眺山川，攷證今古，所至傾其坐人。歲壬辰應召試第一，授内閣中書，乃悉棄産償宿逋，攜家北上。辛卯成進士，授吏部主事。癸巳，特命與修四庫全書。丁酉，授翰林編修。君遇益隆，學益進，家益貧，然其豪氣真摯發於天性，嗜書籍若飢渴，待朋友如性命，赴人之患、周人之急，猶不減其家全盛時也。君詩善言情，纏綿往復，於家世盛衰、儕偶聚散，娓娓數百言，然燭拈髭，俯仰今昔而君亦垂老矣。君故苦末疾，然嘗有山水之思，欲遊河洛關陝，歸老江寧，卜一廛以畢志。癸卯秋請假出都，由中州歷華嶽，抵關中而疾不起。今中丞畢公爲經紀其喪，撫其孤南歸，護安厝於江寧。中丞之篤於友誼爲士林所推，而君之夙行信於朋友，即此可知矣。

君諱晉芳，初名廷鐄，字魚門。内閣中書、協辦侍讀事，充方略館纂修。官吏部驗封司兼文選司主事，以翰林院編修加四級誥授奉政大夫，文淵閣校理，充四庫全書纂修官，武英殿分校官。辛丑科會試同考官。生於康熙某年□月□□日，卒於乾隆四十九年某月□□日，年若干歲。子二：長瀚，次某。

銘曰：昔賢所闡，緒在七閩。君籍新安，力學維醇。疾彼夸博，而背其真。窮經致用，修辭輔仁。有粹

❶「故」，原作「固」，今據稿本改。

其實，有斐其文。博極萬卷，不忘本根。江水滔滔，鍾山嶙峋。石窆雲封，詞林學人。

皇清誥授朝議大夫户部河南司主事孔君墓誌銘

君諱繼涵，字體生，一字誧孟，號葒谷，曲阜人。至聖六十九世孫。祖衍聖恭慤公毓圻，父一品廕生傳鉦。君以乾隆庚寅舉於鄉，辛卯成進士，官户部河南司主事兼理軍需局事。充《日下舊聞》纂修官，加一級，又軍功加一級，誥授朝議大夫。君篤於内行，天性過人。歲丙戌當與計吏偕，有術者言君此行必獲雋，顧母氏恐有意外虞耳。君夙不信術家語，聞此則色變不欲行，諸父兄弟趣之行，行二百里心怦怦，策車而反。其在户部駸駸嚮用矣，一旦以母氏有心疾，遽移告歸養，三年而母歿。又三年而君歿，年四十五。

君雅志稽古，於天文、地志、經學、字義、算數之書無不博綜。官京師七年，退食之暇則與友朋講析疑義，攷證同異，凡所手校者數千百帙。聚集漢唐以來金石刻千餘種，悉攷覈其事，與經義史志相比附。又以編纂官書，得徧觀京城内外寺院、古蹟、碑記，歷西山，沿昌平，罔不甄載。君爲人體弱有醖藉，生平無疾言遽色，而精心强力期於致用。與人交，緩急補助無矜色。遇藏書家罕傳之本，必校勘付録以廣其傳。所刻有《五經文字》《九經字樣》《算經十書》、杜預《春秋長曆》《春秋土地名》、趙汸《春秋金鎖匙》、宋庠《國語補音》、趙岐《孟子注》、《休寧戴震文集》。諸種未刻者，君所自撰《考工車度記補》《林氏考工記解》《句股粟米法》各一卷，《釋數》《同度記》各一卷。其餘題跋雜著名《紅櫚書屋集》者又若干卷，詞四卷。

君生於乾隆四年正月二日，卒於四十八年十二月十八日。娶孫氏，御史紹基女。子男五：廣栻，舉人；廣根，附學生；廣休，廣閑，廣權。孫男五。

銘曰：雲乎奚以壽？居也奚以因？其數之倚，其經之神。其度量鈞，其篆隸分。氣塞岱東，蔚乎大文。以昌其身，以利其子孫。

女士方氏墓志銘

邗江之上有高才潔行之士，曰兩峰羅聘。其室亦女士也，曰方氏，名婉儀，安徽歙縣聯墅村人，廣東布政使願瑛女孫，國子學生賓儉女。習詩書，明禮度，兼長於詩畫，故揚州人皆能誦其《哭姑》十二詩。其族戚等皆稱道其以所生子允紹出繼伯氏事，其家人娣姪輩又皆述其居常陳説古史名媛孝婦事，娓娓可記，即兩峰亦嘗記其《忍飢詩》《白蓮半格詩》。一時名輩若杭堇浦、丁龍泓、金冬心皆爲題讚，故女士之稱遍徽揚。聞江山清淑之氣，不鍾於綺羅豐厚之閨閤，而在清寒徹骨、畫梅相對之貧士家。

其卒以乾隆己亥五月十九日，而其生以雍正壬子六月二十四日，年四十八，故其《自壽詩》有「我與荷花同日生」之句，又自號曰白蓮。然兩峰雙瞳如水，日以畫梅爲生，天意假兹女士，逗露神致，而又不得終與之俱如此。清淚遂可千古，是乃梅花之夢耳，於白蓮乎何與哉！生三子：長殤，次允紹，三允纘。女二。蓋與兩峰相莊者二十有七年，其卒也距兩峰北上纔十有三日，予安忍不銘。

銘曰：萬卷梅花，一卷白蓮。其畫也禪，其詩也仙。吾文冰雪兮，與此石俱傳。

李南磵墓表

嗚呼！此桂林同知南磵李君之墓，北方之樸學，嶺南之循吏也。君諱文藻，字素伯，號南磵，山東益都人。乾隆己卯舉於鄉，庚辰中禮部式，辛巳成進士。知廣東恩平、新安、潮陽縣事。庚寅、辛卯二科分校廣東省試，同知廣西桂林府事，卒於官。君爲吏廉幹，所至有聲，宦十餘年無一錢。攜一拓碑老僕，搜巖穴，剔榛棘，載書數千卷自隨。嘗曰：官居之貧，山水之奇，金石文字之富，天下未有也。

君爲學無所不賅，齊魯間藏書家自李少卿中麓、王司寇池北書庫，著録皆罕傳，君慨然以哀輯爲己任，曰所藏書目，曰所見書目，曰所聞書目，皆詳其序例卷次，志其刊鈔歲月。其於金石則專以所見爲主，蓋君意欲依曝書亭著録八門之目以編經籍，又欲依朱氏《經義攷》存、闕、佚、未見之例以編金石。其在廣西寄予拓本數十百種，疾革時遺言寄予編次者又百種。予雖寡陋，必爲攷核論次，以成君之志。書目，則周編修永年志之。

君年四十有九，有三子：章鄄、章棉、章姚。君卒於乾隆四十三年八月四日，其後四年予始克表其墓，以告後之讀《大雲山房遺書》者。

皇清誥授奉政大夫刑部主事魚山馮君墓表

乾隆乙酉春，予按試廉郡，得馮君文，奇之，遂以選拔貢入國學。其後歷官翰林、刑曹，中外士大夫無不知有馮魚山者。予歷掌文衡，所得英雋非一，而以天才獨擅，屈指君爲最先。君爲人篤於孝友。庚寅秋上海陸耳山典粵試，耳山夙負知人之鑑，及揭榜，予與耳山相見於公讌所，予稱賀曰：「榜第三馮生者，天下異才也！」亟趣君拜見，而君適以弟訃悲不自勝，至不欲赴會試，强之而後行。其官刑曹也，乙卯除夕前一日聞父喪，痛不欲生。予聞，亟趨視之，大雪後嚴寒，已徒跣竟日矣。予責其傷生，非孝也，再四大聲疾呼而後著襪。弔者相謂曰：「此非嚴師不能使著襪也。」其天性過人皆類此。

君生平遍遊五岳，皆造巔題其厓壁。予嘗登岱至絶險處，竹篼中見飛流巨石上擘窠鐫「馮敏昌來」。而華山蒼龍嶺高五百丈，隆脊徑滑，窄不容足，行者必援鐵索以上，君乃大書「蒼龍嶺」字於石，字徑三尺許，旁識歲月。又手拓其緪索鐵柱文云「崇禎四年三月惜薪司太監府官韓國安施造」，以拓本寄予，其神氣閑暇如此。又如匡廬、龍門、柢柱、壺口、雷首、中條、首陽，無不遍涉，亦探奇罕見者。

平生詩文所至有記，撰《華山小志》六卷，又撰《河南孟縣志》，又嘗修《廣東通志》，而所爲詩尚待裒輯定之。書法由褚入大令，尤精研《蘭亭》諸本，與予商訂，有出桑、俞二考外者。其於繪事不學而能，鑒别尤不苟，蓋以純篤至行而兼衆長，藝林殆不數見此人，不特廉欽科目自君始也。

君諱敏昌，字伯求，號魚山，世居欽州。祖經邦，增廣生。父達文，歲貢生，官訓導。君乾隆庚寅舉人，戊戌進士，改庶吉士，授編修，刑部河南司主事，加二級誥授奉政大夫。生於乾隆十二年八月十一日，卒於嘉慶十一年二月十一日，年六十。配潘宜人。子三：士載，士履，士鑣。孫一，紹宗。君卒逾年，予始得士履所爲狀，而表其墓道如右。

孝節處士臧君墓表

昔宋楚州徐仲車以孝聞，謚曰節孝處士。東坡嘗言：「仲車，古之獨行也。終日面壁，坐不與人接，而所周知事極其詳，亦異矣。」今武進處士臧君，年三十四而卒，其私謚曰孝節。父繼宏病瘧三年，冬月以身溫被，潛往潛起，不使父知。繼母章氏疾篤，刲股以療，禱於神請減年以益母，而母愈。娶婦甫下車，撰「孝敬辭」令女儐誦之，俾立聽乃合巹。其後偶失母歡，輒不與同室，約三歲無過乃已。君生平不畜童僕，躬執薪水之役，以承父母歡。計其非侍疾，則舞笑娛親之日多也。

然其撰孝子、孝女、孝婦事至數百卷，又《三禮校字》六卷，《春秋注疏校正》六卷，集南齊臧榮緒《晉書》二卷，刪補吴江嚴氏《左傳賈服注》三卷，《南宋石經攷》一卷，《拜經堂書目》四卷，皆尚未刊行。以予所見者，《説文解字經攷》十三卷。予嘗謂宋節孝徐處士善讀《儀禮》，而今見君所攷《禮》今文，蓋許祭酒不及見，鄭氏疊出古今文，故未嘗析言，而君特表出之。又所手輯其高祖琳《尚書集解案》六卷。

君之兄庸客京師，篋書不多，俟他日徧求讀之，而先諸其請，爲撮大略表於石。君名禮堂，和貴其字也。

國子監助教辛君墓表

乾隆己酉，予於江西選拔貢生，得萬載辛君紹業，從遊南康、廣信諸郡。歲餘，君成進士，後官國學者又十年，知其經學最深，所與予校勘注疏、《説文》諸條手記皆存予篋。近來士大夫有持經説相質者，必與君共研覈之。君證據極博而能審擇一是，不爲矜異之説。今年春見新城魯子嗣光《尚書解》數册，君爲校定之，蓋己酉選拔諸生，惟魯與君治經尤精勤。嗣光前十餘年卒，予未得表其墓，孰意今乃表君之墓，可傷也已！君爲人誠信篤實，不苟言笑，不輕然諾。《易》《書》《詩》、三傳、三禮，皆攷辨補訂，積若干卷，尚待鋟梓。君乾隆己酉舉人，嘉慶丙辰進士，國子監助教。俸滿記名，以同知用。生於乾隆二十年十一月二十七日，卒於嘉慶十九年七月十六日，年六十。娶王孺人。子四：价、陶、僎、屾。孫三：全士、連士、良士。僎，庚子舉人，今扶柩歸葬。鐫此文於石，雖不獲自書丹，其學行皆可傳於後者。

補録鄭芷畦窆石志

乾隆四十四年六月十四日，孝廉丁君小雅手一紙語方綱曰：「吾鄉芷畦鄭先輩殁，無知之者。今於敗麓中得鄞全謝山所爲《芷畦窆石志》，蠹蝕十三四矣，謝山集又無刻本，吾子倘哀其無傳，爲録此殘作而補綴其事乎？」

方綱按：其《志》曰：「予少得見芷畦於萬編修九沙坐上，其後見蕭山毛西河集盛稱其治經，又見秀水朱竹垞爲作《石柱記箋序》，兼知其博物，益思見之。而芷畦以貧故遊幕府，家居之日少，其後病風而歸，不復出門。而予奔走南北，卒不得遂請益之志，未幾而芷畦死矣。」又曰：「從其族孫振銓求其遺書，知其子先亡，寡婦弱孫甚可念。踰三年始得其《禮記輯注》，蓋以續衛正叔之作也。《四禮參同》，則纂楊信齋之緒者也。《湖録》，則苕中文獻之職志也。」又曰：「中州張清恪雅重芷畦，欲薦之而未得。」又曰：「芷畦著《行水金鑑》，爲河道傅君開雕，顧罕知其出芷畦也。芷畦諱元慶，湖之歸安人。」蓋殘稾之可讀者止此。於是丁君涕涔涔下，曰：「嗟乎，士之顯晦，命也！吾芷畦之書既不具見矣，而其事又不詳，是惡足以傳之！」

明日，丁君復裒其所録《湖州府志》諸條來示，曰：「鄭元慶字子餘，府學生，躭典籍，早歲刻《廿一史約編》，既以體例未善，悔之，乃遊四方以擴其聞見。歸益肆力著述。會郡守侯官陳君屬其修府志，乃紬舊聞博稽掌故，箋釋顔魯公《石柱記》，刻之。又挾鉛槧遍涉七州縣，訪其故家文獻，駁難辨正，無寒暑間。志稾出，毛西河、朱竹垞、潘稼堂諸先生皆稱之。會陳守罷去，後數守欲付梓，皆未果。芷畦歎曰：『數十年心力，稾凡七易，經數賢守，垂刻而不就，豈湖郡文獻終湮没耶？』於是改稱《湖録》，不名志，櫝其稾而藏之。晚年託迹幕府，研窮經學，於《易》《禮》尤邃。所著有《周易集説》《詩序傳異同》《禮記集説參同》《官禮經典參同》《家禮經典參同》《喪服古今異同考》《春王正月考》《海運議》《湖録》《石柱記箋釋》《小谷口薈蕞》。小谷口，其自號也，其著書處名魚計亭云。」

方綱因與丁君共檢諸先生集，若毛西河《釋二辨文》，援芷畦《喪禮經典參同》疑士禮《喪服記》一條。又若胡東樵《禹貢錐指》「震澤底定」句下，援芷畦辨湖漊、南潯等二條。西河有《湖志序》，竹垞有《贈鄭秀才詩》，芷畦亦可以不朽矣。丁君猶以爲未足，又考得其年譜大略曰：康熙二十九年庚午，芷畦秋試後出遊四方。三十一年壬申，歸自燕，扃户讀書者二年。三十三年甲戌，館湖濱徐氏，撰《廿一史約編》。其明年乙亥，始從事於府志。四十年辛巳秋，《石柱記箋釋》成。冬遊孟城，明年春遊淮安。四十三年甲申，府志初稾成。至其生卒歲月，亦未能詳也。《石柱記》五卷，今已行世，又所著《今水學》《兩河薛鏡》《七省漕程》諸書，見《行水金鑑》中。其《禮記集説參同》八十卷，《湖録》一百二十卷，《行水金鑑》一百七十五卷，而他書卷數亦未詳也。

方綱按：西河客杭在康熙四十一年壬午，竹垞贈詩在四十六年丁亥，其曰「近得《苕溪集》，期君讀草堂」，謂南宋劉一止集也。蓋芷畦考求鄉前哲之著述，與一時名輩上下其議論，歷年久而用力勤，此皆於他集互見中可推證，而況其書有補於經學者乎！方綱重感丁君之意，爲補書於窆志，以俟他日訪其書而讀之。

祭盧學士文

嗚呼！楊園學脈，暢於餘山，近於先生，薈其大全。須友之堂，闡析儒言，先生博綜，諸家訂删。蓋以校讐，貫洽傳箋，兼之訓詁，疏壅救偏。自官薇省，入直禁垣，持衡楚粤，篋笥簡編。晉陽、暨陽，講肄遞傳，毗陵、金陵，著録日刊。大江南北，通儒後賢，胥來就正，鍾吕鏗宣。泮宫懷舊，垂六十年，白髮經師，靈光巋然。出處無憾，夙夜無愆，粹白真醇，以完其天。讀公書者，日積攷研，炯炯精神，公在卷端。湖山浩氣，長雲迴旋，鑒此一觴，永式几筵。尚饗！

祭蔣心餘文

嗚呼！公之詩文，名滿海隅。詩兼坡、谷，詞並辛、蘇。口沫手胝，膾炙楷模。此皆耳熟，不待贊譽。

今我同年，奠醊一盂。知公之深，望雲愴呼！惟公神光，執道之樞。人所競騖，公獨恬愉。人所矜詡，公獨若愚。其外曠然，雲卷風舒。其中淡然，玉檻冰壺。望其貌也，山澤之臞，即之粹然，温而益腴。聽其談鋒，諧謔與俱，測其中存，凛然冲虚。惟妙惟徼，觀物之初。寸田犁棗，義耨耘耡。一切聲利，空諸有無；一切名譽，逝而不居。故其定力，湛然自如。不爲苟異，而能不汙。室名離垢，此之謂乎？公之生平，庶一追摹。滂葩摛藻，乃其緒餘。公馭雲輧，神在江湖。鑒此來臨，無薄生芻。

祭梁冲泉文

嗚呼！公之經猷，炳在冬官。公之恪勤，表著臺端。公之清節，敭歷屏藩。此皆中外，同聲共歎；識與不識，涕淚汍瀾。而我同岑，誼切金蘭。惻愴之情，抑又甚焉！追惟同舉，今四十年。惟公伯仲，秀峙其間。緑野堂陰，紫藤花繁。一家詞筆，門第蟬聯。及公出守，洊蒞旬宣。文章政事，終始克全。伯也養痾，嘯咏湖山。上念先人，臣職惓惓。報答之心，耿耿傾丹。後先世緒，俯仰迴環。皆於我公，一身是肩。所以中夜，弗敢懷安。晚益清癯，廢食與眠。前冬六十，弗設慶筵。近課諸兒，遠念家園。惟有此心，不愧青編。公今歸乎，大滌洞天。浩浩白雲，下照湖船。神依乃兄，白髮翩然。追計生平，嗜好俱捐。有畫一廚，有石一卷。海圖舊繡，往日笑言。伯惟集杜，仲乃集韓。江鄉詞話，他日必傳。以昌其身，庇其後賢。累世之積，百世之延。我豈私公，區區涕潸。蓋惟公志，溯其本源。公之精神，猶在人寰。九霞雲輧，穆乎來還。笑此刻舟，猶滯言詮。嗚呼哀哉，尚饗！

祭熊兆堂觀察文

嗚呼！公仕畿輔，幾三十春。溯自守令，克綏克勤。及陟觀察，夙夜惟寅。凡所經涖，遺愛在民。而何慘殞，賫志未申！況我同年，晨星幾人？閏秋下澣，驚訃初聞。孤兒一號，叫徹蒼旻。哽咽之衷，慟忍細陳。奠此一觴，祝告聲吞。願公精靈，炳燭星辰。生爲廉吏，歿必爲神。聰明正直，式憑嵩焄。於社於里，降怙來臻。庇歲之豐，致俗之淳。不虛父老，灑淚漳濱。願公妥侑，詒厥子孫。以篤其澤，如昌其身。必於詩禮，繼公清芬。必於科名，報公苦辛。簪纓稠疊，繩繩振振。厥嗣興起，如公常存。粵嶠之西，桂水㶑淪。靈輀南去，飛旐斜曛。山川鬱蒼，凝咽寒雲。猿吟鶴唳，淒結霜晨。他日碑銘，敍説遺文。桂林叢載，志行猶新。荔丹蕉黄，岫曲江濆。誦公平生，以感鄉鄰。述公節誼，以勖忠純。不獨詞垣，惻愴搢紳。文字之緣，渺記前塵。被髮騎鯨，大海無垠。靈軿來下，鑒此椒蘋。嗚呼哀哉，尚饗！

祭朱竹君文

嗚呼！先生之文，或信或疑。此中真實，惟我知之。天賦峻拔，挺骨鬱奇；百家之秘，神鬼設施。其於古文，實學昌黎；醇而後肆，滂葩四馳。韓之於班，厥塗弗歧；上接左史，渾乎無涯。嵬瑣貫穿，匪葉與枝；精液充動，匪毛與皮。爰逮金石，遐究鼎彝；洪、婁是追，吕、薛是師。自昔文家，功在修辭；音訓字詁，或罕兼兹。而獨先生，同源並窺；一心兩手，直貫旁推。下上千年，無往不宜。摹仿之極，悉去筌蹄。考證爲文，竹垞、百詩；皆函雅故，析入毫釐。先生用法，參差整齊。其於古人，合而能離。欲注班史，顔監是期。欲疏丁韻，孫强敢訾。吾鄉黄公，早已歎咨；及見宿儒，緒論有資。髫年兄弟，春華並摛；吾鄉三朱，遠比八慈。仲也仙去，叔季尤怡。其於天倫，若渴與飢。早習韓歌，筆利於錐。嘔心囊錦，赤手鯨騎。中年一放，大海渺瀰。所以其詩，更不可羈。酒酣所草，六書必稽。吟舫故紙，靈風淒淒。今所收拾，太倉一稊。老友魚門，鉛槧親提；不敢辭勞，沫流手胝。我安能役，鈔胥是司；仰叫蒼穹，淚如綆縻。終篇所言，不暇及私。一吐奇氣，以薦此巵。嗚呼哀哉，尚饗！

壬申同年公祭鄭晴湖文

嗚呼！聖湖之濆，毓氣之純，曰貌誾誾，曰德温温。館司曹司，臺垣諫垣，偕來痛哭，折我松筠。矧同榜士，耆碩幾人。三十年事，豈忍重陳。君來射策，由丑迴申。吾輩歡集，情溢杯樽。君之謙抑，避齒言尊；外雖愉怡，中實苦辛。不見圭角，道氣渾淪。禿且白矣，心迹誰論。歐陽髣髴，子野夢魂。然當飲酣，時復眉軒；笑談二華，雹起河奔。吁嗟已矣，衣袂酒痕。山陽吹笛，帶草盈門。煤市街南，堂舊清勤。相國書窻，何異家園。嗚呼年來，譜誼所敦。凡有奠筵，偕我弟昆。假君門巷，肆設牲豚；更具茶瓜，欵客寒暄。依依此景，逝水潺湲。有子傳經，球璧瑶琨；清陰不改，貽慶實繁。曰惟哲人，不亡者存。樹德之滋，常庇其根。題詩舊蹟，湖堤古春。篆煙一縷，黄海夢雲；神遊其間，上接台辰。罶悦靈軿，鑒此蘋蘩。尚饗！

先像繪成告三代考妣文

維乾隆三十九年歲次甲午，冬十二月朔越二十一日，孫男方綱謹奉告於曾祖考登仕郎禹門府君、曾祖妣孺人趙太君、顯祖考贈奉直大夫孝定府君、顯祖妣贈宜人高太君、顯考贈奉直大夫純庵府君、顯妣贈宜人張太君之神主曰：嗚呼！惟我翁氏，系出莆田，隸籍大興，❶於兹九世。高祖府君而上，真容已隔於播遷。壺山六桂以來，譜序得聞於郵寄。蓋先像流傳閩粤，實南北之同源；而方綱奉使言旋，幸臨摹於合册。一十四幅，式靈爽於家祠；二百餘年，接精神於祖考。錫重封而六軸，合三代如一堂。敬奉几筵，用申昭告。簪纓世澤，常瞻色笑之新；瓜瓞貽庥，益衍綿長之慶。尚饗！

齊東名宦勒石告祭祖考文

嗚呼！惟昔我祖，佐邑齊東；惠政在民，蕃禧貽後。召公棠芾，歌千里而長新；竇氏桂枝，届百年而始茂。方綱恭承祖蔭，視學此邦。蹟稽名宦之祠，神式城隍之廟。忝嘗弗忒，歡趨濟泰武四郊；紳士同題，大書「清廉明」三字。虔申記述，爰勒貞珉。慰東人久遠之思，叔子長留峴首；篤翁氏綿延之慶，瀧岡永志歐陽。敢告墓門，敬焚拓本。尚饗！

❶ 「大興」，原誤作「大典」，依文義改。

典試順天事竣祭告三代考妣文❶

嗚呼！箕裘堂構，荷聖朝錫類之仁；科第文章，實累世貽謀所積。蓋苦志遠酬夫祖考，而殊榮下逮於孫男。兹於本年癸卯之秋，獲充京兆試官之副。凛清白傳家之節，焚香如對先人；念風簷寸晷之艱，點筆弗渝初志。雖槐黄貢舉，爲昔今使事所同；而梓里掄材，乃甲乙科中所獨。計九秋之榜發，合兩月以役旋；始得虔告几筵，從此益申慶嘏。詒康詒穀，不徒文字之占；宜室宜家，彌篤祥和之祜。尚饗！

爲大兒聘朱氏女婚啟戊戌八月十三日

伏惟日下鴛鸞，棲托同根之樹；雲門膠漆，聯從總角之年。喜兒童長大之及時，又官職聲名之恰稱。方綱籤瞻鄴架，字問雲亭。每以文趙收藏，未得長箋之共訂；而即蘇黄酬唱，弗違阿巽之申盟。愧芹當乍採之初，況月向最圓之夕。家聲克篤，已蘋藻之先占；時論同推，正門閭之相望。不獨六書，金石外間視若弟兄；固宜百歲，婚姻内訓申於子女。敢陳采卜，敬佇誨言。謹啟。

---

❶ 文題下，稿本有：「錫曾按：文有曾祖字様，題當作祭告三代考妣文。」

讀四箴敬跋

來吾前者，邪正立呈；造吾意者，良莠暗萌。目與搆耶，抑心與營。堂户洞開，虚公蕩平。右敬跋「視箴」。

説有邪正，音有雅鄭。同一善言，而有讒佞；同一理語，而有紛競。苟非中直，何云冰鏡；苟非析微，何云兼聽。不毗一隅，乃克戰勝。無聲之先，道立持定。右敬跋「聽箴」。

不得已而後言，是謂擇言；不過乎物以爲言，是謂慎言；眇衆慮而爲言，是謂訒言。其存其閉，其端其原。是故君子，達亹亹焉。右敬跋「言箴」。

正衣冠，尊瞻視，豈爲人乎？實以爲己。道如砥，直如矢，艮其身乎？實艮其止。行止步趨以中律，動容周旋以中禮。凡百之箴，箴心而已。右敬跋「動箴」。

此跋以韻語出之，便於檢省，非敢擬箴也。

臥遊處箴

訒菴汪户部家歙之南，其山館曰綿潭，其可以小憩者曰臥遊處，屬予箴之。其箴曰：

宗炳臥遊，遊於畫乎？匪畫之遊，密藏退乎。宗炳臥遊，遊以琴乎？匪琴之遊，集虚心乎。是故君子以密安身，以虚受人。寢處山澤，而寤寐道真；敬尔威儀，慎尔笑嚬。石蘭臭味，月露精神。斯乃遊乎物外而無擇，遊乎里黨而可親。彼無聲之琴與有聲之畫，皆於是乎問津。

順德府學黎侯銅爵銘

足繶殊，廢不同。獻之三，文在中。太守黎，敬笵銅。三百年，贈者翁。繼黎誰？歙之洪。今古接，樓清風。

留耕堂銘

耕也有居，留也有餘。肯堂肯穫，以耘以畬。其長留者，其心耕歟？是爲硯農學圃，大庾楊氏之廬。

常熟趙氏祭田碑銘

光和雲安紀産之碑，不足以媲其家聲；吴中范氏義田之記，不足以喻其至情。蓋自文毅以來，世篤忠貞。重以祖孫兄弟，積累精誠，繼自今光復於前人，百倍其經營。此所以神靈昭格，而天特還之以兕觥也。

汪氏雙節堂銘並序

乾隆四十三年春二月二十二日，瑞金羅舉人有高持其友人蕭山汪進士輝祖手書來，爲其母孺人雙節乞文，且曰將勒之石，詞甚懇摯。方綱合所寄表、誌、行述讀之，若親見節母荼苦狀。蓋至是進士父淇縣典史君之歿三十有九年，其繼母王孺人歿三年，生母徐孺人歿十六年矣。宜其言之悲也！方綱才蕪弱，愧不足闈兩節母行，又懼終無以酬進士屬，益怵澀不敢下筆。久之海鹽張貢生燕昌來京，述進士意如羅君言，又欲舉筆，又怵澀且俟。蓋兩節母苦志貞心，精神貫金石，非庸筆所可繪畫也。其秋羅君歸江西，來別，方綱曰：「汪文至今未屬藁，子何以教我？」羅曰：「吾讀汪所輯文多矣，罕有銘，子盍銘諸？」方綱曰「諾」。謹摭其實銘之。其詞曰：

真廉吏，一典史。真慈母，雙節氏。真孝子，汪進士。蕭山東門大義里，視吾銘者可興起。

復初齋坐右箴

昔王半山學廢慶弔，自我言之，學宜併廢遊眺；豈但已哉，學宜併廢談笑。夫遊眺實以瑩神，即談笑亦可頤真。然皆適以消磨歲月，耗散深醇。往者吾友蘀石錢兄，直以遊讌助其吟情；竹君朱兄，遂以讌談畢其半生。念此二子，實惶實惕！嗟我下愚，分陰足惜。

復初齋文集卷第十五

大興翁方綱撰

門人侯官李彦章校刊

繆篆解

作篆必本於六書，摹印亦然，未有可外於六書以爲印學者也。予昔嘗與陸詧士、桂未谷、宋芝山諸君極言之，而今見杭人丁君魯齋傳所作《繆篆解》，始知解者之誤，則不得不亟正之矣。

秦時八體，五曰摹印。徐楚金曰：「摹印者屈曲填密，秦璽文是也。及亡新居攝，使甄豐等校文書之部，時有六書，五曰繆篆。」《藝文志》注，師古曰：「繆篆，謂其文屈曲纏繞，所以摹印章也。」繆訓枲之十絜也，一曰綢繆也，从系，翏聲，武彪切。此字本平聲，無仄聲也。其謬誤之謬乃去聲，从言也。證之諸經，惟《禮記·大傳》曰「一物紕繆，猶錯也」。此則别爲一訓。《釋文》曰：「本作謬也。」《仲尼燕居》「不能詩，於禮繆」，注：「繆，誤也。」《釋文》：「音謬。」此二處皆與謬字通用，非繆字本音也。若漢時定六書之名，未有取其借音以「謬」爲「繆」者也。且如果欲别立一篆法，謂與尋常書勢不同，則其標目亦當選取嘉名爲新異可喜之詞，不當以紕繆、錯繆自誣也。

丁君又謂九疊文綢繆之體乃後代所有，漢時無之。殊不思秦時八體已有「屈曲填密」之義，所謂屈曲者，即綢繆之謂也，豈必疊至九哉！故「殳書」條下，徐又釋之曰：「殳體八觚，隨其勢而書之也。」詳翫隨勢而書之語，即知摹印所以屈曲之故。而「繆」之云者，其字从系，爲束絲糾繞之義，不待辨而明矣。夫印信所以達政令於四方，而焉有以錯繆爲詞者哉？若今之刻印，特篆學之一端耳，其或本同而末異者，則偶因配合左右上下以就章法，以成體勢，此自不得盡以六書繩之，蓋所求者合於六書之本旨而已。至於隨勢伸縮之變，苟有所本於前人者，君子弗咎也。

至如丁氏譏馬伏波不當奏正皋字，甚至以唐人倒用司農印之例爲比，則可謂悖於理矣。丁君又謂摹印者絶人揣摹之謂，此於文義尤不可通。摹印猶言篆印耳，初無別解，不必從而曲爲之辭。吾因正此一解，而凛然於文體學術之攸關，世道人心所由繫焉，凡立身持行之君子，皆當敬而聽之者也。

焦山鼎篆銘考

江南焦山鼎著稱二百餘年矣，新城王文簡兄弟爲之詩，汪堯峰爲之序，朱竹垞爲之跋，予少時嘗撰《考》一卷，而未見其真拓也。其後門人謝蘊山守鎮江，屬其精拓鼎腹字，益信予所考石本之非真矣。然詳審鼎腹拓本，實有訛誤，及訪諸遊焦山者，知其銅質古澤，本非真周時器，始悔昔年作此考，徒費詞説耳。

今梁子茝鄰以所藏林吉人書跋册見示，前裝此鼎銘，即焦山寺石本也，又翦去石本前後之字冒爲鼎文。鼎文既出，重摹非真，而程康莊摹於寺石又加誤焉，其釋之者又加誤焉，誠所謂「字經三寫，烏焉成馬」者。

扣槃捫籥之輩，競相傳賞，以爲古蹟，可笑之甚者也。然而新城王先生詩，則已傳誦藝林非一日矣。先生此詩，本亦不當刻入集中，蓋先生夙不知篆學，是以周鼎而曰「世次迷夏殷」，又以敦槃之「敦」誤押本韻。當時及門諸弟子豈無一二知文字形聲者，畏其名位，不敢阻諍，貽誤後學，誠可歎也！然既有此詩文家之流傳，亦不可不詳質之，故取予舊所撰《考》，稍芟其冗蔓，略記於此。

此鼎不當以「焦山鼎」名之，就吕、薛著録之例，應題曰「無□鼎」。「無□」者，人名也，其上一字非「世」字，是「無」字也。前後凡三見，摹寫稍異耳。下一字非「惠」非「專」，只可闕之。就此二字人名，則周時本有此鼎，其文極古，久不存矣，不知何時何人不知篆法者，妄摹字形，於此重鑄一鼎，欲以冒充古物。其或嚴嵩妄人聞人贊美而欲得之，容有此事。西樵、阮亭、竹垞、堯峰諸先生，則不當出此也。

人名下一字是「内門」二字，内門者，入廟門也。釋「僉」釋「賓」皆誤。第四行「册」下是「命」，非「令」。第二行「丙子烝」三字尚未敢定。第四行「册」上或是「友」字也。第五行首是「官司」二字。第五行「側」上釋「頗」、「側」下釋「弗作」，皆非也。第七行人名上當是「鋚勒鑾旂」四字。第八行「丕顯」下二字釋「睿」、釋「敷」、釋「敬」，皆非。第九行「用享於」下間泐處是「朕」字，其下一字釋「到」亦非也。凡十行，其闕者不啻過半，實由重摹之失，其原本不可得見也。

古篆本不能如《説文》之有定據，又被重鐫者摹形之誤，雜以後人意爲揣釋。自吕、薛、王俅諸家圖釋以來，鐘鼎古銘之文，雖未必皆出自古拓原蹟，而位置皆不致過差，未有沿訛沿誤如此鼎者。而士林顧亟稱以爲古蹟最著之實，如漁洋之詩播於誦説，林吉人之楷蹟具可珍愛，更不得不詳言之，慎言之。

寶晉齋研山考

朱竹垞集中之米家研山，非米老易甘露寺屋基之研山也。昔江南李後主買一研山，徑長尺許，前聳三十六峰，皆大如手指，中隔絶澗，合計前後凡五十五峰。東南有飛磴橫出，方平可二寸許，鑿以爲研。其左右則隱引兩阜坡陀，而鑿研處在其中央。江南破，流轉數士人家，爲米老元章所得，元章刻其下述所由來甚詳。及米歸丹陽，老謀菟裘，而蘇仲恭學士之弟者，才翁孫也，號稱好事，有甘露寺下臨江一古基，多羣木，蓋晉唐人所居。時米欲得宅而蘇覬得研，於是王彦昭侍郎兄弟與登北固共爲之和會，蘇、米竟相易，米居號海岳菴者是也。研山歸蘇氏，其後入宋禁中。此事見於《避暑漫鈔》《鐵圍山叢談》《秋宜集》《岳氏法書贊》，語皆相合。

覩其稱米得宅而蘇得研，是中間二寸許鑿爲研無疑也。今所見竹垞家之研山，則中間初無鑿爲研處，且前後僅六峰，而絶無所謂三十六峰、合前後五十五峰者，且又無所謂元章刻於其下詳述其由來者，其非易海岳庵之石明矣。

惟以陶南村《輟耕録》證之，則圖與説悉合，而《輟耕録》所載元章自作記，初無易海岳庵之説，其詞曰：「右此石是南唐寶石，久爲吾齋研山，今被道祖易去。中美舊有詩云：『研山不易見，移得小翠峰。潤色裛書几，隱約煙朦朧。巉巗自有古，獨立高崧巃。安知無雲霞，造化與天通。立壁照春野，當有千丈松。崎嶇浮波瀾，偃仰蟠蛟龍。蕭蕭生風雨，儼若山林中。塵夢忽不到，觸目萬慮空。公家富奇石，不許常人同。研山出層碧，峥嶸實天工。淋漓山上泉，滴瀝助毫端。揮成驚世文，立意皆逢原。❶江南秋色起，風遠洞庭寬。往往入佳趣，揮灑出妙言。願公珍此石，莫與衆同肩。❷何必嵩少隱，可藏爲地仙。」今每誦此詩，必懷此石。余亦有作云：『研山不復見，哦詩徒歎息。唯有玉蟾蜍，向余頻淚滴。』此石一入渠手，不得再見，每同交友往觀，亦不出視。紹彭公真忍人也！余今筆想成圖，仿佛在目，從此吾齋秀氣尤不復泯矣。崇寧元年八月望，米芾書。余二十年前，嘉興吴仲圭爲畫圖，錢塘吴孟思書文。後攜至吴興，燬於兵。偶因清暇，默懷往事，漫記於此。」

此陶南村所記，與所繪圖並驗之，則竹垞集注所引《歸田集》語無不符合。曰：「此石流傳爲秀水朱文恪公所藏，長七寸八分，高低凡六峰，其右之第一峰截然突起，微類筍形，項有竅穴，曰玉筍峰。第二峰曰方壇，下瘦上廣，方平瑩潔，故壇名焉。一小峰附其下，中一峰高四寸餘，聳峙峭拔，勢若卷旗，曰華蓋峰。稍下爲月嵓，圓竇相通，似人力而實非人力也。其左之第一峰斜連坡陀，後漫前俯。第二峰巃嵸離立，高不及三寸，有數十仞之象，亦有小竇嵌空。其第三峰則與華蓋峰相連，而岡阜樸野，曰翠巒者是也。龍池在其下，滴水少許，經旬不竭。下洞在方壇之趾上，洞據華蓋之麓，米襄陽云：下洞三折可通上洞。予嘗神遊其間，頃以物探之，則格而不通，注以水則流出下洞，知果曲折相通也。其色墨而有光，巑岏峉嶨，無斧鑿痕，

---

❶「立」，《南村輟耕録》作「主」。

❷「莫與衆同肩」，稿本及《南村輟耕録》作「美與衆物肩」。

望之蒼翠欲滴，疑有草樹蓊鬱，襄陽所謂不假雕琢，渾然天成者也。」

按此與《輟耕録》之文極其肖矣。予自壬辰歲門人謝藴山出守鎮江，託其訪此石，并覓好手與海岳庵共寫爲圖，訖未得遂。後晤吴門陸謹庭，知有所藏邵瓜疇畫《海岳庵圖》，諾爲摹本，至今年春謹庭始以所摹寄來。適友人又以孫雪居所臨《海岳庵卷》來。予倩兩峰羅君並摹爲軸，而恰得見此研山，亦一異也。予乃合諸書攷之，始知研石有二，皆出於南唐，歸於米老寶晉齋，而一爲薛紹彭道祖所易，一爲蘇仲恭之弟以庵基相易。二石判然不可强合，是以《鐵圍山叢談》云米老有二石，是其明徵也。其與蘇氏相易者歸宋内府，後又歸於天台戴運使覺民，至元朝又歸元大都太乙崇福宫張真人，今則久不見於著録，不知其何存矣。其與薛氏相易者，至前明歸於新安許文穆，又歸秀水朱文恪，至國朝康熙戊辰，猶在朱氏。是年春漁洋於古藤書屋觀之，至庚午秋，爲作七言古詩附以絶句寄竹垞，謂：「儻有好手仿梅花道人重作一圖，當以吾輩倡和詩附其後。」蓋此圖亦不果作，然吴仲圭爲圖者實即此石。

《居易録》亦云米氏研山上有「寶晉齋」三篆字及米氏印，驗之此石果合，信漁洋此語不誤也。惟《香祖筆記》一條云：「南唐李主硯山後歸米元章，米與蘇仲恭學士家易北固甘露寺海岳庵地，宣和入御府。予從朱文恪曾孫檢討彝尊京邸見之，真奇物也。檢討請予賦詩，既爲作長句，又題一絶句云：『南唐寶石刼灰餘，長與幽人伴著書。青峭數峰無恙在，不須淚滴玉蟾蜍。』後二年復入京師，❶則研山又爲崑山徐司寇購

❶ 「二」，原作「六」，今據稿本改。

去矣。今又十五年，不知尚藏徐氏否。」按漁洋七言古詩，並不言其爲蘇氏易海岳庵事，即其絶句云「青峭數峰」用《南唐書》語，亦正切此高下六峰，而非所謂五十五峰之石明矣。所謂「淚滴蟾蜍」者本於米詩，亦因此龍池洞竇水而云耳，故其詩又有「滴瀝助毫端」「揮灑出妙言」之句，皆因研山之滴水言之，非指石中鑿研而言。是《輟耕》及漁洋所稱，皆確是此石無疑，而何以漁洋誤牽合甘露寺易屋基之事？蓋漁洋未詳考米氏原有二石，偶見宋人説部，輒以彼石傅會此石，致令後人相傳此即甘露相易之石。深可笑也。

且漁洋或偶然失考，尚不足怪，而竹垞先生精於考據，其家世相傳之奇石，何至漫不加審，而其詩亦云「以之易園廬，勝絶臨江關」，則是竹垞亦不知米氏有二石。若非今日予爲剖析明白，則必將有因諸書不相符合而疑爲僞者。

予又嘗見米老硯山詩帖云：「山硯雲時抱，奩書客不傳。北窻多異氣，正對浄名天。」後有岳倦翁贊，云「壺嶺九華，營是一枝」。則是彼石而非此石，是山硯亦可名爲硯山，而此研山不得名爲山硯，尤所當分別觀者也。昨日觀於兩峰觀音庵寓舍，坐客竟有執諸書之語而疑其贋者，予乃借此石至蘇米齋，爲之考辨如此，觀者可以釋然弗惑矣。然此石雖非甘露所易，而同爲米老齋中奇物，又與《海岳庵圖》摹本同在蘇米齋中相伴十日。予爲覓兩峰作圖以補仲圭之蹟，又邀諸君爲詩，以踵王、朱諸前輩之遺韻。米老有知，當亦擊節快賞於九霞空洞中耳！乾隆庚戌秋九月二十五日。研山横逕七寸八分，蓋自右而左止此，過此更左則轉側也，其前方折，其背圓轉。

書墨子

《漢書·藝文志》:「墨家者流蓋出於清廟之守,茅屋采椽,是以貴儉。養三老五更,是以兼愛。及蔽者爲之,見儉之利因以非禮,推兼愛之意而不知别親疏。」此班氏蓋本於劉歆《七略》之文也。此言墨家者流而曰出於茅屋采椽,出於養三老五更,則非言其流也,言其原也。言其原,則所謂不别親疏者即其流。然則墨子之學其承流者邪?抑後來所傳墨子之學,又承墨之流者邪?《漢志》所云「蔽者爲之」,其即墨翟耶?抑墨翟之徒耶?

孟子以墨與楊並論,則孟子所見必非但守其原而未入其流者也。以孟子所見已是墨之極弊,則《七略》所謂蔽者,非至漢世而始見其蔽又無疑也。今之學者讀《孟子》而尚治《墨子》之書者,其自外於聖人之徒又無疑也。雖其書今尚存,觀之亦若自成一家之言,而究與聖賢之道大異,則又無疑也。近日江南省有翰林孫星衍者,鋟梓墨子之書,予舊嘗見其書,而不欲有其刻本也。有生員汪中者,則公然爲《墨子》撰序,自言能治《墨子》,且敢言孟子之言「兼愛無父」爲誣墨子。此則又名教之罪人又無疑也。

昔翰林蔣士銓掌教於揚州,汪中以「女子之嫁,往送之門」是何門爲問。蔣不能答,因銜之,言於學使者,欲置汪中劣等。吾嘗笑蔣之不學也,今見汪中治《墨子》之言,則當時褫其生員衣頂,固法所宜矣。汪中者昔嘗與予論金石,頗該洽,猶是嗜學士也。其所撰他條亦尚無甚大舛戾,或今姑以此準折焉,不名之曰生員,以當褫革,第稱曰「墨者汪中」,庶得其平也乎。然而夷之憮然以後則已身嚮正學矣,所以孟門弟子尚許之，尚惜之，書曰「墨者夷之」。若汪中，豈其能當此稱哉！韓子以儒墨並稱，而以墨爲佛家，恐亦未得其實耳。

息廬題辭

顧南雅侍讀以「息」名廬，屬題其壁，蓋將有歸志焉。夫「息」非「止息」之謂，《易》曰：「嚮晦入燕息。」《詩》曰：「燕燕居息。」《學記》曰：「息焉遊焉。」此其義一也，居息、燕息，即滋息之息也。至人之息，以踵息即生也，是以「貞下起元」也。至誠無息、君子自强不息，則以息爲止息者，此正當合觀也。不息，乃滋息也。昔張樗寮爲《息心銘》，但舉其一義耳。南雅才富而氣醇，當必有得於此，竊願静而會之，固而存之，斯廬也，乃真愛吾廬矣。

兕觥辨

明常熟趙文毅所藏兕觥，上有許文穆八分書贈銘。萬曆五年，文毅劾張江陵，杖謫時事也。櫝刻篆云「三忠口澤」，其旁八分書，國朝錢塘章息廬吉士記云：「趙傳門人黄端伯，黄傳門人陳潛夫，兩賢皆殉國難。余，陳壻也，謹受而藏之。爲之記。」而朱竹垞《兕觥歌》爲何少卿賦云：「神羊一角詎有雙，流傳既久歸婁江。張公以之遺弟子，敢諫吾公趙公似。」近人注竹垞詩者，謂同時何、章二家皆有此觥，疑必有一贋者矣。

方綱按：何蕤音元英，秀水人，順治十二年進士，康熙七年由户部郎中授御史，補鴻臚少卿。竹垞賦此詩，在康熙十六年丁巳。章息廬藻功，康熙四十二年選庶吉士。今攷《息廬集》中有《藏兕觥記》云：「先賢贈友，衣鉢非誣。即外姑畀予，栝棬斯在。」而其《送傅座主歸西川兼以兕觥志别序》云：「黄海岸先生義重君臣，捐軀殉國。陳元倩先生出偕妻妾，攜手沉淵。彼其師友相承，既死而名留犀角；此乃婦翁所賜，雖生而命等鴻毛。」詳此二篇，一云外姑畀余，一云婦翁所賜，是其所稱婦翁者，特陳潛夫之後裔，而非即潛夫之壻無疑者矣。章息廬以此觥贈西川傅公，傅公之後又不知幾許流傳，而歸於今顔氏。雖無明文可考，然息廬《跋傅座主雪堂詩集》云：「戊戌春殘，恭迎馬帳。」戊戌，是康熙五十七年，上距竹垞爲何蕤音賦詩時又四十餘年矣。

合前後諸公詩文情事，綜而計之，蓋趙文毅傳之黄端伯，黄端伯傳之陳潛夫，潛夫既殉難後又三十餘年，而是觥轉入婁江張氏，又歸於秀水何氏。至其後復歸於陳氏之子孫，乃又歸於章氏，章氏以贈西川傅氏，傅氏之後不知何年轉入顔氏。由黄、陳付授以後，百餘年間，是觥往來蹤跡大致如此。則是觥之在何氏，與其在章氏，並不同時。而朱、章兩家詩文各紀所聞，遂至判然若二物者。其實黄、陳上距趙文毅杖謫時六十年，而何少卿下距息廬又四十餘年，中間付受之緒，特未能一一具載於諸公詩文耳。竹垞詩猶云曾在張、何家，息廬記猶云曾在黄、陳家，二集皆未具述歲月，惡可疑也。竹垞詩「流傳既久」之句，特亦渾溯之詞，而予覈計之，中間必有復歸於陳之事，故爲之考辨其概如此。曲阜顔衡齋拓其文來屬題，故爲録竹垞詩於册，而系以鄙作焉。

記清流關

乾隆己亥七月二十九日，宿滁之大柳驛。明日早飯驛南珠龍橋，橋之東南則清流關也。顧祖禹《方輿紀要》云：「清流關在滁州西南二十里，南唐置關於此。五代周顯德三年，唐將皇甫暉等自定遠退屯清流關。周主命趙匡胤襲之，暉等陳於山下，方與前鋒戰，匡胤引兵出山後，暉等大驚，走入滁州，欲斷橋自守。匡胤麾兵涉水徑抵城下，暉等出戰，擒之，遂克滁州。」而王明清《揮麈後録》云：「太祖用趙韓王計，提孤軍，乘月夜銜枚取道於清流關側蘆子岊，浮西磵入自北門，直擣郡治。皇甫暉方坐帳中，燕勞將士，養鋭待戰。倉皇聞變，不測師之多寡，躍其愛馬千里電奔東郊。太祖及於河梁，一劍揮之，人馬俱墜橋下，暉遂就擒。姚鳳以其衆解甲請降。自此盡取淮南之地。」據此，則宋太祖之擒暉、鳳，自在滁州東門外，而其以周師破南唐兵之全局，則在清流關。歐陽子《豐樂亭記》「升高以望清流之關」句，與下句「求暉、鳳就擒之所」，義雖貫而文各相屬。近時詩人如朱錫鬯、查夏重輩，概以爲擒暉、鳳於關下，此誤讀歐文而失其事實也。

大柳驛東南距滁尚六十里，則清流關在滁之西北無疑。嘗以《江南通志》所載：「清流關在州西北二十五里」爲據。而《志》又云「宋太祖生擒暉、鳳於此」，亦因讀歐記而誤也。清流，山名，清流河出焉，流入於滁河，此關所由名也。其山一曰關山，《方輿紀要》亦云「山在州西北」，而關之不得云在西南明矣。信乎，輿地之書，非親至其地，不可臆斷也！

同學二首贈魚門别

予與魚門交一十三年，而魚門假歸江南。思所以贈吾魚門者，當於所同學之事言之，因舉平日所欲言者爲文二首，非敢云規也。顧以予與魚門交甚深，無令他日有人謂吾二人别後始爲異説也。蓋舍此二篇所言，則吾二人無不同者矣。亦見吾二人不欺其素而已。

綿莊之《易》，予未嘗見也。然比應、乘承、陽位、陰位、互卦、變卦之類，一舉而空之，則無是理也。夫雜物撰德，同功異位，聖人固自言之，豈若言《春秋》之例者出自後儒乎？故曰知者觀其彖辭，則思過半矣。且剛柔之應，上下之應，聖人又皆已明言之，安有可以後人傅會爲疑者耶？魚門又謂：近時爲漢學者，曰不知數無以知來。此或者之偏辭耳，《易》之理正從數見之。此當云不知數無以明理也，數又可别觀耶？

今日言詩，不可仿效新城明矣，然亦不可議新城也。若海寧查氏之詩，繼王、朱而起則有餘，遽言駕之則未也。且詩以道性情，讀查詩，則機械日出矣；讀王詩，則和平可幾矣。以聖門學詩之道言之，未知當孰取也。初白之妙則至矣，但惜未深厚耳。有謂東坡已開其流獘者，慎勿以知言許之。

同學一首贈顧南雅使滇南

翰林前後輩以同學稱，予於程魚門、吴穀人南歸，皆有此作。魚門則爲其家綿莊《易》《春秋》之學，穀人則專論詩。今於南雅奉使，亦效此作者，兼爲洪介亭也。介亭，吾門人，專力於詩，而所恃畏友，南雅一人而已。然尚憾南雅不能專力於古人也！南雅骨高而氣定，能到古人者也。既以試優等晉秩矣，宜及此暇日，與介亭悉力於此，而適有遠行，北地送昌穀所謂「余實惓惓」者也。前數年間，尚有吴蘭雪、劉芙初在京師。予送樂蓮裳詩，述當代文彦，屈指顧、宋、洪、吴、劉，今皆南去，惟芷灣在耳。芷灣才力之富度越諸子，而其專力古人之時更少介亭。時來吾齋，落落數子，不獲與俱，吾衰老，更誰語所欲語者！

惟是以上自風騷、漢魏旨格，下逮宋元以來流别，一舉而衷諸杜法耳。樂蓮裳、金手山每手訊以此縷縷相質，心之精微，口不能言。每對客伸紙默寫古人匠意之作，就其肌理筋脉指説一二。及乎覓得佳題，各有興到處，輒如舟不泊岸，隨風引去。昔放翁贈杜敬叔謂「舟車鞍馬間，處處皆詩髓」也。敬叔官桂林，鐫此蹟於龍隱岩壁。吾嘗謂放翁此語，不知是江山登眺時得之，抑於焚香默坐得之？圖塞里學士，翰林前輩也，見予粤東諸稿，笑曰：「諸生矮几苦思時，子乃茗榻長吟，毋乃犯造物忌乎？」書此以似滇南學使何如？❶

同學一首送别吴穀人

翰林侍讀吴君之歸杭也，予竊慕顔仲之相贈處，而不敢貌爲王曾之文也。蓋君在翰林二十餘年來，所與切劘爲詩者，相知莫深於予。然知其詩甚深，而將别之贈言甚淺，心弗安也。予之望君以少陵，而他人之

❶「似」，疑當作「俟」。

知君者目以樊榭，故曰知君者莫深於予也。夫以樊榭目君者，一隅之見耳。然樊榭之精詣至矣，詩亦豈必學杜、豈必盛唐哉？樊榭一生精力多在南宋，而以鐵厓樂府神趣行之。夫鐵厓在元人中不及道園遠甚。今以樊榭之精詣，壹似可追道園，而其實與鐵厓較量，已露單窘之狀者，則何也？詩家之韻味與攷訂家之研覈，途不同也。乃樊榭復有文集，以及遼史所摭、城東所記、院畫所編，勤且博矣。且詩之韻味又敻絶時流，而反若微露單窘者，無他也，仍於杜未深耳。夫以李、何輩之具體似杜，與樊榭之逕不由杜，則誰勝？曰：樊榭勝矣。

如是而又病其未深於杜者，何也？曰：杜非貌似之謂也。若以樊榭之韻味，兼鐵厓之神趣，不必與杜離而不得不離也，不必與杜合而不容不合也。吾誰與？獨與義山、山谷而已。義山以移宫换羽爲學杜，是真杜也。山谷以逆筆爲學杜，是真杜也。然而義山、山谷何嘗自謂學杜哉？今之讀杜者，鑿求之則妄，執守之則泥。是非深徹乎三百篇以下變通之故者，不可以讀杜；亦非深歷乎宋元以來諸家之利病者，不可以學杜。蓋篇成之後，渾然不覺也。要在聽之於未發聲之初，求之於未著色之始，則得之矣。故曰「劚山者先觀鑱跡，發矢者兼聽弦聲」。此不傳之祕也。《語》云：「良工不示人以璞。」此對衆人言耳，若良工之遇良工，示以璞又何傷！君應笑而許我否？

仿同學一首爲樂生别

樂生蓮裳將之揚州，予爲題扇一詩曰：「分刌量黍尺，浩蕩馳古今。」蓋言詩之意盡在是矣。而生以集序爲屬，尚未喻吾言乎？ 故仿介甫之别子固，復爲文以贈之。 夫所謂分刌、黍尺者，肌理針綫之謂也。 遺山之論詩曰：「鴛鴦繡出從君看，不把金針度與人。」此不欲明言針綫也。 少陵則曰：「美人細意熨貼平，裁縫滅盡針綫迹。」善哉乎！ 究言之，長言之，又何嘗不明言針綫與？ 白香山曰：「劚石破山，先觀鑱迹。 發矢中的，兼聽弦聲。」而昌黎曰：「將軍欲以巧伏人，盤馬彎弓故不發。」然則巧力之外，條理寓焉矣。

昔李、何之徒空言格調，至漁洋乃言神韻。 格調、神韻，皆無可著手也，予故不得不近而指之曰肌理。 少陵曰：「肌理細膩骨肉勻。」此蓋系於骨與肉之間，而審乎人與天之合，微乎艱哉！ 智勇俱無所施，則惟玩味古人之爲要矣。 姜白石云：「求與古人合，不如求與古人離。」求與古人離，不若不求與古人離而不能不離，不求與古人合而不能不合。 邗江千里之遥，儻得魚鴈時通，每有緘寄，不寫寒温，不事虚獎，但就近所日得者研訂古人之深，以自量失得毫釐之界，庶不負同學臨别語也。 予近手定《復初齋集》，凡吾同年、同館諸賢所爲序，譬以杜、韓、蘇、黄諸家者，皆不敢存，而獨載吾老友陸鎮堂髫年共几切磋數語，擬寫於卷前以代序。 此意亦欲與吾同學共之。

贈李蘭卿歸福建序

昔虞道園送閩憲李公，告以仲素愿中之正學。 今蘭卿以弱齡官薇省，於其歸也，既勉以樸學攷訂，又於古文詩期以沉博典則。 蓋其歸里後即來趨職祕省，以實學踐諸實用矣。 閩中故多碩學，邇者如伊墨卿、陳恭甫，皆時時來吾齋賞析攷證。 蓋欲切磋植行植學之要，必以精研經訓爲急，不爲空談也。 況於早登甲科，負一時文譽如吾蘭卿者耶？今子之歸也，墨卿、恭甫皆尚遲北來之期，晨夕晤言，時道鄙懷矣，無庸更贈言矣。然竊有二言：曰博綜訓故，曰勿畔程朱。兼斯二義也，庶可以贈子之南歸歟！

書别次語留示西江諸生

九月九日，諸生餞予於北蘭寺。歸，飯於蘊山蘇潭之鴻雪軒，與習之論諸經漢學、宋學之不同。愚意專守宋學者固非矣，專騖漢學者亦未爲得也。至於通漢宋之郵者，又須細商之。蓋漢、宋之學，有可通者，有不可通者。以名物器數爲案，而以義理斷之，此漢、宋之可通者也。彼此各一是非，吾從而執其兩，用其一，則慎之又慎矣。且一經之義與某經相經緯者，此經之義與他經相出入者，執此以爲安，之彼而又不安也，則不能不强古人以從我者有矣。是日語未既，輒即席次蘊山韻爲詩。明日，辛敬堂來，予與言諸經，如某家傳人所時肄者，然猶或不備。敬堂因舉資州李氏《易集解》，并及於《書傳會選》。愚亦舉眉州杜氏《春秋會義》以質之。然於墨守之處，析疑之方，非一語所能賅也。諸生既各爲文以贈予，因書此爲諸生别。

建初銅尺考

乾隆壬辰夏，得建初尺拓本，即孔東塘作記者也。後二十年，予按試曲阜，於孔氏借此尺，用紫檀木仿作之。今漢陽葉東卿復於阮侍郎齋借此尺，用洋銅仿作，則視予昔所作木尺更爲準式。東卿以其一贈予，既爲記於尺側，而適得吴槎客所寄周尺訂譌之文，可補東塘記考辨所未備矣。康熙二十六年，曲阜孔尚任東塘，於江都閔義行家得此尺，有銘云「慮俿銅尺，建初六年八月十五日造」，字在篆隸之間。東塘撰《漢銅尺記》《周尺考》《周尺辨》三篇，蓋因此建初尺併可以得周尺之概也。予昔得見此尺，以新莽時貨布度之，與《漢書·食貨志》所載尺寸悉合。又以烏傷王氏《硯記》所載未央諸瓦尺寸與此較之，亦無不合。予門人錢經亭撰《周尺辨》一篇，亦謂以大泉五十及建武二年貨泉笵對較建初銅尺，悉合。又與朱載堉《律吕新說》所繪漢泉尺無異。因史志所云周尺、劉歆銅斛尺、建武銅尺、荀勖晉前尺、及高若訥漢泉尺、司馬温公家周尺，皆與此尺同，而古今一切尺俱可攷定矣。然槎客所訂東塘之文，與東塘所考辨之周尺，本皆起於《隋志》。而今所以能知此建初銅尺即劉歆銅斛尺者，則以新莽時貨布數品，皆具在也。新莽之貨布，即劉歆銅斛尺也。

《隋志》十五等尺，其第一等曰周尺，曰王莽時劉歆銅斛尺，曰後漢建武銅尺，曰晉泰始十年荀勖律尺，爲晉前尺，曰祖沖之所傳銅尺。梁武《鍾律緯》云：「祖沖之所傳銅尺，其銘曰：『晉泰始十年，中書考古器，揆校今尺。所較古法有七品：一曰姑洗玉律，二曰小吕玉律，三曰西京銅望臬，四曰金錯望臬，五曰銅斛，六曰古錢，七曰建武銅尺。姑洗微强，西京望臬微弱，其餘與此尺同。』此尺者，勖新尺也。」荀勖新尺即晉前尺，《隋志》本之以校諸代尺者。則此建初銅尺，與周尺、劉歆銅斛尺、建武銅尺、晉前尺皆同，無疑者矣。

昔與桂未谷、顔衡齋共品所集古今尺册。未谷慨然曰：「許祭酒、鄭司農尚不能斷定周尺，沈冠雲乃據秦熺家欵識所摹以定周官分田制禄之法，然歟？攷古者或以黍，或以指，或以錢，或以蠶絲馬尾，法雖殊而均不能無失。即如今之依建初尺造木尺者，每有强弱分毫之失，豈其易乎！」蓋建初銅尺在曲阜已久，近時嗜古者往往依仿作之，而皆有微差。即以拓本紙墨輕重與裝潢厚薄，皆勢所不能齊也。惟《漢志》謂銅之至精，不爲寒暑燥濕變易，爲信而可傳耳。建初至今千四百三十年，而始得東卿葉子更選洋銅爲之，較闕里所藏原尺絲髮不差。有此乃得以攷定古器，裨益往傳，傳諸藝林，洵足以繼劉歆、荀勖之所作也。豈僅以資博物、廣見聞已哉！

附記銅尺考後

昔與坤一同賦建初銅尺，愚詩以周尺十寸、八寸二説並存，❶蓋用《王制》鄭注語也。坤一笑曰：「何必以八寸一説並存哉？真好古之癖耳！」蓋坤一每以考訂爲厭，故其言如此。今則以此考示諸同學，且爲之詩，乃有專主周以八寸爲尺者。及進而叩之，乃亦不過據許氏《説文》、蔡氏《獨斷》，遂真以爲周時八寸爲一尺矣。此則不得不詳説之。

蔡氏《獨斷》曰：「夏以十有三月爲正，以十寸爲尺。殷以十有二月爲正，以九寸爲尺。周以十有一月爲正，以八寸爲尺。」此語甚明白，何可誤會也？夫所謂夏以十三月爲正者，即今建寅孟春正月也。試問今之孟春正月，可名之曰十有三月乎？夫所謂九寸爲尺、八寸爲尺者，即同斯義耳。《説文》云：「咫，八寸，周尺也。」亦是言周時尺，其長僅如此耳，非果以八寸名爲周尺也。班氏《律曆志》，即劉歆《三統曆》之文也，

---

❶「八寸」，原誤作「八分」，依《復初齋詩集·漢建初銅尺歌》「周法寸十與寸八」改。

而其説曰："周衰官失，孔子陳後王之法，曰謹權量，審法度。至元始中，劉歆等典領條奏，言之最詳，故删其僞辭，取正義著於篇。"此所謂"删僞辭"者，即《王制》鄭注所謂"六國時變亂法度"者也。由康成上溯六國時之變亂法度，由班孟堅上溯元始中通知鐘律諸人之異辭，故必衷諸聖言，審法度以立則也。若改殷人九寸之尺爲八寸之尺，則何庸定審乎？正以後來傳説或有紛歧，所以謂之"審"也。其後來何時悮因周尺短於前尺，致有八寸爲尺之説，即鄭亦不能詳言其時其人矣。故《王制》鄭注曰："周制，未之聞也。"而班氏作《律曆志》，既推本周初審法度，又於元始中諸家之説删而正之，故其《志》曰："十分爲寸，十寸爲尺，十尺爲丈，十丈爲引，而五度審矣。"此則審之詳義，審之正義。而所謂"周衰官失"，所謂"六國變亂"，一切置焉勿問可矣。許氏《説文》、蔡氏《獨斷》猶存九寸、八寸之説，是則約撮其尺樣大體言之，而非果謂殷以九寸爲一尺、周以八寸爲一尺也。

即以今得建初銅尺準之，凡《漢志》所載泉刀貨幣尺寸，《泉志》所載泉笵尺寸，無不脗合者，皆是以十寸爲尺，非以八寸爲尺。即劉歆銅斛尺，即周尺，皆可得而定矣，而奚可誤會許、蔡之説以亂之哉！

書宜興李氏三忠事蹟

昔與宜興李蘋圃先世，時共論文於吾里張晴溪吏部齋。晴溪言蘋圃先世有殉節者數人，欲共筆之，惜未得其詳也。今又四十餘年，而先生之子廣來以所輯《三忠事蹟》來示，則明兵部侍郎、肇高雷廉瓊羅巡撫武舟公用楫、監軍道我貽公來兄弟，❶先後抗拒王師死。其大父行江西道監察御史廷實公頎，以謀誅孫可望，與吴鯍等同死，有自作絶命詞，今安隆北關有石，勒「十八先生成仁處」者也。侍郎隻身赴任，死於靈山勞氏園池。監軍死於德慶。爲之傳者，猶以未得並邀贈卹，三致慨焉。然三君子者，當事不可爲之際，奮死不顧，惟欲就其心所安而已。其名垂於後世，非所欲也。昔聖人論斷殷之仁人，不曰忠而曰仁，即此志事也。

慶來爲侍郎玄孫，合諸家傳、地志，摹其像，攷其歲時，證其同異以表之。又其族子邑諸生三岡，以其友凌御史駧守睢州死，遂棄家長往，莫知所終。而用楫子焆徒步萬九千里，屢瀕於死，竟獲父柩以歸。其妹幼字丁氏，既而道梗，不得依歸，矢志不他適。附録於後，皆可傳也。予既得備讀事蹟，不敢效題者飾以藻詞，爰摭實書其卷尾。

❶ 「用楫」，原誤作「用檝」，依《明季南略》及後文改。

復初齋文集卷第十六

大興翁方綱撰
門人侯官李彦章校刊

跋左傳補注

右趙東山《左傳補注》十卷，通志堂板本，尚有闕脱，❶當訪求舊本補之。東山《春秋》之功，❷尤深於《左氏傳》，此所補注，蓋於經傳所繫皆極斟酌出之，❸非僅若後來補注者專以釋左氏文句典訓之爲功也。東山治《春秋》，其取益蓋本於黄氏澤，而亦參用啖、趙、陸、葉諸家之説。至若陳止齋《左傳章旨》之書，久湮不傳，惟賴此所引得以粗具其概耳。惟是左氏之《傳》，其中有因杜解而反滋疑者，亦有當日依經附義，非可盡以後人文義概之者，又在乎善讀經傳者，知所體會焉爾。

❶「尚有」之上，稿本有「内」字。
❷「春秋之功」，稿本作「邃於春秋」。
❸「經傳所繫」，稿本作「經傳關鍵所繫」。

書春秋師説後

趙東山於《春秋》深矣，其一曰存策書之大體，其二曰假筆削以行權。是二者，該治經之大凡矣。東山之書本於師承，則《師説》三卷，其本也。黄楚望氏之言曰「《易》巽以行權」，則即東山《屬辭》假筆削以行權之義也。東山《屬辭》排比數十百條，其果皆有當於聖人歟？其精於治是經，既博且勤，則前古所未有也。然其以筆削爲行權，行權云者，出於《師説》，則不可不辨。

朱子注《孟子》，固曰「二百四十年南面之權」，「權」字實本於此。然則朱注「權」字，豈亦有可疑歟？若謂朱子注「南面之權」「權」字爲可疑，則豈將謂孟子言「《春秋》，天子之事」「事」字亦有可疑耶？孟子自當云事，朱子自當云權。此事、此權，即「其義竊取」之謂也，非言事、言權不足以稱之也。然則何獨於黄楚望、趙東山之言「行權」而疑之？夫孟子之言《春秋》，一則言其義，對上其事、其文言之也；一則言天子之事，根上「懼」字言之也。然則孟子之言事者，懼義之正文也。朱注之言權，則微偏於罪我一邊言之矣。趙東山於《公羊》云「則某有罪」句辨之審矣。而於筆削條目，特以「行權」著之，則豈非有類於公羊氏之云耶？吾所以竊疑東山之精且勤，此筆削條間可不必云行權也。

抑權之爲言者，有權柄之義，又有權宜之義。斯二義雖互通，然自是二義。朱注所謂「南面之權」，權柄之權也。黄楚望引《易》「巽以行權」，權宜之權也。又未知東山《屬辭》以筆削爲行權者，作「權宜」之「權」可乎？且《易·繫辭傳》「巽以行權」，非謂巽順以行之也。巽，入也；巽，具也。其訓爲順者，孫順之孫耳。

若楚望謂巽順以行權，則是「危行言孫」之「孫」矣。楚望亦有《易》解，未知其於巽義若何也。

書陳芳林校定春秋經傳集解後

吴人陳芳林校定《春秋傳》六卷，予嘗俾胥鈔之，以是正於同年弓父盧學士。學士校讐之力最深，既於是書貫串弗遺矣，馳書報予曰：「中有開成石經作某，而上下同一文者。苦無拓本，子有之，盍以參驗諸。」予乃摘是書之引唐石經而上下一文者凡若干條，命僮展碑於壁而審觀焉。乃陳所謂「舍」，石經作「舎」者，「干」作「士」也；「楹」作「楹」者，中加「丿」也；「督」作「督」者，「目」作「日」也；「堉」作「𡍬」者，「月」總承而加闊也。今其寫本上下皆同，則鈔胥之又失也。

然吾以爲凡若此者，非君子之所必用其心者也。將以是爲依六書乎？則漢熹平石經且弗六書之依，而責唐之開成邪？且必六書之依焉，則必胥十三經之文而皆小篆焉，然後可也。隸固已乖矣，則何楷之責邪？且君子所以必六書之是争者，爲其盭於誼而害於經也。苟盭於誼而害於經，吾雖殫心罷精以争之可也。若盻、盼、眄之不可混也，若支、攴、文之弗可假也，若頴穎、舀臽、氏氐之勿可以遷就也，此皆在所必争者也。今以唐人歐、虞以來相沿筆迹，經生書手無不然矣，而矻矻焉一一以正之，況實不勝其正之，則不如其已也。凡所爲校定經傳者，校其異同足矣。若必其楷之無大戾於六書，則宋嘉祐石經第一「酢」則「醋」也，「涖」則「逮」也，「哲」則「晢」也。《書·洪範》：「晢，時燠若。」然其中亦尚有未盡準於是者。至於紹興石經，❶幾於行楷，益不足言矣。陳氏此書，其用力全在開成之石，故約舉其不必然者如此。

跋張惠言儀禮圖二首

武進張皋文編脩惠言《儀禮圖》六卷，儀徵阮中丞鋟諸木。且言編脩尤深於《易》《禮》，所著《周易虞氏義》《虞氏消息》及此圖，皆刊行之。徐星伯庶常持以見示，予讀之，謂其斷制過於自信，不能闕疑，因與萬載辛生敬堂商訂。閱數月矣，敬堂駁其不當合明堂、路寢爲一事。又謂其改楊信齋夾室之説未安。敬堂之説，足爲今之專己自是者下砭矣，亦與予初讀時之意可相證也。

愚嘗服項平庵，謂説《禮》家取某經以證某經，遂執爲定説，猶醫家攻補止瀉諸方並投。此真治《禮經》之通患，愚是以有「纂言而不纂禮」之説也。楊信齋之圖，於治《禮經》已粗具其端，其或實有所據，偶附補一二條，不則寧闕之未爲害也。必欲改定，處處畫一，以申爲一己之説，儼若造古人堂階目擊其儀者，此必不能之事也。又所謂《周易虞氏義》者，亦因此書可以略得其概。

近人或嗜高談漢學，尚有謂惠棟《易述》未竟而欲補之者，充其弊必至於效惠氏之妄，欲删去《繫辭傳》「富有之謂大業」以下四十六字及《説卦》「乾，健也」以下，謂是後師所益者矣。惠棟因解《易》而撰明堂大道之録，張惠言因攷士禮而繪青陽總章之圖，愚實不知其意奚取爾！

---

❶「石經」下，稿本有「小楷」二字。

或云：鄭氏言「明堂與路寢同制」，盧氏言「路寢亦爲此制」，此皆注家語也。獨何以處《大戴禮記》「明堂」條内云「此天子之路寢也」，此則非注語言「同」言「亦」者比矣。豈《大戴記》不足信乎？愚應之曰：盧辯注此句下云「路寢亦爲此制」，是盧氏必有見於路寢非即明堂，而後爲此注也。若果明堂即路寢，則必不下此注語矣。即鄭氏謂「明堂路寢同制」，此語亦渾而未析。大抵唐以前諸家注釋之言，其中實有得自師承，足以補經傳者；亦有旁稽別籍，未詳所出者；亦有就文演繹，揣測而得者。今則一例讀之，惡知其某條得於某處乎？惜古人不能如後人之詳記，若其有所據者一一舉其來處，無所據者附以參質，如此分別，以示後人，則何庸歧惑矣。

居今日而從經傳中擇所從違，則此序《易》《禮》並舉，請即以《易》爲喻。《易》惟《說卦傳》，八卦方位，❶必無先天方位之說。此則其有關要義者，其餘一二名物同異，偶有未能剖定之處，或於治經要義尚無大害耳。

書此跋時，一友來見。其人蓋專力漢學者，曰：「名物象數，治經所急也。子顧謂其同異可無辨乎？」予應之曰：是有說也。凡所爲學者，窮經以致用而已。其實有所據者，則不可無辨；其實害於義而悖於事者，則不可不辨；其關係非甚重大而兩俱通者，則可以無辨；其有所關係而原委難尋者，則可以無

❶ 「位」下，稿本有「當爲定論」。

辨。如《易》「田獲三品」，經不析言某事也。如《禮》大饗有九有四，經不析言其分合也。詳具於《禮記・仲尼燕居》篇。諸若此類，得其大旨而闕其細目，何害乎？至若所關甚鉅，而實不能執一家以深攷者，則如鄭氏必以禘爲祭天，核其實，既於《周官・大司樂》之文無所證據，而轉於《祭義》首節文義有違。詳具於《禮記・祭義》篇。於文義有違者，即是於義理有未安；於義理未安者，即是於義有所不可行者，況乎鄭氏又從而爲六天之説。近人有金榜者，撰《禮箋》，傅會演説，分昊天上帝爲二，此其爲害於義理者匪細，皆由專執漢學者固滯一家之言，而不甘於闕疑之所致也。故曰窮經以致用也。苟措諸實事而不可施行，而必泥執一家之言以爲古説，其不爲邪説畔道不止。可勿戒諸！

跋蜀石經殘本

吴郡陳芳林，以所藏蜀石經《左氏傳》殘本寄示。是昭公二年傳，凡三十有五行，行或十四字，或十五字，字視開成石本差小，字體亦略近之。「伯有之亂」句注誤多一字，餘無異。

曾宏父《石刻鋪敍》云：「益郡石經《春秋左氏傳》三十卷，蜀鐫至十七卷止。凡三傳，畢工於皇祐元年己丑九月望日。帥臣樞密直學士京兆郡開國侯田況、益州路諸州水陸轉運使曹潁叔、提點益州路刑獄孫長卿暨倅僉皆鐫銜於石。《成都志》又謂：『《公》《穀》，田況所刻。』」又云：「《詩》《書》、三禮，不書歲月。《春秋》三傳，則皇祐元年訖工，宋有天下九十九年矣。通蜀廣政元年肇始之日，凡一百一十二禩。成之若是其艱也！」按此，則《左傳》十七卷，已前蜀所鐫。十八卷至三十卷，入宋所鐫也。然是至宋始畢工，非宋刻補附也。即以《成都志》目《公》《穀》爲田況刻，則《左傳》是蜀原刻無疑，第其後十三卷成於入宋之日耳。至於《孟子》十二卷，方是宋人補刻，不得因此而謂蜀石經之《左傳》亦宋補也。又晁公武《郡齋讀書志》云：「蜀石經《左氏傳》三十卷，不缺唐諱及國朝諱，而缺『祥』字，當是孟知祥僭位後刊石。《穀梁傳》不缺唐諱，而缺『恆』字，知刊在真宗以後。意者其田況乎？」按此條，則《左傳》刊石於唐蜀時，尤可證也。晁《志》又云：「《左氏傳》不誌何人書，詳觀其字畫，亦必蜀人所書也。」又晁氏《讀書附志》云：「孟蜀石經，惟三傳至皇祐初方畢，故《公羊傳》後書『大宋皇祐元年歲次己丑九月辛卯朔十五日乙巳工畢』云云。」然則三傳之畢工，直至皇祐時耳，非《左傳》恰畢工於皇祐也。

第拓本絶少，其在今日，真虬甲鳳毛矣！芳林精攷内外傳，既著有成書，爲功經訓甚大，宜造物以神物畀之。雖寥寥殘字，何止球璧視之耶！予昔聞芳林得此於蘆墟沈剛中氏，凡六紙，渴思一見而未得遂。今按試南昌，而芳林假守吴城，其裝册適自杭寄來，郵以見示，爰爲記其概於後而系以詩。

跋嘉祐石經殘本

宋國子監石經，仁宗嘉祐六年篆刻成。凡九經，爲篆、楷二體書。其篆，章友直、楊南仲、胡恢手蹟也；楷用虞永興法，亦在唐開成石經之上。《玉海》載：書人皇姪右屯衛大將軍克繼。又云楊南仲書具真、篆二體，則南仲亦作楷矣。石皆沈於黄河，惟此數幅僅存。朱竹垞《經義攷》概以佚目之，未盡然也。

《周禮・春官・司尊彝》「諸臣之所昨也」，鄭氏注云「昨，讀爲酢」，陸氏《釋文》「酢，才洛反」。此石經篆作「醋」。《説文》：「醋，客酌主人也。从酉，昔聲。在各切。」「酢，醶也。从酉，乍聲。倉故切。」今俗誤以「酢」爲「酬酢」之「酢」，又誤以「醋」爲「醬醋」之「醋」，徐氏校《説文》時已如此。然陸元朗在唐初，鄭康成在漢末，已相沿作「酢」矣。❶惜嘉祐石經皆不存，無由盡取諸經之字一一核證之耳。

跋宋石經檀弓

嘉慶丁卯，河南汴梁城内佛寺碑陰得宋嘉祐石經《檀弓》一石。縣丞陽湖孫星衡言於大吏，移置開封學宫。石已極泐，此一石凡六層，層幾行不可計，每行篆、楷皆十字。上層「曾子曰小功不税」節起，至下層「曾子弔於負夏」節「從者曰禮與」止。嘉祐石經篆書多出章友直、胡恢、楊南仲，而《玉海》以宋石經七十五卷皆屬楊南仲書。今就見存者，若《周禮・春官》「諸臣之所昨」，篆作「醋」，頗爲不苟。而此《檀弓篇》「於野」「於寢」「於門」，「於」皆篆作「烏」。「投其杖」「問其疾」，「其」皆作「箕」，此則誤矣。此卷必非章、楊、胡諸臣所自爲也。而其正書，亦不比《周官》正楷得虞永興筆意矣。朱竹垞《經義攷》於嘉祐石經概言已佚，是不知今尚存此殘石也。若使此諸經篆楷具在，亦當如洪氏《隷釋》，略區分某經筆迹，以資攷訂。或冀他日尚有似此《檀弓》一石續出者，謹識此以竢之。❷

---

❶「相沿」下，稿本有「訛」字。

❷文末，稿本有「嘉慶十三年夏六月十日」。

跋大中祥符泰山碑

右宋大中祥符元年登泰山謝天書，述二聖功德之銘。真宗御撰御書，中有云「尊賢尚德，下武後刑」。此句「下武」字，正用《大雅》「下武維周」語也。蓋商周之天下，皆以征誅得之。商人大禘之詩曰「武王載旆，有虔秉鉞」，而其篇首，冠以「濬哲維商，長發其祥」。至於《周雅》，則曰「下武維周，世有哲王」，其義一也。不特不鋪敘武功而已，不特如《商頌》言濬哲、發祥而已，乃曰「周豈尚武者哉？下武者，維周也」，是即偃武脩文之謂也。毛、鄭之徒，以武訓繼，失其義矣。

慨自唐人詩説，《正義》《釋文》而外，惟成伯瑜一編僅存，中間豈無發明經義，足以匡毛、鄭而啟後儒者？觀此石刻，則北宋時猶有此解，而至朱子作《集傳》時，已莫能攷也。真宗是碑本無可取，獨此一語有足與經義相證者，故具述之。

書金壇段氏漢讀攷

治經之道，其最宜慎者，闕疑也；其最不宜蹈者，改字也。盱江李氏曰：「鄭康成未嘗改字。」此後人重康成之勤於諸經，不欲以改字目之也。然而孔氏《詩疏》云「毛傳未嘗改字」，此一語即以顯白鄭之改字矣。蓋當東漢時，師承既非一家，傳寫亦非一本，其間豈無揩拄須整比者？是以鄭君注釋時閒或有所訂正，實亦出於不得已也。今金壇段氏乃爲之發例：一曰讀若，二曰讀爲、讀曰，三曰當爲。不知鄭君昔時果森然起例若斯歟？抑鄭未有例，而段氏代爲舉例歟？

以愚淺見，竊嘗爲鄭君諸經之注計之，蓋當有三例焉：一曰實有所承受於某經師，改某字爲某也。二曰實有親見某本之證據，改某字爲某也。三曰以己意揆字，改某爲某也。如是分條以授後學，則得以知所別擇矣。

鄭君既無此區別，則愚竊自計之，竊爲同志者計之，乃又有三例焉：一曰實可改而非改者。若《禮記・郊特牲》「所以交於旦明之義」，鄭注：「旦，當爲神。此篆書之誤。」「旦」即「神」字，無可疑者，此豈得以改字例之？然若此者頗不概見。二曰可存以資攷者。則鄭所改雖非其原字，而於義皆可通，以備互相參質焉爾。三曰必不可改而妄改，則不可勝舉也。偶試舉之，若《詩・斯干篇》「似續」，鄭云讀如「辰巳午」之「巳」；《禮記・禮運篇》「其居人也曰養」，鄭云「養」當爲「義」；《檀弓》「其慎也」，鄭云「慎」當爲「引」。其尤謬者，《儀禮・燕禮》《聘禮》「賓爲苟敬」，此「苟」字，从羊省，與从艸者迥別，而鄭云「苟且之敬，小敬也」。則在東漢時乃有此顯然誤讀之音義乎？其亦可怪之甚者矣。此皆非今段君所舉之三例云爾也。

段君之説曰：「欲以明聖人之道也。」段君試思，今何時乎？今之時，非猶鄭康成所際師承雜出之時也。士生今日，上承欽定諸經義疏，炳焉如日中天；又下承程朱大儒經義明析之後。即或宋諸儒不甚留意古訓故之書，偶有未及詳核者，惟當博綜漢學以融合之，豈宜復舉鄭君改字之弊以著爲例乎？

吾聞段君熟精於《説文》形聲之學，因而詳推形聲以撰此書。愚嘗謂鄭康成生於許慎作《説文》後之廿九年，蓋不及與南閣祭酒共相研切。即如《禮經》「扃鉉」一條，許與鄭必不可合者，而段君必欲從而合之。

且鄭君之注，實有自撰經者、自補經者，蓋不能一一曲爲之諱。今段君既苦爲分明，而於其所謂三例者，就中又時有齟齬，則又爲之説曰：讀爲疑作讀如，讀若疑作當爲。昔鄭君禮堂寫經，自謂整百家之不齊，孰意千載下，又有整鄭君之不齊者，良可笑也！是以愚意奉勸善爲學者，當博攷古今諸家而一以勿畔程朱爲職志。於此等同異審正處，隨事、隨文權其輕重，而平心酌之。且莫一意高談復古，戒嗜異而務闕疑，庶稍免於罪悔乎！

書宋槧説文後

宋槧《説文》，小字本，三十卷。按海虞毛氏扆記所刻《説文》後云：「先君購得《説文》真本，係北宋板。嫌其字小，以大字開雕之。」此本有毛氏印，或疑即汲古閣刻本之所從出。然觀其三十卷中，漢太尉祭酒許慎之名，改許慎爲許氏者凡八處，則其爲孝宗以後刻本無疑，非北宋板本矣。又其中與汲古閣刻本不同處，除一二筆畫之誤是斸氏之失，不在所論，至於音訓反切之不同，則竟別是一本。蓋宋板亦非一本，而此板本極爲麄疎，訛誤之多指不勝屈，則是宋時坊間麻沙板本。毛子晉豈肯據以登板？如果據以登板，又豈至於若是之參差不合耶？是必非毛氏刻本所從出者也。今姑略舉其大意有資參攷者數條，記於毛本耳。

跋何義門手校説文

義門先生手校本，大約以小字宋本爲主，而參以《玉篇》《廣韻》《集韻》《韻會》《類篇》及《漢書》《水經注》

諸書。然於《繫傳》不甚詳攷，豈先生未見《繫傳》耶？其手記處，雖不甚繁言，然大指已明白。使雪坡老人見之，可無正譌之作矣。蘇泉編修以所藏此蹟裝褙精善，借閱三日而歸之，因題於卷端。其有先生所偶未檢及，而方綱以管窺補正者，財十餘條耳。此在義門所校書中，最爲簡而賅者。❶

跋廣韻

元無名氏《四書辨疑》「置郵傳命」下引江南《廣韻》「置」只訓安置、設立，中原《廣韻》兼訓「驛」。「盼」字，江南《廣韻》匹莧切，中原《廣韻》普患切。今張氏本多「驛也」二字，蓋後人誤加也。張氏本與顧寧人刻本，皆元時所謂江南《廣韻》者是也。明嘉靖中重編《廣韻》，所據之原本是中原《廣韻》也。

跋宋槧漢隸字原二首

宋嘉定重刻《漢隸字原》，後有記云：「《文正公集》并《奏議》《漢隸字原》，歲久漫滅。嘉定壬申，郡丞莆陽宋鈞重脩。」按《莆田志》：「鈞字茂洪，紹熙四年進士，通判饒州，歷官至祕閣修撰。」而是書洪景盧序，有「彦發通守吾州」語。范文正公以景祐三年丙子知饒州，因是書之刻於饒，而知《文正集》并《奏議》皆刻於饒

❶ 文末，稿本有「丙午二月廿三日」。

也。洪序在慶元三年丁巳，其刻本當又在前。然云「文惠公不得並時」，文惠卒於淳熙十一年甲辰，❶則是書之刻，至嘉定三年壬申，亦財一二十年耳，而板已漫滅，則此重脩本之未久而復漫漶可知已。

是本或宋末、或元初所印，今已罕有存者。海虞毛氏汲古閣重刻本，即從此摹刻，然所見已非初印本。而長洲顧氏作《隸辨》，則並未見此重脩本，即從毛刻摹出之，宜其併槩與籥而失之也。

顧氏《隸辨》糾《字原》之失者，凡八十九事：其云誤釋者五十有八，其中可勿糾者五，應存攷者七，餘皆顧氏糾正之善，於此書實爲有功。其云誤書者三十有一，其二十有一皆糾正之善，❷其三則應存考，其七則可勿糾。

可勿糾而糾之，則以顧氏見毛本而未見宋本也。然顧氏既未見婁氏原刻，僅據毛本摹出之，而其摹勢之善，大有勝於毛刻者。蓋宋槧本雖已重脩，尚去碑本未遠。❸毛氏則就宋本之已漶者重繕開雕，楷之工不足以贖其隸之謬，直是一不曉隸書者爲之過録，不特失其神，且失其形。其於字之曲直俯仰、斷續伸縮，皆所不知，夕、夊之不辨，𠙵、口之弗審，偏傍毫釐之失，則字非其字，勿問原矣。毛氏汲古閣雕板書數十百

---

❶「卒」，稿本作「薨」。

❷「其二十有一」五字，原脱，今據稿本及書眉按語補。

❸「尚去碑本未遠」，稿本作「而渾古勁直，去漢碑未遠」。

種，烜赫人間，未有若是書之謬戾訛舛，貽誤天下後世者也！今既無舊本，學人惟賴毛本以見是書之面目。而好古之士，或且欲就此中之字以集成漢碑，則所謂郢書燕説而已矣。

顧氏之爲《隸辨》，意固勤矣，獨惜其於諸碑既未全見拓本，而又未見宋槧《字原》，又未見宋槧《隸釋》《隸續》。而又於中間妄臆存之、去之，若實有據者。此其功固大，而其近理而失真，不能免也。學人欲由隸以窮字之原，安能盡見洪、婁之所見哉？不能盡見，而皆聽其散佚，不爲裒輯。如顧氏之裒輯者，又起而議之，是將使學古者皆束手弗爲耶。曰：是有説焉。必欲以韻集隸，則每韻皆當分爲數類：曰據碑，❶曰據洪，曰據婁，曰據別本。信者信之，疑者疑之，而無若顧氏之皆決以爲可信也。則庶乎其可矣！此二篇皆吾未見《隸韻》時所作。

跋張力臣校漢隸字原

吴蘇泉編修持來張力臣手校一本，來求題識，亦毛氏刻本也，有力臣自記。按力臣校此書，專援據《説文》以詁定偏旁，意則善矣。但爲此書計，則宜專以隸書爲主，又烏能盡舉漢隸，❷而悉衷之於六書，此必不可行之勢也。就中所辨正，間或一二有關於本碑者，不過任城五碑而已。知力臣隸學之疎，乃假六書以文

❶「曰據碑」三字，原脱，今據稿本及書眉按語補。

❷「烏」，稿本作「焉」。

其儉陋耳。

又力臣云：「卷首有附字三葉，列十、廿諸字，因諸碑常用，難以專屬，故先舉於前」云云。予按：此說亦非也。附字三葉，宋本原在卷尾，非在卷前，今坊間印本偶誤在卷前耳。觀宋本卷尾有重刻年月一條可證也。張力臣乃據今坊間印本誤以爲在卷前，則可見力臣未見宋本。而毛氏重刻時，失去嘉定年月，爲可憾矣！

跋隸韻

同里邵武部楚帆，以所收舊搨《隸韻》殘本見示，爲卷第七去聲上。按：其刻當是十卷，楚帆自記謂曾於友人齋又見二卷，爲第三、第八，第三卷有華亭張文敏手記。蓋文敏僅得其二卷，今楚帆復得其一，適與之合，未知其七落何處矣。

此搨紙墨俱舊。近日隸學最博者，無若甬上萬九沙、吴中顧南原，皆未嘗見此刻也。❶宋洪文惠嘗著《隸韻》，而其書未成。文惠跋《費鳳别碑》云：「此碑與前碑並列於吴興校官之壁，不知者指此爲碑陰。趙氏亦有斯誤。」據此，則洪氏書未出時，人皆目此爲碑陰也。此碑正作碑陰，❷與洪氏所引語相合。又文惠

---

❶「刻」，稿本作「帖」。

❷上「碑」字，稿本作「帖」。

得皇祐癸巳洛陽蘇氏所刻石經，辨三體之爲魏刻。又云：「會稽所鐫《隸纂》，亦存三體，數十字。」攷文惠所撰，《隸釋》《隸續》外，有曰「纂」、曰「韻」者。則當時或有《隸纂》《隸韻》專刻，與洪氏之書名同帖異者也。此帖斷三體爲魏，亦與洪氏同，而所見碑則與洪互相出入。其中有某某六碑，皆歐、趙、洪所未見。又如《孔躭碑》後小字，非實見善本者不能知之。以此論之，此帖不特非洪氏之所刻，抑且並非依附洪氏之刻轉摹而成者，實是宋時親見漢石本者之所爲也。

然其中有可議者，如《脩孔廟後碑》不稱韓勑，《平都侯相蔣君碑》删去「相」字，皆於義未安。《辛李二君造橋碑》删去「二」字，亦未安。又按：奉，房用切，雖自《集韻》已然，而特出「奉」字單行則始於毛晃《增韻》。其餘反切，亦皆紹興以後所改。而帖内「位，于累切」，「于」訛作「干」。「務，亡遇切」，「亡」訛作「云」。「屢，龍遇切」，「龍」訛作「能」。「順，食閏切」，「閏」訛作「閆」。合此數端驗之，當是南宋時坊賈所爲，故其採碑不若歐、趙、洪氏之全，而字體亦止粗具形模。即今所見之一卷，凡竭三日之力，以漢碑數十種逐字相校，第以爲舊物而弆藏之可矣。

又跋隸韻

嘉慶庚午夏六月，始得見揚州新刻《隸韻》十卷，前有劉球進表，有其後幅月日，而失其前幅之半。❶原

---

❶「半」，道光本作「年」。

是石刻，今揚州改鐫爲墨印十卷之書。然實皆依其原拓本影摹鐫木，非若毛氏汲古閣之刻《漢隸字原》，重覓一書手另寫之也。

昔洪文惠自序《隸釋》云：「既法其字爲之韻，又爲之釋。」觀此語，知文惠於漢隸，皆手仿原碑爲之。文惠又跋劉氏子《隸韻》，譏其編次疎略，又摘其採字之誤舛。其稱「劉氏子」云者，蓋若不甚許之之辭。以今諦審此刻，蓋是南渡後坊賈輩之所爲。其前稱「表進」，其卷尾云「御前應奉沈亨刊」，此則正是洪文惠所謂借題以張虚數者。然陳思《寶刻叢編》，何嘗非南宋書賈所爲？亦不過《集古録》《金石録》諸道碑録等目裒輯成之，而其書雖極殘脱，今日藏書家珍爲祕本，尚不可多得。則南宋時書坊市估，皆知以博採炫所見聞，故劉氏此刻，亦以「表進」裝於前，以御前刊書人題識於後。雖較諸洪文惠之精心稽古者若稍有間，然以洪文惠之手摹漢碑，其弟文敏亦稱集録之難，孫甥輩皆不能代爲，是以洪氏《隸韻》迄今未有成帙也。

而劉氏此書，以《玉海》考之，成於淳熙二年，尚在文惠增修《隸釋》之前一歲，且在婁氏《漢隸字原》之前二十餘年。其書雖間有訛舛，然實是從漢碑原石摹出，非若婁氏《字原》之多取資於劉氏此刻也。爾日南宋偏安之際，北碑拓本未必人皆有之，即偶有一二，亦或間有紙墨之敝與裝治之損。其偶有摹失處，亦正見其出於原碑之不易。而在今日，洪《韻》既未成書，則劉氏此刻，實有資於攷漢隸者之津筏矣。

近日顧南原氏撰《隸辨》，雖名爲糾正《字原》之誤，然實有《字原》沿此劉刻而顧未及知者。則豈若此《隸韻》，可借以想像原碑之梗概乎！況婁氏《字原》之爲書，實多賴此《隸韻》成之，婁氏既不明言，又徒於每字下但記碑目之次數，後之學者，焉能一一審其爲出自某碑？又豈能一一知其沿劉氏所刻而成之？中間一則誤於婁氏胥史之手，二則又壞於毛氏重加寫刻之謬。其爲扣槃捫籥，貽誤於藝林匪細也！

予篋中漢隸拓本殆將百種，又手自鈎摹漢隸人所不易多得者又數十種。竭兩閲月之力，字字櫛比，推求以證明其所以然。然後知世所行毛氏汲古閣重刻《漢隸字原》，有此揚州新刻，而其書可廢也。内凡籖出實有功於稽攷者三十處，其可存攷者又數十處，其摹誤者百八十四處。并寄語揚州秦編修敦夫，爲廣印數十百部，售之坊肆，遍資學人攷核，補洪以訂婁。是言隸學者一大快幸耳！

跋負暄野録

右陳櫄《負暄野録》二卷，後有題云：「陳櫄與范石湖、張于湖、姜白石同時。」然此内有嘉定己卯，則其人至寧宗末尚存，蓋是其晚年筆也。唐文宗年號「大和」，是「大小」之「大」。從來史傳文集多誤作「太和」，此作「大和」，可據以裨攷證。又云洪丞相《隸釋》載元壽中《郫縣碑》。按《郫縣五官碑》，宋淳熙《隸韻》有之，洪氏《隸釋》實無此碑，豈此君所見是洪文惠初藁，而後來删去歟？此亦足備攷也。

書盧抱經刻顔氏家訓注本後

同年盧弓父學士，以其友趙君所注《顔氏家訓》校正精槧，其益人神智，頗有出宋本上者。然如第六卷内「詔」下，沈校宋本空格，此云「沈氏不空」。「皺」字，注作「皺」，此云作「皺」。則疑弓父所見沈校宋本者，特偶見一鈔本，而非原本耳。沈氏攷證二十三條，自爲一卷，而盧刻皆散置文句之下。雖於學者繙閲較便，然愚謂古書當仍其舊式。即如沈氏攷證内「孟子曰圖景失形」一條，盧刻竟删去之，雖於義無害，然古書之面目竟不存矣。

又沈跋前一紙，係於末一行緊貼跋語書「朝奉郎知台州軍州事沈揆」；又前一行「通判軍州事管銑」，又前一行「添差通判樓鑰」，皆又低一格書之；又再前又低一格，則教授、判官、推官、參軍；其最前最低格書者，則「鄉貢進士州學正林憲同校」：❶凡九人。前七行皆總書同校，後二行則曰監刊，又曰同校。此同校，乃是鋟木時之覆校耳。

愚攷宋時牒後系銜，皆自後而前，官尊者在後，卑者在前，此其式也。以今所傳影宋槧本，如《説文》卷末，雍熙三年進狀後，徐鉉在句中正前；其牒尾，平章事李昉在參知政事吕蒙正、辛仲甫之前。又如《羣經音辨》載寶元二年牒後，平章事二人亦在最前也。必宜依其原樣，末尾一行緊貼跋語書之，乃可依次自後而前讀之耳。今盧本將沈跋另刻於前紙，而又自起一紙，題曰宋本校刊名銜，則疑於自前而後者，殊乖其式矣。乃先曰同校，次曰校刊，又次以七人同校，則最前之同校二字，爲不可通矣。

昔弓父校李雁湖《王荆公詩注》，將其卷尾所謂補注者，皆移置於本詩之下。及予攷其補注，乃别是臨川曾景建所爲，非出雁湖之手。以語弓父，弓父始追悔而已無及矣。今校閲此書，故縷縷及之，以爲古書刊式不可更動之戒。

---

❶ 「州」，原作「周」，今據稿本改。

沈揆字虞卿，見桑澤卿《蘭亭攷》，錢遵王《讀書敏求記》云：「沈君讐勘此書，當時爲宋人名筆，繕寫精妙，古香襲人者也。」未谷進士從其友某君家借觀，是影寫宋槧之本，前後有汲古毛氏諸印。予因得轉假，詳校一遍，附識於此。

跋班馬字類

婁氏蓋精於漢學者，然此書於字之原委，猶未分析也。如顔注之類，所宜核正者非一，而皆不論，何也？恐亦隨手撮記之册子，未暇整比者耳。

愚近撰《兩漢金石記》，於婁氏《字原》頗加攟摭，而於此書亦宜有所訂正。輒欲附作一小卷於拙撰之末，以備攷證云。迴思曩日，僦居瑠璃廠北苕帚衚衕，破屋篝燈，孜孜綴拾兩漢字義，今三十有六年矣！丁未九月，爲雒君文學校此書，因題於卷。

跋宋槧三輔黄圖

宋槧《三輔黄圖》六卷，撫州州學刻本，前有紹興癸酉左迪功郎州學教授苗昌言題詞。

按杜牧之《寄小姪阿宜詩》云：「家集二百編，多是撫州寫。」又岳倦翁《九經三傳沿革例》云：「紹興初，僅取刻板於江南諸州，與潭、撫、閩、蜀諸本互爲異同。今以家塾所藏潭州舊本、撫州舊本參訂。」蓋唐、宋撫州刊寫之有名如此。今撫州金谿人尚多以販書爲業，而求其刊寫之精，❶如杜、岳二家所説，則邈乎遠矣！兹於按試西江，得披攬雒君所藏是書，因題於卷後。

跋寶刻類編

《寶刻類編》以書人編次爲卷，不著撰人名氏，曩僅以其稱瑞州，知是宋理宗後所撰。今按其書，實小變陳思之例，以便檢閲。既以名臣編卷，又每及於書家筆法評語，是蓋南宋末書坊賈人之所爲也。

攷證之學，至南宋益加審細，故其時坊客亦多勤求博採，取資學人之用。如經籍則有纂圖、互注、重言、重意諸刻，金石則有《隸韻》之編。陳思《寶刻叢編》既多傳寫之訛，此書實攷訂金石家所賴以取證爾。

❶「刊寫之有名」至「求其」二十三字，原脱，今據稿本及刻本書眉按語補。

復初齋文集卷第十七

大興翁方綱撰
門人侯官李彦章校刊

書歸震川易圖論後

夫儒者不得已而後言，説經之文爲最難，至於説《易》，則難之難者矣。近世爲文者，震川歸氏爲最醇，其論《易圖》，則醇之醇者矣。乃愚反覆讀之，其言圖爲邵子之學，不欲學者從事於圖學。又謂學者但求精於《易》，不必求精於河圖也。猶夫言《洪範》，欲人詳求於洪疇之敍，不必詳求於洛書也。斯誠翼聖人之切論，聖人復起，無以易之者也。然有一二語，不得不附説者。

其曰《易大傳》雖不必盡出於孔氏，豈無一二微言於其間？此則惑於歐陽脩之疑《繫辭傳》也，豈得諉曰設爲或問之辭，非其正文乎？即使果出於或問，有此語亦不宜筆諸簡端也。然又有其正論中不能無誤，其曰「帝之出入，傳詳言之」。《説卦傳》曰「帝出乎震」，其下數句，與「帝出」字不相連涉，無所謂「入」之一義明矣。即下一節「萬物出乎震」，其下數句亦無「入」義。即其末云「萬物所成，終而成始」，以終始相對爲言，亦非以出入相對爲言也。「萬物」一節，尚不能以出與入對言，而謂「帝出乎震」，可以出與入對言乎？且

「帝出乎震」句，本非若他文「出入」之「出」也。復卦，陽與陰迭爲消長，故云「出入无咎」。帝出乎震，則特言之。錢辛楣謂以伏羲氏當之，固其宜矣，而豈可云帝出於某卦耶？下云「齊乎巽，相見乎離」，豈謂承帝言之耶？不然，舍八卦外，又何處可下一「入」字耶？此則歸氏之讀《易》未通者也。

又有隨筆而致誤者，曰「孔子删《連山》《歸藏》而取《周易》」。此語雖與孔子「從周」之言相近似，然不得謂之删也。夏之《連山》，蓋已不可攷；殷之《歸藏》，則子曰「吾得坤乾焉」。但殷制可稽而不比《周易》之學耳，況其篇次亦無徵，而豈孔子删之乎？鄭康成注《禮》，見有《周禮》所未具者，則曰「此夏殷禮也」。乃歸震川聞有與《周易》並傳而今無其書者，則曰「此聖所删也」。吾願學者尚慎言之！

跋震川經序録序

明西亭朱氏《經序録》，實秀水朱竹垞氏《經義攷》所本也。歸震川序稱其載諸書之序，有益於經學，是固然已。吾嘗憾竹垞之《考》，於諸書之序多失載其歲月，使學者無以見其師承沿溯之迹。夫豈西亭之《序録》，早已删去其歲月歟？昔嘗蓄願補竹垞《經義考》内諸書歲月，苦所見不廣，迄今未就。則豈竹垞當日亦欲補歲月而未就耶？抑姑聽胥鈔而莫之整理耶？

有明一代學者不知講攷證之學，惟歸氏文頗醇，與經學尚相近，就其序經義者則更醇矣。然此文頗有憾於唐史之論啖、趙諸人，又自剖經義，舉王柏以下諸人。夫楚望黄氏、東山趙氏，悉舉之猶可也，舉王魯齋可乎？疑唐史之論啖、趙可乎？昔韓文公文有起衰之力，而其詩謂「《春秋》三傳束高閣，獨抱遺經究終始」。請問三傳既束高閣，經之終始從何得之？欲考經義者，能不歎息恨韓子此言乎？恨韓子此言，則歸氏此序，吾有所不能默矣，是以不得已而書此。

書李陵答蘇武書後乾隆辛未歲藁

李陵答蘇武書，後人謂非陵作，又云馬遷代作。今按其文，排蕩感慨，與西京風氣迥别，是固不待言。抑又有説者：中間一段敍戰事極詳。按武在匈奴十九年，常與陵往來，其敗其降，先後原委，豈有不洞然胸中者？乃必待前書未盡，始復暢所懷乎？陵在匈奴，雖痛漢之負己，然觀其與武飲酒，自謂罪通於天；及置酒賀武，惟自痛不能類武。比立政等至匈奴招降陵，陵止以再辱爲懼，未有它語。豈在匈奴時，反無一語及漢之過，而於書中必相責望耶？且陵即怨漢，不過及武帝一身，與諸帝何與？而乃稱引韓、彭諸往事，雖當盛怒，然亦曾臣漢，何至絶棄一至於此乎？揣陵之心，其將欲以此速子卿之禍歟？況漢之族陵家，本以誤李緒事爲陵，坐其教單于爲兵備漢故耳，非因其降也。今謂厚誅陵以不死，亦與本事相乖也。此時田千秋爲丞相，桑弘羊爲御史大夫，霍子孟、上官少叔用事。霍與上官故善陵，烏睹所謂「妨功害能之臣，盡爲萬户侯；親戚貪佞之類，悉爲廊廟宰」者哉？況武與陵稱夙善，楊惲以南山詩句貽孫會宗，遂至大戮，而會宗亦坐免官。今連篇怨望，萬里相贈，其誰不知幼主在上，可爲寒心，武獨不一思乎？是此書必不作於西漢時。若作於西漢時，吾知子卿得書，且投之水火泯其蹤跡，必不傳至今日矣。第前後布置，於當日情事段段取用，此正作者善以假爲真處。故千年來自《昭明選》後，鮮不以爲陵作，而卒難欺諸千百世後也。

至以此爲司馬代之辨白，此又非也。子長於陵事，於任益州一書痛自陳述，不必再爲明白，此固然已。況被刑以後，此事亦不復深言，作《李陵傳》艸艸點次便止。今復撰此書，其意何居？將示時人乎？則一之爲甚，不得復自招尤。將以示後人乎？取擬筆之書貽之千百年後，信不信未可知，將何益之有？此一條亦併絶不待置口者。或云是六朝高手，想是明眼也。

書原道後

《大學》「格物致知」，物非他，即明德、新民也。仁義道德，皆明德之事也。禮樂政刑，皆新民之事也。韓子斯文，乃與人溯原暢委，以既其實也。自漢以後至於唐初學者，多騖廣而不究其本，是以仁義道德之實往往失之。然而仁義，可指也；道德，難名也。故曰道與德爲虛位。惟其爲虛位，故道非原不明也。其曰博愛謂仁，專以仁之用言之，而未澈上下表裏言之者，由漢晉以來學者承師之不一，而功用之弗核也。故曰言豈一端而已，言固各有當也。是以述聖經之文，不及於格致。蓋全篇之實際，無非格致耳。自仁義道德之旨，禮樂政刑之義，至於宮室衣服、粟米麻絲，可謂盡格致之用矣。格致者，體於身、驗於事而已矣。知此，則韓子斯文，於格致之功思過半矣。且即以爲文之法，虛實相乘，亦不得復引格致以占正位也。而豈得以是爲斯文疑哉？

附書原道後

昔於潮州韓祠集諸生講此篇，手題於原道堂之東壁，此僅論文耳。其後又有書後之作，然仍非敬跋於此篇也。今則竊附書者，蓋道備著於聖言，無待於原也。

韓子作《原道》者，唐承魏晉六朝後，羣言蔽惑，不得不原也。今則六經如日中天，羣言無自而疑之，更無事乎原之矣。然而聖經之言道，各指所歸也。率性之謂，一陰一陽之謂，此即各有指歸焉。夫非道之無定名也，與觀道者言之，則各指其所之也。《易》與《中庸》皆言天道、人道，實則徹上徹下，固非二義，而其得聞之者，層級淺深則有間矣。聖人之言，有推以探原者，有切以示人者，即同一對學人言，而聖人曰吾道，曾子曰夫子之道。此雖皆非以天道言之，而已有語言詳略、深淺之次第矣。況諸經之或就人言，或就事言，或就政治言，或就文辭言之，指歸互發者耶。若因此爲虛位，若有待於後人條分縷析者，則不若熟翫經義，各就所言以求其合一之爲得也。

是以研經宜知所折衷，而訓釋辨證宜慎於立説。《易》曰：「天下之動，貞夫一者也。」《孟子》曰：「夫道，一而已矣。」千聖之傳，六經之藴，後人何從而以所見質之？故惟韓子《原道》在其時不得已而作也。後學惟有善讀書、善持身，博聞慎言而已，更不可著述以談性道也。

跋笠澤叢書

讀是編者，挹其高致，大抵在煙波漁具、筆牀茶竈間耳。君子尚論，則必相與觀其深處。甫里先生蓋以治經自命也，其最深切者《春秋》之學也。有唐一代盛文藻而疎經術，其盛文藻也，則宜博綜乎三傳矣。顧乃薄視三傳者何哉？甫里之説最推文中子，文中子固不信三傳矣。又推韓晉公，晉公《通例》，有石本而不傳，甫里亦未有自著之書。今見其篤守仲淹以薄三傳，又在昌黎「三傳束閣」語後數十年矣。爲《春秋》學而不守三傳，蓋自啖、陸始也。然啖氏之書成於大曆時，已在昌黎、玉川之前，雖其自出己見，尚不敢盡薄三傳也，況於懿、僖間耶？後之劉氏《意林》、葉氏《考讞》，日出而不窮，實則抱遺經、究終始，舍傳何由以證經哉？即其隱逸者流，亦必以經術衷之，而況不僅以隱逸目之者乎！

書蘇文忠年譜後

《東坡八首》序云：「余至黄州二年。」按《年譜》：「先生元豐三年庚申二月十一日到黄州，❶元豐四年辛酉，馬正卿爲先生請於郡守，得故營地數十畝，躬耕其中，作《東坡八章》，自號『東坡居士』自此始。」第以詩序「到黄州二年」語核之，詩中有「當及春冰渥」之句，則定是春冰未渥時語。若依舊説，在四年

❶「十一日」，稿本作「一日」。

辛酉春，則自庚申二月到黄，尚未及一年矣。則《東坡八首》之作，當在元豐五年壬戌之初春。今編蘇詩者，置此八詩於元豐四年，恐誤也。

且先生集中題跋，署「東坡居士」皆在元豐五六年以後，未有於元豐四年署「東坡居士」者。又先生詞「昨夜東坡春雨足」一首，自注云：「元豐壬戌之春，余躬耕於東坡，築雪堂居之。」此尤可證「東坡居士」之稱，當自元豐五年壬戌春始耳。

書方正學先生溪喻後

右明方正學先生手書送俞子嚴文草，題曰《溪喻》。其不曰送序，而曰「溪喻」者，以其寓義爲重也。俞子嚴名恂，金華人，宋濳溪爲序《俞氏族譜》者也。《遜志齋集》謂：子嚴之心能稱其才，又勉以熟乎六經，則於道無所疑，而於天下之事無難言者。然則子嚴之爲人蓋可知矣。昔孔子之歎逝者，孟子之稱原泉，皆以水喻學。而皁與有容之義，則此文益暢言之。蓋爲初學者言，必兼斯二者，而後逢源之義備也。孟子曰：「我善養吾浩然之氣。」夫是浩然者，何自而來哉？惟其源之所蓄者深，而量之所容者大也。士君子讀書致用，効一官、治一事，莫不原於所養。顧其待給者易足，而其持以往者，隨地有以自見。至於臨大節而不可奪，則倉卒之際，内有弗定，外有弗暇，而欲從容就義，亶其難矣！故夫源也者，爲學之先務也。

且夫師友贈處，淡然即目於溪梁之上，童冠鈞遊之輩皆得援以爲侣。一旦致命遂志，顯以報君親，幽則感鬼神，可以貫金石而勒鼎銘，可以騎箕尾而比於列星。夫豈人力所能强爲哉！即此源之所素裕而已矣。

浙東之學，自謝船山、章聘君皆發原於朱子。其後若黄文獻、柳待制諸人，涵肆演迆，以至潛溪。而先生獨合道德、文章、氣節，一以貫之。要其根柢六經，以發於事業，非一日之積矣。若夫王弇州之言，方先生不以書名，而剛正不折之氣，流溢筆墨間，是又善於論先生書者。然先生之書，抑又其餘事耳。

跋求忠祠記

右董文敏撰書《求忠祠記》，爲松江書院祠方正學先生作也。此文立石在萬曆三十九年，文敏以翰林家居時。然其中有隱約未盡者。其云：「徐中丞之先，有善安公者官僉事於浙，奉詔收方氏族，脱其娠婦。事發，斷一臂，家戍保安衛。語具《浦城志》。」又云：「僉事公於立孤事，未躬閱。」又云：「復姓始末，余友陳布衣能言之。」此於方正學先生身後事極有關繫，而其文乃若不欲備詳者。其措詞抑揚反覆，歸重於方先生傳朱子之學，以爲教忠者勸。此固學者所當知也，然予謂不若方氏能立遺孤之事爲足快千古人心，而轉不備詳，則豈明末尚多忌諱，不敢暢著於碑記乎？所云「見《浦城志》」者，亦未知邑志果能直書備載否矣？就文敏此記繹之，其云吾郡之方有亢，則必是其遺孤之賢能昌大亢宗者。其云復姓，❶又云吾郡，則必是寧海方氏存一綫之遺，後託於他氏，而後來寄居松江，有復方姓之舉。此文雖未詳言，而其大概已了然矣。

---

❶「其云復姓」四字，原脱，今據刻本書眉按語及稿本補。

乾隆四十一年春奉旨，大學士、九卿京堂、翰詹科道等集議，建文殉節諸臣，一體予謚。先生賜謚忠文。下至河西傭、補鍋匠，皆蒙旌祠。其時方綱亦得陪預闕門班末，儻爾日得見此文，或能查訪《浦城志》，詳此事本末，豈不幸甚！而方氏立遺孤復姓事，若有能得其確據者，竟當詳録一通，以垂之藝林，不更愈於董文敏此記之含意未申者乎？今正欲借文敏此記以發潛闡幽，而豈僅沾沾於董書筆法云爾哉！

跋王文成論學帖

右明王文成公與汶上路北郇論學凡四帖，爲一卷。路氏曾於崇禎甲戌刻石，有北郇曾孫周道跋，而墨本無之。周道跋曰：「余曾祖大司馬公，以正德甲子列鄉薦，獲爲先生門下士。此卷即司馬公守襄時所贈也。」其稱大司馬者，竟似北郇後掌夏官矣。然按以《明史》表，實無之。且此四帖，前後二札皆已稱「司馬」，中一札則稱「郡伯」，而以爲皆守襄時所贈，又以弘治甲子訛爲正德，然則周道之跋未可據爲信也。

北郇之名，卷中不著。考《國學題名碑》，正德三年戊辰二甲五十九名進士路迎，山東兖州府東平州汶上縣人。《王文成年譜》云「正德七年壬申，先生爲考功郎中。是年，穆孔暉、路迎同受業」者是也。而先生外集《賓陽堂記》，正是戊辰歲作，其記曰：「傳之堂東向，曰賓陽。」然則北郇者，迎，其名；傳之，其字也。

又有《答路賓陽書》一篇，在癸未歲，書曰：「郡務雖繁，然民人社稷莫非實學。以賓陽才質之美，行之以忠信，堅其必爲聖人之志，勿爲時議所摇，近名所動，吾見其德日進而業日廣矣。」據此書言，正與是卷引仲子語相應。而何以顧璘者乃曰「先生之學，不必專信孔氏」，此何語哉？先生所論知行合一之理，載在

《傳習録》者，璘猶未之聞乎？其與徐愛論知行曰：「知是行之始，行是知之成。若會得時，説知自有行在，説行自有知在。今人卻將知、行分作兩件，故遂終身不行，亦遂終身不知。某今説箇知行合一，正是對病之藥。」又與顧璘論知行曰：「真知即所以爲行，不行不足謂之知。天下之學，無有不行而可以言學者，則學之始，固已即是行矣。是故知，不行之，不可以爲學。則知，不行之，不可以爲窮理矣。知，不行之，不可以爲窮理，則知之、行之，合一並進，而不可分爲兩節事矣。」以上諸論，皆滴骨滴髓、抉聖賢言語之實際，所以文成公之功業，即文成公之學術。此豈虛空以「良知」二字導人者哉？

路周道跋，首提良知，謂之絶學，此固不足與之辨。而顧璘負一時重名，乃以先生「知行合一」之語目爲奇論；且茫不解仲子「民人社稷」之語意與先生引用之指歸，皆所謂斷章取義者，而乃敢妄出轡言，謂不必專信孔氏。可見王文成之學問議論本無語病，其開後人妄議者，皆此等不明義理之人誤贊而誤傳之。自今以後，凡爲孔門之徒者，見此等文字，宜昌言排之。而路氏尚公然刻之於石，閲之令人髮指！今若不明白辭而闢之，後來好駮新建者，將有據此以爲文成之咎，則即其得罪文成所關蓋亦非細！言之不慎，至於如此。可不戒哉！

跋寓意編

《寓意編》一卷，明都穆撰。今行世刻本，有都穆所撰《鐵網珊瑚》二十卷，其第五、第六兩卷，標目曰「寓意上」「寓意下」，則《寓意編》似當是兩卷矣。❶然敬讀《佩文齋書畫譜》采入都穆《寓意編》，與此上一卷次第恰合，而無其下一卷。且據此兩卷所載書畫，其上卷則每條各系收藏之家，而下卷則否。上卷之首標題「寓意」二字，而下卷亦無之。上卷之末云：「余家高祖以來，好蓄名畫，皆往往爲好事者所得，亦不留意也。」味此段語意，亦是收束「寓意」二字名編之義。則《寓意編》者，止此一卷爲足本，其下卷已後當别是一書。

況其下卷末載入何良俊《書畫銘心録》，中有嘉靖丁巳正月人日記所觀書畫事。考王寵所作都穆《墓志》，穆卒於嘉靖四年乙酉，而何良俊之撰《銘心録》，乃在嘉靖三十六年。都穆何從而載其書乎？且其下卷以下，每卷皆題「太僕少卿都穆」之名，而中間載文徵明山水則畫於嘉靖乙未，又一幅畫於嘉靖戊午。乙未是嘉靖十四年，戊午是嘉靖三十七年，皆在都穆卒後。是則不特下卷非都穆所撰，即其下卷之下諸卷，亦皆出後人附益。今就其上一卷題曰「寓意編」，以存都穆之舊。

穆之先世自丹陽遷居吴縣之南濠里，蓋收藏鑒賞，至穆已歷五世。是以此卷多據所見録之，依然米芾、周密著録之式，視刻本所目《鐵網珊瑚》之總帙者，頗潔浄可觀。中間如顔魯公《争坐位帖》、薛尚功《鐘鼎欵識帖》，所載亦足資考核。惟「成化戊申」一段，成化無戊申，乃是偶爾誤筆，不足爲疑也。

---

❶「編」，原脱，今據稿本補。

跋萬季野書説文後

季野以許叔重《説文》序引甄豐等校定六書，謂小篆程邈作，與其前謂小篆出李斯輩者不合。噫，其固也！不聞徐楚金《繫傳》之言乎？楚金曰：「按《漢書》，李斯等作《倉頡》《爰歷》，多取《史籀篇》，而篆體復頗異。然則斯等雖改史篇，而程邈復同作也。」觀此，則秦篆之非一人所作明矣。且季野將以秦篆云者，爲即許氏本書之小篆乎？許氏書既是小篆矣，而何以别標「篆作某」者至三十有四文？又有曰「小篆」者，曰「秦刻石」者，曰「秦嶧山文」者，此則秦篆之别多或體，又可知矣。嘗綜而論之，許氏《説文》之小篆，漢篆也；李斯、趙高、胡毋敬、程邈之小篆，秦篆也。漢篆未必出於一，而許氏一之；秦篆之不出於一，則未有能一之者，故許氏就所聞而記之爾。

季野又謂「許氏改班《志》蕭何草律爲草書尉律，改諷書爲諷籀書」，疑漢時籀書九千，未必盡存。而謂許氏一言，晦漢家之制，不若班《志》爲可信。此又迷謬之見。吾以爲許氏此序，與班《志》正相發明，而增一「籀」字之爲功大也。班《志》曰：「漢興，蕭何草律，亦著其法，曰：『太史試學童，能諷書九千字以上，乃得爲史。又以六體試之，課最者以爲尚書御史史書令史。』」而許序曰：「秦書有八體：一曰大篆，二曰小篆，三曰刻符，四曰蟲書，五曰摹印，六曰署書，七曰殳書，八曰隸書。漢興，有草書。」此以上皆言書體也，「草書」二字，與上八體書相貫，不與下「尉律」相貫。何謂「改草律爲草書尉律」哉？此下乃曰：「尉律，學僮十七已上始試，諷籀書九千字，乃得爲史。又以八體試之，郡移太史，并課最者以爲尚書史。」「尉律」者，漢律篇名也，正與「蕭何草律」語相應。

且季野又安得謂「漢時九千字之不盡存」乎？又謂時用隸書，即小篆且無用，試籀書何爲。異哉斯言！未有隸不本篆，篆不根籀者也。況漢時《史籀》十五篇具存，至建武時乃亡其六篇耳。此在《漢書》注中，季野寧不知之？且假若其時欲試小篆及隸書，亦當別爲科例，使並熟復，豈有試隸不足，乃試小篆，小篆又不足，乃試籀之理哉？惟其時籀書九千並在，是以秦、漢小篆所以得形得聲之本，皆可參考而互見，此許氏所以重慨於後來鄉壁虛造之不可爲也。

至於八體、六體之不同，是所宜分析者，而季野轉未有説。蓋班《志》以六體試學童者，蕭何律也，其文則依前保氏六書言之也。許序以八體試學童者，漢《尉律》也，其文則依前秦八體言之也。八體在漢前，其以試學童宜矣。若六體，則師古注曰：「古文者，孔子壁中書也。」魯恭王餘，是景帝子，先封淮陽，後乃徙魯，其去漢初已五六十年，蕭何草律時，安得而知之哉？是故六體云者，特班氏從其後而撮舉之詞，與許序八體之文本不相背。

究之六體之目，未知始於何年。而許序曰「時有六書」，則亦非定自甄豐矣。然師古謂「程邈作小篆，亦作隸書」，是則更可以見此注之非傅會許氏矣。班《志》所未盡者，幸得許序以章之，而後人顧致歧惑於其間，抑何心歟！

跋何義門校庚子銷夏記

義門老人於考證前人語，極善糾正，顧亦偶爾置論，遂生軒輊。觀者不必因何而貶孫，而愚固非周旋鄉人也。即如《張表碑》，義門疑爲翻本，未見其蹟而疑其爲翻本，似非君子慎言之義。至於《張遷碑》，義門亦謂重開失真，其説得之顧寧人。寧人之爲此論，乃因「暨」字訛作「既且」二字，而臆度如此。實則漢人書碑者，不必其盡通文義，原是當時佐隸之書耳。第未知先生云失真者，其所謂真是指何本？

今年秋，予典試江寧，出闈後，汪生容甫來謁，以所藏舊搨《張遷碑》殘本見眎，且曰：「此原石也，今則重刻耳。」予以今拓本校之，毫髮無異，只「東」「里」「潤」三字未損。以爲舊搨難得則有之，以爲别一石則未也。十月一日，歸途經東平，晨起，詣學宫，手摹是碑。石質蒼黝，在吴《天璽碑》石之上，其非重刻無疑。漢碑無穿者多矣，奚以疑爲？歸安丁小雅孝廉將以是書寄鮑君，俾刻於《知不足齋叢書》，索予跋尾，因識所見應之。

書金壽門續集自序後

壽門《續集》自序云：「乙巳，客於澤州陳幼安學士四載，相國午亭留詠殆遍。學士歎曰：『君鄉查翰林是吾後進，兔園挾册，吾最薄之。』」幼安名壯履，澤州陳文貞公之子，康熙丁丑庶吉士，官至翰林侍讀學士。乙巳，則雍正三年也。初白入詞館，在康熙四十二年癸未，故於幼安學士得稱後進。午亭公之歸也，在康熙五十年辛卯，初白有《題王石谷畫午亭山村》之作。而初白集中，與午亭唱和，乃無一字及於學士。今觀壽門自序述學士之言，謂「查翰林兔園挾册，吾最薄之」者，在學士之詩，所詣深淺不得而知，至於壽門，雖短章精妙，不必以初白限之，若夫大篇可傳之作，焉能企及初白。而自序中輒引陳學士偶及之語，且其自序又曰：「吾於過去諸佛，未嘗瓣香。」蓋不肯屈就前人如此。然文章千古之事，豈論先後久近哉！充是説也，則杜、韓、蘇、黄，壽門亦將弗讓歟？

初白之詩，雖不敢比於杜、韓、蘇、黄，而其取路之正，根柢之深，繼往開來，近日一作家也，豈可蔑視？攷初白之詩，終於雍正五年，是時壽門年已四十一歲，樊榭已三十六歲。同在杭湖，家園不遠，而集中無一唱酬之作。若非失於請益前輩，則豈失於汲引後賢耶？

學問之道，以平心得師爲善，無取於各樹幟以開黨同伐異之漸，此尤學人所當知者，不特丁敬身爲洗刷趙宫贊鄰雞之哢而已也！夫好惡之際，甘辛之喻，視乎功力學養，而繫乎風氣人心。可不慎哉！可不慎哉！

書同人贈盧抱經南歸序卷後

右送抱經文，凡七首，未谷、魚門爲記，林汲爲説，小雅爲書後，而石臞、端林與予爲之序者也。未谷爲書「須友堂」，予亦書「抱經堂」而詩之。未谷曰：「抱經之堂，子不可無記。」方綱夙不喜爲記，謂其易近於序説也。顧讀魚門之記，而有感於抱經之旨。又讀學士所與石臞《論大戴記書》，而願有述者。夫抱經云者，盧氏故事也。玉川「三傳束閣」之意，吾不敢知。然以校訂諸經言之，則莫若漢中郎將子幹，於源流失得之故爲最深也。

近日秀水朱氏序録《禮記》，既不載《三禮解詁》之目，而承師條下，獨系之於《小戴》。按陸氏《釋文》云：「後漢馬融、盧植考諸家同異，附戴聖篇章，去其繁重及所敍略，而行於世，即今之《禮記》是也。」鄭玄亦依盧、馬之本而注焉。朱氏蓋據此文也，然《釋文》特指今所見《禮記》而言耳，至於《漢書》所謂《禮記》，特多回穴者。正以二戴所記襍糅未定，故謂之「回穴」，而有待於植之考次。是《漢書》所云《禮記》，非《釋文》所謂「今之《禮記》」明矣。朱氏《經義考》遂於盧植《禮記注》下，大書曰：「《隋志》十卷，唐新、舊《志》同。《釋文》二十卷。」此不特誤看《隋志》，并似未見新、舊《唐志》者。新、舊《唐志》並云「二十卷」，不云「十卷」也。且不觀《隋志》之文乎？《隋志》曰：「《大戴禮記》十三卷，漢信都王太傅戴德撰。《禮記》十卷，漢北中郎將盧植注。」而其下則云：「《禮記》二十卷，漢九江太守戴聖撰。鄭玄注。」此文甚明白，蓋以卷數不同，故特標「禮記」二字。《禮記》者，《大戴記》也。猶之《禮記》鄭注下又曰「《禮記》三十卷，王肅注」者云爾。是則《隋志》所謂十卷者，是植所注《大戴記》也。新、舊《唐志》所謂二十卷，是植所注《小戴記》也。況隋、唐三《志》，詳略出入大有揩拄，豈得逕以十卷者目爲《小戴記》，且誣新、舊《唐志》亦以爲十卷也？

子幹上書，謂：「前以《周禮》諸經，發起粃謬，敢率愚淺，謂之解詁。」是其於三禮皆有考訂，惜今不盡傳於世。而所謂「合《尚書章句》，考《禮記》失得，以刊正碑文」，尤後學所宜究心參覈者。而朱氏遽執日前所見，以没其諸經之功，此奚可哉！故予因學士與石臞論是經，而舉夙所見者以質之。世徒知注《大戴記》者有後周盧辨，尚未足備君家故事也。

跋中州文獻册

武孝廉穆淳，以其鄉先輩孫夏峰、湯文正、耿逸庵三先生手蹟屬爲題識。三先生，理學大儒，又同在中州，故爲題其册端曰「中州文獻」，而竊有附及者。三先生之學，皆以躬行實踐爲心得也，非口耳詞章所能企也，非議論門户家數所能具也。湯文正、耿逸庵之學，皆本於夏峰。夏峰之學，初未嘗不溯原於姚江。然而理藴見於行事，直造聖賢之詣，初不斷斷然以姚江之學自命也，不以朱陸異同立畛界也。

中州正學，發原於二程子，至夏峰而知行合一之旨著矣。至潛庵、逸庵，而實際見諸事爲矣。此何非經義之所闡述乎？經學即理學也，理學即修己治人之學也。後來知究心理路者，必欲判尊德性、道問學爲二事；其爲姚江良知之説者，必以「誠意」居「致知」之前，反輕議朱子，以爲復古；甚至考經義者，必欲辨二程之未嘗受學於周元公，且以程朱皆有涉於二氏，不思朱子於《易》雖有過信邵子先天方位之處，然視王、韓之淪於虛無，何如哉？周子《太極圖説》，擬諸形容，正復何害？而必謂太極圖出於陳希夷，不思「二五之精，妙合而凝」與「無極而太極」初無二理。此等遺議，皆自生支蔓，豈説經之正乎？此皆嗜瑣嗜博而不驗諸實得者，安得盡舉？世之矜言博辨，漸致畔於程朱者，胥以此三先生之實學實行牖其歧説，俾以端趨向，豈惟中州文獻俎豆不祧，亦實世道人心之大閑也夫！

跋王若林自書耘渠續稿序

右《王耘渠續藁序》，若林手書，後「戊申歲」，若林生於康熙七年戊申，至是雍正六年戊申，年六十一。是其由吏部郎請告歸之後二年，在惠山時作也。金壇王氏，並以時藝名家，耘渠最善，其晚年《續藁》更有進，其法密而氣醇，宜有以發其微妙之指。而兹序顧略焉，第以嗜耘渠文與耘渠嗜其書相較言之。先生竟自以爲其書足當耘渠文耶？耘渠時藝，不特在金壇王氏推爲師長，即在國朝諸名家，雖氣度或遜前哲，而精詣過之，後有作者未之能或先也。至若林之書，惟篆法不苟而偏於瘦細，愚有詳説。至於正書學率更，而未能入率更之室。晚年自命學褚，而益失褚法，尚不及行書之學米，恐未能與耘渠文可並論也。

昔在濟寧拜謁曾子祠，祠碑，方望溪文，若林書。方綱輒心慕焉，題名於石後，已倩工將鐫矣。乃讀方先生文「仰贊宗聖」數語，恐涉後人臆揣之末見；而先生又自書於碑陰，自謂用褚法，慮觀者忽之，於是語工且勿鐫。蓋實見此文并書而爲之惶然，弗敢安也。若耘渠之時藝，雖不能越出古人，而視方先生之爲曾祠碑記，豈不尚稍愈乎？

書曹抑堂墓表後

新安程魚門編修、宣城袁實堂孝廉皆與山陽曹抑堂友善。抑堂歿而無嗣，二君哀之，各爲文以貽淮人，俾伐石刻其墓道。吾讀二君之文而重哀之。

乾隆己卯，予與武進錢茶山侍郎同典江西省試，抑堂時宰彭澤，分校《毛詩》卷，山陰平確齋分校《尚書》卷。確齋、抑堂皆茶山門人，以晨夕謁見茶山，故與予最歎洽。確齋則甫由庶常散館，出宰金谿，每話及同館事，輒泫然涕出。而抑堂與予夙不相識，其與予論文相得，復不減確齋之摯而有味也。茶山以請假旋里，先發章江，予後三日始行，而確齋、抑堂獨遠送至十里外乃別。其後五年，予奉使廣東，道出南昌，江右諸邑宰皆出迎於江岸，見確齋而不見抑堂矣。又後七年，而廣信曾生正本，抑堂門人也，謁選得廣東信宜縣，語予曰：「訪曹師於其里，惟一女在爾。」相與惻然者久之。

憶己卯在闈中，每夜分，閱卷稍隙，與茶山聯句，則確齋、抑堂必與焉。抑堂一號繹堂，今聯句諸藁尚在予篋，而惜其平日之文，予未嘗一寓目也。然二君墓表，皆援周白民爲比，顧不知白民身後，有此微婉頓挫之文表於墓道者否？則二君或可破涕爲笑乎！

書二學人傳後

右《二學人傳》，新安程魚門編修爲海寧陳竹厂、興化顧文子作也。予識竹厂十年，識文子五年。文子舉順天鄉試，出予門人吴學齋之門，故於予得稱門人，而予皆以老友敬之。二君皆博學善攷核，文子熟於諸經注疏，竹厂精研《大戴禮記》及六書金石之學。文子每來予家，危坐莊論，持先後鄭説侃侃不少假借。而竹厂每得一善本書、一舊拓碑帖，則持來欣賞狂叫，或相與指摘瑕舋，酒闌燭爐，經夕不寐而無倦色。

二君之殁也，有徵其遺文將彙刻之者，予與程魚門、丁小雅殫力搜採，十不得其一二。蓋竹厂館永清被火，而文子旅櫬發天津，無有收拾之者，良可悲也！予所見者，竹厂《鏄鐘辨》一篇、《武成日月表》一篇、校劉劭《人物志》并跋一篇，《武成日月表》尚其未定艸也。又《論蘇詩鰒魚行》一條，在予《蘇詩補注》卷内。文子《簣辨》一篇、《小學三變》一篇，如是而已。悲夫！竹厂善分隸，學《魯峻碑》，所著《隸釋又續》若干卷，嘗爲予言之，而未及成書。而聞二君皆有子，能繼其父志，故書此以俟之。

書孝女封股帖後貴州大定府威寧州知州沈鵬，南洲仁和人。其母紀氏，先世大興人，遷浙居杭，年十八爲其母割股。

安邑宋生芝山，以乃祖野柏先生所書孝女封股事册子來屬題。而芝山之師南洲沈君，自述母氏紀太宜人封股療外王母疾顛末，使人不忍卒讀。讀者猶不忍，則述者之心痛可知矣！宋生因爲予言沈君與其先人交誼之篤，涖官之廉介，縷縷數十百言。而予方讀是文，心怦怦，驚悸起立，未及筆其語於槧也。越數日，欲以其語書後，馳片紙叩之，則宋生臥病，不能舉筆，但云沈先生即俶裝，願速就其文而已。予昨聽宋生語時，似粗記沈君爲人真摯方正，出於至性，不愧孝女之子；其居官實心盡職，亦不愧忠孝合一之理。必詳敍此段，然後太宜人血誠，耿耿浮出紙墨外，而野柏之文方信其可傳也。昔聞諸前輩云蘇武牧羝、李廣射虎，觀二史氏所敍次，可以證昌黎《董生篇》無一字落公共語。予是以從不敢爲雷同稱譽之詞，而先書此以俟宋生病愈，更徐叩而詳記之。

跋王氏家訓

嘉興王惺齋，博極羣書而識力堅正，文章爾雅，所著《史漢正譌》諸書既已刊布海内矣，令嗣輩録其家書以爲訓言。蓋先生所學之大端粗具於此，而吾尤喜其言曰：「今之學者於經史、韓、歐所用之字，概置不用，獨好用許氏《説文》字，此韓子所謂蘄勝於人，非蘄至於古之立言者也。」又曰：「一日之内，必有當務之業。聚談者頃刻而可以周乎四海之遠，其端又相引而不窮，非若執業之確有其方也，其慆心逸志，爲害於學問之實功者非淺也。」此二條尤切中今時名士之病。僕嘗謂今之爲學者，詳於六合之外，而略於耳目之前。讀先生之書，庶幾日奉程朱之正學，講韓歐之文字，或如遊子之識其家乎？書此以自警，非敢以警人也。

書諸友人原藝後

諸公相約爲原藝。予曰：凡事必知之，而後能原之。若予於六藝，非所知也，烏乎原？客曰：盍原子之所知者。曰：予所粗知者六書而已。請附於原之例，可乎？夫今人據以言六書者，若戴侗、揚桓以下，皆六書之委爾。必也其二徐乎？有二徐而後許氏之學立，猶夫有孫强而顧野王之學立也云爾。然則由顧而許，其六書之原歟？曰：顧固非原也，許亦豈其原哉？許氏之於經也，本孟喜諸家，而《異義》已不盡傳。許氏之於古文也，該史籀諸家，而大篆奇字又不盡傳。吾烏從而原之？且爲許氏學者，形聲盡之矣。其以通形聲之窮者，吾烏乎原之？然則六書終不可原乎？曰：安得而不原乎？且吾鑒夫楊慎、吴元滿諸人之放紛而不可正也，安得而不原乎？ 蓋有説焉，其本可尋也；有徑焉，其端可舉也。 郭氏之爲《汗簡》，爲《佩觿》也，執其後而别之也。《汗簡》之言皆从也，摭所見而居之也。 吾以爲从某某聲者，天地之文，萬物之理之流别也。 今夫一簣之阜，皆山也，積而求之，至於岱華極矣；一谿之流，皆水也，滙而歸之，至於星宿海止矣。 故楊氏有溯原，趙氏有子母，原意皆近之矣。 顧必引末以推其本，由偏以得其全，無泥於所習，無惑於所變，知其然而因知其所以然，則所謂原者矣。

客曰：然則前乎許氏者，何以原之？ 曰：吾熟觀漢碑矣，皆前乎許氏者也。 李陽冰之議蔡邕也，郭之所證而許之所懼也。 周之文惟籀鼓在也，而後人或竊議之，其如秦碑何哉？ 夫許氏參取古籀，其大小相生，損益相滋之故，雖巧算不能得而知。 而周秦既無專家之書，其可見者，惟許氏而已。 雖謂六書之原，具在許氏之書，奚不可也？ 許氏之引經，或與今本不同，然果由制字之所以然而上溯之，誠有以見聖人之用心者。 横直點畫，無非教也，沿波以討源，可以靡所不極，而其要則在於闕疑。 予嘗慨常熟毛氏傳習之本，多所沿誤，而僭著《六書測原》五卷，蓋無一字不本許氏之説推而上之，而其目曰存是，曰正誤，曰考異，曰存疑。 必兼此四者，而後可以究其原。 六藝之道，同歸而已矣。

書徐節母事略

吴人徐君明理，以其母殷苦節事徵詩文，俾予書於其册。 予觀王君所爲事略者，謂在古爲庸行，而在今爲奇節。 此未足以推闡孝子之用心也。 夫《詩》三百，獨《柏舟》一篇以節見者，何哉？ 其詞真摯，足自伸於千古耳。今之苦節乞詩文於人者，其文若詩皆鋪敍浮藻，於其人尚未肖，曾何足以伸其精靈於後乎？然則傳之不遠者，在於言之不文。所以不文者，病於無實。不推原乎此，而輕量乎彼者，非也。且以十年爲婦之勞瘁，今則壽康矣；五齡鞠育之荼苦，今則褒顯矣。此數十年歷風霜、貫金石之精神，一燈熒然，惟天日鑒之。誰得有此奇筆，使紙上字皆庚庚起立？徒使徐君淚注江流，此段淒然聲影，長留於天地耳。故予每作節母詩文，輒泚汗不敢下筆，惟自慙無學而已。第使一遇歸熙甫，作尋常壽母文，便令人百讀不厭。又何況苦節孝慈如是者耶？附書於册，以質諸當世之有道而能文者。

書湛園未定藁

嘗聞方望溪以其文質諸李穆堂，穆堂笑其未通，望溪愕然。穆堂指其首句「吾桐」云：「桐江、桐廬，皆可稱桐。」望溪爲折服。乃今讀姜湛園之文，有甚於此。周櫟園，河南祥符人，官江南布政使。而其墓志云「卒於江寧之里第」，豈有官廨可稱里第者乎？此不更謬於桐城縣人之稱「吾桐」乎？志其人之生平，而云某科進士者，不知其何世；云卒年若干，不知其爲何歲，徒以詞氣若效史遷，而目爲古文，可乎？望溪於經傳攷訂雖未深，然以文論，豈遜姜湛園耶？每見近人論古文或薄望溪，而未有議湛園者，書此以當箴記，非敢漫議前輩也。

答趙寅永

《易》有聖人之道四焉，雖分四層說，其實仍一理而已。辭與變雖分，然變即辭之變也；象與占雖分，然占即象之占也。蓋抽出詳言，不得不申析爲四，而實出一源耳。

《易》固爲卜筮而作，辭象變占，亦皆卜筮之用，而天地間理氣事物，無不該貫其中。其實《易》固無所謂例也，自學者仰測之，則若有例可揣尋者耳。即如《易》有太極，太極生兩儀、四象、八卦，雖若有分合先後次第，而其實亦只一理也。太極是從兩儀未判之初，原自渾淪無迹象可求，則毛西河謂太極無所謂圖者，又何嘗不是乎？自濂溪周子作《太極圖說》，亦就其理指其原始。既有先儒如此次第仰測，爲之擬諸形容，亦不必別援陳希夷之說，疑爲別傳。此皆後人好生議論，轉若致生歧說者，非平心説經之正也。

今日讀《易》，惟應翫辭，精究傳注，研審指歸，以求聖人教人寡過之旨。至於利用崇德，窮神知化，聖人尚謂「過此以往，未之或知」，後之學者焉得而仰窺之！今之學者嗜異鶩博，旁究荀、虞，又或旁及种放、劉牧諸家，不過欲與程朱立異耳。善學者於經義應研究處，不知逐條審訂，而轉斷斷惟此等圖説之是辨，甚無謂也。是以因來書而附及之。

跋林和靖集

《和靖集》，今所見惟此長洲吴氏校刊本也。而《青箱雜記》云：「景祐初，和靖尚無恙。范文正贈和靖詩，有『巢由不願仕』之句。」和靖生於乾德五年丁卯，而《青箱雜記》云景祐初尚無恙，則舊傳和靖卒於天聖六年戊辰者，未之詳攷也。蘇詩「我不識君嘗夢見」，坡公生於景祐三年丙子，則景祐初元和靖尚在，亦可信也。又有《西湖紀逸》一卷，又《後邨詩話》所載和靖逸句，❶亦皆不在此刻。而《省心録》一卷，以《永樂大典》所録詳攷之，實宋初直敍文閣李邦獻撰，❷蓋在宋初臨安刊本，題爲林和靖撰；或又因和靖之號，誤爲尹和靖撰，皆非其實耳。

書方忠文公憶釣舟詩艸

方忠文公正學先生自書《憶釣舟》七律，寸外大行艸，後書：「洪武丙子二月廿四日，方某。」絹本，粤東順德人家毀古屋，於壁中得之。蓋先生殉節時，有人藏諸壁，今四百年矣。葉農部裝册，屬題。不特非品題詩翰之比，抑且仰贊忠節，猶不足以盡之。方綱則因見壁藏此蹟，而敬有附記者：

嘗見董文敏作松江書院《求忠祠記》云：「有徐公善安者，於浙官僉事，奉詔收方氏族，脱其娠婦。事發，斷一臂，家戍保安衛。語具《浦城志》。」又云：「僉事公於立孤事，未躬閲。」又云：「復姓始末，予友陳布衣能言之。」此段於方先生身後事大有關係，而其文乃若隱約未盡者，則豈明末尚多忌諱，不敢詳著乎？所

---

❶「話」，原作「語」，今據稿本改。

❷「敍」，依文義當作「敷」。

云見《浦城志》者，亦未知邑志果能直書備載否也。文敏記又云「吾郡之方有亢」，則必是其遺孤之賢能昌大亢宗者。其云「復姓」，又云「吾郡」，則是寧海方氏存一綫之遺孤，託於他氏，而後來寄居松江，有復方姓之舉。董記雖未具詳，而大局已了然矣。

乾隆四十一年春，奉旨，大學士、九卿京堂、翰詹科道等集議，建文殉節諸臣一體予謚。方先生得賜謚曰忠文。下至河西傭、補鍋匠，皆蒙旌祀。其時方綱亦得陪預闕門，集議班末。若爾時得見董記，或能查訪《浦城志》，詳此事本末，豈不幸甚。而方氏遺孤復姓事，如能核其實據者，竟當詳録一通，垂之藝林，不更愈於董記之含意未申者耶？是以見此墨蹟，敬書於後，俾觀者共知之。豈僅題識鑒藏云爾乎！

復初齋文集卷第十八

大興翁方綱撰
門人侯官李彦章校刊

跋宋槧艸堂詩箋

此本雖題「建安蔡夢弼《草堂詩箋》」，而卷前闕其序，且卷前題云「魯訔編次」，而卷内又有「魯訔曰」。至於詩注之語，或稱「杜公」，又或稱「甫」。其每卷之首，或稱「增脩」，又或稱「集諸家」。此蓋南宋末坊賈之所爲也。至若《義鶻行》，謂指回紇言。《茅屋爲秋風所破歌》，❶謂譏明皇、肅宗。諸如此類，荒謬可笑者甚多。又多謫造東坡之説，誠有如陳直齋《書録解題》之所訶者。然其間如第二十卷内《暫如新津縣四首》、第廿一卷《暫如青城縣五首》之類，則是杜公原本如此，今已久爲注本所删，而此尚幸存。又如第一卷内《過宋員外舊莊二首》「右二篇歲月莫可攷」，此猶見舊本闕慎之義，而諸家注本皆删去之。是則雖南宋書坊妄輯之本，而尚足爲考見古本之一助爾。

❶「歌」，原作「歎」，道光本作「歌」，疑光緒本誤改，今據道光本回改。

又跋杜工部草堂詩箋

注杜詩者，以魯訔、黄鶴並稱，魯在黄前，而宋槧本絶少。此本卷前題云「嘉興魯訔編次，建安蔡夢弼會箋」，目録前闕其原序。攷黄鶴補注，頗採魯訔本之説。此蔡夢弼會箋者，即訔編次之本。蓋成於嘉泰甲子，在黄鶴注本之前十有二年也。卷内標舉「杜公某年某地所作」，頗具節次。如第二十一卷内《暫如蜀州青城縣五首》、《寄陶王二少尹》《寄高蜀州適》《野望過常少仙》《丈人山》《寄杜位》。《暫如蜀州新津題三首》，《陪李七司馬皂江上觀造竹橋》《觀作橋成》《李司馬橋了》。此五首、又三首之另起總題，是原本所有，而後來諸本皆删去之矣。又如第一卷内《過宋員外之問舊莊》《夜宴左氏莊》，云「右二篇，莫可攷，姑因次之」，此二首不系歲月，亦見舊本闕慎之義，今所行注本亦皆删去也。足見南宋時尚存杜詩原本之遺，而今皆不可問矣。

書王文簡五七言詩鈔後

西溟序云：「七言詩去三百篇已遠，可以極作者之才思，義不主於一格，故鈔及宋元諸家。」此言非也。王文簡此鈔七言，及於宋元諸家者，以時代之變、才傑之出，非專舉唐人可以盡之，不比五言從來者遠，可以止於唐耳。蓋此鈔七言之意如此也，若果其於七言也，唐則及於張、王、元、白，宋元則及誠齋、廉夫之徒，斯謂之不主一格矣。今文簡自撰凡例曰：「七言大旨，以杜爲宗，唐宋以來蓋學杜者則取之，非謂古今七言之變遂盡於此。」詳哉其言之矣！西溟既爲此書作序，豈未嘗一觀其自撰凡例邪？大約凡爲一書，不當使他人爲序。又狃於其文之擅名者以爲之序，而實於本書無所發明，徒滋障礙而已，不若自撰凡例之明白無疑耳。

書張燕公詩後

「東壁圖書府」，東壁，人所共知也。「西園翰墨林」，西園，則無定説。或引魏文帝《芙蓉池詩》「逍遥步西園」，則似與「翰墨林」義不相涉者。此當引沈休文詩「西園遊上才」，而沈句之「西園」，則本於魏文帝「逍遥步西園」之句耳。此則詞場祖述，或原或委之理。今之學者，鹵莽不思，非一日矣！即此一條，足見其概。

書杜少陵李潮八分小篆歌後

秀水朱竹垞詩云：「開元君臣雖具體，邊幅漸整趨肥癡。」此二語即少陵是詩注脚也。蓋惟其時分隸皆趨於肥，是以少陵品書以瘦硬爲主也。然少陵於漢獨舉中郎，而於唐兼舉韓、蔡，是三家者於分隸肥乎？瘦乎？韓、蔡諸碑今尚有存者，亦開竇時格耳，未可以云瘦硬。至於中郎，洪文惠嘗駮諸家之傅會矣。

予以《西岳》《劉熊》《夏承》諸碑攷之，其目爲中郎者皆非無據，惟《范巨卿碑》在中郎殁後四十三年，而李嗣真《書品》所云蔡公諸體惟《范巨卿碑》冠絶古今者，蓋指學蔡體者耳，非目爲蔡書也。是數碑者，筆勢皆相合，蓋未始不以肥爲貴也。且予以歐陽率更《房彦謙碑》印證《范碑》筆意，知唐人於是碑最所俎豆稟承者。蓋唐隸之根本，全在於中郎一人無疑也。「苦縣光和」云者，不知所指何碑。趙明誠《金石録》謂即延熹八年《老子銘》是也。婁彦發云：「於時陳相邊韶演而爲銘。」《金石録》云：「舊傳蔡邕文并書。」蓋杜甫「苦縣光和」之句啟之，周越《書苑》遂以爲韶撰文而邕書，初無所據也。今以洪、婁二書驗之，洪不著其字體，婁雖著其字，而其果爲「骨立」與否，未可知也。或者疑爲二碑，遂以「苦縣」指此碑，「光和」指石經；或又以樊毅《西岳碑》實之，又皆非也。

愚意所指之碑，必蔡碑中之最瘦硬者也。愚嘗研極兩漢金石之文矣，瘦硬莫如《禮器碑》，而杜不言者。杜固曰：「秦有李斯漢蔡邕，中間作者絶不聞。」予初讀此句，以爲杜亦習沿時人之指，抹摋兩漢諸人，而惟中郎之是尊耳。今乃知非也。杜蓋深惜夫兩漢書家姓名之弗傳，而其烜赫當時、傳於後世者惟一蔡中郎耳，故曰「絶不聞」者，難之也，非薄之也。兩漢作者，有聞於後惟一中郎，而中郎書體百變，其間近於瘦硬者，惟一「苦縣光和」碑耳。故曰「尚骨立」，「尚」者，僅詞，亦難之，非誇之也。

若夫韓尚書、蔡騎曹，則當時所稱爲八分家耳。故曰「開元以來數八分」，「數」者，在當時不得不數之，於是奄有二子者在李潮耳。杜公之言蓋極矜慎，分寸出之，而豈言大以夸者哉。宋朱新仲《猗覺寮雜記》引此詩作「骨力」，則是「嘉尚」之「尚」矣，毋論不得杜意，抑且與「貴」字相犯也。予因讀是詩，而得唐人書學之脈，又以知杜公之立言不苟焉。至東坡《墨妙亭詩》，亦非與杜立異者，予別有説詳之。

書杜少陵李潮八分小篆歌後二

或謂：子以杜意舉中郎及韓、蔡，皆難之之辭，則何解於《贈顧誡奢》之篇耶？曰：此二篇用意，蓋亦微有不同。蓋《八分小篆歌》，探原委而言之，固自立言不苟，非專推李、蔡也，乃敍述此事上下古今之作者也。至於《送顧誡奢》則曰：「中郎石經後，八分蓋顛頓。」此蓋以贊美顧文學爲主，而亟稱其筆力也。唐人分隸，蓋全得漢人筋力，是以於李潮則曰「盤拏屈强」，於顧誡奢則曰「韓、蔡同贔屭」。贔屭，乃作力之意，亦以筆力言之也。唐人得力既全在此，而中郎石經尤其精力所在，是以特舉此提唱言之。而魏晉六朝以來，多孱弱不振之作，故曰「顛頓」也。專以筆力爲立言之所主，則姑未暇論肥瘦矣。此其指歸不同也。且其送顧，多以入直進御言之，故曰「玄宗妙其書」，又曰「御札早流傳」。是豈與上下千年探原反本者同語耶？此不當援送顧之作以詁李潮之歌明矣。

書韓子龜山操後

《琴操》，夫子之詞曰：「予欲望魯兮，龜山蔽之。手無斧柯，奈龜山何！」夫曰斧柯，則伐山也。伐山，聖人之志歟？非志也，不得已也。夫擬是操者，第欲傳其不得已之衷已矣。然則必如之何而後得已乎？曰：其無爲所奄也，斯可以已爾。然則必如何而可弗爲所奄也？曰：歸輔斯可乎。或曰：「余伍」「余輔」，文相應歟？曰：非也。輔，誠也。伍，設也。知伍之設云也，則知隳之亦設云爾。既奄矣，安得而不隳？

故曰不得已也。豈惟隳之非實也，固日念奄之不克終也，故以歸輔結之。此聖人所未盡言，而韓子補之也。「知將隳」者，恨之也。其作「如」者，非也。「嗟余歸輔」者，冀之也。其謂當作「歸余」者，則直致不成説矣。因近日讀韓諸家，有執方崧卿本者，故疏而辨之。「嗟余歸輔」，沈頓之極。「歸輔」二字，若或使之矣。若作「歸余」，則以「歸」字著力注下，大失古樂府渾古之意。

書李義山贈杜司勳詩後

義山詩《杜牧司勳》一首，或謂因李德裕貶死崖州而作，以韋丹有碑，致慨衛公之相業埋没。此説非也。李德裕，滑州有德政碑，大和六年所立也。其人其事何嘗湮没乎？此不得以韋丹有碑相形者也。

作《義山年譜》者，又據大中三年杜牧撰韋丹事，因以杜牧之爲司勳員外郎系於大中三年。愚按此詩，義山自注云「時杜奉詔撰韋碑」，❶則韋碑既大中三年立，即此詩爲大中三年作明矣。但漢江《羊祜碑》一層，則未有解者。據《年譜》，大中三年，商隱還京，選爲盩厔尉。其還京在是年之某月，未有明文。而上年因鄭亞貶死，義山自桂管歷長沙、荆門北上，其途經江漢，蓋在二年、三年之間，不能確指其時日矣。翫此詩云「清秋一首杜秋詩」，此所謂「清秋」者，安知非追説大中二年之秋乎？則牧之爲司勳，未可執爲必在三年矣。詳此詩意，明是義山身經漢水之上，憑弔羊叔子峴首之碑，因近援時事，羡韋丹之碑爲牧之所撰耳。

❶「杜」，原脱，今據稿本補。

前半遠引梁之江總，故結處復引晉之羊祜。此主客顧盼，一定之章法也。然此篇之歸宿，初不在此。蓋通首之意，是因贈杜而及於韋碑，非因韋碑而懷杜也。若云因韋碑而他有所觸以譏憤時事，則更去之遠矣。「杜秋」一句，是通篇之窾郤，江總乃其巧合處，韋丹特其借證處。而結二句與前八句，相連唱歎，以爲杜之文詞不朽者是也，而又豈必刻求於撰碑乎？❶江總在南朝固詞客也，而「總持」二字，則具皈依妙教之義，此所以上合「杜秋」、下歸「心鐵」也。一「歎」字，捲盡「杜秋」一篇矣！

跋義山重過聖女祠詩後

昨聞冶泉説何義門校本義山《重過聖女祠詩》第七句，「會此」應作「曾此」。乍聞之，似乎「曾此」二字文法較順，乃合通首體味之，而知其不然也。因憶前人論此詩第三句，謂「夢雨」與「飄瓦」不合，遂欲改爲「猛雨」者，此大謬也。彼豈真以「夢雨」用陽臺事、「飄瓦」用昆陽事邪？不知「夢」字非用古事，正是義山自夢耳。義山自夢，則迷離幻景，即「飄」字何礙乎？「不」字與「常」字，自作開合，此本聯之呼吸也。「常」字、「不」字，與第二句「得」字，又自作開合。此則前半篇之大呼吸也，「無定所」「未移時」，則又「得」字之摇曳推宕也。「通仙籍」「問紫芝」，則又「得」字之眉後三紋也。「會」字、「憶」字，則「靈風」「夢雨」倒捲出之，蓋不滿之風，不必致憾；而常飄之雨，端有可徵矣。第三句「夢」字，到第七句之「會」字而後圓耳。

---

❶「又豈」二字，原脱，今據稿本補。

義門老人不知詩，無害其爲校讐之學。然亦見凡校讐家之不應輕以私意改字矣。

跋山谷竹枝詞

山谷《竹枝詞》：「入箐攀天猿掉頭」，任天社注於「箐」字無音義。按《集韻》，篬，❶竹名，或作箐，千羊切；其讀去聲者，倉甸切，張竹弓弩曰箐，非竹叢之義矣。今詩家皆作「深林密箐」用之。山谷此字既不知所從來，而今之爲詩者輒相承以去聲讀之，豈可遂爲典據乎？

跋李雁湖注王半山詩二首

宋本《王半山詩注》，卷一之三、卷十五之十八、卷廿三之廿九、卷四十五之四十七，每卷有庚寅增注，又注中每有較近日刻本多數條者。蓋近日刻本從華山馬氏所藏元刻本翻出，馬所藏非足本耳。陳直齋《書録解題》云：「注《荊公集》五十卷，參政眉山李壁季章撰。謫居臨川時所爲也，助之者曾極景建，魏鶴山爲作序。」庚寅，是紹定三年，鴈湖已前八年卒，則增注者其即景建歟？鶴山序稱：「石林嘗參預大政，今以洞霄之禄里居。」此序在嘉定七年，則鴈湖居臨川亦不甚久。其酬景建云：「新有千絲明曉鏡，舊無一畫贊宵衣。」蓋居臨川所作也。

---

❶「篬」，原誤作「蒼」，今據《集韻》改。

乾隆戊戌秋，海鹽張明經芑堂燕昌語予：曾於杭州見宋槧李鴈湖注《王半山詩》，卷一之三、卷十五之十八、卷二十三之二十九、卷四十五之四十七，每卷有庚寅增注，又注中每有較近日刻本多出數條者。并以篋中所鈔魏鶴山序見示。後二年庚子秋，同年盧抱經學士來都，則抱經所見與芑堂同。因乞抱經寄其本來，假鈔之。又後二年壬寅春，抱經主講席於晉陽，馳書於杭，取其寫本至京，予得借録此十七卷。因檢杭堇浦詩集，有集奚氏翠玲瓏館，適有以宋槧李鴈湖《王荆公詩注》殘本求售者云云，乃知此是足本之殘者也。然堇浦、抱經、芑堂，皆不著其板本録式，及所開雕之郡邑歲月，而此宋槧本之今在誰氏家，亦莫可攷也。予昔年得宋槧施注蘇詩，今得借鈔李注王詩，皆宋本之未經後人删亂者，而又皆是殘本，事之相合，固有如此者哉！因録而精校之，與張氏刻本同裝於篋。吴槎客曰：海鹽張氏所雕《半山詩注》，乃元劉辰翁節本，非雁湖原本也。嘗見鮑氏知不足齋所藏宋槧半部，每卷後有庚寅補注。

跋渠陽詩注卷

渠陽，山名，魏公以名其集。又著有《渠陽雜鈔》，而此《渠陽詩注》之刻，今竟無傳本。若非此卷，則王公德文之注與其裔孫惟顒之付梓，不幾湮没於後世耶？王氏注渠陽詩，歲月不可攷。今觀魏公手札，有鶴山書院印，則理宗賜以御書唐人嚴武詩二十八字及鶴山書院四大字在紹定末年，此札蓋在紹定、端平間，爲先生晚歲之筆矣。倘得王氏此注遺帙尚在人間，以此三札刻於卷尾，豈不快歟！姑識此以俟之。

後有明賢四跋：吴、王二公，人所知也。李傑字世賢，嘗熟人，成化丙戌進士，選庶吉士，授編修，官至禮部尚書。徐源字仲山，别號椒園道人，家於吴長洲尹山之瓜涇，故以瓜涇自號。成化乙未進士，官至都察院右副都御史，巡撫山東。有《瓜涇集》二卷。予昔於壬辰夏得吴匏庵手跡一幅，與友人言瓜涇請歸事，而適買得《瓜涇集》舊本。今乃題此卷而及之，信亦有緣也耶！❶

跋梅磵詩話二首

《梅磵詩話》三卷，宋末吴興韋居安撰。厲樊榭《宋詩紀事》載其景定壬戌一詩，即從此卷得之也。樊榭云：「韋，宋末進士，司糾三衢。」今據此書自敍，甲戌至丙子，皆在三衢，是咸淳十年至德祐二年也。此内又記胡澹庵《瀟湘夜雨圖》，至辛巳歲歸於苕溪趙子昂。辛巳是至元十八年，子昂年二十八，想子昂尚及見此人也。壬戌是景定三年，又在此前二十年，則韋之入元，年已老矣。此書蓋撰於元世祖至元年間，而其字號及全集皆已湮没不傳，樊榭僅於四明范氏天一閣借鈔此册也，世間知者罕矣。今得歸於梧門詩龕，屬予爲識其大略於卷端。珍惜！珍惜！

此書置案頭月餘，病中未得細檢也。今日偶閲樊榭自識，内有校改宋賢名字一條，因檢卷中沈寓山《扇

❶ 文末，稿本有「乾隆庚戌冬十月廿四日北平翁方綱」。

工詩》，事出於陳直齋《吴興氏族志》。而樊榭《宋詩紀事》既全載此詩，乃獨遺韓無咎「王粲」「班姬」二句；且於陳直齋所著書，亦不載《吴興氏族志》一種。樊榭最熟於南宋諸家之著述，且此二事皆有資藝林攷訂者，樊榭既得此書，而失於編載者，何歟？陳直齋，即趙子昂所與品《蘭亭》者。韓無咎，即與陸放翁同踏雪登焦山者，予曾見其石刻，「無咎」確是「無」字，正與此鈔本合，不必疑鈔本之作「無」而改爲「无」矣。獨檢此一條，有關補正之功如此。

跋明賢繡毬花卷

明人《詠白繡毬花詩》，凡十九人，江夏郭美命首唱，而王元美書其少年舊作，蓋書此時亦已老矣。七子之徒，吴明卿最享眉壽。此内有甑甀洞叟手蹟，亦其晚年所作。張伯起一幅，後又有不著名氏一幅，予諦審亦伯起筆也。方康侯，隆慶元年舉人。此蹟蓋在明神宗之十幾年間，美命方爲翰林時，故用文學侍從印也。予藏明人諸帖後有康侯手題，則在其晚年時耳。

即此偶詠一花，而明人前後詩派之大端，略見於此。予爲此詩，亦竊取坡公前輩徐、庾之義也。

跋藤花詩卷二首

吏部署廳藤花，明弘治六年癸丑吴文定手植也。後三十六年，爲嘉靖己丑，徐崦西少宰賦二律，同時諸公屬和成卷。後十年己亥，陸包山爲補圖於前。此卷後歸陳百史，又歸定州郝雪海中丞，在郝氏家數世矣。

今鐵香太守購得之，感惜珍重之意，倍於陳、郝。攜至都門，屬予爲題記，並録文定詩及王漁洋、湯西厓詩於後。去文定植藤花時，恰三百年也。乾隆癸丑冬十月朔。

鐵香既屬予題《藤花詩畫卷》，明日復來云，聞都城劉石庵冢宰有此詠，欲予求石庵書之。及石庵詩來，有「不知妙繪今何在」之句，叩之，則云程莘田閣老詩中記此事也。因於門人馮魚山户部處求得其稿，亦以贈鐵香，將哀爲合軸也。莘田詩自注云：「王守溪曾令陸包山作圖。」予考王文恪卒於嘉靖三年甲申，徐文敏官少宰，賦此二詩乃在八年己丑，而包山作圖又在其後十年，其不出於守谿可知。不知莘田詩注何所本也？莘田此詩既已龕石於銓曹壁，若非此卷爲之證據，將使此詩此畫遂致傳訛，此又不可不著者也。

跋徐昌穀詩

昌穀五言《效何遜》云：「暗牖通新燭，虚堂聞落釵。」竹垞《明詩綜》改云「虚堂響落釵」，蓋竹垞以「聞」字平直，不及「響」字有神致，故改之。然則竹垞先生竟不喻詩理矣，此句神理全在一「聞」字，題云「效何遜詠倡家」，此則詠者之辭，故曰「聞」也。若云「響」，則裝點之詞，於詠事之妙全不合矣。且以音節論之，此句亦必不應第三字用仄也。

或曰：上句「暗牖通新燭」，「通」字既平，則此對句自應仄矣。予曰：此即竹垞改「響」字之意也。五言詩音節全在第三字，而此詩第二句、第六句皆於對句第三字用仄矣。至其第八句第三字之用仄，則於收處特以拗勁出之。所以第四句之第三字當仄而平，此則詩之理也。若於此句用「響」字，則將置收處第三字之仄於何地乎？況此詩前四句若相諧，後四句亦若相諧，而中間第四句與第五句不相粘聯，此齊梁之格也。惟其第八句於後半幅相諧之中故作拗勁，以見收束音節，所以第四句亦於前半幅相諧之中當仄而平，此乃詩之理也。愚豈敢妄目竹垞爲不知詩理，然此一字，則實不得不論者也。

跋邊華泉集

《邊華泉詩集》，漁洋先生嘗爲選刻，蓋即此慈仁寺所購本也。先生此詩，《漁洋集·戊戌稿》中不載。其自題曰「轅里後學」者，蓋深以六義之脈引爲己任。而其詩曰「淵源開歷下」，又曰「四傑誰前後」，於先河後海之義三致意矣。華泉以絶句抗衡諸家，其《西園》絶句云：「庭際何所有，有萱復有芋。自聞秋雨聲，不種芭蕉樹。」特偶然佇興之作，所以意在象表也。王元美之論固未足據，而趙秋谷從而甚之。不知元美改本尚有滴字未失原句神理，秋谷所改則直似不知詩者矣！朱竹垞亦援《維摩詰經》「身如芭蕉樹」語，則論者豈不應息喙邪？然竹垞於華泉絶句，尚未能盡其妙耳。

跋邊仲子詩

邊華泉，弘治九年丙辰進士，本傳云「年二十舉於鄉」，而《詩選》小傳云「弱冠舉進士」，則其鄉舉在弘治八年乙卯也。據此，華泉蓋生於成化十二年丙申。然華泉集後序在嘉靖十七年戊戌，而曰「華泉歿三年矣」，則是華泉卒於嘉靖十四年乙未，年六十也。若依《明詩選》小傳云卒年五十七，則與「弱冠舉進士」之語不合矣。恐小傳之誤也。

邊仲子《睡足軒詩》，成於其七十之年，當在明神宗時矣。徐東癡手記於此稿，在順治十四年丁酉。漁洋手記不著歲月，所謂癸亥者，是康熙二十二年官國子祭酒時。其刻邊仲子詩，則三十九年庚辰官刑部尚書時，又在此手記之後矣。此内漁洋手批圈存者凡五十七首，而刻本四十八首，其與此同者四十三首耳。中間字句，多出漁洋手定者，亦可以悟詩法也。此册是仲子年七十時館於孫氏家所手録者，即所謂《睡足軒詩》也。或題其册首曰「華泉詩原艸」，乃誤以仲子詩爲華泉詩耳。

册内紅筆，皆是漁洋先生手蹟；其墨筆評識處，則出於東癡也。漁洋嘗説東癡書法出於永興，蓋與漁洋書皆不免稍弱耳。東癡初名元善，字長公，故此册前題自稱「善按」云。漁洋論詩絶句，專取邊仲子「林雨忽沾衣」一句，今見此原艸，則仲子手蹟原是「疎雨忽沾衣」，「林」字是漁洋改定也，然究以原本「疎」字爲是。

續禪智唱和集跋

王文簡既去揚之百有十年，❶吾藴山來爲守。越二年，乃以暇日訪蘇詩石刻於禪智，拓本寄予京師。予爲和作并跋，以寄藴山。藴山合諸和作爲卷，而以運使朱公詩并予詩同勒於石，爲《續禪智唱和集》。予考文簡以順治庚子至揚，康熙乙巳内遷，其訪禪智詩刻在辛丑，而成之則在乙巳。所謂《禪智唱和集》者，乃

❶「王文簡」，稿本作「文簡公」。

乙巳内遷時，七月將登舟，諸名士祖餞之作，初名《禪智録别詩》者也。今蘊山亦奏最入覲，邗上諸君送别之情當亦同之，而都門有予與芝岩先已裝軸相待，此則文簡當日所無也。爰盡録文簡是集中有關禪智之作於卷，而次其答碩公二絶韻，先邀芝岩和之。

書查初白中山尼詩後

予昔嘗與上海陸耳山論及初白此詩，耳山亦以爲此詩不必作也。然予雖心識之，而未有實證。今來山東，詳攷之，乃知其非實也。漁洋集中有《不得荔裳妻孥消息》詩，在康熙十九年庚申之春，而荔裳殁於京師，在十三年甲寅。吾鄉王侍郎景曾，爲宋公撰《墓志》云：「公北上時，眷屬數十口在蜀中，瀕於死者屢矣，卒獲保全得歸，無一散失者。」蓋在公殁八年之後，而漁洋作此詩時，尚未之知也。初白此詩乃作於二十一年壬戌，則正是宋公家屬甫北歸時。而宋公《行略》云「女一，適廩生王成命」，皆其全家歸後之事，與初白所敍不相應矣。惜耳山已逝，不及聞此語，而益見文士隨所見聞率爾落筆者爲可戒也！初白詩近日頗熟人口，慮其流傳既久，遂成荔裳身後一大憾事，故不得不詳攷而具著之。

書李石桐重訂主客圖後二首

高密李君所撰《重訂主客圖》，大意以學詩當先學五律，而後及於七律。其述嚴滄浪謂七言難於五言，又譏今人專務七律而不知五律，此皆中竅之言也。然謂先學步而後趨，以見當從五律入門，則非也。五律雖較七律少二字，似易於成句乎，然其精詣正復何減七律？故不能知五古之上下源流者，未有能爲五律者也。

且先以五言古詩論之：五言古詩，漢魏以上區爲高格，唐宋以下區爲變格，此非知言者也。且如漁洋之五律，即遜於其七律。何者？漁洋先生胸中固已界劃漢魏以上、唐宋已下五古爲二派矣。其於五古所見如此，宜其五律之不能造微也。豈惟漁洋哉？今欲精選五律，在唐則杜公而外有幾人哉？惟義山、樊川耳。李君之爲是選也，其言曰「取晚唐之近於中唐」者，此一語已走樣矣！夫中唐十子之五律，皆已漸即於平弱矣，而何晚唐近中唐之足云哉？不曰取唐人之近杜者，而曰取晚之近中者，適見其中無主見而已。吾則謂義山、樊川二家五律，初不襲杜，而能造其微處，故自盛唐諸家而後，七律尚多名篇，而五律漸少矣。張、王自當以其樂府爲主，而今乃取其五律，此則非持平之論矣。至於宋賢東坡、山谷、放翁，亦五律稍減於七律。遺山以下，則更無五律，惟虞道園有數首耳。近日所謂「南施北宋」者，宋固不足論，施愚山七言實無足取，而五言尚或近似者，正以其易於藏匿乎？學者豈得因易學而先攻之乎？若人皆準李君是言，皆務五律之易成而競效之，則其獘較世之務爲七律者不更甚乎？

此或在偶然一家專力五言未爲不可，然亦當從五古精熟上下門逕，而後五律不致率易。此亦非可以概通才學古之大凡矣。吾則謂學詩者宜先博取七言，引伸氣格，推蕩才筆，既有成局，而再斂之以入五言，則必不肯苟落筆矣。即如學正楷，必先從寸外大楷寫定，而後細入蠅楷，亦即此一理耳。

即以五律言之，以唐賢五律言之，自當以右丞爲主。知以右丞爲主矣，然後知以少陵爲主。此二語者，則已發其大凡矣。何爲先右丞也？曰：右丞，千古五律之正則也。然則少陵其稍變者乎？非也。右丞五律，玉色金聲，千古無出其右者。然而天地之元氣，至杜而其祕乃盡發耳！且如一題之作，拓爲數篇，非杜不能也。開合起伏之章法，非杜莫備也。只此二家，而五律盡矣。

五言古詩，亦以右丞開先，而少陵繼之。自三百篇而下，二雅三頌之復作也，舍是其焉歸哉？雖謂古今五言詩至此而臻至極，何不可也。然而《北征》後之有《南山》也，有白之《悟真寺》也，有小杜之《杜秋詩》也，天地間文字之必不可無者，則五律亦當繼右丞、少陵而續選之，吾則實不敢多説矣。不得已則惟義山、樊川二家寄託深厚，猶風人之義也。人第知讀義山《籌筆驛》七律，而豈知讀小杜《籌筆驛》五律乎？人第知讀白香山樂府，❶抑亦知讀義山《有感》五律乎？右丞、少陵之後，可以遠問風雅遺蹤者，惟此而已矣！

唐宋而後，必不得已而欲及於五律，則王半山略取數章，東坡、山谷尚甚少也。放翁萬首中七律尚多，五律之可讀者百之一二耳。惟虞道園五律，能追齊梁已上者，尚或近之，若必欲合賈長江、姚武功之輩而并收之，❷則吾不知矣。將謂欲備家數乎？欲補遺乎？實甚無所補益者也。

天地文明精粹之氣，世運日推，人才日啟，而音聲節奏之長短高下，漸推漸遠。故後世之爲七言者多於

---

❶「人第知讀白香山樂府」九字，原脱，今據稿本及刻本書眉按語補。

❷「并」，原脱，今據稿本補。

五言，此亦不得不然之勢。今時人之務爲七律者固其獘矣，而救獘之法，不在乎此。欲救七言浮濫之獘，則惟勸高才善學者，先以治經爲本，窮理養氣爲之根柢。而既言學詩，則必上由三百篇，積基漢魏，精熟盛唐諸大家，尤以杜詩爲古今上下萬法一源之處。人惟内養充實，則不醫病而病自去矣。今欲矯時人之務七律者，而專取五律，又必專取中晚唐之五律，而於晚唐中反删去義山、樊川，且譏義山淫豔，此正是以目皮相者，而謂之論詩，此何説哉！

書詩鈔小傳後

甌寧鄭君方坤所爲《詩鈔小傳》，凡百五人，其於閩人不專主林、高十子之派，而其於明季諸作者，亦不能盡廓除李、何、王、李之餘習。然其學富而閲歷深，心平而識力正，無愧於《英靈》《間氣》之編已。

國家百年以來，作者正當極盛之時，如江左、山東、山西，次第編其土風。即以梅會、松陵、宛陵，亦各輯其篇什。而是鈔獨不專輯閩人之作，揆其用意，不肯以方隅限格調，爲尤足傳也。昔江文通擬古，而以河外、江南、關西、鄴下區别甘辛丹素之旨，而所擬諸作，則徑路分而原委合，是分軌即通塗也。正惟不限方域，不區流派，而用心更益精審也。若諸家論詩，或至崇玉溪之華而憾豫章之質，其甚者竟至見杜體之大而斥其開宋元之漸，此等歧説，豈容涉吾几席！爲其詩作傳，即是爲其人立傳。方欲闡發忠孝，激揚人倫，而出言可勿慎乎！再以傳體言，則豈惟傳奇小説字句不可涉牽，即駢儷字句入於傳中，亦是明末人惡習。然吾讀是編，愛其大局，服其公論。所憾者詩理之所以然未能以示後學，而作傳詞句，其小焉者也。

書固原新樂府後

《固原新樂府》者，長洲張塤爲其兄吏目君作也。吏目卒於迪化，塤哭之慟，而先采固原事以代行狀者，紀實也。先是，固原之俗，禱雨，有於衆中突出至神祠剺面灼體者，則無不雨，謂之馬甲。有因裂校出爲馬甲者，君怒，杖之，天乃大雨。故作《張打邪》。役持票捉車馬，君革之，民立碑以頌，故作《破毒碑》。馬甲、脚櫃，皆其俗語也。張打邪者，人呼君也。破毒碑者，民題額也。凡塤所述，一如民自言也。君以州倅，能罰知州幕客之子鍰，以還人婦，故作《閻氏女》。君以鞫盜，能釋之而得真盜，故作《趙秀才》。君以量移去是州也，不知州之酒是歡而民酒歡，故作《别固原》。嗚呼！此真樂府也矣。其於固原若此，則於迪化可知矣。

每憾爲誄述者，泛舉不著痛癢之行誼，而文章家又徒攟摭史傳，更立題目，以系風雅。讀此五章者，其知所觀感矣。士生兹大法小廉之日，宜念職無尊卑，各殫心實力以任民事，則豈其哭兄者之私言哉！予昔題君《兄弟對牀風雨之圖》，其凭窻而頎然者，吏目君也，梧竹映蔚，眉宇藹然。孰知臨事奮發彊毅，斷金石而泣鬼神至於如此！君享年五十有四，子三人。弟塤與方綱同官祕閣，又同巷居，故詳述之。

復初齋文集卷第十九

大興翁方綱撰
門人侯官李彦章校刊

跋寅簋

右寅簋。以漢建初銅尺度之，高三寸八分，縮一尺九分，衡七寸四分，圍三尺一寸八分。底有夔龍足四，底中心夔龍文三，中乳一旁有蟠螭文，下有弦文三重。其形制、尺度，皆與《攷古圖》睢陽王氏所藏寅簋相似，而銘詞止二十六字。按吕、薛二家釋文，皆曰：「王曰：『寅，敬明乃心。』寅拜稽首，用作寶簋。叔邦父叔姞萬年子孫永寶用。」則此器「伯召父」，與吕、薛所釋「叔邦父」文法相埒。蓋寅乃周時臣名，而伯召父是其先祖之字。《王制》：「大夫三廟，一昭一穆與太祖之廟而三。」今此銘詞，不言世次，止稱穆，知其爲一昭一穆之祀，是大夫之祭器也。又吕、薛釋寅簋，起句「有進退」云云，知寅所作簋，必非一器，其文詳略不同耳。

跋周伯克尊

武進孫淵如於陝西得高克尊，尺度、輕重、銘文、字畫悉與《博古圖》所載周高克尊無異，惟少兩耳，蓋郿人耕地得之者。其文陽，視《博古》所摹已泐去九字。攷《博古圖》及薛氏《鐘鼎欵識》，皆疑此尊「高克」即春秋時將兵奔陳之高克。此高克鄭人，《博古圖》乃以爲衛人，誤矣。按《春秋》書此事在魯閔公二年，是爲鄭文公之十有三年，而周惠王之十有七年也。此尊銘曰：「唯十有六年十月既生霸乙未。」據高克於鄭文公十三年奔陳，則其非鄭年可知。如謂屬周惠王之十六年，則即魯閔之元年，鄭文之十有二年也。是歲庚申，杜預《長曆》「十月壬子朔」，惟宋程公説作癸丑朔，近日陳、顧二書皆與杜同。則是月無乙未也。即此一條，年用干支之不合，其非鄭文公時之高克無疑矣。

以愚攷之，此字亦併非「高」字也。上云「伯大師錫伯克」，又云「伯克敢對揚天佑」，下又云「用丐眉壽無彊」。「克」前後文，皆不言克之姓氏，何獨此句明出「高」字？蓋伯，其行弟也；克，其名也。中尊下亯字，與岐陽癸鼓「嘗受其享」「亯」字正同。按鄭樵云：「亯作享。」潘迪《石鼓文音訓》亦作享。薛尚功作「高」。章樵云《碧落碑》高字同此。後之輯篆字書者，或以亯爲高，則有引《碧落》者，有引籀文者。

愚按：籀文，自許祭酒所録外，他無所出，則後人所謂籀文，蓋即因薛氏石鼓本而謂之籀文耳。其實石鼓之文，本不得以籀文該之，而薛氏之本又多失石鼓之真，其不可信明矣。且古文之傳於世，其略可據者，惟《汗簡》《古文四聲韻》二書，而二書曷嘗不採及《碧落碑》？然皆不以亯爲高也。若趙九成《攷古釋文》，以[illegible]、[illegible]並爲高，而以[illegible]、[illegible]、[illegible]並爲亨，則欵識文字之形近而轉相從者多矣。石鼓[illegible]字當作亨，此尊之文亦當作亨，與文末「用亨」亨字當爲一文，而畫偶增減耳。此尊題目則當云「伯克尊」，不當云「高克尊」也。《博古圖》既誤釋爲高，又因「高克」二字誤指爲鄭文公時奔陳之高克，又誤高克爲衛人，因之遂實徵爲衛器。所謂扣槃捫籥者矣！洪容齋《三筆》云：「銘文但云『伯克』，初無『高』字。」此二語簡當不磨，洵可一洗薛尚功之陋也。

跋芈子戈

銅戈一，曲阜顏氏所藏，得之周公廟側土中者也。重今等八兩三錢，視鄭氏《考工記》注「三鋝爲一斤四兩」者，尚不及三之二。而所謂「内倍之，胡三之，援四之」，皆與經合。惟其廣二寸，則以周尺度之，財寸微强。聶崇義《三禮圖》曰廣二寸，謂胡也，其實援亦廣二寸，今度以周尺皆不及。而胡磬折倨句，與吕大臨得於壽陽淮南故宮之戈正相合，則可以補聶《圖》之不及也。胡有銘五字，曰「芈子之[illegible]戈」云。

銅虎符跋

右銅虎符一，以建初尺度之，長三寸四分，前高一寸二分，後高一寸，闊五分，蓋其半亦五分也。重今等二兩八錢。虎形，背文云「與五原太守爲虎符」，第一肚肋上云「五原左一」，皆篆書，陷銀。與去年所見騶男右五者形制相等，而頭不若彼之昂，故但以前、後量其高也。符剖爲二，二片相合，内左有三笋隆起，右有三孔凹以受之，今止見其左也。彼陷銀之絲既脱，是以拓出有類陰文，而此則陷絲具全，殊不可拓，因命次兒樹培量其輕重精搨之，是以得陽文也。五原，秦置爲九原，武帝更名，東漢同之。明新都吴氏《秦漢印統》所載銅虎符二：一曰上郡第二，一曰南海第一。南海者差小，上郡者形制大小、陽陰笋竅之狀，與此正同，則當是一時所造。《印統》謂「上郡，東漢時廢」，定爲西漢物。予按《後漢·郡國志》曰「上郡，秦置，户五千」云云，則是東漢實有是郡，不知《印統》何以云東漢廢也？明人疎於考核類如此。而其所謂長短分寸之制，悉以今尺量之，其實與此符一也。「弟」字竟从艸，《印統》所摹亦然。「次弟」之「弟」，从韋束形。然東漢時「第」从「廾」者，竟實有之，不足以爲異也。

跋漢弩機

漢弩機一，以建初尺度之，高九寸五分，長七寸，闊寸七分，重今等四十七兩七錢。機間立度，以銀約之爲分寸，則正合建初尺之三寸五分。而每五分約爲四格，在上半之末，所謂「機有度以准望」者也。銘在中層之陽，「建安廿二年四月十三日厮市八千五百師楮福」，凡細隸書，二行十九字。攷之《宣和博古圖》所載書言府弩機，不言其銘在何處。近日李鐵君於涿鹿市中得銅弩，長四寸强，高四寸弱，闊二寸，重一斤有奇，色黝碧而澤，以爲攷之《宣和圖譜》，即延光書言府之器也。然鐵君不言其有銘。而《宣和圖》中之弩機凡有七器，則未知鐵君所見果是延光者否？又《宣和圖》與鐵君詩序，皆以見今之尺度之，不若以建初尺度之爲正也。建安廿二年，爲漢獻帝丁酉之歲。「八千五百」者，其號數也。「楮福」，蓋造作工師人名。

跋右軍戈

辛丑夏，未谷桂君得此戈頭於大梁，拓其文以示予。其明年春，芝山宋君攜以來都。其銅質古緑，勝於曲阜顔氏所藏芈子戈。以建初尺度之，内三寸七分，胡四寸二分，援五寸七分，與《考工記》注皆不盡合。重今等七兩三錢。其銘在胡之穿下，三行，曰「廿三年邵陮□□命右軍工戈蔑㞢豎」，凡十五字。「年」下當是邑名，以下則其職司也。前年見黃小松所藏槍文拓本，凡二行，曰「十二年邦司寇□□我上軍□司馬□□□□」，約十八字，雖亦不盡可識，而皆以年下接地名，下及其職司。蓋與此同時所造也。《逸周書》已有諸侯三軍分左、右長之文，《晉語》士蔿曰「古之爲軍也，軍有左、右」，又哀十七年《傳》「越子爲左、右句卒」，註：鉤伍相若，別爲左、右也。蓋周時諸國軍制，雖不能皆詳，而左軍、右軍之稱，則已皆有之矣。此戈年無稱號，西漢建元以前未有至二十四年者，當是周秦物也。

書張芑堂所藏鐎斗銘後❶

芑堂以《元康元年鐎斗銘》拓本見寄，予既爲之詩，芑堂復以所爲跋來共論之。予曰：此銘三十六文，曰「元康元年考工工賢友繕作府嗇夫建護萬年縣長當時主令長平右丞義省重一斤十四兩」。《漢書・地理

❶「後」，原作「跋」，今據稿本改。

志》曰：「左馮翊萬年縣，高帝置。」師古曰：「《三輔黃圖》云起萬年陵是也。」《百官表》曰：「縣令、長，皆秦官，掌治其縣。萬户以上爲令，秩千石至六百石。減萬户爲長，秩五百石至三百石。皆有丞、尉，秩四百石至二百石，是爲長吏。」又云：「嗇夫，職聽訟，收賦税。」此器自「府嗇夫」以下凡四人，建、當時、平、義，皆名也。上一人云「繕作」者，工之職。下四人總言「省」者，官所司也。「萬年」下一字，雖似「般」字，般亦縣名，然般屬勃海郡，不應遠與三輔之邑連書，故知是「縣」字也。其曰「右丞」者，《百官表》止言縣有丞，不言左、右，是又可以補史家所未及矣。

跋永康鏡銘

右鏡銘「永康元年，正月丙午，黄氏作竟，幽湅三商。昭如日月，國皆富昌。□□作□，位至公卿。天王日月，上有東父，太丏三利，宜吉□子」，凡四十八字，細書，在篆隸之間。漢桓、晉惠皆有永康，而晉惠帝永康元年正月壬戌朔，是月無丙午；漢桓帝永康元年正月乙酉朔，丙午是二十二日也。其字畫及鏤文，亦與《博古圖》漢三神鑑相似。又洪氏《隸續》載漢騶氏鏡銘，有「東王公、西王母」之文，此所云「東父」，殆其類歟？鏡面逕今尺六寸强，當漢建初尺九寸也。

跋五銖泉范二首

周簠谷明府示予五銖泉范一枚，形如匜，以今尺度之，高四分，徑長三寸七分，寬二寸二分，内深二分；

底徑長三寸五分，寬二寸，内深一分。中列五銖泉八，四陽四陰相間。中大星一，下紋八，出旁六星，三凸三凹，中界線一。其泉八，以今尺皆徑七分，以漢尺則徑寸。洪氏《泉志》曰：「蜀傳形五銖，徑七分。」又曰：「舊譜云：漢五銖錢，厚大者徑一寸。」今以蜀傳形與五銖度之皆合，則知洪所謂「徑七分」者，今尺也；舊譜所謂「徑寸」者，漢尺也。雖五銖品數最多，不可概以某代所鑄，而以今尺與漢尺揆度既合，則是笵也其爲漢時物無疑，況銅斑青緑之古乎？泉之有笵，從來圖志所未收。近日秀水朱竹垞《曝書亭集》有「新莽大泉五十笵」。海鹽張芑堂著《金石契》，則載泉笵凡七，自貨泉笵、布刀笵外，亦有五銖笵一枚，與此相似而旁止二星。予以此笵眎芑堂，因相與各繪一圖，并識其説如此，以復於筤谷。

筤谷復寄所摹泉笵一圖見示，❶又於友人處借笵一枚，❷與前小異，其笵青紅畢備，非齊梁以後物也。重今庫平十八兩，長今尺三寸六分，闊二寸一分，高三分。背平，無凸凹。以今尺度之，每錢逕五分，與張台所謂五朱字錢正合。梁初所行五銖，去「金」，以「朱」爲「銖」也。别有五金字錢，去「朱」从「金」者，亦其類也。又有右爲「五」字，左爲半「王」字者，亦「朱」字也。此皆五銖之别種，源出雜錢者也。❸顧烜曰：五朱錢

❶「筤」上，稿本有「是歲七月初」五字。

❷「又」上，稿本有「云兹」二字。

❸「雜」，原作「稚」，今據稿本改。

稍遷異，以「銖」爲「朱」，三吴屬縣行之，亦差少。洪氏《泉志》謂此錢制作簡古，銅質純青，背文坦平，外輪有緣。然今此笵之式，則外輪無緣者也，亦可以參訂泉譜之一種。笵中凡列錢十枚，五陰五陽，其上下各四文，皆正，其中二文則衺也。其中央闊紋十出，有直綫貫之。旁四星，二凹二凸。予未見其笵，僅按圖跋之如此。

跋騶男銅虎符

銅虎符，以建初尺度之，長三寸，頭身共高二寸，身高一寸，重今等四兩七錢。虎形，背文云「□□與騶男爲銅虎符」，第五肚肋上云「騶男右五」，皆篆書，陷銀，與《續考古圖》所載濟陰太守銅虎符正同。《續考古圖》引：「《漢書》『文帝二年九月，初與郡守爲銅虎符』注：『銅虎符，第一至第五，當發兵，遣使者合符，乃聽受之。各分其半，右留京師，左以與之。』濟陰，漢郡，是漢銅虎符也。」此符「騶男第五」，騶屬魯國，本邾國，莽曰騶亭，前、後《漢志》皆屬豫州。然漢爵惟王、侯二等，不及子、男，至魏晉始有五等之爵。而晉則伯、子、男以下不置軍，此當是魏物也。魏咸熙初，始建五等之封，其見於史者，如傅玄封鶉觚男是也。則此「騶男右五」之符，亦咸熙元二年所剖者矣。《續考古圖》云：「以黍尺挍之，長二寸五分，頭高一寸，身高八分。」按：宋黍尺比周尺一尺七分，今以建初尺度之，則《考古圖》所度濟陰銅虎符式，悉與此騶男者同，是二器當作於一時。濟陰，雖漢郡，然亦焉知其非魏所制乎？魏彭城王據，嘗徙封濟陰也。至於騶之錫封，雖不見於史，然或增封之邑，史不概書耳。即如司馬師加九錫之明年，是即爲咸熙元年，有增封十郡之錫，而魏晉史皆不詳著其邑，亦可以類推也。

跋漢尚方器

右銅器，四柧，中空。以建初尺度之，長五寸二分五釐，徑各七分。前一孔，長二寸三分，徑二分；背三孔，各長一寸一分，徑二分。前有陽識字，凡作三層。上層，横書「尚方」二字，下畫一獸。中層，直書「故治」二字，下有隆起處，當孔之首，其底亦如之。下層，分二行，右曰「八千」，左曰「萬」。凡七字，「故治」以下五字皆作杈筆，「尚方」二字則不杈也。中空之内，上有四鋭，皆斜，内向，下則無之。按《漢書·百官公卿表》，尚方令丞屬少府，注曰：「主作禁器物也。」《後漢書·百官志》：「尚方令一人，六百石。本注曰：掌上手工作御刀劍、諸好器物。丞一人。員吏十二人，吏從官六人」，皆屬少府。「章和以下，加尚方、考工、别作監，皆六百石，宦者爲之，轉爲兼副，或省。」據此，則尚方之職，雖前後同隸少府，而當東漢時，所治屢有兼增矣。此言「故治」者，是明此器爲尚方所舊辦，非新增之器物也。準此言之，是東漢器也。八千萬，❶其號數也。其器之用，則不可曉。

❶「八千」，原作「千百」，今據稿本改。

題程易田説劒圖後

易田所考，劒首莖身之義備矣，愚無以議爲也。顧其以臘爲鬣，則有所未安。《考工記》鄭氏注：「臘，謂兩刃。」賈疏：「兩刃者，兩面各有刃也。」此以臘廣對下兩從言之，兩從者，脊直上至劒末也。則其廣半於刃，正與臘爲通長相較之詞，烏得僅指一處言之耶？陸氏《釋文》：「臘，力闔反，一音獵。」所謂「一音獵」者，乃是方言音紐之不同，蓋「臘」「獵」並从力切音，此以音言，非以義言耳。鄭鍔曰：「古者臘必獵，獵而得禽，則宰殺以祭，故臘於文爲月旁。鬣，蓋言於是月必獵也，則劒刃爲臘，豈非取其利而可以大割乎？」愚按：此説傅會不經之甚！況「臘」字从肉，非从月也。因聲及義，其傅會一至於此。今又因「獵」而轉爲「鬣」，誠恐貽悞後學匪細矣！

跋孫退谷所藏吴季子劒銘

右劒銘十字，二行，後有退谷手書釋文云「吴季子之子保之永用劒」。自跋謂「其字非籀非篆，一字以十金酬之」云云。按：李秋錦《玉劒詩》自注云：「又銅劒一，有文曰：吴季子永保用之劒。向藏歸德袁氏，今亦歸少宰。」宋牧仲《筠廊偶筆》云：「少宰孫北海先生，家藏小劒一，上刻『延陵季子之子劒』，以黄金嵌之。」王漁洋《池北偶談》云：「孫北海家銅劒，長尺餘，有鳥篆十字，云『吴季子之子保之永用劒』，篆甚奇古。」朱竹垞《周延陵季子劒銘跋》云：「退谷孫先生出延陵季子佩劒相示，以周尺度之，長三尺，臘廣二寸有半，重九鋝，上士之制也。臘有銘，篆文，字不可辨，合之韋續五十六體書，無一似。其曰『季子劒』者，先生審定之辭云爾。」而漁洋《雙劒行》自注則謂銘云「吴季子之子永寶用劒」，凡九字，訛「保」爲「寶」，誤十爲九。惠氏《訓纂》亦未能是正也。且竹垞云「合之韋續五十六體無一似」矣，漁洋又何從而目爲鳥篆耶？愚驗其文，頗與夏琱戈鉤帶之文略相近。

今未見其器，僅讀其拓本，而可疑者凡有五焉：牧仲云「以黄金嵌字」，既嵌金矣，即使金色極薄，亦必不能搨本如此之清析，一也。不見劒脊之縱痕，二也。後五字之下半太偏向左，不留劒脊中梁之地，三也。八字極繁，而二「子」字太簡，四也。古器不應如此清析如新鐫者，五也。李秋錦詩云：「歲久臘就頽，中作黍米缺。」此亦劒鋒已缺之一驗也，而何以其臘銘之字完浄如此？豈退谷别摹其文爲此一紙歟？則非見其器，不可得而臆定矣。

跋鄜州寶室寺鐘銘

右鄜州寶室寺鐘銘，嚴道甫侍讀拓其文見寄。其序曰：「大唐貞觀三年，攝提在歲，蕤賓御律，己巳司辰。」唐太宗貞觀三年己丑，四年庚寅，此以攝提屬三年，誤也。然三年八月己巳朔，則己巳當在五月之末，是其爲貞觀三年無疑。但不知何以誤丑爲寅耳？鄜州本曰上郡，武德元年復爲鄜州，貞觀二年加爲都督府，此銘正在其時也。銘陰欵完好，字頗古拙可愛。載考昔之著録金石者，就其所録金文最多，若陳思《寶刻叢編》鐘銘凡八，王象之《輿地碑目》鐘銘凡五，皆在此銘之後。若近今諸家，竹垞所見止二種，郭允伯所見止一種，亦皆在此後。獨此銘爲從來著録者所未及。中以「鄜」爲「鄜」，而「曰」字作「日」，尚有古意。以「慘」爲「悠」，亦足證洪氏《隸續》《急就》之文。蓋唐初之蹟存者寡矣，可不寶諸！

跋吴越金塗塔字

吴越錢忠懿王弘俶金塗塔瓦，高三寸，闊二寸許。其陽面作二层：上層，圓光中佛一，旁二人，下一人，又二犬豕之屬；下層，佛三。其陰欵云：「吴越國王錢弘俶敬造八萬四千寶塔，乙卯歲記。」昔秀水朱竹垞書錢武肅造金塗塔事，録周晉仙詩證之，謂其鄉白蓮寺僧藏一版，作放下屠刀，立地成佛相。今錢塘黄小松上舍得拓本，因録周詩、朱跋於後。疑此即是，未可知也。朱未見瓦，并未見拓本，故不言其陰有欵文。而是瓦則忠懿，非武肅也。忠懿名二字，宋人避諱，但曰「俶」。是瓦仍有上一字，蓋乙卯是周顯德二年，尚在其歸宋之前二十三年也。歐陽公見吴越制書，稱寶正；王象之碑目，又有吴越王碑，稱乾化者，又有稱寶正、寶大者，皆武肅王鏐時也。是瓦則止稱干支，讀史者可以考矣。上舍寄此本屬題之明日，苕溪張芑堂文學適又寄贈一本，因附詩於後。

昔宋姜堯章得此塔，繪如來捨身相，見周紫芝詩；明周青士見其一，繪放屠刀事；近日趙味辛亦得其一，櫝之，予爲作銘：皆塔之一版也。宋曹勉記：淨慈山寺僧嘗請於錢忠懿王，求塔下金銅羅漢像。王夢十六大士從師而行，與所請符，遂如所求，歸於寺僧。則未知是其全塔否也？此是全塔，四面連頂，爲朱石君閣老所得，石君已進入秘府矣。予篋亦有此拓本，而錢梅溪爲忠懿裔孫，復訪其式，造墨以傳之，皆足資藝林詩話者耳。

跋延年益壽瓦

安邑宋明經芝山遊秦中，得古瓦，其文曰「延年益壽」者，形質朴古。其書「延」爲「乑」者，延从㢟，丿聲。㢟从廴。廴从彳引之。《方言》：「延、永，長也。凡施於年者謂之延也。」廴从彳引之，彳象人脛三屬相連，故以廴爲久。非知六書者不能作也。❶乾隆四十七年歲次壬寅，中秋日，宋君持以爲贈。拓其文，裝予册而記之。

跋宋拱聖虞候記

右印文曰「拱聖下十都虞候朱記」，背云「端拱二年四月鑄」。《宋史・兵志》：「拱聖：指揮二十一。京師。乾德中，選諸州騎兵送闕下，立爲驍雄，後改驍猛。雍熙四年，又改拱辰。未幾，改今名。」熙寧六年，併爲十六。又曰：「驍猛：指揮四。尉氏四，❷太康一。舊號驍雄，太平興國中改。雍熙四年，以拱聖年多者爲拱辰軍，其次等者如故。景德四年，以拱聖年多者隸之。」又曰：「禁軍將校，則有殿前司都指揮使、副都

---

❶「非知六書」，稿本作「非深知六書之旨」。

❷「四」，《宋史》作「三」。

指揮使、都虞候各一人，諸班直都虞候，諸直都虞候。馬步軍，每軍有都指揮使、都虞候，各以其職隸於殿前司。」此印蓋在雍熙改名之後，而在景德升隸、熙寧改併之前也。

跋建武泉范

建武泉笵，以今等稱之，重十二兩。以建初尺度之，厚六分五厘，面深三分五厘，底深一分五厘。其中列五銖泉，正、背合四枚，徑一寸。底云「建武十七年三月丙申太僕監掾蒼考工令通丞或令史鳳工周儀造」，凡二十七字，篆初變隸者也。七字微蝕，與《卒史碑》七字正可相證。是年三月丙申朔，建武五銖初復在十六年也。昔張芑堂摹自丁龍泓齋，誤以「十七年三月」作「二年二月」，又誤以「丞或」訛作「齊國」。蓋此笵久蝕難拓，何夢華亦於龍泓齋拓之，而尚未免微誤。積三十餘年未能考定者，今乃得於友人齋借來詳辨釋之。

《考古圖》大官銅錬，欵篆云「建武十九年工伍舉造考工令史由丞或令通主太僕監掾蒼省」，正與此文相合。彼文先造後省，此先省後造也。太僕監掾者，太僕所屬，特監考工之掾，《漢志》無之。蓋考工令、丞屬於太僕，而司馬氏本註及《漢少儀》皆未載監掾之員，則或其時偶置此兼省之職，而後省併歟？亦猶《夏官》太僕所屬稾人掌受財於職舍以齎工之遺意也。❶銅錬言省，而此不言省者，從監掾敍下，其文可省

---

❶「舍」，依《周禮》當作「金」。

也。此則足以補《後漢書・百官志》所未詳，又不特疑文爲東京最古之蹟矣。留吾齋三日，審拓賦詩而還之。

北京大學《儒藏》編纂與研究中心 編

《儒藏》精華編選刊

〔清〕翁方綱 撰

吴振清 校點

北京大學出版社
PEKING UNIVERSITY PRESS

復初齋文集卷第二十

大興翁方綱撰
門人侯官李彥章校刊

跋窆石字

禹陵《窆石銘》，趙氏有録無説，其目云「漢順帝永建元年五月」，而今拓本不可尋其年月矣。篆略可辨者，「□符乾象，并[illegible]天文」二句，是四言銘詞也。前後稍露數字，云「[illegible]□王石」，又云「真□元黃」。大約略可見者甫及四行，其行幾字則不可知矣。左有八分書一行，云「會稽令趙與陞來遊，男孟握侍」。右有小楷識語一段、七律一首。其識語不知幾行，大略云：「從事郎與□禹陵賦此詩以紀盛□。」詩曰：「□雨□風無□日，□□□見聖躬勞。旨酒□□□□氣，梅梁通海作波濤。至今遺跡衣冠在，辶夜空山鬼魅號。欲覓□陵尋窆石，山僧爲我翦蓬蒿。」其旁復有題字二行，云：「員嶠真逸來遊。皇慶元年八月八日。」員嶠真逸者，元集賢學士河東李倜也。何義門云：「窆石，當作窆窒。」窒即室字，然此石刻詩已作窆石，則其稱《窆石銘》久矣。庚戌春，於曲阜宿顔六運生家，見此拓本。至濟寧宿黃九秋盦衙齋，又見一拓本。俱攜以北歸，欲跋數語，其後而以于役瀋陽，緘篋中者半年矣。今日秋盦有書來，始開視之，粗爲書跋如此。冬十月廿二日。

書洪文惠石鼓題跋

洪文惠跋岐陽石鼓云：「念昔登詞科時，實賦成王蒐岐頌於此，蓋拳拳焉。」攷洪文惠紹興十二年壬戌試博學宏詞科，入選。爾時應試居臨安，而遠想鳳翔之古蹟，此蓋深有見於《春秋傳》「成有岐陽之蒐」一語而爲是頌。其識過於昌黎遠矣，而從來撰石鼓攷者，皆不知有文惠此文，何也？愚竊撰石鼓攷，乃專以《春秋傳》椒舉之言爲信，惟董廣川與洪文惠此文可爲證據爾。

跋石鼓研

石鼓研一，高三寸，圍尺七寸，逕五寸三分。圍刻甲至己，面庚辛，背壬癸。面池前「内府之寶」九叠文印，背中陷處分書「石鼓」二字，下摹商鐘「子子孫孫用之協相」八文以銘之，下小楷「東海顧從義摹勒上石」九字。

按《松江府志》，顧從義字汝和，上海人。嘉靖中選善書者，入直，授中書舍人，直文華殿。其摹勒諸帖，有淳化閣帖釋文、十七帖、張旭煙條帖、右軍蘭馨帖、玉泓館蘭亭諸種。此研有内府印，❶知是從義直文華殿以後所摹也。十鼓之文，皆與今本無大異，惟辛鼓首「工」字，諸本所無。今日拓辛鼓者，以其無字，率用

❶「研」，原作「碑」，今據稿本改。

紙麄搨，四邊不具，無從而知其首尾矣。昨予司業成均，手剔諸鼓，以水洗之，數日而後，命工精拓。其辛鼓之首，果隱隱有「工」字。今不數日間得見顧氏此刻，竟與相符，是亦文字之緣，爲從來著録家所未見，且足見顧氏是的據舊拓本摹入研者。此鼓就此研所有者已有八行，而吾子行直云五行，朱竹垞、許實夫皆沿其誤，亦可以此正之。千年之疑，一旦豁然，快何如也！爲裝硯文於册，併記以詩而歸之。

書萬季野石鼓文辨後

近人萬季野、全謝山，皆辨石鼓文非成周，而萬氏主西魏尤力，且以蘇綽《大誥》文體推之，謂即大統十一年十月之事。按《周書·文帝紀》：大統八年十二月，魏帝狩於華陰。九年十月，大閱於櫟陽。十年十月，大閱於白水。❶十一年十月，大閱白水，遂西狩岐陽。十三年冬，又狩岐陽。蓋獮狩之事，數年間頻舉之，不當以是年執蘇綽文體以定之也。且史於出安定登隴之刻石則書之，而此刻顧不書，何也？然此皆不足以斷其必非是年之作，而予更有説者。

鼓文云「日維丙申」。西魏文帝大統十一年，即梁武帝大同十一年，《通鑑》是年十月有己未，又有乙未。以是年正月有丙申、二月有庚申推之，則十月當有己未而無乙未，「乙未」上當脱「十一月」字，則此丙申是十一月矣。魏都地寒，而鼓文有霝雨之章，其非大統十一年狩岐陽之所作明矣。況北朝奇字，與此篆迥不相

❶「白水」，原作「泉」，今據稿本及《周書》改。

同。即魏、周之碑如趙文淵書，最其古勁者，今以較此鼓文，奚啻古今之判乎！大統去唐初財七十餘年，杜子美生先天、開元之際，碩儒舊聞猶有存者，陳倉石鼓之訛，慨其失真，而其物之古不必言矣。若李吉甫《元和郡縣志》引蘇勖之言，謂虞、褚、歐陽共稱古妙，而萬氏駮之，以爲勖與褚亮同列，不當藉遂良言爲重，謂其語是後人假託。此又不然。褚登善爲張燕公書《枯樹賦》，在貞觀四年，已爲當時巨卿所重。蘇勖紀事之文雖不可見，然曰「紀事」，則非述古之辭，而況第稱褚氏，不言遂良，唐徐嶠之父子亦嘗並稱，是所謂褚者，安知非褚亮哉？抑又安知非亮、遂良父子交稱之，而以褚氏該之哉？此一條，特偶據《元和志》耳。而歐陽永叔謂隋唐書籍，當時必猶有所見，而今不之見者，則又烏可以妄逞胸臆議韓子乎哉？

或曰：此數説者，雖足以辨所稱西魏、後周之失矣，而猶不足以塞議者之口。則萬氏、全氏皆以天子不當親漁爲辭，其言得禮之宜，烏從而辨之？予曰：是亦有説焉。《周頌》曰：「猗與漆沮，潛有多魚，有鱣有鮪，鰷鱨鰋鯉。」曷嘗不極言岐周之水椮魚之多哉！顧其所議者，在「君子漁之」一句耳。然鼓文原無此字，惟今日朱錫鬯《石鼓考》始於第二鼓大書曰「鰋鯉處之，君子漁之」。舊本無是也，惟薛尚功摹本乃有此句。或又傅會之，曰籀文「漁」从寸，而薛本从又，非从寸也。藉使元有此字，亦未必是「漁」字。而況薛本之不可信，真僞雜糅，顛倒訛舛，蓋不識字而欲攷古者，其貽誤非一也。而朱錫鬯獨毅然信之，執薛尚功之本遂以爲石鼓定本。而萬氏、全氏之起而議之，則又皆據朱所從薛者，而未嘗以篆文一一甄定之也。雖其上下皆言多魚，而此句有闕文，即不可以天子親漁言矣。今日言六書，止宜就小篆言之。其牽大篆以附合之，與其必執石鼓爲大篆者，皆一隅之論也。故歐陽子但曰「吾信退之」而已矣！

跋嶧山碑

右嶧山碑舊本，朝鮮進士金秋史寄贈，日本國所重刻，云相傳爲棗木傳刻以前本。按杜詩「棗木傳刻肥失真」，特以對照「書貴瘦硬」言之。此本近瘦，故有「相傳棗刻以前」之説，實則棗木之肥，已無可考。宋董廣川所見嶧山殘刻，云氣質渾重，亦不言何時之本也。楊東里、都南濠皆言世傳有七本，愚僅見其四耳。惟元祐八年嶧陰堂重刻本與此日本舊刻悉合，此蓋元祐本所從出，則亦是唐以前摹刻本矣。以陝本徐、鄭所傳摹者校之，此尚有勝於、徐鄭本處。昔吾友錢辛楣據《説文》嶧山本「汥」字疑徐本之誤，然《説文》徐所校訂，豈有不知其秦刻從「水」者，而徐本乃作「攸」，亦正與此本同，則可驗唐以後重刻嶧山碑，「攸」字皆从亻，不从水矣。許慎所見嶧山石刻，「攸」字作「汥」，是必秦刻古文如此。則杜云「肥失真」者，未必盡以字肥之失言之。李斯焚書，而所作《蒼頡》七章亦澌滅無傳，其孰從而核之？

跋永樂大典嶧山碑本

《永樂大典》摹本，即淳化四年鄭文寶本。而跋内「廣」下缺一字，與今陝拓本正同。然都元敬《金薤琳琅》「廣」下是「求」字，則豈元敬所見是未泐以前本，而《大典》所摹在後耶？然《大典》本視今本筆畫不同者凡十餘字，就其中一二伸縮小異者，尚不過摹刻之失。至如「辭」字，右邊「辛」字，下一横畫並不上屈，而今陝本乃與上一畫同作上屈，此則足正陝本矣。未知《大典》所據是何本也。辭从辛；辛从辛，从一；辛，从

二、从干；干，从反入，从一：則似「辛」字之中畫亦不應上屈。然童、妾、丵、業諸字，皆已變一爲凵，則「辛」字中畫之上屈不足異，而其下畫則不應再屈矣。「羣臣從者」「者」字無右筆，《大典》與陝本同，而鄒縣本、江寧本皆不然。據其後「者」字、「著」字皆有右筆，何獨此字無之？此則陝本摹失，而《大典》本仍之者耳。篆至此碑不可謂小，而猶有摹失者。若「强」「號」「獻」「流」諸字，中間牽連，竟不成字，而世人流傳，不以爲怪，所謂有功字學者安在哉？

跋秦篆譜

宋汶陽劉跂斯立《泰山秦篆譜序》云：「《史記》載秦始皇帝及二世皆行幸郡縣，立石刻辭。今世傳秦泰山篆可讀者，惟二世詔五十許字，而始皇刻辭皆亡，莫可復見。宋莒公鎮東平日，遣工就泰山摹得墨本，以慶曆戊子別刻石作後序，止有四十八字。歐陽文忠《集古録》亦言：『友人江鄰幾守官奉高，❶親到碑下，纔有此數十字而已。』余以大觀二年春登泰山，宿絕頂，訪秦篆，徘徊碑下。其石埋植土中，高不過四五尺，形制似方而非方，四面廣狹不等，因其自然，不加磨礱。所謂五十許字者，南面稍平處，人常所摹搨，故士大夫多得見之。其三面尤殘缺蔽闇，人不措意。余審觀之，隱隱若有字痕，刮摩垢蝕，試令摹以紙墨，漸若可辨。自此益使加工摹之，然終意其未也。政和三年秋，復宿嶽上，親以氈椎從事。校之他本，始爲完善。蓋四面

---

❶ 此句，《集古録》卷一《秦泰山刻石》作「余友江鄰幾謫官於奉符」。

周圍悉有刻字，總廿二行，行十二字。字從西南起，以北、東、南爲次；西面六行，北面三行，東面六行，南面七行，其末有『制曰可』三字；復轉在西南稜上。每行字數同，而每面行數不同。其十二行是始皇辭，其十行是二世辭，以《史記》證之，文意皆具，計其缺處，字數適同，於是泰山之篆遂成完篇。宋、歐二公初未嘗到，惟憑工匠所説，人遂以二公爲信，故不復詳。余既得墨本，并得碑之形制以歸，乃爲此譜。大凡篆字二百二十有二，其可讀者百四十有六，今亦作篆字書之；其毀缺及漫滅不可見者七十有六，以《史記》文足之，注其下。譜成，揭壁間，久幽沉晦之跡，經千三百餘歲而復彰也。」

又董逌《廣川書跋》云：「泰山篆，秦相李斯書。始皇詔刻其三面，二世詔在其陰。今石南面爲二世詔，始皇詔乃在北、西、東三面。蓋石仆而後人起立之，以其一面稍完，故立之南鄉也。」又明吴同春《遊泰山記》云僅存劉所云之半。其後北平許□於岱頂榛莽中僅得二世詔二十九字殘石，嵌置碧霞元君廟東廡壁，至乾隆五年六月燬於火矣。

此篆惟賴譜以存其概，而劉斯立此譜，惟賴宋廬山陳氏甲秀堂帖所摹得傳於世。甲秀帖跋語又已泐損，無有知是劉譜者。漢陽葉志詵東卿手搨其文，重勒於石。予爲詳記原石位次於篆之上列，并改正甲秀所摹釋文「制曰」一行出格之誤。後有攬者，得以攷焉。

跋泰山秦篆後

董廣川云：「陲于後世，史作『垂于後世』。陲爲邊陲，若垂後世，則當作垂。《説文》甚辨，慎不應爾。」

今檢《説文》「𨺅」字下云：「磊也。」「𠂹」字云：「艸木華葉𠂹，象形。」徐氏《繫傳》及《玉篇》亦然，惟《廣韻》「陲」字下云：「邊也。《説文》：危也。」「垂」字，則引《説文》曰：「遠邊也。」《集韻》同此。此可見許氏本訓，無阝旁者乃是邊境之字，其有阝旁字乃是危墜之字。正與秦篆相合。董氏又曰：「許氏《説文解字》本於秦篆。」斯言爲不誣矣，顧其所謂「《説文》甚辨」者，蓋許氏必以从𨸏爲危墜之義，尚有餘文，爲徐氏所删耳。至於《玉篇》亦删之，獨賴《廣韻》以存許氏之舊。學者可勿深攷耶？

跋琅邪臺秦篆

琅邪臺秦篆，世皆稱存十行耳。予以壬子夏按試青州，訪諸學官弟子，此篆刻在諸城縣海濱懸厓，極難拓。有段生松苓善氊蠟，諾爲予拓之。時以夏秋，海水盛長，不可往。明年予北歸，以語學使阮梁伯。至甲寅夏，阮公寄來者，前後凡得十三行。今見孫觀察所拓者，前後凡十二行，皆較世所行拓本有前後多出之字。而拓手又精審不苟，信可寶也！

昔歐陽文忠謂「麻温故學士於登州海上得片木，即杜氏所謂『棗木傳刻肥失真』者」。此乃以杜之言繹山者例之罘刻耳，非謂繹山碑也。之罘刻今不可見，惟汝帖存其殘字十四，則實過於肥也。然杜詩此篇以「書貴瘦硬」爲説，蓋對「爾日開元、天寶間，競尚肥濃之習」言之。其實棗木刻之失真，亦不僅失在肥耳。而近日王篛林乃專主篆貴瘦之説，嘗見虚舟作篆，雖至逕數寸外之字，亦以細瘦爲主。夫所謂行筆如蠶吐絲者，惟古刀布文有之，後人摹印有鐵線一種，即其遺法。若鐘鼎欵識所摹漢器，亦有字展大而仍用鐵線者。

此篆學希古之式，學者不可不知，然必以此爲篆書之定式則非也。

愚於周石鼓、秦琅邪臺皆得精拓，就原畫未經鑿寬者，以今衣工尺度之，則石鼓畫寬一分，琅邪畫寬一分二三釐。其之罘篆在汝帖者，雖經重摹，然尚非徐、鄭輩重書可比，❶亦約寬一分五釐許。然則字愈大，則畫因之加肥，章章明矣，必無專執細瘦以爲式者也。新出精拓之琅邪臺篆，多是益都段生手拓者。不惟前後有多出之字，而畫痕亦極明白可辨。及此先秦書家真影披露之時，得以詳攷古人篆勢，其灼可憑信，倍勝於空言辨論者爾！

又跋琅邪臺秦篆

琅邪臺秦篆，今日拓本僅存中間十行耳，其末「制曰可」三字，與前「五大夫楊樛」一行，已久不可辨。即近日錢竹汀詹事深於攷訂，而其《潛研跋尾》已訛爲「楊滲」，信此一行之難辨也。今芸臺詹事精拓本，并其前「五大夫趙嬰」一行又得其首二字，則著録家所未嘗見也。披覩爲快，題而歸之。

跋秦篆二首

秦刻之罘殘字十四，在汝帖第三卷，其末二字失去左半，蓋因原本泐也。此即歐陽《集古録》所謂秦篆

---

❶ 此句下，稿本有「以前説度之」一句。

遺文者。歐陽云二十一字，此又失其七耳。歐陽云：「或謂麻温故學士於登州海上得片木，有此文，豈杜甫所謂『棗木傳刻肥失真』者邪？」按歐陽此語，乃以杜公之言繹山者例此耳，非以之罘誤爲繹山摹本也。趙明誠駮之，亦未審爾。

泰山、琅邪、之罘三處秦刻，所存皆二世詔文耳。而世傳徐、鄭所摹繹山碑文獨具全，何哉？歐陽公云：「余家集録，别藏泰山李斯所書數十字，以較摹本，則見真僞之相遠也。」此語當爲定據。

宋大觀間，汶陽劉跂斯立親至泰山絶頂，見碑四面有字，乃模以歸。文雖殘闕，然首尾完具，不可識者無幾。於是秦篆完本復傳世間矣。以《史記》本紀考之，頗多異同。史云「親巡遠方黎民」，而碑作「親軏遠黎」。史云「大義休明」，碑作「著明」。史云「垂於後世」，碑作「陲於後嗣」。史云「皇帝躬聖」，碑作「躬聽」。史云「男女禮順」，碑作「體順」。史云「施於後嗣」，碑作「昆嗣」。史云「具詔書刻石」，碑作「金石刻」。皆足以證史氏之誤。碑既出，斯立模其文刻石，自爲序，謂之《泰山秦篆譜》云。右見趙明誠《金石録》跋語，即今所存二十九字在嶽頂碧霞元君廟東廡者也。碑出於大觀間，則此刻入雜帖者，又在南宋已後矣，故其中又闕數字耳。

跋孔君墓碣

右漢孔君碣，在孔林中。其額題「孔君之墓」，文已殘闕。其前云「元年乙未」，而「元年」上闕二字。按東漢自建武已後，惟桓帝永壽元年歲次乙未，其他有三乙未，皆非元年。然則此碣所闕二字，當爲「永壽」也。

跋紀信碑

右紀信碑，僞周長安二年范陽盧藏用撰文并書，爲縣令會稽孔祖舜作。碑在滎澤縣，見於趙明誠《金石録》及陳思《寶刻叢編》。《叢編》題云「周立漢太尉紀信碑」，而近日于奕正《天下金石志》題云「漢紀信祠碑」。今觀此拓本，前無題目，而其文則表於墓者也。信之不侯，昔嘉定陶庵黄先生嘗著辨，以爲古者未有追賜爵之禮，但封其子爲徹侯，或史佚其名，或封而未幾國除。此則當存其説，以俟攷者也。趙有目無跋，碑内以「熒」爲「滎」，「僨」爲「奮」，「亨」爲「亯」，「侚」爲「殉」，❶「謨」爲「謀」。據趙云尚有碑陰，當訪之。

---

❶「殉」，稿本作「珣」。

跋甘泉山寺石刻字

儀徵阮中丞於甘泉山寺得四石，石有文，曰「中殿第廿八」，又云「第百卌」，餘不可辨。太守伊公拓寄示予。中丞據舊志有漢厲王冢，按廣陵厲王胥，武帝元狩六年封，宣帝時坐祝詛自殺。元帝初元二年，復立胥子霸。此文稱「中殿第廿八」「第百卌」，則是胥爲王時自造宫殿有此刻文，非冢中石也。漢刻最在前者，由篆初變隸，有横直，無波策。若東漢之初，永平六年鄐君開石門石刻，亦是未變分隸之字勢，而遜此古勁遠矣。此刻雖無歲月，當與五鳳二年石字並爲西漢古刻無疑。厲王胥自殺，國除，在五鳳四年，則此應更在前，當在昭、宣之間，視五鳳二年石爲更古爾。

跋婁壽碑

豐道生爲華東沙作《真賞齋賦》，云：「《夏承》《婁壽》漢碑，天球河圖比重。」此賦在嘉靖二十八年己酉，正與道生此跋相合。是碑在東沙真賞齋已闕其前四十八字矣，後歸於邵僧彌，又歸顧甝閒，後又歸何義門。有竹垞、義門二跋，今未及摹入也。「州鄰」下一字，洪《釋》所闕，據此作「𧶠」，上半亦不分明。義門疑「睦」之省，恐當是「陸」，即《公羊傳》「賁」字也。金匱錢梅谿於吴門雙鉤此本見寄，未谷欣然爲付劂氏，以視顧南原所稱趙凡夫本，何啻十倍過之！即以作真宋拓本觀可矣。

跋郙閣頌

是碑，諸家皆以爲立於靈帝建寧五年。按建寧無五年，建寧之五年即熹平元年也，是歲五月改元，正月丙辰朔，三月乙卯朔。此刻後尚有一行，「月」上闕字，而趙湖州以爲二月，則是建寧五年二月十八日癸卯也。又因以知趙所藏本，較洪氏多一字耳。小歐陽云「仇紼書」，然其後刻固云「漢德爲頌，子長書頌」。子長，蓋即紼字。而小歐陽以爲不著撰人名氏，則是歐陽氏所藏，想亦闕其後題五行者邪。至趙子函援馬伯循説，以爲蔡中郎書，則又并未見小歐陽之跋者矣。

跋東阿王廟碑

右《東阿王廟碑》，不著撰書人姓名。碑在東阿縣魚山陳思王墓道，開皇十三年立。其書雜用篆、隸，蓋六朝以來習氣若此。「既而」作「既如」，「齊昭帝」作「照」，「其詞曰」作「粤」，「享爵」作「亨」，皆古通用也。「茅」作「茅」，「潤」作「閏」，「瑩」作「瑩」，「丞」作「承」，「蘊」作「愠」，「敏」作「慜」，「遒」作「酋」，則皆借用也。「黄中」作「黄内」者，隋文帝父名忠，時以「中」爲「内」也。此碑從來著録家皆不之及，近日新城王文簡始録其文，❶吾友錢辛楣宫詹爲正其謬，又正碑中誤以「太和四年」爲「黄初四年」，其論皆當。然皆謂碑云「子建薨

---

❶ 此句，稿本作「近日新城王文簡公始全録其文」。

時年三十一」，與傳不合。予今諦審之，則碑是「卌」字，卌即四十也，正與傳合。而云三十一者，未之審爾。

跋雙鉤劉熊碑殘本二首

昔朱竹垞見鄭谷口所藏《劉熊碑》殘本，云存字不及百名；而顧南原謂從寒山趙氏所藏本摹得之，然南原亦不言其文之全否。據所録，「忠貞」下是「竭」字，足以補洪氏之闕，則南原真見拓本者矣。今以江秋史篋中雙鉤本核之，南原所録則筆畫揞拄者凡二十餘字。以隸法論之，皆以此本爲正。以愚意度之，南原所摹自寒山者必非全本，而其餘諸字，特據洪、婁之書載之。婁氏以「不」字誤釋爲「本」，則其筆畫之異何可勝言。顧氏又自謂得自摹本，而中間一一沿襲板本處，遂紛雜莫辨耳。得此雙鉤本，使天下學人復見前人之所未見，況所存字已倍蓰於谷口藏本，何快如之！又按是碑以「豊」爲「豐」，與《華山廟碑》同，而筆法遒逸過之。核之李少温中郎以「豊」爲「豐」之語，證以王仲初「舊見圖經」之句，目爲蔡書，或當不誣耳。

乾隆壬寅，江秋史以所藏舊篋中《酸棗令劉熊碑》鉤本來眎。陸丹叔曰：「何其神似《華岳碑》也！」予笑曰：此吾所以信蔡中郎書也。昔元遺山品坡公詩，既謂精金百鍊，而又憾其百態新者；猶夫竇尚輦品褚書，既謂專精，而又憾其澆漓也。夫褚書，豈得以澆漓目之？能知其正定，則無澆漓之憾矣。而朱竹垞顧以奇古目《劉熊碑》，亦猶之論褚《聖教》過於《孟法師》耳。杜公於漢隸獨推中郎一人，夫豈不知有《禮器》諸碑之妙絶耶！由竹垞之言，則必其吴仲山戚伯著耶？抑專舉淳于長芝英體以概蔡書耶？學古不衷諸實際而陳義甚高者，皆此類也。即此鉤本與舊拓本詳對，拙題二詩：一則曰筆正，再則曰影定。知其正定，則奚以奇古論乎。隸變篆之圓，而開正楷之式。後人顧以米、董專趨行書，漸且破觚爲圜矣。慎之哉！丙子十月，方綱又書。

跋華岳廟碑

癸丑冬，始獲見宋商邱所收王長垣宋拓本。十二月二日，從陳伯恭侍讀借觀於寶蘇室晴窻下，橅搨五日而還之。視余二十年前雙鉤王山史本，形較減削而神逾腴厚矣。昔年桂未谷自曲阜借得金冬心所鉤摹一本，即從此出者，而《春秋傳》「傳」字竟誤作「使」，予竟誤據以付伯恭鋟木。若非今親見之，悔曷由追耶！宋漫堂雖自云闕十字，然實與洪録無異，即謂一字不闕可耳。四明本雖有唐、宋題字，然「元豐」「元」字已泐，信知此爲海内第一本矣！

跋宋拓夏承碑

往甲午夏，得見吴山夫雙鉤本。戊戌夏，又得見王篛林雙鉤本。皆稱得自楊景西明府，有豐道生跋，畢既明亦從此鉤得者。今是本果有豐道生手跋，并楊繩祖景西、畢宏述季明印。季明，一字既明也。其爲山夫、篛林雙鉤本所從出無疑。其闕三十字，與山夫鉤本同，而篛林鉤本此三十字乃具在，則篛林跋中所稱「又見何義門、胡玉笥本」者，其存闕同異，亦未之詳也。

後有「蔡邕伯喈書」字而傅會者明矣。按洪文惠《隸釋》，初不云中郎書。翁林跋則援《隸續》語，謂非出於本碑者，皆不足信。蓋其指爲中郎書者，一出臨汝帖，一出王秋澗集也。而是本後豐道生跋，亦遂斷以爲伯喈芝英體。是皆不因廣平重刻本

予嘗平心論之，漢隸皆無書人姓名，何從得出於本碑者而信之乎？至於中郎之蹟，在東京最爲有名，則諸碑中自宜多有其法。如中郎《隸勢》云「修短相副，異體同勢。奇姿譎詭，靡有常制」，又竇臮《述書賦》云「棨戟彎弧，星流電轉」，皆與是碑相合。又李陽冰云：「蔡中郎以豊同豐。」予又嘗以「克」字有點證《華山碑》與是碑合。則以是碑目爲中郎書者，未必皆無稽之談也。至於「芝英體」之説，則洪引庾元威語，謂爲其間之一體，初未嘗定指爲芝英也。攷庾元威《書論》，有「屏風百體，間以朱墨采色」，不著其狀。是碑體參篆、籀而兼開正楷之法，乃古今書道一大關捩，豈可以元威所名「百體」者名之乎？

豐跋所云「中父」者，華夏字中甫，别號東沙，無錫人。豐道生嘗爲作《真賞齋賦》，云「《夏承》《婁壽》漢碑，《樂毅》《東方》晉刻，牙籤錦笈以爲藏，天球河圖而比重」者是也。賦後題云「嘉靖二十八年，歲在屠維作噩，月在鶉火之次，日在參前。進士天官尚書郎、南禺外史豐道生人叔著」，正與此碑後跋同時所作。然則此本是錫山華氏真賞齋藏本，在當時最爲烜赫著名之蹟。今真賞齋右軍《袁生》諸帖，彪炳天壤，而是碑獨不見稱。即翁林、山夫，亦不知其爲真賞齋舊本，良可欷也！徐芳遠名蘭，❶號南塘，鄞人，累舉不第。八

❶「芳」，原作「方」，今據稿本改。

分初法《淳于長碑》，晚年參以己意，時人謂其書與程南雲並馳。都南濠云「徐蘭與豐坊同時，好作隸字，不師漢人，而師宋盧陵、朱協極」者也。

予往年既摹二鉤本，今見此宋拓本，然後知二鉤本皆土木形骸。而其左右倚伏，陽開陰閉之妙，信爲隸書圭臬！其有目爲奇怪者，非知言之選矣。此吴門陸謹庭所藏，不遠數千里持以眎予，爰爲攷論其本末。借臨十日而歸之。予摹此本，今勒石於廣平郡廨。

跋曝書亭所藏曹全碑舊拓本

此本「乾」字未穿，而石已中斷。竹垞跋言「庚戌跋後，越二年，再至京師，從慈仁寺市上買此碑，石已斷且漶漫」者，此其是邪。又云：「更歷數十年，必又歎此爲難得。」以今摩挲先生私印，如遊曝書書櫝間，益信斯言之重有感矣！然竹垞此跋在康熙十一年壬子，去今百有十年，而今日以精楮佳墨洗石而審拓之，尚未至甚相懸絶。此碑明神宗初年出土，距竹垞此跋時，尚未若竹垞至今之久。而云越二年再見，即已斷耶？竊謂此碑出土時，即已微有斷痕，或其最初拓手令人不覺則有之耳。鄭谷口自跋臨本在癸丑，即竹垞跋此之次年。蓋其時諸老所見，皆「乾」字未穿者，是可珍也。同鄉金君介其妹壻趙舍人以是本見贈，舍人云：「此本的是竹垞所臨摹，其里人言之甚悉。」且云：「覃溪得之，不可無跋也。」予媿其意，爲略攷其概而書之。壬寅三日齋宿祈穀壇，歸書。

跋張涵齋藏倉頡碑

是碑立於延熹五年，其以爲熹平六年者，趙氏《金石録》誤以碑上方後人題字爲立碑之年也。吴山夫駮之是矣，而山夫於碑上方數段，又皆未之審也。山夫又駮歐陽公以「郤」爲「衙」，而不知「郤」即「衙」字，隸體之偶變耳。《後漢・地理志》引《皇覽》云「衙有倉頡冢」，❶尤可證也。

自題倉頡碑摹本❷

予以精拓數本對看，始得正、陰兩側之全，併上方隸二段、楷二段，亦皆各識其職矣。小松所見貽褚千峰搨本，尚遺郤碑陰上方隸題及正面上方左邊楷書二段也。

跋魯峻碑陰

是碑之陰，顧南原云：「凡三列，下一列漫滅，存者二列。」吴山夫亦沿其説。然拓本皆止拓其上二列而已，不知其下半段尚有字否。甲辰秋，屬黄小松親至碑下手拓之。其陰高五尺八寸，與碑正面相同，而二列

---

❶「地理志」，當爲「郡國志」。

❷「自題」上，原有「又」字，據總目删。

之下，乃實無一字。著録相沿之不可信如此。此一紙當爲左券矣。舊所稱《魯峻碑》陰者，非此碑陰也，蓋由洪氏《隸釋》誤以他碑之陰目爲《魯峻碑》陰耳。洪氏在南宋時，未得親見此碑也。予於乾隆壬子三月按試至此，親到碑間，題字於其石頂之側。

書陳仲弓碑

陳仲弓凡三碑：其載《隸釋》者，曰《太邱長陳寔壇碑》；其載《隸續》者，一曰《文範先生陳仲弓殘碑》，一曰《司空掾陳寔殘碑》。今刻本《隸續》，止有《司空掾》而無《文範》矣，蓋《隸續》板本又已殘脱也。方綱校正《隸續》，據陳思《寶刻叢編》補入此碑，云：「篆額兩行，穿下數行，僅存最上一字，獨『醇』字瞭然可識。前一行者，其右從月。又前一行，仿佛是『君』字。」此即趙明誠《金石録》所載《陳仲弓碑》也。所謂「前一行仿佛是君字」，亦與《蔡中郎集》云「君諱寔」之文相合。又以《隸釋》證之，蔡集云「許人也」，後亦有「許令」之文，本傳亦作「潁川許人」，是爲可信。而此本乃作「先生諱寔」，又云「許昌人」，又無「醇」字，而餘文與蔡集皆不合；書法亦似以弱筆描畫爲之，無漢隸遒勁之氣，其僞可知矣。蓋作僞者不假彼二碑而獨假此碑，正以三碑惟此碑洪本文闕，在《隸續》第十五卷脱葉之内，使人無可蹤跡耳。益知予之校補《隸續》，不無小補矣。

跋范式碑

今年夏，曲阜桂未谷書來，云：「於歷城郭氏見《范巨卿碑》翦褾本，可辨者三百三十字而已。結體在

《衡方》《韓仁》之間，與漢石經絶不類，李嗣真乃定爲蔡書。無論立碑年歲不符，即筆法亦大相遠矣。」未谷精於分隸，所鑒當不誣。得是札後，寤寐以之。其秋九月，得黄小松自濟寧所寓書，乃知是碑爲小松所得，將託孔户部葒谷使人之便寄京，俾予與同人題之。至其冬十二月，是碑寄至。予既爲響搨一本，又爲補未谷所未辨之字十有一，正洪氏誤字一。「忠諒」洪訛作「志諒」。潛心坐卧其下者三日，而知未谷之鑒弗確也。

蔡中郎卒於初平三年壬申，是碑立於青龍三年乙卯，相去四十三年。此非他碑在漢末所立可以傅會蔡書者比也，稍有知識者不至謬誤如此。況李嗣真在唐初負藝苑盛名，其肯自蹈於後人之譏議乎？自趙明誠《金石録》始駁嗣真之誤，洪文惠《隸釋》、婁彦發《漢隸字原》，以至近今凡著録金石者，無不以此爲口實。於是未谷又增一語，以爲與石經不類，而李嗣真之謬妄爲千人共掊者矣。予乃取李嗣真《書後品》之文讀之，而知李嗣真不誤，而諸家之誤也。《書品》此條，乃論列梁、蔡、皇、衛諸家之書，其言曰：「《毋邱興碑》云是索書，比蔡石經無相假借。蔡公諸體，惟有《范巨卿碑》風華豔麗，古今冠絶。」詳李此言之意，蓋合同時諸家與蔡相衡校，而漢碑多不著名氏。漢末一時隸法，大都習蔡之體者居多，惟有《毋邱》一碑云是索書。則其意以《范巨卿碑》爲不知何人書可知。其上句云「比蔡石經無相假借」，是專指蔡書石經之一體也，所以下句轉出「蔡公諸體」，謂同時學蔡書者，不止學其石經一體耳。蓋隸之爲勢非一，而蔡之結體，公私鉅細，其應千變，如當時芝英體，亦或以爲蔡書是也。

蔡書之體既非一端，而學蔡書者亦非一人，就其中蔡體之善者，則莫善於《范巨卿碑》耳。此言極易明白，猶之後人品唐碑，亦云歐體、顔體，豈可即指爲率更之書、魯公之書乎？至於石經，本非中郎一手所書。

今石經拓本，又已百不存一。何得以是碑與石經比較也？況即同出一手，而應制莊敬之體，與得意時隨手之變，亦自不同。

予嘗辨《西岳華山》《夏承》《劉熊》諸碑，昔人以爲蔡中郎書者，其言皆非無據。洪氏云：「書家名氏，非出於本碑者，概不足信。」此語若以評唐宋之碑則可，若漢碑，則皆無書人名氏，安得有出於本碑者哉？如小歐陽，於漢刻每條下皆系一語，云「右無撰書人名氏」，不亦贅乎？是碑於勁利之中出以醇厚，而頓挫節制，神采焕發，實高出漢末皇象、梁鵠諸家之上，其目爲蔡體第一者，蓋李嗣真見學蔡之書必多，乃有此折衷之鑒。不特是碑之品目，上下源流，劃然可尋，而蔡書之勢，亦因此可得其圭臬。後來歐陽率更書法之祕，筆筆皆從此碑得之，非深求漢唐之接續者，未易語也。

予嘗謂漢碑自以《韓勑》《鄭固》《孔宙》諸碑爲最，若蔡中郎，雖有名於時，其實在漢隸中非其至者。然此事探原會委，兩漢之書，至中郎而發揮始爲盡致，是以後之稱者尤爲烜赫。而唐人楷隸之祖，實俎豆焉。是碑既見推於李嗣真，則唐賢諸家，當必人人服習者。蓋漢人分隸之形質，至此而皆化爲性情。中郎爲漢隸大家，能借此梯桄以窺見一斑，其於書學或有裨乎！今必謂指中郎書者無所攷據，而彼駮之疑之者，亦何嘗有所考據？不過一倡百和，爲翻前人之語，必欲使漢隸中不許有中郎一撇一拂而後已。中郎何罪而致此耶？自今宜懸李嗣真《書品》之語以爲是碑定評，而予之得見是碑，於千百年書學淵源一大關捩借以發明，不亦大快幸哉！他日見小松、未谷，當面質之。

跋唐公房碑

右《唐公房碑》，在今陝西漢中府城固縣西北三十里。碑無年月可攷。篆額二行六字，其第二行首一字，據《隸續》是「君」字。《隸續》云：「十七行，行三十一字。」與今存本同。其第一行，惟存「故能」二字。末銘一行，惟存「浮雲」二字。中間略可辨者，尚有三百字，惟第十三行，《隸釋》云「天下莫知」，今諦視石本，實無「知」字。洪氏蓋以文義度之，增入「知」字耳。圭首偏右，穿仍在中，第八行首「頃」字，正逼中穿之右。又碑額「唐」字，篆體分明，今《隸續》本皆摹誤也。歐陽《集古録》謂「不載其姓」，豈未見其額耶？唐公房，初見於《水經注》《華陽國志》諸書，《隸釋》所引《後漢書志》，即《華陽國志》文也。是碑拓本甚少，近日顧藹吉作《隸辨》，亦未見此碑。張瘦同舍人拓十紙託友人寄京，而其人見謂模糊，遂毀去其八。舍人以其一贈羅兩峰，此一本乃最清楚者，以見貽，軸而藏之，附以詩。

自跋熹平石經殘字二首

孫退谷跋所藏漢石經殘字，云：「宋初，開地唐御史府，得石經十餘石。」又：「嘉祐中，居民治地，得碎石，洗視，乃石經。此本蓋彼時所拓也。」何義門云：「退翁所藏，乃越州石氏模本，今在華亭司農家。」司農者，王儼齋也。按黄長睿《東觀餘論》云：「漢石經在御史臺，年久散落，好事者時時得之，若騏驥一毛，虬龍片甲。今張燾龍學家有十版，張氏壻家有五六版，王晉玉家有小塊。洛中所有者止此，予皆得其拓本。《論語》末題云『詔書與博士臣左立郎中臣』，『書』上、『臣』下皆缺。此乃當時所刻，字畫高古精善，殊可寶重。」又洪文惠以所得石經鐫於會稽蓬萊閣，《論語》末有「詔書與博士臣左立郎中臣孫表」云云。予初見黄秋盦所得《般庚》五行及《論語》二段，以爲即退谷所藏漢刻殘本。其後見孫淵如所得石經殘字《般庚》《論語》，有退谷手跋，據以補《般庚》之末，而其字畫，實在秋盦所得本下。乃知何義門謂是宋越州石氏本，而退谷信以爲漢刻耳。又錢棵溪所得《論語・堯曰篇》四行之下半，正與秋盦所得《堯曰篇》四行之上半紙墨接合。今合前後十三段裝册，詳審定之，《論語》末段「左立」下無「孫表」字，與洪氏蓬萊閣重刻者不同，《詩》《禮》亦頗與洪所得異。且其筆法在越州石氏本上。此取前後選集十三段，竟即是黄長睿所稱張龍圖、王晉玉之本。今就棵溪所精勒者，正是漢刻之嫡傳真影無疑也。吾齋中與友研論此事，至今三十七年，始克裝册。而其爲漢講堂之真蹟益信，安得不記。

又跋

漢《熹平石經》，止有隸書。魏《正始石經》，則古文、篆、隸三體書。此一字經、三字經之曉然無疑者。錢辛楣辨萬季野據《後漢書・儒要傳》「熹平四年，❶詔諸儒正定五經，刊於石碑，爲古文、篆、隸三體書法，以相參檢，樹之學門」，蓋范史因太學有魏三體石經而致誤。今日漢隸尚有殘本摹傳，而魏三體之文亦見於

---

❶ 「熹」，原誤作「嘉」，據《後漢書》改。

洪氏《隸續》，則漢一字石經，魏三字石經，昭如日月，不待辨矣。而《後漢·儒林傳》此語，究啟學者之惑。錢辛楣此説，直斷范史《儒林傳》爲誤筆，亦足一洗諸家歧説耳。

復初齋文集卷第二十一

大興翁方綱撰

門人侯官李彦章校刊

跋王稚子闕

王稚子闕，洪氏《隸續》所録凡三見，其第五卷、第十三卷皆各爲之圖：一圖其闕式，一圖其畫像也。又其第二卷别出雒陽稚子一題，云「右『先置雒陽稚子』六字，其大小與王稚子闕相若，而波磔不越乎規矩之外，亦刻於稚子闕上，但殘闕不具，無先後之序。」愚按：此六字即其額也，不應别出一題。其「置」字，蓋即「靈」字之誤耳。

又新城王文簡《秦蜀驛程後記》，詳録闕上題記之文。按文簡此記，作於康熙三十五年丙子，在黄子羽爲新都令倩工拓碑後之五十三年。而其時不但雙闕具存，且闕上所刻人物、象、虎、海馬、獅子之形，及逐層後人題記之字皆無恙。則黄子羽作令時其完好更可知已。此拓本漫滅太甚，蓋出於拓工之鹵莽，且其上數層之文皆不拓，誠可憾也！然洪氏所得拓本，又在黄子羽之前五百年，而已誤「靈」爲「置」，則其石泐已久又可知也。前年，門人陳和軒爕觀察以拓本相寄，則僅存雒陽令一闕及陰之二半行耳。❶ 然其拓法清楚，轉勝於此本，以是歎善本之難得。而此册則雙闕具存，爲尤可貴也。予既重感秋庵所獲之不偶，因爲臨前人題字於後，而附系以詩。

題宋本汝帖第二卷天禄辟邪字二首

此「天禄辟邪」四篆書，乃吉成侯州輔墓獸膊上字。其「天禄」二字視「辟邪」二字差大，詳見趙明誠《金石録》中，非宗資也。今日有石本，乃從汝帖既泐之本摹出者，失真甚矣。摹刻本其「邪」字，「牙」内作「冈」，蓋從汝刻泐本摹以致悮。予以宋本對勘始知之。趙明誠當北宋時已云石爲村民所毁，猶賴此汝刻存其真耳。「邪」字，今石本竟大謬矣。

州輔，宦官耳。今日重刻「天禄辟邪」，字在宗資墓上。宗資、州輔二墓，俱有此石獸膊上四字，又同收於趙氏録中。汝帖以石獸字下即接蔡書十隸字。蔡書此十字，實是州輔碑；且州輔墓之四字，「天禄」字稍大，又其明證。是以予考定此汝帖四篆，是州非宗也。然重刻於石，却據汝帖所題，以爲宗資，不以爲州輔。不使此篆屬諸宦者，何不可乎？况宗資墓石獸字，趙未詳定，安知其非是耶？此則不加改正，於義無傷者也。

---

❶ 「及」下，稿本有「闕後」二字。

跋東漢仙集字石刻

「漢安元年四月十八日會仙友」，兩行，十二字，隸帶篆勢。旁正書「東漢仙集留題洞天」八字。孫退谷《庚子銷夏記》云：「余於故侯吴國華家得此，書法妙甚，其事雖未可信，然非漢人手筆不能也。未審石在何所，亦未見他書載其事，存之以志異聞而已。」予按：此刻惟見於關中來濬《金石備攷》，在四川簡州逍遥山石窟。而王象之《碑目》於蜀碑最詳，亦未之及也。漢安，爲順帝改元壬午之歲。所謂「仙友」者，蓋道流之詞。存以備漢隸一種可耳。

跋鄐君開石門刻字

磨厓刻，凡可見者十六行，文云：「永平六年，漢中郡以詔書受廣漢、蜀郡、巴郡徒二千六百九十人，開通褒余道。太守鉅鹿鄐君，部掾治級王弘，史荀茂，張宇、韓岑弟典力晏釋「功」。作。太守丞廣漢□楊顯將相，用□始作橋格六百卌二，大橋五，爲道二百五十八里，郵亭驛置徒司空，褒中縣官寺并六十四所，□似是「最」字。凡用功七十六萬六千八百□人，瓦卅六萬九千八百。」以上凡一百廿三字，泐者四五字而已。文字刻畫之見於世者，自周岐陽十鼓、秦岱頂二十九字及琅琊臺篆、漢五鳳石刻、上谷祝其卿壇石外，❶其真蹟

❶「及琅琊臺篆」，稿本作「秦琅邪臺十九字」。

長篇託於石者，未有古於是刻者也。至其字畫古勁，因石之勢，縱横長斜，純以天機行之，此實未加波法之漢隸也。

宋紹熙甲寅，帥章德茂始得此刻，故婁氏《字原》載之，而《隸續》不及載。宋晏袤紀其後云「凡一百五十九字」，蓋今拓本有所未盡耳。晏記拓本前隱隱有字，蓋晏所釋也，是其釋文之末一行，云「□千四百餘□粟□□九年四月成就益州□□東至京」。以下拓本所無，不可知矣。據此，一行至二十二字之多。則其前尚有幾行，亦不可知。然其字特小，恐是永平六年一段後，又有九年記其成功一段耳。錢獻之謂「始於六年，成於九年」，是矣。而謂「前後皆刻於九年」，亦未然也。「橋格」即「橋閣」字，然「閣」字本非其義，「格」則枝架之名，此「格」字當爲正也。鄐君，不著其名。《廣韻》：漢有東海太守鄐熙。《古今姓氏書辨證》云：「因官居焉，望出東海者也。」晏袤記云：「此碑先《巴官鐵盆銘》一歲。」按《隸續》：「《巴官鐵盆銘》，永平七年作。」則此爲六年無疑矣。而婁氏《字原》據此記之後段「九年成就」云云，以爲永平九年立。然晏記云刻於永平六年，此則可據者也。

晏釋此刻文，誤以「世」爲「廿」，又引《楊孟文頌》「出散入秦」之句，誤以「散」爲「𢾺」，其文又誤以「𢇍」爲「𢇍」。而此記及魏景元刻後一記，又皆誤以石厓附刻之文稱爲碑陰。不知文内已明言厓刻，厓刻本不當稱碑，而況可稱陰乎？又由紹熙甲寅上推至永平六年，正一千一百三十年，而此云千一百三十三年，亦未合。此皆其作記時未嘗精審，或啟人疑者，故不可以不著。

跋魏晉開通褒斜石刻

此刻前一行、後三行，皆隸書，紀於褒谷厓上，後有慶元元年南鄭令臨淄晏袤釋文。并記云：「潘宗伯、韓仲元記造橋閣，十九字，其『泰』下一字不顯，至『此』下三字又不能識。漢魏兩晉以『泰』紀年者凡七，惟魏明帝有泰和六年，晉武帝有泰康十年，餘皆一二年，或四三年。則此爲魏泰和六年也。是歲蜀建興十年，❶諸葛亮休士，作木牛流馬，故魏得入褒谷治橋閣矣。」

愚按：諸葛武侯以建興九年復出祁山，以木牛運糧，大破司馬懿，射殺張郃。其時武侯屢脩斜谷之道，豈有魏人得大書年號於其厓石者？况魏明帝「太和」、晉武帝「太康」，皆是「太」字，非「泰」字。今諦審此石刻，隱隱尚微有畫痕，確是「始」字，非「和」字也。晉武帝泰始六年，則西路通闢已久，治此石道，爲理之可信者。王象之《輿地碑記目》有《太康元年興元新路記》，亦去此不遠，皆可補史傳所未及也。蓋石上先有景元之題，而潘、韓復題於其右耳。晏釋以爲皆魏刻，非也。

跋楊淮表紀

此文亦刻於褒斜谷厓者，不得謂之碑，文尾明言表紀，是也。洪氏《隸續》云：「同郡下玉過其墓，爲勒

❶「十」，原作「六」，今據稿本改。《三國志》亦作十年。

此銘。」按此刻與楊孟文《石門頌》皆刻於石門之厓，其云「黄門同郡卞玉謁歸過此追述勒銘」者，當即是過石門之地，見楊氏開通石路之刻，此刻在王升爲楊孟文刻頌之後二十六年。有感而詳記其門閥，非過墓之謂也。「勒銘」「銘」字亦是指乃祖開石路之頌言之，此文初非銘也。洪氏誤以爲過墓，宜其題曰碑矣。洪氏所闕一字，今諦審是「三」字。文凡七行，字勢參差古拙。「隸」即「隸」之省，「牟」即「侔」之省也。

跋魏石門銘

右北魏《石門銘》，永平二年正月卅日，梁秦典籤太原王遠銘并正書，文凡二十六行。其云「梁秦初附，正始三年，詔假節龍驤將軍督梁秦諸軍事梁秦二州刺史泰山羊」者，羊祉也。祉本傳云：「正始二年，以祉假節龍驤將軍、益州刺史，出劒閣而還，又以本將軍爲秦、梁二州刺史。」而《魏世宗本紀》不載其事。此石門之脩，自正始四年十月至永平二年正月畢功，董其役者左挍令賈三德也。碑文與書皆非極工，特其字勢隨石爲之，無排比之迹耳。

跋梁始興安成王墓碑

右梁始興、安成二王墓道碑。歐、趙諸家皆不録，宋張敦頤《六朝事迹》云：「始興王碑，徐勉造，貝義淵書，在清風鄉黄城村。安成王碑，劉孝綽撰，貝義淵書，在清風鄉甘家巷。」昔在康熙辛酉，秀水朱檢討彝尊典江南省試，撤闈後，與周青士篔偕遊，攝山道，見石碑邪立草中。穹碑二丈餘，將仆，人不敢近。周騎驢徑詣其下，讀之，知是劉孝綽所製梁安成王碑。而椎拓之工莫敢措手，觀者亦憚於久立。蓋朱檢討亦未嘗得拓本也，予乃得此拓本并額，惜安成僅存其陰耳！

始興王碑額正書「梁故侍中司徒驃騎將軍始興忠武王之碑」，文凡三十五行，行八十六字。敍事與史本傳合，史云：「普通三年十一月薨。」而碑後半多泐，文後一長行作五層，直書曰「侍中尚書右僕射宣惠將軍東海徐勉造」，曰「前正員將軍張某作」，曰「吴興貝義淵書」，曰「某刻字」，曰「防閤吴興郜元明石」。其曰作、曰石，不曉其義，石下仍當有闕文耳。

安成王碑額隸書「梁故散騎常侍司空安成康王之碑」，其陰皆吏人姓名，史所謂「故吏夏侯亶等表立墓碑」，即其事也。史又記王在江州，辟陶潛曾孫爲西曹吏。是碑陰系銜「西曹吏」凡數十人，而不見陶氏之名，或在石泐處耶？

始興碑内以「啚」爲「圖」，以「刑」爲「形」，以「褱」爲「衰」，此類甚多，皆一時假借之習，無足言者。其曰「哀瘠在𨺅」，「𨺅」當即「身」字，非《説文》於議切，與依、衣並通之字也。

跋魏司馬景和妻墓誌

嵩門沈進士以所藏魏人墓志見示，按其文題曰「魏代楊州長史南梁郡太守宜陽子司馬景和妻墓誌銘」，以延昌三年正月辛酉葬，而爲頌。題稱銘，而文稱頌，題不稱其妻姓，而文但曰「中散大夫之幼女，陳郡府君之季妹」，亦不著父兄之名。皆墓銘例所未舉，雖漢碑亦已有之。然非記載之正，不足以爲例也。

跋後魏張猛龍碑

碑末云「造頌四年正光三年正月廿三日訖」。此紀立石年月也，計其造頌之前四年爲神龜二年。此不專書造頌之年，且以造頌之「州主簿王人生」書於碑陰，是皆石刻之變例也。又碑云「以熙平之年，除晉郡太守」。此頌造於神龜二年，熙平即在神龜之前二年，何不明其蒞郡年月之實，而概曰「熙平之年」，亦非紀事之體也。碑末「義主某官某」者，義主，蓋其時所稱捐貲立石之人。北朝石刻有曰「幢主」者，此類是也。碑陰云「義士王人生」，正與義主相對。顧亭林云此碑行書，非是。

孔廟北齊乾明碑跋一

宋大觀中，王寀刻入汝帖，取此碑字題云「北齊樊遜書」。遜，字孝謙，河東北猗氏人。官北齊員外郎，嘗於天保七年被旨校定祕府書籍，即乾明之前四年也。於時魏收作《庫狄干碑序》，令孝謙爲之銘。陸卬不知，以爲收合作也。是碑書法在隸、楷之間，實啟唐人虞、歐、褚之先路。北齊三公郎中劉珉之蹟，今不可得見，即以此爲之職志可矣。

孔廟北齊乾明碑跋二

以《北史》考之，鄭道昭官光、青二州刺史，入爲祕書監。其弟三子述祖，齊天保中爲兖州刺史。此碑乾明元年庚辰立，正際天保之後。碑云「開封人」，又有道昭之弟云云。詳繹其文，當是爲兖州刺史鄭述祖修孔子廟而建。此碑也，「開」上當是「滎陽」二字。「祕書監」以上，蓋皆道昭歷官，而史所未詳者。後泐文内有云「嗟歎久之」，又云「命工重鐫」，則或道昭昔官東土時有修廟之舉，未可知也。本傳云：「述祖父爲兖州，❶起齋亭，刻石。述祖時年九歲。及爲刺史，尋舊迹，得一破石，云：『中岳先生鄭道昭之白雲堂。』述祖對之嗚咽，悲動羣僚。」此情事亦相類也。此碑殘泐之極，不可句讀。今猶得據汝州帖，識是樊遜之書，又知爲鄭述祖事，亦良足幸已！

跋北齊祁林山寺碑

右靈壽祁林山寺北齊趙郡王高叡建寺之碑，天保八年立，不著撰書人姓名。按史，叡以天保二年出爲定州刺史，此云「下車迄今，初歷七祀」是也。碑云「先公佐世皇弟分陜」，蓋謂叡父琛嘗爲定州刺史也。叡以是年徵赴鄴都，除北朔州刺史。此碑立在三月，而後有「荆峴望拜」之詞，前有「恐須正台階，載馳綸綍，借君請帝」云云，則是時叡初應詔赴鄴，尚未知其除刺朔州也。碑字沿隸變楷，以「勾」爲「句」，以「舊」爲「奮」，是六朝之習如此，不可勝舉。獨其以「秊」爲「年」，則知唐時武則天之造字，固亦略有所承。蓋「年」本从禾千聲，而千萬相衍，則成於則天之時，不獨唐碑筆法多本之六朝也。此碑以地僻多虎，不可再拓，而無軒兄

❶「兖」字，《北齊書》同，據上「官光、青二州刺史」之文和《北史》，疑當作「光」字。

精摹是本以傳之。憶小松去年以此碑相贈，謂此碑拓致之艱，仁人君子必當有以處之也。蓋意欲方綱重爲摹拓，以廣其傳，而鹿鹿至今未暇爲也。展對是本，能無慙感！

跋北齊造銅雀臺石傘門銘

文云：「大齊天保八年、九年，造銅雀臺石傘之門。百代之後見此銘者，當復知之。將陳驥承、婁晞，軍主董侯，軍副程顯，幢主孫悦，幢主楊曇。」石高五寸三分，横闊五寸八分。凡七行，後三行行二人，凡六人，分二列、三行書之。按：漢碑横列人名，皆先上列而後次列，此刻猶存古式也。予同年盧抱經《鍾山札記》亦云：「古書兩重排列者，皆先將上一列順次排訖，而後及下一重。後人誤以一上一下讀之，至改兩重爲一列，失本來次第矣。《後漢書·馬武傳》後載雲臺二十八將，昔人頗多致疑。薛季宣、王伯厚始從而正之。《史記正義》所載《謚法解》，亦本是兩重改爲一列，文多閒雜，亦當改正。」今驗此刻，則北齊時石刻尚如此，亦攷訂者所宜知也。又按《北齊書》：「齊文宣天保七年六月，脩廣三臺宫殿，至九年八月始竣。」故此刻據實書云八年、九年也。

跋朱岱林墓志

北齊武平二年，樂陵朱岱林君山墓志，子敬修撰志，猶子敬範撰銘。首云：「自辛朝喪歷，昌户銜書。親以建社，賢亦啟國。授封於邾，别有因字爲氏，斯即去邑從朱。」其言辛朝者，商紂也。昌户者，周文王也。

《春秋》襄十一年《傳》杜注：「郳，曹姓。」孔疏云：「《世本·世家》文也。姬即次曹，不以大小爲次也。」今驗此碑，言「親以建社」，則周初曹姓，蓋屬姬姓懿親，南北朝之際尚有所據，亦足資攷系者也。北朝碑志，每以摛藻之人敍於文內，武平元年《隴東王感孝頌》亦如此。而是碑撰志、撰銘，出自二人，則金石文字所罕見。惜潘昂霄、王止仲撰《金石例》，但據唐宋以後而不及六朝以前也。是碑隸楷雖非極工，然其發波已開歐、褚之先，惜不具書人姓氏耳。其云「武平二年二月乙卯朔六日甲申」，爾時南北朝或偶有干支不同者，惟是年則陳、齊、周皆二月「己卯朔」，此石刻乃訛爲「乙卯朔」，則唐初《鄜州寶室寺鐘銘》干支之誤，不足怪矣。

跋隋滎澤令常府君墓志

《隋常府君墓志》，大業三年八月刻。其稱「魏明帝遷崤函，因家焉」，此即西魏孝武帝也。《魏書》於本紀書曰「出帝平陽王脩」，而不著孝武之號。此碑稱明帝，則當存以考異者也。當隋文之世，本有魏澹所撰《西魏書》九十二卷，其書亡佚。愚嘗謂今所行魏收之書，宜稱「東魏書」，而西魏典故文物邈焉無聞，爲可惜也！顧亭林謂墓志之作，疑起於晉末。愚考《宋書·禮志》，則咸寧、義熙禁碑之令，至六朝蓋尚有之，潘景梁援魏侍中繆襲之文，即是碑所述也。是碑尚沿六朝以來之制，未著書人名氏。舊在興平縣崇寧寺壁間，今石未知存否？然拓本絶少，此本尚不甚泐蝕，惟字畫太淺細耳。然結體遒整，無齊、梁、魏、周之習，而開虞、歐、褚、薛之派，評唐楷者，當以是爲大輅椎輪矣。中有云「蘭菀空傳」，「菀」即「畹」字，猶之漢碑以「苑」爲「宛」，此猶是六朝以來之别體也。

跋啟法寺碑二首

《隋啟法寺碑》，仁壽二年十二月，周彪撰，丁道護正書。自王象之《輿地碑目》已援《集古録》之語，則世無此碑久矣。此拓者義門何氏所藏，久在吴中，懸價甚高，予聞名三十餘年，今始爲臨川李春湖宗丞所得。其碑字既經翦裝，中多脱失，而此碑之得名則以丁道護書也。然以予平心論之，南朝碑既絶少，惟北魏、北齊以來碑志多流傳者，而字體蕪雜，多所訛失。至隋時，若此碑及《龍藏寺碑》，皆足開唐賢之法者。然隋碑如《常醜奴墓志》，不著書人名，而其書實在此碑之上。不得因丁道護有書名，遂以爲古今獨絶之奇也。即如其中「館」字書爲「舘」，此則隋時已開俗書之漸矣。「狐兔」作「狋菟」，亦六朝之餘習。然行筆清勁，則超出北朝諸碑，是即其足傳者耳。

若通論書家前後流派，則承隸之後，開楷之先，由魏、齊、周以來遞推論之，此碑雖漸歸於平正，而亦漸即於坦迆。若二王而下，蕭、羊已上，開闔正變，提頓起伏之妙，敬元得力子敬，子敬得於家法者，能由是而問津乎唐人正書，莫先於虞、歐、褚三家。虞之發原在智永，歐之發原在劉珉，褚之發原在史陵。劉、史之書，世所不傳。智永《千文》，今所傳石刻是宋人僞作，則三家之法原處皆渺不可見矣！吾獨取北齊樊遜書《孔廟碑》及《隋常醜奴志》耳。《賀若誼碑》下開顔書，與北齊《龍門造象記序》開褚書，又皆次之。若丁書此碑，正與《龍藏寺碑》相比倫也，《龍藏寺碑》鐫手不工，又在此下。而此碑運筆清迴，似可勝之。若竟以冠六朝諸碑，亦未敢許也。因跋李宗丞所藏舊拓本。以義門所藏，諸前輩詫爲希有，是以不得不核其實而言之。

惟趙子固論書，云：「書字當立間架牆壁。右軍一搦直下是也。《化度》《離堆》得此法，左右陰陽極明麗。丁道護《啟法寺碑》右方直下，最是此法。吳傅朋深得諸葛禎《瑤臺寺碑》右方直下筆法，從《蘭亭》出也。」此所謂一搦直下者，謂右邊以勁利作章法也。不言左而言右者，每一字先左後右。山谷云：「學者側筆取妍，往往豐左而病右，故其結構不整，則全局爲之散弛也。」得子固此言，然後知左、右皆以陰陽向背並峙，格制乃定，所以云陰陽明麗也。持此義以論丁碑，則此碑在六朝之末，開三唐之矩。雖其圓熟坦迤，似已落《多寶塔》之後勁，而其清挺高秀，實已據《化度》之上游。子固所見必更是古拓，盡見行筆之訣，此可爲書家問津者也。

復初齋文集卷第二十二

大興翁方綱撰
門人侯官李彦章校刊

跋晉祠銘

《晉祠銘》并《序》，唐太宗御製御書，飛白題額。《元和郡縣志》云：❶「貞觀二十年，太宗幸并州所置。」而朱竹垞謂在二十一年七月。按新、舊《唐書》：貞觀十九年十二月，帝次并州。二十年三月，車駕至京師。蓋幸并州在二十年，而碑立於二十一年。❷是以此碑額，太宗御書飛白云「貞觀二十年正月二十六日」也。❸世人或傳此碑書體全法右軍《聖教序》，不知右軍《聖教》出自僧懷仁所集，在咸亨三年，尚在此碑立後二十餘年，太宗何由預爲仿之？況此碑神氣渾淪，正不必以懷仁所集例之。而孫退谷又謂不及《淳化閣》中太

❶「元」上，稿本有「無年月」三字。
❷「蓋幸」至「二十一年」十六字，原脱，今據刻本書眉及稿本補。
❸「是以」至「二十六日也」二十四字，稿本無。

宗諸書，皆以目皮相耳。

跋廟堂碑唐本

昔黄山谷詩云：「孔廟虞書貞觀刻，千兩黄金那購得。」蓋此碑唐本若是之難遇也！此本，予題曰唐本者，通計全石二千十七字，而其真唐刻者已千有四百八十五字，其餘湊補者僅四之一耳，安得不以唐本題之？即山谷所見張、蔡二本，亦已云中有湊補矣。則此本内雖有湊補者，奚害其爲唐本乎？張米庵云：「相王旦於武后時重勒是碑。」此米庵誤以五代時王節度之重勒，目爲相王旦重勒耳。虞永興當日手書《謝賜會稽内史黄銀印表》，今在羣玉堂帖，明云「進呈石本」，何嘗如米庵所云「進呈墨本」者乎？墨本云者，即當日初拓之石本也。《舊唐書》：「宣宗大中五年十一月，國子祭酒馮審奏：『文宣王廟碑，是太宗建立，睿宗書額。武后時於篆額中間謬刻「大周」兩字，恐貽誤將來。請琢去僞號。』」此「大周」字削，而相王旦之銜獨存也。是宣宗時此碑尚存，而何以妄謂武后時相王旦重勒耶？孫退谷《庚子銷夏記》亦謂唐史誤謂武后時立，是因《新唐書》由睿宗書額而牽連敍次，以爲武后時耳。其實唐史初不誤也，蓋永興書此碑，其時椎拓者多，故未久而石泐耳，曷嘗有燬於火之事乎？惟原石之亡，不知在何年。在唐時固已有泐損，故北宋時拓本存者已無多矣，此山谷詩所以有「千兩黄金那購得」之語也。

歐陽子《集古録》自言：「爲兒童時學書，刻畫尚完好，其後二十餘年已殘闕。」攷王節度重勒之碑，其陰刻《教興頌》，在宋真宗天禧三年，而歐陽公生於真宗景德四年丁未，至天禧三年，歐陽子已十三歲，所謂「爲兒童時學書，刻畫尚完好」時也，計至其後二十餘年，則其泐損在天聖已後。是歐陽所見之石本，即王節度重勒之石無疑矣。但未知歐陽及見唐刻原石否耳？

居今日而遠溯唐石，則在宋惟黄山谷見之，在明惟王敬美、孫月峰見之。至若近日嗜古博聞精鑒之家，如何義門、王篛林、徐壇長，皆未得見也。孫退谷自言有唐刻本，何義門云曾見退谷所藏，實陝本，非唐石也。蓋退谷所藏本，以陝石與城武石湊補者耳。

昔聞吴興閔峙林中丞藏有舊拓《廟堂碑》殘字，嘗摹勒於曲阜學宫，疑其或是唐本。及予至曲阜親見其石，如「窮」字，左「身」上頂，將原本之小横誤作圓折，連其中間直畫而下。又如「傜」字，失去下一小筆，又如「撰」字縮小，皆實是陝本之驗。足見世無唐本久矣。

義門云《廟堂碑》是相傳江左字體。但今所見是重刻，其永興原碑用筆之所以然，不可攷求矣。孫月峰有「方勁似歐書」之語，以今驗之，非峭勁也，乃凝重也。永興書，世無他碑可證，學虞書者惟知有陝本在，王節度重建時，按《宋史·王彦超傳》，周顯德中，爲京兆尹、永興軍節度使；周恭帝，加檢校太師；宋初，加兼中書令；乾德二年，復鎮鳳翔。據此碑末系銜，仍署「永興軍節度、檢校太師兼中書令」，而不言鎮鳳翔、封邠國，則是碑之重建，在建隆末或乾德初也。不知何人摹勒，實亦有形神俱肖處。數百年來賴以存永興書派之大體，不爲無功。而其實永興筆法之精微，轉有因陝本而致失者。如右肩，虞法於平正深穩中出以淵凝，即欲以方目之，亦非全方，真所謂方圓合度者。蓋右軍正楷，竇臮已云唐時稀絶，至歐陽率更一以峭整見其神彩，所謂自成一家，乃逼真也。惟以虞法參合歐、褚，乃得山陰正矩。同時如《孔祭酒碑》，後來如《宋嘉祐石經》，亦略得其意，但又未能淵厚耳。

此一右肩轉處，關係隸、楷以來上下千年書法真諦，而全被陝刻失之。陝刻此有二失焉：一失之欹側，一失之彎圓。彎圓固專在右肩轉處，此轉處一趨彎圓，而其上下因易失之欹側，以致凡遇原本極停穩正定之處，皆趨就欹側以取勢。又凡遇撇拂之起處，原本亦有筆意似尖之時，而其神力遒厚，並不稍涉尖纖也。陝本則每撇起處過涉尖纖，甚至首末尖而中腹又稍肥闊，直似螳螂肚形矣。又末捺，原本多以修長見圓逸之神。董文敏云「永興自謂於『道』字有悟，發筆處出鋒如抽刀斷水」是也。大約長捺如「辵」旁，皆前輕後重，放筆圓活，望之如絳雲在霄，舒卷動彩。而陝本每捺脚上下皆一例肥笨，往往似鼠尾形。嘗聞西安人説此碑經後人鑿壞，蓋即謂此捺脚。想陝本初勒石時，或亦不至如此通畫痴笨，而後來鑿飾者因而加甚耳。然畢竟陝刻於捺脚太過笨鈍，致有此失。昔馮定遠未得見唐石本，而評陝刻曰「鈍」；孫月峰得見唐石本，而評陝刻曰「僵」。今以唐石本細驗之，其失大端有四：一曰彎圓，二曰欹側，三曰尖纖，四曰笨鈍，此其大略也。

城武本，元至正間濬河得之，見《虞勝伯集》，而不聞其何時、何人所重勒。其行次、空格，皆與陝刻不同，惟「相王旦」作「相臣王旦」，妄增一「臣」字，最謬。而其間所依原本，則多有陝所據已泐，而城武所據猶未泐者，是所據原本在陝刻所據原本之前。以元時始出揆之，蓋當亦宋時摹勒。予初疑其邊際或碑陰，當有重勒歲月，及按試曹南，親見此石，正文外無一字。且其石僅厚四寸二分，此刻多失於單弱，日久磨泐，更益枯瘦。而其中實有足訂正陝本之失處，即如右肩轉處，雖亦未盡得其神妙，而原本大局頗爲不失。若以虞法論之，此刻尚在《孔祭酒碑》之上。而知之者甚少，坊估拓售，亦不及陝刻之流傳也。

嘗慨想唐石本，山谷所見榮咨道本、張福夷本、蔡致君本，後來未聞續見於著録家。而王敬美、孫月峰所見韓存良家本，至今纔二百餘年，不知今尚存於某家。此外，更無前人詩文集語及唐石本者。頃於友人齋得見此本，有元康里氏印、周伯温印，合陝本、城武本印證三旬之久，其中真唐石者千四百餘字，餘多用陝石補耳。即此千四百許字，應重摹於曲阜宮牆，以垂不朽。旬月以來，攷證臨摹之次，亦竭力雙鈎數行，姑試刻於硯背，尚出吴門能手，字形是而神理全非，豈可復刻一遜讓前人之本，以貽嗤評乎！因略鈎摹百二十字，粗疏所由，刻一小卷，聊志所見之幸。而重勒一石於曲阜，未知何時得果此緣也？

跋廟堂碑城武本三首

此舊拓城武本也。城武本見於《虞勝伯集》，云「定陶河決，出此碑」是也。勝伯此文作於元至正二十六年，至明洪武十年，以定陶省入城武縣。勝伯所謂樹於學宮者，即今曹郡城武學宮也。方綱嘗手自模拓此碑，前後陰側無重勒年月。此石僅厚四寸二分，畫痕本細瘦，今則更淺細矣。嘗得見舊時拓者數本，此册蓋元末明初所拓，凡今所缺損處尚皆不缺。而其中又多殘失，裝册時用陝本補之，然所用亦是二百年前舊拓之陝本。陝刻一味圓腴，每有或傷尖纖、或傷笨鈍者，而城武本之清挺穩重，卻有足正陝刻之處。此所以有明吴下諸賢皆負精鑒，見此本方穩，有異於陝刻，而城武此石，世所罕知，故此帖内諸跋遂直以唐刻原本目之也。

唐本世所久湮，雖嗜古博聞者亦未得親見。愚今年春，始得見元康里氏所藏唐刻原本，古雅淵穆，迥非陝刻、城武刻二本所能企及。既合二本論其得失，撰《廟堂碑考》一卷矣。適又得見此三百年前舊拓本，實亦近今所罕覯。爰爲備記其中湊補之處，俾觀者得曉然於仿佛唐碑之遺意。又必須見愚所撰《考》，乃知陝刻與城武刻各有所合，各有所不合，則如見唐碑舊本耳。

《廟堂碑》城武本，在今日實足爲攷驗唐本之真券。即以虞銜内「撰」字，陝本縮小，失真。「金行水悳」「悳」字上半，陝本少一横，失真。「漢」「勒」諸字「廿」頭，陝本兩開，失真。此類甚多，皆以城武正之。是其所從來之唐拓本在王節度所見之前，無可疑者。況如右肩直下之凝正，末捺脩長之穩重，皆足正陝刻之失。即有微嫌單弱數筆，而大局之淵穆，即今淡拓，猶去唐本不遠。就此格制方穩，已得唐本具體。再加以神彩，若「宰」字、「書」字，藏藏之取。❶如月虹之貫慶霄；「符」字左撇，如花露之絢初陽，即宛然唐本在目也。從此問津蕭、羊而上，冀或拾栔几之削柎，有志晉法者，庶幾得所問津乎！

此城武《廟堂碑》舊拓本，予既詳跋於此册，後七年，復借此本唐本來細對。此本與唐石本皆前後在吾齋數月之久，與自藏何異？信乎有墨緣也！何義門云「城武本枯梗」，此蓋習見陝本之圓腴耳。今以唐本對之，乃悉陝本太著意彎圓，且傷尖佻，實不及城武此本方穩合度。若就此本體格，再渾以淵穆之光，即唐本宛在目矣。若論圓腴有神彩，則陝本似便於肆習；若欲講求永興用筆之意，上追晉法，則陝本不及此也。

❶ 據刻本書眉：「按『藏藏之取』疑有誤。」

果能依此用筆立格，而能精於用墨，加以神彩，則由永興以仰窺山陰棐几之祕，猶叩門而求登堂室，非二事也。既幸獲借此以得問津之券，安得不記！

跋孔祭酒碑

《孔祭酒碑》在醴泉縣，今搨本已少矣。此本可辨者千三百六十餘字，攷明崇禎十一年醴泉令苟好善所脩《縣志》云「此碑存千字」，則此本是苟《志》未脩以前搨也，以較歐陽《集古録》所稱磨滅者，大約不甚相遠。歐陽云：「以其可見者質於《唐書》列傳，傳所闕者，不載穎達卒時年壽，其與魏鄭公奉勅共脩《隋書》亦不著。又其字不同，傳云字仲達，碑云字冲遠，可以正傳之謬也。」此跋在治平元年，而《新唐書》表進在嘉祐五年，則或者進《新唐書》時尚未見此碑乎？然攷宋高似孫《緯略》、明陳恂《餘庵雜録》並云：《新唐書》，歐陽文忠譔紀、表、志，宋景文譔列傳。當時以一書出兩手，命文忠看詳，改歸一體。文忠曰「人所見不同，且宋公，前輩」，竟不易一字。據此，則唐史列傳，歐公原非不得與聞者，而孔、魏同脩《隋書》，事實載於舊《書》本傳，又脩定五禮事，此碑與舊《書》亦皆載之，而新《書》本傳悉删之，何邪？孔公卒於貞觀二十二年，年七十五。于志寧撰文，系銜有「禮部尚書」，此則新、舊《書》皆未載者。孔爲司業之前行太子中允，則新、舊《書》又皆未載。若然，則歐陽集録金石，竟未嘗有裨於史席耶！

舊《書》云：「太宗以穎達在東宮數有匡諫，與左庶子于志寧各賜黄金一斤，絹百匹。」碑内記此事，則云「與左庶子黎陽公特蒙恩詔，各賜黄金一斤、絹一百匹」，而碑首系銜曰「禮部尚書兼太子左庶子上柱國黎陽縣開國公于志寧字仲謐撰」。考舊書《于志寧傳》「志寧以承乾數虧禮度，志在匡救，撰《諫苑》二十卷諷之，太宗大悦，賜黄金」云云。觀於《諫苑》成書，專出志寧，則當時雖于孔並進讜言，而于爲尤著，故舊書穎達傳必曰「與左庶子于志寧並受賜」者，非借志寧以爲穎達增重也，正以志寧有《諫苑》二十卷，在當時必衆所聞見，故援以敍次。此即史法，不得目爲冗長也。于志寧名位、年齒並稍次於孔，且萬無自撰文而自稱黎陽公之理，且系銜自稱字，尤碑法所無。以此論之，則此碑之文，或是尊志寧者所代撰也。

文既尊于者所撰，書亦效虞者所書，而黄長睿、趙德甫皆言世傳永興書，則沿稱爲虞，其來已久。蓋自《廟堂碑》石既亡，追蠡遂屬此碑矣。亦見唐世書道，人皆知二王正脈，必以永興爲軌則也。後來《開成石經》亦師此碑筆法爲之，而唐碑得永興精華，無若此碑者。今《廟堂》原本既不可見，得此想像遺意，尚可與王節度本參合微茫，是由永興問津二王，所必由之坦途矣！碑在西峪邨東南古塚間，惜無好事者覆以亭檻，移置長安碑林，以配《廟堂碑》，亦一盛事也！顧亭林《跋廟堂碑》云：「『及』之爲『反』，重刻之誤。」予向疑顧氏説未然，按其文義，亦非「及」字也。今觀是碑「反」字，始知其出自《廟堂》，益見顧説之不足據哉。

跋唐玄宗西岳華山碑殘字

華岳廟五鳳樓後大石上有殘字四，皆泐其半，玄宗御書八分「駕如陽孕」四字也。中空一行，「銘曰」之下空也。其字視《太山銘》差小，每字約今尺縱四寸七分，横五寸四分。此文凡七百四十七字，以今所見字積算，則每行四十三字，通計碑凡二十行。合其外刻龍邊，則碑高約二丈六七尺，横約一丈四五尺，亦不及

《太山銘》之高廣。蓋勒石於祠南道周者，與磨崖不同，而其事亦與封禪不同。後三十年，杜甫乃有《封西岳賦》之進，而其實未之封也。碑燬於黄巢之亂，故歐、趙以來著録金石者皆未之及。此碑爲吕向所鐫，向，即五臣注《文選》之一。當日碑成拓進，張應天門以示百官。此蹟更在《太山銘》之前，而世無知者，今得其數字，亦可寶已！

化度寺邕禪師塔銘跋二首

《解春雨集》跋是碑云：「王魯齋自言，兒時見其兄以此臨學，時二百四十餘字。其兄亡後，魯齋求補爲全文，而妍媸自見。景定庚申人日所爲跋如此。至咸淳己巳春，又得范謂隆興初跋尾，云慶曆初，其高王父開府公雍使關右，歷南山佛寺，見斷石砌，下視之，乃此碑，稱歎以爲至寶。既而寺僧誤以爲石中有寶，破石求之，不得，棄之寺後。公他日再至，失石所在，問之，僧以實對。公求得之，爲三斷矣。乃以數十縑易之以歸，置里第賜書閣下。靖康之亂，諸父取而藏之井中。兵後，好事者出之，椎搨數十本，已乃碎其石。則以是爲范公家本矣。今又百三十年，而魯齋六代孫文英寶藏之如舊，比今西安府學本，清勁文采相懸絶矣。大抵書法有輕重之勢，而近日石本類皆一體填湊，字内筋脈，舉無存者。今見此本，乃知古人自有真也。」按孫退谷《庚子銷夏記》載此事，作「王開府雍」，乃「范雍」之誤也。朱樂圃《墨池編》云「是碑在西京范雍家」。又李姑溪題跋云：「是碑舊在西京范忠獻家，今則破碎，殆不勝模印矣。」樂圃《墨池編》在治平三年丙午，後於慶曆二十餘年，而李姑溪在北宋之末，合此驗之，則是碑三段之石嵌置范氏洛陽賜書閣下，蓋自慶曆至靖康八十年間，是石所拓皆出自范氏書樓也。解春雨詳載王魯齋跋，謂咸淳己巳又得范謂跋者，攷王魯齋卒於咸淳十年，此是魯齋所得范跋，故解春雨謂魯齋以是爲范公家本也。范公家本僅得二百四十餘字，則可見賜書樓壁之石三段所存完字已無多也。

方綱幼習是碑翻本，蓋即解春雨所謂西安府學本之又重翻者。宋潛溪所謂「南本失之瘦，北本失之肥」。蓋西安府學翻本，今雖未見其初翻之石，而即是宋云北本失肥也。正與解春雨跋所謂「一體填湊，筋脈無存」相合也。乾隆己亥秋，方綱典江南鄉試，榜發，得晤汪子容甫，云揚州有《化度》二本：其一真本，其一宋翻本。而予役還遄行，❶不及見之。其明年二月，門人江子秋史爲我購此真本，云其一宋翻者，歸於朱竹君。後於竹君齋借其本來對看，惟一二字紙斷續處不相應耳。然予雖知此本之真，而以爲世間必有存字尚多於此者。又從郁氏《書畫記》見有盧嵩翁、趙松雪諸人題跋之本，亟思一見之，積此渴念又二十餘年矣。

乙卯春，乃於真定太守邱東河篋中，訪得盧、趙諸賢跋尾手蹟一十三段，宋紙褾邊之跡尚可尋也，諦審即郁《記》所稱之跋。時門人馮魚山、宋芝山以予佇思之深，不惜千方百計爲我購聘，加以他册，换此十三跋來矣！惟其前帖不可得見，趙味辛爲我撰零丁帖以招之，姚秋農爲我以六壬占之。至去年己未之秋，忽於友人處得遇此帖，其裝褾之式、印記之樣，與前所得盧、趙十三跋毫髮無差。乃借來，明窻細對，彼盧、趙諸賢所題，竟是宋翻宋拓之本。因取其中確可憑驗之處一一細記，凡數十處，其爲翻本無疑。乃知王魯齋時

❶「役還」二字，原刻本互乙，今據稿本改。

已有「求爲補全而妍媸自見」之語，是宋時果有翻本也，王魯齋取以補裝於真本册内，故相形而妍媸可辨。盧嵩翁、趙松雪諸人專就宋拓宋裱之册賞之，故不及細核而目爲佳本也。又聞吴門繆氏藏有宋拓《化度》，存字頗多，懸價千金，意其必有可觀，多年設法託友借之，不可得。昨接何夢華札，云已見其本，有鮮于伯機題籤并跋，亦寫記其行欵存字之概以來示。則與盧、趙所跋一本、無異，竟亦是宋翻本耳。予前數年於友人處見王孟揚舊藏一本，存九百餘字，嘗借來手自嚮搨，存於篋，今對驗之無異。而王篛林所稱於津門見將近千字之本，其即此本亦無疑矣。

予因是乃知世間所存《化度》，其存字近千者，皆是宋翻之本。而其存字甚少，可定爲范氏賜書樓壁所拓者。則王弇州所稱三本之前二本。今其字最少之本，在陸謹庭家，既爲我雙鉤來矣。其存字略多一本拓手微遜者，昔在繆文子處，今歸蔣氏，予亦借來細對。此二本皆與予藏此本毫髮不差，而予本紙墨拓手之古較更勝之，但中間有爲人描失者，爲可惜耳。浙中有人家藏《全唐文》者，託友訪查，其碑板中竟無此文，則是碑全文竟不可得見。而予以篋存嚮搨近千字之本，與真本參合積算，核其行次，竟亦約得范氏書樓三段形式之大概矣。此本實是率更《邕師銘》之玉尺，無可疑者矣。

予幼習是碑翻本凡有二種：其一稍肥者，題下撰人李百藥，「百」訛爲「伯」，蓋初翻本已如此。推其致誤之由，始於趙明誠《金石録》，是書自正解寺碑以下，凡數碑，「百藥」皆訛作「伯」，當是趙氏静治堂中小胥涉筆之誤。明誠卒於建炎三年，知此沿訛在南宋時也。其一稍清瘦者，撰人乃作「薛元超」。予雖攷訂薛元超之誤由於翻刻時「李百藥」三字已泐失，求其人而不得，遂以懷仁集《聖教》末尾「庶子薛元超」之名填入之，此甚可笑者耳，然初猶以字體清瘦，或即宋潛溪所謂「南本失之瘦」者，又疑是楊東里跋所謂杭州明慶寺翻刻者，因南本之語而想像之也。豈知後來得見明章藻仲玉所刻《墨池堂帖》，其第三卷内有摹刻是碑，諦審其闕泐之處、位置之樣、行欵之凖，實是從予藏此本翻出者，甚至字外泐痕及後人描失處一一謹依之。章仲玉刻此帖在萬曆三十四年丙午春，則知予藏本爲人描誤者，亦是萬曆以前之人所爲也。又帖尾有天水郡圖書印，此印爲人揭去一層。蓋他帖欲借以冒松雪真跡，故裝褾工人狡獪揭去耳。然予以松雪真蹟所用印章對之，不特篆法一同，而印色淡陰亦同，因又知此褾册出於松雪前也。予是以自題云「北宋拓本，元初褾册」，此爲定品矣。攷章仲玉遊於弇州、衡山二先生之門，弇州家所藏《化度》凡三本，衡山所藏一本。弇州所藏三本，其字數皆與此不合，且三本今皆在吴中，其非此本固明矣。而衡山所藏，乃是前無「李百藥」字者。據此言之，則仲玉既遊弇州、衡山之門，其所刻他帖，亦多借材於二家，而獨《化度》必依此本摹刻，是可見爾日此一本聲價實在二家四本之上，又無疑者矣。然仲玉墨池堂所刻，題下系銜「李百藥」三字，尚依此泐勢爲之。至其後不知何時有欲重翻者，不知其爲「李百藥」三字也，遂取懷仁《聖教》後銜「庶子」之「薛元超」填入之。何以知其從墨池出乎？以其中間泐勢描痕，悉謹依墨池本者凡十餘處，而他本所無也。然其初翻薛銜者，尚自微帶墨池本堅凝之餘意，至其後又不知何年，而又有人重摹薛元超本，其中間又略有出入，小異數字，而墨池所謹依泐勢描痕之十餘處，悉皆一一謹依之，不過字略瘦耳。是則今日所行薛元超之瘦本，不過是近年所重翻，而斷不可誤以爲宋潛溪、楊東里所謂南本者也。肥、瘦二重翻本，皆予幼時從外家架上借習者。先外祖張方九先生諱嗣琮，順天貢生，選訓導，嗜收藏法書。此是五十餘年前事，則此帖誤翻薛銜，在近百年以内耳。

然楊東里所謂明慶寺翻本者，則又非宋時所翻近千字之本可比。又有直石二塊之本，其間乃有多出於宋翻近千字本外之字，予則詳核之，以爲亦出近年人所翻刻，未可爲據。而章氏墨池本，是此本之嫡裔，則昭昭不誣。惜章氏未有手跋詳其所得之處，且不審其中之泐勢描痕而并摹入之，是明賢不知攷訂之故也。予亦得此帖，二十年後而始通徹攷證，知此爲最真最先之拓本，❶非可空言讚訟者。故將往日自跋諸條并成一條，書於帖尾，庶幾此帖原委釐然，而此真本之真品定矣。

是碑古本見於著録者，莫如劉後邨端平本、王魯齋景定本矣。後邨所謂端平，曾闕後三行，淳祐重來爲補亡。以是碑在北宋初已經斷泐，則後邨南宋之末，何以定知其闕後三行、而十年後恰遇此三行補之邪？詳後邨之詩，特十年後又得三行，即以裝接帖尾，而謂之補亡耳。其帖通計多少字，後邨固未言也。至魯齋景定所跋本，則止存二百四十許字，而其後所補者已非真拓。則是二百餘字者，乃真范氏書樓原石。未知後邨所補果皆真本否耳。如郁氏《書畫記》所載松雪諸跋，最爲烜赫著稱，今一旦得借看，竟成葉公之龍。則事非目驗，何可概信乎！予藏此本，因松雪印知爲元時褾册，而其爲范氏書樓之石，確乎可信。即作端平、景定二本觀，可矣。

❶「本」，原脱，今據稿本補。

跋化度寺碑

昔嘗微憾良常王給事於歐書不識《化度》之妙，今乃知不然者。良常自跋《化度碑》後云「嘗於津門見將近千字之本」，而徐壇長備敍所見虛舟齋中古搨，不言有《化度》也。據此，則良常未得收藏此碑真本，其偶見一二古本，或又苦於殘剥太甚，所最賞者，惟是於津門所見將近千字之本。此即安氏《書畫記》載元人所跋本也。津門，即安氏之沽水艸堂也。安氏所記，即陳彦廉所藏宋翻宋拓，紙墨俱古，是以元諸賢皆極稱之，而況良常乎？以此宋翻宋拓之舊本爲《化度》善本，則其爲神品，自當在《醴泉銘》之下矣。何怪乎良常不首推《化度》乎？惟是趙松雪、鮮于困學皆有元書家，何以未見古搨真本，而亦惟宋翻宋拓本之是賞？則誠有不可解者。益知范氏書樓本，自宋已來，世所罕傳。其偶一見者，又苦太殘泐。是以唐楷追晉法之第一種，而人多罕識耳！

又跋化度寺碑

是碑，《金石録》及《寶刻叢編》皆云貞觀五年十一月，蓋據文内所敍年月載之，而碑尾實無此一行，❶猶之《醴泉銘》「六年四月」也。世傳重翻諸本，惟横石本來處可尋，而其尾已有此年月一行。可見是碑舊本久

❶「實」下，稿本有「原」字。

經殘斷，中間年月數字，裝者誤置碑尾。是以予所藏真本，亦以此十字一行翦裝於後也。其實當據宋翻宋拓本以年月順敍文内爲是也。即此亦可見横石本所從來之碑尾，是從碎翦之字誤裝者。世間更無他拓本出於范氏書樓壁石之前者矣。惟是此誤裝於末之「貞」字，今細核之，亦尚非文内「貞觀」「貞」字，乃是銘末「志士幽貞」「貞」字，泐勢不可辨。而以其零剪一字，誤裝於「觀」字上者，即此又足爲文内「貞」字在行底、「觀」字在下一行頂之驗矣。此皆從來著録金石家所未知者。愚更有《化度寺碑跋》一卷詳之。

跋吴門鮑氏化度寺碑

鄭杓《衍極》第五篇曰：「榮咨道二十萬購《夫子廟碑》，劉潛夫十餘載求《邕僧塔銘》，琛乎！」潘君跋用此事也。然後郙所謂「端平曾闕後三行，淳祐重來爲補亡」者，特其初得一本，後闕銘文數行，而後十年恰得此銘三行以補之，非必全碑恰闕其後三行，而後來恰得此三行以補之也。後郙處宋末，已在范氏賜書樓壁殘石入井之後百餘年矣，安所得全本而一再完合之耶？此本當是北宋末所拓，視予藏本，泐壞更甚矣。而其空處、泐處、仿佛可辨處，皆實有端緒。

予嘗據北宋殘拓本，擬繪范氏樓壁三段殘石之圖，今得此本，宛然印證。若非予深心攷訂此碑至三四十年之久者，亦無由而知也。或者不察，甚至有見其墨重紙敝，疑以爲僞者。豈知此本在今日實球圖星鳳之寶！世傳趙松雪諸公所題跋之九百餘字舊本，實在此本之下。嘉慶辛酉二月，書此以記墨緣。

此册自辛酉春留吾齋二十餘日，戊辰夏又借至小齋八十餘日。今又得偕展翫，前後凡百數十日之久，其爲墨緣非淺，不可以空言贊説也。予所見《化度碑》，王弇州家二本、顧汝和玉泓館本及予舊藏本及此，凡五本矣。褾裝家多選明白之字而棄其餘，惟此本依其行次，多留空隙。此碑不特石已久亡，即拓本亦至爲罕遘。外間所傳翻刻本，或多訛誤，非真見原石之全者不能知也。予於是碑究心歷四五十年之久，嘗合所見真本之確可次敍者，繪爲范氏書碑三段殘石之圖，於是盧嵩翁、趙松雪以來諸家所品鑒之真僞，皆了然可指數。即其殘石之露半字處，亦皆可確得其位置。爰殫旬日之力，用紅筆拙楷，就其昏蝕不可識者備加注釋。其注字之或偏上下，或偏左右，則以紙暗與老眼，不能盡取畫一也。識者鑒之！壬申九月三日。

再跋化度寺碑

唐碑皆有界格，《化度》《醴泉》亦皆有界格。顧《醴泉》全石雖存而界格已不可辨，惟宋拓至精者乃略辨其界格，亦纔三五處耳。信知一磨再磨之説不誣也。蓋其石至宋拓時已磨去面上一層，不啻每字去其厚之半耳，中有細瘦之筆，非其本矣。若《化度》，北宋末石已碎壞，不可拓。而今偶見宋拓殘本，拾珠璣於什一之餘，猶有一二界格可尋。則《化度》但有斷裂之傷，而無磨治之失也。

九成宫醴泉銘跋

率更正書《皇甫》《虞恭》，皆前半毅力，入後漸歸輕歛。雖以《化度》淳古無上之品，亦後半歛於前半。

此其自成筆格，終身如一者也。惟《醴泉銘》前半遒勁，後半寬和，與諸碑之前舒後歛者不同。豈以奉勅之書，爲表瑞而作，抑以字勢稍大，故不歸歛而歸舒歟？要之合其結體，權其章法，是率更平生特出匠意之搆，千門萬户、規矩方員之至者矣。斯所以範圍諸家，程式百代也！善學歐書者，終以師其淳古爲第一義。而善學《醴泉》者，正不可不知此義耳。

跋醴泉銘

沈凡民所謂梁溪秦氏世藏千金帖者，秦氏嘗倩華君鐫石，其摹勒之妙可以奪真。然與此本斷泐處悉同，無怪乎凡民此跋以爲在伯仲之間也。至於凡民跋内，駁前人評《化度》在《醴泉》上之説，凡民此語，蓋本於王篛林。篛林一生習歐書而不識《化度》。豈惟不識《化度》，抑並不識《醴泉》。豈惟不識《醴泉》，直不識歐書耳。歐書以圓渾之筆爲性情，而以方整之筆爲形貌，其淳古處乃直根柢篆隸。觀斯銘者，必知此義，然後爲得耳。吾爲天下鑒書家拈出此義，願具眼者共詳之。吾豈敢妄議虛舟先生乎！❶

跋九成宫醴泉銘

《醴泉銘》宋拓，予見二十餘本矣。今年春借丹徒蔣氏本，以予所藏王長垣本及江秋史留贈本互對，而

---

❶ 文末，稿本有「乾隆辛亥春二月望北平翁方綱」。

此本適來。四本皆宋時精拓，誠快事也！而此本又是宋時原裝，四邊皆宋紙，面葉用宋刻絲，尤爲可寶。且此四本中，蔣本、秋史本尚皆有一二補描處，而長垣本及此本則皆舊册，毫髮無改者。長垣本有自押名印，此本有王孟津題籤。孟津是長垣親家，此本籤云「于姜先生家藏」，党崇雅字于姜，寶鷄人，明天啟乙丑進士，入本朝爲國史院大學士，帖尾「陳寶党氏」印是也。于姜告歸在順治十三年，卒於康熙三年。而孟津爲王長垣題《華嶽碑》在順治六年，是長垣本與黨氏本皆國初同時鑒藏。今復得於吾齋同几展對，墨光映發，古香襲人，信與率更結翰墨之緣非淺矣！

跋虞恭公碑

右宋搨《虞恭公碑》，後有王虚舟跋，謂此是率更最晚時作，是矣。弟未攷率更卒之年，而以《皇甫君碑》爲其盛年時書，則非也。愚攷張懷瓘《書斷》，率更卒於貞觀十五年，年八十五。則其書《虞恭公碑》時，年八十一矣。《皇甫君碑》雖無年月可攷，而宋人《寶刻類編》及趙明誠《金石録》，皆云貞觀中立，此必有所據也。而虚舟駮之，且謂《舊唐書》于志寧授官之年有誤，此則無所據者也。且即如虚舟之説，謂《皇甫君碑》書於高祖之時，則高祖武德元年戊寅，率更年已六十二矣，而以爲盛年，可乎？如必以盛年、晚年畫定書格，則是碑筆法之深淺離合，轉有未能盡明者矣。至虚舟之論歐書，尚有待於剖辨者，愚更於後條詳之。

跋虞恭公碑三首

林同人云：「碑在昭陵東南第八列第二區。劉洞郇計三十六行，存上截，尺許。《醴泉志》存四百二十字，今僅存三百餘字耳。」同人親到碑下，其言如此。予今得稍舊之拓本，中間明白者尚有六百字。及託友往拓，洗石數日，以細紙淡墨精拓，尚有可辨者二千八十六字。即上截明白處，亦尚有二尺許，而僅謂存尺許，何也？碑三十六行，行七十七字。以予所見舊拓本，如王翁林謂「平生所見第一本」者，尚存七百許字。又塔影園所藏邵瓜疇本，亦宋拓精善者，然皆已不見率更銜名矣。今精拓全碑，則第一行題目之下，尚可辨者「中書侍郎行都護江陵縣開國子岑文本」，下闕空十二格。海縣男歐陽詢書」。其下半存字尚多可讀，而趙子函遂謂今不可搨，顧亭林《金石文字記》亦竟目爲殘闕，不加精審。何怪彼拓碑工匠之惜紙乎！予今得按其行次録之，雖尚有闕佚處，而温虞公之事蹟，前後略得其概。率更行筆，亦略得以見其前後結構之概矣。

《舊唐書·温彦博傳》云：「彦博意有沙汰，多所損益，而退者不伏，嚻訟盈庭。彦博惟騁詞辯與之相詰，終日諠擾，頗爲識者所嗤。」新《書》亦言彦博欲汰擇士類，寡術，不能厭衆，訟牒滿庭，時譏其煩碎。又與魏徵廷争邊事，不勝其辨。天子卒從之，其後帝始悔云。而舊《書》贊語，亦稱彦博之褊。今觀此碑云「意之所異，不是己而違人」，銘詞亦引「夷吾器小，以反形之」，又云「水逝黄陂」，用叔度汪汪千頃以爲喻，皆言其量寬宏，若與史所稱正相反者。岑公豈應飾詞諛墓？此當與史傳相資攷證者也。

他如考名「攸」，與新《書》合，足證舊《書》作「悠」之誤。又新、舊《書》皆言貞觀十一年六月甲寅薨，今驗碑是六月四日，是年六月甲寅朔，其四日丁巳，非甲寅。此條書於《太宗本紀》，凡本紀書事，事在月朔則書朔，今不言朔，自以碑作四日爲是。此史之誤也。至如王篛林謂：「碑言無功於月氏，指彦博陷突厥事。」以爲史誤。今驗全碑之文，以荀罃反晉、蘇武茹雪爲比，乃正指其陷突厥事耳。其文「豈若」云云，下貫「無功於月氏」句，此特借古事以作襯託，豈可誤會乎！又如「平津」與「文終」作對，此用漢蕭河封文終侯，而篛林以「文終創業」句，指温大雅編《創業起居注》，謬矣！「非功不侯」下是「中」字。漢高帝，沛豐中陽里人。《晉書·凉開昭王傳》論：「中陽勃興，景亳垂統。」是唐初皆如此作儷語，猶之光稱南陽也。「孔門密子」，以「密」爲「宓」，則形聲皆失之。所以陸氏《釋文》在唐初，於諸經音義已多未能定據者，又奚怪乎玄宗之改《洪範》音義矣！

率更書此碑時八十有一，在率更書諸碑爲最晚歲之作。率更諸碑，《化度》第一，《九成》次之，此碑又次之。蓋筆意所至，并忘矜鍊師古之迹。若趙子函謂其字視《九成》《化度》爲得中，蓋以字之大小論，非以筆法言矣。中如二巖二藹，究不能與《百石卒史碑》之甤赫同參；肇宰章羣，亦豈能與乾明樊遜碑相例。諸如此者，略寓問津畛界，正所以見率更格韻，上接蕭、羊，遥追棐几之正脈耳。

跋皇甫府君碑二首

率更《皇甫府君碑》，愚幼而學之，既而學《九成》《化度》，始知率更精詣直造山陰之室。及入詞垣，與諸家上下其議論，乃皆以《皇甫碑》爲不足學。後見王篛林論歐書云：「《皇甫碑》是率更少作，風力未遒。」虚舟，近日之專力學歐者，而其言如此。愚亦遂惑於其説，不復深研求是碑矣。然吴門陸謹庭家藏宋拓本，古厚之至。而今所行拓本，則較百年前所拓又泐去百餘字，故筆蹤近瘦，而古厚處漸致掩昧也。宋人《寶刻類編》云「是碑貞觀中追建」。攷于志寧官左庶子加銀青皆在貞觀年間，則率更書是碑時，年已七十餘矣，安得謂是少作耶？驗其筆格，正從隸法出。而《九成》《化度》皆深加融鍊，進而直追晉人；是碑則初由隸體成楷，因險勁而恰得方正，乃率更行筆最見神采，未遽藏鋒，是學唐楷者第一必由之先路也！若不先從此入手，則間架結搆，何由而入《九成》《化度》乎？近今學人多遺棄目前共由之路，而侈談遠到難幾之詣。即是碑可推矣。幸遇此未泐百餘字以前之拓本，得不寶祕，奉爲圭臬耶！

《皇甫府君碑》，無書立年月。王虚舟云是率更少作，蓋以皇甫是隋人也。牛氏《金石圖》云：「仁壽四年，歐陽書。」不知仁壽四年乃皇甫卒時，而非書碑時也。以于燕公撰文系銜攷之，知是貞觀中追建，率更年七十餘矣。是碑在歐書爲最見精采之作，今泐蝕甚多。此本，何義門手加評記，雖拓手用墨得法，其實亦近日所拓也。義門豈不得一舊拓，而獨於此本精意臨習耶？觀其細著丹黄於畫中，布白處精研入妙，誠楷法之津梁矣！然其跋云：「自『備説安危』以下，字體微小於前，似非一日所書。」愚按：率更書，每至後半，漸入收斂。不特《皇甫》《虞恭》，即《化度》純乎晉法，而亦後半微近收小。❶是一家筆格性情如此，不可强也。惟《醴泉銘》則後半不歛而反舒，愚嘗於《醴泉銘》詳言之，豈義門於此未深悉耶？

書姚恭公墓志重刻本

是碑在京兆，而陳思《寶刻叢編》無之，蓋碑之毁久矣，世所傳者皆贋本也。都南濠所見尚是舊本，故題下無撰書人姓名，蓋以石泐闕之。而歐陽《集古録》云：「内史舍人虞世基撰，太常博士歐陽詢書。」「舍人」二字，據本傳作侍郎，是也。近人刻《金薤琳瑯》者，乃據世所行贋本補入，結銜云「廪軍内史侍郎虞世基撰文」。考《隋書·百官志》：内史省侍郎四人，從四品，並無廪軍内史之官。世基本傳亦云：「煬帝即位，遷内史侍郎。」是碑立於大業七年十月，世基之官正與史合。不知何時，碑本殘字中偶有「廪軍」二字零落，「廪」字，即文内「家實食廪」之「廪」。「軍」字，即文内「將軍之泉又竭」之「軍」。遂妄增入世基官銜之上，甚可笑也。又志文之末「右光禄大夫」脱去「禄」字，而紙無裁割之痕。中間「克著奇功」「克」字誤作「充」，此皆贋本之尤謬者。然此一本尚是每行裁割裝成，故尚欲貌爲真本，在重刻本中爲稍舊者矣。此石是宋人重開者，今藏海寧陳秀才鱣字仲魚家。

❶「近」，原脱，今據稿本補。

跋率更千文

率更《千文》，僅見於宋人《寶刻類編》，不著時地，而諸家著録金石者皆不之及。❶ 按《虚舟題跋》刻本，較此墨迹，多引《新唐書》「詢年八十有五」一語，然獨不引張懷瓘《書斷》云「詢以貞觀十五年卒，年八十五」，尤爲明白也。史稱歐陽通早孤，母徐教以父書，嘗遺錢使市父遺跡。然宋人所刻類帖，有率更所書《授筆訣》，亦云「付善奴」，正與此帖末語相證。而此云「付隱之明奴、通之善奴」。❷ 岳倦翁《寶真齋法書贊》所載率更書《陰符經》，末云「貞觀十一年丁酉歲九月日，書與善奴」。倦翁跋云：「率更子通，字通師，官至内史。號小歐陽。」即善奴也。其贊曰：「内史書如率令，善奴秀比官奴。千古會稽楷則，于今重見陰符。」則又在此前四年矣。通之蓋一字通師也。

跋房彦謙碑

昔與梁瑶峰前輩論及歐書，瑶峰云「嘗見率更分書《房彦謙碑》，實《化度》《九成》之左券」，以未得拓本爲恨。今予於章邱訪得是碑，乃知顧亭林諸人皆未見。其陰側，惟據趙明誠云「率更書」耳。今見其側，

❶ 「之」，稿本作「言」。

❷ 「付」，稿本作「附」。

曰：「太子右庶子安平男李百藥撰，太子率更令渤海男歐陽詢書。貞觀五年三月二日樹其陰。」分書尤偉，惜不使瑶峰得見之。蓋趙湖州已云是碑罕傳，況其陰與側乎？書於此以志墨緣。碑在章邱西南七十里地名採石邨房公墓前，其左側有字，其趺已入地，不可見矣。碑南向，約厚八九寸，其陰字在上半。

跋舊搨道因碑

唐人語云：「來護兒，兒把筆；虞世南，男帶刀。」然讀杜少陵《贈虞十五司馬》詩「淒涼憐筆勢」之句，則永興玄孫當亦善書矣。蘭臺是碑書於龍朔三年癸亥，上距率更之卒已二十年。至爲其母渤海縣太君徐氏書誌，在文明元年甲申，又在此後二十年。其書格自必更進於此，惜今止見是碑也。然全用《房彦謙碑》法，力追分隸，後來柯敬仲學歐，即從此得路。舊搨本尚有淳厚之意，宜選其最質實者，以追其家學什一之餘緒，不可概以《圭峰碑》例之也。

跋昇仙碑陰

《昇仙太子碑》，唐武氏爲張昌宗而作，其事無可論者。惟碑陰出於薛、鍾二家手蹟，則考古之家及研究法書之家，皆罕有知者。薛題前建辰，在武后聖曆二年己亥，而鍾書諸王等銜名，在神龍二年景午。此則中宗即位之後，武三思復用事，而諸人復承旨題名於陰，此即復武氏陵廟之漸也。説者乃不考中宗時事，而以爲武后立碑一時之事，誤矣。唐竇臮《述書賦》極推薛而不及鍾，宋人《寶刻類編》及趙明誠《金石録》，於《昇仙碑》陰皆直云薛書，而不云鍾也。義門此跋，亦據趙録，目爲薛書，竟似未撿本碑系銜者。豈其所得褾本無系銜耶？抑或拓手紙墨闇昧耶？今依原石銜次列爲圖式，其墨者薛書，紅者鍾書，朗然可觀矣。

唐初書家，以歐、虞、褚、薛並稱，而薛書傳世絶少。若王篛林云：「鍾紹京得褚之纖媚，薛稷學褚，不失尺寸。」其實薛書於褚更加研華，而鍾書纖媚則無所據。特因董文敏偶見《靈飛經》，目爲鍾書；篛林又以所見他書目爲鍾蹟：皆虚揣之詞，非鍾書果如此也。再考永興書《廟堂碑》末云：「長安三年太歲癸卯金四月壬辰水朔八日己亥木書額，朝議郎行左豹衛長史直鳳閣鍾紹京奉相王教搨勒碑額。」其文與此相類，則是鍾書精意搨勒，於摹古爲長，尤非僅纖媚之謂矣。幸得一碑之陰具有二家楷法，而偏置武氏所立之碑後，爲君子所不齒，是以知之者益少。然以書法而論，則誠唐帖中之佳蹟，當作《化度》《郎官》舊本鑒藏之，豈其可易視歟！

跋薛曜書石淙詩

武后及其諸臣《遊石淙詩》，凡十七首，久視元年薛曜書。顧亭林謂：「天台」訛「天右」，今驗石本，實是「台」字，歲久，中有泐痕，似「右」，而「台」字甚明白，未嘗訛「右」也。惟「白日將移銜疊巘」句，「銜」訛「衝」，「瀑水」訛「曝水」，此則薛書之訛。薛亦同賦詩，非不曉文義者，由此推之，古人落筆時竟實有不檢核處，與小史不曉文義者無異。諸碑類此者尚多，皆可以證之也。末云「久視元年歲次庚子，律中蕤賓，十九日丁卯」，是年夏五月己酉朔，則丁卯十九日無疑矣。第何以不書夏五月，而云「律中蕤賓」，或疑其於年月書法不倫。按武后時改用周正，以建子爲歲首，至是年始復以建寅爲歲首。故此石刻言「律中蕤賓」，以見其爲夏正建午之月。若書夏五月，則與周正相混。此亦見當時文字斟酌處，人多忽之耳。

跋宋拓褚書公孫卜兒傳贊

此贊聞有墨蹟，内刮去數字，皆宋初廟諱也。此石本，凡刮去之字皆微露一二筆，信是宋時拓也。行間亦具界格，末云「臣褚遂良書」，則是唐時刻石矣。正楷原從隸出，固以方整爲局制。然而字内如「田」「口」等，結搆多取下半稍就歛緊者，楷勢不得不然也。若「侖」之「冊」，「向」「内」之「冂」，「屬」「虜」「芻」之下「𠃌」，究以末稍歛内爲得勢，而此蹟一例上下削方。「董」「更」之中「田」，亦太削方。「唐」之中間下横，末又太放出外。餘若鬆疎者，尚非一處。昔竇氏《述書賦》於褚書有澆漓後學之譏，吾每辨其太過。若《聖教序記》横畫右末偶以欹垂取勢，卻於大局無嫌。此蹟則太過鬆疎，不特以「朋」誤「明」之顯然筆誤，始定其必非褚書也。鬱岡齋又從此翻刻，竟謂是褚公名蹟，豈其然乎！此本後有長洲韓存良手跋，韓是董文敏館師，尚可想見鑒藏風味。而其實非褚書，則不得不辨。畜、奮，半字之誤，尚必重書，豈有「朋」誤作「明」之理乎！

復初齋文集卷第二十三

大興翁方綱撰

門人侯官李彦章校刊

跋徐嶠之書姚文獻碑

姚氏祖孫二碑，皆徐嶠之書，而姚文獻此碑，又在其孫一碑之上，其行筆與《莒公碑》相近，蓋皆出於褚也，然此碑又有體近虞、歐處。蘇詩：「徐家父子亦秀絶，字外出力中藏稜。」唐初字體，歐、虞開其先，褚公之後，自必以薛爲正脈。而徐氏父子名特著者，正以其參用歐、虞骨格也。徐嶠之書《阿育王碑》既亡，惟此姚氏二碑，而《文獻碑》更爲高秀，精研唐楷者必於是問津矣。

跋魏棲梧書善才寺碑三首

王箬林跋云：「此碑，馮涿鹿題作褚河南。然前欵云『河南褚遂良書』，遂良，錢塘人，封河南郡公，非河南人。可疑一也。褚公顯慶三年卒於愛州，至神龍時，褚卒已四十八年矣。可疑二也。中宗即位，建元神龍，纔兩年即改景龍，無十一年。可疑三也。武后稱制，在褚卒後二十七年，而碑内有則天之號，可疑四也。

碑云『律師以大唐七年九月五日卒』。概云大唐，而無年號。後有『元開震驚』等語，元開二字，文義不屬，疑是『開元』，當是作僞者心知開元年號與褚不合，故特錯亂其文耳。可疑五也。則此碑斷非褚書，然其筆法便娟秀腴，酷似河南。又『淵』字、『世』字，皆有闕筆，的是唐人習褚者所書。後人以其蹟似褚，不考其本末，但竄取碑字湊集成文，以爲褚書。涿鹿馮公弗深考耳。後閲趙明誠《金石録目》，云：『第九百八十六，《唐文蕩律師碑》，盧涣撰，魏栖梧書，開元十三年十月。』乃知此碑果非褚書，余所疑一一皆是也。遂改題爲《魏栖梧善才寺碑》，爲之大快。」篛林先生跋如此。

此本即是篛林所見者，當有篛林手題「魏栖梧書」之籤。蓋又不知何時、何人，誤以爲册内明有褚書云云，妄謂篛林題籤不足增重，而又改裝之，故獨留馮琢鹿手跋於後耳。今予幸得見此册，故爲重書篛林之跋，仍改題爲魏栖梧書，亦獲與篛林先生同稱快矣。而猶有未盡者：篛林跋但據趙明誠《金石録》，知此碑在開元十三年，而於碑内所妄湊爲「神龍十一年」云云，未之詳考也。

予今爲申之曰：碑所云「大唐七年五月九日」，「大唐」字下，實即後文「元開」二字倒錯之「開元」年號也。猶如題下「河南褚遂良書」，亦字字有剪開之痕，是從全碑内湊得者也。其「神龍」下，另翦爲文，而云「十一年十月十七日己酉」者，攷唐初自貞觀以後，惟中宗之嗣聖與玄宗之開元皆有十一年，至天寶則稱十一載矣。然嗣聖十一年十月辛亥朔，則其月不得有己酉。惟開元十一年十月癸巳朔，則十七日正是己酉。以此考之，文蕩律師卒於開元七年五月九日，而葬塔在開元十一年十月十七日，碑之立則在開元十三年十月也。

又籜林但據趙明誠《金石録》，而録中有目無跋，未詳撰書人之具銜。此則歐陽《集古録》亦無之，惟小歐陽《録目》云：「《唐文蕩律師塔碑》，在許州陽翟縣前。告成尉盧涣撰，著作郎魏栖梧書。」告成者，即陽城縣也，萬歲登封元年，將封嵩山，改陽城曰告成，故其銜曰告成尉也。小歐陽《録目》亦世所不多有，予今爲春湖學士詳攷而備書之，當必不至更有誤傳爲褚書者矣。

碑内「銘粤」即「銘曰」，粤、曰，同字也。《爾雅·釋詁》：「粤、于、爰，曰也。」《説文》：「曰，詞也。」「粤，于也。」皆以象氣之舒也。漢隸《百石卒史碑》「制曰」，《禮器碑》「其文曰」，《郙閣頌》「乃作頌曰」，皆作「曰」字，而唐楷《房彦謙碑》與是碑皆作「粤」。《尚書·堯典》「曰若稽古帝堯」，傳疏皆不言粤、曰之通，而《房碑》在唐初，尚通用，至此碑，則開元中尚有可證古字之通用者。孰謂唐楷與六書相遠哉？開元十四年，明皇改《洪範》「無頗」爲「無陂」，而其時書家，尚有能知古義與《釋詁》合者，是可補邢疏所未及。近日邵二雲學士撰《爾雅正義》，亦未援及此耳。

王籜林論褚法云：「稍縱逸，則爲魏栖梧；步趨不失尺寸，則爲薛稷。」所謂縱逸者，即指此碑也。蓋唐世書家習褚者最多，而此尤得其神理。然魏著作此碑，其於褚法實乃步趨不失尺寸。若薛少保書，則加以妍華，竇臮所謂「菁華卻倍」者也。褚楷自以《孟法師碑》爲第一，《房梁公碑》次之，而二碑神理具在。此碑其格意當在王行滿、王知敬之間，善學褚者求之此碑，有餘師矣！

跋宋揭絶交書

東河持一册來示，王安昆止止山房題籤云「宋揭絶交書」。其紙墨是宋揭，而無跋。其帖即停雲所本者，但停雲又自從一墨本摹勒，非從此本摹勒者也。停雲本載元人跋云「劉燾無言嘗摹刊於續帖中」。辨論之詳，見黄伯思《東觀餘論》」。按黄長睿與劉無言論書一條，云「劉言續帖中李懷琳《絶交書》多有古字，非懷琳所能自作，則知其有所仿也」云云。據此，謂「劉言續帖」者，非謂劉無言所摹刻之帖也。宋劉燾字無言，嘗摹刻太清樓帖耳，未嘗摹此帖也。長睿此條，乃謂劉嘗説續帖中有此《絶交書》，「言」字貫下，非「劉燾字無言」之「言」也。元人跋乃誤讀黄長睿語，以爲劉無言摹刊於續帖者，誤也。

考宋人法帖，惟元祐五年四月待詔邵彰所摹刻續閣帖第九卷爲李懷琳書嵇康《絶交書》，此本當即是元祐續閣帖第九卷之真本。後人又僞作「晉右將軍王羲之書」分隸題於前，遂致乍看不出耳。

跋阿育王寺常住田碑

碑尾小字云「石有圮者曰□」，音柳。詳其義，當是舊碑所脱去之字，而今不可考矣。徐趙州去大和時甫百年，而舊碑隳壞，尚在大和之前。蓋原文無甚闕泐，而僧惠印録其舊文，則非摹拓徐書矣。范的據鄭樵《通志》及宋人《寶刻類編》，皆載所書諸碑，蓋有書名於時者。觀其書格，雖略仿《懷仁集聖教》，而天骨勁逸，故當無忝前良也。碑以「倬彼甫田」爲「倬彼碩田」，又以「鞠爲茂草」作「鞠爲茷草」。王觀國《學林》云：

「茷字三音而同訓，以爲草木葉茂多之貌也。」此條亦可備《毛詩》攷異耳。

跋唐贈歙州刺史葉慧明碑

右《唐贈歙州刺史葉慧明碑》，開元五年七月七日立，李邕撰，韓擇木八分書，載在《寶刻類編》暨王象之《碑目》者甚明白。象之云：「其石運自霅州，擊之鏗然有聲。今在麗水縣北一百二十里冲真觀中。」近日趙子函《石墨鐫華》、孫退谷《庚子銷夏記》，皆誤以爲李邕書，并誤以爲即葉有道碑，又誤脱「贈」字，直以爲歙州刺史。又謂「趙明誠《金石録》載有道二碑，一爲李邕行書，一爲韓擇木八分書。不知此碑是韓是李」云云。蓋其誤始於趙明誠有韓擇木撰文之語，故疑碑首有李邕字者，當屬李書。而不知趙明誠《録》明云李邕書者，開元五年三月；韓擇木書者，開元五年七月。今此碑是七月，則其爲韓八分無疑。而退谷手跋，尚以爲李江夏八分，何其舛乎！

且葉有道者，乃葉法善之祖；葉慧明者，乃葉法善之父，亦不得并二人爲一人。葉有道碑，則李邕撰文并書。世傳法善夜追其魂書之，謂之《追魂碑》者是也。葉慧明碑，則碑首有「江夏李邕」，又有「國子」云云者，乃李邕撰文，而韓擇木曾官國子四門博士，又爲國子司業，此當是韓之結銜。而新、舊《唐書》皆無韓擇木傳，是以人莫得而考也。法善歷高宗、中宗、武后、睿宗、玄宗之世，五十餘年，故碑云「時更四紀，寵被五君」也。史云「睿宗之立，陰有助力」，則碑所云「殄勦元兇，翼扶皇統」者也。韓擇木八分，多在肅、代之際，杜詩：「尚書韓擇木，騎曹蔡有隣，開元以來數八分。」是碑在開元之初，乃其早年書也。今傳世者，如天寶元年《告嵩岳文》，尚不及是碑之具有漢法，則此乃韓尚書最佳之蹟。而著録者訛爲北海，致令名蹟湮没。予爲參考諸書，乃得數百年積疑一旦豁然，快何如之！❶

跋李元秀碑

此碑久亡，相傳良鄉縣某人斲其石爲六礎。嘉靖間，宛平令李蔭輦致都城署中，建古墨齋以覆之，後移順天府署。而王府丞惟儉攜其四礎往汴中，僅存二礎矣。至國朝康熙三十一年，府丞石門吴匪庵涵移置府學文丞相祠壁，有記勒石，記言僅存數十字。今諦審精拓，可辨者尚百八十許字，但多泐耳。是碑，北海書之最遒美者，遠在陝碑《雲麾》之上，而泐壞至此。予自幼留意考之，訪其全碑不可得，今始於吴門訪得舊拓本，一真刻，一橅刻，凡二種。屬友人錢立羣爲雙鈎其本來。董思白、莫廷韓諸跋，皆稱唐拓，然就中泐處已與今二礎字有相去不遠者，❷益見此石之泐久矣。然合此二本，文尚未全，且其裝册顛倒原次，仍不可讀，予亦無從而整理之也。今姑就予所考見，得其可辨者，略記於此。

唐故雲麾將軍、左豹韜衛翊府中郎將、遼西郡開國公，食下闕。靈昌郡太守李邕文并書。靈昌郡即滑州，天寶元年改郡，故稱靈昌守也。吴京兆記稱「北海太守文并書」，可見此系銜久不著於世矣。碑首尾大略云：嘗以張子纘承，

---

❶「快何」二字，原刻本誤乙，今據稿本改。

❷「已」，原脱，今據稿本補。

珥貂蟬者七葉；楊公丕構，乘朱輪者十人。以下敍曾祖諱某、祖諱字闕。考諱某、公諱秀，以下文不可次序。以開元四闕四月一日闕春秋闕夫人闕氏，西河郡司馬恩府君之息女，賢和淑慎，静恭貞白。下闕。嗣子朝議大夫、使持節，下闕。恐桑田或變，陵谷仍遷，是題豐石之碑，式表先公之墓，其詞曰：倬彼茂族，赫乎高門，經文緯武，翼子謀孫。闕。岳立邊鎮，風生塞垣。其一。施及我公，克廣爾祖，敦書悦樂，重規疊矩。下闕。遼水渺瀰，隴山崷崒。下闕。還計未臻已闕短辰悲九族，戀切三軍。其四。黄河東浮，白日西匿。還流不闕倒輪無力。草樹蕭條，雲山慘惻。其五。天寶元載歲在壬午正月丁未朔。

此文可辨者，合二本尚存千字，而皆倒亂不可讀。昔董文敏乃取而次第之，爲四十七行，刻於《戲鴻堂帖》，題曰李北海書，不言何碑也。陳香泉《帖考》云：「董太史自次其文如此耳。」而此内有董跋，乃曰所藏本文全可讀。蓋即其所自次序者，以爲可讀耳。姑勿問其前後移易，皆非其舊，即以銘首「其詞曰」「曰」字，今二礎尚微可辨，是窄形「曰」字。北海書言語之「曰」字是窄形也，唐以前書言語之「曰」字皆作窄形，《瘞鶴銘》亦如此也。乃董刻以意爲之，竟作肥闊「曰」字，不審碑中「公乃言曰」「公曰」數處言語之「曰」字，皆窄形也。即此一字，而真本之難復已如此！兹特就其可知之文，略舉其概而已。至筆法之遒美，具眼自當識之。昔有妄謂趙吴興臨者，皆不足置辨也，故不及之。

大照禪師碑跋

是碑，宋人《寶刻類編》載其題目，云「嶽麓寺大照和尚普寂碑」，此十字蓋其原額也。天寶元年二月，李邕撰并行書。長沙有北海書《嶽麓寺碑》，世所共知，而是碑無知者。其實長沙之碑，其額但云「麓山寺碑」，今世皆稱「嶽麓」。而是碑稱「嶽麓」，乃在嵩山之麓也。潘稼堂題跋云：「今碑乃翻刻，不逮《雲麾》《嶽麓》。」稼堂蓋未考此碑亦名嶽麓也。

著録家但知李思訓、李秀二碑，姓同官同，故北海書有二《雲麾》，而不知北海書有二《嶽麓》，此亦藝林所宜記述也。是碑舊傳有北海真蹟，今藏於惜分書室，主人雅志篤古，爲選工重勒於石。北海筆蹤超騰龍象，風神骨格宛如初落墨時。豈惟《娑羅》《東林》諸摹刻皆遠遜之已乎！芝山以新拓本來屬，爲題識於後。❶

跋少林寺戒壇銘

是本後有邢子愿手跋，其裝册用明萬曆二十八年糧户帖作襯紙，其爲舊搨可知。昔聞曹倦圃家藏一本，有許靈長跋。又王篛林藏本，自謂球圖視之者，皆即此本無疑也。書法雖蒼秀，❷然予於是銘夙有疑者：陳子文《金石遺文録》、李光映《碑帖考略》，皆稱《少林寺戒壇銘》。一爲括州刺史李邕書，一爲南館學生張傑書，其文不易一字，並立碑之年月皆同。以爲可疑，是固然已。張傑一碑，都南濠《金薤琳琅》載其全

❶ 文末，稿本有「嘉慶十年夏四月朔」。

❷ 稿本無「雖」字，「秀」下有「即謂北海真蹟，當不爲過」。

文，中缺九字。今以此本對之，其九字皆有，而「田成碧海」作「地成碧海」，與上句「地」字相複。「杖錫東埵」，以上下句韻例之，必非「埵」字。又「暉律師」句，脱一「師」字。此三處皆不能無疑，然猶不妨也。至於諸本皆作「開元三年正月十五日」，而此乃作「二年」。李北海於開元二十三年始爲括州刺史，即其前曾左遷括州司馬，亦在三年以後，況二年乎？且唐碑著於録者，若《金石録》《寶刻類編》以及《嵩山志》諸書，皆云《少林寺戒壇銘》開元三年正月十五日南館學生張傑八分書，而李北海所書碑，則諸家皆不言之。是以予於是碑舊所蓄疑，而今見此舊搨佳本，亦弗敢信也。

跋郎官石記四首

都南濠《金薤琳琅》云：「宋龔明之《中吴紀聞》云：『長史，蘇人。承平時，碑在蘇學中堂之後，已漸刓剥。兵火後不復存矣。』元商德符云：石刻舊在京兆，今亡。余家所藏本，未知其出於蘇學，或出京兆，皆不可知。但歷年久遠，而紙墨完好，誠希世物也。」朱竹垞跋亦引龔明之云「長史，蘇人」，故立碑於此。然朱竹垞亦未嘗言此搨是京兆本抑是蘇州本也。❶

前歲有持舊搨此碑相示者，碑尾有「河南屈集臣鐫」，又有史芝以下廿一人題名。其書楷、行、艸、隸，各有不同。「印」字下注「工郎」，「平向高」下注「吏郎」，「師朴」下注「左司」，又有注「吏」字、「兵」字者。或謂此

---

❶「此搨」，原脱，今據稿本補。

是吴中石本,或又謂其後有諸郎官題名,當是真本。其書體峭潔,與董文敏摹入《戲鴻堂帖》者迥不相似,中間「不朽者矣」,「矣」作「也」。然董摹《鴻堂帖》之本雖甚窘弱,而字勢實與王敬美所跋此本相合。且王秋磵已謂其字體似出歐、虞,則定以此本爲是。

又驗之趙明誠《金石録》目第一千一百七十七,《唐尚書省郎官廳石記》,張旭正書;第一千一百七十八,《唐郎官題名上》;第一千一百七十九,《唐郎官題名下》:合此三卷,其上卷是此序,其下二卷是郎官題名。則即今陝西碑林郎官石柱之刻,每石一面,書「吏部郎」「司勳郎」「户部郎」「金部郎」者是也。計其每石今可辨者尚數百人,則六石郎官之名,蓋以千計。而彼一舊本,其後僅列二十有一人,且某部郎銜注於某名之下,此必是吴中重刻此序,而雜書人名若干於後,故與京兆原石數千百人之列次不能合也。宋人《寶刻類編》亦專著此碑在京兆,不云在吴,是此刻爲當日張長史所書之原石無可疑者。

惟是彼一舊本,字勢頗清峭,意者因著録家有楷書精勁之評歟?不知著録家目爲楷書精勁者,蓋對照其艸聖而言耳,非必盡是方勁峭整之體也。大抵張長史之書出於褚河南,此碑亦約略在《孟法師碑》及《奉五日東山帖》之間,世無二本,藝林傳爲至寶,信不虚也。王守谿跋援山谷謂「此記,唐人正書無能出其右者,故艸聖度越諸家,無轍跡可尋」。此謂長史正楷古雅如此,雖唐賢諸楷帖亦須讓之,則其艸書豈有轍跡之可尋乎?「無轍迹」句,仍指長史艸書而言,敬美似誤會也。敬美又謂此碑内「容」字、「極」字,皆取法永興《廟堂碑》。今驗此内「容」字、「極」字,亦初非仿擬虞書《廟堂碑》也,而後跋者遂目敬美此跋以爲有微詞,則又過矣。弇州跋謂:「聞此碑三十年而始得之。」予亦夢想是碑四十餘年,而今始見之,如此墨緣,安可不記?

張長史《郎官石記序》，此本與華亭所摹正同，但華亭未親見此拓本，特據陳仲醇手摹者，尚有一二誤筆耳。今此帖前尚有仲醇印也。詳王元美昆仲手跋，即是都南濠録入《金薤琳琅》之本也。惟是弇州跋云：「以《化度》《廟堂》《九成》並觀，皆退三舍。」又援山谷云：「唐人正書，無出其右。」予廿年前在西苑直廬夜宿，與會稽梁瑶峰前輩論書及山谷、弇州此跋，瑶峰意頗不以爲然。蓋乍聞之，似乎推奬太過者。而予今又有説焉：此非山谷、弇州之必舉此碑以壓唐賢也，此正是其企想晉人之意甚深耳，正不可以詞害意者也。至敬美又謂此碑内「容」字、「極」字皆取法永興《廟堂碑》，則是臆撰之説，不足信耳。且長史艸書名震古今，諸君子之論，皆對其艸聖而言，故不嫌於多爲舉例，豈其推許之過乎？但董文敏就仲醇摹本鈎勒入石，則薄弱實甚，反足爲此碑之累。若有能精心鈎摹者，選工伐石，使吴中僞本不得歧出相炫，是則藝林大快事矣。❶

王敬美謂此碑「容」字、「極」字皆取法永興《廟堂碑》。按永興《廟堂碑》，「容」字凡四見，「極」字凡再見。「容」字四見者：序内「侃侃禮容」、銘内「禮容斯盛」，此二「容」字，其中間右出之捺，皆長而見鋒。又序内「函丈之容」、銘末「容範既備」，此二「容」字，其中間右捺，皆作反捲向上勢。此《郎官石記》之「容」字，中間右捺，則不見鋒而俯向下，與《廟堂》之四「容」字皆不相同。「極」字再見者，其木旁之内點皆明白可見。而

❶ 此四則跋文，刻本字句多有改動，與原稿相校，删去重復處較多，尤以第二則爲甚。

《郎官記》「極」字，左旁木之内點含蓄不露，❶與《廟堂》「極」字絶不同。不知敬美何由而目以爲取法虞書《廟堂碑》也？且即以王文恪跋引山谷評，謂其艸書無轍迹可尋，而敬美乃援此，以謂指此碑字無轍迹可尋，則亦失之遠矣。此同在一簡内之跋語，尚且不能照顧如此，而況能援比他碑期其切中乎？且即弇州跋謂「《化度》《九成》《廟堂》皆退三舍」，此語與敬美所評「容」「極」二字之語，至今藝林已皆收入著録，後學將奉爲定品矣。然此碑今無二本，世或有不能盡見者，而《化度》真本固亦世所絶少，《廟堂》真本則世所絶無，《九成》舊拓亦漸少矣。然若以《化度》《九成》宋拓本與此並看，則長史是艸書專家，今偶於此一碑用正書爲之，故遒古逼晉人，而結搆神采實不能跨越唐人。不特《化度》宋本之淳古，此碑遠不能及，即《九成》之神力，此碑亦豈能及哉！至於虞書《廟堂碑》，❷且勿論唐本也，即以王彦超重刻、今尚完好，若能精拓，則此碑亦實不能及之矣。再等而量之，如歐書之《虞恭公碑》、褚書《孟法師碑》，此碑亦豈能出其上乎？然而，山谷謂「唐人正書，無出其右」者，何也？此則山谷熟見長史艸書，故偶舉此以著其正書之根柢如此耳，初非欲舉此以冠唐人正書也。

然則弇州昆季之評，皆可廢歟？曰：是則别有説焉。敬美跋後段，特舉所見韓氏藏唐本《廟堂碑》，其謂此碑有出藍之觀者，謂永興《廟堂》爲藍乎？《郎官記》初非一意師仿《廟堂》，《廟堂》非藍也，非藍則無所

❶「左」，原誤作「右」，今據稿本改。

❷「碑」下，稿本有「乃唐之右軍正書」。

謂出藍也。然而敬美意中所謂出藍者，目王彦超重刻《廟堂》，以爲所出之藍耳。彦超重刻本，渾乎用圓也，此《郎官記》則用方，是以敬美目爲出藍也。用方何以謂之出藍，則敬美固明言其得見韓氏藏唐本也。

唐本《廟堂》世已不見，孫月峰云：「韓宗伯家唐拓《廟堂碑》，筆筆皆蹲注法，轉折處特峭勁，頗近歐書。」馮定遠云：「《夫子廟碑》，虞書，小方穩。」愚向日惟憑此二家説耳，其後乃得目見元康里氏所藏唐時《廟堂碑》，始知陝本、城武本皆唐後翻摹。而《孔祭酒碑》陪立於太宗昭陵，是爲唐初學虞者之驗。其行筆，與今王彦超本之純用圓轉者固殊矣，是則敬美出藍之語，不爲無所見，而究不得因敬美此跋，欲傅會弇州跋，以爲《郎官》果在《化度》《九成》《廟堂》上，則實非定論耳。

愚豈敢輕駮前人，第以長史行筆，於時時作艸之後偶用正楷，固必以方正見其筋節也。而行筆之勢，往往越出格界之外，此拓本界絲，微微可辨數處，如「年」「和」字，「千載」二字，「六十一人」「十」字，「上應」「應」字，「不其偉歟」「不」字、「其」字，皆下半占跨界絲外少許。亦其跅弛乍入繩墨之可見端者。是以廣川跋，喻以「過君表，舞交衢」者，正善言其不拘繩墨也，豈可泥會乎？唐人正楷無不具有界絲，以《化度》之淳古超逸，亦不聞其跨越界格之外。大約專以褚公書派，尋長史正書之針車，則位置允矣。

山谷法帖跋云：「張長史《郎官廳記》，唐人正書無能出其右者。故艸聖度越諸家，無轍迹可尋。」山谷此語，蓋深探艸法之原也，故謂人但見長史艸書之神妙，而不知其原從正書出耳。試觀所書《郎官記》，雖使儕於唐諸家正書，亦當無愧，不能讓唐賢諸正書也。惟其正書能如此，所以其艸書神妙，高出諸家之專以艸名者，豈可以轍迹量之哉！

讀者須善讀山谷此段是如此抑揚其詞，然後知其並非謂長史正書冠於唐諸家上也，特深著其正書之法度，使人善會其艸書之根柢耳。而王弇州誤讀山谷此段，乃妄謂《化度》《九成》《廟堂》皆爲之退三舍。至王敬美，遂誤讀其句，以爲贊其正書無轍迹可尋。明代諸賢，固不精於攷訂，然亦何至文義之不嫺至於如此！貽惑後人，豈淺鮮哉！此則焉得以弗辨乎？

跋俞紫芝臨褚艸陰符經

褚艸書《陰符》，宋越州石氏帖目在褚楷《陰符》前，故停雲亦依此摹也。何義門云「廿三行，缺處甚多」，而不言後有諸題人名，則停雲所摹勒，蓋又從石氏本翻出者耳。此内「萬化生乎身」句，「化」訛「作」。「可以伏藏」句，「伏」訛「伙」。「時動必潰」句，「必」訛「衣」。「大小有定」句，「大」訛「火」。又不止義門所云缺失而已。且褚公於貞觀十二年始召入侍書，豈有貞觀六年奉勅書此之事？不特義門未之詳考，而越州石氏此刻在北宋末南宋初，乃亦不加詳考，冒爲褚蹟，則何怪《樂毅論》海字本後來重摹之有失乎？此幅有俞紫芝臨欵，紫芝入明，洪武初尚在，則天曆初年年尚甚少，固宜其不知深考，一依其誤而臨之也。蓋攷訂之學不講久矣，孫退谷乃與過庭《書譜》同語，又何足譏乎！

跋興福寺碑

此碑，明末西安府浚城濠始得之，闕失其半。所云「公諱文」者，已失其姓，不知者因其上句「惟大將軍矣」字上半，行書似口形，遂誤爲「吴文碑」。顧寧人亦沿其誤，近日王翁林直稱吴碑，莫之省也。予見北宋時解州鹽池集右軍書碑云「獘急，可救之矣」「矣」字，正即此碑「矣」字，在宋時尚不誤也。

跋裴鏡民碑

《隋故益州總管府司馬裴鏡民碑》，貞觀十一年李百藥製文，殷令名書。是碑見於宋人《寶刻類編》，云筆法精妙，不減歐、虞。予初見此語，竊意唐初書脉，宜借此以尋源也。碑在山西聞喜縣，因託人拓之。其書誠能具永興、率更之秀色，然而唐人學虞、歐者尚多，豈能遽希方駕耶？趙子固於唐碑獨推《化度》《廟堂》《九成》，斯知言之選也。若此碑之書，形體韻度皆具，而風格則遜之遠矣。《寶刻類編》以其所録碑目考之，是宋末之書，而無撰人歲月。今以所評此碑驗之，其排次名臣爲卷，亦皆便於書塾臨習，是爲宋末書賈所爲，微變陳思之例。去年見《隸韻》，知是南宋書賈所編，此亦其類也。因鑒此碑，而考見南宋書賈之書不爲無益耳。

復初齋文集卷第二十四

大興翁方綱撰

門人侯官李彦章校刊

跋偃師周公祠碑

此《周公祠碑》，在偃師縣學，開元二年十二月，朝議郎行偃師縣尉賈大義撰，不著書人姓名。其云「公字朝明」，《偃師金石録》謂是後人傅會之文。然愚謂此非後人妄造周公字也。昔伏侯《古今注》，於漢光武諱秀，曰秀之字茂。明帝諱莊，曰莊之字嚴。此豈謂光武、明帝有此字哉？蓋後人避其諱之本字而云然耳。今唐人撰《周公祠碑》，蓋不敢直斥公諱某，而代爲之辭曰「公字朝明」，亦猶夫《古今注》之謂「秀」爲「茂」、謂「莊」爲「嚴」耳。且「旦」又唐諱也，乃撰此《金石録》者反增益其文，曰「公諱旦，字朝明」，則大誤矣。此須善會作碑者之意，而不可誣爲傅會者也。文有云「七月艱難」，陳業也。「三年征伐」，敍功也。據此，則唐初經説皆以居東爲東征，無可疑矣，而何容多其歧説爲哉！

跋茅山李元靖碑

《李元靖碑》，顔魯公撰并書。魯公，忠節正人；李道士，亦克篤孝行。忠、孝，即神仙也。唐人碑刻，多以《老》《易》並言，若魯公正人，豈有不尊經者。而此文云：「尤精《老》《莊》《周易》。」則自魏晉以後，竟皆視《周易》爲玄虛之談，且列於《老》《莊》之次，其亦可謂言之無稽也矣！

唐世經學，自孔疏陸釋外，罕見於著録者，豈盡習於麗藻耶？豈徒事於隸楷耶？韓之文起八代之衰，而於諸經亦未有所詮次。爾時隋唐藝文經籍所未備者，或尚有一二留遺足摭據者，何至數百年間寥寥曠隔，直至宋人始追古義，而又不甚留意詁訓，爲可慨也！因讀魯公此碑而發之。

跋宋廣平碑側記范致君書

顔楷以《宋廣平碑》爲最善，而其碑側小楷書古朴澹遠，尤顔楷所罕見，可以追尋褚河南、張長史，問津晉法之楷也。此則北宋崇寧二年，范致君别作大字，效顔體重書，另自勒石。裝册者翦去范跋年月，直欲目爲顔楷矣。故題曰北宋人效顔體，以著其實。蓋顔書由褚法以窺大令之祕，宋人已莫能精究耳。

跋揚州汪氏所藏祭姪帖

右魯公《祭姪帖》，宋拓本。近有友跋，疑是祕閣本者，非也。宋祕閣帖，惟淳熙祕閣續刻卷内有顔書，而非此帖。此本最爲得真實，即江邨吴氏所祖之原拓本也。

今世所傳《祭姪帖》，予所見四本：其最謬者，董刻《戲鴻堂帖》，妄移行次，其不足信不必言矣。東昌鄧氏家藏一石，即停雲館之刻。又不及停雲也，就諸家所稱賞者，惟陳繹曾所稱，即文氏停雲帖也。鮮于伯機所稱，即吴氏餘清刻也。就此二本較量之，字勢皆已失真，而吴刻勝於文刻。有稱文刻是米臨者，亦無稽之談也。文刻，即所謂聶雙江本，特從翻本摹出耳。吴刻餘清齋本，則實從此宋拓本出。何以言之？語曰：摹石開山，必觀鑱迹。吴刻固稱爲魯公手蹟也，豈有墨稾而改誤處反失真者？今以此本校之：第十行，「爾父」下用筆塗去二字，不可辨，而其右旁原改是「被脅」二字。吴本細審之，亦近似「被脅」二字，惟「脅」字欵衺不成勢，此就原拓翻出之明驗也。文刻，此右似作「致背」二字，則謬甚矣。第二十一行，「遠日」下「卜爾宅兆」，「兆」字塗去，改云「幽宅」；「卜」字，原本塗乙，不可辨，用濃墨於中間壓改。「卜」字筆勢最分明，嘗見顔書《李元靖碑》，中間塗改處以濃墨壓寫，正是如此。停雲諸刻從翻本出，想不知有此壓改「卜」字矣。吴本近似「卜」字之上半，亦竟莫知是「卜」字。又「兆」字，四圍塗圈，亦莫知是何字。則吴本是有人從此原拓鈎摹而失之明驗也。帖後鮮于伯機二跋，吴刻鈎摹竟全失鮮于之書勢筆意，而猶敢以墨蹟欺人。今得見此原拓真本，渾淪元氣，足證諸本之失。裝卷者能知吴刻之僞，故附裝吴刻本於卷尾，使觀者較量，自知真贋。然猶未盡裝其帖後鮮于諸跋，益顯其非真耳。近日著録家，竟有推吴用仰本爲《祭姪帖》第一者，❶正

❶「吴用仰」，《餘清齋帖》乃明人吴廷所刻，吴廷字用卿，疑此處「仰」乃「卿」字之誤。

足以證明吴刻《樂毅論》之同斯僞作耳。

跋多寶塔碑

顔楷以《宋廣平碑》側爲得晉法，餘皆以勁格撑拄，要以原本大令不失長史所傳十二意斯爲得之。《多寶塔碑》，自以王弇州、孫月峰爲定品。若以《金天王廟碑》題名例之，又當何如？此南宋拓本，其水旁三點中間尚寓牽絲之意，則近今所拓，渺乎不可問津矣。

跋東昌鄧氏顔祭姪帖石刻

魯公《祭姪帖》，重刻者有鮮于伯機本，有聶雙江本。鮮于本有周屮窻諸題，刻於吴氏餘清齋。聶本有二陳跋，文衡山跋，刻於停雲館。今東昌鄧氏二石，二陳跋後多出羅念庵一跋，則在停雲上石後九年矣。又鄧元固自跋云：「明大司馬聶文貞襄公初仕華亭，得之顧氏子孫，傳守百餘年，數經水火，皆莫能濡焚。至丙申歲，余待罪豐陽，公之五世孫諸生荀攜卷來，觀紙墨如新。越三年，荀以家貧求售，余盡解數年俸鐬而易之。」

予按：聶公成進士後，初知華亭縣，召入爲御史。文跋、鄧跋皆相合，則此爲聶本無疑。但聶謚貞襄，此跋多一「文」字，可疑耳。然文氏停雲帖所刻，既是以聶氏所藏真蹟上石，今鄧氏所刻，亦以聶藏之蹟上石，只應多出卷後之羅、鄧二跋，而其前本帖之字與陳文三跋，皆當絲毫不差也。乃停雲所刻陳深跋隸書，而鄧刻此跋章草書。文跋内字句，亦多小異。至於本帖内「吾承天澤，移牧河關」，此句下，原草云「尔之首櫬，亦自常山」，後改云「泉明比者再陷常山。攜尔首櫬，及兹同還」，故以筆將原艸「尔之」二字，倒鈎乙去。停雲初刻本如此，以鮮于本對之，乃知停雲所刻「尔之」「之」字下半不全，僅以艸書二點連下者。而停雲上石後，石紋微泐，於「尔」字頂上斜泐一小横紋，微近似「東」字。其實精拓之本，初不誤也，惟後來重翻停雲館本，則此二字訛作「東東」，乃今鄧氏刻此句，竟作「東東」矣。又此下云「方俟遠日，卜爾幽宅」，「遠日」下，原艸大有塗改，僅將「卜」字斜挂於旁，惟鮮于本此旁挂「卜」字極爲分曉。停雲元本則「卜」字在塗筆之外，與石泐斜紋相牽，微近似「及」字。後來停雲翻本，直似「及」字，乃今鄧氏刻本，此處竟作「及」矣。豈聶氏之本有真有贋，而其子孫以重摹之副本售於鄧耶？即使如此，文跋之字句亦不應小異，陳跋亦不應分隸忽改章艸，此又不可解者也。鄧氏之刻亦頗得筆意，惟陳繹曾、文衡山二跋，字太弱耳。其後羅、鄧二跋，今已磨滅不可讀。余昨在東昌，曾題其石末二行，亦但著其宜備考訂之由，未遽及此。第恐石久漸泐，觀者益無所考，故不得不略剖其概耳。

跋竹山聯句

顔書《竹山聯句》，真定梁氏秋碧堂嘗摹勒於石，又載安氏《書畫記》，云「天然沉著」者是也。愚意正書未有不先講結構者，自宋四家後，多趨行草，疎於正楷，是以能手往往故示縱横，而不能於筆畫間細意結構，至明董文敏而尤甚矣。唐人正書則筆筆精意結構，❶如魯公書，雖小至《宋廣平碑》側，而圓瑩如珠，猶晉人遺矩也。此《聯句》書，其大字雖近於《家廟》諸碑之樣，而波磔間已用古籐古釵之脚，則是精熟《争坐》行書而用於正楷，無是理也。至其句中注人姓氏，則一味欹傾，全無結搆。乃宋以後不講正楷者之所爲，必非魯公書也。況攷魯公《年譜》，是時公在湖州，日與潘述諸人賡詠。以《吴興掌故》及《全唐詩》驗之，並作「裴循」，而此獨書爲「裴脩」，蓋古人書循、脩二字相似，故重録者訛「循」爲「脩」。即以此内「陸士修」「修」字對看，知其原是「循」字。即此一條，其爲宋以後學顔行書者僞作無疑。梁、安二家鑒已不精，今則更何庸置論乎！

怡亭銘跋

武昌《怡亭銘》，李陽冰篆，李莒八分書。歐陽公云「四十六字」，當是「五十六字」之訛。然今以拓本諦視，李莒下有八分二字，則是五十八字，非五十六字也。可見歐陽公時拓本已不分明矣。其下又有八分十二字，二行，云「亭在直上西南□□□之右」，蓋亦莒書，而著録家多失之。李監篆書，今傳世者多，後人重摹惟此刻是真本。又常在江水中，必乘水潦乃可拓取，而楚人不善氊蠟，往往紙墨不精，然已重足寶矣。

---

❶「至明董文敏」至「結構」二十字，原脱，今據稿本及刻本書眉補。

跋聽松篆

《錫山志》云：「慧山寺有石牀，在殿前月臺下，長可五尺，廣、厚半之，上平，可供偃仰，故名石牀。頂側有『聽松』二篆，傳是唐李陽冰筆。唐皮日休詩：『殿前日暮高風起，松子聲聲打石牀』是也。」王篛林云：「此二字蒼潤有古色，非陽冰不能作。其右有楷跋十數行，石久磨蝕，不可復識。」今驗拓本，「聽松」二篆之右，尚微辨行楷十行，云：「松石相望於十步外不知幾何時合而相從理若有□政和甲午睢陽張回亻□□□□□之可以□□可以偃仰遂□兹登臨勝處至者當自得□遂刎□俾勿壞同來者□李永久中廣陵俞光□汝南何安中得之□□□□□之寺僧奉亻□□□□丙午。」以下闕。此內有「政和甲午」云云，則文尾「丙午」，當是靖康元年也。行楷筆勢似黄山谷，不知何人所作也。篛林見此，在雍正六年戊申，今已六十餘年，而尚可辨其概。惜不身到其地，手自摩挲，或更有所得耳。

跋王居士塼塔銘

《王居士塼塔銘》，近出終南楩梓谷土中，今已斷裂數片，且失其半矣。其全石十七行，行十七字。上官靈芝文，敬客書，書法全得褚意。唐楷之最精緻者，褚書之妙，乃在上通隸古，證合歐、虞。後有作者，未免失其沖和之度。此碑婉潤秀整，雖已開後人法門，而尚未失河南規矩。舊搨纔泐一

二字，斯爲可寶耳。❶

跋護命經

《消灾護命經》，開成二年丁巳，諫議大夫柳公權書。柳書此經，宋人《寶刻類編》云在越州，而陳思《寶刻叢編》無之，惟載其目於越州石氏帖耳。王象之《碑目》越州，亦不載此刻，則是此刻僅見於石氏帖也。石照明家藏帖最富，洪文惠嘗就其家借閲，是則石氏所刻，必越州舊拓本，而已多殘泐矣。文氏停雲帖，即從此宋末重摹本又摹出者。近乃有全文之刻，不知其所自來，末行「開成二年丁巳」，是開成二年，而摹全文者訛作四年。且行次皆不相合，蓋非其真矣。柳書小字，此尚能具《樂毅》《黄庭》遺意，雖殘泐亦足存耳。

跋鴈塔題名摹本

宋大名柳瑊伯和摹刻《唐慈恩鴈塔題名》十卷，此其後三卷殘拓本也，後人裝潢者以墨塗去其卷前第幾字，欲冒爲全刻耳。然是宣和舊拓，北宋紙墨，古香襲人，誠可寶也。紙尾小字一行，云「乙丑五月七日，施堂裝卌七葉」，此下有「錢穀」二字紅文印。乙丑是嘉靖四十四年。今度前後凡三半卷，通長二丈二尺二寸二分。蓋原裝册今改卷歟？前後有叔寶、復父、臥庵諸家收藏印記。

---

❶「爲可」二字，原刻本誤乙，今據稿本改。

按《唐摭言》：「慈恩寺進士題名，自神龍之後，過關宴後，率皆期集於慈恩塔下題名。故貞元中劉太真侍郎試慈恩寺，望杏園花發詩。會昌三年，贊皇公爲相。其年十一月，諫議大夫陳商權知貢舉，後因奏對不稱旨，十二月，辛臣奏依前命，左僕射兼太常寺卿王起主文。中書覆奏，奉宣旨，不欲令及第進士置宴曲江，及題名局席並勒停。於是向之題名，各盡削去。蓋贊皇不由科第，故設法以排之。洎贊皇失意，乃復其舊。」又云：「進士曲江遊賞，雖自神龍已來，然盛於開元之末」云。

此宋宣和庚子大名柳瑊伯和所摹刻，其摹刻始末，具於樊廉卿序。蓋皆按其塔級之層次、題名之年世，釐然具在者也。此殘拓本所存止此，盧仝、孟郊、李商隱皆在焉。董居中諸人題名内云：「從此更上第三層，西北欅上見顔魯公任挍書時手札題名。」又令狐氏一門昆弟，與義山同登，蔡京即義山詩所云「同在天平公座中」者，此亦可補玉溪詩注也。予又嘗見涿鹿馮文敏快雪堂題跋一條，云：「顔真卿、杜甫鴈塔題名，在柳摹第四卷。」又於宋人《寳刻類編》見貞元八年、元和二年崔羣題，元和十三年張元佐題，十五年崔罡題，寳曆二年楊漢公題，大和六年許塘題，八年陳寛題，會昌二年韋琯題。按唐文宗「大和」年號，是「大小」之「大」，非「太」字，諸板本書籍皆誤作「太」，當據此正之也。

又按：今陝西碑林有懷素《聖母帖》一石，其石尾有「大和四年，裴柳同登」楷題四行，是即《唐鴈塔題名》殘刻之尚僅存者，而宋元祐時借用其前半空石刻懷素艸書耳。并附識於此。

跋韋皋碑

周載軒編修自簡州拓致《韋南康碑》，碑甚大而殘泐已甚，❶首一行可辨者「上闕七字。使檢闕四字。中書令上柱國南康郡王韋皋紀□碑銘并序」，次行云「御製」，下空十一格云「勅書」，此二字微小，蓋云「皇太子臣誦奉勅書」也。末一行云「元和三年四月二十五日勒」。攷趙明誠《金石録》、王象之《輿地碑目》，皆以是碑爲太子誦奉勅書。而《金石録》及《寶刻類編》皆以爲貞元二十年十二月。今見此拓本，則立於元和三年四月。《新唐書》本傳：「貞元十七年十月，皋大破吐番，轉戰千里，虜大潰，生禽莽熱獻諸朝。帝悦，進檢校司徒兼中書令、南康郡王。帝製紀功碑褒賜之。」❷即此碑也。《順宗實録》曰：「帝諱誦，德宗長子，建中元年立爲皇太子。善隸書，德宗之爲詩并他文，賜大臣者，皆令上書之。」然帝自貞元十二年九月得風疾，因不能言，則不特「元和三年四月」一行非太子誦所書，即如《金石録》所稱，碑立於貞元二十年十二月，已在太子誦得風疾之後矣。而今碑既殘闕，文實不全，無以攷其「貞元二十年十二月立」之説矣。

末行「元和三年四月」數字，與前文字勢相埒，則是立石時仿其書也。虞書《孔子廟堂碑》，至武后時始題額，而相王旦之系銜，即仿虞法爲之。太宗《賜少林寺主教》，武德時勅，至開元時立石，而開元年月，亦即

❶「碑」，原脱，今據稿本補。
❷「碑」，原誤作「牌」，據《新唐書》改。

仿其前文書之，如出一手。皆此碑元和年月之例，可相證也。碑是行楷書，而所存未鑿壞之字，其可辨者尚皆古勁淳厚，在唐楷中遠勝睿宗之《順陵碑》、中宗之《滎陽手勑》。而陳諫之《南海神廟碑》、柳公綽之《諸葛武侯祠記》，風力遒逸，尚恐或遜此耳。

跋宋拓柳州羅池廟碑

沈傳師書《柳州羅池廟碑》，世久無之。宋人《寶刻類編》載沈傳師墓志，而不載是碑，可見知者少也。朱子《韓文攷異》云：「石本『團團』字，初誤刻作『團圓』，後鐫改之，今尚可見。」以此拓本證之良然。是朱子所見者即此本也。然朱子謂傳師爲中書舍人、史館修撰，韓遷吏部，並在長慶二年，碑書元年，蓋傳橅者誤也。今驗拓本，長慶元年正月十一日，明白無疑，惟「左衛長」下脱「史」字，則裝册時脱失耳。

跋法源寺蘇靈芝書寶塔頌

《憫忠寺寶塔頌》，蘇靈芝書，張不矜撰。張不矜者，耿仁智之僚屬，故其爲思明草疏，史系不矜於仁智之下。蓋二人俱死於易去疏語之時，而竹垞云同僚者，非也。至碑中肅宗尊號，與史不同，❶當是北土傳聞未實，是以有異。辛楣據《唐志》，謂幽州城内有經略軍，得置胄曹。然此「經略」二字，亦係改刻者耳。竹垞

❶「同」，稿本作「合」。

又謂以左爲前，疑從禄山之俗。不知金石之文，凡書丹於石者，皆自後而前。且有並非書丹於石，而亦自後而前者，若浯溪《中興頌》是也。豈亦從誰之俗耶？❶

跋唐雲居寺詩石刻

右唐人題《雲居上寺詩》六首，前有范陽縣丞吉逾序，曰：「辛酉秋八月，僕與節度都巡使王潛、墨客軒轅偉、猶子騊駼、潛息益同躋攀於此，勒四韻。」又有播一首，不知何氏。又有「元和四年四月八日，范惟清、吕延」一行，則後人所題也。時序不著時世。❷按《舊唐書·地理志》：隋涿縣，武德七年改范陽縣，大曆四年復於縣置涿州。《職官志》：節度使，天寶後置。此稱范陽縣尉，又稱節度都巡使，則此辛酉，當是德宗建中二年。范陽之縣雖初置涿州，而尉猶在也。都巡之名，則史志所不載，不獨此六詩可以補《唐籤》矣。

跋石浮屠銘

右《石浮屠銘》并序，甯思道書，不著撰人名氏。自神龍元年乙巳中宗復位，遷武后於上陽宫，復國號曰唐，至是七年矣，故是碑書曰「唐中興七年」也。顧氏《金石文字記》蓋僅見其拓本，故止以拓本目之，而不知

---

❶「豈亦從誰之俗耶」，稿本作「豈亦從何俗耶」。

❷上「時」字，依文義疑當作「詩」。

其石今尚存也。朱氏《日下舊聞》則并其文亦不具載，壹似信顧氏之文，若其石不存者，是亦未之考也。朱又改「屠」爲「圖」，此石實是「屠」也。❶

跋唐石浮圖頌

右《石浮圖頌》，太極元年八月建，和州歷陽丞王利貞文，不著書者姓名。中云「孝乎惟孝」，竹垞引包咸《論語注》云：「美大孝之辭。」今碑文亦同此讀。予按：陸氏《釋文》云：「包咸、周氏，並爲章句，列於學官。」然陸氏尚不能舉包氏章句之卷數，亦惟云「以何晏《集解》爲主」而已。何氏《集解》固明據包氏「美大孝之辭」云矣。雖至邢疏曰《書》言小異，而《論語》「孝乎惟孝」之讀如故也。其稱注者，乃後來刊本注疏對舉之詞，包氏固未嘗有注之目。而唐人所習，惟何氏之《集解》而已，不當舍其近所習者，而曰與包氏同也。竹垞《吉金貞石志》鈔此頌文，失其四句，內「昭祏」「祏」字，疑「祐」字也。

跋唐易州新安府折衝李公石浮圖之銘

右《石浮圖銘》，開元十年四月八日建，易州前遂城縣書助教梁高望書，無撰人名氏。朱竹垞《日下舊聞》乃於題上標識「梁高望」三字，則似誤以爲撰人矣。中有「雲絳」句，朱訛作「峰」。「絳」即「虹」字，俗呼爲

❶ 「此石實是屠也」，稿本作「而不知此石實是屠字也」。

「絳」，其來久矣。又曰「神元妙頤」，「頤」即「賾」字也。

跋唐雲居寺石浮圖銘

右《石浮圖銘》，開元十五年二月，太原王大悦撰，不著書者姓名。朱氏《日下舊聞》目爲大悦并書，誤也。敍文頗不順適，故朱氏節其略而載之。是年丁卯，此云「開元十五年，歲次單閼」，惟舉其支，亦金石文所少。

跋唐石浮圖後記

右《石浮圖後記》，開元二十八年庚辰歲，朱明八日前，莫州吏部常選王守泰記。云：「開元十八年，金仙長公主爲奏聖上，賜大唐新舊譯經四千餘卷，充幽府范陽縣。」爲石經本事也。無書人姓名。而顧氏《金石文字記》目爲王守泰書，誤矣。

跋涿州蜀王廟記

右唐乾寧四年，涿州刺史婁居迺《重脩蜀王廟記》，攝録事参軍郭筠撰文，正書無姓名。朱竹垞《日下舊聞》不載其文，又以「居迺」誤作「君延」。顧氏《金石文字記》誤作「居道」。又郭筠名今尚顯，而顧、朱皆謂闕，可見金石文以目見者爲真也。此碑文與字皆沿唐人體，又以「日」爲「曰」，「廗」爲「席」，「卄」爲「世」。惟

「崔」爲「雀」是鐫刻之誤爾。

跋唐竇鞏殘石刻

唐竇鞏殘刻，存系銜七行，後二行不辨誰某，前五行則源方回、薛華士、齊孝宏、韋曾、竇鞏也。薛華士銜是協律郎，「協」字僅露下脚。鞏銜部員外郎，上當是「刑」字。宋人《寶刻類編》，鞏碑在青者二：《心經》，元和二年十一月；《幡竿頌》，長慶四年十月。段生疑此或是《幡竿頌》之殘石。然以趙明誠《金石録》目次核之，第一千七百五十三《唐心經》，竇鞏正書，長慶二年十一月。别本作「元和」者，誤也。第一千七百六十八《唐銘幡竿石》，竇鞏撰并正書，長慶四年十月。是二刻皆在長慶間。其爲刑部員外郎，史無歲月。而此刻，竇系銜在源、薛、齊、韋四人之後，則或撰或書，或爲《心經》殘刻，抑《幡竿銘》殘刻，不可臆知矣。段生又以史不言鞏仕青州，謂此刻可補史之闕。愚按此刻，自竇以前五人皆無官於青州之銜，其後二人乃本州職官耳，不必因其書此石而謂竇亦仕於此也。書法兼有歐、虞、褚、薛之長，唐楷之足録者。

跋董文敏臨實際寺碑墨迹

文敏自跋云：「唐時多集右軍書，此《實際碑》，亦《聖教》之流韻也。」按：《實際寺碑》，僧懷惲行書，初不與懷仁集右軍相涉，不知文敏何由而發此論。若然，則唐人行書多矣，皆可謂之集右軍乎？昔米海岳少時，嘗取晉賢書及六朝書佳者，翫其體勢，習而效之，謂之集古帖書。此在學人用功，自有善爲融貫之理。

至於品隲碑帖，則言各有當，不得漫以一語該盡唐人明矣。唐人固無不學右軍者，然其才力所至，亦各有及有不及。即集書，亦豈易言哉！董臨古帖，實自運耳。此蓋其中年所作也。❶

跋王仲堪志銘石

《唐故監察御史裏行太原王公墓志銘》并序，族弟盧龍節度掌書記監察御史叔平述。公諱仲堪，字仲堪，幽州安次縣人。大曆七年進士，擢第，充幽州節度參謀，拜監察御史。貞元十三年二月三日，卒於使蒲旋役。葬於薊縣燕夏鄉甘棠原。其云「我相國彭城郡王任以參伍」者，即幽州節度使，《雲居寺碑》所稱相國彭城劉濟也。其稱奉使於蒲者，河中節度使渾瑊也。碑字鐫勒艸艸，「銘曰」「曰」字，猶見唐以前古意，而著録金石家無知者。今於京師外城東隅土人得之，石在翰林編修徐松齋。❷

跋楊吴石刻

右楊吴乾貞三年，危德興撰《尋陽長公主墓誌銘》并序。尋陽公主者，楊行密之長女。稱彭城大卿劉公者，其夫也。稱太祖者，即行密也。稱其母曰太后王氏，行密妻朱氏，又渥、隆演同母史氏，而王氏不見於

❶ 「董臨」至「作也」十六字，原脱，今據稿本及刻本書眉按語補。文末稿本有「癸卯十月廿二日」。

❷ 文末，稿本有「嘉慶乙巳六月」。

史。楊吳四世，凡四十六年，建號者十八年。其稱帝，則自乾貞元年丁亥至天祚三年丁酉，僅十一年而已。乾貞之改元在十一月，故此序仍稱順義七年。其又改元太和，亦在十一月，故仍稱乾貞三年也。德興結銜云「將仕郎、前福州閩縣丞」。福州，保大三年始入南唐，楊氏二十八州内無之，此蓋非楊吳之官矣。行密，《五代史》雖以盜書，然其文與書尚有唐人遺意。揚州羅兩峰拓此爲寄，跋而存諸篋。❶

跋吳越鐵券

唐昭宗賜吳越王錢鏐鐵券，二十六行，行十四字，計三百三十二字。後半多剥損，其字畫全者一百四十七耳。第十四行「社稷」，❷自起一行書之。第十九行「未足顧功」，諸書皆作「顯功」，此字尚宜審定。是券之賜，以旌破董昌功。昌既敗，昭宗以宰相王溥鎮越州，溥請授鏐，乃改威勝軍爲鎮東軍，拜鏐鎮海鎮東軍節度使，加檢校太尉、中書令。券文所以首系新銜也。鏐，景福二年拜潤州刺史，故云潤、越等州。《十國春秋》《輟耕録》諸書作「閩越」者，誤也。陶宗儀又謂鏐拜鎮海鎮東節度使在乾寧三年秋九月，而以券詞「四年秋八月」爲疑。然鏐拜爵之後，至次年乃被賜券，自是兩事，無足疑者。鏐之稱天寶元年，在唐天祐五年戊

❶ 文末，稿本有小批：「據馬令《南唐書・建國譜》，楊氏所據凡二十八州，而竹垞以爲二十九州，不知何據，姑志於此。」

❷ 「行」，原作「字」，今據稿本改。

辰，而《輟耕録》亦未之詳考也。券字以嵌金，故不可拓。第一行末「朔」字右半已闕，即明高帝以佩刀剔去者。海鹽張芑堂手摹其文見示，爲書於後。

跋王審知碑

唐天祐三年，以朱全忠奏，賜立王審知祠而勒之碑。爲其文者，禮部侍郎于兢也。碑所稱「天下兵馬元帥、太尉、中書令、梁王」，即全忠也。其云：「乾寧三年，僕射遘疾，且付公以戎旅。」吾友錢少詹大昕，據此以正《舊唐書·昭帝紀》「乾寧四年四月，加王潮檢校右僕射」之誤。然《新唐書·昭帝紀》：「乾寧四年十二月丁未，威武軍節度使王潮卒。」正與潮傳、《方鎮表》合。而《通鑑》王潮之授節度，亦在三年九月。此條當以史爲正，不得概信金石文以駁正史也。❶又吴任臣《十國春秋》載審知之立在光化元年三月，亦與史暨錢昱所撰廟碑合。錢昱碑云：「公躬受遺言，式俟朝命。明年春，帝恩遠降，人欲是從。」而少詹謂立於乾寧三年，尤誤也。是碑自王象之外，著録金石家罕有及之者。象之《碑目》誤爲乾寧三年。其敍審知德政頗翔實，而審知不敢僭號，性儉約，嘗沮絶奇貴之獻，又取酒庫酢袋以補袴。此則與其忠戴唐室之意相表裏，而碑所載猶未之備也。歐史以盜賊目之，蓋與斥錢鏐盜販之意同。而如此豐碑，至今完好，世竟罕有著其文者。乾隆四十三年八月七日，鉛山蔣翰林士銓、光州吴太常玉綸、商邱陳翰林崇本、錢塘吴翰林錫麒、新安程翰林晉芳，集方

---

❶「正」，原脱，今據稿本補。

綱齋同觀拓本，賦詩紀之。而方綱爲考其概云。

跋平百濟碑

《平百濟國碑銘》，唐顯慶五年庚申八月，陵州長史判兵曹賀遂亮撰，洛州河南權懷素書。蓋因百濟阻新羅貢道，唐遣左武衛大將軍蘇定方等討平之，刻石紀功，建塔於白馬江上。碑高五尺二寸，闊四丈六尺二寸，文凡百十八行，今尚存千六百餘字。大楷，在唐初尚存古隸遺意，不落薛、鍾諸家以後。海東石墨，此爲最近古者矣。

跋新羅鍪藏寺碑殘本

右《新羅鍪藏寺碑》，其國臣金陸珍爲中宫造像作碑，殘闕，不具歲月。《舊唐書·新羅傳》：「新羅王敬信，貞元十四年卒。其子先敬信亡，立其孫俊邕爲王。十六年，俊邕卒。永貞元年，册其子重興爲王。元和四年，遣使金陸珍來朝貢。」即此碑係銜者也。以鍾廣漢《建元考》證之，敬信在位十三年，重興在位十二年，惟俊邕在位止二年，故此碑有「享國不永」之語，是此碑爲俊邕立也。

又按：貞元十六年，册俊邕母申氏爲太妃，妻叔氏爲王妃。則此碑所謂中宫者，即王妃叔氏也。元和三年，遣金力奇來朝，「力奇上言：『貞元十六年，奉詔册故主俊邕爲新羅王，母申氏爲太妃，妻叔氏爲王妃。册使韋丹至中路，知俊邕薨，其册却迴在中書省。今臣還國，伏請授臣以歸。』勑：『金俊邕等册，宜令鴻臚寺於中書省受領。至寺宣授與力奇，令奉歸國。』」是以明年即遣金陸珍入朝也。據此，則此碑是俊邕卒後，其王妃爲造佛像資冥福者，當即此時所作也。碑行書，雜用右軍《蘭亭》及懷仁、大雅所集字。蓋自咸亨、開元以來，唐人集右軍書，外國皆知服習。而所用《蘭亭》字，皆與定武本合，乃知定武本實是唐時禁中所刻，因流播於當時耳。

跋新羅雙谿寺碑

《新羅雙谿寺真鑒禪師碑銘》，大中四年崔致遠撰并書。崔致遠字孤雲，登唐制科，官侍御史。後歸海東，入伽倻山以終。據鄭麟趾《高麗史》，致遠入唐時年十二，此碑所記真鑒禪師，俗姓崔氏，其入唐時亦年十二也。致遠於東國以文學著稱，此碑「愍」「泯」皆闕避唐諱。正楷，在柳公權、裴休之間，亦略帶行押體。

復初齋文集卷第二十五

大興翁方綱撰

門人候官李彦章校刊

真艸千文跋

昔見《樂毅論》吴江邨本，圓美雋逸，董、邢諸家皆極推賞，而張米庵謂是宋人所書。竊以米庵之言爲得其實。其後得見北宋元符刻本，乃曉然於晉唐正脈，信米庵所鑒不虚也。若智永《千文》，向見陳進士所藏舊本，鋒頴圓雋，則亦有此疑焉，而未得確據以質之也。其後習見近拓，鋒勢半秃，則亦不甚蓄此疑矣。今見此本，實亦舊拓，鋒頴畢見，則又疑其用筆太過圓熟，未必隋人所書如此。因復字字詳審之，如首句「黄」上一字，及「桓公匡合」「匡」字，皆闕末筆，此二字皆宋初諱也。程易田亦云：「見宋本『敬』字，右末捺下半不全。而今拓者，皆出後人添足，勢甚笨鈍。」更覺顯然，「敬」字是宋初祧廟諱也。若謂原蹟有其末筆，而宋人上石時，因時君之諱不敢刻其全字，則如真宗名恒，而此内「恒岱」「恒」字並不闕筆。如果宋人刻石所闕，則此石刻於大觀時，豈有不避真宗諱之理？則知其爲宋初人所書無可疑矣。

向來著録家皆忽焉不察，如顧亭林之精考金石者，亦收入此帖。而孫退谷反謂歐公不見全本，惟薛氏之爲功甚大。按歐、蔡所見，乃是智永《千文》真石刻，而歐陽已云有筆法不類者雜於其間，疑其石有亡闕，後人妄補足之。是歐陽所録，但有其不全之拓本耳。至趙明誠《金石録》及宋人所著《寶刻類編》，則皆並無此目矣。且歐陽所見不全之拓本，亦未明言其果是一行真楷、一行艸書並列者否耳。而薛氏所見人家舊藏此蹟，一行真楷，一行艸書，亦無書人名氏。蓋北宋初年之書蹟，至大觀己丑，已是百餘年前舊紙墨，薛氏不暇深考，遽以入石。後人因薛氏所刻，踵而信之，從無糾正之者。遂使北宋人書，偶因真艸相間同幅，遂冒鐵門限之名，留傳至今耳。薛氏能品鑒《定武蘭亭》，非不知古書者，亦誤信相傳之語而鐫勒之。則何怪明代董、邢諸家，極推宋後重書之《樂毅論》吴江邨本乎！

蓋嘗因是而繹思之：自古書家，唐以前正楷，若鍾之《力命》、王之《樂毅》，皆筆筆自起自收，開闔縱擒，起伏向背，必無千字一同之理。直至宋以後，乃有通體圓熟之書。此亦猶之宋以後文字，説理益加明顯而無復古意者耳。唐荆川家藏《洛神》十三行，董文敏亦品爲海内第一，至何義門始疑爲宋人周膳部輩所爲。亦以其逕涉圓熟，不似晉人格制也。昔每謂荆川家十三行與江邨家《樂毅論》，二事正可作匹對，豈意從來相傳之智永《千文》，亦復如是乎！然《樂毅論》、十三行雖失古意，而尚依其行次位置，惟此《千文》，則歐陽所云隋智永石本者渺乎無以稽也，竟不當仍沿智永《千文》之目，直題曰「北宋人書真艸《千文》」可矣。此實古今書勢一大關鍵，不可不亟爲訂正者也。

南宋末，《羣玉堂帖》第二卷《隋僧智永書真艸千文》殘本，僅存「囊箱易輶攸畏」以下至末，凡真艸書二十一行。其行次、位置、字勢，與薛刻悉同，惟腴潤勝於薛刻，而其畫中遒勁亦間有不逮薛刻者。就其行次、位置、字勢之悉同，則即此一手所爲者，不見前半，不能知其闕筆二處若何矣。

乃末行後低數格下艸書云：「陳至德二年四月六日，於永欣寺留意書之，時年七十。」此欵記二行有半，則薛刻無之。古人書蹟，未有於年號上著朝代者。即如陸氏《經典釋文》，稱癸卯歲，亦使後人考核而知爲陳至德元年也，未有於至德上加「陳」者。此則後人僞作智永書者，假陳年以見其爲真耳，此愈以驗其爲僞作無疑也。又特出永欣寺，又特著年七十，又云留意書之，此更驗是後人裝點之僞。豈有智永書一本訖，而爲此語者乎？《羣玉堂帖》本名《閲古堂帖》，向若水爲韓侂胄摹刻其目略，見曾宏父《石刻鋪敍》。其二卷是晉隋名賢帖，未聞有智永《千文》。假如有智永《千文》，自署「陳至德二年」，則帖目必當著之，是其爲《閲古堂帖》未足信耳。然則因見此刻而益信吾前跋薛刻之僞，更不疑也。

嘉祐石經跋

宋《嘉祐石經》，篆、楷二體各一行，今僅存《書·洪範》、《周禮·天官》《春官》殘字耳。去年於陳留佛寺，又得《禮記·檀弓》殘字一石，則篆、楷皆不及前矣，知當時非出一手書也。《天官》《春官》二石，楷法實本虞永興。不見《廟堂碑》唐刻原本，無由以見永興楷勢，此在五代時王節度重刻《廟堂碑》之上，雖《唐開成石經》亦用虞楷意，而不及此遠矣。昔鄭康成於禮堂寫經，蓋爲校定經文，非爲筆勢也。以校定經文言之，則莫善於《洪範》「曰晳」，晳从日也，今板本皆从口，不知此字即《易》「明辨晣也」、《詩》「明星晣」「晣」字。今板本《易》《詩》皆作「晣」，日旁加析，無此字也。白晳之「晳」，下從白，又非此矣。《詩》「或晳或謀」，亦當从日，與「既明且哲」不同。賴此石經以正定之。而《洪範》一石，予昔嘗見其拓本，今必尚在開封學舍，宜多拓以傳之。若《春官》「諸臣之所昨也」，依鄭作「酢」，此石經篆爲「醋」，是亦足證許、鄭之合。而近人轉有謂許、鄭異者，徒多其詞説耳。

跋宋嘉祐石經拓本

《春官·司尊彝》「諸臣之所昨也」，鄭注：「昨，讀爲酢。」《釋文》：「才洛反。」此「酬酢」之「酢」，古本作「醋」，《説文》云：「醋，客酌主人也。」「醬醋」之「醋」，則古本作「酢」，《説文》云：「酢，醶也，酢漿也。」徐鉉曰：「今俗以醋爲倉故切，以酢爲在各切。」是唐末宋初二字已互譌矣。今觀宋石經，猶以「酬酢」字篆作「醋」，具見六書本指猶有存者。而秀水朱氏《經義攷》以宋石經爲佚，豈知今所存者，尚有關古訓如此，豈得全謂之佚乎？

跋泉州萬安橋記

按程大昌《演繁露》：泉州萬安橋，因洛陽天津橋絫石爲趾而取則焉，故名洛陽橋。陳善《捫蝨新話》乃謂是橋皆如此，此句可删者，是未考也。昔歐陽永叔作《晝錦堂記》，張安道摘其中「以武康之節來治於相」句，「之」「於」二字，當删其一。此文至簡括矣，而議者猶謂「如其數而兩之」六字爲贅，又謂「以」字未穩者，皆文人相輕之論也。鄭杓以此碑擬魯公磨厓，自是書家定評。而近日題詠家，或謂此碑用虞法。何焯云：「此刻前半重開失真，非得宋拓不可。」蓋蔡之行書學虞，正書則出於顔。此刻前半重刻者趨入瘦勁，故見新拓本者謂其用虞法，是未知前半爲重刻也。後半之後側有小字結銜，乃後人所勒，宜并拓之，以資考核。記以語訪清源金石者。

跋瀧岡阡表二首

宋牧仲《筠廊偶筆》載歐陽文忠《瀧岡阡表》爲龍神借觀事，并載黄魯直《檄龍文》，稱「直知泰和令，以同邦之誼，命直爲文」云云。按：是表撰於熙寧三年甲戌四月，其時山谷官葉縣尉，距其知泰和，尚在十年之前。且黄集並無此文也，牧仲不攷而妄載之耳。文忠撰此表之明年，乃乞歸，則是時初未嘗有以舟載歸之事也。碑石邊有蝕狀，而俗傳以爲龍爪之形，其妄不辨可知。

歐陽文忠撰書《瀧岡阡表》，并自題額，其陰則歐陽氏世次圖也。是碑撰於熙寧三年夏四月十五日，時公以兵部尚書知青州。昔吾友錢竹汀攷是碑，謂《宋宰輔編年録》所載太原之命，當撰碑時除命未下，故不敍入系銜。予按公《年譜》，是時宣徽南院使判太原河東經略安撫之命，公堅辭不受。事在是月壬申，壬申，月之十二日也，不得謂除命未下矣。蓋以辭命未受，故不敍入系銜耳。至是年七月，乃改知蔡州。其明年七月歸潁，遂致仕。是碑撰於在青州時，則宋牧仲《西陂類稿》所載黄魯直文，於文忠、文節二公年譜皆有所不合，予既嘗詳辨之矣。敏齋比部裝拓本爲軸，屬爲題識，故攷據其實以著徵信焉。

跋東坡隸書石刻

王文簡《居易録》云：「諸城，古東武，即宋密州，坡公超然臺在焉。縣學有石刻，坡八分書，云『明叔傳道禹功子瞻遊軾』，凡十字。坡書滿天下，而八分僅見此石云。」今見拓本，則八分書三行，行三字，曰「禹功、傳道、明叔、子瞻遊」，並無「軾」字。不知文簡何由致誤也。《諸城志》云：「石高尺八寸，圍二尺八寸，❶質甚璞，中藏巖壑，皆曰太湖石，然不類也。石背鐫三行，九字，字逕寸，隸書，自左而右。石久埋没土苴，明萬曆十九年，縣人陳某以告知縣甯嘉猷，伐石爲臺，庋置明倫堂前。」

方綱按：東坡詩中，熙寧甲寅、乙卯間守密州時，常與三人唱和。喬敘字禹功，嘗以太博宋有太常寺博士，又國子監太學博士，此稱太博，未知孰是。換左藏，知欽州，其後除知施州。其出知欽州在九年丙辰，則此同遊或在甲寅、或在乙卯，未可定也。章傳字傳道，閩人。《吴都文粹》載蘇子美贈章傳道詩，云「南閩章其氏，傳名，字傳道」。又《烏臺詩案》云：「熙寧六年正月，作詩次章傳韻。」是其名傳，灼然無疑。而《諸城志》謂軼其名者，第弗深考也。趙杲卿字明叔，膠西人，鄉貢進士，有行義，見坡公《書劉庭式事》文中。坡詩《次喬太博韻》云：「喬侯瑚璉質，清廟嘗薦盥。奮髯百吏走，坐變齊俗緩。」據此詩，則查氏注以喬禹功爲先生密州

❶「圍二尺八寸」，原脱，今據刻本書眉和稿本補。

僚屬者是也。其後十年，至元豐乙丑，東坡知登州，過密，《次韻趙明叔喬禹功》「先生依舊廣文貧，老守時遭醉尉嗔」云云。查氏注趙明叔爲膠西教授，則與施氏原注云膠西人者不合。坡文云「密人趙明叔」，蓋明叔嘗官教授，而非必其教授於密也。又《諸城志》云：「章傳道與坡友善，自杭至密，皆在幕中。」攷先生通守杭州時，《次韻傳道》詩有「子粲還予授」之句，《諸城志》所云當得其實。則三人者，禹功爲密之僚屬，傳道爲密守之幕客，明叔爲密人，三人者皆不當先於坡。而今觀此石本，乃先三人而後坡，則其分書出坡公手無疑。未谷書來，云分法與漢唐不類。以予觀之，乃大近《房彦謙碑》，是乃漢唐分隸之正矩，求諸坡公書迹，爲最罕見者矣！

跋東坡海市詩石刻

此詩，查氏補注引石刻云：「末題元豐八年十月晦書呈全叔承議。」又「父老」下有「云」字，「神功」「功」字作「工」，「豈知造物」「豈」字作「不」。至於「廟」字作「祠」，「此詩」「此」作「是」，「龍鍾」「鍾」作「鐘」，則查所未及也。施氏原刻本，「神工」「龍鐘」並與石刻同。「孤鳥」本小杜，則亦勝「孤島」也。「眉山」下二字，蓋公名，以黨禁磨去耳。公以是年十月十五日到登州，二十日被命以禮部員外郎召還朝，故云到官五日而去也。蘇詩入石，予所見若廣州浴日亭，是僞刻；扶風天和寺、廣州小金山，則刻手皆不工；此刻筆法淳古，雖泐甚，而神理具存，可寶也！

跋禪智寺蘇碑

揚州禪智寺蘇文忠《次韻伯固遊蜀岡送李孝博奉使嶺表詩》，明人重刻於石，有嘉靖辛丑蜀岡盛儀、萬曆己卯沔陽陳文燭二跋。先是，石久斷仆，國初新城王文簡司理揚州時訪得之，屬寺僧陷方丈壁間，并次韻勒石其側。汪堯峰詩云：「鶴影蟬聲野徑長，髯翁遺墨冷斜陽。游人盡説迷樓好，誰訪殘碑到蜀岡。」記此事也。方綱嚮往斯蹟久矣，會門人謝蘊山守揚州，屬其訪搨，且續唱和之盟。今年夏，得所寄拓本。方綱按：蘇伯固名堅，鎮江人，博學能詩，時與文忠相會於揚。李孝博時自山陽守以治行高第即拜廣東提點刑獄，見徐仲車《節孝集》，云孝博字叔升，而此墨蹟作叔師，當以墨蹟爲正也。今此石本「師」字半泐，適門人張警堂銘假守懷慶，以郟縣亦有此詩石刻，拓以見寄，與此蹟筆法正同，而其事特異。文忠晚居陽羡，疾不起，叔黨兄弟得吉壤於汝州郟城之小峨嵋山，因葬焉。後人遂家於潁昌，事見晁以道所爲《斜川墓誌》中。

明末盗伐其冢柏，國朝順治三年秋，知縣事濟南張石只篤行謁墓下，復爲封樹立碑。其夜夢一青衣曰：「東坡遣致謝！」問：「先生今何在？」曰：「在臨汝，公至彼，當相見。」是年七月，以事至汝州，有青衣叩門，遺一卷，乃東坡墨蹟《蜀岡送李孝博之嶺南詩》也，青衣忽不見。張異之，因命工摹勒於石，自作長歌記之。周櫟園《書影》、王文簡《池北偶談》皆載此事。而今日二蹟適合，豈非翰墨精靈天假之緣者邪？第二句集作「老鶴方翳蟬」，亦當從墨蹟作「初」也。蘊山既和公韻，方綱亦繼和，俾刻於石側，庶以踵前賢風流於什一耳。

跋湧金亭石刻

東坡兩至河南，一在嘉祐五年庚子春，由唐許入京，有《阮籍嘯臺》詩。一在熙寧四年辛亥，有《傅堯俞濟源艸堂》詩。《河南志》云：「湧金亭在輝縣西北，百泉亭有蘇書，金主簿李天瑞重脩。」若由嘉祐庚子計，至金承安五年，正一百四十年。今前跋隱隱有「四十年」、後有「五年」字。以愚意度之，似首行云「東坡先生書石後之一百四十年」云云，末行云「承安五年十二月二十九日」云云。此已是舊拓本，而模糊若此，恐今石益難辨矣。此當考李天瑞脩亭之年也，姑存鄙見於此。

跋表忠觀碑小字殘本

右《表忠觀碑》殘石二片，小楷書，前系銜與大字本同，其曰「權知徐州軍州事」。先生以熙寧十年四月到徐州任，元豐二年二月移知湖州。趙清獻請立祠在熙寧十年十月，其時先生正在徐也。碑中自然，即所謂通教大師者。集中《送通教詩引》云「元豐二年，通教自杭來，見予於吴興。問觀亦卒工乎？曰未也。因作詩送之」，有「墮淚行看會祠下，挂名争欲刻碑陰」之句。則其石是豐碑大書，而非陷壁之片石可知已。陳柯記云：「舊碑殘剥，爲易石摹刻。」則其原是大書益信。而近時厲樊榭作詩，乃欲以小字者爲真，其果然乎？此二石字亦勁，或出蘇蹟，而後人取以刻石，别作一本，自無不可，而不必以爲當日之原碑也。

跋孔氏刻蘇書乞常州居住表

曲阜孔氏《鑒真帖》内，刻蘇文忠公小楷書《乞常州居住表》，後有沈石田、董思白二跋。此帖刻手不工，然是真蹟無疑也。本集是表視此本前後多出五百餘字。中云「今雖已至泗州」，此作「揚州」。攷是年四月，先生離黄州。五月由九江至筠州，七月過金陵，十二月在泗州度歲。而十一月十三日，有《竹西訪慶老詩》。此本後云元豐七年十月十九日，則知十月已到揚州。此本是其初藳，寫就未上，而至泗州始上之。又前後增改其文爾，不必援集本以疑此蹟也。

書廣濟行録碑後

右唐王渢《廣濟大師行録碑》并跋，小楷，凡千三百七十字。字如黄豆許，粒粒精圓，兼有褚法。不知其石在何處，第所謂「元豐十四年正月上元書」者，則元豐止有八年，焉得有十四年？而唐咸通至宋元豐僅二百年，亦不應有「未及千年」之語。又其中所謂：「余以乙巳冬往，歸而孕，果生男。」攷坡公於治平二年乙巳直史館，居京師，安得有南遊漳水禮廣濟師塔之事。案傅藻《紀年録》於乙巳冬書「夫人王氏生子邁」之語，蓋王夫人卒於乙巳五月，故撰坡公年譜者，於是年冬記王夫人之卒，而因記夫人有子邁也，非是年冬乃孕而生男也。不知此文何以致斯訛誤。然其跋語極似坡公手筆，而小楷之工，尤爲可愛，此則不可解者。耦賓孝廉以此拓本求跋，爲書於後。

跋米題盱眙石刻

右「張大亨米芾丙戌歲」，凡八字。丙戌爲崇寧五年，米老年五十六，正其知淮陽軍時也。張大亨字嘉父，吴興人，官直祕閣，著《春秋通訓》十六卷、《五禮例宗》十卷。《通訓》自序曰：「少聞《春秋》於趙郡和仲先生。」和仲先生，即東坡也。此題在東坡殁後五年，而米老書益奇縱，晚歲筆也。袖東得此二紙，以其一見餉，并屬題於其後。

跋米書龍井方圓庵記

三十年前，友人以杭州翻刻此記拓本見示。予適得寒山趙氏舊藏本對之，然與《墨林快事》所稱杭石之誤皆不相合。豈杭石又屢摹耶？今見春湖宗丞所得此本，不特遠勝杭本，并遠勝予所藏寒山舊本。蓋寒山本即從此摹出也。然前幅「羣峰密圍」之下、後幅「諸法同體」之上，皆有缺畫，而石無泐痕，則此本亦重刻者矣。又不知《墨林快事》所稱有誤之本，此二處缺畫如何？此記蓋不知經幾翻摹矣。

米書此記最見筆意，元豐癸亥，米纔三十三歲。温叔皮云：「元豐中，米老謁坡公於黄州，承其緒論，始專學晉人，其書大進。」攷坡公元豐三年二月至七年四月皆在黄州，此記書於元豐六年癸亥，正是初學晉人之時，宜其用筆得晉帖意也。蓋原石爲人争拓，不久即壞，是以如此舊拓，尚是初翻之本。評米書者，正當拈此爲第一義，正恐《寶晉》《英光》諸帖皆當讓席耳。安得訪求其初刻舊本，以問津晉法乎？

跋米書寶藏字後

予昔於廣東英德縣見石刻「寶藏」二大字，左題云「學博士米芾書」。此碑元在浛光司，今移英德縣内。又聞臨清大寧寺有此刻，❶而未得見也。後三十年，予按試來臨清，始覓得拓本，而石已亡矣。臨清此刻無系銜「學博士」三字，蓋明嘉靖間所摹刻，銜名有詳略，實一本也。按米公初仕浛光尉，以方信孺所撰《畫像記》攷之，當在熙寧癸丑、甲寅之間，年二十許，其時名「黻」，未作「芾」也。此二字則崇寧四年乙酉刻於無爲州，而後人摹刻於臨清，又刻於浛光耳。是米公五十五歲時所書也。因而手摹重勒於臨清學舍，而系以詩。乾隆癸丑春三月八日。

跋伏波巖米題字

米公少年號爲集字，蓋其結法皆從六朝、唐人出也。今米書翻刻者多贗爲老境横放之作，而豈知其少年之筆蒼秀出於性生者哉？予嘗見浯溪題字，清挺有唐人矩度。今見此伏波巖字，正與相埒，而深粹過之，以視外間彙刻米帖，倜乎遠矣。若得有力者彙刻《孔廟檜贊》及焦山、東林、岳麓、藥洲米公諸題成一帙，豈非韻勝哉！

❶「大寧寺」三字，原脱，今據稿本及刻本書眉按語補。

跋高麗靈通寺大覺國師碑

《高麗靈通寺大覺國師碑》，在宋宣和七年乙巳。所謂大覺國師者，名義天，即東坡詩所云「三韓老子西求法」者也。碑是金富軾撰，吴彦侯書并篆額，其正書專效歐陽率更。唐宋以來，中華石墨未有似此之結體純用歐法者也。即如《化度》第三行「勝」字，右上横斜帶似行書；又如「獻」字，右頂與左虍第二横相齊，習見歐書者亦多忽之。此在《虞恭公碑》第三十一行之末，結體正與此同，而今日泐損，人皆罕知之矣。求諸東國，尚得舊拓遺意爾。

跋羣玉堂初拓米帖殘本二首

此米帖三十八行，予所藏舊鈔本。《寶晉》《英光集》具載之，下注云「見《羣玉堂帖》」。案曾宏父《石刻鋪敍》：「《羣玉堂帖》，十卷。韓侂胄自鐫其家藏墨蹟，名《閲古堂帖》，其第八卷米元章書。開禧末，韓以罪死，籍入祕省。嘉定改元，乃易今名。」《閒者軒帖考》云：「此帖摸刻極精，紙墨亦妙，其米帖視紹興帖、英光堂帖俱勝。」蓋韓之客向若水精於鑒定，帖乃其手摹也。此蓋其第八卷之殘本，紙墨淳古，定爲當時初拓無疑。秋史出以見眎，因爲考定而系長歌於册。

此帖内云：「眉陽公跋趙叔平家古帖，得之矣。」叔平，趙康靖也。康靖自南京訪歐陽文忠於潁州，作

《會老堂詩》，東坡和云：「蠹魚自曬閒箱篋，科斗長收古鼎鐘。」向讀坡此詩，以爲專切歐陽《集古録》耳，今見米老帖，乃知趙康靖亦收古帖，東坡詩句蓋兼切歐、趙，而注家未之發也。然坡題趙叔平古帖之文，蘇集竟不載，則又知東坡文字佚於世者多矣。米老論書極推服東坡，不知所論古帖云何也？

跋羣玉堂米帖

《羣玉堂帖》之第八卷，是米元章書。今此册，孫退谷所藏，每幅有紅字「八下一、二」云云，是八卷之下册也。米公自敍書法云：七八歲時學顔，後學柳，又學歐，又學褚，最久。又學段季書，又學師宜官《劉寬碑》。末言老境所得。則此是米公晚歲書而後無名欵，其印亦不分明。蓋原蹟如此。所謂段季者，蓋墨卿之族，唐元和間《景雲寺石塔》《李詠墓志》，皆所書及篆，而唐史表傳皆不詳其行系。宋人《寶刻類編》作「段全緯」，此作「全繹」，當備考也。然米公少時學唐人羅讓書，而此不言，何也？師宜官書，世所存漢碑無其名。趙明誠《金石録》云：「《劉寬碑》，據《藝文類聚》乃桓麟撰，後碑不知何人所爲，然字體則同。」趙明誠不能考知其誰爲，而米以爲師宜官，未知何所據矣。

米又援石鼓、詛楚文，蓋不欲僅以今體書自居耳。昔岳倦翁亦以米老系於六書之統緒，然即以今體書言，亦當以正書爲主。米所謂學歐、褚者，固未知何帖，然其意不取小字，則恐啓後學凌躐高談、棄正楷而專趨行艸之獘。豈得因遠企古鼎銘，而輕視一切乎？吾於此帖，取其師昔賢之意而已。

跋米書章吉老墓表

米撰書《章吉老墓表》并題額，在無爲州。至南宋末，曹之格有重刻本。碑末云「大觀元年歲次丁亥，丙午月，丙戌日」，曹刻本訛作「丙午朔」，而原石「月」字筆勢微欹右，後人遂信曹氏刻，於「月」之左添「⺵」，短醜殊甚。今拓本并不知是後人據曹刻所妄加矣，不思丙午是五月，丙戌即五月朔也。若果丙午朔，則豈有丙戌日之理乎？又豈有有日無月者乎？此固極易辨者，而石本之訛至此，安得不著之。

書袁州學記重刻本後

李泰伯《袁州學記》，原石河南柳淇書，京兆章友直篆額，今不存久矣。學廨有近日重刻一石，「盱江」字，前从「日」，後从「目」。攷之志乘及泰伯《盱江集》，皆从「日」。然《漢書・地理志》豫章郡南城縣下注云：「盱水，西北至南昌入湖漢。」師古曰：「盱，音香于反。」此與臨淮郡之盱眙，並皆从「目」，無可疑者。若「旴」字，無地名、水名之訓也。嘗見舊鈔《直講李先生文集》三十七卷，何義門手跋云：「洪玉父《南城鄧氏亭詩》云：盱母江頭喚渡人，遥指麻源第三谷。」盱字从「目」，正與此相證。然則盱江，定當作盱，从目也。觀此重刻，其後一字尚从目，則柳淇書舊本皆从目可知矣。因并附題記於碑後，使學者有考焉。

跋遼壽昌五年陀羅尼幢

遼道宗「壽昌」年號，史作「壽隆」，不知其所由致誤，當據石刻以「壽昌」爲正也。壽昌五年，即宋元符二年己卯。遼時金石文，以甲、乙、丙、丁、庚、辛、壬、癸、乾、坤、艮、巽代十二支，故此刻稱乙時也。唐以前書「語曰」之「曰」，形瘦而長，遼代去唐未遠，此幢首行「日」字尚近古，而何以宋人訓釋諸經已莫能詳攷乎？是幢在城南慈悲庵後圃，四十年前予與蘀石、辛楣、慕堂諸君遊憇於此，辛楣每指説此「壽昌」年號以證遼史，而未及手拓也。今敦夫編修拓其文屬題，爲識於後。

跋羣玉堂刻石曼卿帖三首

石曼卿自書《籌筆驛詩》「虎奔咸逐逐」，用《易》語也。《釋文》：「逐逐，敦實也。劉表作『悠悠』，遠也。」項平庵謂此是「沉厚專壹之義」，朱子《本義》云「下而專也」，尚於古訓不甚相遠。然宋人多不深考古訓，每就今本傳寫之字衍繹以釋之，故有以追逐、馳逐之義爲訓者。石曼卿在北宋時，未知其據某家《易》義，則古訓之廢失久矣，況南宋乎？且如《歸藏》之名坤乾，因商以建丑爲正，此自是殷商一代之文體如此，故《禮運》曰「吾得坤乾焉」，是專就宋爲殷後言之。若後人詩文，自宜稱乾坤，不宜稱坤乾。此則經學之不講而徒務詞句之生新，是豈足以傳示藝林乎？又不特「意中」「愁外」一聯之遠在樊川下矣！

此帖在《羣玉堂》末卷，鐫刻極工。曼卿書用顔法也，然予見岱廟种放詩石，復有曼卿題名，大楷，則勝此遠矣。

曼卿以詩著名，在仁宗寶元間，此刻自署戊寅，是寶元元年也。朱節度復之又刻此詩於四明廳事，見《蘆浦筆記》，在此明年己卯也。

復初齋文集卷第二十六

大興翁方綱撰
門人侯官李彦章校刊

跋宋紹興十八年進士題名碑

《宋紹興十八年進士題名録碑》，在滁州梅瑞堂後壁下方，有琅邪遷客張明道跋，云：「紹興十八年題名録，翻刻詳明，家藏者珍之。用是刻石於環滁山中，石爲文公記也。」攷此録原石，每人名下具書某鄉、某里，其後附録則每人皆具年歲、小名及祖父。今此石，每人下但有府縣，無鄉里。惟朱子名下，全具鄉里、年歲、小名及祖父，則是張明道重刻於滁州，實爲朱子而重刻之，故其餘人皆從略也。張跋歲月不可攷，其所謂「翻刻詳明」者，則明弘治中會稽王鑑之重刻於紫陽書院之本，名曰《朱子同年録》者也。此石則又從紫陽書院刻本重翻，而删其諸人之鄉里，是此石是明弘治以後所刻也。

此石第一行上列，尚有「紹興十七年三月二十四日」一行。次列，尚有「紹興十八年二月十二日鏁院」一行。又次列，尚有「二月十八日、十九日、二十日引試詩賦」一行。又再次列，尚有「紹興十八年同年小録」一行。又再次列，尚有「第一甲」三字一行。今皆脱失。蓋拓手以紙窄，遺其前一行耳。

此碑宋刻已不存，其勒之石者，惟滁州此本。張跋謂此石「爲文公記」，是矣。然此刻於滁者，意謂歐陽公登高第，而朱子名次甚低，於是盡削去諸人之詳，而獨存朱子之鄉貫以備考，是固尊朱子之意矣。然此同年小録，當時附録一甲三人對策大略數語於後，大約皆傅會和議之説。而朱子名列最後者，豈非朱子對策中，或與時宰和議之説不相附和，故試官置之下等乎？今盡削去小録之原本，以爲能尊朱子，則是意欲尊朱子而未知所以尊也。而豈必區別朱子之理學、歐公之文筆爲軒輊哉！朱子名下「自爲户」，此訛作「父爲户」，當據原刻改正也。

跋陸放翁焦山題名

焦山陸放翁題名，正書，十行，五十八字。後又行楷題二行，十四字。隆興二年甲申，放翁年四十，以左通直郎通判鎮江府事。時莆陽守韓元吉無咎省母於京口，與先生道故舊，有《京口唱和集》，先生爲之序者也。隆興二年閏十一月二十九日庚辰，其明年二月壬午，則二月三日也。都元敬《瘞鶴銘跋》云「正德丁丑冬，與錢德孚、俞貞明，踏雪尋《瘞鶴銘》於石壁下，未至銘數十步，崖上有宋嘉熙二年陸放翁題字，云『踏雪觀《瘞鶴銘》』。乃知昔人好奇，已先於予」云云。今驗此拓本，乃知其後別有嘉熙二年李濬、李夢得、韓□題名，而都氏乃誤以爲放翁題名之年月。嘉熙是理宗第三改元之歲，在放翁卒後三十年矣。近日汪退谷撰《瘞鶴銘考》，遂據都跋載陸放翁題名系於嘉熙二年，宜亟正之也。

跋宋光宗書誠齋字

乾隆戊申夏四月，吉水學生楊鍾岳應茂奉其先文節公「誠齋」二字石本來。蓋宋光宗在東宫時所書，事載《宋史》本傳。石久損壞，今僅存拓本二紙：一藏於其家，一即此本也。

石刻上有篆額，曰「皇帝御書」。下有小字，約二十七行，云：淳熙十三年三月十九日，今上皇帝陛下於東宫榮觀□召宫僚燕集，酒半，從至玉淵堂。詹事臣邲、臣端禮、諭德臣揆、侍講臣□，各傳刻所賜御書齋名進，❶再拜稱謝。惟侍讀臣萬里於同列爲末至，蓋□嘗有請，因再拜申言之。皇帝陛下欣然□□大命磨潘衡墨，染屠覺竹絲筆，乘興一揮誠齋□□，「贈侍讀楊檢詳」六小字，識以清賞堂印。視諸□字畫，雅健相若，而精神飛動，似覺更勝。恭惟皇帝陛下心畫超詣，雲章昭回，龍跳虎臥，鸞飄鳳泊，蓋天縱之能，聖學之餘。闕字不可計。□賜退而闕字不可計。守高安郡，幸逢闕字不可計。以侈寒士千載之闕字不可計。年歲次□酉，八月戊子，朝議大夫直祕閣□□□軍州事管内勸農營田闕字不可計。稽首恭書。

按文節集中，《東宫勸讀録》跋云：「淳熙乙巳，史方叔侍郎既以敷文閣待制奉祠，於是東宫闕侍讀一員。一日，詹事余處恭、葛楚輔白梁丞相，以誠齋爲薦，乃定議以吴春卿、陳蹇叔、胡子遠、何一之及誠齋凡五人連名進擬。八月初八日早，進呈上閱。至胡子遠，云：也得。又閱至誠齋，云：遮箇好也麽。遂得旨，

❶「名」，原作「各」，今據稿本改。

以誠齋兼侍讀。命既下，初九日，余、葛二公與諭德沈虞卿、侍講尤延之上講堂。皇太子問云：『新除楊侍讀，得非今日上封事極言者乎？』余處恭對曰：『是也。其人學問過人，操履剛正，甚誠實，尤工於詩。』太子曰：『極好。』余、葛諸公既退，更相賀，以爲宫僚皆得端人正士也。先是，五月二十四日，誠齋上封事，極言天災地震、君德國勢，凡三千餘言，不報。余處恭因講讀之暇，嘗爲太子誦之，太子竦然稱善，故知誠齋姓名云。太子即光宗皇帝，史名彌正，梁名克家，余名端禮，葛名邲，吴名燠，陳名仲諤，胡名晋臣，何名萬，沈名揆，尤名袤。誠齋不負天子，讀《陸宣公奏議》、讀《資治通鑑》《三朝寶訓》，皆効忠規於太子，時人以爲稱職。後四十有八年，紹定壬辰正月十八日，男長孺謹識。」

又按《宋史》本傳及《館閣續録》：淳熙十二年五月，以地震，應詔上書，擢爲侍讀。歷樞密院檢詳。十四年，以直祕閣出知筠州。十六年光宗即位，召爲秘書監。此石刻下方跋語系銜「直祕閣」，又云「守高安郡」，則「歲次□酉八月戊子」者，是淳熙十六年己酉之八月一日也。是年二月，光宗即位，故稱「皇帝御書」也。「侍講」下泐一字，當是尤延之名，而余端禮字處恭，《宋史》作處泰者，誤也。楊生又録其家藏謝牋稿，未及詳録，附記於此。

書洪文敏瑞麻贊石本後

洪文敏知太平州，州民以瑞麻合穎爲獻，文敏圖而贊之，其序云：「假守於此十閲月」，不著歲時，惟曰「太歲在酉」。是淳熙十六年己酉也。予篋有洪文敏所勒蘇書，自跋在淳熙十六年守當塗時所作，與此贊筆意正同。而錢竹汀《潛研齋金石跋》亦据《宋中興學士院題名》云：「邁以淳熙十五年四月，由翰林學士差知鎮江府。此贊作於己酉八月，是移知太平即在十五年之冬也。其明年改元紹興，乃以焕章閣學士知紹興府。」而《宋史》於翰林學士後即書進焕章閣學士，爲疎漏矣。又誤以紹熙爲淳熙也。

竹汀所考，與予所見正同。但《宋史》本傳此下即接書：明年上章告老，尋致仕。卒年八十。竟似文敏卒於淳熙改元之明年者，其誤尤甚。《容齋三筆》有慶元二年自序，《四筆》有慶元三年自序，豈有卒於淳熙、紹熙間之理乎？文敏生於宣和五年癸卯，以其年八十考之，當卒於嘉泰二年壬戌也。《宋史》之疎舛如此。并書於此，以附諸洪氏家乘云。

跋方孚若刻詩境字

《宋史·方信孺傳》：信孺使北時，年才三十。按：方孚若以國信所參議官如金軍，在寧宗開禧三年丁卯春。是年，金遣韓元靚使宋，近臣薦信孺可使，自蕭山丞召赴都，命以使事。《韶州武溪詩境刻石》跋云：「開禧丁卯正月書。時信孺丞蕭山，而放翁退居鏡湖，年八十三矣。後五年嘉定辛未，信孺假守曲江，謹橅刻於《武溪深》碑陰。九月旦莆田方信孺識。」孚若於開禧丁卯自春至秋使金，三往返，以口舌折彊敵。金人計屈，議用，弗就。已而王柟使金，定和議。柟曰：「信孺當其難，柟當其易。」柟每見金人，必問信孺安在。其知韶州，史不記其歲月。其官廣西漕，則史無之矣。据吴獵《方崧卿祠記》云：「信孺爲崧卿仲子，幼從父宦於桂。後二十年，復來官提刑，兼判漕。」其桂林白龍洞刻放翁詩境字，在嘉定癸酉，自跋云：「此字始刻於韶之武溪，再刻於道之窊尊，三刻於桂之龍隱巖。」是乎若由韶而道、而桂也。韶、桂二刻，余皆有其拓本，獨道州窊尊之刻，屢訪之不得爾。

跋金華智者寺放翁八札拓本

右陸放翁與禪友八札，其四云「與智者玘公禪師」，其二云「與南山禪師」，皆刻於寺碑之陰。前云：「太中大夫、寶謨閣待制、提舉江州太平興國宮陸游謹封名上。」蓋「陸游」二字印。攷《渭南文集·智者寺興造記》云：「玘有道行，爲其徒所宗。予又與有夙昔，且嘗記其嚴州南山興造之盛，故玘今又從予求作智者興造記。」據此，則玘公即南山也。其二札，蓋玘在嚴州時也。是記作於嘉泰三年十月二十九日，故此第一札云「院記謹已具藁拜呈」也。第一札在十一月八日，第二札在正月四日，第四札在閏月六日。放翁以嘉泰三年正月除寶謨閣待制，此第四札云「游去春已請老，一生遂得結局。正月忽被命寓直内閣」云云，則此閏月之札，是嘉泰三年，放翁年七十九。其正月之札，則嘉泰四年，年八十也。放翁以修《實録》告成，轉太中大夫，又勑除提舉江州太平興國宫，皆三年事也。至其明年，遂以寶謨閣待制致仕，封山陰縣開國子，食邑五百户。則在此札之後耳。

跋謝文節橋亭卜卦研拓本後草書銘内誤多數字，當查删。自記。

研長九寸五分强，博五寸三分弱，厚八分，上刻「橋亭卜卦研」五篆書，旁刻草書銘曰：「此石吾友也，如紫端留語。區區人心，如石不如石，有誰似當年採薇不食、守義賢已。」背刻「宋謝侍郎硯」五大字，右曰「程文海銘」，左曰「大明永樂丙申七月，洪水去，橋亭易爲先生祠，扣地得之。閩後學趙元□」。其側上刻篆書：「大清乾隆丙子秋八月，廣西太平太守宛平查禮寶藏。」右刻隸書：「謝公介節載青史，攜此賣卜建陽市。周焯得之抱且死，遺言贈我萬里馳。嶺西蠻烟瘴雨鵑亂啼，若有人兮魂夜歸。查禮銘，高秉書。」

謹按：文節居閩，自乙亥至戊子，凡十有四年。程文憲卒於延祐五年戊午，年七十。則謝文節卒時，程纔年四十也。以《雪樓集》考之，程至閩在至元三十年癸巳，則銘此硯於建陽，當在文節卒五年之後也。雪樓以避武宗諱，始改以字行，固宜其時署名「文海」也。惟謝侍郎之稱，則《宋史》本傳及元李道源所撰《謝公神道碑》止言「兵部架閣、江東提刑招諭制置使」而已，不言侍郎也。

然李所撰碑，謂公卒於至元二十五年，年六十四，而《宋史》本傳作至元二十六年夏四月卒。考之《寶祐四年登科録》，曰年三十一，生於二月二十四日亥時。是文節之生在理宗寶慶二年丙戌，則六十四歲卒，爲至元二十六年己丑無疑矣。碑又云：「公卒後，門人私謚文節。」《叠山文集》亦據碑爲信。然鄭汝璧《臣謚類鈔》則以爲景泰時追謚。攷《明景泰實録》及韓雍《襄毅集》：「景泰七年九月，從禮部尚書胡濙等議，以謚法遵德博聞、謹身制度，謚曰文節。」韓雍是時巡撫江西，其疏「竊見宋禮部侍郎謝枋得」云云，蓋其事詳於李燾《長編》，而傳與碑皆攷之未詳耳。得是研也，可以攷先生在宋之故官，裨益於史法不少，不特雪樓之字照耀後世，視玉帶生多一結契也。

跋高麗重脩文殊院記

《高麗重脩文殊院記》，建炎四年庚戌沙門坦然書。不言集右軍書，實則全用《聖教序》筆勢，雖《聖教》所無之字時見拙弱，然以懷仁所集皆稱右軍書，而中間亦頗有拙弱不相稱者，況高麗沙門之書耶？黄長睿謂翰林侍書輩多學此，目爲院體，故今士大夫玩此者絶少。長睿在北宋末爲此説，而高麗此碑在南宋初，是宋初懷仁集右軍書已傳習於東國。則近日書家執長睿之説，或遂謂至明朝始多傳習者，皆未然也。正得以見唐後罕見右軍真蹟，賴《聖教》以傳之，而懷仁所集已有失真之處，益令人慨想羊、薄以上耳！

跋元遺山湧金亭詩石刻

右遺山先生《湧金亭示同遊諸君子詩》，寸許，正書。詩内「微茫散煙螺」，可證集本「蘿」字之誤。後題云：「己酉清明日，崧陽王贇立石。」蓋補刻也。郝伯常表墓，謂：「初筮仕除鎮平令，再轉内鄉，遂丁艱。終喪，正大中辟中州南陽令。」然先生《鎮平縣齋感懷》，有「四十頭顱半白生」之句，先生年四十，當正大六年己丑，爲罷内鄉之明年。而郝銘序鎮平在内鄉之前，誤也。郝伯常生於金宣宗元光二年癸未，當先生令内鄉時，伯常方六歲，宜其所記有異辭矣。近時新刻《陵川集》本，又以内鄉在南陽之後，大誤。先生宰内鄉，在正大丁亥、戊子間。其宰南陽，則在辛卯。若正大二年乙酉，則先生方爲國史院編修也，後題非乙酉明矣。蘇門、山陽皆縣名，詩云「山陽十月未摇落」，合結句觀之，當是正大五年戊子冬，罷内鄉，出居縣東南日，與張仲經、杜仲梁諸人相從，紅梅盛開，藉草嘯詠時也。

跋金令史題名記

黨承旨《禮部令史題名記》，在法源寺。殘泐爲二段，記文十行，題名存前十六行、後十一行而已。黨系銜云：「戊戌秋八月三日，儒林郎、國史院編修官、武騎尉，賜緋魚袋。」按：承旨，大定十年進士，此戊戌是大定十八年也。《金史·百官志》：「承安五年，增六部令史六十九人。」此所記在未增之前，其曰：「乙酉既刻題名，不能備紀始末。至崔君顥士迺更刻石，悉書鄉里、官品與入部及出職歲月。」則是石爲崔所立也。其曰武略將軍、保義校尉者，官品也。貫滄州、貫延安者，鄉里也。平定州軍判者，出職也。崔以大定八年五月到部，至是重刻，書自崔始。而大定十九年以下，至明昌三年，皆續書之者也。後則石泐，莫知其止於何年矣。凡存者二十七人，其官品、鄉里、姓氏、歲月，或可辨，或不可辨，而得僅存於甃垣支甓之餘，是亦幸矣！

跋七觀帖

趙文敏書《七觀》，在延祐四年丁巳三月，時年六十四矣。至泰定二年九月，袁清容記勒石之歲，在文敏卒後三年，蓋勒石時仿前趙書也。今重刻本有嘉靖壬戌豐道生記，則泰定初刻，又爲難得。然以「趙氏子昂」及「大雅」印例之，則重刻之失真已可概見。而此小楷，尚具有師法《黄庭》之意，信爲趙楷第一石墨矣。

約而論之，全仿《黄庭》，得其秀逸而不能追其遒古，又何怪乎趙臨《樂毅》，僅逐重摹之甜滑，而不知原本之淳古耶。至「勦襲」之「勦」从「力」，「館舍」之「館」从「舍」，「苶然」之「苶」从「爾」，則竟徇俗而失其本字，豈書家所宜出此？此則不得不糾正者矣。

跋余忠宣篆鄭公釣臺字

右「鄭公釣臺」四篆，後題「武威余闕」四小字，亦篆書，泐甚。歙人方仰松成培手搨以寄予者。攷《鄭師山集·富登釣臺記》：「歙南山水最勝，漸江出焉。由漸源百餘里至縣境，曰富登渡。一石巍然出江上，勢欲飛入江中。予往來其處，每一登臨，或坐或釣，輒徘徊不能去，人因名鄭公釣臺石。淮閫余公廷心篆隸妙天下，聞予之有是石，公大書『鄭公釣臺』四字以爲寄。至正十有六年秋八月，始刻之臺前，而記其所以得名之故，鐫諸後石。里人鮑葉爲予結草堂其側。是月辛未記。」按余忠宣公以至正十二年出守安慶，故此記稱淮閫也。辛未，是至正十六年八月二十三日，此在余公死節之前二年也。後一百二十七年，當明成化十八年壬寅，程篁墩爲作詩，且於臺前作亭，榜曰「仰止」。摹拓篆書，裝潢成册，於弘治癸丑自題其後，一時和者有雲間張駿、蕪湖胡爟、棠樾鮑楠、餘姚陸相諸人，而沈石田復爲詩及圖以傳之。今又三百年，此蹟竟無知者。方君好古懷賢，手拓相寄，良可感也！賦詩報之。

跋董文敏書正陽門關帝廟碑

此董文敏書碑之最佳者，當與李北海《雲麾將軍碑》、米南宮《蕪湖學記》並觀矣。然以予攷之，文敏書此碑在萬曆十九年，文敏年三十七。時韓宗伯教習庶吉士，嘗以所藏書畫屬爲品次。文敏嘗以柳書書館課試卷，王文肅見之，曰：「公對策書學率更，今復仿誠懸耶？」蓋先王爲庶常時，精意學唐碑，故此書雖仿北海，而實以骨格爲主，非若後來效董書者，專以行押取姿也。此則善觀董書者所當知耳。

書董文敏少林寺道公碑後

董文敏書《少林寺碑》，用李北海《岳麓寺碑》法也。蓋趙、董二家，皆得力於北海，而董書此碑，意若目無吴興者。昔俞仲蔚謂北海《岳麓碑》在《雲麾》之上，而趙子函、孫退谷皆未喻其旨者，何哉？北海書碑凡八百通，其存於今而最炫赫在人耳目前者，則《雲麾將軍李昭公碑》也，其《雲麾將軍李秀碑》僅存二礎，而董文敏獨藏其唐搨全本。今刻入《戲鴻堂帖》者，則失之遠矣。《娑羅樹碑》真本既亡，翻本亦《鴻堂》類耳。《少林寺戒壇銘》亦尚不無可疑，則北海書之著於今而可貴者，惟《端州石室記》《岳麓寺碑》而已。《端州石室記》古雅淳質，竟以分隸爲正書，無一筆涉行押體。

劉有定《衍極注》曰：「行草之書，自魏晉以來唯用之簡札，至銘刻，必正書之，故鍾繇正書謂之銘石。虞、褚諸公守而勿失，至李邕始變右軍行法，頓挫起伏，自矜其能，銘石悉以行押書之，而後世多效尤矣。」愚按：鄭、劉之言韙矣，然於北海書，豈未見《端州石室記》耶？昔竇蒙《述書賦注》亦言右軍書多見行草，惟正書世所希絶。據此言之，則今所傳《黄庭》《樂毅》《東方讚》之類者，皆出傳摹，不可以爲據。而正書由唐溯晉之通途，則《化度》《九成》《廟堂》之外，不能多屈指也。劉氏雖云虞、褚守而不失，然褚公最精之楷，無過《孟法師碑》，而其中亦以分隸之筆參之；《房玄齡碑》視《聖教序記》爲守正矣，而尚不無迴帶取勢之筆，非若《化度》之純乎晉人者矣。❶ 然而有唐一代碑刻，既以宗法晉楷爲則，而太宗之《晉祠》、高宗之《萬年》，已皆多涉行艸，高正臣之《攝山碑》更不待言，而懷仁、大雅苦心搜集，亦皆藉行草也。是以愚於品列唐賢正書，第其上選爲六十種，而竊欲以順宗之《韋臯碑》、李邕之《麓山碑》附系於後者，不得已而尋正書之路如此也。

然董文敏雖曰法北海矣，而其意豈果止於是哉？蓋直以右軍自處，而有唐宋以後二王復生之想。吾嘗於山谷《夷齊廟碑》之仰追褚楷，而竊慨於時世之限人，不可跬步移也！英豪間出，不爲時習所囿，而力已不能從心矣。奈之何哉！然則品北海書，鑒古宜今，吾必以《岳麓》《李秀》二碑爲最。而《端州石室》之古質，吾且不敢質言。猶之品褚書者，吾必以《孟法師》爲第一，而伊闕三龕之古質，吾且不敢質言也。若北海之《雲麾》，以鋒潁取勢，以研妙取勝，則董書《正陽門關廟碑》足以盡其法矣。故曰文敏之意，不欲止於是也。

❶ 「昔竇蒙」至「者矣」一百四十三字，原脱，今據刻本書眉及稿本補。

董蹟，世傳正楷極少，偶有一二傳其楷者，又多偏於斂渣滓、蹈清虚，使後學無所入路。不若竟懸此《少林碑》，以爲董書之正楷，而其天然伸放、不能含味處，此老當亦自知其難矣。然以視吴興大行楷之全露妍逸者，得失合離之界，微乎微乎！吾未敢遽軒輊也。所以鄭、劉之云，不能不韙之。而顏、柳一出，又無復行押之流獘者。其於褚、薛、北海之上下源流，孰沿而孰溯之邪？吾十年前臨此碑，以爲可使趙集賢卻步矣。今粘册細翫，頗亦不敢自執前言。此事人巧天工，何者爲主乎？嗚呼，此所謂智勇俱困者也！

書别建曾子祠記後

方綱於近日書家，極不許金壇王給事之學歐，而善其知褚。聞給事爲其友楊君用褚法書《曾廟碑》，或疑爲贋作。給事寓書切規之，自謂平生不輕用褚書寫碑。楊君遂併此紙勒石。今來濟寧，適吾友黄秋盦筦漕於此，以拓本見貽，方綱誦其文，玩其書，乃竊歎楊君之虚衷，而給事之并不知褚也。昔聞給事之論書也，於褚曰瘦硬通神，於歐曰清和入聖。是言也，蓋均不以時中之集成許二家也。所以善之者，人特知褚之娟秀，而不知其瘦硬耳。既能以具眼評褚，❶獨不能以具眼評歐乎？其稱之曰清和，又稱之曰變化，皆不足以盡歐也。書雖小道，而篆隸之後變爲正楷，漢魏之後結爲晉唐，蓋一言以蔽之，曰質厚而已矣。不此之務，而百方生新以學之，歐、褚皆不受也，况以單弱貌之耶？且給事平生最得力處，全在於《鴈塔聖教》問津

❶「能」，原脱，今據稿本補。

《韓叔節碑》，❶而其於《叔節》一碑，謬分筆格爲數變之説，以後人評帖括之見尚論古書，君子哂之矣！況《聖教序記》爲河南晚歲書，而其先已有《至德觀》《伊闕龕》規模古隸之作焉，有不師古而遽自生新者哉？

且文行忠信，聖人所日以誨人也。戒懼慎獨，子思子著於《中庸》，聖門傳授之精語也。而桐城方子此記，謂曾子有「發前聖所未發」之語，是將使學者必有獨得之祕，而後可資以力行。雖曾子亦不敢受也。今之攷古文《尚書》者，❷凡一語之偶見它書，必抉擿出之，以爲勦襲僞作。甚至人心、道心之十六字，亦不免於見疑，其禍蓋甚於焚坑之烈。而近日競爲騖廣者，喜其新異，靡然從之，不知朱子序《中庸章句》，推本於危微精一之旨，初不敢以發前聖所未發爲獨得也。方氏稱古文於今日，視王氏之楷法尤炙人口，而其所見如此！方綱用滋懼焉。況此祠建於濟寧官舍，作記者宜就服官理劇之箴，體察忠恕戰兢之實際。即推以示學者，亦豈外是乎？

是日方綱與青浦王侍郎、長白東峩閣學並祇命承祀四配專祠，而閣學分祀曾廟於嘉祥，故於同憩黄君官舍時書此，以見不敢嘿爾之意，而論書其小者也。乾隆五十五年春三月十六日。

---

❶「全」，原脱，今據稿本補。

❷「攷」，稿本作「攻」。

復初齋文集卷第二十七

大興翁方綱撰

門人侯官李彦章校刊

跋天都吴氏所藏黄庭經

右天都吴氏所藏《黄庭經》舊拓本一卷，有方方壺以下十四跋。其與諸本不同者五十二處，❶若第八行、第三十一行「兒堅」「兒」字，❷此刻皆作「完」。末行四字，旁無點記。「日五」二字，無鉤轉之痕。則亦其非原石之一驗。又第二十七行「七日之五連相舍，崑崙之性不迷誤」，「舍」「誤」自相叶韻，而此本「舍」作「合」，亦爲可疑。至於「閑暇無事修太平」，作「心太平」，引陸放翁以「心太平」名其齋，廖瑩中以「心太平」名其園館。又「棄捐摇俗」作「棄捐淫欲」，則似「淫欲」與「棄捐」文義較順，「摇俗」似是訛誤。然此等處，皆實不得以校讐文句定之也。愚謂評帖當以書法定之，此本雖有諸跋極相推賞，而其書法實遜於宋秘閣本也。

---

❶ 「處」下，稿本有「皆較諸本爲勝」。

❷ 「若」，稿本作「惟」。

若「照照」改作「昭昭」，尤見是後來據文義改之。唐以前書「昭明」之「昭」讀平聲者，有下四點；其「照臨」之「照」去聲者，無下四點也。所以鮑明遠名無下四點，讀去聲也。杜詩「才兼鮑昭愁絶倒」，是去聲，無下四點也。董文敏謂此本「墨池爲放光」者，愚則不敢傅會耳。陸放翁「心太平庵」取《黄庭》語，廖瑩中亦以「心太平」三字名其園館，而世所行本，皆作「修太平」，則是刻，其南宋時坊賈所摹雜帖中之一歟？第就楷勢定之，此本亦不能在諸本上也。按：「至于閑暇無事」至「名其園館」數句，疑有脱誤，且與後段重出。據手稿，「亦爲可疑」句以下與刻本全異，俟别求他本校定。以烜附識。

跋南宋本樂毅論二種

世傳《樂毅論》二種：其全本，元祐祕閣本也，至越州學舍重摹入石，此後則惟明長洲文氏停雲館所摹。前一全本，是其嫡裔也。其不全本，宋高紳學士所藏石，末後至一短行，僅存一「海」字止，故名海字本。宋時人極重此本，勒諸越州《石氏帖》，其後又有《博古堂帖》重摹之。長洲文氏所摹不全本，是博古堂刻，又脱失其末後三半短行，竟無人知爲海字本矣。惟章藻仲玉刻於《墨池堂帖》之不全本，乃是從越州石氏本出者，徐壇長謂「筆鋒纖毫皆到」，何義門謂「其每字魚尾波，爲虞永興書所祖」者是也。然義門蓋未見永興《廟堂碑》唐刻，不能考求永興用筆之意，但就王節度重刻陝石以言虞書耳。以此品《樂毅論》海字本，殆猶未盡耳。元祐祕閣之《樂毅論》全本，筆意開合縱横，可以想見梁唐所摹山陰書付官奴之緒。至越州學舍重橅祕閣全本，形神畢肖，則停雲之全本實能傳之。此《樂毅論》全文存於今者，定以此停雲所刻全本爲可寶。而其原出於宋越州學舍帖，即此南宋拓之全文本也。至於南宋末又有從越州學舍本重摹入石者，遂復因而有重書絹本，遂致漸啟明吴廷之餘清齋本矣。

此間竟是古今書勢一大關捩，學者所宜探本者也。至其不全本，則文氏停雲所刻，不但脱失末後三小半行，抑其字勢亦改就方整，雖亦尚餘清勁意，而非其神理矣。惟章氏《墨池堂帖》所重刻，尚存宋越州《石氏帖》之筆意，幸勿僅擬諸永興，必合諸停雲全本以窺山陰棐几遺意，則章刻之不全本，勝文刻之不全本遠矣。其所從出，即此南宋刻海字不全本也。難得南宋二石本具在一册，故援見存之文刻、章刻以比例之，而《樂毅論》真品出矣。

跋龔原曹侍郎所收趙子固落水蘭亭卷

右趙子固《落水蘭亭》，其事見於周公謹《齊東野語》，其題跋之詳，見於俞壽翁、郁叔遇、卞令之、孫退谷諸書。而疑者因之以起，疑之者曰：「郁氏、卞氏諸跋，此卷皆無之。《齊東野語》曰：子固題八字於卷首，曰：『性命可輕，此寶難得。』此卷亦無之也。」按《蘭亭續考》，惟有姜白石三跋、李秀巖一跋而已。至式古堂所録，乃有范文正、蘇子美二題，郭雍、鄧襄、米友仁、自得、闕姓。劉汶、杜本、許大同、吴鍈、胡翰、鄭濤、蘇伯衡、王猷定、項聖謨，凡十二跋。郁氏《書畫記》則有天聖丙寅重裝，范文正、王堯臣、米黻、劉涇四題，劉汶、杜本、許大同、吴鍈、鄭濤、蘇伯衡、胡翰、宋濂，凡八跋。是卞、郁二書，特據他書相沿録之，初非見真蹟而録之也。況諸跋中皆未嘗見趙子固落水事，惟蘇伯衡、宋濂二跋略及子固，而宋跋云：「中間雖有趙彝齋字印，不敢意爲之説。」則其非子固落水本可知。蘇跋則曰「蘇才翁所蓄錢惟演家物，後陳季常得之，後曾覿得之，最後趙子固得之。子固嘗江行，覆舟，猶手之出水面，曰吾性命可棄，而此不可棄。子固死，遂流落江東」云。核其辭意，亦與子固自跋所謂「藏于姜、蕭、俞、高」者不同。則是別有一卷，而好事者亦傳謂落水本，而未嘗以子固手跋詳考也。是則此卷内無諸跋之不足病也。

俞壽翁《續考》載李秀巖跋，在淳祐辛丑十一月。又《式古堂書畫考》載有鷹揚周郊、鳳儀虞廷印、會稽内史等三古印，則此卷亦無之。蓋與卷首子固題字，皆爲人割去久矣。是則此卷首無子固題字之不足病也。

松雪一跋，諸書所不載，然其説旁見於松雪跋譚崇文本，曰「右軍書傳世者，《蘭亭》爲第一，《蘭亭》刻本，惟定武爲第一。然柯條枝葉蔓延而未已，求其自本自根，爲定武真刻者，余生六十有四，又南北往來行幾萬里，僅見兩三本耳。一在叔固丞相宅，即族兄子固所存。一在家弟房，近自吴興攜來都下見與。一在譚崇文許。三本皆無小異。余所得苦爲蠹所損。叔固者，因水滰糜潰，字畫小昏。唯譚所藏紙墨完整，神明焕然，爲三本之甲」云。松雪此跋在延祐四年十月，是爲元仁宗即位之初，正李邦寧爲集賢大學士時，子昂爲承旨學士也。柯敬仲跋亦云「僕生平所見真本，李叔固丞相家所藏趙子固本是也」。袁清容集云：「此帖，子固死，入賈相家。賈敗，籍於官，又歸濟南張參政斯立。今在集賢大學士李叔固家。」李邦寧字叔固。此帖尾及後接縫處，有「李氏珍玩」及「隴西郡記」者是也。其在賈似道家，則帖尾隱隱有「壺蘆悦生」印及曲脚長字印者是也。

此李氏、賈氏之印，帖尾所有，既足以證其爲真矣。而尤有至要之證據，斷非人力所能僞者：蕭季木跋内名「沇」，趙子固跋内乃作「滱」，滱即沇字也。今帖首微露小印，正是「沇」字。又「俞玉鑑」者，見於子固跋語，即壽翁也，壽翁則即《續蘭亭考》之俞松，詳具李秀巖諸跋中，而此卷所未言及者。今細審帖尾，隱隱露半印，正是「俞松」二字。此豈後人以甲移乙、貌爲真蹟者之所能乎？子固跋中沈虞卿者名揆，家有欣遇齋，蓄《蘭亭》凡百餘本，皆以斷損五字爲驗。又沈貳卿所藏是瘦本，亦見李秀巖跋。然則沈虞卿、貳卿之本，皆不及是本明矣。

鄭雙槐者名价，字裕齋，嘗集《蘭亭》數十本，目曰「蘭畹」。又得王承規舊本，以《易》筮之，得睽，上火下澤，在嘉定己巳中秋也。子固於丁亥訪雙槐，是理宗寶慶三年，丁巳則寶祐五年，己未則開慶元年，故云首尾三十三年也。白石題在嘉泰三年，而子固跋云「在蕭氏二十年」。則此帖歸蕭氏，當在嘉定十二、三年間。蕭季木者，其祖名德藻，字東夫，女嫁白石，故此帖歸於蕭也。今細審本帖，原是宋褾摺册，每五行爲半葉，横寬三寸三分，帖尾空一行，恰至今改裝卷子之帖紙盡處止，正與《雲煙過眼録》云原是一册者相合。則益見李、趙、俞松、悦生、長字諸印，皆是當日帖尾押縫可無疑矣。

又舊人評此帖，所謂「墨花滿面」者，即今帖紙墨暈中，皆宛具雲煙枝蕾之狀，是搨工當日隨手所成，而後日遂成妙語。又與袁起巖「粉紋」之説，及近日王篛林「輕雲籠日」之語，亦正相合。方綱今此得見是帖，借臨十日，爲薺原跋此，乃句句是摘骨見髓、水落石出之談。無復向時著録諸家，空言讚誦，以爲落水本者。

自今可懸此以爲天下古今《定武蘭亭》本之玉尺矣！❶

又　跋

趙子固《落水蘭亭》，孫退谷所藏，實無子固手書「性命可輕」八字。予前跋以爲被人割去，裝入他卷以炫人，理固有之。然何義門則云：「退谷所藏，無子固此八字，非落水原蹟也。」其後聞葉郎中夢龍於吴門汪氏見所藏《落水蘭亭》卷，云紙墨古厚，有子固手書「性命可輕，至寶是保」八字。其姜白石二跋，則第二跋字又稍大，餘與予所臨前卷悉同。據此，則又非卞考所載稱爲落水本者比也。竟不知世間果又有子固真本歟？抑聞黄長睿《東觀餘論》云：中間僧權押縫處一行較闊。此則實諸刻所未見者。昔年借曹文敏所藏卷，予已手臨前後跋裝卷，即據此卷行高分寸，繪蘭亭尺度考矣。耿耿於懷，未知得更審定加詳否耳？此多聞所以又貴於闕疑也。

續跋陳伯恭所收定武蘭亭卷後

辛丑夏四月，得見趙子固《落水蘭亭》卷，乃輕搨肥本，爲水漬小昏，而神理渾穆古厚，則諸本皆不及也。此是陳伯恭家所藏宋翻宋拓五字損本，恰亦於是月得同几展對。蓋五字損本拓在稍後，是以越州石氏本摹

---

❶「可」下，原衍「爲」字，今據稿本删。

鐫多泐勢，而趙藏獨孤僧本泐蝕昏昧，松雪遂以爲退筆所書也。此本則從宋時五字初損本之最先拓者摹出，故神圓不昏，竟有似於原石也。第二十一行「攬」字，右上内點作二層，與石氏本異。二十四行「後」字，末脚之仰上作挑處，誤以石泐紋爲挑勢。此二處，其重勒之驗。然宋時翻刻定武本支系繁多，此乃其翻刻之最善者耳。

跋國學蘭亭

是本，昔人曾以「定武」目之。孫退谷《春明夢餘録》云「《定武蘭亭》石刻在國學東廂」者，即此本也。其後退谷得見趙子固、柯敬仲二本，然後知定武自有真本。然退谷所得柯本，乃宋越州石氏重刻本，亦非真定武也。此本未入國學之前，原出自天師庵土中，故又名曰「天師庵本」。顧亭林以爲周伯温所臨，王篛林以爲趙松雪所臨，孫退谷、朱竹垞皆以爲薛氏所刻副本。退谷謂「非元人所能到」，此言誠然，然遽以爲薛氏所刻，則未可信。攷薛氏重刻《蘭亭》在北宋熙寧時，薛紹彭於古刻鑱損五字爲識。所謂五字者，羣、帶、右、流、天也。此國學本五字既未損，而其他字泐處皆較輕，則是熙寧已前拓本所從摹勒者，其所祖之本爲最古者矣。雖上下界絲視定武本弱二分許，而位置逼真，此非臨寫，實是搨勒也。以今所見越州石氏本、東陽本，皆宋人重刻，而其分寸毫釐未有或爽者。則薛氏當日以圭測景、執柯伐柯，必無纖微改易之理。而此本「所之既惓」「之」字、「終期於盡」「盡」字、「死生亦大」「亦」字、「妄作」「作」字，凡此四處，皆顯然改换，是必非薛氏所刻矣。以愚意度之，自是宋人所摹刻，而今不能鑿指其何時何人也。

是石，明初徐中山取置國學，不知何時復委諸土中。萬曆乙酉、丙戌間，北雍治地，復得出土。時長洲韓敬堂爲祭酒，拓數百本。其後敲磨漸就剥蝕，近時所拓，其細僅存一綫矣。予嘗見林吉人手跋一本，是康熙初年所搨，已不甚肥。而此本圓渾深厚，勝林跋本十倍，當即是韓敬堂所拓本也。雖非定武真本，然在今日已不可多得，所當什襲珍之者矣！

跋褚臨蘭亭王文惠本

右王文惠所藏褚臨《蘭亭》，有米海岳跋者，與海寧陳氏得自華亭之卷，皆崇寧壬午米老所手裝，彼在閏六月，此在八月，僅相去兩月耳。而此八月所裝卷之跋，未嘗言及閏六月之卷。至於弇州跋，周公瑕稱其攷訂之確，而其前帖實是被人割易，弇州亦未言也。然弇州跋確言米老所得於蘇氏之本是雙鈎本，而於此卷則轉不言其出自後人贋作者，何哉？

按孫月峰跋弇州此卷云：「管子安臬副得褚臨本，余猶疑其自米臨本上重臨出，則此本寧詎是褚河南手臨乎？司寇固具眼人，第有一真本，斯贋本易别，若俱是贋本，則所謂一種僞好物者未免以貌似昡離婁矣。」據此月峰之言，不欲直言弇州誤賞，且爲之辭曰「作僞者眩離婁」，是則此卷即弇州所藏無疑也。又驗王儼齋諸印皆真，則此卷亦即儼齋所藏無疑也。弇州、儼齋所藏既確是此卷，則高江邨所記，亦即是此卷，又無疑也。

江邨所記與卞令之所記，自當無二，惟是卞所記米跋下有「楚國米芾」紅文印，而此無之，則豈卞所見又其真本歟？然卞在弇州之後，而此卷文文水、王百穀諸跋皆真，皆收於一處，恐又不得謂卞令之所見更較此爲真矣。米海岳崇寧壬午一歲中手裝蘇氏卷，又手裝此王文惠卷，而二跋品隲之語不同。莫雲卿跋援米老《書史》，稱薛氏故物，而《寶章待訪録》止載蘇氏卷，不載王文惠卷，則《寶章待訪録》撰於元祐丙寅，尚在此前十六年。其時稱蘇耆家藏本，亦尚在蘇氏家，未歸米耳，無怪其不稱此卷，蓋尚未見王文惠此卷也。至其跋讚褚臨本，則此卷之跋稱賞較蘇卷爲尤勝。

嘗見米公論褚臨《蘭亭》，謂其有絶似者，有不必似者。而此卷則盛推其全用褚法，其云「浪」字無異於書名者，謂「浪」右半「良」字，即其自書「遂良」「良」字也。又云「由」字益彰其楷，則此在劉有定《衍極注》云《蘭亭》多用篆法，惟「由」字用楷法。蓋「興感之由」「由」字，右肩方折，所謂楷則也。其云「辛未歲見之，辛巳歲購之」，米老生於辛卯，故其所購得意之物，逢辛歲者，尤特書之，所謂「丙辛天地合」也。以此考之，是米得此卷，尤過於蘇卷也。

然所得蘇耆家卷，今所見鬱岡王氏、海寧陳氏、查氏、山左吴氏諸刻本，行世者不一，而其真本，則都元敬云已燬於火，不能深究矣。惟此卷止聞曾經弇州、儼齋二家收藏，而於他處無聞，又未見有石本，則雖此前帖有孫月峰「眩離婁」之評，而全卷實是舊物。其卷外籤，文文水手題，即今焚香展對，如見前人摩挲風味。正何必援白石《偏傍考》之例，逐細推求哉！

跋蘭亭領字从山本二首

所謂褚臨領字从山本者，昔於海寧查氏得其重刻石本，是尤天錫借鬱岡本以補足其撤去三行者，後有查聲山、陳香泉跋，知是吾里劉孟倬方伯所購，聲山爲之倩尤天錫入石者也。叩諸孟倬後人，云此卷原蹟歸查氏矣。時查暎山給諫在都門，其所藏帖，亦每屬予題跋，而未嘗知其藏此卷也。後數年，暎山既逝，山陰董小池館於暎山嗣君小山比部家，偶舉以訪諸小池，則實在其篋，且云所撤去之三行，映山亦已覓得，並藏於篋。因託小池借看。

一日，小池同伊墨卿持一匣來，匣蓋鐫「褚臨《蘭亭》真迹卷，賜硯齋珍藏」。及展閲，則非撤去三行之矮卷，乃高江邨《銷夏録》所載王文惠本也。據小池、墨卿並云，暎山臨終時付受，井然的是二卷。不知其矮卷何人易去矣。予因深憾映山在都門甚久，虚有此舊物，不以示人。且既覓得所撤之三行，何不勒石以補渤海之闕，并可訂正尤天錫所重刻，豈非大快事乎？爲悵惘久之！

既而借留所匣之王文惠本旬日，置几上諦翫之。其前褚臨黄絹本「崇山」二字旁，實如渤海石本有一墨直，更較渤海本之直長下一分許，已及「茂」字之頂，「崇」字「山」下無三小點，「次」字左旁竟是三點，不及渤海者，中有細彎之勢。「因」「痛」「向」「之」，皆同定武，與渤海異。末「文」視渤海肥闊，「羣」頂平圓，而末無雙叉。最可異者，「弦」右半中間作反紐，從來所未見也。「癸丑」字尚相比近，「蘭」字長，皆與渤海不同。此黄絹本帖後即米跋，其後莫雲卿、王弇州、周公瑕、文休承諸跋，皆真蹟，卷外紙籤亦出休承手蹟。其黄絹帖内「自然子」紅文長印，絹邊「貞元」二字印，皆與高江邨所記相合。前後「王鴻緒」「儼齋」諸印，亦皆真確。米跋極草草，而按其用筆，一一皆可尋原，實出米手，非鉤摹所能到。且米跋紙是一色，明人諸跋紙又一色，其即高江邨所記之舊物無可疑者。惟褚臨絹本，不知出何人僞作，而弇州、儼齋所藏，皆即此物，無怪孫月峰云「作僞者眩離婁」也。

其僞作最明驗者，米跋云：「黄絹幅至『欣』字合縫，用證摹刻『僧』字，果徐僧權合縫書也。」此二句，言所見褚臨之絹本，至「欣」字一行，恰是絹幅合縫處。蓋謂褚臨絹幅，一依右軍繭紙原幅，故以此知褚臨原蹟，必亦是至「欣」字一行，是其絹幅合縫處也。所以石刻本「僧」字，恰在此「欣」字一行後之合縫處也。據此米跋，則褚臨黄絹本者，必亦至此「欣」字一行，絹幅截然作前一幅，而此下一行乃另起絹幅，方是褚臨真黄絹本，與米跋乃合耳。今此卷前之所謂褚臨者，雖亦極舊之黄絹，而此處實無二幅接續合縫之蹟，則其僞作無疑，又不待細論其筆法矣。

從來舊人著録成帙，若高江邨、卞令之，皆不過撮記其槩，云前帖「永和九年」至「有感於斯文」，不具録，豈知如此諦審辨驗乎？前帖之僞既不足置論，而此米跋未嘗有摹勒入石者，予是以鉤摹裝卷，以資印證，并臨文休承書籤於卷首。其前帖不必復道，則此卷即以此存吾篋之米跋爲據焉，奚不可也。

右軍繭紙不可見，於褚臨尋其蹤；褚臨真本又不可辨，於米跋尋其蹤，而米跋凡數見焉。其一條云：「泗洲南山杜氏收唐刻本《蘭亭》，與吾家所收不差，有鋒勢，筆活。余得之，以其本刻板，回視定本及近世妄刻之本，異也。此書不亡於後世者，賴存此本。遇好事者見求，即與一本，不可再得。世謂之《三米蘭亭》。」此條最爲可據，然云「有鋒勢，筆活」，則未必是定武本，當是褚本矣，而卻亦未明言是褚本也。

又一條云：「褚本有句填極肖者，亦有隨意自運者。」此條則確指褚臨矣，卻未明言是某家所藏本也。然此條雖未知其指某家藏本，而此二語極中肯綮。以愚意度之，即以今所行神龍本，可想見也。

愚嘗辨神龍本之不足信，蓋謂神龍印及貞觀、開元諸印不足信，非謂褚臨不足信也。褚臨本在世間者，曰神龍本，曰潁上本，曰張金界奴本，曰領字从山本，領从山之本尤爲支蔓。若以米跋此二語核之，則所謂句填極肖者，如「羣」字末筆、「崇」字「山」下小點、「帶」字上四直，惟神龍本皆合，而米老所謂「長」字、「暫」字、「懷」字之鋒勢，則雖今所行神龍本，已漸失真。而愚於北宋劉無言所勒祕閣本，尚可辨「懷」字之折鋒，則以句填之肖兼自運之活，惟神龍本足髣髴之矣。

除此二條跋語外，其確指某本之跋，則有二焉：一則蘇耆家本，一則王文惠本也。蘇耆家本，則米老之跋膾炙人口，以有鬱岡王氏、海寧陳氏、查氏諸石刻傳之也。其跋曰：「唐太宗獲此書，命起居郎褚遂良、檢校馮承素、韓道政、趙模、諸葛貞、湯普徹之流橅，賜王公貴人，著於張彥遠《法書要録》。此軸在蘇氏，題爲『褚遂良橅』，觀其意易改誤數字，真是褚法，皆率意落筆，與真無異。」而小米跋云：「右《蘭亭序》，唐朝命馮承素、諸葛正之流於真跡上雙鉤者。」即此一跋，米老以爲真褚筆，而小米以爲馮、諸葛之流，已不能無歧矣。且即小米氏《書史》亦載此跋，以爲褚體，則米老之意，援馮承素輩所橅，即此真本耳，非指此爲馮手摹也。

米跋謂馮、諸葛之流，觀「之流」二字，亦非專指馮也。而南宋岳倦翁《寶真齋法書贊》載此本，則專目爲馮摹，其帖末云：「貞觀五年八月二十九日，臣承素奉勑模。」又有小米跋云：「右唐馮承素橅《蘭亭敍》，臣米友仁鑒定恭跋。」卻無米老之跋。岳倦翁跋云：「蘇耆題以爲褚遂良，米辨其非，定爲承素輩。」今所見米跋，實未嘗辨其非褚而定爲馮也。若在明代，陳緝熙、王損齋、董思白諸人所據，或未可爲信，而南宋時相臺岳氏所見米跋，必無歧誤也。今日蘇耆家藏此卷亦已羽化，孰復從而究之？有米老之跋贊二百三十六字烜赫人間，藝林皆盛推褚臨，而今合前後可見之文驗之，其蘇耆家本果的出於褚公手模，尚未敢質言耳。獨有此王文惠本，則米跋云：「右唐中書令河南公褚遂良字登善，臨晉右將軍王羲之《蘭亭宴集序》。」其云「雖臨王書，全是褚法」，則亦即櫽括前一條「句填」「自運」二語之義。以愚見度之，米此跋所指之褚本，豈但非領字从山本，抑亦並非張金界奴本、潁上本所可擬。詳其詞意，恐當即是所傳神龍本，而非今世所行有神龍、貞觀、開元諸印者耳。米老此跋，則誠是褚橅《蘭亭敍》之跋也。

又按：此跋於世所行著録之書載此者三焉：一則張丑米庵《清河書畫舫》，二則高澹人《江邨銷夏録》，三則卞令之《式古堂書畫彙攷》。詳此三書所載，《清河書畫舫》於跋欵下有「真跡」二字，而所録卻多訛字。卞令之所載，欵下有「楚國米芾」印，恐亦後人所加。惟高江邨《銷夏録》所載，止言小行書十八行，不言有米印，其所載前後諸印，亦與此卷相合。是高江邨實親見此卷而筆録之，但未嘗入石耳。若此卷置其前帖弗論，而專取此跋勒石以傳，則褚臨真本雖不可見，而其品此本之真券猶存，當較蘇耆家本之米跋更爲足重，豈不爲藝林增此墨緣耶！至若蘇卷内所謂董撤三行者，他日儻得見之，當備附論於後。要之，領字从山本原無足置辨也，褚本既亡，不得不借米跋以追其蹤，豈其舍本而逐末乎！

跋張笠城所得玉枕蘭亭石

山陰張笠城於京師購得松花板玉枕本，與福州本毫髮不差，背有右軍立象，而無「秋壑珍玩」印。海寧陳竹厂遂斷以爲松雪臨本，蓋竹厂曾見趙臨一本，與玉枕本同，而此本實非趙也。玉枕本或云歐、或云褚，蓋廖瑩中縮定武爲之，遂以爲歐爾。其云褚者，則後人有縮臨褚本，而玉枕非褚也。文衡山所收一本稍異，云又其別刻者。王篛林見寶應喬氏一卷，亦微不同。可見世間覆刻甚多，要當以定武爲圭臬耳。❶

跋慈谿姜氏蘭亭

慈谿鄭三雲以姜葦間先生所藏《蘭亭》二石本見贈，云：「葦間歿後，石歸武林周禮部岐年，今不知歸何氏矣。」此本一低行，一高行。高者刻於石背，葦間自跋云是唐摹，又云懷仁所集。王篛林謂葦間自以爲褚摹者，偶誤記也。篛林譏其嫩弱，竹垞稱其飛動，惟徐壇長語焉特詳，曰低一字本，「崇山」與「曾」字兩處，皆用雙筆句下而尾極長，項氏祖本正同。又鄭所南《心史》出井本，其落字添處，俱與此絲毫無異。可知「僧」字之謬。曰「因」字、「痛」字、「悲夫」之「夫」、「斯文」之「文」，皆用改。「良可」二字，竟用塗。此《蘭亭》當日

❶ 文末，稿本有「乾隆戊戌臘月，與芝山過訪笠城，觀所得松花石，因出搨本見贈，爲題此于後」。

之爲藁本無疑。曰兩刻中多《聖教》字，如「九」字不勾，「稧」字禾草，「賢」字臣旁帶草，「流」字右首加點，「不」字三連。又如「水」「宙」「所」「諸」「萬」「老」「及」「能」「死」「世」等，作放體行書，皆他本所無。而以壇長諸跋合之葦間自跋，則面、背二本，其互見他所者三焉。葦間自跋稱武塘錢孝廉栴摹帖，有其叔跋，云：「得善本於京師，前有趙文敏《蕭翼辨才圖》，遂摹刻之。諦視正與此前一面刻低一字本同，而神氣去之遠矣。」又稱：「後得高麗揆文庫收藏本，中有宣和御璽，則文敏圖在焉。玩其紙墨，良是宋搨。與背刻高一字本又毫髮無異。只高麗本『盛』字上『成』字鉤微起，而此逕帶下。『放』字，彼楷，此行。『静』字，右脚低於左青，而此微縮，爲不同。及視石，則三字已損。即用前完本嵌補，紙上補痕猶隱隱可見。」壇長跋稱：「從儀徵項氏借觀《蘭亭》一本，顧南原題爲宋搨者，乃姜氏所藏高一字本之祖刻也。字字生動，勝姜刻遠甚。姜刻實亦重摹，則低一字本亦可知已。」是三跋所言，大略相去不遠。今以拓本諦審之，則高一字本第二行「稽」字、「蘭」字，第七行、九行兩「盛」字，十三行「放」字，十四行「静」字，凡六字，皆有補痕。而低一字本二十一行「興」字，亦有補痕。信乎石是重摹矣。

若壇長據竹垞所引胡祭酒語證懷仁之集《蘭亭》，則亦不然。胡祭酒之語，蓋以唐乾封三年僧懷仁集書接上孫興公後敍而言，非指《蘭亭》也。壇長蓋誤讀此文，因并誤跋項氏家藏本，直題以「懷仁集蘭亭」之目，使後世遂增此一段異聞。故言不可不慎也！此本蓋以舊搨《聖教》本集合爲之者。《聖教序》，宋元書家皆所不取，至有明弘、正間，士大夫始復重之。葦間自跋，記明嘉靖間吴門黄君得此石，則此石當刻於明中葉。至所謂三字嵌補，今諦視，乃因改畫而補，非因石損而補者。篛林又跋《集聖教字蘭亭》云：「此南宋集《聖教》本，與西溟所藏第二本同，特别一石耳。」其目以南宋者，亦不知何據也。「不知老之將至」句，實無「曾」字，此本作「曾」字，用筆勾轉，以證世傳定武本「僧」字亻旁爲誤，此謬説也。即此一條，已足以蔽慈谿姜氏《蘭亭》之不可信矣。詳見予《蘭亭考》卷中。

自跋審正萬松山房縮本蘭亭

《萬松山房縮臨蘭亭》，後題「萬曆丙子年秋九月，重陽前，李宓臨并勒於萬松山房」。此本行次位置大誤者凡二處：第十行末，錯移下一字。第十八行末，❶錯移上一字也。至其筆畫之失，則「稽」字下半誤移正中，「觴」字誤「昜」爲「易」，二處。「敘」字多一丿，「騁」字「馬」下三點誤爲一畫，「蹊」字左「糸」下半全失，❷「不同」「不」字上畫誤連，「當」字右直誤斷，❸「己」字誤「巳」，「快」字誤「怏」，「不知」「不」字上畫誤連，「老」字上半折處誤斷，「所之」「之」字末筆全失，「既」字左半全失，❹「惓」字誤亻，「遷」字中訛加横，「盡」字中間誤多一横，「死」字左誤「巳」，❺二處。「亦」字誤作三點，「昔人」「昔」字下「日」誤作艸書，「之由」「之」字誤作

❶「十」，原脱，今據稿本補。
❷「左」，依文義疑當作「右」。
❸「右」，依文義疑當作「左」。
❹「既字左半全失」六字，原脱，今據書眉及稿本補。
❺「左」，依文義疑當作「右」。

艸書，後二「之」字亦然，「嘗」字末筆誤出太長，「未嘗不」「不」字全失，「不能喻」之「不」字誤連，「喻」字失一横，「虚」字下半全失，「視昔」「視」字「礻」誤爲「衤」，「故列」「故」字末筆、「列」字末筆皆失，「致」字、「攬」字、「將」字皆全失。以上就其顯然失誤者，已有三十五處之多。至其細微曲折不能肖者，則字字有之。「此」內「止」「死生亦大矣」「亦」字，惟褚本或有作三點者，其餘則歐、褚並無歧出，此本之失，不得以褚本諉也。

李宓字羲民，福建龍溪人。其石曾爲王簃林得於燕市，後又爲揚州人汪龠中也重摹刻石，今皆藏揚州黄氏家。簃林跋云：「用褚本縮成逕寸，刻於青田石，四面細若蠅頭，而寬綽容與，能盡筆勢，以較原本，不失毫髮。此又玉枕後一奇玩也。」此跋頗以不知其人爵里爲惜，今予既得其爵里，而又見其拓本，何幸如之！然其中顯然之失，至於行次之誤移，偏旁之失錯，而簃林以爲較原本不失毫髮。則簃林所謂「以宋牋精摹趙子固落水本不失毫髮」者，亦概可知矣。信乎精鑒之難也！

予從耦堂侍御假觀，因用定武、落水本筆意審正重摹，并識其概於後。然此特因李氏原刻行次參互，勉爲推算改正，是以雖較李氏本既加審正，而仍不敢自信爲毫髮無差也。它日儻得遇良工，爲我勒於寸石，仍當細意重摹一過耳。❶

❶「仍當細意重摹一過耳」，稿本作「仍當重摹一過，以求精刻云爾」。

跋宋拓聖教序王丹麓本

此宋拓不斷本，王樓邨先生舊藏本，有義門印記。聞原有義門跋，謂是申文定家物，有賜閒堂申氏珍藏小印。今何跋不可見矣，申印猶存，賜閒堂印至今已二百年矣。又有白田喬介夫印。前歲友人持來，留數日復持去，未諦審也。今日申之孝廉持過小齋，借留，重加審定。予所見宋拓不斷者已十數本，新安程氏舊藏一本，與予所藏本相埒。此本當亦同時所拓，紙敝墨渝，揭手不精，而古厚之氣盎然。或但以姿媚賞之，抑末矣。此拓紙蓋用宋時户口册也，申之其什襲寶之。

跋孫文介本十三行

趙文敏跋十三行云：「王獻之所書《洛神賦》十三行，二百五十字。人間止有此本，是晉時麻牋。紹興間，思陵訪得九行，一百七十六字。所以米友仁跋作九行，定爲真跡。宋末賈似道復得四行，七十四字。以紹興所得九行裝於前，以續得四行裝於後。又有一本是《宣和書譜》中所收，七璽完具，然是唐人硬黄紙書，亦同十三行、二百五十字，當是唐人所臨，後有柳公權跋兩行三十二字。吾不敢以爲真跡者，蓋晉、唐紙異，不可不知也。」據文敏此跋，雖云宋末賈似道以續得四行合成十三行，然予見宋人所著《寶刻類編》，已云王獻之書《洛神賦》十三行矣。《汝帖》，大觀間刻，乃從「之郁」字起。可見宋人所傳本，亦多寡不一。❶文敏亦云《宣和書譜》所收是唐人硬黄書。則此本後有祥符周越跋者，不足致疑也。

自來書家評此帖者，皆云唐荆川本第一，孫文介本次之。此本，江陰夏文學茝隈持來屬題，茝隈云：「文介此本，歸江陰吴相國宗達。曹峨嵋祭酒禾，吴氏甥也，得於外家。茝隈祖母爲祭酒女孫，是帖，奩中物也。」今審帖首有紅文「慎行」二字直篆印，白文「慎行」二字横篆印，又白文「慎行」二字直篆印，帖尾有「翰林學士」四字紅文方印。其爲孫氏物無疑。沈凡民云：「子敬十三行，孫文介公刻於玄晏齋，與唐本不合者九字，即毁去九字，所謂九字損本，稍遜唐本一籌。」王篛林云：「十三行以武進唐荆川所藏爲天下第一，❷在其六世孫薊門制府家，制府球圖守之。昔孫文介公慎行以荆川本重模於玄晏齋，首行有『玄晏齋』及『吴門管一虯摸』九字款，精心模刻，歲餘乃就。今世十三行，無出此上者。然以較荆川本，則厚薄迥殊。中損九字，武進人云：『文介以字不當意，鎚損九字。』又見梁谿華氏劍光閣所藏古搨本，與荆川本同，而闕九字，即孫本鎚損處也。乃知文介蓋以華本爲正，故鎚損之耳。」今此本九字不損，然王篛林既親見荆川本在唐氏家，則此本非唐氏本矣。既非唐氏本，自應是孫文介所重摹，而又無鎚損之九字者，何也？

何義門云：「康熙甲午秋，同年唐執玉虞部以先世襄文公所藏宋拓《洛神》十三行屬爲題識。此帖，董宗伯屢歎之，然多用顔法，開坡、谷門徑。或即周子發所摹以入石者，不如越州石氏本纖穠得中也。惟帖是

❶ 「一」下，稿本有「未可遽以九行、四行爲始合也」。

❷ 「唐荆川」下，稿本有「先生」二字。

石未刓時拓本，毫髮畢備，墨光可鑑，爲他本不及耳。」據義門此語，正與今所見此本相合。雖不敢必其爲即周越所摹，然是宋人摹刻則無疑也。豈文介初摹入石，尚未鑱損九字者歟？則亦百五十年前搨本，亦竟可作唐氏原本觀矣。予故題曰「武進孫氏玄晏齋十三行九字未損本」，庶幾得其實乎？

跋杭本十三行

世行杭本十三行，或謂是近時玉工重鐫。予向以明長洲章氏墨池堂所摹勒對之，知非近人所爲也，然亦未有確證。今汪孟慈持一册來，前列二種，筆勢與泐痕皆相似，而前一種「指潛淵而」「而」字右彎尚不至如後一本之過滑。「姚」女旁，後本雖圓，不及前之古勁。餘字亦多類此。知前本是賈似道刻於碧玉本也，其後一本則即所謂四桂老人親見玉工鐫者。今世所常行，皆其後一本耳。册末有真定梁而篤跋，其跋全襲用楊可師跋語，惟改「甲申」爲「丙辰」，改「蘿軒」爲「信公」。又云：「信公得此之後，又得王雅宜臨本附之。」所云信公得此者，雖不知其虚實，然此杭州石，是吾家蘿軒先生屬楊可師跋無疑。今此梁跋，乃襲用楊可師跋，改「蘿軒」爲「信公」，而所謂信公又得王雅宜臨本以附之，則王雅宜臨本，乃自署「隆慶己巳」。不思雅宜卒於嘉靖十二年，至隆慶己巳，距雅宜卒後三十七年矣。即此以驗所謂信公云云，其爲無稽可知矣。然此册前載一舊本，乃實是宋時賈似道本。今所常行者，乃是此第二本，雖未嘗不形神具肖，而前一本勝之遠矣。攷杭本者亦不可不知也。

復初齋文集卷第二十八

大興翁方綱撰
門人侯官李彦章校刊

跋淳化閣帖第九卷

良常王給事評閣帖第九卷云：「王元美謂大令散朗多姿，已逗李北海、米元章、趙文敏消息。可謂善鑒！」此説當矣。良常又云：「右軍書雖鳳翥龍翔，實則左規右矩，所以無妙不臻。大令則離而二之，規矩者過於專謹，翔舞者過於縱逸。所以右軍風流，漸以澌薄。子昂得其專謹，元章得其縱逸，皆於大令各得一體，然皆能絶詣其極，所以能名一時、傳後世。此卷大令諸行帖，風格清勁，已拔子昂之髓。後卷諸行艸，則元章底本盡露矣。」愚按：良常此條，以其在閣帖第九卷者目爲專謹，謂子昂出於此。又以其第十卷者目爲縱逸，謂米所從出。此皆臆説，不足信也。此特誤執《淳化》第九、第十兩卷之摹刻本而妄爲臆説者也。

張懷瓘《書斷》曰：「子敬年十五六時，嘗白其父云：『古之章艸，未能宏越，頓異真體。今窮僞略之理，極艸縱之致，不若藁行之間，於往法固殊。大人宜改體。』子敬才高識遠，行艸之外，更開一門。夫行書非草非真，離方遁圓，在乎季孟。子敬之法，非草非行，處其中間，無藉因循，寧拘制則挺然秀出，務於簡易，臨事制宜，從意適便者也。」觀懷瓘此言，則知竇尚輩所謂「幼子子敬，創草破正」者，蓋謂其破真書以爲行草，非若右軍以真爲真、以草爲草矣。深味竇、張二家所述，則是子敬於真、行、草、正，以妙悟能合而一之，豈得反謂子敬離而二之乎？

且良常王氏所謂「規矩者過於專謹，翔舞者過於縱逸」，此殆見《淳化閣帖》近日行世之肅府本，第九卷筆勢似過細瘦，不能雄厚，故目以爲專謹也。第十卷多放筆大草，故以爲縱逸也。不知《淳化閣》肅府刻本，其第九卷乃別自一本所摹。此前人所屢言，豈良常未之知乎？其《淳化》原本第九卷之字，皆較肅本雄厚也。今姑勿論《淳化》原本及《大觀》本皆不似此之細瘦也，即以今所見南宋坊賈重翻之本，其第九卷不及原本之雄厚矣。是南宋坊間所流傳之本，亦與肅藩所從出之第九卷相去不遠，而以之對校肅本，尚覺肅府過於細瘦。則豈得執目前所見之肅本第九卷，而概論《淳化》原本乎？而概論大令乎？乃竟執此爲斷，以畫分子敬之於此事離而二之，是則誠子敬知有後世《淳化閣》肅藩本爲此瘦細之刻，而先自歧於二轍者。蓋良常王氏議論，多自八比時藝中來，猶之所評「漢隸禮器，體凡數變」云云者也。

予見伊墨卿太守處第九、第十兩卷，其九卷反較十卷稍厚，❶此特一時翻摹者所爲，不足以核定大令之書，而卻足以正良常之誤，故備言之。即此二卷，前後肥瘦，不能辨析，而大令之書遂致不明白於世。大令之書不能明白，而上下千年之正變源流，遂以淆紊，所係者豈止一家之立說？叩槃捫籥，所當剖說也哉！

---

❶「九」上，稿本有「第」字。

跋代州馮氏所藏淳化閣帖

代州馮氏家藏閣帖殘本七册，後有「台州市房務抵當庫記」之印。按曾鳳墅云：「閣本前後諸帖，及長沙、清江、武岡、武陵諸本外，若章貢、衡陽、曲江、八柱、三山諸處，亦各有帖。」蓋南宋諸州郡市場，所摹石本、木本流落人間者不可勝紀。此本其一也，是從《淳化》祖本摹出者，故當高視後來肅、晉、潘、顧諸本耳。第十卷有王弇州、李天生、傅青主跋。天生跋在康熙十五年丙辰，青主跋則在二十二年癸亥，而青主跋於天生語絶不照應，何也？想未能深服弇州書耶？然弇州跋引「烏鎮三山殿司皆棗木」之語，頗爲平允，鑒者詳之。

跋肅府閣帖初搨本

陳子文所記蘭州帖云：「今移置州學，有張鶴鳴、王鐸、憲王父子四跋。」而此本無王鐸跋。王跋在崇禎十一年，而帖之勒成在天啟元年。世子識鋐跋謂「先後七年」者，始於萬曆四十三年乙卯八月，而成於天啟元年辛酉六月。陳子文乃謂卒業於萬曆辛酉，不知萬曆未嘗有辛酉也。今石尾有「順治甲午歲張正言、正心，❶承廣陵陳曼僊、濩澤毛香林二師教，補摹上石」，而此帖尾無之。王文簡《池北偶談》載洮岷道揚州陳

---

❶ 「歲」，原脱，今據稿本補。

卓補刻事，在順治十一年，石之缺又在前，則此搨本爲天、崇間初搨無疑也。當時用富平石、太史紙、程君房墨，搨工私購者，其直五十千。則以今日摹刻疊出，迴視此搨，竟當作《淳化》祖帖觀矣。

跋宋搨大觀帖

右宋拓《大觀帖》第一至第四，凡四卷。明新安汪無擇象先所舊藏，每册首有藏經紙周公瑕題籤。卷内有王鳳洲、麟洲、周公瑕、王百穀、汪仲嘉、王萓、徐桂、郭第諸跋。象先爲汪侍郎伯玉之子，仲嘉，其叔也。王萓字季孺，慈谿人，官編修。徐桂字茂，吴長洲人，居餘杭，官袁州推官，有《大滌山人詩集》。郭第字次甫，丹徒人，隱於焦山，嘗有「江月不可留，山雲坐相失」之句著稱於時。此數人者，皆在嘉、隆之時，而所評《大觀帖》並以肥稱，則可見爾時之所見《大觀帖》，非若今日行世單弱之僞本矣。又諸跋皆以《大觀》全本爲難得，則又可見爾日尚知尋求《大觀》真石本，不若今日僞刻動輒盈函者比矣。

蓋是帖之僞，自明朝人翻刻以後，乃漸多贋本，蔓延一世，其前固無之也。國朝徐壇長劄記云：「華亭王司農儼齋《太清樓帖》云：以百金購之孫北海者，在宜興儲汜雲所藏本之下。又從劉行人恩沛轉假，得大清樓前四本，有鳳洲、麟洲、公瑕、百穀諸跋。簽藏經紙，周公瑕題，神采生動。與宜興本對，此本題名目字皆似宋人字，而宜興古拙。」此即華亭本也。又曰：「從來見《大觀帖》，無出宜興本上者。王鐵山藏第五卷一本，又勝宜興本。合之王華亭藏本、劉雪舟借本數種，乃知名帖無不翻刻。前輩云『太清樓無翻本』，豈其然乎？」今見此帖，每册皆有徐用錫印，即所云假諸劉雪舟者也。

愚按：壇長此言，謂王鐵山本第一，宜興次之，華亭與是本又次之。就壇長一人先後所見，而已有拓手、紙墨、厚薄、淳漓之不同。壇長精於鑒帖，據此言，則此四册者是宋時初翻本矣。乃愚驗此拓本，博攷諸家之論，而知此四册實是真石，壇長猶未爲精鑒也。

曾宏父《石刻鋪敍》云：「靖康之亂，新、舊二刻，莫知存亡。」又云：「今閣本前後帖，淪隔敵境，不可復得。」新謂《大觀》，舊謂《淳化》也。❶並不言有重刻本也。宏父此書成於淳祐戊申，在南宋之末造，而不言新、舊二帖之有重刻。則在今日此二帖之子孫支裔重見疊出，至不能詳其先後之系，此特明朝書估輩輾轉翻摹，以致紊真耳，宋時固無是事也。❷然宏父亦併不言及《大觀帖》有榷場本者。曹士冕云：「開禧已後，榷場北來者，已磨去『亮』字矣。」考《建炎以來朝野雜記》云：「自紹興通和後，始置榷場，升盱眙縣爲軍。凡榷場之法，商人皆百千以下者十人爲保，留其貨之半在場，以其半赴泗洲榷場博易，俟得百物還，復易其半。以往大抅之，以竢北賈之來，而金亦置蔡、泗、唐、鄧諸場，皆以盱眙爲凖。」其間又屢罷屢復。蓋宋與金雖通使，而兩國之界禁尚嚴，榷場之官爲禁令以拘制之。自南渡後至開禧間已七八十年，而榷場尚無此帖也。開禧已後，則二國之勢皆已垂弱，度其邊市禁令未必能如曩日之嚴阻，於是百貨雜陳，而此帖漸通耳。曾宏父以垂髦之年家居既久，尚未必知有榷場本也。由是言之，則榷場之本在南宋時，亦未必能多有也。王篛

❶「新謂」至「淳化也」九字，原脱，今據刻本書眉及稿本補。
❷「則在今日」至「無是事也」四十八字，原脱，今據刻本書眉及稿本補。

林以東庫絳本誤認爲太清樓本，遂云：「亮字不全本，但磨去『亮』字右曲脚，以避金主亮之諱，非全磨去『亮』字也。」此論不但未見《大觀》真本，抑且似未覩曹士冕之書者。今驗此《大觀帖》第三卷《庾亮帖》，則帖首、帖尾二「亮」字皆全磨去，信乎曹士冕之言可憑矣。然今諦審之，「亮」字雖磨去，而其頂及脚微微尚露畫痕，蓋磨石未净也。即此一條，其爲當日真石，又無可疑者。考海陵之立在紹興十九年己巳，其卒在三十一年辛巳，其時去靖康之亂纔三十餘年，去大觀刻石之歲纔五十年，石刻猶新，必無翻摹之事。假使即有翻摹之坊賈，試問其爲北賈乎？南賈乎？如北賈也，則必別刻一石，中間直無此「亮」字矣，曷爲而有磨石未净之痕也？如南賈也，則宋朝並不諱「亮」字，曷爲而避「亮」字也？只此二語，則是本之爲《大觀》真石灼然無疑者矣。

予藏有《大觀》第六卷殘本，紙質、墨色、拓手，皆在此四册之上，然亦榷場本之先搨而善者爾，非與此有二石也。即以予藏第六卷與此四卷對之，則其前後題目年月字，此本皆遜予藏之古樸，蓋亦以搨在後而紙墨不細使然耳。觀此，益知王澧翁跋謂：「當時尚方過江，榷場工墨有精、粗，遂成二物，此帖實未嘗再勒也。」此語當爲定論，觀者更不必執壇長所見以疑之矣。諦翫《大觀》真本，每至石邊破處更可愛。就汪象先四本内第一、第二兩卷，其石邊破處撮計之，大約石長者以今尺度之皆三尺二寸五分許。以此爲率，當不甚遠矣。

跋大觀帖

大王帖第一卷末有《鶻不佳帖》，❶第二卷末有《褁鮓帖》者，皆《寶賢堂帖》所增，非《大觀》原本所有也。今行世之《大觀帖》有此，盖是從《寶賢》重摹耳。按：《宣和書譜》有《褁鮓》而無《鶻不佳》，《鶻不佳帖》，米元章始得之。先是濮中李少師家物，爲米老之父奕勝所獲，乃爲米氏物。詳見王弇州《續藁》。其不得刻於大觀時明矣。

跋大觀帖二首

臨川李春湖宗丞購得《大觀帖》二、四、五之三卷，其二卷之首，有「貞元」「伯雅」二印，即王弇州得於朱忠僖家者。三卷皆淡搨本，第二卷從崔子玉書起，第四卷從虞世南書《大運帖》之第二行起，此永興楷是集《廟堂碑》書也。然此《大觀》真本則是王彦超未經重刻以前之本。王彦超本重刻於建隆末年，距淳化二十年耳。此則是唐五代間有人集此碑字，書於油素者，故淳化取以入石。其方折處，尚有足正陝刻處。王翁林未見唐石原本，又未見《大觀》真本，第知有陝刻《廟堂碑》及重刻淳化本，遽以議之，甚矣，言之不可不慎爾！

---

❶ 「王」，稿本作「觀」。

《大觀》原石，石之前靠邊下側有細楷書「臣某某」，蓋當時刻工姓名，即於每石之邊側記之。以予所見，如第二卷第三石，是《宣示帖》之第六行，度其二字右外，「臣張長吉，臣張仲文」八字。春湖所購、王弇州之三卷及余所藏第六卷，石邊皆有刻工姓名，而其每石邊多磨損處，尚有不能盡辨者。即以此等宋拓之本，若非諦審，亦無由見耳。

跋寶賢堂帖

是帖，明晉世子奇源所刻，凡十二卷，孝宗時嘗以搨本進御。奇源，晉莊王子，以天順三年封晉世子，弘治十四年薨，追謚靖王。孫月峰云：「聞諸楚中友人，云是摹《絳帖》。後見《絳帖》，殊不同。」又云：「此帖行欵，高與《太清樓帖》相似，疑即摹《太清樓》者。」今觀帖後傅青主跋，以單炳文、曹士冕所舉《絳帖》真本數條相證，皆合，乃知月峰見新《絳》本而反疑此，不知此內正多以《絳帖》舊本入石。帖首孝宗墨勑云：「承以高叔祖晉定王《絳帖》石刻，年久損壞，乃命世子搜揀舊藏，以古今名書摹集成帙。」據此，其爲摹自《絳》本無疑。由此以推，則凡《淳化》《大觀》諸帖所有而此微異者，皆《絳》本矣。況《絳帖》原比《淳化》高二字，則月峰以爲皆從《太清樓》摹者，亦非也。《絳》本今既不傳於世，猶得借《寶賢》刻本以髣髴真《絳》之一二。若合《淳化》《大觀》諸本細按，其與諸帖異者，猶當一一論其偏旁體勢，以續補劉次莊、顧從義之書，而月峰、退谷、虛舟諸先生帖考，皆未之致審也。每卷後有弘治二年九月一日字，起子，訖亥。而退谷、虛舟以爲十卷，亦誤矣。原帖既有闕泐，至國朝康熙十九年，陽曲令浦江戴夢熊屬晉水段緈摹補，凡五十三石。傅青主生於明神宗三十四年丙午，故此跋云七十五歲老人也。而傅所引單炳文考，中云「蓡」字下「夕」字微仰曲，「下夕」當作「上夕」，此傅所引誤也。石在晉陽書院，予同年友餘姚盧學士主其講席，以拓本見貽，爲摭其概而書之。

跋陳伯恭所收張樸園藏大觀帖

戊子冬，予在粵東見《大觀帖》十册，紙墨俱舊，而疑其畫細，未敢定也。後十年，於伯恭翰林齋見所收十册，有漢陽張樸園前輩題字者，與前所見本同，以爲舊人用墨濃重致然爾。今日覆審，乃知是明晉藩《寶賢堂帖》初搨本。其每卷每頁子一、丑二等字痕，皆用枝山陰文印蓋之。蓋《大觀》《絳帖》皆每行高於《淳化》二字。明弘治二年，晉世子奇源以《絳帖》年久損壞，乃合《大觀》《絳帖》《寶晉》諸本，彙擇摹勒爲此本，故其行式與《大觀》同，而增入顔魯公及唐宋諸賢帖，爲十二卷。至國朝康熙十九年，陽曲令浦江戴夢熊補其缺壞者，凡重摹五十三石，石今在太原晉陽書院。而舊拓本未經戴補者，亦已難得矣。其有舊搨本間存者，又被坊賈删去餘帖，存其十卷，目爲《大觀》，是以猝難辨也。不特無以見《大觀》之真，且恐作僞者踵相效，則《寶賢》舊搨皆不得自伸其光氣，是可慨也！伯恭祕校聞吾斯言，亟欲改裝，易其題目。而原裝完好，

不可褫補，遂屬予跋其概於後，且以見祕校之虚懷，庶以存古人之真耳。❶

跋澄清堂殘帖

《澄清堂帖》殘本一册，據其標題，是甲、丙、丁三卷，而後卷内有「戊五」字，則是合第五卷在内。董文敏云：「余得五卷，皆大王書。」信已然。董云：「宋人以爲賀鑑手摹，南唐李氏所刻。」❷香光此所引宋人語，不著其出何書，至孫退谷《庚子銷夏記》乃云出自黄長睿。何義門云：「長睿《東觀集》所有者，獨《餘論》二卷耳，何嘗有此語？乃妄託以欺人耶。」王伯穀爲邢子愿題此帖殘本云：「《澄清堂帖》，不知刻於何地，亦不知幾卷。」此真名士解人語也。王損庵《鬱岡齋筆麈》云：「《東觀餘論》謂世傳十七帖别本，蓋南唐後主得唐賀知章臨寫本勒石，置澄心堂者。玄宰誤以十七帖爲此帖，又誤以澄心堂爲澄清堂也。」王虚舟云：「顧研山廷尉以爲是南唐官拓，品列昇元上；孫北海亦云賀季真手摹，誤處皆同元宰也。」然或謂退谷藏本即香光所見之本，則亦不然。香光所見五卷，今摹於《戲鴻堂》卷後者，其帖之多寡出入，與此退谷藏本多所捂拄。即其同者，波磔、明暗、麤細之痕，亦迥不同。蓋二公所見皆宋搨本，而紙質墨色與帖之多少次第異耳。

---

❶ 「耳」下，稿本有「此意深可感也」。

❷ 「唐」，原作「宋」，今據稿本改。

今就退谷藏本驗之，卷前第一行題曰「《澄清堂帖》卷一」，次行題曰「王右軍」，下注云「甲一」，又次一行題曰「王右軍帖卷一」。據此標題、文法、字法，頗與南宋坊賈刻書體勢相埒。又以宋拓《大觀帖》《汝帖》相校，不惟遠遜《大觀》，且有較今所行肅府本尚不及者。然其體原則别有所出，非從《淳化》《大觀》諸帖摹出者。蓋南宋末年，《淳化》《大觀》真本已亡，坊間書賈取官私雜帖内右軍有名之蹟彙次上石，排輯卷數，貌爲古刻耳。是澄清堂者，直南宋賣書鋪坊之名，非南唐所刻明矣。

是册有退谷手題字五段，其四皆戊戌書，其一己亥書，皆在庚子作記之前。至謂二王十七帖皆在下風，其信然耶？帖内紅字，亦皆退谷筆。前又有楊已軍題字并書籤。乾隆庚子二月，書估陶生持是册來，索直三百金。欲暫留數日，不可得，與歸安丁小雅賞歎久之而罷。後三年，於新安曹侍郎齋中見之，借歸，細翫而跋其概如此。癸卯十一月三日也。

跋英光堂殘帖一

《英光堂帖》，不知凡幾卷，宋户部侍郎、淮東總領岳珂倦翁以其家藏諸帖勒石者也。❶倦翁，鄂國忠武王之孫。所著《寶真齋法書贊》，今已輯入《四庫全書》，其間字句與此帖偶有詳略不同者。❷若每條下「《寶

---

❶「諸」，稿本作「米」。

❷「今已」至「字句」十二字，原脱，今據稿本補。

晉》米公某帖」，此石本皆作「《寶晉》手書某帖」。諸如此類，既不深關考核，則亦無煩辨别矣。其有見於《法書贊》而石本闕者，亦有見於《寶晉英光集》而石本闕者，則此舊拓，偶以殘軼見傳，❶尤爲足幸也！《寶晉英光集》有紹定壬辰上巳日倦翁序，蓋倦翁當南渡之末，訪究米老出處遺迹，可謂博且勤矣！

跋英光堂殘帖二

《英光堂帖》殘拓本，凡五册，内《雜詩帖》、仲若呼不聞。《道林詩帖》、陟巘不自期。《姑孰詩帖》、下與照洞。《萬籟詩帖》、《北觀前詩帖》、無涯小智。《甘露詩帖》、欲雨氣不透。《研山詩帖》、山研雲時抱。《賞心詩帖》、晴新山色黛。《四大字詩帖》、鷗鷺、一園、賞心、昔夢。《鑑遠前詩帖》、夜登鑑遠。《鑑遠後詩帖》、漚鷺寒依水。《獄空日帖》、❷《槐竹詩帖》、《催租帖》，以上凡十七帖，皆見於《寶真齋法書贊》中。其《十二丈帖》《浯溪帖》《表民帖》《塗山帖》《評書帖》《墨莊帖》《浣溪紗帖》，凡七帖，《法書贊》所無，皆存以俟考。然此七帖，皆無倦翁跋贊，而《催租帖》則石本亦無跋贊也。《催租》《墨莊》二帖，石本皆有巨宂跋，其跋《催租帖》云「南宫宰雍邱時所作」，而倦翁跋則云「意當在公爲漣水、雍邱時」。據此，則巨宂之跋，倦翁蓋未嘗見也。攷元章宰雍邱，在元祐七年壬申；其宰漣水，則在紹聖四年丁丑。倦翁果見此跋，豈尚有疑而舉兩地言之者？是《催租》一帖，

❶ 「軼」，依文義疑當作「帙」。

❷ 「日」，道光本作「行」，查岳珂跋亦作「行」。

非倦翁所刻之帖明矣。又《墨莊帖》後有巨公跋，則云「《墨莊》《家山》二詩，使相吴居父出鎮時刻寘郡齋。今與荆榛瓦礫侶，僅得墨本於廬山。好古君子用入《寶晉法帖》以永其傳」。攷吴居父以鎮安節度使留守建康，在寧宗慶元間，此所謂刻寘郡齋，即建康也。倦翁刻《英光帖》在紹定間，上距慶元甫三十年，豈有吴居父所刻之石已委榛莽之理？且此二跋，筆勢、刻工如出一手，其前標題「米南宫辭翰」五字，亦與《英光帖》諸卷體例不合，則《墨莊帖》亦非倦翁所刻矣。《浯溪》一帖，今尚存浯溪石壁，予有其拓本，今見此拓，確是從石壁之本摹勒者，則亦非倦翁所刻。此外，惟《與吕表民》一帖頗佳，其後有温革叔皮跋，亦無倦翁跋贊。今宜專以《寶真齋法書贊》所有倦翁跋贊相合者爲信耳。

跋英光堂殘帖三

今所見米公大字，未有過於《鑑遠後帖》者，雖僅二十字，而晉人之精意具矣，書家之能事畢矣。後人多喜裒輯米帖，乃未有見此者。秋史又藏《羣玉堂米帖》《説晉武帝書》一帖，亦精妙。儻得伐片石摹此二帖以傳之，吾當爲執役鉤勒焉。

跋英光帖

此刻，米書《曹子建應詔詩》，後跋云「醉中中天真」。以《法書贊》原本驗之，是「醉中之天真」。蓋原本艸藁作「中之」，上石時誤作「中中」。由此以推，則此帖前後題字，非出倦翁自書，乃胥史輩代書上石耳。以岳倦翁鑒析精審，尚有此失，後之刻帖者，能勿鑒諸！

跋王孟津琅華館帖

王覺斯《琅華館帖》，臨《興福寺碑》題曰《薦福寺碑》，此沿俗説之誤也。按《唐薦福寺碑》，歐陽率更書。《冷齋夜話》：❶「范文正守饒，有書生獻詩，甚工，自言平生未嘗飽。時歐陽書《薦福寺碑》墨本，直千錢，文正爲打千本，使售京師。紙墨已具，一夕，雷擊碎其碑。是碑在江西饒州也，後人因有『一夕雷轟《薦福碑》』之句。」而唐沙門大雅所集右軍書《興福寺碑》，亦剩半截者，俗呼爲半截碑。聽者不察，遂以饒州歐書斷碑當之。訛誤甚矣！孟津乃亦沿其誤，何也？然此碑「惟大將軍吴」，下云「公諱文」。或誤認「吴」字，讀爲「吴公諱文」，甚至稱爲「吴公碑」。則孟津此臨本，卻是「吴」字，此尚足以正俗誤耳。

跋孫退谷知止閣帖

桑氏《蘭亭攷》云：「泗水南山杜氏，家世杜陵人。收唐刻板本《蘭亭》，有鋒勢，筆活，世謂之《三米蘭亭》。」又米友仁跋云：「此本轉摺精彩，殆王承規摹也。」又有米友知跋。又俞氏《續考》，載鄭雙槐本，是王承規所摹，云「雙槐先祖政和間爲博士日，得本於定守之故家」。皆不言三米本領字从山也，且假若有

❶ 「話」，原作「語」，今據稿本改。

領字从山之本，亦必山頭合下半成章，如懷仁《聖教》、北海《靈巖》皆可證也。何至下半與山頭了不相屬，其添入山頭，鈍拙乃爾。以此論之，則退谷《知止閣帖》自跋稱「米老曾刻之，世稱《三米蘭亭》者」，其僞作歟？

跋絳帖

《絳帖》前後各十卷，聯系之則二十卷。孫退谷《閒者軒帖考》引曹陶齋《法帖譜系》，誤以「二十」爲「十二」，遂致作僞者有《絳帖》十二卷之刻。不特非真《絳帖》，抑且非重刻之帖矣。若近日良常王給事所引《絳帖》者，皆是物也。惟孫退谷所見真本，是涿州馮文敏於明内府所藏數部殘帙中摘取成之，其中有元初方一軒印及三城王印者，不皆真本也。就今所見第九、第十，即絳州原刻之第十九、第二十者，此則確是真物。内張旭《千文》四十三字，及懷素大艸，行間皆有翦痕，與曾幼卿所説摺褾翦痕悉合。明晉藩《寶賢帖》有張旭草書數行，及涿州馮氏《快雪帖》所摹顔書《蔡明遠》諸帖，又王廙、高閑、懷素、李建中書，皆從此出也。晉藩所刻張旭《千文》尚少其後十餘字，蓋所見止於此。信乎真《絳帖》之罕遘矣！

記僞絳帖

近今所行僞《絳帖》十二卷，每卷末題云：「淳化五年，歲在甲午，春王正月，潘師旦奉聖旨摹勒上石。」

按：孫退谷《閒者軒帖考》稱：「《絳帖》，潘師旦摹，❶師旦尚哲宗女，❷又名潘駙馬帖。」而歐陽文忠《集古録》云：「尚書郎潘師旦，以官法帖私自摹刻於家。」攷歐陽文忠卒於神宗熙寧五年壬子，尚在哲宗未立前十四年，何由而稱尚哲宗女之潘駙馬乎？且歐陽《集古》既言私自摹刻於家，則與此題奉旨摹勒之語亦不合。蓋當南宋時曾幼卿、姜白石皆得自傳聞，其時真《絳帖》已不可見，是以曹明仲所見十二卷者，已非今日之十二卷。而王簃林所稱絳刻者，亦就今所行之本言之耳。此本中如首卷《泰山秦碑》，則宋人《甲秀堂帖》，即劉跋所譜也。第二卷之《州輔碑》殘字，魏崔浩書；第九卷之齊樊退、温子昇書，則本於《汝帖》。崔張帖内「邕穆」云云，《汝帖》原標沈法會書，此乃舉崔而遺沈也。樊退，是樊遜之誤，遜字孝謙，詳見《北史·文苑傳》，當標題云「北齊員外郎樊遜書」。此既誤「遜」爲「退」，又與温子昇俱訛爲南齊人，皆摹刻時之失也。其第五卷《蘭亭》，大致與定武本合。此與《黄庭》《樂毅》出自祕閣續帖，明王元美題汪象先所藏二王帖云：「此所謂祕閣續帖本。但卷首《蘭亭》是定武損本，想永樂已前好事者合而成册耳。」元美此語當是此帖定評，蓋是明時鬻帖者綴輯宋時諸帖重摹而成，別裝首尾以名之耳。

❶ 「師旦摹」三字，原脱，今據刻本書眉及稿本補。
❷ 「師」，原作「思」，今據稿本改。下同。

跋墨池堂帖

明吴門章仲玉《墨池堂帖》，此其翻刻本也。然以原石本細對之，中間實有較原石重加整頓者，如王徽之《新月帖》及《化度寺碑》，中間一二泐處，蓋又取原鉤之油素審定爲之，非但以《墨池》原石翻刻也。《蕪湖學記》後小楷一跋，及趙文敏行書《洛神賦》，則此本有而原石皆無之。此猶之文氏《停雲帖》翻刻本，亦有重加整比處耳，不足疑也。至其中沿舊刻可取者，若《樂毅論》不全本，實出於越州石氏本，今日遥想高紳家原石，尚得假此以略存其意，勝文氏《停雲》之《樂毅論》不全本遠矣。此《墨池堂帖》全部之精華也。其沿舊刻謬者，則《洛神》十三行，「擢輕軀」「擢」譌爲「擢」，「申禮防」「防」誤爲「方」。刻帖至此，荒唐極矣！

跋鐘鼎欵識殘拓本

薛氏《鐘鼎欵識》第十八卷殘拓本，谷口銅甬以下凡十段。谷口銅甬篆已失去矣。好時鼎一跋，詳引《漢·郊祀志》秦漢祠五時事。然以愚詳之，此鼎所謂「好時」者，特右扶風之邑名耳。其銘云「長樂飤宫」，「飤」即「飤」字，从丮、从食，才聲，設飪也。設飪即是鼎器之義，奚必援五時祠乎？「宫」與「官」，亦不同。薛氏此帖，器銘間有釋一行，云「長樂載宫」，「載」即「飤」字，初不誤也，而其後薛氏跋内乃作「飼官」，以「飤」誤作「飤」，則非其義矣。《漢·地理志》好時有梁山宫，此帖第二十卷梁山銅銷銘末有「扶」字，薛氏援此好時鼎銘末有「山」字以證之，是也。乃其梁山銷跋又以爲梁國所貢銅，則又非矣。又此殘拓内武安侯鈁跋：

「楚思王子煖以元壽、元封再封武安侯。」攷《王子侯表》：思王子煖以建平四年初封武安侯，其元壽年乃其失侯之歲。薛誤讀史表而訛耳。半卷之殘帖，已有參差若此者。安得見其石本全帙，詳爲核正，庶有益乎！

跋汝帖

《汝帖》之評，前人已詳，不具贅矣。今姑以二事言之：其第二卷「天禄辟邪」「邪」字，今《汝帖》泐後拓本，左半中間誤成冈形，以致南陽墓道石刻依之，竟成冈字矣。此明嘉靖七年戊子南陽郡守楊應奎所摹刻，即從《汝帖》既泐之本翻出者。則《汝帖》「邪」字左半將泐之本在明嘉靖以前所拓之一證也。第八卷「齊樊遜書」「遜」字，《汝帖》泐其右半，宋拓尚見「系」下半，其後泐本僅見「孑」之半，至其後大泐，「孫」字全不可見，或訛作「退」。於是世所行僞《絳帖》、星鳳樓諸帖，皆作「南齊樊退」。南齊固無其人也。此是北齊樊孝謙書乾明元年《孔廟碑》内數字，此碑極古雅，今泐損，不可讀矣。予有舊拓本，始得證明之。若將來此碑漸無知者，學者誤執僞《絳》諸刻，莫能詳攷，竟成藝林一大憾事！足見今所行僞《絳》等帖，皆是從《汝帖》泐後之本翻出，其貽誤一至於此。安得而不著之？

跋淳熙脩内司帖

《淳熙脩内司帖》十卷。《淳化閣法帖》，宋時翻刻非一，此則其翻自官刊者也。每卷末楷書三行，書「淳熙十二年乙巳歲二月十五日脩内司恭奉聖旨摹勒上石」。曾宏父《石刻鋪敍》、曹士冕《法帖譜系》並同。而近時查初白詩，乃執所見僞本作「九月」以執正之。不思此乃淳熙祕閣之前帖，其淳熙祕閣續帖刻於三月，豈有前帖轉在九月者？此必僞作者妄寫年月，而初白弗考耳。初白又援汪逵語，謂詳見《輟耕録》。不知《輟耕録》汪逵語是通論《淳化閣帖》，非專論《脩内司帖》也。而陶宗儀以《脩内司帖》與烏鎮張氏、福清李氏諸本並論，則此帖雖官刊之翻本，而實非淳化原刻之比明矣。又近日王篛林《閣帖考正》於唐太宗書《八柱承天帖》「川嶽之靈」「之」字，援《脩内司帖》有下一波畫，不知《脩内司帖》是翻刻之本，非考定之本，其於淳化原刻未嘗有所增損。篛林所見《脩内司》者，亦非其真也。

此十卷是邵僧彌藏本，有無錫華雲跋、長洲文從簡跋，有賈似道長字印、王芝子慶印，紙墨亦出宋拓，無可疑者。然此本實與明肅藩所刻相同，惟第九卷出入較多，則以肅刻第九卷之别是一本耳。詳校此十卷，然後知《淳化閣》原本黄長睿以爲疎拙者，實亦非《大觀》之重加訂正者比矣。而此内亦間或有一二處足與《大觀》真本相資核證者。蓋其所自出之本即是肅刻所自出之本，而此刻豐腴古厚，十倍勝之。則南宋刻工與明朝刻工，懸絶可知也。且又因以見肅刻本之可信，然而肅刻雖遠遜此，抑又尚有一二筆勝此者。善鑒者其可忽諸？

復初齋文集卷第二十九

大興翁方綱撰
門人侯官李彦章校刊

跋唐臨晉帖三首

唐臨右軍三帖，其前《司州帖》失去，今存《瞻近》《漢時》二帖。張米庵據柯敬仲跋，定爲楊漢公臨。漢公字用乂，唐宣宗時荆南節度使、工部尚書，米老稱其書有鍾法者也。《瞻近帖》前闕六行，《漢時帖》前闕二行，趙文敏補書，紙尾云：「右唐人所摹帖，不完，因爲補之。子昂。」二帖皆釋文一行，與原草一行相間。此帖唐臨，筆意深入晉室，行筆沉勁，墨彩透紙，非趙所能及。然趙書卻又有能追想右軍神致者，今以唐臨相形而出，始知境地質幹與功力交相爲用。使我後學，憬然遠悟，淵乎妙哉！

吾觀趙書，必驗其印，此「趙氏子昂」朱文銅印，其上邊不甚平正，「[illegible]」字篆圈之頂，其銅邊偏右、偏左皆有微凹入内之痕，方是真印。以此鑒趙蹟，萬無一失。今此印「[illegible]」字篆圈上頂邊之偏右微凹，而其偏左則尚平正未凹者。銅質用久則漸凹，此則當其在前數年之蹟也。歷驗趙蹟，如至大戊申《率更帖跋》，其印「[illegible]」字篆圈之頂邊，已左、右皆微泐，則此蹟又當在前。至大戊申，子昂年五十五，則此是其少壯時作。以子昂少壯之年，補唐臨未完之帖，而神理具足如此，後人豈可輕視耶！

然又有不得不明著者：凡臨書，與其原蹟稍移行次，則章法迥別，草書尤甚。此帖唐臨已移易原本行次矣，趙補自不得不依唐臨行次也。惟是《瞻近帖》之第三行「喜」字口下，原本一小横，稍覺加長，而初非另一筆也。此「喜」字，唐臨所闕，不知如何下筆，趙補乃誤作「喜」下加一横於「遲」字之上。此處既多占一字之地，以致此行之末竟作耳字，另作押縫另書。又《漢時帖》第二行末「帝」字，亦失作艸之勢。試以下一行唐臨五「帝」字對看，則神理天淵矣。吾想趙補臨時，似亦微有與唐人争勝之意。今亦正欲借趙補以遠想右軍微妙，而其中尚有一二未及檢者，臨書豈易易哉！

或謂張米庵《書畫舫》、卞令之《書畫攷》，皆載此唐臨之蹟，而所載諸跋，不無字句小異者，未知孰爲真也。愚則謂卞令之近今所著之書，或僅據前人所著而録之，未必果見真蹟也。若張米庵《清河書畫舫》，著録於明萬曆間，即其於此跋後署「乙未歲」，乙未是萬曆二十三年，此已在吴匏庵卒後九十年。而吴匏庵此跋明著二帖，則張、卞所録云三帖者，其僞不辨自明矣。

跋東坡書金剛經

右東坡書《金剛般若波羅密經》，卷尾題云「元豐三年四月廿五日，朝奉郎責授檢校水部員外郎、黄州團練副使蘇軾，爲亡考都官遠忌親寫此經」云云。按：張安道《文安先生墓表》、歐陽公《蘇明允墓志》，皆云卒於治平三年四月戊申。攷治平三年四月甲申朔，戊申正是二十五日。而東坡《圓通禪院詩》題云：「四月二十日晚至，宿焉。明日，先君忌日也，乃手寫寶積獻，蓋頌佛一偈。」恐此題有誤，「二十」下應脱「四」字耳。治平丙午，下至元豐庚申十有四年矣，故曰「遠忌」也。乾隆甲辰仲春下澣五日，寫經訖記。

跋天際烏雲帖三首

坡書《天際烏雲帖》，涿州馮氏快雪堂曾入石，近日曲阜孔氏及徽州程氏又皆入石，實皆一摹本也。董文敏嘗見摹本者，蓋即此耳。今畢秋帆以千金買自徽州吴杜邨，客或詫爲奇蹟。程音田、周載軒皆親見之，云其紙色、墨色前後皆一律。而予齋真本蘇蹟，紙質古厚，數經擦損，如舊楮幣，昔人著録所稱「粉箋」者，不可辨矣。虞、柯、張、倪、馬、張六人題識，自爲一色之舊紙，最後則明末董文敏、項墨林二題之紙，又較新矣。即以此前後宋、元、明紙質有古今後先之别，則知此真而彼僞，無可疑者矣。

又有確證者：凡臨書，其每行之高下長短，必不能準依原式，此臨書必至之勢也。蘇蹟第十四行「愁何日盡一分真態更」九字一行，因行筆稍縱，視前一行之脚微長下一黍許，而彼一本此行視前行下長出至三分有餘之甚。柯詩第五行則縮短五分。柯跋第五行縮短二分。第七行縮短四分，第八行縮短三分，第九行縮短二分。此則又是彼本出於臨寫之確驗也。

至於筆法，則聖凡天淵矣。雖彼一本亦有勁逸神肖處，而其筆趨於滑利，每多直瀉。予藏真本則筆筆頓挫，處處節制。即如蘇蹟末段「人間幾度春」「幾」字，中間長趯，用虞戈萬鈞之力，此通帖中第一見神力處，而前一筆向内迴鉤之勁折與末一點飛空之停頓恰與相稱。此最是晉唐以來相傳筆勢，正法眼藏也。彼摹本則前一筆之迴折既鬆弱，末點又誤作迴帶，更弱矣。中間長戈之弱，更何待言。即舉此一字，足以定真本、摹本之大相懸絶，其餘諸字類此者不待縷舉矣。且坡書三十六行，摹本之弱猶可言也，至虞、柯諸蹟以下，摹本之短淺膚弱則處處俗態矣。

又有最易見者：凡寫草頭，皆先左直，次由左横帶過右横，而後轉下右直。此古今作行書之所同也。獨此一摹本，前後出一手所仿，其艸頭，乃先作左邊小横，以帶左直，然後作右二筆。蓋此人生來筆勢如此，雖臨仿古蹟，不能自改也。内惟柯第一詩「花」字，原本帶過之勢極顯，此摹本亦隨之，除此一處外，餘皆盡改原蹟艸頭下筆之法。張、倪、馬諸詩，尚含混不甚覺，柯詩内諸艸頭，處處露痕矣。虞跋「夢」字、「第」字，亦其顯然者。至坡書第四行「夢」字、廿三行「筆」字，亦露痕迹。「援筆立成」「筆」字是先作左一小横，自覺其有病，遂因而左直極重以蓋覆之。合快雪本與程刻本對看，更自了然。鑒藏勒石諸家，皆未知也。

然此摹本卻在最前，其時柯詩第八首末一行尚未亡，予藏真本，此處殘破一行，闕失之迹，被重裝者砑光接補，無痕。又坡蹟中間旁挂小輩字尚未擦失，末句「杭人多惠」「惠」字，予藏真本被人墨描，增多一直畫，則此摹本尚無之。而張伯雨跋在柯後、倪前，亦宜據此摹本以訂正之也。摹本至馬治跋止，諸家著於録者皆同，此可見摹本在董、項之先。而後人於摹本卷内，又妄加項氏諸印耳。梁蕉林、馮涿鹿諸印，則皆摹本内所原有也。

予齋藏此真蹟，每臘月十九日，於蘇齋筍脯之筵，拜祭坡公笠屐像前，輒以快雪諸刻並陳几上。客來讚詠，無不驚歎予本之真者。聞吴江史明古先已刻石，屢屬吴江友人訪之，不知其拓本尚存否？予既無力伐石精勒，而彼摹本自快雪勒石後聲價烜赫，致有不辨魚目，竟以彼爲真者。如桐鄉馮星實應榴，亦來予齋，隨聲贊予本之真。而其歸浙後，撰《蘇詩合注》本，於後卷輒疑翁氏所藏未必確真。蓋星實未嘗以彼摹本逐字研審，而以予本紙質被人擦汙，涉於可疑，是皆不妨聽其歧説者。而坡公真本之所以然，則安得不核實以表出之乎！

熙寧甲寅，坡公往來常潤道中，有《懷錢唐寄述古》之作，其次章云：「去年柳絮飛時節，記得金籠放雪衣。」公自注：「杭人以放鴿爲太守壽。」此不欲明言所指，而託之放鴿也。鴿無雪衣之號，故王注必援唐天寶中「白鸚鵡事」以明其爲借用。且鴿非僅白色，亦非「雪衣」字所能該得也。注家蓋未見此墨蹟，但以爲借用雪衣鸚鵡，而不知其指此雪衣女也。陳述古和云：「緱笙一曲人何在？遼鶴重來事已非。猶憶去年題别處，鳥啼花落客沾衣。」語意更明，可知蘇詩「雪衣」之非指放鴿矣。然則陳太守放營妓事，在熙寧六年癸丑春也。

蘇詩《外集》《長垂玉筯》一首，題云「過濰州驛，見蔡君謨題詩壁上，『綽約新嬌』云云，不知爲誰而作也，和一首」。此又以杭守居閣所題移之濰州驛壁，而此墨蹟，卻言又有人和，不知誰作，皆故爲迷離其詞耳。然即以濰州驛壁考之，坡公以熙寧五年壬子通守杭州，是秋陳襄述古來知杭。至七年甲寅六月，陳移知應天府。是年九月，公移知密州。其過濰州，則熙寧九年冬，自密移徐，除夕大雪，留濰州。元日早晴，遂行。此墨蹟云「僕在錢塘」，則是先生再到杭州以前之語。即蘇子容居杭，亦非一日，而此云「子容過杭，述古飲之」，亦指其初到杭時言之。此蹟不著歲月，當是熙寧甲寅以後數年間所書。若以濰州度歲論之，則或即熙寧十年丁巳春所書歟？虞道園詩云：「乞食衲衣渾未老。」先生是時年四十二也。

此蹟見於趙德麟《侯鯖録》、周公謹《雲煙過眼録》，原是卷軸，柯博士再閱於王氏環慶堂，猶軸也，不知自何時改卷爲册。其爲卷軸時，已有行間破蝕之痕矣，而項墨林購自松陵史氏時，則已是册子。觀其每末頁之前後鈐以項氏印，可知也。柯敬仲跋末，脱失年月、名字二行。張伯雨詩脱失前五詩，尚在此前。而其一摹本摹於明宣德年之前，此二處尚未脱失也。汪砢玉《珊瑚網》所載，已是摹本矣，所以後來諸家著録，皆至馬治題止也。

今予所得真蹟，凡元、明人題八段：虞道園題於元文宗至順二年；柯敬仲、張伯雨皆順帝至正三年；倪雲林，明洪武元年；馬孝常，洪武十四年；馬治字孝常，宜興人。初爲沙門，洪武初知内邱縣，終知建昌府。陳汝同，宣德二年；陳詢字汝同，華亭人。永樂戊戌進士，官翰林侍講學士。董思白題，不知歲月；項墨林題在嘉靖三十八年。項題云：「陳汝同、吴原博二跋，史氏皆未刻石。」吴跋固不可問，而松陵史明古此石之刻，予託吴江友人叩諸史氏子姓，皆無有知之者矣！

跋偃松屏贊

坡公《偃松屏贊》真迹，僅餘五十二字，絹本，前後翦截不可讀，不知何人綴集成卷。此贊序云：「謫居羅浮山下，地煖多松，而不識霜雪。幼子過從我南來，畫寒松偃，蓋爲護首小屏。」按：先生以紹聖元年甲戌十月到惠州，此贊當是乙亥、丙子間所作，先生年六十時也。合計全文墨迹一百六十字，今失其三之二。又裝褾錯互，絹色黦滅，而大楷神氣如新，尚奕奕逼人也。蓋明代以前即爲人翦綴成卷者，計自紹聖後三四百年，中更殘失，而後綴拾爲卷。又二三百年，而歸於吾蘇齋也。

跋東坡詩稿二首

東坡《定惠院寓居月夜偶出》二詩草稿，紙本高九寸，横七寸，行草書十一行半。首二行之下半，蝕去數字；第二首無末二句。蓋當時脱稿未完之本也。前篇「不辭青春」二句，原在「一枝亞」之下。「清秋獨吟」二句，原在「年年謝」之下。以筆鉤剔，改今本也。「江雲抱嶺」塗二字，改「有態」。「不惜青春」塗「惜」字，改「辭」。後篇「十五年前真一夢」句，全塗去，改云「憶昔還鄉泝巴峽」。「長桅亞」，「長」字未塗，旁寫「高」字。「白髪紛紛莫吾惜」塗二字，改「寧少」。「自憐老境更貪生」句，全塗去，改云「至今歸計負雲山」。「老境向閑如食蔗」，「向」字塗去，改「安」字；又塗去，改「清」字；「食」字不塗，旁寫「啖」字。「幽居□□已心□」句，全塗去，改云「饑寒未至且安居」。「往事已空」塗二字，改「憂患」。又其與今本異者，次篇：「落帆樊口」作「武口」。「長江衮衮空自流」作「長江衮衮流不盡」。又施注原本云：「此詩墨迹在臨川黄掞家，嘗刻於婺女倅廳。『但當謝客對妻子』，墨迹作『閉門謝客對妻子』。『憶昔扁舟泝巴峽』，集本作『還鄉』，真蹟作『扁舟』。二處與此蹟皆不合。」蓋施注所謂墨迹者，别一稿也。近秀水汪桐石有題是稿真迹詩，云「重函本是子京物」。又注云「稿中塗改甚多」，然不言所改之字可與今本相證及末二句之有無，則或又别一本也。

此本雖無前人收藏印記，然其筆法的爲坡公無疑。而所改字句，與其原本相對看，尤見詩法。其云「十五年前」者，此詩作於元豐三年庚申春二月，先生年四十五，老蘇公之歸葬在治平三年丙午，先生以護喪歸蜀，過黄州南岸時，先生年三十一，距此時正十五年。故曰「憶昔還鄉泝巴峽」也。若作「扁舟」，則太渾；若僅云「十五年前」，又未明白。其改定之精密如此，今注家罕有知之者矣。蔗林侍郎出眎此蹟，爲攷其可信者如此。丙申九月十四日，紫霞碧樹軒，即席書。

明日借來予齋細玩，其爲蘇真蹟，斷然不惑者矣。客或謂：汪桐石所題之蹟，今必尚存，既未對看，焉知此蹟之真耶？予應之曰：若東坡有兩草稿，亦未可知。若無兩草稿，則彼僞而此真。客曰：何以知之？予曰：以桐石之詩知之。其題曰「《定惠院月夜偶出》及《次韻前篇》二詩草稿真蹟」，而此蹟初無題目。古人作詩，未有先寫題而後作詩者。且此二詩，尤不應先寫題，前一首題曰「月夜偶出」，而此篇只言「月夜」，直至第二篇末乃説明「偶出」，所以兩篇是一時所作，原本必無分爲兩題之理也。其次篇之題，乃後來補寫，或先生所綴，或後人所加，皆未可知。要之，脱稿時必未嘗先寫題也。若前篇題曰「月夜偶出」，而後篇題曰

「次韻前篇」，則後篇乃其自和前韻之作。而何以「偶出」義前篇未白，直待後篇始明出之？設使當時無次韻之作，則前篇爲神理不完矣。曾謂東坡詩而有此脱節者乎？或在後來先生重書之，則分爲兩題，自無不可。若其初脱稿時，即先立前、後二題，則是今人爲時文者之所爲矣。是豈非見先生集本之題而寫入者乎？故曰彼僞而此真也。且以愚度之，此二詩之點明「偶出」，全在次篇末二句，而當其月夜徘徊，信手書稿，至次篇之第九韻，乃稍稍停歇。迨末句既成，則遂不復登録，是乃當日真情景也。正惟此蹟無末二句，乃有此情景可尋。而後此二詩之骨節通貫，不特足以證是本之真而已。暇日當録入《施注補正》中。九月十八日，書於寶蘇室。❶

跋蘇書别功甫帖

右蘇文忠手蹟「蘇某謹奉别功甫奉議」九字，二行。《東都事略》載郭功甫歷官始末，與《宋史》本傳詳略不同。❷ 近日厲鶚《宋詩紀事》小傳云：「元豐中知端州，元祐初階至朝請大夫。請老，歸。」予攷東坡集有《郭祥正覃恩轉承議郎勑》，云：「朕丕承六朝，陳錫四國。」此是哲宗元祐初也。《宋史·文苑傳》：「熙寧中，從章惇察訪，辟以殿中丞，致仕後，復出，通判汀州，知端州。又棄去，隱於青山，卒。」予嘗於端州石室得功

❶「室」，原作「堂」，今據稿本改。

❷「宋史」至「不同」八字，原脱，今據刻本書眉及稿本補。

甫手題，云「元祐戊辰二月廿有八日，當塗郭祥正子功來治州事。即明年以其日上書乞骸骨」。此是元祐四年請老歸，則所謂元豐中知端州、元祐初請歸者，皆失之矣。此蹟稱「奉議」，宋時職官第二十四階奉議郎，正是殿中丞之秩。則是元祐初再轉承議，乃出汀、端耳。章惇，熙寧初以王安石秉政，用爲湖南北察訪使，亦正與郭傳「熙寧中知武岡縣、僉書保信軍節度判官」相合也。

乾隆庚戌秋八月，秋史侍御持以見示，遂攷其大略而系以詩。坡集與郭功甫尺牘五首，皆倅杭時作，故公以熙寧四年辛亥十一月到杭州通判任，正是功甫以奉議郎致仕之時。則此蹟當在熙寧四、五年間，坡公年三十六七歲時，神采奕奕，照映古今，信蘇書神品也！

跋黄書太白詩卷

右黄山谷艸書太白《憶舊遊詩》，前闕八十字。沈跋云：「後有闕文。」「後」字，乃「前」之誤也。篇内「銀鞍金勒到平地」，集本作「倒」，非。「行來北京歲月深」，集本作「凉」，非。「漢中太守」句，應作「漢東」，其作「中」者，板本誤耳。集本既不加訂正，而山谷此書亦尚仍其訛也。王弇州所謂張守跋者，今不見於卷内，而所云蕭、沈後二跋者在焉。蓋是卷尚有他跋，爲人翦割也。弇州跋祝枝山書《成趣園記》，云：「華氏之園餘八十載，不復可蹤跡，而此記尚存。」按豐人叔爲華氏作《真賞齋賦》，在嘉靖二十八年己酉，有「魯直五書《舊遊》豪趣」之句，自注云：「山谷艸書太白《憶舊遊詩》也。」據此，則是卷其時正在華氏。而予嘗見祝書墨迹，云：「尚古華君汝德署光禄丞，致政而歸。於居第之旁作園，以佚老。」祝書此記在正德二年，而沈跋亦在正德改元之歲。蕭海酌跋則又在其前二十年。是則此蹟之在錫山華氏最久，幸得存蕭、沈二跋以識之，與豐賦相爲印證。此段收藏風味，何啻與鐵香、覃溪並几而共話也！予去年見祝書《華氏尚古園記》卷，嘗手摹於篋。今復爲鐵香題此卷，殆若有夙緣焉。爲作歌於卷後。

跋山谷手録雜事墨迹凡三十五幅七百三十二行

黄文節公手録雜事墨迹，凡一百六十五題，皆漢晉間事。中間用紅筆塗乙點識，又云某條見前帙，又記其題下云「千若干」者。蓋此其中間半册耳，前後所録，不知其幾也。

册經項子長氏收藏，有嘉靖辛丑文徵仲跋，謂或有會而書，或備忘而書，或爲詩文用而書，蓋亦未能深知此册此書之所以然也。王篛林又據其舊題云「山谷志林」而補篆之，遂竟以爲《東坡志林》之比，可謂沿誤也已。

吾嘗讀任、史氏注山谷詩，知先生用力之勤非一日矣。鄱陽許尹序曰：「其用事深密，雜以儒、佛、虞初、稗官之説，雋永鴻寶之書，牢籠漁獵，取諸左右。後生晚學，此秘未覩。」夫古事非出僻書，掌録亦非難事，何秘之有乎？吾乃歎此言之深中後人錮疾，而積學之非易也。凡人記問誦習者，經史類説而已。及其博辨之久，聞見之多，所謂見異人、得異書者，若日有新奇之弋獲焉，回視書塾肄記之事，若無足留目者。一旦叩以經史習見之故實，而訛舛百出。此天下之通患也。況乎文士之習，護短炫長，寧臨文而乞鄰，勿先事而蓄艾。至於單文偶句，窘迫無措，則苟焉假借而已。山谷際歐、蘇蔚起時，獨以精力沉蓄，囊括今古，其取材非一處，而其用功非一日也。嘗於《永樂大典》中見山谷所爲《建章録》者，散見數十條，正與此册相類。然後知古人一字一句，皆有來處，至於千彙萬狀，左右逢原，而無不如志者，非可倖而致也。今人平日銖積寸累之功萬不及古人，及其奮筆爲文，則欲追古人而與之角勝，未有能濟者也。故爲改題曰「手録雜事」，而著其所以輯録之實。讀先生集者，可持此以爲左券焉，又豈僅作范信中《乙酉家乘》觀乎！❶

跋米書多景樓詩

米海岳《多景樓詩》，自書，不著歲月。後有明初虎林平顯跋，謂是潤州致爽軒所書。而宋何執中跋在崇寧元年，云：「在元度座上見之。」元度者，蔡卞也。何跋又云「可目爲三絶」。據此，則米書此詩時，樓已著名於時，故與詩、書並稱三絶也。

又按：坡公《潤州甘露寺彈箏詩》已有「多景樓上彈神曲」之句，坡詩作於熙寧七年甲寅，更在前矣。是則此詩後米自識謂「禪師有建樓之意」者，蓋謂重加脩建耳。又攷米元暉題跋，有云「先臣芾，元祐末權潤州州學教授」。合之焦山《瘞鶴銘》側米老題名，在元祐辛未孟夏，筆勢與此詩亦極相似。是此詩書於元祐末年，米老年四十許時，是其中年縱筆時也。

---

❶ 文末，稿本有「乾隆庚戌冬十月七日北平翁方綱」。

跋李莊簡墨蹟

右「光再覆」云云帶名四行，南宋李莊簡札也。李光字泰發，越州上虞人。崇寧五年進士，紹興中除資政殿學士。此帖，是其知宣州時上民情於當局者。明沈啟南所藏，凡五賢七札，合爲一卷。一李忠定，二、三張忠獻，四呂忠穆，五、六趙忠簡，七即此札。後有李東陽、吴寬、陸釴、李傑、陳頎、林沂六跋，載張青父《清河書畫舫》，此札末有「吴沈氏有竹莊圖書」可證也。都南濠《寓意編》云：「項方伯家有李泰發帖，後人見其帖有『光』字，遂以爲司馬公筆。」此帖亦相傳爲司馬公迹，第不知七札合卷，何以前六札、後六跋皆失去，而獨存此一帖也。❶ 帖高一尺，横闊七寸。異日儻得見所謂七札合卷者，當以證之。

跋宋高宗手勑卷

「諳委」二字，宋人官文書語，諳委者，諳悉也，言與之熟諳耳。此勑是岳珂所編《高宗宸翰》紹興十一年援淮西一十五詔之第九勑也。珂云：「十九日戊子，先臣出師之奏始至，賜御札嘉歎，且申述初奏會兵破敵之意者也。」前有十七日未時一勑，云：「得卿奏，欲躬親前去蘄黄，相度形勢利害。若得卿出蘄黄，徑擣壽春，與韓世忠、張俊相應，大事何患不濟。中興基業，在此一舉。」此勑即承此意言之也。

---

❶ 「也」下，稿本有「是又有不能無疑者」。

按《三朝北盟會編》：「十九日戊子，李顯忠軍統制崔臯敗金人於舒城縣。二十日己丑，張俊克廬州，金人退於紫金山，張俊得廬州，與楊沂中、劉錡軍皆駐於廬州。帝親筆諭俊，褒寵甚渥。」李心傳《朝野雜記》云：「淮西安撫使張俊、淮北宣撫使楊沂中、判官劉錡，大敗兀术十餘萬衆於柘臯。」是其時事也。然是年辛酉歲，鄂王年三十九，而金書字牌班師之詔已在去年七月矣。岳珂撰《行實編年》曰：「自朱仙鎮之機一失，虜勢浸横。暫卻遽進，不可復圖，隄防攻討，皆無預於恢復之計。柘臯之戰，能拒敵人之鋒而已。中原之事，未可議也。」珂又撰《淮西辨》曰：「臣按：先臣被罪，尚書省勑牒之全文曰：『淮西之戰，一十五次被受御札，坐觀勝負。』嗚呼！御札之十有五固也，抑不觀其時乎？前奏未上而後命沓至，出師之命雖在正月，而至以二月九日時，先臣以寒嗽在告，即以十一日力疾出師。故十九日御札有曰『得卿九日奏，已擇定十一日起發，往蘄、黄、舒州界』。以此見先臣之出師，實無留滯，奉詔三日而行爾。自鄂而蘄、黄，自蘄、黄而舒、廬，皆以背嵬親爲先驅，聞命即行。首尾僅月餘，往來道里不止數千計，其時日亦可見矣，而徒以其詔之多而罪之。哀哉，先臣之不幸也！」據此，則此勑云云，不惟無補於恢復之功，且適以供權奸之藉口。不惟無當於忠臣之志，且適以博贊美之虛文而已。甚矣，高宗前後終始錮蔽於奸檜之手，而不稍覺悟也！觀者不察，第見此勑詞氣褒揚，或轉節取其文而致忘其實。是以攷次其詳，而著之如此。

跋倪侍郎所藏宋高宗賜岳鄂王墨勑卷

錢塘倪侍郎承寬家藏《宋高宗賜岳鄂王墨勑卷》，宋粉牋，紙本，朱文，縷花邊，高八寸一分，横長一尺九寸四分。行楷書：「具奏，省卿殄滅群寇，安静一方，應無遺類爲異日之患也。朕甚嘉之！已詔卿赴行在，可即日就道，勿憚暑行。紀律嚴明，秋毫不犯，卿之所能也。朕不多及。七月十二日，勅輯熙殿寶。岳飛。」按：此勅載於《金陀續編》第一卷，乃紹興三年平虔寇時也。是年春，陳顒、彭友等連兵數十萬，據虔、吉州以叛。詔江西安撫大使李回，令擇本路盜藪最熾、諸將所不能制者，專以屬王。王以夏四月至虔州，勅諸路應副軍馬錢糧。於是王破固石洞，大敗賊兵，擒陳、彭等，❶以入於虔，上疏乞誅首惡而赦脅從。秋七月，詔詣行在，即此勅也。

王之孫珂，於嘉泰三年十一月，編輯其家藏高宗御札手詔，釐爲十卷，凡七十六軸，始於紹興四年三月十四日復襄陽之詔。珂跋云：「其他軼在人家、散之族黨者，不能究悉。誓畢生搜訪，以補其遺。」而此勅刻於《宸翰拾遺》卷内，下注云：「在紹興四年第一詔之上。」蓋端平元年甲午刻於南徐，距前編次家藏御札在嘉泰三年癸亥，已三十年。鄂王卒於辛酉，至是九十四年。而降勅之歲癸丑，至是百年矣。今《鄂國粹編》板經幾漶，石刻之勅拓本無聞，而此卷紙墨如新，想像相臺故家摩挲悲感之意。是日同觀者：歙吴綬詔、蘇州張書勳、泰和姚頤，而方綱攷次爲跋，附詩於後。

---

❶ 「陳彭」二字，稿本作「顒」字。

跋宋人書蘇後湖詩札後墨蹟

右跋一紙，九行，不著姓氏，即朱性甫《鐵網珊瑚》蘇後湖詩札帖後之第一跋也。後湖帖凡詩二、札二、後跋七。其札二，則今見於安氏《書畫記》，云：「二帖，淡黄紙，前一行『庠再拜上』云云，後一帖『門中伏惟』云云，後有宋人諸跋。惟徐詡、蘇嶠二跋是此帖之跋，餘皆非也。」又云：「帖有項氏收藏印。而《鐵網珊瑚》所載二詩今已不存。」據安氏此跋，則是卷何時爲人割裂，零落已久。且温陵曾慥跋明言是卷，而安氏稱短册，又稱前帖小行草六行，後帖小行草七行，則其爲後人翦截裝册可知矣。又云：「前帖後下角有『文石子』白文印，後帖前下角有半鈐『閣印』二字白文印。」則其二札爲後人誤倒裝可知矣。以原卷計之，安氏所得者已失去詩二、跋五。而此跋正在安所失中，又不知其四跋及前二詩何在也？此跋本無欵，近日厲樊榭撰《宋詩紀事》引此跋，謂是建安徐詡，乃誤讀《鐵網珊瑚》，以下條連接而目爲徐詡耳。後湖卒於紹興十七年，年八十餘。此跋當亦紹興間人之筆，又幸未經翦截，得以識其原卷高下蹤跡。他日如得見後湖詩帖，或可以此度之。安邑宋子芝山博雅嗜古，而跋中乃有「仲叔、安邑」云云，豈非神物欲來相就耶？予既爲芝山快幸，因和後湖原韻，賦二詩題於後。芝山其珍護之哉！❶

---

❶ 文末，稿本有「乾隆己亥正月十三識」。

跋張温夫書

樗寮之書，相傳金人極愛重之，其書大金國榜，用渴筆，觀者謂致火，已而果然。攷樗寮生於淳熙十三年丙午，嘗見其七十八歲之書，在景定四年癸亥，至咸淳中，年八十餘矣。金亡於端平元年甲午，金朝文物之盛，在大定、明昌間。大定時，樗寮尚未生，明昌時亦纔數歲。即使在泰和以後，貞祐、興定之間，樗寮甫少壯時，金朝遽能賞其書耶？此當詳考者也。此蹟是其六十五歲書，則可信矣。蓋樗寮善作大字，故多賞其縱筆耳。然在金時，黨、趙之外，王黄華亦以大書著名，即元裕之筆力，亦極遒勁。一若樗寮之大楷，漸流於佻薄矣，遽能繼前人耶？蓋宋以後，正楷之矩漸疎耳。

復初齋文集卷第三十

大興翁方綱撰
門人侯官李彦章校刊

跋江氏家藏宋元六札

右六札，同在一册。其「與和仲學士」者，味其詞意，則和仲非東坡也。其「與宣義吴丈」者，宣義見於《元豐官制》，蘇詩亦有宣義王丈，則此幅是宋人也。其云「端叔先生詣閒乞引意」者，蓋是元末人，不特筆意是松雪家法，而倪雲林集亦有《南渚旅寓與端叔共坐詩》可證也。自恢字復初，《玉山草堂集》作復元，南昌人，元末住海鹽法喜寺，明初移住廬山。此幅内有《酬思復提舉見訪詩》，錢惟善字思復，官副提舉，此蹟蓋元末所書也。

姚雲東《句曲外史小傳》云：「外史姓張，名雨，又名天雨，字伯雨，號貞居子。因三茅有招，赴之，奉任君而下五君爲文告之願。畢力兹宇，因號句曲外史。丁丑歲出茅嶺。」按：丁丑是至元三年，伯雨年六十一。此幅云「此來謬副宗庭」，當是其初到茅山，爲至元二年丙子，年六十時所書也。文衡山嘗稱伯雨書法先學松雪，後入陶隱居，稍加峻厲。此書正其變體，得《茅山碑》筆意者也。其傳云：「伯雨被璽書，贈驛傳，欲官之，非其志也，即自誓不更出。」然此札謝惠古鏡，猶有「蕭疎白髮，愧無勳業」之對焉，則未知其所寄意耳。

跋秋史所藏趙書歐詩册

此跡留予案頭旬月矣，今日以友人所持來趙書互審之，雖其爲真跡同，而其圓美一種，遜此遠矣。吾嘗言趙跡以深厚爲主，此跡中間有甜筆、有辣筆，所以爲趙書上乘也。趙跡以深厚者爲右軍嫡乳，其辣筆則與深厚近，其甜筆則與深厚漸遠。此品趙書者之玉尺也。豈特趙書哉，人品、學問、文章，悉於此分焉，可不慎哉！吾於子昂人品，不欲隨衆人作譏彈。吾於子昂書，亦不肯隨人道好。必如此方是上乘，再進，則即右軍矣。

跋任君謀書卷

右金任詢君謀真、行、艸雜體書昌黎《秋懷詩》十首，款云：「辛巳秋初，龍巖君謀書。」後有楷書《任君謀傳》：「任詢字君謀，易州軍市人。父貴，善畫，宣政間遊江浙。詢生於虔州，書畫入妙品。正隆二年進士，歷益都都勾判、北京鹽使。年六十四致仕，卒年七十。」後有李西涯、周公瑕、董香光跋。李西涯跋謂：「傳稱君謀高年休退，此殆晚歲筆。」予以絹尾小字雷溪題云「計書時，大定尚未改元」。按：辛巳十月，始改元大定，則是正隆六年秋所書。是其甫成進士之後四年，非晚歲筆矣。明賢不甚留意攷證，此亦可見也。

跋天冠山題詠卷後

元趙松雪、袁清容、虞道園、王繼學四家《天冠山詩》，各二十八首，合寫爲一卷。虞跋云「三公先後同賦」，而郁氏《書畫記》、汪氏《珊瑚網》皆詳於趙而略於三家者，趙書名尤重也。然陝西碑林，趙書《天冠山廿四詩》之石，則名著於世久矣。其後有文衡山癸丑秋跋，云「天冠山在丹陽郡」。丹陽郡固無此山，且文衡山時亦不當稱丹陽郡。癸丑，是明嘉靖三十二年，衡山年八十四矣，斷無此媚弱之書，且「欲髣髴圖之而不敢」，衡山亦不出此語也。予疑此石刻之僞非一日，而未有以斷之。今得此四賢手蹟卷，則文敏詩較石刻多四首，皆集中所有，而陝刻失之。丹陽則道士之號，而傅會爲郡者，又失之。且其詩是題《天冠山圖》而作，故目曰題詠。而陝刻趙自跋云「余昨遊天冠山，見佳境，興發偶咏鄙句」，是何語也？惟以其書論之，則陝刻書法未嘗不佳，第以今所得真蹟比之，則真蹟出自正鋒，而陝刻側削，爲少異耳。《一統志》：天冠山，在廣信府貴溪縣南三里，脈與三峰山相連，其巔方正，兩頭如垂旒，故名也。三峰下有長廊巖，又與五面山相接。皆與此詩題相合。《廣信府志》亦具載趙題諸作。不知作僞者何以有丹陽郡之説也？

此陝石之刻，在國朝康熙二十一年壬戌，至今財百年，而石理盡泐，文跋小字，皆已磨滅不可見。後人更無憑而驗其作僞之端矣！若非予今來江西，恰得遘此希有之蹟，爲之攷證明白，將使靈山誣冒隔省之郡名，而文敏徒留一僞蹟於世耳！脩《廣信志》者，既不知駮陝西石刻之誣；而刻陝石者，復不知此山在何處。天壤之大，古賢名跡湮没而不白者何限，始歎人見書不多之可憾也！

然趙文敏之書，自元、明以來，千臨百摹，僞者殆遍天下，雖善鑒者亦未有以定之。今得是蹟以斷陝刻之僞，然後知凡行世之趙書，其近於側削者，雖工弗信矣。必如此卷，精腴圓潤，得《蘭亭》《聖教》之神髓者，然後信其直接右軍，而超出前後諸家耳。是固刻陝石者之有以發我也。

然予於此又别有感焉：古今詩人派别不同，而其理則一。如右丞輞川之詠，必著其孟城、華岡；少陵巴山之作，亦指其漢廟、花溪。推而上之，則檜楫松舟，而必言淇水；川訏鱮甫，而必言韓土也。今以四先生之詩百十有二章，而使讀者不能確識其爲何地，毋乃與古之立言者不相揆歟？則何怪乎作僞者妄目爲丹陽郡也。此亦學人所宜鑒古而深思者也。

方綱于役西江，日以山谷、道園詩法自矢，且以勖學人。而今年夏六月十有二日，山谷先生生日，是日按行至臨江，與通守徐君論古今書道源流。君出諸名蹟，屬余題識，而以此卷見貽。即以道園詩二十八首，爲在朝諸集及類藁、遺藁之所不載者。且正書遒勁，得《黄庭》《化度》神理。清容、繼學，書、詩俱古雅可愛，將與趙蹟並勒石而傳之。江山名勝，文字精靈，一旦大白於世，四百七十餘年真氣，如對几席，又豈特區區與陝西刻較得失而已乎！

自題重勒天冠山詩石本後

康熙壬戌冬，建武鄧霖以所藏趙書《天冠山詩》刻於陝西，有文衡山癸丑秋跋「天冠山在丹陽郡」云云。丹陽郡固實無此山，愚疑之非一日矣。今得此四賢手跡，則文敏詩較多四首，皆集所有，而陝刻失之。丹陽則道士之號，而傳會郡名者，又失之。且其詩是題《天冠山圖》而作，故目云題詠，而陝刻趙跋云「昨遊天冠山，見佳境，興發偶詠鄙句」，是何語也？延祐二年乙卯，文敏年六十二，爲集賢學士，正清容、道園、繼學同官京邸唱酬之時，安得有遊天冠山之事乎？天冠山在江西廣信府貴溪縣南三里，邑志具載趙詩。道士祝元衎，號丹陽，貴溪人，亦善書。袁清容集題云「信州招真觀二十八詠」，尤與志合也。而僞趙帖乃妄以丹陽爲郡名，不知此真跡尚在人間，遇余而發之。且趙書深厚精腴，純乎《蘭亭》《聖教》神髓，自今可懸此爲審定趙書之玉尺，而其近於側削者，雖工弗信矣。袁、虞、王三先生墨跡精絶，虞詩又可補《學古録》諸藁所無，而楷法尤入晉人之室。江山勝跡，文字精靈，五百年得一攷定，良非偶然！亟勒石以傳之。

跋趙文敏飛英塔詩墨蹟

右趙文敏《登飛英塔詩》真蹟。第五句「危」字，一本作「扶」，集作「危」，「危」字爲是。飛英塔在湖州府治東北二里，飛英教寺建於唐咸通中，至宋紹興庚午，塔燬。迨元延祐六年十一月，始重脩訖工。文敏以是年己未夏得請南歸，時年六十七。越三年，爲至治二年壬戌六月，公卒。則此詩言「秋日」者，在庚申、辛酉間，六十七、八歲時，爲公最晚年之筆矣。

跋趙十札

華亭王氏所藏趙文敏十札，用筆遒媚，得《蘭亭》法外意，深可寶也。至《黄庭經》「保守皃堅身受慶」，

「皃」即「貌」字，乃文敏書作「完備」之「完」，如此則誤讀《黄庭》矣。是不可以不記出者。

跋虞道園隸書賜碑贊後

右《訓忠碑贊》，元虞文靖隸書并篆額。文靖此文，《道園學古録》及《類藁》皆不載。道園之授侍書學士，據郭子章《豫章書》，云在天曆二年二月甲寅。按：是年三月建奎章閣於西宫興聖殿之西廊，置學士院，階正二品，侍書學士二員，兼經筵官。道園撰記，刻石於閣中，奎章二璽，皆道園所篆也。或疑建閣在三月，其授學士不應在二月。然是年二月戊子朔，甲寅是二月二十七日，蓋以奉詔之日書之，郭所記當不誤也。提舉墓碑之文，亦不見於道園集中，惟賴是記以存其概。而先生篆法之妙，尤世所罕傳者。後四百五十有五年，大興翁方綱爲武進趙味辛舍人補録都元敬、王元美二跋，而識於其後。

道園此蹟，趙味辛南歸覆舟，竟漂没不存。深以未得録稿爲恨！又記。

跋元劉元帥碑

右元虞文靖公撰書《元帥劉垓神道碑銘》墨迹卷。其敍垓爲劉武敏第五子，《元史》本傳止載其四：曰垣、曰埏、曰均、曰垓，當以此碑爲實也。武敏卒於至元十二年，正丞相伯顔入鄂之時，碑所云「忠武王以重兵渡江」者，謂伯顔也。是碑撰於至治二年。按：文靖於延祐六年除翰林待制、兼國史院編脩官，是年丁父憂。至治元年免喪，二年召還史館。是碑不具撰書月日，蓋在是年召還史館時也，先生年五十一矣。卷後有高江邨詹事手跋，云虞公卒於順帝至元八年八月。愚按：元代前、後有兩至元，順帝之至元止有六年，無八年。虞文靖卒於順帝至正八年，非至元八年也。其卒在五月，亦非八月也。

方綱嘗於《道園學古録》及《類藁》《遺藁》諸編外，手自鈔輯先生詩文，視元刻板本有加焉，而此文尚未收入。昔先生門人李本編録全集，謂今所存者，泰山一豪芒也。豈不信歟！乾隆癸丑九月，武進趙味辛出此見示，因攷其大略書之，附詩於後。

此卷，虞文靖八分書，在趙味辛篋。予跋後，屢欲借鈔而未果。其後，味辛南歸舟覆，此卷沉没，竟未得存稿，至今以爲憾事。嘉慶庚午四月又記。

跋郭天錫日記

郭天錫手書《日記》，始於至大元年戊申八月二十七日，訖於二年己酉十月三十日，蓋前後皆有失去之葉也。攷倪元鎮題天錫畫詩，在至正癸卯十二月，時距天錫之殁二十餘年，則至大之初，正其壯歲時筆也。天錫書派出於趙文敏，❶是時文敏年五十五矣。觀是册，尚及與文敏及石民瞻諸人往還，其書亦純用趙法。通計四册，幾三萬字，可寶也！近日厲樊榭僅録其四之一，别題曰《客杭日記》，鮑氏刊於《知不足齋叢書》者，則又非此蹟之全矣。

❶「派」，原脱，今據稿本補。

跋張貞居墨蹟

張貞居書東坡《虎邱寺詩》，後題云：「比遊虎邱，伏讀前詩，真有『摩挲石刻鬢成絲』之歎！謹録弓中，至正戊子上巳日。」按：劉伯温《句曲外史墓誌》云：「至正乙酉，基與外史一見如平生歡，明年七月而外史卒。」此則貞居之卒，在至正六年丙戌也。《貞居集》尾有辨之者，曰集中有丁亥十二月五日《雪晴》及六日《喜晉卿至》二詩，末復有《再用丁亥歲雪韻懷中舉》一首，又《送錢思復之永嘉》詩題下注「八年九日」四字。元代自元貞以來，❶無所謂八年者，獨庚申帝有之，實至正戊子也。其諸外史以是年刻詩藥井，不久而黄蔑告終歟？若然，則伯温墓誌所謂「明年七月」，當爲八年某月之訛。方綱考元貞以後至甲辰，爲成宗改元之八年。然錢思復以至正辛巳領鄉薦，官至副提舉。張氏據吴，退隱吴江之筒川，又移居華亭，至明洪武初始卒。則成宗改元之八年時，不應貞居有送思復詩也。是貞居之卒在至正八年戊子，無可疑者。又姚雲東《句曲外史小傳》云：「綬從甘泉劉邦彦得其手稿二紙，其紙標『丁亥』二字。」因此蹟而益可相證，是年貞居七十二，故有「鬢絲」之歎。「窅然留清詩」，「窅」亦勝刻本「窈」也。

---

❶「元代」，稿本作「元之編年」。

跋文雪山墨蹟卷

文信號雪山，永嘉人。此卷是其自書所作五言律、七言絶句，凡八詩，不著歲時。予攷雪山題趙彦徵畫卷，在洪武六年夏六月。證之此卷《題扇詩》「江南京國，鍾峰駐馬」之句，則前詩所稱「聽宣喻」者，是在明洪武初年所作也。後之輯明詩者既未之及，而此卷自書所作而不著歲時。予嘗跋元四家《天冠山詩卷》，以爲詩人鋪敘景事，而莫知其在何時、何地者，蓋非風人之旨，抑豈知人論世之義乎？文雪山題詠之迹不可多見，故爲附著其概於此。瀫水博學善鑒，其必以予言爲然。嘉慶辛酉冬十月二日。

跋江秋史所藏元人墨蹟

秋史以所藏舊蹟相眎，其與鶴皋並致雲西、居竹者，當是元人所作。卞氏《式古堂書畫攷》載之，亦作米起。卞氏列於曹雲西之後、鄭遂昌之前，注云：「原蹟米字有疑，俟考。」此幅筆意圓潤，非僅學松雪者可比，蓋亦元人也。「宋」字，諦審是「宗」字，元人有吴宗起，見於書畫史，俟再詳之。然予嘗謂《蘭亭》「崇」字，中間一筆直下，於此蓋亦可證也。

餘數幅亦多元人之蹟，錢良右字翼之，號江邨民，吴人，有《江邨先生集》。唐棣字子華，吴興人。沈右字仲説，號御齋，亦吴人，以純孝稱。所居曰清輝樓，陳敬初嘗爲文記之。所著《清輝樓藁》，多與叔方、伯行、敬初唱酬之作。伯行名逵，錢良右子也，詞翰有父風。嘗見沈右詩簡後書，「沈右頓首拜啟，叔方教授先生尊契丈坐下」。叔方姓鄭，名琮，見《鄭師山集》，稱其書得鍾元常筆意。季野姓王，名畝，福寧人，官成都路判官，亦善書。敬初，陳基，原名無逸，則他書所未見，賴衆仲此蹟得以識之。陳旅字衆仲，興化莆田人，至正初官國子監丞，所著《安雅堂集》載此詩，題曰《與陳敬初同舟北遊題餞行卷後》。陳基，台州臨海人，仕元爲經筵檢討，後參張士信軍事。有《夷白齋集》。匪石司業者，鄧文原，字善之，一字匪石，綿州人。皇慶初爲國子司業，官至集賢直學士兼國子祭酒。有《素履齋集》，謚文肅。楊鎰，於至元三年題名虞邵庵所書《擬峴臺記》後，見《鐵網珊瑚》。居竹，是成柳莊。訢公，是笑隱大訢也。幅内有乾明大藏印紙，乾明寺在瑞州路，趙文敏有記，所謂「經律論教之藏，各爲大屋以覆之」者也。惟周南是明成化十四年進士，縉雲人，字文化，官至右都御史，總督兩廣，贈太子少保。合前與鶴臯一幅，凡十三種，當裝爲一册。其柯敬仲行書帶名五行，與予所藏蘇書《天際烏雲詩》迹後跋筆勢正相符合。緼真、濟陽，皆柯氏印也。

復初齋文集卷第三十一

大興翁方綱撰
門人侯官李彦章校刊

跋二沈學士書卷

明初，雲間二沈學士並有書名，民則楷書遠宗虞永興，民望草書近法宋仲珩。陸儼山云：「民則不作行草，民望時習楷法，不欲兄弟争能也。」然愚嘗見民則所書《朱子年譜》，數萬言如一筆書。而愚所藏宋人真迹後，有民望小章草，更爲精勁。又民則有《與友人求惠梁鵠孔廟碑》之手札，即黄初《孔羨碑》也。然則民則八分，已開啟後來文衡山、孫雪居家數，不獨雲間書派所自始矣。至其用筆，追及古人分際處，即離遠近，則覽者自喻之。

跋解春雨一經齋記

右明解學士《一經齋記》墨蹟。齋爲其里人龍氏所築，當元之季，解氏以治《易》名於鄉。觀我名觀，求我名蒙，並學士大父行。觀我有《周易義疑通釋》，求我有《易經精藴》。觀我主師席於龍氏家，後經亂，齋毁。至明初，龍氏後人構是齋，請學士爲記。記字多漫滅，結銜有「翰林學士兼春坊大學」數字可辨。學士入參機務在洪武三十五年八月，其晉學士在永樂二年，其黜外在五年二月。文内有「登第後二十年」之語，則此卷當是四年丙戌，或明年正月所作，距其舉鄉之洪武二十年丁卯，正二十年矣。學士洪武二十一年戊辰成進士，時年二十。而撰《明詩小傳》者，或謂年十九成進士，又或謂洪武二十六年進士，皆誤也。去年見草書長軸，其印文曰「解薦春雨縉紳之印」。今見此卷云「解縉紳書」，蓋一名薦，字縉紳也。雪門編修持來屬題，爲賦二詩而跋於後。❶

跋張藻仲詩卷

右明張編修宣自書詩卷。宣字藻仲，初名瑄，江陰人。父端，字希尹，博學好修，人稱溝南先生，仕爲海鹽州判官。宣少負才名，洪武初以攷禮被徵，尋入史局，與脩《元史》。帝親書其名，召至殿庭，即日擢翰林編修，常呼爲張家小秀才。奉詔歸娶，年三十矣。六年，謫濠，道卒。有《青暘集》。其授編修，蓋在洪武二年己酉。而是卷書於元至正二十五年乙巳，是其二十四五歲之作。蒼勁古逸，具得《十七帖》神理，或謂其學蘇書者，非也。高季迪有《尹明府吴越兩山亭詩》，貝廷琚有記，藻仲集中又有《題冷起敬山亭詩》，文徵仲跋，則《甫田集》所不載。跋在嘉靖丙申，去張書時二百三十年矣。此蹟本是册子，不知何時改爲卷。乾隆

❶ 文末，稿本有「乾隆四十年八月廿四日大興翁方綱」。

丁酉秋七月十三日，客持來觀，既還之矣，而其人忘攜去，因眎宋子芝山，芝山遂以十金購之，精靈感召，洵非偶然。芝山仍裝爲册，而屬余題句焉。買卷之後三日也。

跋景忠壯公墨蹟

明建文殉節御史大夫景公，事具史傳。乾隆四十一年奉詔賜謚忠壯。公之詩文翰札，世無知者。此軸行書唐人「太乙近天都」五律一首，後署洪武二十八年乙亥秋日，在其殉節前八年。書格清腴兼有逸氣，信乎日星虹月之照，丹心碧血之垂，非徒翰墨之珍已也。或謂本姓「耿」，訛作「景」。然此蹟自書姓實是「景」字，印亦同。

跋王文成奏疏墨迹殘稿

右王文成嘉靖七年二月十五日疏草。時侍郎方獻夫建言，宜於田州特設都御史一人，撫綏諸夷。因下其議，而先生上此疏也。先生於嘉靖六年十一月二十一日抵梧州，至是年二月十三日，手疏奏報田州、思恩平復，即所謂「十善十患二幸四毁之奏」，洋洋數千言，膾炙人口者也。其疏末云「除將設立土官及地方一應經久事宜，再議具奏」者，即此疏是也。是時先生復手書勒石於其地，曰「嘉靖丙戌夏，官兵伐田，隨與思恩相煽，集軍四省，洶洶連年。於時命新建伯王守仁往視師，以德綏，勿以兵虔，班師撤旅，信義大宣。旬日之間，自縛來歸者一萬七千，悉放之還農，兩省以安。爰告思、田，爰勒山石」云云。此大書偉赫，不知今尚存否？獨此疏草三十九行，尚存於其梓里故家，想見先生神明正定，籌算井然，此數番故紙，可以泣鬼神，貫金石也！敬書其末，復系以詩。

跋王文成家書

右王文成家書，上其父龍山公，不著歲紀。先生自平宸濠之後，於正德十五年九月還南昌。此書云：「二月二十日寓洪都，男王守仁百拜，書上父親大人膝下。」又云「冬底北來云云，今又已一月餘」，此則正德十六年辛巳春所作也。門人錢德洪跋先生寓吉安上海日翁第二書云「自稱姓者，别疑也。師聞宸濠變，返風回舟。濠追兵將及，師易舟潛遯。及退還吉安，取夫人來吉城，將發兵，命積薪圍公署，戒守者曰：『儻報不利，即舉火爇公署！』是時人勸海日翁移家避讐，翁曰：『吾兒以孤旅急君上之難，吾爲國舊臣，顧先去以爲民望邪！』遂與有司定守城之策。吾師於君臣、父子、夫婦之間，一家感遇若此。是書，公子正億於書櫝中得墨迹裝潢，手澤宛然」云云。然此寓洪都一書尚未之及，蓋此書在事稍定後所作，視寓吉安一書在兵間作者，稍爲閒定矣。

先生父名華，字德輝，成化十七年進士第一，授修撰。弘治中累官學士、少詹事。正德初晉禮部右侍郎，以先生忤劉瑾，出爲南京吏部尚書，旋降右侍郎。瑾敗，仍復故官。性至孝。母岑年踰百歲卒，時翁已年七十餘，猶寢苫疏食，時論稱之。海日翁卒於嘉靖元年二月，疾且革時，以征藩功晉封翁爲新建伯。是日部咨適至，聞使者在門，促先生及諸弟出迎，曰：雖倉卒，烏可以廢禮！問已成禮，然後瞑目而逝。此書手迹，在其前一歲，則先生年五十時也。今東河太守得此札，寶逾什倍，不肯以他人尺牘相配，專爲裝潢一册，屬某爲題其後。某敬讀之餘，亦不敢作尋常文字觀矣，故不以韻語系之。而適檢先生年譜，附入錢跋後云。

跋王文恪主一齋詩墨蹟後

右王文恪爲常熟徐都憲作《主一齋詩》，詩集作箴。「一非非他」四句，❶集無之。都憲名恪，字公肅，成化丙戌進士，弘治四年，以右副都御史巡撫河南。文恪，弘治初以侍講學士充講官，東宮出閣，選宮僚，以本官兼諭德。太子厚照之立在五年三月，而文恪爲諭德，尋轉少詹事，此詩蹟後有「太子右諭德印」，則徐撫河南之明年，爲孝宗弘治五年也。

有明承平之際，正人讜論拳拳若此，安在有侈心之萌哉？而後人編文恪集，去此四句者何也？蓋上句既言一者維心之神，則或疑下句不得以神爲賓。昔昌黎《原道》首段既以道德仁義並言矣，而又曰「道與德爲虚位」。往時評文者頗致疑於斯，不知仁義定名，百家不敢冒襲；道德虚位，則二氏得而假託耳。故曰道有君子小人，而德有凶有吉，爲言道德者危之也。世人不察，而猥疑韓公言有滲漏，是直文義不通而已矣。今文恪之意亦爲人危之，故曰「神也其賓」，又曰「主則爲客」，見賓主無定名，猶夫「出入無時，莫知其鄉」云爾。若去此四句，則警人之意不著，而文義爲不完矣。張子謂「始學之要，當知内外賓主之辨」，正謂此也，故曰「維二則參，維三則散」。「參」字本與「三」相屬，而移之「二」者，蓋以既二則不止於貳，是即參

❶ 上「非」字，道光本作「者」。

矣；既三則不止於參，是即散爲千百矣，仍一危言而已矣。自古聖賢怵惕惟厲，未有不於危而得安者。文恪理學名臣，不當僅以字畫論之，故爲推説篇中之義如此。❶

跋楊忠愍公手蹟

右楊忠愍公手迹四幅，爲一卷，《記開煤山》文稿，《謫所苦陰雨述懷》《哀商中丞少峰》《元旦有感》三詩稿也。《陰雨述懷詩》，寄呈繼津兄。《元旦詩》，寄呈鳳洲年兄，皆謫所書。以先生自著年譜攷之，則此元旦是嘉靖三十一年壬子，先生在狄道時也。繼津者，都御史王遴，霸州人。先生在獄時，王官兵部，締爲婚姻，并時爲調護，與鳳洲諸公奔走救視者也。此文與詩既皆見先生集中，而此卷特以先生手迹，與疏艸卷並垂天壤，丹心碧血，貫金石而泣鬼神。而繼津、鳳洲二公，亦並與此卷彪炳日星，非僅詞翰之傳而已。❷

跋楊忠愍公墨蹟卷

楊忠愍公手書《梅軒詩》，爲冀梅軒作也。公集中《次梅軒韻詠夾竹桃詩》，有「竹花難入萬花叢」之句，亦即此詩意也。公又有《跋冀梅軒留朱子語略後》一篇，云：「冀子梅軒，其學也，無非身心性命之懿；其仕

---

❶ 文末，稿本有「乾隆三十有九年七月一日大興後學翁方綱」。

❷ 文末，稿本有「乾隆六十年歲在乙卯夏六月廿有八日北平翁方綱敬觀因識其後」。

也，無非爲國爲民之要。其提牢一月，祛獄弊，恤獄囚，疏獄滯，嚴獄防，罔不竭盡心力。或少餘暇，則讀書不輟，於事竣乃以《朱子語略》留於秋官别署。」讀此文，則梅軒蓋能研究聖學而見諸行事者。孫夏峰先生跋亦稱梅軒能急忠愍公之難，可謂不負此詩者矣！夏峰晚年築室蘇門，名其堂曰兼山，移家，讀《易》其中。不以講學自居，而所言皆彝倫日用常事，聆其緒論，無不信聖賢之可爲。蓋夏峰之學，以躬行爲本，即觀此蹟、此跋，容城一邑中，有此先後二君子扶持名教，一點一畫，皆乾坤正氣，耿耿元精，豈僅作筆墨觀乎？

浮山張水屋藏此卷，持來蘇齋，俾予敬誦而題其後。是日，水屋與定軒、梧門諸君，拜忠愍公生日於松筠禪室，蓋忠愍公京寓舊址也，有忠愍手蹟石刻在壁間。近日公之手疏遺囑諸蹟，亦皆勒石傳世。他日，此詩、此跋，亦必有雅意鈎摹，壽諸貞石者。

跋王文肅手牘

太倉王文肅手牘六通，中有與小川一札，説崇賢坊、登瀛坊扁字甚詳。亦見前人於榜書講究不苟如此。予嘗謂牌坊佳書，苦於太大，無術可摹傳之。蓋此實有古人極匠意之作，而鐫木者尤易毁，爲可惜也！

跋聶大年墨蹟卷

右明景泰間聶司訓大年手牘。有題者云「似趙松雪入意之筆」。此一語良是。蓋元末書家之脉，與明人相接也。嘗見明初人手蹟數通，皆深得趙書之貌，實踵周馳、郭畀之後。逮明中葉，而猶未大變。宋、沈、詹、解諸人偶自立格，而後來傳習，無若吴興之綿遠也。直至文衡山出，而江左字體乃多文家筆意，始習尚唐碑，而不肯囿於趙體。陸儼山書偶近趙，人或謂儼山：「公學趙書乎？」儼山曰：「吾與趙同學李北海耳。」然亦尚未即薄視趙書也。惟至董香光，乃短目吴興，自立骨格，以爲能起衰式靡矣。而自明末直到國朝初年，諸家又皆沿習董書，亦猶之前此諸家之學趙耳。學者居今日，則宜由虞、歐以問蕭、羊，師承所自，即一書家藝事，而鑒古宜今，與詩文之源流沿革，實一理也。故因聶君之書而發之。

跋朱性甫珊瑚木難手藁

《珊瑚木難》四册，明朱性甫手艸也。朱存理字性甫，别號野舫，長洲人。少學制科，謝去，從杜東原遊。自少至老，未嘗一日忘學，聞人有異書，必訪求，手自繕録。居於葑門，在荻扁王氏家教書。嘗與主人晚酌，罷，主人入内。適月上，性甫得句云：「萬事不如盃在手，一年幾見月當頭。」喜極，發狂大呌，扣扉呼主人起，詠此二句。主人亦大擊節，取酒更酌，興盡而罷。明日，遍請吴中善詩者賞之，大爲張具，留連數日。吴中人傳爲詩話。其韻勝如此！

今世所傳者，有刻本《鐵網珊瑚》十六卷，又有寫本《珊瑚木難》八卷。此本則四册，未分卷次，蓋即二書之初藁也。今以刻本對之，其相同者四十種耳。此艸藁内，每種下具記得自某氏，大約出於杜東原、沈石田、黄應龍、沈維時、王雲松、趙思式諸人所藏。而又并記其鈔録月日，内有辛丑、壬寅、乙巳、丙午、戊申、壬戌諸年所記。攷性甫生於正統九年甲子，卒於正德八年癸酉，年七十。則此手藁，皆成化、弘治間所録也。

此本後歸於文衡山，衡山仲子休承，於萬曆甲戌裝潢題籤，於是距性甫之卒六十年矣。後又歸於王穉登、王騰程，騰程號莊叟，其子廣，號莪齋，復跋於前後，於崇禎己巳又加重裝。後又歸於顧渚，號渚山，復題記於前後。渚山又號睟翁，又號墨癡道人。第一册尾有《墨癡小傳》，及文文起、文彦可、吴梅邨贈詩，皆爲顧渚山作也。昔人論吴門風雅，嗜古鑒藏之士，必以朱性甫爲先。予按：杜東原、沈石田二君，年皆長於性甫，而此内有「啟南」名印，則性甫手録此艸，石田猶及見之。又一條云：「予弱冠即識虞翁，曾見虞雍公古劍，後聞此劍亦尚存其處。庚子歲也。」此庚子，是成化十六年。據此，則虞勝伯至成化初年尚在也，故此編中搜羅道園遺文，頗有《學古録》所未載者。蓋自宋末以迨明初，百有餘年，文獻之徵皆攬結其間，豈徒藝事云爾哉！卷前又有何義門致其翁一帖。其翁者，吴門陸醫士，號其清，所居聽雲室，鑒藏圖籍甚富，義門嘗往觀之。即此一小札，亦吴下藏書家故事矣。

乾隆六十年臘月八日，楊州羅聘、曲阜桂馥、錢塘吴錫麒、武進趙懷玉、欽州馮敏昌，同觀於北平翁方綱之寶蘇室，方綱爲跋於册。

跋祝枝山懷知詩

右祝枝山自書《懷知》諸詩草。枝山卒於嘉靖五年丙戌，年六十七。時王雅宜年甫三十三也。王文恪卒於其前二年，此當是乙酉、丙戌間所書，故於履吉有「梅蘂照衰顔」之句。石田、性甫之卒，又在其前十餘年。蓋雜憶成詠耳。小草之法，具兼楷、隸，非深於魏晉人書者不能也。

題文衡山仿蘇書泗州僧伽塔詩墨蹟後

嗚呼，蘇詩之不可及也！漁洋先生平生詣極，至於嚴滄浪、司空表聖所莫能形容者，蘇詩《郭綸》一首盡之。蘇書之不可及也！以文衡山力追晉帖，獨得上游，猶用南唐李後主撥鐙法，乃始得其髣髴而已，爲衡山得意筆矣。熟玩《洋州園池詩》《谷庵銘》，乃可與談斯理。

跋陸文裕秋興詩卷

耳山都諫以其先文裕《秋興詩》墨迹卷屬題。是卷作於嘉靖二年癸未，先生年四十七矣。先生書，在李北海、趙吴興間。或有謂先生學吴興者，先生曰：「不然。吾與吴興俱學北海耳。」蓋其自負如此。今觀是卷，所謂趯鋒覆腕者也。昔南唐李後主以押、擫、鉤、格、抵五字爲職志，近日徐壇長發揮此義，迺謂對面透過一步，是右軍之書。所謂似欹反正，撥鐙妙用，盡洩於此。世人孰不學北海《雲麾》？而知此意者罕矣！先生此卷，可謂度盡金針者也。曩予題先生《玉舜詩卷》，嘗攷論先生出處之概與其心跡之所以然，而其用筆之妙，則未之及也。故於是卷附綴之。

題吴沈詩艸合卷後

明吴匏庵、沈石田二先生，並以翰墨見推於吴下。匏庵書學蘇，石田學黃，亦肩相並也。蘇、黃既並稱於前，而吴、沈復以同地、同時追效之，誠韻勝矣。然宋時人已多效蘇書，黄書乃罕繼者，而匏庵之學蘇，實過於石田之學黄。蘇書神秀，吴僅得其二三耳；黄書古勁，沈或貌其十之一歟？然而，爾時吴人屈指名輩，於搢紳首稱匏翁，於布衣首稱白石翁，其他或少次矣。石田雖以畫擅名，而每成一軸，手題數十百言，風流文彩，照映一時，詩文與匏庵並峙。匏庵年六十以後，手鈔所讀諸卷帙，自署吏部東廂書者，皆晚年筆也。石田詩自芟其少作，海虞瞿氏耕石軒爲鋟板行之。

吾嘗平心論次吴門翰墨，謂文徵仲學蘇勝於匏庵其學黄亦勝於石田。然而匏庵、石田之書，終自洋溢人口而暉曜譚讌者，非以其書，究以其人也。匏庵固以清名長德，不愧臺閣耆宿，而石田風格高邁，望相城有竹庄者，不啻若神仙之居也。即後來以詩文書畫名冠東吴如衡山者，亦以師長尊禮二老。淵源有自，典刑不忘，即此同卷之手蹟，猶如親見其對客揮灑，煙雲盈幅時也。吾聞松陵史氏家藏有石田小畫，上有自題，記雨夜相過從事。此吴、沈二詩卷，若得一好手作二先生像於前，吾當更爲歌詠之。

跋芝山所藏祝書卷

右祝芝山楷、行二體書。❶後跋云：「楷仿率更《化度碑》，行仿米元章。」然以予觀之，其楷書尤爲超逸，直入晉人堂室矣。至其行書，雖視外間所傳狂草以爲祝書者相去懸絶，然予所見祝書行草，亦有深得晉法

---

❶「芝」，依文義疑當作「枝」。

者。且書法以質厚爲本，自米、董以後，趨行草者多不留意於楷法，於是視楷法爲應酬束縛之事，必以修飾匀净爲工，而行草則日即於宕軼。此所關於學問之深、人心士習之正變者非細也！芝山喜蓄宋元以來諸家墨迹，持此求跋，故於此二體書，欲芝山分别觀之。

跋祝枝山書

今日書家皆知祝書小楷勝其大草矣，然予見其行書《無錫華氏成趣園記》，合歐、褚爲一手，直追晉法，不易幾也。王虚舟乃譏枝山骨韻未清，殆僅見其贋蹟歟？即大草亦有絶妙之作，非外間所傳贋蹟可比。而停雲所勒十九首，卻非其至者。當日文、祝同時，何以審擇不精耶？此不可解耳。

跋祝枝山成趣園記

右祝枝山書《成趣園記》，自署鄉貢進士。枝山以弘治壬子舉於鄉，直至其出知興寧之前，此二十餘年間手蹟皆稱鄉貢進士。此卷在正德二年，枝山年四十八矣。然正德二年是丁卯，非丁丑，不知何以誤也。予昔見《貞觀鄜州鐘銘》，年月干支差誤，而米書《蜀素卷》後有董文敏手題，年之干支亦誤。古人竟往往有如此者，不足異也，觀者幸勿疑耳。

跋墨溪居士傳

右明徐髯仙行草書《永定廖氏墨溪居士傳》。傳爲餘姚孫編修清撰，編修字志大，直隸武清籍，浙江餘姚人，弘治壬戌一甲第二人。予同年錢蘀石閣學所藏編修行書手蹟，即是文後段，亦在是年九月。髯仙字子仁，吴人，徙金陵。善畫松竹蕉石，精研六書，嘗得篆法於異人，茶陵李文正見之，歎爲不及。築快園，製小令，填南北詞。武宗南巡幸其家，賜飛魚服，扈從還京，將授以官，固辭，罷歸。其歸在武宗末年，歸後又二十餘年卒，年七十有七。則此蹟是其年四十許所書也。

廖氏墨溪，在汀州府永定縣城南。其曰「文武溪出寒袍崠」者，《集韻》：崠，音東，山名。縣有文、武二溪，武溪出寒袍崠下，由龍潭合文溪，入大洲溪，其地名溪南里，而廖守初氏以墨名之。守初氏之名，惟見於趙文敏所藏獨孤本《蘭亭》卷後，有廖守初跋，在正德己卯冬，又有「廖氏尊樂堂書畫記」之印。蓋亦鑒藏名家也。其跋，小章艸墨迹，今爲人燒燬矣！

跋于忠肅公手柬

明于忠肅公致葉文莊手柬，四行，二十三字。今藏吴門謹庭陸君所。按：此柬當是景泰初文莊爲給事中時也，時文莊以京師守禦爲急，章凡數上。而忠肅日夜請分兵守九門要地，徙附郭居民入城，亟遣諸將率師列陳九門外，悉閉諸城，身自督戰。當是時，六科聯名奏章，文莊皆爲之首。廷臣議事，每先發言，往復論難，或不悦，曰：「彼豈少保耶！」因呼爲「葉少保」。蓋二公同心竭忠如此！今三百餘年，公名與日月争光，雖隻字無關時事者，皆將球貝珍之，而況與文莊咨諏急務者耶？謹庭得此蹟於其友人齋殘帙中，寶護存此片紙。又於數千里外寄舊紙來，屬爲題識。則不特其蹟足傳，而寶此蹟者亦足以傳也。敬爲攷識其略，以復於陸君。時庚戌九月十日。

跋舒文節公探梅圖説

右進賢舒文節公《探梅圖説》手迹，在嘉靖二年五月朔，諫議禮之前一年也。是年閏四月，先生服闋，應詔復官，北上，舟抵濟寧，因謁闕里。時與吴門伍寒泉餘福偕行，而關中吕九川經爲之主，有與伍寒泉聯句詩，又與寒泉次子思光講學語。此《探梅圖説》，蓋此時所作也。時與寒泉同遊洙泗汶濟之間，因論水道地脈，而及於伏羲畫八卦、孔子作六經之旨。此《圖説》，亦因探梅而及陰陽消息之義。先生當嘉靖初年，於否亨艱貞之學，身體而力行之，故觸於事物而語皆造微也。先生裔孫香識其卷尾，謂「於縉紳文學之家，不敢妄求，唯正學深醇，與文節一德者，乃敢辱賜言」。岌乎斯言！斯固公罔子、序子爲司馬揚觶而語者也！末學寡識，何足以附名於後？益滋愧汗之洽衿耳！

跋左忠毅自書詩卷

右桐城左忠毅公自書詩卷。公手蹟不多見，即詩亦罕傳。昔吾同年中書舍人衢，公之五世孫也，每屬其訪求遺墨而未得見。第就董文敏所記，知公別號滄嶼。又攷公卒於天啟乙丑，年五十一。其成進士，在萬曆丁未；舉應天鄉試，在萬曆庚子也。又竹垞每舉公之傑句，謂在鄭都官、姚少監之間。惜衢官都門數年即歸。若得龍眠山中搜訪公之遺什，鋟梓傳之，是亦有志之士所當留意者爾。

跋拙政園記

右文衡山《拙政園記》并三十一詩，王雅宜《拙政園賦》并序，皆後人重書。文衡山記在其既歸田後之七年，而雅宜已歿矣，尚未言及山茶，則王獻臣築園時，其無山茶可知。王獻臣以錦衣鎮撫司匠籍成進士，在弘治六年癸丑，至嘉靖中，乃因大宏寺廢基築園。而吴梅邨詩云：「百年前是空王宅，寶珠色相生光華。長養端資鬼神力，優曇湧現西流沙。歌臺舞榭從何起，當日豪家擅閭里。苦奪精藍爲翫花，旋拋先業隨流水。」據詩，似是王侍御因舊有山茶而侵地爲園。若然，則《記》中所列亭館三十二區者，反遺其最盛之名花，何邪？雖一物之微，而賦詠與記述輒不相應如此，況其大者乎！徐健庵《道署記》隱括前後，亦稍有同異。而衡山之記，稱「侍御直躬被斥」，與梅邨所云「豪家侵寺地」者亦不相似，則又何也？援地志證史者，未知將焉所折衷矣！

跋陸儼山書放翁詩卷

陸文裕嘗自言，與松雪俱學李北海，蓋不甘讓趙也。蓋松雪學北海，尚不若文裕之得其縱宕爲多耳。

然未可因此而薄趙之學北海也。董香光亦學北海，則格韻兼得之矣。昔鄭杓《衍極》於北海書行押，不無微辭，而趙松雪之學北海，則力追晉法，兼以分隸遺意合之。予評北海書，由《李秀碑》而及《端州石室記》，即此意也。陸文裕卒後十年，而董文敏始生，惜不得陸、董二公同几論書於吴淞江上也！放翁每自憾不近陶、謝，此語最可味耳！❶

跋張伯起八十壽詩卷

此卷，明吴下諸君祝張伯起八十壽作也。是爲明神宗三十四年丙午。予藏明人所鈔《四皇甫文艸》，末有《伯起像贊》，注云「庚子歲」。又注云：「時張以酒錢二百爲贄，曰吾不敢空勞老友也。」後又注云「己亥，七十四歲」。又附伯起自題三絶句，注云：「庚戌時八十四，又三年卒。」「庚戌」二字塗去，旁以「己酉」注之。按：伯起生於嘉靖九年丁亥，至神宗二十八年庚子，爲七十四歲。三十四年丙午，正八十也。艸稿「己亥」當作「庚子」，「己酉」當作「庚戌」，其後三年卒，當是四十一年癸丑。此卷末有壬子孟春贈篇，是其八十六歲時也。

卷中諸人詩畫書法，皆沿文氏之遺意。是時申少師與王青羊里居過從，交相推重。一時文士如華亭馮副使時可之流，不免揄揚過當。然要其際，去衡山之殁將五十年，而伯起舉於鄉亦四十年矣，吴下之文人尚

---

❶ 文末，稿本有「嘉慶己未六月」。

知企仰前修如此，是亦猶有其鄉先民之流風餘韻焉。處實堂、缶歌館，皆伯起所居，處實以名集，而鼓缶以自號者也。輒爲記於卷後，以備吴門故事云爾。❶

題武進孫文介殿試策後

明武進孫文介殿試策。文介官禮部時，將出藏於家者。文介以明神宗二十三年乙未舉進士第三人，四十一年擢禮部右侍郎，天啟初拜尚書。凡在禮部前後八九年。當神宗弛政之際，繼以紅丸之案，而文介在禮言禮，扼腕發憤，纍纍數千百言。回念初通籍時給札殿墀之手迹，有潸焉不忍卒讀者矣。

策之後段云：「天下有有形之武，亦有無形之武。明法度，振紀綱，使天下凛凛承之，此有形之武也。養清明之慮，紬康樂之心，剛健精一，使天下顒顒向之，此無形之武也。元氣易洩於毫芒，剛强易消於綽約。」嗚呼，此真切中明季時君之弊，不啻瞑眩之藥矣！至今讀之，猶爲慢然，而況當日履其境者，感動當何如耶！

文介成進士後百三十二年，而公七世從孫星衍以一甲第二人得遇昌辰，展其所學。公餘之暇，出此屬題。又不獨知人論世之感而已！

❶ 文末，稿本有「乾隆辛丑七月廿二日」。

跋明歸德沈文端家書

明歸德沈文端家書墨迹，并王、張二跋，具載宋漫堂《筠廊二筆》。墨迹尾有「仲化」二字紅文印，文端字也。王、張跋所云「四明」者，沈一貫也。文端於明神宗二十九年九月以禮部尚書兼東閣大學士，至三十四年七月致仕，又五年卒，年八十五。此蹟云「年近九旬，官極品」，蓋致仕後所書也。宋漫堂嘗得文端「中州一士」字玉印，瓦紐，以爲寶翫。又藏此家書，以爲字字皆省身克己之學。漫堂之重先賢手澤可知矣。漫堂於康熙三年通判黄州時，廣濟張仁熙字長人，每與漫堂同遊寒溪、西山諸勝，又爲漫堂作《雪堂墨品》及《墨論》。今觀此蹟後王漁洋跋，在十六年丁巳，正漁洋選刻《長安十子詩略》之時。張長人跋在二十七年戊辰，則漫堂官江蘇布政使時也。蓋張與漫堂相從非一日，而此蹟之藏宋氏亦非一歲矣。沈文端事蹟具見《明史》，人所共知者。故爲攷漫堂收藏之大略如此。

跋黄石齋先生隸書

石齋先生分隸，世不多見。聞先生講學處，有石平如案，上有刻畫，非篆非爻，人莫識也。嘗語閩中友人，當拓其文，與《三易洞璣》參攷之。此分隸雖不用漢唐書家之法，而自有書傳氣味，實即先生楷法之一變耳。

跋黄石齋墨蹟

右黄石齋行草七律一首，詞曰：「師臣者帝古尊賢，況在宸嚴異講筵。七聖道通大麓外，八能占應斗杓前。未煩審象知惟肖，不待臨阿賦有卷。十四朝來無故事，安昌特進序當年。」後題云：「壬午元日，紀盛事有作。」此蹟，夏邑彭衣春侍講所藏。乾隆壬午秋，衣春與予同典湖北鄉試，歸途，於驛館買之。猶記其前一夕，衣春語予曰：「頗憶黄石齋草書詩句否？」予默無以應，蓋衣春夢與予談石齋草書詩句，❶予初不知也。明日，果於驛壁見此幅，從館人買之而歸。洵異矣！後十二年癸巳秋，復持來屬題，始爲跋之。

此詩見孫退谷《春明夢餘録》，題云「《元旦頌聖詩》四首」，此其第三首也。「宸嚴」作「宸居」。三、四句作「七聖道南通大隗，❷八能占應奉階前」。「未煩」作「未須」，「臨阿」作「颸風」，末句作「安昌古序憶當年」。不著作者姓名，而其前有退谷自撰《崇禎壬午上御大殿記》一篇，敘莊烈帝西向揖閣臣周延儒等事。末云：「臣承澤適以户科左給事中導駕侍班，謹記。」下即接詩云云。向疑爲退谷所作，今見此蹟，❸乃出石齋。蓋當延儒再相，召石齋復官時也。延儒以崇禎十四年九月再召至京，拜中極殿大學士。而道周本傳：「十五

❶「予默」至「詩句」十八字，原脱，今據稿本補。

❷「南通」，此二字原誤乙，今據稿本改。

❸「見」字，稿本無。

年八月，道周戍已經年。一日，帝召五輔臣入文華殿，從容問張溥、張采、黄道周諸人云云。明日，傳旨復道周官。」其時輔臣中，爲道周言者，蔣德璟、吴甡也。按《宰輔年表》：德璟、甡皆於十五年六月入閣，則壬午正月之事，石齋尚在戍所，豈後時補作之歟？

跋周忠介手蹟册

右明周忠介公手致姚文毅札，後人繪忠介公像於前，并同時諸人札二十有一通，合裝爲册。諸札有忠介手記札到之年月者，亦有記札到之年月而非出忠介手書者。凡十處，用蘇齋印記之。蓋皆周氏家所舊藏也。惟末一吕札與林封司者，是忠介身後所作。内列敍諸人，繆當時，「繆」訛「言」旁，豈其原稿又經謄寫歟？惜不得公子端孝先生請䘏之血書副稿，同裝於此耳！然其時忠義之禍，慘至於此！縱有追贈祖考之典，正復何益之有？君子道消，小人剥盧，未有若明季之甚者。此内李仲達一札，云「冬氣不極，春暘不𢌿」二語，雖切其時事，然不知造物者直欲以挽迴修復元氣之局，有待於我熙朝，乃交春陽泰運也。讀《明史》至此，豈止如觀彖占爻於剥復之際乎！此册今歸於南海葉雲谷，持來屬爲題後。册後有人詳記書札諸人史傳有無之概，蓋裝册所記者，雲谷亦并附裝爲册，以當題跋。而方綱又就所見忠介二札，補録於此第一札之後，後有觀者得併資考焉。

復初齋文集卷第三十二

大興翁方綱撰
門人侯官李彦章校刊

董書求忠祠記後跋

桐城章完素甫《筆記》云：聞寧海人相傳有魏澤者，官寧海典史。當方氏之難，謀匿其幼子，冒爲己出，因時禁嚴祕，弗敢洩。後依魏氏遁迹，莫知所終。又聞寧海有方氏，不知是真族否。乾隆初，有訟其非真族者，學使批應，闕而勿斷。至今無定説。然予又聞歷城方臬使昂云：按盧演所輯公年譜，公抗命時，金陵魏司寇澤謫寧海尉，匿公幼子德宗，託義人俞學夔養之，遂冒俞姓，尋改姓余，傳九世。有名采者，爲南昌司訓。萬曆己酉，楊學使廷筠建公祠宇，公嫡孫忠枝、忠奕、樹節三人復姓方氏，始歸台州。忠奕爲井研令，多惠績。忠枝子振節，亦登賢書。攷臨海葉明經炎嘉靖間著《正學後嗣記》、王弇州《麟洲傳略》與諸譜悉合，按此段較更詳矣，姑識於此。如有能於台州寧海訪其實據者，當表出之，是仁人君子所宜留意爾。

彦章案：《浦城縣志》：「徐善安字敦復，洪武初以賢良方正薦舉起家，授明州教授，入爲太學博士，擢御史，歷轉浙江按察司僉事、備兵台州。永樂初，方孝孺死難，詔收其族。善安匿方姬妾溝鋪中，或危言尼之，不爲動。事發，受杖至斷一臂，瀕死不吐實。坐遣戍保安衛。後方氏妾生子德宗，秀才余學夔得之於魏尚書澤，密以屬祠部郎余允、參政任勉覆翼之，攜居華亭，易姓余氏。萬曆間，巡按楊廷筠始爲方氏復原姓。華亭董其昌偕郡守張九德建求忠書院，祀孝孺，以善安及魏澤、余學夔、余允、任勉配享。」此可謂直書備載矣。近見福清林琦倫、史鴻文有跋王世貞《方氏復姓記》云：「方氏有後，元美先生以爲自託幼子於余氏友。覯之别集，爲詔捕正學家時，寧波典史魏澤藏其幼子，故方氏有遺種。謝遷所謂『孫枝一葉是君恩』也。後台人余學夔知正學幼子德宗匿魏澤所，乃變名佯狂，乞食過澤居，作狂歌，有願效程嬰語。澤叱之去。兩日又遇於途，歌如前，澤乃以德宗付之，時年九歲耳。夔攜之匿海島中，與一僮學結網爲生。上海進士俞允，方門人也，家居不仕，學夔攜德宗訪之，允大驚喜，收育爲子，遂冒俞姓。南昌司訓，即德宗裔也。」是書於余學夔存孤事言之尤詳，亦與《浦城志》合。所異者「余允」作「俞允」，且云匿海島、至上海，又不言攜歸華亭耳。謹並録於此以備考。彦章附記。

跋董文敏自書詩卷

右董文敏自書詩卷，在癸亥四月。文敏生於嘉靖三十四年乙卯，至是天啟三年癸亥，年六十九。沈文恪跋謂年六十八者，誤也。文敏以是年秋擢禮部右侍郎，協理詹事府事。而此牘言「舟行青浦」者，攷文敏於天啟二年八月五日充實録纂修官，是年十月往南京採輯邸報，因歸里鈔寫，上疏乞休，不報。次年入都。

則癸亥春、夏，正在江南矣。疏中有「家居二十餘年」之語，即此詩所云「廿載冥心」者也。乾隆乙未十一月廿四日，同人小集瘦銅舍人記珠軒，觀文敏書《樂志論》屏幅、蘇詩小幀及此卷，皆文敏真蹟，而余尤激賞此卷。無論陳香泉所云「草率」者爲門外漢語，即孔跋内所稱「茶山司寇賞其神似趙松雪」者，亦尚非至論。此卷乃真能通篆隸籀古之津梁者，其用力處可及也，其不用力處不可及也！嗚呼，豈易言哉！是日同人分詠，方綱得天字，附四小詩於後。

跋董書杜詩卷

此卷題籤云「臨米、黄二家」，予謂非也。試觀文敏自跋，即見矣。文敏蓋偶會心於少陵二詩，觸煙雲墨戲之法，一作米書，一作黄書，以發揮書畫三昧。其曰「庶子」者，畢宏，大曆二年畫松石於左省廳壁，改京兆少尹，爲左庶子是也。文敏是卷，神遊目馳，唐畫家、宋書家，渾而一之矣。戊申爲嘉靖三十六年，文敏五十四歲，蓋視學自楚歸時也。其十月，朱涇舟次日書《蘭亭》及《玉潤帖》一過，蓋心手純乎晉法，故能酣恣若此。乾隆己亥夏五月望日，瘦同祕閣攜過詩境小軒，煑茶品畫，論秦漢金石，暢觀此卷，作天風怒濤想。旁觀者：翰林陳崇本、程晉芳，文學沈心醇、黄景仁、袁清也。

跋董文敏馮少墟集序

董文敏自書《馮少墟集序》，在萬曆四十六年戊午。❶ 少墟名從吾，字仲好，陝西長安人。與文敏同登萬曆十七年進士，由庶吉士授山西道御史，歷官副都御史，卒謚恭定。田公名一儁，字德萬，大田人。隆慶戊辰進士，官禮部左侍郎，有《鍾台遺藁》。其云「請急歸，越歲還朝」者，本集云：「余爲庶常時，館師宗伯田公病且劇。同館議以一人行者，余爲請急，卒成挂劍之遊。」是其事也。此蹟，去登第時三十年，文敏年六十四矣。先生爲庶常時，已擅北海、南宫之祕法，至此更渾而化之，所謂百鍊剛化爲繞指柔。蓋去山陰門逕不遠，宜其目短趙魏公之牆也。卷有卞中丞鑒藏印。寶董書者，當以此爲上乘矣。

跋董書文賦二首

此董文敏壯年之筆，融合褚、顔之法而爲之者，與趙吴興頗不相近，乃跋云「臨趙」，正其亢傲不肯服趙處。趙、董二公，皆具天然神秀，而其來處不同。若皆以褚法例之，則其所得力又自不同也。

趙、董皆得李北海法，此二公所同也。然趙文敏自言學褚時規模分隸，此則董所未歷之境矣。予今見

---

❶「四」，原脱，今據稿本補。該年爲戊午年。

諸公《孟法師碑》真本，乃知趙書所從出之路也。而董書入路處，雖云由顏入，卻終祕不盡言。大抵全由神力勝人，此其高視千古，竟非虛語。此卷雖小結搆，然董公得力處全具於此，正是其入路處耳。觀者勿輕視也！

跋董文敏尺牘二首

昔人嘗病董文敏與人手牘，往往有請託語，以爲士君子涉筆之戒。然士君子致謹，原在平日動止不苟，豈僅在手牘哉？因觀此，而益致謹焉可耳！

今人論書，以顏公三藁皆信手點竄所爲，故謂不加意之書更妙。然亦不可以概論也，有加意而愈妙者，有不加意而愈妙者，若概以不加意爲工，則亦非持平之論耳！

又跋董文敏尺牘

予見董書尺牘，未有若此册之多者。有内子六十語，又有自楚歸語，大半皆其晚年筆也。明政不綱，如大計之説，往往形於尺牘，此皆黨援門户之習耳。又嘗笑明朝士人幸而不精於攷證，若使明朝人互相攷證，正不知貽累經籍若何！如董文敏，雖八股出身，然亦何至説孟子不動心，「動」者，猶如支動錢糧、弔動兵馬之「動」，反駁朱注爲非。每覽舊蹟，宜鑒觀得失也。

跋董文敏書五條

董書有虞、有褚、有顔、有李北海、有蘇、有米、有黄，獨其心不肯服趙耳。然就此諸家中，似北海者其精能也，似顔者其本質也，似虞者則其最高之境也。然每到似虞處，吾亦有智勇俱困之歎矣。此事天人之界，固一毫不能假借耳！

二十年前，見胡雨方侍御所藏董臨《蔡明遠帖》，雖顔法而頗得虞意。嘗借臨旬日還之。此外，則惟今日見墨卿所購此册矣，惜不得以彼卷對看也。然臨《蔡明遠帖卷》皆行草，而此内乃有正楷，豈竟欲更在彼卷上耶？吾齋有文敏大楷，以顔法入《瘞鶴銘》，則直欲上進魏晉六朝矣。又豈止學虞法而已！

歐陽子與徂徠論書，既言書不可無法，而又薄鍾、王以下爲君子所不務。此蓋以魏晉唐賢，皆不足言書也。岳倦翁以米老之身關係六書存亡，此蓋以書至米而後足言書也。嘻，二賢之言皆過也！乃若董文敏書，則當於何論是程也乎？若以歐答徂徠之説概之乎？吾則何敢。若以岳贊米老之言概之乎？吾亦不敢也。

董公一生得力，在「轉」「束」二字，知此者鮮矣。

人皆知有明一代書家結穴於董文敏，然明人書開始者，當誰屬耶？吾必推南宫生矣。知此，❶則由董書直溯魏晉六朝矣。慎勿日屬董書，而只求之米海岳、吴雲壑諸老以還耳。今日對此董書蹟，方發此言。

跋董文敏論書帖

董華亭以禪理論書，直透無上妙諦，固是前人所未能到矣。然書非小藝也，性情學問，鑒古宜今，豈一二説所能盡乎？

自米老已專務行書，其於古人分際，第拈取大意，自謂得之矣。若虞、歐以上，由蕭、羊以問山陰，自必從正書始。褚公西堂寫右軍書目，首以《樂毅》《黄庭》冠之，未有捨楷不問而專力行草者，未有不善臨摹而輕語飛行絶跡者。若謂臨古不求肖似，則貞觀時馮承素輩敢以己意别書《禊帖》乎？今之取真者，惟賴沙門懷仁集字在也，而於「羣」脚之雙杈、「崇」「山」之旁點，尚可辨驗也。宋元以後，書家漸皆不知講攷證之學，雖以趙集賢之臨《蘭亭》，而「崇」「山」旁點、「帶」頂四直之所以然，皆邈不可問。至董文敏、邢子愿，直目吴江邨所藏《樂毅》爲梁本，則不求實學而專事虚機，其來久矣。

董文敏天資筆力實跨古作者，故能卓立自名家。若後人無其骨力而效其虚機，以禪倡爲筆髓，漸且竟

❶「知」，原作「如」，今據稿本改。

可不講古帖，自騁筆鋒矣。董文敏處明末藝林熟習帖括時，而能天挺神秀，是以論者謂書道結穴於華亭也。實則其前尚有米南宮，❶同時尚有孫漢陽，精研古隸，豈可廢乎？士生今日，則經學日益昌明，士皆知攷證詁訓，不爲空言所泥。於此精言書道，則必當上窮篆隸，闡繹晉唐以來諸家體格家數，不得以虛言神理而忘結構之規，不得以高談神肖而忽臨摹之矩。且楷承隸變，自必由方整以定其程，不得輕言圓美以開率易之漸。此則實關於士君子持躬涉世之正，所裨非細，豈徒爲書道計哉！

跋程易疇臨董書王氏御書樓記

歙縣程易疇孝廉，以所臨董書《王氏御書樓記》正書、藁書二通，索予題之。是記，文敏爲太倉王文肅孫煙客作也。文肅以萬曆五年掌詹事，十二年冬，起禮部尚書兼文淵閣大學士。至二十二年，以太子太保兼吏部尚書、建極殿大學士致仕。三十五年六月，加少保，辭不至。三十八年十二月卒，年七十七。煙客生於萬曆二十年壬辰，崇禎初官太常卿。此記云「璽丞」者，其初麽官也。味記中語，蓋萬曆末年所作，而文尾結銜「禮部尚書」云云，乃追其前官書之。此蓋崇禎四年以後，文敏起故官，掌詹事府事時所重書也。合此前後攷之，則文肅奉勑賜札之時，乃煙客初生之日。而其後厥孫克承堂構，繩其家學，婁東經訓，數世以之，文字之因，詩禮之篤，所以兆程門之燕貽者，不其休歟！予昔年見王舍人所藏文敏書是記墨迹，「前疑後丞」

❶「米」，原作「宋」，刻誤。

是「疑」字，「帟幕」是「帟」字，今此迹作「凝」、作「䌛」，何也？ 故予於董迹原本，别有論次焉。

跋桐城吴氏所藏史忠正公手札卷

明末流寇之難，桐城生員吴德堅負其母姚夫人避難，行至灊山，遇賊，母曰：「汝書生，焉能負我。速避以全宗祀，吾當死之！」德堅泣不忍去。既而賊至，母推之墮厓下，幸未死。母以駡賊遇害。皖撫史公可法狀其事，爲旌門。厥後史以父憂歸里，德堅致書，史公答之，大略云「節孝之門必昌大，況文名籍甚。異日必卓有建立」云云。德堅字爾玉，以史公此札手稿：一紙三小行書，❶又六半行裝卷。閣老張文端爲題其後。今又百有餘年，其曾孫貽詠，乾隆癸丑會試第一，改庶吉士，官吏部主事。玄孫賡枚，嘉慶己未庶吉士，官禮部儀制司。奉此卷來屬題，謹詳繹始末，乃知其家制府熊光題云「墜厓脱賊鋒」爲足信，而朱文正詩云「俱死吴脈戕」，尚未得其實也。史公札云「節孝之門」，節孝固爲姚夫人言之，而孝字實亦兼指墜厓不死，即今文名籍甚之爾玉言之。此一卷也，史公之精忠大節，寸楮隻字炳若日星。而姚夫人之駡賊殉身，與其平日之孝姑撫孤，貞烈並著。即吴爾玉之負母避難，顯揚克嗣，亦與母之孝烈並垂。而其後曾玄，世世之科名光大，又造物必至之報，皆括於史公手札一言中。嗚呼，此卷足千古矣！

❶ 據刻本書眉：「按『三小行書』句疑有誤。」

跋盧忠肅公手蹟

明總督各路援兵、兵部尚書宜興盧公，忠績節烈，彪炳史傳，而手書世所罕見。此綾書條幅帶名艸書二十有六字，磊磊軒天地矣！乾隆四十一年，詔褒明季殉節諸臣，公特膺「忠肅」專謚。公之鄉閭，自必勒紀豐碑，俎豆不刊也。而若「湄隱居士」之别號、「丹青翰墨舟楫文章」之印記，則從來著録家未有記述者。此幅雖無歲月可攷，而一撇一拂，緬仰英光，又豈僅作筆墨觀乎！武進趙舍人懷玉珍藏是軸，以示北平翁方綱，屬爲題跋，敬識其後。

跋宜興盧忠肅公手牘

明總督各路援兵、兵部尚書宜興盧公，忠績節烈，炳垂史傳，而書蹟世所罕見也。此手牘，致其外舅者，即爲公請卹之王夫人父也。公殁之明年，王夫人請卹於朝，不報。又明年，其兩弟請卹，又不報，甚且有疑公未死者。明季之待忠臣如此，千載下能無痛恨乎！

乾隆四十一年，詔褒明季殉節諸臣，公特膺「忠肅」專謚。公之鄉閭，自必勒紀豐碑，俎豆不刊矣。即其外舅妻孥，有不銜感於地下者乎？當時扼公如楊嗣昌者，至今無不人人切齒。而盧公片言隻字，皆令人焚香拜誦，珍若球璧。觀此諸札，皆崇禎初年備兵天雄、撫治鄖陽時手筆，就中隨時隨事切籌軍國，尚炯炯乎無一字非丹心碧血也！予嘗爲武進趙味辛題公行艸巨軸，自署名下有「湄隱居士」印，此别號蓋知者少矣。

聞味辛此軸已不戒於覆舟，公之遺跡，雖一印章，亦應傳之。故附書於此。

跋楊忠節手蹟

明東閣大學士兼兵部尚書清江楊忠節公兼山先生廷麟，以守城援絶，死於贛州。乾隆四十一年，賜謚忠節。而文辭翰墨，世傳絶少。今其鄉人江蘇按察使懋恬，以所藏手蹟勒石傳之。俾忠義之氣，星懸虹貫，長垂天壤，不獨書勢遒勁，足以昭示藝林已也。

跋徐俟齋手札

此札云「典價僅得五十金」者，想是借物質錢耶。然嘗聞俟齋身後遺言，戒其孤卻宋中丞贈金。而嘉興李潛夫絶糧，魏叔子作書與周青士，欲集數友，月給其餐。俟齋曰：「君意甚厚！但潛夫不肯受人餽。如君力不能助，則聽其餓死可矣。」其自處與處友若此，則此札所云「典價」者，必非無處也。觀者勿疑。

跋王覺斯書

韓霖，山西人，撰《絳帖攷》一卷，蓋知講求書法者，然其攷《絳帖》未能精審也。此卷韓所跋王覺斯書，亦震於其名而空贊之。觀此卷，乃知王覺斯於書法，亦專騁己意而不知古法也。夫真、行、艸，理雖一貫，而格必兼通，未有不精楷而能作行艸者，亦未有不博通行艸而專精真楷者。若王覺斯之真楷，則有時争勝董文敏，而其率意行筆，則遜之遠矣。夫惟率意行筆，乃見規矩，亦謂創草破正，此亦關於學養，非可苟焉已也。

跋明賢小楷卷二首

明人書畫凡六段，長洲周公瑕所集也。公瑕先得文衡山縮臨《蘭亭》暨蔡九逵所書《九歌·湘君》《湘夫人》二章，因裝成册。屬陸子傳爲臨《麻姑仙壇記》、彭孔嘉爲書《洛神賦》於後。又於白雀寺僧所得祝京兆臨《黄庭》、王雅宜臨《曹娥碑》，合成六段。每段屬仇實父爲繪像於前。皆矮紙蠅楷，雖以《黄庭》《曹娥》《仙壇》本皆細楷，而此皆更加縮小，可謂極小楷之能事矣！自昔稱小楷者，若永興《破邪論序》、河南《陰符度人經》最爲有名，至率更《千文》稍大而尤淳古，爲正書之極。則此後惟米老《西園雅集圖記》，已微帶行矣。至於師友淵源，以小楷遞相祖述者，至明吴下諸家爲最盛焉。

此内祝京兆《黄庭》，是其四十一歲時所書，在王雅宜寓白雀寺之前三十年。雅宜受學於九逵，居洞庭三年，既而讀書石湖之上二十年，至壬辰、癸巳間，息虞山白雀寺經年矣。是年三月晦日，猶復往白雀寺，至其夏四月晦遂卒。則此臨《曹娥碑》，爲其最後將絶筆時矣。宜寺僧與三十年前祝書同珍賞，以贈公瑕，而公瑕寶之尤篤也。九逵書在丁酉，則雅宜殁後四年。陸子傳書在乙巳，彭孔嘉書在辛亥，則九逵又已殁數年矣。惟衡山巋然靈光，至陸、彭二君續書時尚健在也。其縮臨《蘭亭》時，年已七十有六，而韻逸手柔，彌臻勝概，不足爲衡山異也。吴中人相傳衡山殁後，凡豐碑巨碣皆出公瑕之手，蓋能以書法嗣響衡山者。此跋在神宗之二年甲戌，時則文伯子壽承又已前二年卒矣。其篇末所舉數人者，蓋俯仰今昔，感慨系之矣！雖石湖五賢之記、雙梧六客之圖，何以加諸！不特爲細楷增故實已也。

昔年嘗爲兩峰題祝、文二家蠅楷小册，今復爲兩峰題此。此是舊册子，兩峰改裝爲卷也。公瑕跋内所舉細楷者，於此六君之外，復舉七人。而予所藏明人扇册内作細楷者，尚不止此，有俞仲蔚允文爲王元美書《洛神賦》二篇於扇頭，其字妙極銖黍，更小於此。爾時吴門諸君子書法精妙，至於如此。續有好事者專裒集細楷，以樂石鉤摹，共成一集，誠大觀也。適兩峰以宋拓越州石氏本《度人經》見贈，因記於是卷之後。

跋長洲宋忠烈公硃卷

長洲宋忠烈公，諱學朱，字用晦。崇禎辛未進士，巡按山東，濟南圍急，死於城樓火中。贈大理卿。本朝康熙四十四年，聖祖仁皇帝南巡，賜題其墓門云「傳經世澤」。乾隆四十一年，高宗純皇帝欽定勝朝殉節諸臣，賜謚曰忠烈。公死節事，載在《欽定通鑑輯覽》及《明史・忠義傳》《江南通志・忠節傳》《濟南府志・宦蹟傳》。然《濟南志》僅云「城破，遂卒」，未及詳敍其事。曩者方綱視學濟南，適郡人建鐵忠定公祠，方綱爲撰碑，而未得表揚公之壯節、勒之金石爲足憾也。此册是其庚午鄉試硃卷，公之裔孫持來，屬題其後。

跋陸清獻手札

右平湖陸清獻手札，答嘉定錢子辰者。集中載此文在第六卷尺牘中，作「答某」者也。子辰從孫坫跋云：「康熙二十二年復職時所寄，則先生是時年五十四矣。」❶又云「伯祖報書磊磊萬言」，則先生必更有復書，而集中不載也。是書蓋慮子辰之學不從朱子入，故其末云：「詳書所見，使不佞得辨别焉，亦所願也。」集中「願」字，此蹟作「樂」。孟子曰「豈好辨哉」，孔子曰「明辨之」，正是一義，須善會耳。作字甚敬，又其餘事已。

跋朱竹垞文藁

右朱竹垞先生文藁手蹟，凡跋十二，記一。惟《感蝗賦跋》，集中無之。《蘭亭續考跋》，集本大同小異，蓋後來又自重訂者。《李義山詩跋》，則集中《楊太真傳跋》云「《玉谿生集箋》之别幅」，即此篇也。《移居圖跋》「開士」是「高士」之訛。《萬歲通天帖跋》，「掌」是「賞」之訛。《宋石經跋》「理宗御製序」，此藁脱「序」字，當以集本爲正。《唐游石橋記跋》，集本誤脱「軍縱前左内率府録事參」十字，當據此手藁補之。至於《石經跋》曾惇之名，曩嘗疑集本之誤，今見手艸，實是「曾惇」二字。此則先生竟誤以南宋末之曾幼卿爲南宋初之

❶ 「則」，原脱，今據稿本補。

曾宏父，昔每與吾友錢辛楣言之，使辛楣見此手蹟，更必縷縷詳説矣。又若《西陂記》云：「宋城門，見於載記者四：曰陽也、宋也、盧也、垤澤也。」集本無「四」字，而有盧、有桐、有集林。按桐門與集林，皆見於《左氏傳》，不應畫定此四名，且揚門亦非「陽」字。此手書，蓋未定之藁，不足爲據也。《續蘭亭攷跋》，於沈虞卿歷官皆一一著其歲月，然則先生《經義攷》於著録序跋，偶或删其歲月者，特小史鈔胥之脱漏耳。予嘗深惜此書綱領節次詳整有要，爲功於經學匪細，安得盡得先生當日手艸，一一爲之追録補正乎？撫卷悵然久之！

跋漁洋手柬

候官林氏所藏漁洋手柬，皆致林吉人者，蓋吉人爲漁洋書《精華録》時所手致也。吉人之子正青，旁注云：「先生晚年，合其前、後集，擇尤粹精者，定爲四册。授先君書之，剞劂以傳，名曰《精華録》。」按：漁洋詩，今學者皆知是盛侍御、曹祭酒所選，據此手柬旁注，當得其實，直是漁洋自定，託名於盛、曹耳。此内一札云：「《精華録》前有某人序，其議論仍訾李、何，於愚心有所未安，如何如何。」觀此，知漁洋不敢議李、何也。愚嘗謂漁洋所拈神韻，即格調之變稱耳，觀此札益信。

跋周櫟園手書與黎媿曾詩卷

長汀黎媿曾，櫟園門人也，櫟園嘗序其詩集，援南豐贈蜀黎生序以爲比。夫南豐之贈黎生也，蓋欲視其擇途而適於道耳，其曰「得於心不求於外」者，是也；其曰「信乎古不合乎世，志乎道不同乎俗」者，是有辨矣。夫稽古之士，特立而獨行，固有不求聞於人者，非以是炫於人也。故持其志則可，求異於世則不可也。昌黎所謂「志乎古必遺乎今」者，爲陳言之務去，毁譽之宜平也，豈謂長傲而矜名耶？此卷所稱李元仲、楊叔夜，皆黎之師也，其所與論文者予未嘗見之。然櫟園與黄濟叔論印章，曰：「宋元無詩，至明而詩始繼唐。」夫志乎古者，果斯之謂乎？予方細論徐迪功集，惟懼夫後學之輕信也。周與黎，皆稱古道以相勗者，故願與學者觀昔人之求志焉。

跋汪退谷瘞鶴銘攷手艸

予於己卯冬得退谷《瘞鶴銘攷》刻本而愛之，其後門人謝藴山太守得其板於揚州，爲予購歸蘇齋。而今又於秋史侍御所得見此原艸墨蹟。此事迴環胸臆前後三十餘年矣！愚嘗作《補攷》一卷，前列見存字，辨其點畫同異。次以拙著攷辨，又次以前人著録之先後，又次以諸家摹傳拓本之先後。庶可承退谷先生之緒餘乎？愚最不服者，三十四字宋人補刻之説，既力爲辨之，而近日論者，或以大字之評致疑於山谷，又或以移石後之拓本歸咎於滄洲，愚亦皆力辨之。至於近日程南畊直謂是皮襲美所爲，殊不思《潤州圖經》云《瘞鶴銘》爲王羲之書，而《潤州圖經》乃唐孫處玄撰也，豈有是皮襲美之理哉？程君蓋未考王象之《輿地碑目》耳。且程君既知「逸少」二字爲玉煙堂所加，而何以又據「逸少」二字爲説耶？是又不待辨而知者也。因書此以附諸前輩手蹟之末，亦見予於兹銘，不啻深有夙緣者耳！

跋汪文端公細楷尚書

巾箱細楷經典，起於南齊衡陽王鈞時，賀玠謂之曰：「家有墳素，何須蠅頭書？」答曰：「檢閱既易，且手寫不忘也。」蓋自漢簡漆書以後，至於細楷，尤爲藝林之矩則矣。休寧汪文端公書法，衣被天下，然人皆知其出於顔，而不知其於虞、褚最深也。此册凡十八紙，而條具二萬五千七百餘字，纖逾植髮，而無一筆不應規入矩。且於莊重之中出以冲和淵秀之致，此則魯公正書之妙，所以上接永興、河南，而問津山陰者。至於作書之本，則又出於忠敬和平，爲窮經致用者之楷式，又不獨臨池一藝而已。

跋張文敏臨古册子

得天居士臨古，純以神行，豈亦若米老所云「二王以前有高古」耶？米、董臨古，皆自謂直到古人而不取形似。文敏亦然。愚嘗謂書家自有神骨，則無庸臨古也。若臨古不求其似，則馮、湯仿《禊帖》，可以欺後學矣。每與石庵力辨之。

跋白公神道碑

《長白白公神道碑》，海寧查初白撰，金壇王虚舟書，吾邑黄崐圃篆額。雍正元年，初白年七十四，告歸里居。虚舟、崐圃皆官於朝，虚舟年五十六，而篆額實出虚舟，借崐圃名耳。虚舟以書名，篆爲第一，行書次之，楷又次之。初白以詩名，《易》學次之，古文抑又次之。白公爲閣老之父，勛歷著勳，宜其碑文照耀一世。然此文敘事，意尚未能免俗，如子婦、子壻皆備書其父爵，又撰書人皆稱年家眷，皆稱頓首拜，勿論王止仲、潘昂霄之舉例，即至王遵巖、茅鹿門文格漸遜，亦斷不至此，況諸先生以學古自命者耶！

復初齋文集卷第三十三

大興翁方綱撰
門人侯官李彦章校刊

書梧門藏古像册後

昔屈子稱楚先王廟及公卿祠畫古賢聖事，曰：「馮翼惟像，何以識之？」王右軍與人書，欲求能畫者，摹五帝以來畫像。杜少陵《適江陵詩》曰「喜近天皇寺，先披古畫圖」，蓋謂寺有張僧繇畫孔子及顔子十哲像也。而昌黎韓子曰：「見今世無工畫者。」豈右軍、少陵所稱，必皆古本精妙而後爲信歟？其見於後賢之文者，若東坡所記唐名臣像，弇州所記大禹治水圖、唐十八學士圖、中唐十子圖、盧陵五君子圖，皆因形皃以想其爲人而已，非必盡古本真迹也。

梧門司成博學嗜古，每見前賢遺蹟，不啻飢渴，寤寐從之。其於爲詩也，既繪陶、王、孟、韋、柳諸像矣，今復從其友人齋中，摹得古帝王名臣像二百九十三幅，裝爲八册，晨夕焚香晤對，視其繪唐詩人之意更有進焉！屬爲書數語於其册，愚則深愛魏鶴山題古像之銘，曰：「言忠信，行篤敬。行顧言，言顧行。」此四言者，蓋自顓孫子書紳以來，羹牆前哲之誠如或見之，而豈以畫工與不工、形似與不似爲斷斷耶？敢敬書以志之。

書伏生授經圖後

《漢書・藝文志》：「秦燔書禁學，伏生獨壁藏之。漢興，亡失，求得二十九篇，以教齊魯之間。」《儒林傳》：「伏生，濟南人也，故爲秦博士。孝文時，求能治《尚書》者，聞伏生治之，欲召。時伏生年九十餘，老不能行，於是詔太常，使掌故鼂錯往受之。」顔師古注云：「衛宏《定古文尚書序》云：陸德明《序録》云古文《尚書》。『伏生老，不能正言，言不可曉，使其女傳言教錯。齊人語多與潁川異，錯所不知者凡十二三，略以其意屬讀而已。』」《鼂錯傳》：「孝文時，聞齊有伏生治《尚書》，年九十餘，老不可徵。迺詔太常遣錯受《尚書》伏生所，還，因上書稱説，詔以爲太子舍人，拜太子家令。後詔有司舉賢良文學士，錯在選中，上親策，詔之曰：惟十有五年九月云云。」據此，則鼂錯受《尚書》於伏生時，在孝文十四年以前也。《洞冥記》云：「李克者，馮翊人，爲秦博士，門徒萬人。伏生時十歲，就克石壁山中，受《尚書》，以口傳受，四代之事，略無遺脱。伏子因而誦之，嘗以細繩十餘尋以縛腰，誦一遍，則結繩一結。十尋之繩，皆成結矣，計誦《尚書》可數萬遍。」此言伏生年十歲就李克受《尚書》者，當在秦莊襄時，其生則當在周赧王末年，去孔子卒纔二百二十年耳。鄒平縣北十里有伏生鄉祠墓在焉，伏生故里也。宋封乘氏伯，祠像修眉豐額，幼女及鼂錯皆侍側。壁有順治十五年施潤章撰縣令徐政脩祠記、康熙四十年縣令程素期建饗堂開墓道記。

跋上林圖卷

仇實父畫師周東邨所臨小李將軍《海天落照圖》及臨李龍眠《西園雅集圖》，世間皆有數本，況《上林》卷是其尤著名之作邪。三十年前，❶山陰吴水雲持來一卷，屬爲賦長歌。今見此卷，乃知前所見者尚非其真也。王弇州《藝苑巵言》云：「仇實甫壯歲，於崐山作《子虚上林圖卷》，長幾五丈，累年始就。所畫人物、鳥獸、山林、臺觀、旗輦、軍容，皆臆寫古賢名筆，斟酌而成。可謂圖畫之絶境，藝林之勝事也。兼有文徵仲小楷相如二賦在卷内。崐山人稱爲三絶，豈過許耶！」今見此卷所繪車制，正合於陳祥道《禮書》所攷桯蓋達常之制，與尋常畫史之作迥乎不同。愚嘗見六朝人畫，車制皆如此，與漢畫武梁、魯峻祠墓諸石刻，可資印證。乃知弇州所云以「古賢名筆斟酌而成」者，非虚語也。

卷前畫三人對坐：其正坐拱聽者，烏有先生也；左坐者，亡是公也；右坐有所指屬者，子虚也。奉使之節候於門外，齊楚對論之境宛然，而全圖則專繪上林也，賦則必兼寫二賦也。文衡山生於成化六年庚寅，至嘉靖二十二年癸卯，正七十四歲。小楷遒媚，兼虞、歐、褚、薛之能，雖有訛字，可勿計已。予昔於粤東藥洲得「上林」二字古瓦，手拓其文，勢兼篆隸。嘗用其筆法以題《上林圖卷》，今復得見此卷，因撿得前稿，并爲復作一篇系録於後。

---

❶ 「三」，稿本作「二」。

跋錢舜舉蘇李泣别圖

自昔相傳蘇、李河梁贈别之詩，蘇武四章，李陵三章，皆載《昭明文選》。然《文選》題云「蘇子卿古詩四首」，不言與李陵别也。李詩則曰「李少卿與蘇武詩三首」。而東坡嘗謂皆後人所擬作。洪容齋《隨筆》云：「李詩云『獨有盈樽酒，與子結綢繆』。盈字，犯惠帝諱。東坡謂後人所擬是也。」而近日何義門乃謂：蘇武詩「昔者嘗相近，念子不能歸。行役在戰場，生當復來歸」諸句，皆與蘇别李情事相合。此則皆傅會之説耳。即以所指「行役在戰場」，謂指李少卿，不思蘇武相别之時，非復少卿在戰場之年矣。何以别時作此語耶？獨李詩明有「與蘇武」之題可證耳。而其詩有「攜手上河梁」之語，所以後人相傳爲蘇、李河梁贈别詩也。然而即以此三詩論之，亦與蘇、李情事不切。史載：陵與武決别，陵起舞，作歌「徑萬里兮」五句，此當日真詩也，何嘗有「攜手上河梁」之事乎？即以河梁一首言之，其曰「安知非日月，弦望自有時」，此則謂離别之後，或尚可冀其會合耳。不思武既南歸，必無再北之理。而陵云「丈夫不能再辱」，亦自知決無還漢之期。此則「日月」「弦望」爲虚言矣。又云：「嘉會難再遇，三載爲千秋。」蘇、李二子之留匈奴，皆在天漢初年。其相别則在始元五年，是二子同居者十八九年之久矣，安得云三載嘉會乎？就李詩三首其題明出「與蘇武」者，而語意尚不合如此，況蘇四詩之全不與别李相涉者乎？

藝林相傳蘇李河梁之别者，蓋因李詩有「攜手河梁」之句可爲言情敘别之故實，猶之許彦周《詩話》云：《燕燕于飛》一篇，爲千古送行詩之祖也。而蘇、李遠在異域，尤動文人感激之懷，故魏晉以後往往擬託李陵

《答蘇武書》。若準本傳歲月證之，皆有所不合。而詞場口熟，亦不必一一細繩之。即此李陵河梁別詩，亦若是焉已矣。杜少陵云：「李陵蘇武是吾師，孟子論文更不疑。」此特因論五言之祖，述而及之，猶是「熟精《文選》理」之旨也，而豈必切合蘇、李之史事以爲論定哉？

文衡山跋云：「舜舉此圖，蓋摹龍眠本。然蘇、李揮淚相别，若果在河梁，攜手之日，則又不應牧羝事同在一幅矣。」未知龍眠本措意何如也？荷屋侍御以所藏此卷屬爲録蘇、李詩於後，故略爲辨之。觀者鑒其筆妙，而領其大意可耳。

題二喬觀書圖

宋芝山以所藏仇實父《二喬觀書圖》屬爲題識。予攷是圖，前人多有畫之者，第未知始出何人也。《志雅堂雜鈔》載張受益所藏馬和之《二喬倚樓觀書圖》，鄧椿《銘心絶品》載邵公濟所藏李伯時《嫁小喬圖》。按《吴志·周瑜傳》云：「策以瑜爲中護軍，領江夏太守。從攻皖，拔之，得喬公二女，皆國色也。策自納大喬，瑜納小喬。策從容戲瑜曰：『喬公二女雖流離，得吾二人作壻，亦足爲歡。』」是歲，建安三年也，瑜時年二十四，吴中皆呼爲周郎。《討逆傳》曰：「策與周瑜相友，策年十餘歲，已交結知名。有周瑜者，與策同年，亦英達夙成，聞策聲問，自舒來造焉。」據此，則討逆與周公瑾俱生於熹平四年，至建安五年而策薨，年二十六也。若夫赤壁之戰，則在建安十三年九月，時周公瑾年三十四。計彼大喬者，爾時已當三十歲許，稱故長沙桓王夫人，寡居故邸矣。而杜牧之詩云：「東風不與周郎便，銅雀春深鎖二喬。」不徒於情事有未合，抑於古人有難安者，故因此圖而附論之。

若伯時之《嫁小喬圖》，今雖未見，然《周瑜傳》云：「建安三年，策授瑜建威中郎將，即與兵二千人、騎五十匹。策又給瑜鼓吹，爲治館舍，贈賜莫與爲比。」畫小喬之嫁者，自當合此時事寫之，乃切小喬也。亦因以附綴焉。

跋巨然茂林叠嶂圖

巨然《茂林叠嶂圖》，絹本立軸，高五尺五寸，闊一尺八寸。上有行書「巨然茂林叠嶂」六字，相傳米南宫書。以予觀之，是元暉筆也。下右角有「稽察司」半印，又「孟津王鑨世寶」朱文印，左有「悦生」葫蘆印、「魏國公印」。「魏」乃古文「魏」字，而《宋史·賈似道傳》不載其封魏國。攷《咸淳臨安志》，載龍井延恩院賈似道題名有「大丞相魏國公再登揆席」之語，此在咸淳二年丙寅。而周公謹《齊東野語》云「景定三年正月，詔以魏國公賈似道有再造功，命有司建第宅家廟」云云，則當理宗時，已有封魏國公之事，而史失載。此則後來書畫家欲僞爲而不能者。

又攷《悦生别録》：「凡宣和、紹興秘府故物，似道往往乞請得之」。而《宣和畫譜》云：「御府所藏巨然畫一百三十有六，内《茂林叠嶂圖》一。」據此，則是軸爲北宋内府物歸之似道者，無疑也。米元暉赴召爲兵部侍郎，在紹興十一年，而蔡天啟作《米南宫墓誌》言「元符初進其子所畫《萬里長江圖》，時元暉年尚少，已知名當世」，則宣和時進御之畫有其題字，亦無可疑者。

同年張晴溪吏部得此於中州道中，孟津王氏印記猶新。其上方宣和殿印，則後人傅會爲之。畫自真而印自僞，不相妨也。

跋張叔厚畫淵明像

《玉山草堂集》云：「張渥字叔厚，淮南人，能用李龍眠法爲白描，前無古人。」此幅作淵明像，是其證也。黄大癡題時年七十八，而不著何年。攷至正戊戌，大癡年九十，則此云年七十八，是至正六年丙戌也。劉伯温撰《張伯雨墓志》，謂伯雨卒於丙戌，觀者將必爲此卷致疑矣。然予攷明嘉靖間石樓野生之辨，謂伯雨之卒當在戊子。而楊鐵厓所記，云至正八年戊子三月十日，偕顧阿瑛、張伯雨煙雨中遊石湖。又《玉山雅集志》云：「至正戊子二月十有九日之會，期而不至者，句曲外史張雨也。」據此，則至正八年戊子春，伯雨尚在，而劉撰墓志，謂卒於至正六年丙戌者，實不可信矣。今以此卷題字證之，則大癡年七十八，正是至正六年丙戌，有伯雨手跡在焉。是此卷足以資大癡、伯雨歲月攷訂，又不但此卷爲真蹟無疑而已。

再跋朱蘭嵎畫坡公像

乾隆癸卯春，顔運生購得朱蘭嵎臨李伯時坡公笠屐像，寄來，供於蘇齋。今二十年矣，復購得此軸，即蘭嵎同時所作也。此像與宋漫堂刻於《施注蘇詩》卷内者正相合，而彼云元人筆，此云李伯時者，予舊跋云：「當是伯時元符中歸龍眠山居後所作。」今更詳之，「東坡謁黎子雲」此數語，或是後人所題，尚未敢定其爲伯時自識語也。然山谷題坡書云：「李伯時近作子瞻按藤杖、坐盤石，極似其醉時意態。此帖妙天下！可乞伯時作一子瞻像，吾輩會聚時開置席上，如見其人，亦一佳事。」翫此跋，是坡公身後語。坡卒於建中靖國元年辛巳，則山谷云欲乞伯時作像，當在崇寧初年。是伯時畫坡公儋州事，無庸致疑者矣。

跋坡公像三首❶

此真本，刻石於陽羡蜀山書院。今以石本對此軸，又合明嘉靖丙寅吳門尤茂先家藏松雪手寫本，及康熙戊寅長洲李樞以所藏寫本刻於《王注蘇詩》卷前者，又南海朱完摹刻小金山本，凡四本合對，信世間所傳豐頤多髯者，非真也。

吳門尤叔埜茂先藏松雪白描坡像，後有陸五湖師道題云「有合於伯時所作按籐杖、坐磐石意態也」。又南海朱完所作小金山像及長州李樞藏松雪畫像，皆與宋人所畫真本相合：蓋疎眉鳳眼，秀攝江山，兩顴清峙而髯不甚多，右頰近上黑痣數點。是爲宋李伯時之真本，趙松雪、朱蘭嵎臨本，皆足證也。嘉慶壬戌二月，以此數本合對得真，敬識於此。

❶ 題下，稿本有「壬戌二月廿二日」。

世人不知詳攷，謂坡公貌豐腴，山谷貌清瘦。此因讀其詩而誤會耳。其實山谷貌轉豐，而坡公兩顴清峙，即以東坡集中題跋一條云：「傳神在於顴頰，吾嘗燈下顧見頰影，使人就壁畫之，不作眉目。見者皆失笑，知其爲吾也。」以此條證之，最明白矣。右頰有黑痣數點，見《郝陵川集》。

跋海嶽庵圖

《鐵圍山叢談》：「米老歸丹陽，將卜宅，久弗就。蘇仲恭學士，才翁孫也，有甘露寺下並江一古基，多羣木，蓋晉唐人所居。於是以研山易之，號海岳庵者是也。」岳倦翁云：「北固既火，作庵城東。予家有公所藏大令十二月帖，上有東海岳印。海岳之有東、西，尤足證也。」方綱夙慕是蹟，擬欲繪以爲圖。壬辰春，門人謝藴山出守鎮江，託其訪摹庵址爲幀，而竟不果，每耿耿於懷。今春，謹庭兄爲説此圖之勝，因屬門人宋芝山擬作摹本，而適題此詩。春雨浪浪，與謹庭欵語丁香樹下，江山之契，若有夙緣者。甲辰閏三月三日記。

跋米元暉雲山得意圖

米元暉《雲山得意圖卷》，有元暉自跋，後又有跋十三段。除曾純父跋係後人誤以它卷跋裝入，則實十二跋也。吴匏庵、董香光、婁子柔、高江邨各一段，笪在辛八段。是卷，於宋在苕溪李振叔家，於明在嚴休堂家，又在閔莊懿家。自紹興至弘治三百六十餘年皆在湖州，後又歸於曹周翰大父家，傳至三世，而婁子柔跋引之，爲萬曆二十六年也。又曾藏於吴廷用卿家。至本朝，歸句容笪在辛氏。在辛攷之特詳。然婁子柔跋引蔡肇所撰《墓志》，而笪作「曾肇」。按《米元章墓志》是蔡天啟肇所作，非曾肇也。《宋史・米元章傳》云：「出知淮陽軍，卒，年四十九。」攷米老生於皇祐三年辛卯，是辛卯年辛丑月。而笪跋作生於辛丑者，亦誤也。若四十九歲，則是元符二年己卯，又史之誤也。《學古緒言》又謂卒於崇寧年，則亦非也。程俱《北山小集》題米元章墓文，謂米公卒於大觀四年庚寅。張丑《清河書畫舫》謂卒於大觀元年丁亥。二説不同。然程不言葬之年月，而張丑引蔡肇《墓志》，謂葬於大觀三年六月。且黄長睿《東觀餘論》序云「元章今已物故」，此序作於大觀二年六月，則米元章是大觀元年丁亥，卒於淮陽軍郡廨，年五十七，無疑者矣。

又笪跋引《快雪帖》跋，有「紹聖丁酉」之語。又北固海岳庵有南宫自寫像，子元暉題贊。予按：此贊在紹興丙寅，乃紹興十六年也。元暉赴召爲兵部侍郎，在紹興十一年。而淳熙六年，洪景盧題《瀟湘圖》云「誰能起懶拙老人於九京」，則是元暉之卒在淳熙六年之前。黄山谷詩「虎兒筆力能扛鼎，教字元暉繼阿章」。此詩作於建中靖國元年。蔡《志》又云：「元符初，進其子所畫《萬里長江圖》，時元暉年尚少。」以此二條證之，元暉當生於元祐之初，虎兒，小字寅哥，或當生於元祐元年丙寅也。據《畫繼》，元暉享年八十，當卒於乾道之初。則此跋自稱老境，蓋年五十許時，而畫卷作於北宋時，又無疑也。至於《快雪帖》有米老紹聖丁酉跋，今見於《戲鴻堂帖》，不知紹聖並無丁酉，此乃僞作，何足援據乎？

予向見《五洲煙雨圖》，既屬友摹卷，今得見此卷，益信彼卷百年前已經割截。而此卷神完氣足，諸跋全備，信海内希有之神物！亟屬門人宋芝山爲作臨本，予并臨其諸跋，而爲識此於後。

跋五洲煙雨卷

《五洲煙雨圖》，康熙初在鎮江張氏家，笪在辛見之，已爲人割去後半，尚綴後跋一二。今此卷藏吾鄉邵氏，并其所綴後跋亦無之矣。然卞令之《書畫攷》、高江邨《銷夏記》載此圖題跋俱全，卞録在康熙二十一年，高録在康熙三十二年。而笪在辛跋《雲山卷》，云索得友人所藏《五洲煙雨圖》，時在甲子，是康熙二十三年。卞録中亦已有笪印，而笪云好事者割去數段，卞、高所載乃詩、跋俱全，何邪？豈其時已有二本邪？且卞與高所記，亦微有不同。卞所載多出張則之一詩，高乃無之，且高又不録卞、笪諸印，是皆可疑也。卞氏所録者凡十一詩，一跋。高氏所録者凡十詩，一跋。張氏所藏、笪氏所見者，一跋，一詩。三吴張澤之詩下，有笪印二是也。今邵氏所藏者，有跋，無詩。豈數十年間有四本邪？今邵氏所藏，或即向之全卷而割截所餘者歟？至於張、笪、卞、高四家，同在一時，而參差如此，誠不可解矣！然予見邵氏藏本，實是妙作，且董跋亦真，姑不必執諸家所載以疑之。而卞氏多一詩，應補和也，今次其韻題於舊所臨本後。

題自臨米元暉畫跋後

米元暉紹興乙卯自題《雲山圖》，有老境語。婁子柔據《畫繼》「元暉享年八十」以證之。然元暉是時年五十，尚在赴召爲兵部侍郎之前也。笪在辛謂「小米書僅跋語兩行者爲多」，此卷計一百二十餘字，爲不易遘。笪又稱潤州北固海岳庵有殘缺南宫自寫像，子元暉題贊，而不言其書法之妙。蓋此像贊石泐久矣。今鎮江石刻，乃董文敏重書，董跋云：「趙當世宰丹徒，得米虎兒刻石，石泐字漫，屬予重書。萬曆甲寅上巳後三日，董其昌識。」「形容浩氣之充塞」句，誤作「形容浩然之氣」；「紹興丙寅中秋前九日」誤作「紹聖丙寅中秋前三日」，紹聖未嘗有丙寅也，丙寅是紹興十六年。正元暉爲兵部侍郎時，故刻石江上，有「先人經綸未得施」之歎耳。然即此書誤，亦足見原石剥泐，不可辨矣。予得舊搨本，尚可辨識其筆意，與《雲山圖》題字正相符合，因併臨之，裝爲一册。

跋馬和之畫卷

王漁洋《池北偶談》云：「戊申在京師，得見南宋馬和之侍郎寫《毛詩匪風圖》，有内府圖書。」又王毓賢《繪事備攷》云：「馬和之畫進御者，有《淇澳圖》《蒹葭圖》。」今此卷凡四幅：其第二幅《淇澳圖》、第三幅《蒹葭圖》，即毓賢所見也。其第四幅《匪風圖》，有内府圖書，即王漁洋所見也。惟第一幅不見於前人著録。今以其圖按之，蓋《黍苗》也。其《詩》曰：「我任我輦，我車我牛。我行既集，蓋云歸哉。」鄭箋云：「有負任者，有將車牽牛者，蓋召伯南行之事也。」吴其貞《古畫記》云：「馬和之畫法簡逸，意趣有餘。」故此四章，不必具徒役之衆，侍從之多，而儀度神致，皆若有味於聲詩之外者，非侍郎不能爲也。其貞又稱「馬和之人物衣摺，用柳葉法」。汪砢玉云：「馬侍郎衣摺，作馬蝗描法。」此四幅筆法正同。前、後有元人張貞居、仇仁近、錢良右、吴仲圭諸印。洵藝林寶翫也！

跋劉松年風雨歸舟圖

劉松年《風雨歸舟圖》，絹本立軸，高五尺三寸二分，闊三尺三寸四分。上作大山，中爲長江，下有坡石竹樹。雨中一舟，漁父披蓑力篙，一人坐篷内，一人蔽傘居舟尾。石角下右邊，隱隱有字云「嘉定庚午劉松」，以下絹壞，不可見。此處有「金臺王氏閒中清玩」八字白文方印，左有「蕉林」二字紅文方印，「觀其大略」白文方印，「商邱宋犖審定真跡」八字紅文長印。劉松年，錢塘人，居清波門外，人呼爲暗門劉，又稱劉清波。淳熙中爲畫院學生，紹熙中待詔畫院，寧宗時賜金帶。嘉定庚午，爲寧宗即位之十六年，正其賜金帶以後，是松年晚歲筆也。

書文信國像後

乾隆辛丑秋七月，户部主事嘉善謝垣得《文信國像》一軸，絹本，左正書云「宋文信國公真像，天啟元年五月，長洲後學周順昌沐手敬題」，以示方綱。方綱歎爲奇蹟，户部遂以見贈。然不敢挂於私室也，每思屬友人致奉於廬陵文氏祠，庶其妥侑，耿耿於懷者五年矣。《吉安府志》載王忠文《文丞相畫像記》，云於吴中見之。今此軸有長洲周忠介題字，儻即吴中本邪？昔范文正書《伯夷頌》，❶後人尚致憾於卷後題識諸人

---

❶「昔」，原作「若」，今據稿本改。

賢否或岐焉。若夫古之忠臣義士畫像，彪炳於天壤，記之者亦止景仰其人，而未有並稱其題字者。今一軸而有文山之像、忠介之書。昔公《和道山堂詩》云「稽首承休學二忠」。推此義也，可以立懦廉頑，風示百世矣。丙午冬，方綱奉命視江西學政，謹載是軸於篋。其明年十有二月，按試吉郡，始克奉於廬陵文氏之祠，并以舊所題像五言詩一篇，俾學官弟子屬而和之，用記其概，書於軸末。

跋鄭所南墨蘭

鄭所南《墨蘭卷》，紙本，蘭二叢，生氣迴出，奇作也。自題：「向來俯首問羲皇，汝是何人致此鄉。未有畫前開鼻孔，滿天浮動古奢香。所南翁又題。」又題小楷書二行，云「丙午正月十五日作」，❶下押「所南翁」三字紅文方印。按：所南，宋遺老，入元不仕，客吴下，寄食城南報國寺以終。自稱景定詩人，有《咸淳集》《中興集》。《宋遺民録》稱其畫蘭「自更祚後，不畫土根」者是也。此卷自題「丙午」，不著年號。所南生卒歲月無所攷，然陸行直跋所南《墨竹》云：「予自童稚至壯，時得承顔接辭，而先生去世幾二十載。」陸跋亦不著年世，而予攷陸行直生於德祐元年乙亥，逮元成宗改元之丙午，陸年三十二歲，則其時所南尚在也。是此卷自題丙午，爲元成宗改元此年號二字，是家父諱。❷之十年丙午無疑矣。

❶ 「向來俯首問羲皇」至「二行云」四十一字，原脱，今據稿本補。

❷ 元成宗之元貞三年改元大德，翁方綱父諱「大德」二字。

此卷内，王冕題有「晚年學佛，白首南冠」語。又有吴人陳昱題詩，云：「家學相承寶祐年，東籬幾度菊花天。紫莖緑葉留殘墨，更覺秋光分外妍。」予攷鄭所南題井中《心史》云：「德祐五年乙卯，三山菊山後人所南鄭思肖憶翁。」蓋所南之父名起，號菊山。以陳昱詩證之，知其承過庭之訓在宋末寶祐時，而其詩稱景定、咸淳者，特自敍宋代遺民之詞，而其隱居吴下，則入元已久矣。即此一卷，而所南平生始末可以略得其概，豈僅作翰墨展玩已哉！

跋趙文敏畫委順庵卷

右趙文敏爲鮮于困學作《委順庵卷》，與玉峯張氏所記不同，蓋别是一手所爲。後五絶，乃揭文安筆，今亦無欵，何也？鮮于公卒時，年四十六。今卷中小像，頰肥多髯，正是柳待制所謂「面帶河朔偉氣」者。文敏與困學往來讌集，蓋在至元之末、元貞之初，此圖當是困學四十歲外時，其在元貞後所作歟？

題元人詩畫卷

元天台陳仲賢，與丹陽顧利賓、吴興趙彦恭、帖木縣倅及其子楷《至正癸未中秋夜泊舟魏灣詩》五首，吴郡張來儀爲作圖，合此卷。畫末有「瞿石齋記」四字紅文印，蓋明常熟瞿忠宣公印記也。瞿公酷愛沈石田畫，以「耕石」名齋，而來儀此蹟，亦得弆藏其間，得不令觀者增重歟？

竹西圖跋

《松江府志》云：「楊瑀字元誠，錢塘人，自號竹西居士。元文宗時召見奎章閣，命篆洪禧明仁璽文，稱旨。署廣成局副使，終建德路總管。謝政，居松江之鶴沙。趙仲穆爲寫《竹西圖》。」然《江邨銷夏録》載此卷，題曰《元楊竹西草亭圖卷》，亦第以趙仲穆墨竹一枝并篆及詩皆目爲引首而已。卷中趙茂原詩云「貞期寫作畫圖看」，今驗之，畫尾有貞期白文印，則畫乃貞期所作。貞期者，張渥，字叔厚，號貞期，生元末，明經，累舉，不得志於有司。善用李龍眠法作白描，❶見於《玉山草堂雅集》者也。卞氏《式古堂書畫攷》亦載此卷，題云《張渥貞期爲楊竹西草亭圖卷》，項氏編「嘉」字號，是其明證也。《松江志》第據其引首篆題載之，非指其全卷也。而江邨跋遂謂《草亭圖》亦仲穆所作，蓋攷之未詳耳。趙茂原、錢思復皆題於至正十五年乙未，而張伯雨卒於至正八年戊子，則叔厚此畫當作於至正初年也。唐六如題一行，《銷夏録》所不載，而江邨二跋，惓惓時序，情致尤永。甲辰之秋，觀此卷於薺原司農齋中，蓋薺原志感之意，有與江邨同者，古人所以重興歎於陳迹也！薺原屬余題記，爲攷其大略而系小詩於後。

---

❶「叔厚」至「龍眠法」二十四字，原脱，今據刻本書眉及稿本補。

跋王叔明琴鶴軒圖

王叔明《琴鶴軒圖》，❶張米庵《書畫舫》所載跋二段，此卷無之。又《書畫舫》畫末有張廣德印、張丑之印，此卷亦無之。豈其隨真畫而去耶？抑印在贉綾而褫裝時割去耶？皆不可知也。今爲補書於此。福震跋云「丁卯年十一月二十二日木」。「木」字，《書畫舫》作「承」，誤也。「福震」，今《書畫舫》作「法震」，蓋板本誤也。「二十二日木」者，納音也。攷洪武二十年十一月丁丑朔，二十二日戊戌，納音屬木也。唐人金石間有用之者，書畫題跋最所罕見，惜無人效潘昂霄、王止仲，爲書畫題跋起例耳。《書畫舫》作「承」，則謬矣。永隆詩引首印曰「若邪溪」，《書畫舫》誤作「春郭溪」。陸溥源詩引首印曰「某者」，即《書畫舫》所謂「一印莫辨」者也。《書畫舫》所載「禪清」二字印，今驗是「禪游」。「暮雲臺」三字印，今驗是「蒼雲臺」。此二印，即僧宗珂詩之引首。其「彭城」二字印，即僧至顯詩之引首也。據此數條驗之，其前題、後跋皆真迹無疑也。

題元人蘆鴈卷

元人《蘆鴈卷》，題者皆元人，有云「溪翁爲渠寫形似」，又云「溪翁善幻若神助」。所稱溪翁，即此卷是其手蹟也。以諸家題句多風塵亂離語，則所題癸巳是至正十三年也。沙門餘澤題龍眠《禮佛圖》，在至正庚

❶「王叔明琴鶴軒圖」七字，原脱，今據刻本書眉及稿本補。

寅，年七十四，即此癸巳之前三年也。王梧溪贈姚澹如詩云「淡如早歲名家駒，學士趙公坐以隅」，「大曆詩指授，永和帖鉤摹」云云，則澹如少時從趙文敏遊也。此卷題在元末，則文敏卒後三十年，王梧溪詩所以追溯其早歲也。大抵元人多濡染吴興筆意耳。昔趙文敏家居時，有以《飛鳴宿食鴈圖》求題者，詞客滿坐，寒拾禪人行端援筆立成一律云云，合坐歎異。此事蓋在延祐、至治之間也。今見此卷，元末題者二十五人，而亦多釋子在焉。豈其一時方外人，類皆入於機，皆出於機者耶？

復初齋文集卷第三十四

大興翁方綱撰

門人侯官李彦章校刊

跋馬抑之臨山涇雜樹卷三首

明嘉定馬刑部抑之臨元嘗熟繆叔民《山涇雜樹卷》，併卷中題詠、印記，一一具臨之。抑之爲沈石田父執，其云「借此卷於沈同齋」者，石田父也。中有永樂十五年廬山陳繼題，云「此卷今歸沈均孟淵」者，石田祖也。卷在沈氏已三世，不知後來歸何處矣。而此臨卷流傳至今，予得題於其後，信亦有緣邪！石田之祖藾庵先生，今見選詩刻本，多訛作「璽庵」，當據此卷正之。然明詩選本皆云「沈澄字孟淵，居相城之西莊」。而此題云「沈均字孟淵」，豈「澄」初名「均」歟？此又當備攷者也。同齋爲藾庵次子，陳繼者，沈氏家塾師也。抑之臨此卷時，石田年四十矣，則亦抑之老年所作歟？

叔民畫不著何年，其前題四月，後題後十一月，而張仲簡題在至正九年。予按：至正六年丙戌閏十一月，此畫蓋作於至正六年也。下距馬抑之臨此卷在成化二年丙戌，計一百二十年。至今江秋史侍御持來蘇齋題記，爲四百四十四年也。

抑之於天順癸未自京歸吴，而緹庵已下世。按：石田父同齋先生，年六十九卒，則石田四十時，其父同齋尚在也。石田畫，至年四十外始拓爲巨幅，此卷之臨，正是南齋、同齋兄弟叔姪，湖山詩畫，更倡迭和時也。

跋杏園雅集圖

《杏園雅集圖》一卷，明正統丁巳暮春，建安楊文敏榮勉仁，集諸同官八人於其所居杏園，而永嘉謝庭循爲作圖也。八人者：泰和楊士奇東里，謚文貞；石首楊溥澹庵，謚文定；泰和王直抑庵，謚文端；金谿王英時彦，謚文忠；吉水錢習禮，謚文肅；安福李時勉古廉，謚忠文；吉水周述東墅；泰和陳循芳洲也。楊文敏入閣最早，文貞次之，文定最後。至正統三年戊午，文定始進少保、武英殿大學士，時稱三楊。蓋以居第目之，泰和曰西楊，石首曰南楊，建安曰東楊。此圖作於前一年，尚未有三楊之稱。而九人同集，三楊者皆在焉。其餘六人，則陳芳洲以第一人及第，官至華蓋殿大學士。周東墅以第二人及第。李忠文官至國子祭酒。王文端，吏部尚書。王文忠，南京禮部尚書。錢文肅，禮部右侍郎。並以文學躋清秩。而史稱三楊學行才識雅操，皆人所不及。又稱東楊性喜賓客，無稍崖岸。想見圖中雍容退食，琴歌酒賦之雅韻矣。史稱士奇老疾，蓋在宣德初年，至是又經十載，則此暮春之集，南陽年六十六，東陽年六十七，西陽年七十三矣。

謝庭循者，不著於畫家傳，然王文端《抑庵集》有題庭循畫《秋景》云「君今善畫得供御」，則謝君蓋當時以畫供奉者。非此卷，亦罕傳其蹟也。

跋文衡山臨黃大癡溪閣閒居圖

衡山自題云「陪吴師匏翁先生遊支硎山。山人陸子静出黄公望《溪閣閒居圖》，命余臨摹」云云。此幀，衡山自題無歲月。攷匏庵以弘治十七年甲子卒於位，年七十。匏庵自服官京師，三十餘年間，惟前後丁憂，里居不滿六載而已。其丁繼母憂，在弘治八年擢吏部右侍郎之後，則惟九年丙辰至十年丁巳，此二年中家居耳。此題云同遊支硎，則衡山年甫廿七八歲時也。然則所謂「麄文」者，是其少作，而風骨已蒼渾如此。可寶也！

跋眺遠亭卷

右《眺遠亭圖卷》，前有文待詔八分題「眺遠」二字，後有顧尚書應祥《東林山新建眺遠亭記》、駱編修文盛及尚書詩二首，皆和西園太僕韻。西園者吴龍，字九淵，南京太僕簿，終養於家。所居前邱，即建亭處。《弘治湖州府志》：「東林山，在縣東南五十四里，突兀於菰蒲溪泊之中，峰巖如繡，又名貝錦峰。上有塔，下有祇園焉。《吴興掌故》云：宋沈東老隱此。」「貝錦」，一作「具錦」者，訛也。顧尚書字維賢，長興人，弘治乙丑進士，授饒州府推官，歷遷山東布政使，尋拜右副都御史，巡撫雲南。遷南兵部侍郎，召爲刑部尚書。時相嵩自負推轂恩，應祥待之無加禮，嵩恚甚，遂調南刑部。居二歲致仕。尚書精算學，少受業於陽明。其召爲刑部尚書，在嘉靖二十九年七月，其降調在明年二月，則其致仕當在三十二年癸丑。此蹟云嘉靖二十一年八月既望，蓋是時偶家居也。嵩以禮部尚書兼武英殿大學士入閣辦事，在是年八月癸巳。是月戊寅朔，癸巳正是十六日，則顧此蹟之八月既望，❶恰是嵩入相之時，而顧方徘徊家山之側，焉知權姦之已肇哉。駱編修字質甫，武康人，嘉靖乙未進士，改庶吉士，授編修。❷以病歸，終不起。所居在餘英溪之下，自號雨溪，即《樂府》所謂前溪也。而文待詔是年七十三，家居者一十六秋矣。八分神出古逸，尤可寶也！❸

跋陸文定像册

右《明宫保尚書華亭陸文定公平生事蹟畫册》，凡三十七幅。今奉藏於公八世孫翰林侍讀學士伯焜所。公生於正德四年己巳，卒於萬曆三十三年乙巳，年九十七，詳具東阿于文定所爲《墓志》及公子司寇公所爲《行實》中。此圖自始就外傅，至恩綸特廕，九十餘年之事略備矣。學士既按年攷事，各書於本幅之餘紙，而屬方綱識於其末。

---

❶「八月癸巳」至「此蹟之」二十一字，原脱，今據刻本書眉及稿本補。

❷「授」，原脱，今據稿本補。

❸文末，稿本有「乾隆戊子冬，此卷歸予齋，壬辰夏重裝之，丁酉正月跋于此」。

方綱考公初請假在壬子，應召北上在壬申，而告歸在癸酉，此其出處犖犖大者。若夫適園引疾一幅，序次在戊辰年後，而適園之築，則經始於丙辰。此則義有緣起，事有分紀，不必盡援誌狀之文，以更畫圖之次者矣。且如公之疏復陸姓在己巳年，而掌南雍在丙寅年，則表正成均、三徵吏部諸幅，又未能專以一歲一時之事劃指之也。昔韓子送楊巨源，於漢人二疏見畫事三致意焉。蓋古人遇可傳之事，必爲圖畫以志之。若文定公生平，就其見於詩文者，若在南雍蓄端、歙諸石，號十硯主人，則可畫。年七十時，遊天台得石橋藤杖，又得木杖二，竹杖三，爲燕居六從事，亦可畫。年八十有九時，以朝衣一襲付慧日院僧，留鎮山門，則又可畫。年九十時，西林禮佛，則又可畫。於適園種杞菊，則又可畫。於九山稱散樵，則又可畫。且其在翰林也，河間李君爲作「丁未小像」。在南雍浮梁，藍生爲寫「丙寅小像」。戊寅九月，江夏吴肖僊爲寫《城南秋泛圖》。又嘗自題《篷笠圖》《野服圖》《泖塔像》《龍潭小像》。夫何彼數幀者，皆不以入册，而惟是巍科高第、膴仕華資之是紀焉？豈重於此而輕於彼歟？

蓋嘗綜攬文定立朝居里之本末，❶而得公之自敍，援宋人語以爲比，曰：「生平爲有子之白樂天，有禄之陶淵明，無貶謫之蘇東坡，無病之榮啟期。」旨哉言乎！然則畫此四先生者，舉不足以形容文定也。吾無以該括之，請舉一事以爲畫圖之總例，則文定由少至壯，由壯至老，出處進退，所以能素定而不撓者，功在於讀《易》也。世有善品畫者，統目之曰「讀易圖」，其可乎！然而公之赴召，實乃心於生民；公之告歸，豈忘情

---

❶「嘗」，原作「常」，今據稿本改。

於世事？觀其所處，皆當位盡職，而非空言名理者。則與其孤燈危坐，枕羲皇而翫京、費，轉不若此三十七幅之爲實踐也矣。是册也，既皆能傳公之心迹，又得賢後裔恪守勿墜。而學士於百八十年之後，克光世緒，所以服膺先訓，而敦行不怠，以紹前脩者，其來有自。故不敢辭，而勉書於後。

跋沈石田像

昔見王理之所畫石田像，蓋在其六十歲時，有自題七言古詩。愚嘗臨爲小軸，以供於蘇齋。今見此卷，則畫於弘治庚申，石田年七十四矣。前後自題凡四贊。前題即在庚申畫像之年，後題則正德元年丙寅，時年八十。及四年己巳，年八十三，即易簀之歲也。張贊無歲月，方贊在丙寅，徐詩在丁卯，時昌穀年二十九，成進士之後二年也。徐昌穀卒年三十三，或云年二十三者，誤。王贊則在此諸贊之前，正德改元，文恪已入相矣，此時尚爲少詹事，蓋畫像時文恪年五十一也。

蔣宥字朝恩，常熟人，工寫人物，弘治中以薦入京師，見《畫史會要》。張鈇字子威，慈谿人，博學强記，兼工篆隸真草，爲人高逸，傲睨物表，與沈啟南爲詩友，見《寧波府志》。惟方太古，他處不概見。予跋是卷時，正留意考核此人，而友人適以舒文節公《探梅説》墨迹卷來屬題，則即方太古「探梅賦詩」事也。方太古字元素，蘭谿人，别號寒谿，以布衣名播公卿間，與袁謝湖友善。人地事實，不謀而合，適以補此卷之考訂。亦文字之異緣也！此卷爲陳芳林明府世藏，後假入錢唐梁文莊齋中，故有「清勤堂」印記。而文莊嗣君幼

循，仍以歸諸陳氏芳林，持來，屬爲記於其後。❶

跋孫雪居董香光書畫合册

董文敏書唐人詩八幅，孫漢陽補圖。董書在萬曆二十九年辛丑，董時年四十七，是由湖廣按察副使任滿後，以編修養疾家居時也。後五年，爲萬曆三十四年丙午，孫乃補圖，是時董以提學再遊楚。其後又有董自題，則不著年月。有「知制誥日講官」印，文敏充日講官，在萬曆二十二年甲午，此蓋用其講幄舊印耳。孫罷漢陽守，以高拱復相，修郄於徐階，因連及孫而罷之。此在隆慶四年庚午，則作此畫時家居已久，其年亦已老矣。漢陽楷、隸、章草，皆源於宋仲温。仲温之蹟，在前代已爲難得。漢陽畫册，又有分書自題於首，雖云取法秦漢，其實仍是唐體，而遒勁之氣不爲韓、蔡以下所囿，即作仲温筆派觀之可也。

跋宗開先畫册

嘗見鄭超宗《影園畫扇册》一幅，自署曰「衍庵」，下有「承宗」二字印；又一幅題曰「姜承宗」。而此册内有「姜承宗」印，亦有「宗開先」印，又有「宗灝」印，然則姜與宗，是一人無疑。是册前，董題石刻有「衍庵」印，是即開先寓齋所勒石歟？以此攷之，則石刻之董題亦當時所原裝，非後人所增入也。故爲題曰「衍庵禪

❶ 文末，稿本有「時乾隆乙酉秋七月二十日」。

影」，即用册内開先禪影語以目之，不特足印香光畫禪義耳。昔聞開先作《晴雪》小幅，自題曰：「晴雪滿林，隔溪漁舟。如月之曙，如氣之秋。」後止題一「灝」字。同時沈朗倩名灝。觀者皆題爲朗倩筆也，惟周櫟園記是開先在高郵舟中所畫。孫退谷亦云「冷倩如對開先」矣。王漁洋聞之曰：「此可作畫家一段詩語也。」

跋邵僧彌畫卷

右邵僧彌畫卷，後有金孝章録陶隱居《尋山誌》及方知齋詩跋，並在順治九年壬辰。楊古農、王介庵二跋，並在明年癸巳。周櫟園《讀畫録》稱：「僧彌死二十餘年，梅村先生爲墓誌。❶今梅村集中此文不著卒葬歲月，而曰『君既死，且葬遲之十年之久。追憶其生平志之』。是僧彌死十年而後克葬，葬又十年而梅村銘之也。」觀此諸跋，則其殁在明崇禎之末年。金孝章生於明萬曆三十年壬寅，此跋則孝章年五十一時也。楊補，字無補，又字曰補；徐樹丕，字武子，皆吴人。楊善畫小幅，徐工八分，朱竹垞稱其「近駕文彭，遠師梁鵠」者。此卷山水，生動超逸，所不待言，而即前人往復嗟賞，流連興感之意，亦豈應僅作筆墨觀乎！翰林曉坪鄒君持來，歎賞不已，遂留於予齋。❷殆若有夙緣者！❸

---

❶「墓誌」，稿本作「誌墓」。

❷「遂留於予齋」，稿本作「遂久留几案間」。

❸文末，稿本有「乾隆戊戌元夕後一日北平翁方綱跋」。

跋五客話舊圖

是卷，今藏澤州陳氏，蓋禹慎齋爲午亭先生作者，故汪蛟門記中以感舊之思屬陳公也。公官户部尚書時，曾屬虞山王石谷爲作《午亭山邨圖》，此蓋在其前之十有五年，公年尚壯，與四公爲文酒之會，是時康熙二十一年也。新城王漁洋、崑山徐健庵兩先生，與午亭同遊，人所習知矣。郃陽王幼華，名又旦，别字黄湄，順治十五年進士，知安陸、潛江縣，除吏科給事中，轉户科掌印給事中。汪蛟門，江都人，康熙四年進士，爲中書舍人。戊午舉薦，以未終制，力辭。後以主事入史館，充纂修官，尋補刑部，仍直史館。予嘗見其小像，曰《少壯三好圖》，蓋用《南史》蕭彦瑜語。後有幼華題句，亦在壬戌之春。蓋諸公相聚都門，一時紀勝，又得慎齋名筆寫之，令人歎羨，不啻置身其間，與諸公晤對者。是時幼華又作一圖，曰《五子論文卷》，漁洋有詩曰：「馳情渭北樹，注目江東雲。不是顔光禄，誰當詠五君。」其圖詳見汪舟次《悔齋集》，乃王幼華、吴野人、孫豹人、郝羽吉、汪舟次也。恐聞者誤指爲此圖，故附及之。❶

書王文簡載書圖後

新城王氏先世藏書，多燬於兵火。至文簡兄弟宦遊南北，始次第收蓄。康熙乙巳，文簡自揚州歸，惟載

❶ 「及」，稿本作「記」。

書數十篋。及官京師三十年，俸錢悉以買書。爲都御史時，秀水朱檢討爲作《池北書庫記》。至辛巳夏，請急還葬，出都時，命柴車載書以行，其門下士爲畫《載書圖》以紀之。後八十二年，而是圖歸於予。謹録先生著録所具卷第者凡五百五十餘種於後，使學者知先生枕藉經籍之勤如此，非僅空言神韻，以爲不著一字者比也。

然予竊又有説者：先生於甲申十月罷歸里居，尚在此後三年。且其年十月即赴京師，計是時載書之行，家居財三四月耳。況以先生之詩攷之，所謂鎔鑄經史、貫串百家之作，多在蜀道、南海壯盛奉使之年。而其晚歲里居，所謂《蠶尾續集》者，僅寂寥短章而已。雖不敢以才之盛衰輕量先生，而其精華所聚，在此不在彼，固有明徵已。夫士人少習舉業，非兼人之力，則往往不暇探討古籍。幸而獲第，則又牽於職事，公私酬應，復不暇窮極研覈，往往爲晚歲歸讀之計。於是，讀先生集者，把是圖而艷羡之説者，率以爲此好學深思者所有託而作也。《論語》曰：「仕而優則學。」夫人學古入官，惟典常作之師，動止啟處，何往而非經訓之腴、文章之實乎？乃必待晚年，謝絶人事而爲之。非其藉口於高尚，則其開啟乎放誕，均之非正也。

吾每服董文敏論書，謂「山中自恃多暇，往往不如吏牘之餘」。況所謂真讀書者，元止在童而習之之諸經正史，穿穴翫索，且終身不能竟矣。彼撥棄目前常見之書，而高談耳目之所未及者，本非讀書，直以邀名耳。少時所讀既不得云讀也，因以待諸登第之後。壯年所讀又不得云讀也，復以待諸歸田之日。人必舍目前得爲之光陰，而務矯爲好高沽譽之舉，其何益之有哉？即以漁洋先生，一生精詣畢萃於詩，其不知先生而輕加抨彈者勿論已，即其知愛先生者，必博取古今之能事、藝文之衆長，悉以歸諸先生，而於其詩之真實超逸，或反未有以盡知之。猶之言新城之學者，於其平日綜覽薈萃之實際皆不之詳，而獨舉是圖以爲先生好學博古之一驗，是豈善學先生者乎？今去先生雖遠，而是圖猶在，因以想像爾日門牆景仰之餘韻，雖不敢謂私淑於先生，然先生必應聞而心許之！

題漁洋先生戴笠像

先生非戴笠人也，而其門人常贊之曰：「身著朝衫頭戴笠，孟縣眉山共標格。」夫蘇有笠圖，韓則無之，乃以爲共標格者何哉？愚以爲此詩家之喻言耳！古今不善學杜者，無若空同、滄溟，空同、滄溟貌皆似杜者也。古今善學杜者，無若義山、山谷，義山、山谷貌皆不似杜者也。夫空同、滄溟所謂格調，其去漁洋所謂神韻者，奚以異乎？夫貌爲激昂壯浪者，謂之襲取；貌爲簡淡高妙者，獨不謂之襲取乎？漁洋先生提唱「唐賢三昧，無迹可求」之旨，其胸中超然標舉，獨自得於空音鏡象之外者，而其一時友朋門弟子，或未之盡知也。此當時畫者，但知以戴笠之況寫其蕭寥高寄之神致，而於先生之實得究未能傳者也。先生嘗謂杜陵與孟襄陽不同調，❶而其詩推孟浩然獨至。若宋之山谷、元之道園，皆與先生不同調，而先生尤推述之不置。則知先生論詩，初不系乎形聲象貌之似矣。然則當時畫者之貌先生如此，其門人之贊先生如此，而今日方綱之以所見見先生又如此。此趙松雪贊杜陵云「先生有神，當賞此意」者也。天都朱舍人，詩人之雋

❶「調」，原脱，今據稿本補。

也，摹是圖屬方綱題其後，竊舉其所見者以質之。

題王文簡公妙高臺題壁圖

此圖絹本，作江上高臺，臺上寺，有坡公、了元二像，而文簡道裝，拂壁欲題。下有「張翥蒼厓」印，知亦揚州所畫也。其以文簡像作道士裝者，則文簡《庚子稿・金山題壁詩》云：「浄業庵前竹樹園，妙高臺畔落霞飛。閒身回憶三生夢，曾乞雲山舊衲衣。」據此，則是詩是畫，正是同時所作，作於庚子之冬，文簡年二十七時也。文簡又有《金山題名》，云：「登妙高臺，拜東坡先生像，想見袁綯歌《水龍吟》於此，公爲起舞，差强人意，附記於此。」或因道裝之假借，謂與先生他像不甚肖而疑之。愚謂先生特偶然寄興爲之，亦猶晚歲所作《禪悦圖》借袈裟裝耳。豈必其皆一致相肖邪！趙松雪寫坡公像，亦云「先生有神，當賞此意」者耳。

跋漁洋讀書圖

先生《池北偶談》云：「往在京師，吴門文點爲予作《讀書圖》，汪苕文題詩云：『退朝簾閤細論詩，恰似空山落木時。借問鄰家競笙管，一絇能絡幾多絲？』後改作『一絇絲落幾多時』。一日讀馬永卿《懶真子》云：『諺云：一絇絲能得幾時絡。喻人逐目前之景也。絇，當作綸，《太玄經》絡之次五曰：❶「蜘蛛之務，不如蠶

❶ 「絡」，據《太玄》，疑當作「務」。

一緰之利。」緰音七侯反，與絇音同。』」按：此詩，今《堯峰集》已删去不載。先生生於前明崇禎七年甲戌閏八月二十八日，至康熙七年戊申，年三十五矣。此蓋是年八月文與也爲先生祝嘏之作也。與也少先生一歲，是年三十四也。是年，先生在禮部遷儀制司員外郎，正其與汪苕文、梁曰緝諸君爲文社之時。是時，文與也亦爲梁御史曰緝作《江邨讀書圖》，先生題句有「江鳥江花」之句，苕文以詩譏之，曰：「江南於汝關何事？賦得愁心爾許深！」而先生又爲苕文題《焚香掃地圖》云：「朱門鼎鼎厭粱肉，忍飢誦經無此人。娜如山中好水石，他年真作孟家鄰。」正是此幅本色語也。曲阜桂未谷摹是圖來屬題，爲攷其時事如此，而系以詩。

又跋漁洋讀書圖

右《漁洋先生秋林讀書圖》，長洲文點與也爲先生祝嘏作也。絹下左方有「戊申八月寫，爲阮亭先生壽。文點」小楷十三字。是年先生年三十五，官禮部儀制司員外郎，與汪苕文、梁曰緝諸君在都下爲詩文社集時也。文與也少先生一歲，年三十四矣。此幀有施閏章、方亨咸、汪楫、梅庚、葉方藹、彭孫遹、張玉書、汪琬、陸嘉淑、宋犖十人題，皆七言絶句。葉詩有「兩翁跂脚西窻語」之句，乃知畫中西樵與阮亭也。

乾隆丙午夏，新城邑宰劉君大紳於王氏購得此軸，攜往滇南。時曲阜桂未谷摹以寄予題識。其後十年，未谷始以摹軸來贈，然文與也原軸未得見也。今年春，劉君自滇南寄此原軸來京師，屬予題之。爰倩水屋道人重臨此本，并求諸君詠之。於是去未谷初摹時，又二十年矣。

跋桂未谷所藏夫于亭第二圖

《夫于亭第二圖》，漁洋門人程鳴作也。鳴字友聲，號松門，歙人，儀真籍，庠生。學畫於僧石濤，又參以程穆倩法，著名江淮間，嘗畫漁洋詩「緑楊城郭是揚州」之句爲圖，漁洋云「松門詩名爲丹青所掩」者是也。漁洋《古夫于亭稿自序》云：「長白大谷之東，南北兩峰谺然，中間有小山突起，當綰轂之口，曰于兹山，又曰魚子。其下有流水，即《水經注》魚子水也。山之上有夫于亭，相傳陳仲子灌園處。予别業在其下，坐卧艸堂，朝夕與此山相對，遐思仲子之高風，慨然如或遇之。因以古夫于名堂焉。」按《漁洋年譜》，康熙四十五年丙戌，先生年七十三，居里中。其夏四月，往于兹山别業，憩夫于艸堂。山有古夫于亭，取義於此，即陳仲子所居抑泉口也。是年所得詩九十一篇，爲《古夫于亭藁》，大名成周卜名文昭爲校刊於京師慈仁寺。今此書不可得見，而此圖猶存。長山學官桂君未谷得之以寄予，屬爲重裝題記。因效漁洋手書，書二詩於畫幀之右，并邀都下知好爲之詩，以歸桂君。庶幾髣髴先生遺韻於什一爾！

跋二十四泉艸堂圖

右《歷下王秋史二十四泉艸堂圖》，大興方一峰畫。畫中不系歲月。予曩曾題江寧高樹嘉所爲《秋史二十四泉艸堂圖》，其圖作於康熙四十五年丙戌。秋史《蓼谷集》有乙亥冬自作《圖記》，云：「去年客於江寧，屬吾家安節爲圖。」此其第一圖也。今此卷方一峰畫者，有辛巳吴題、壬午何題、癸未吴記，則此圖當作於四十年辛巳。其癸酉田山薑詩，蓋寄詩在前，圖成裝入者也。此爲第二圖矣。予前所題者，是其第三圖，但不知王安節所作第一圖，今落誰氏耳。此圖純作雪景，蓋是冬在京師所作。漁洋二詩題於第三圖者，是其親筆。此卷則漁洋門人陳子文代筆，漁洋爲刑部尚書，而陳子文以户部郎中分司大通橋時也。蓋此卷之迹，多出於前後數年中京師所題，故東塘有「燕臺舊好」之語。方子坳堂爲秋史鄉人，官居京師十餘年，與予樂數晨夕，聯榻尋詩，非一日矣。今予校士來江西，而坳堂出守饒州，攜此卷來屬題。江城聚首，挑燈感舊，不啻諸先生唱酬追憶之懷也！予前所題第三圖，今在萊陽初頤園編修齋中，有歷城周林汲手記數百言，於秋史出處之概言之最詳。他日與諸君把袂懷人，續新城之詩話，補日下之藝文，當又追記我二人讀畫論文於南昌使院時也。

跋王秋史二十四泉艸堂圖

右《歷城王秋史二十四泉艸堂圖》，江寧高樹嘉作，秋史里人周林汲編修記於其後，述是圖原委最詳。按于侍郎所記歷下諸泉，自金線泉以下，著名者凡七十，合之趵突、百脈，爲七十二。其曰望水，在萬竹園内者，爲第二十四也。田蒙齋序曰：「二十四泉草堂者，王生秋史書屋也，依歷下城西郭，泉曰望水，蓋濼水之旁出者。明殷棠川相國築川上精舍於此，今斤竹已盡，大石猶存。王生葺屋詩曰『百年竟落書生手，滿郡猶呼閣老亭』是也。」予曩見《秋史寒柳圖》，有丙申冬水枝軒自跋，云：「望水泉上柳數株，相傳通樂園舊植。余家泉上，自康熙丁巳八月，與此柳數晨夕者二十五載。自壬午爲鄰人斫伐以來，存者髡顛偃僂，如垂老人者又十五年矣。」此圖作於丙戌，則秋史居泉上，至是三十年矣。❶漁洋二詩，今《帶經堂集》僅存其一，題稱「孝廉」，蓋作于秋史未成進士之前也。顧俠君《題寒柳圖後》云「秋史年五十始成進士」。今以林汲所記攷之，秋史卒於庚子，年六十，則其成進士時四十六歲耳。不知孰爲撮記之詞也？湯西厓《送秋史詩》注云：「予在禮闈，最後得秋史卷。」亦丙辰冬作也。是冬，西厓又有《趙豐源太守招遊龍門香山》之作，即卷中趙于京是也。高樹嘉爲蔚生子。蔚生名岑，兄康生名阜，並有畫名。然其時稱金陵八家者，謂龔賢、樊圻、高岑、鄒喆、吴宏、葉欣、胡造、謝蓀，而康生不與焉。今林汲所引蓼谷跋中，以「二高」並稱，此亦足資畫家證佐也。秋史《寒柳詩》作於丙申十二月，予亦恰於丙申十二月題其卷。今又八年，而獲見此卷，文字之因，蓋非偶然已！爰識其概而作歌於後。

題趵突泉上石

此王秋史二十四泉艸堂石，舊在殷文莊通樂園，相傳是元贈行省平章張雲章四友石之一也。石高九尺六寸，在趵突泉之南，蓋望水在西也，俗名龜石。然予攷《二十四泉草堂圖卷》内，王方若詩注云麟遊石也。此是方一峰所畫第二圖，蓋康熙四十年辛巳所作，藏坳堂觀察所，今燬于火矣。賴予此記傳之。

---

❶「此圖作於」至「三十年矣」十八字，原脱，今據刻本書眉及稿本補。

跋石谷畫卷

右王石谷《竹卷》，卷後原有石谷自書名，下有「石谷」二字印。裝潢者謂其字不工，割去，可恨也！僕因記王虛舟所説一事：石谷昔居太倉東園，爲唐東江作《溪山清遠圖》，東江欲石谷自書名於後，石谷云：「吾書不佳，得先生詩題於後，足千古矣。」已而東江赴禮部試，不及作詩，其圖遂無欵。虛舟謂「畫足徵信，何事於欵」是也。然吾又因此而不能無説者：虛舟評畫，每右南田而左石谷，謂「惲本天工，王由人力，有仙凡之别」。又云：「南田胸有卷軸，石谷枵然無有。在南田蕭蕭數筆，石谷極力爲之所不能及。」篛林此論，蓋爲世俗多貎南田花卉，不知其山水之入逸品而矯正之云爾。

然以愚見平心論之，南田畫，逸品也；石谷，神品也。近日學者於石谷之畫、阮亭之詩，或有厭薄不屑道者，未必非此等好高之論有以啟之。是以愚深不欲以祝枝山小楷遂掩出文衡山之上。蓋爲今時學人計，與其好爲高論，日日博綜馬、鄭而輕議宋儒，動輒駁程朱之舊解，視學塾平近之書皆不屑爲者，此皆適足以長傲飾非而已！畫雖小道，然士君子持論宜歸於平實。況石谷書法，未必遜於唐東江之詩，且其胸中亦不至篛林所云「枵然無有」者。恐後學有執此語以爲信者，故因此卷而并及之。

跋石谷仿大癡山水卷

右王石谷仿大癡山水卷，自題在己未六月，而竹垞詩在庚午，相去十二年。然《曝書亭集》此詩編在丁卯歲，題云《王翬畫三首》此其前二首。其三：「王郎老去畫尤工，橫幅吴裝仿惠崇。曾記北高峰頂望，村村風景似圖中。」而《騰笑集》載前二首，題云《王翬夏山圖》。《騰笑集》正是己未應博學宏詞入都時所作，則所謂《夏山圖》，豈即指此歟？而全集乃編入丁卯，何也？己未，是康熙十八年，石谷年四十八。而第三詩有「王郎老去」之句，則王文簡《居易録》載：石谷辛未來京師，竹垞題其畫册「王郎老去」云云。是時石谷年六十，正與「王郎老去」之句相合。竹垞全集編入丁卯者，未可爲據矣。是三詩非一時所作，而此第一首語與是卷尤相肖，觀者慎勿執《曝書亭集》而疑之耳。

書望溪蔗經二先生像後

歸安丁小雅進士，博聞多師，其於前人緒論，無一字肯輕過。嘗於書肆得宋王東巖《周禮訂義》數册，蓋桐城方侍郎望溪與吾邑鍾儀部蔗經二先生同修三禮時，蔗經以紅筆點勘，而望溪以緑筆覆閲者。餘姚盧抱經學士既爲跋。一日，小雅持是書來贈，而屬予摹二先生像，且俾題其後焉。予生既晚，弗獲見望溪先生，而蔗經先生則獲侍側者最久，瞻像而觀手蹟，得無感於心乎！蔗經之省親宿遷也，望溪贈以文，在雍正庚戌之秋。時有謝浣雲者，贈蔗經詩，有「松林密處開三徑，雲水光中注六經」之句，計其時尚在修禮之前，而蔗經之勤於治禮固已久矣。望溪與鄂少保書云：「僕與鍾君反覆討論，以求其貫通。所費日力，幾與特著一書等。《周官訂義》删翼諸本，僕皆嘗點定之矣。」是書内有小紙，云「方先生送來四册」。然緑筆止半册，是望溪手勘《訂義》又别有全本，而此則其與蔗經往復商確者歟？望溪既以「王之大事」一節系象胥，而又謂宜入小行人職。雖此書後卷未全，然竊恐修三禮時，望溪亦未敢執自記之説以爲質也。予始識蕉經先生時，爲乾隆丁卯夏，先生訪先大夫於日南坊寓齋，論析亹亹，笑貌如昨。至乙未冬，始見先生《注經圖》，題其後。今復爲小雅題此像，而經義蕪陋，有忝於先生曩昔期許之意。展卷慨然，不禁愧汗之交集矣！

題惠定宇像後

愚十六年前題惠松厓小像，云：「紫陽舊説證如新，不獨功臣又争臣。」蓋因惠氏《周易本義辨證》一書，爲讀《本義》者足資攷訂云爾。今重展此軸，見盛君柚堂題識，并及於《禘説》《明堂大道録》，則似專舉其異乎朱子之説以爲誇博。愚竊懼焉！惠氏於諸經，硜硜守師法，其所著諸書具在也。至其《禘説》《明堂大道録》，則泥於鄭説而過甚者。《祭法》首段，楊信齋之説當矣。孔疏欲傅會鄭説，以禘爲祭天，不得其證，乃援《爾雅·釋天》之文以佐之。不知《爾雅》此文自言祭耳，不言祭天也。但讀下文「繹又祭也」，其義自明矣。安得援《爾雅》以爲祭天耶？惠氏因讀《易》而及禘，又因禘而及明堂，不可爲據也。恐因盛君此識并愚詩「紫陽争臣」一語皆蹈失言之愆，而開後人嗜駁程朱之漸，所關非細，故不得不復識於此。

鄭雨亭扁舟遠眺圖跋

昔坡翁題李世南畫，有「扁舟一棹歸何處，家在江南黄葉村」之句。鼂補之記右丞畫，亦云「與騷人之思無以異也」。屈子之詞曰：「帝子降兮北渚，目渺渺兮愁予。嫋嫋兮秋風，洞庭波兮木葉下。」此古之感激勞懷之士，不得已而爲是言者，而以喻夫江鄉閒澹之趣者，何哉？海陽鄭雨亭以詩思入畫理，而有《扁舟遠眺》之幀，予於辛卯秋題句其後。後十二年，雨亭遊京都，訪予蘇齋，重出是圖，俾予識之。夫曩者雨亭之爲是圖也，身在嶺嶠，與鄉井比邇，若無所用其勞懷之感，而其興象所寄，不減古詞客之爲者。則以今日與予握手燕薊，訂玉局之舊盟，迴望南雲，渺然數千里之外，乃適有合於騷賦之揣稱。而予益不容已於言矣。

題釣魚臺圖卷

郊西釣魚臺，金人王飛伯舊蹟也。癸未初夏，與圖塞里學士裕軒先生自西苑歸，值微雨，❶攜手步遊於此。裕軒語予曰：「吾將買其旁隙地半畝，規爲艸舍。俟其成，邀君飯焉。」予以爲聊戲言耳。其秋，予視學廣東。八年而歸，歸而裕軒結屋養疴於此。自此，每春秋佳日，邀同人爲禊飲文字之集，如是者十餘年。裕軒逝矣，此茆舍亦不復可蹤迹。予昔年嘗爲裕軒作記，擬勒石而未果。此數年中亦屢倩友作圖，皆未遑裝輯成卷也。癸丑秋，得見馬秋葯刑部此圖，追憶前事，悵然題於卷後，不啻昔人畫中觀畫也。於是，去先生初約來遊時，三十有一年矣！

❶「值微雨」三字，原脱，今據刻本書眉及稿本補。

題董文敏待漏圖

右董文敏《待漏圖》，不著年月。據後跋，知爲文敏之孫建中所藏。文敏生於嘉靖三十四年乙卯，天啟五年拜南京禮部尚書，其明年告歸，至崇禎四年辛未後，以禮部尚書兼掌詹事。此《待漏圖》，蓋壬申、癸酉間，年七十八九時事。然此圖當是甲戌歸里後所追寫，有江湖魏闕之思焉，非後人拾殘畫補裝者也。

復初齋文集卷第三十五

大興翁方綱撰

門人侯官李彦章校刊

題丁達夫大漢晉甎文册

金石文字，積而爲陶瓬文字；瓦當之文，又起類爲甎文。朱竹垞雖誤指五鳳石刻爲甎，而所跋已有吴寶鼎甎矣。至近日，阮芸臺有八甎精舍，張芑堂、張叔未、徐雪廬諸君皆有古甎之記。今吴興丁君達夫，亦以古甓名齋，手拓題識爲册，信篤古之勤矣。嘗與吾友錢辛楣論金石之學，亦未可盡據以駁史誤。然如《晉書·惠帝紀》失載「元康」年號，又如唐文宗「大和」之訛「太」，遼道宗「大康」「大安」之訛「太」，「壽昌」之訛「壽隆」，實賴拓本以糾正之。又如歐陽《集古録》，以不見西漢字爲憾。而今芸臺有五鳳甎字，達夫此册亦有元鼎甎文，其背有五銖泉字，銖字反字，亦皆足以資多聞識者。四十年前，吴興丁小雅、陳無軒日來吾齋賞析古刻。今復見達夫此册，考識尤詳，而陳君有詩，已是其老年頹筆，尤可感也！時方與門人葉東卿考訂劉斯立《秦篆譜》，重摹勒諸石，正在坊南無軒考金石之舊屋。追惟舊友，風味如昨。而小雅手訂古刻叢鈔細字，至今尚存吾篋。昔語小雅：學宜精專，博而知要。未知其嗣能裒輯成帙否！

題先大夫手蹟後

乾隆四十七年壬寅之秋，方綱五十初年之辰，敬奉此册以示坐客，且屬客勿以頌祝之辭書後。方綱竊伏自念：數年來學業不加進，而聞譽日以增。夫聞譽日增，則驕惰之心啟；學不加進，則荒廢之弊百出，而未知所極。韓子有言：其不爲君子，而必於小人之歸也。昭昭矣，書此以自警！

跋尺册 庚子

未谷以所蓄古今尺諸拓本裝軸，屬題，且曰：「鄙意以見今部頒營造尺與建初尺爲主，餘皆揣測不足據。許祭酒、鄭司農尚不能定周尺，沈冠雲乃據秦氏欵識以分田制禄，未可遽信也。敝邑周尺雖與王得臣《麈史》同，亦難憑準。考古尺者，或以指，或以黍，或以錢，或以蠶絲馬尾，法雖殊而失則一。即如今之依建初式造木尺者，展轉仿效，强弱不齊。況未見古尺，而以意爲之者邪？」此論質直分明，無煩以多攷辨爲者。即書其語題之。抑予向見新莽貨布，以建初尺度之，與《漢書·食貨志》所載尺寸相合。又以烏傷王氏《硯記》所載未央諸瓦尺寸，與此尺較，亦無不合。然則此建初尺，蓋可以審定古今諸尺者也。

跋南唐研

右南唐官研，有「永叔」二字手押，并「輕車都尉」印。按皇祐三年辛卯，文忠由潁州改知應天府、兼南京留守司事。其前一年八月，復爲龍圖閣直學士。是年十月，以明堂覃恩加輕車都尉也。此記見於公雜著《試筆》卷首，有元祐四年坡公跋。集本官研上多「南唐」二字，當以研背此刻爲正也。嘗見文忠《與通理十二郎家書》云：「歐陽氏自江南累世蒙禄列官，故於南唐舊物，每致感歎！」是年文忠與梅聖俞相約買田潁上，時年四十五矣。此研今歸治亭宗伯。癸丑臘月之望，集同人於石經堂，展對半日，因爲拓其文，題其匣，而附跋於後。

跋薛文清硯

硯背篆「萬里橋西一草堂」七字，題云：「余四人以有事在蜀，因遊杜工部浣花溪上之草堂。過遇仙橋，憩青羊宫，見兹研，異之，遂售以歸。仍取子美句志之。河津薛瑄、李匡、張固、羅俊同鑒賞。」按《明史》本傳，不載薛文清至蜀之事。此研亦不載年月。李、張、羅三人者：李匡，浙江黄巖人。宣德丁未進士，以僉都御史巡撫四川，討平草塘大壩諸寇，著有勞績。張固字公正，江西新喻人。宣德癸丑進士，官吏科給事中。景泰元年，給事中李實請於四川行都司設鎮守大臣，乃遷固大理寺右少卿，鎮建昌，有政績。三年，還理寺事，山東盜起，奉使督捕，賑卹流民。盜弭後，還，卒於官。羅俊字承彦，江西泰和人。正統戊辰進士，官御史。景泰中按蜀，公廉勤慎。著有《奏議》及《理冤録》行於世。據此，三人宦蜀，皆在景泰時。而張固於景泰三年後即還都，則薛文清之至蜀，當在其出督貴州軍餉之時。文清以大理寺丞奉使，事在景泰元、二年間，文清年五十八九也。《河汾集》有《瀘川褒斜道中》諸詩，蓋即此時作也。曉楓少詹持是研見示，因爲攷其大略。此研蓋曉楓婦翁家物，後五年乃歸予齋云。

題顧氏陔蘭圖册

南華先生作是圖，在戊午九月，時峩山先生已家居矣。予兒時，於外祖張方九先生齋見峩山手挍《四書大全》，皆紅筆細書，與此題字無異。方九先生受業於峩山，每與洪善長儀部慨想前輩，此景如昨也。潘陋夫題此時，年七十有九。予有其八十所題《化度碑跋》，則明年庚申也。崇脩是竇應喬介夫石林侍讀第三子也，此題在己未四月，蓋其晚年書矣。予所藏《化度》宋拓本並有二君跋，故詳著之。

書菊字後一

《月令釋文》：鞠，本一作菊。《説文》：「蘜，治牆也。牆，《繫傳》作蘠。从艸，鞠聲。」徐鍇謂：「《爾雅》注：即今之秋華鞠也。」又曰：「蘜，日精也，以秋華。❶从艸，𥸨省聲。」徐鍇謂：「《本艸》：蘜，即九月黄華者，名女精，一名女華也。或省作蔛。」又曰：「菊，大菊蘧麥，从艸，匊聲。」鞠字，則：「蹋鞠，从革，匊聲。」然四字皆居六切，而蘜从艸鞠聲，菊从艸匊聲，鞠从革匊聲，則此三字者，所从皆从勹布交切。之字也。蘜，从艸，𥸨省聲。𥸨，酒母也，从米，𥸨省聲。蘜又省作蔛，亦與𥸨之或省作䊊相類。則此一字者，所从是从𠔁人之字也。

❶「以」，原作「似」，今據《説文解字繫傳》改。

宋吴仁傑《離騷艸木疏》云蘜通作菊，❶非是。則蘜、䕮之可通，未有議之者矣。然吾謂未有一字可以兩从者也。《夏小正》「九月榮鞠」，傳曰：「鞠，艸也。」注曰：《月令》「鞠有黄華」是也。《爾雅》：「蘜，治蘠。」注：「今之秋華菊。」疏：「蘜，一名治蘠。郭云今之秋華菊。按《月令》：季秋，菊有黄華。《本艸》：菊華，一名節華也。」菊字，則《爾雅》「大菊蘧麦」，注：「一名麥句薑，即瞿麥。」疏：「藥艸也。《本艸》云：瞿麥，一名巨句麥，一名大菊，一名大蘭。陶注云：今出近道，一莖生細葉，花紅紫赤，可愛，子頗似麥，故名瞿麥。」據《爾雅》，則菊自爲一物，而䕮、蘜、鞠，皆秋華也。據《説文》，則鞠、匊各一物，而蘜、䕮，皆秋華也。據大小《戴記》，則鞠、菊，亦皆秋華也。惟酒母之「䕮」、理皐之「𥷚」，則皆从八人。然《説文》「鞠」字下云：「或作𥷚，从竆。」刻本作𥷚者訛。則是从勹之字，通从八矣。又「𥷚」字下云：或作䴹，「从麥，鞠省聲」。則是从八之字，通从勹矣。吾又未見各相从之字，而彼此可互通者也。且如「蘜」之或體：篆作[illegible]、隸作蘜；「𥷚」之或體：篆作[illegible]、隸作𥷚，如必由今本《説文》之注釋推之，則同一秋華，而或書爲菊，或書爲[illegible]，其可乎？或曰鞠，或曰𥷚，其可乎？是則何以律夫六朝唐人以下之訛別者耶？然則讀《説文》者，既無古本是正，是不可以不辨矣。

❶「木」，原誤作「本」，今據文義改。

書菊字後二

蘜、蘜，皆秋華也。鞠、菊、鞠，皆或體也。後人喜省便，故多書爲菊，不必援「大菊蘧麥」也。約而言之：蘜，本字也。鞠、菊，皆蘜之省也。蘜，則蘜之通也。鞠之省無別義，鞠、菊之省有別義。豈唯別義而已，鞠之省，艸也，非「蹋鞠」之「鞠」；菊之省，革也，非「大菊蘧麥」之「菊」。六書中多有如此者，猶夫似口者之非口，似田者之非田云爾。如曰「鞠」是而「菊」非也，則「鞠」可省艸而「菊」獨不可省革乎？此偏詞也。若以字之託始言之，則「匊」乃諸字之所由得形也，勹，又匊之所由得形也。居六切之外，又有驅六切，然匊乃諸字之所由得聲也。勹，象人曲形，則曲爲聲，人爲形，是乃此諸字形聲之本也。然曲亦形也，曲亦事也，曲亦義也，不曲之形而人之形，吾不信也。

書楊孺人行略後二首

國子監生武進徐君書受，應京兆試之前十日，手所爲母孺人《行略》，泣且拜曰：「願爲文以傳。」而傳、誌、表、誄，皆已先具。則取其所爲《行略》再三讀之，書其後曰：「有文如此，可以傳母矣！」人子遭喪，述行事，皆曰詞無倫次。至如徐君此篇，乃實閉目即身在母旁，數十年瑣事絮語，真若重復經歷一次者，後人勿漫作文字觀也。吾最不喜觀今人長篇行狀，至一二紙後，伸讀輒倦。今日燈下讀此篇，字皆捫之欲立，異哉！淚乎？血乎？中間痛絶處，必母之精神附之，吾不得而知矣。君泣且拜，更進而言曰：「先祖嘗病，食少輒嘔。吾母聞聲趨問，遂輟箸不食，如是者二年。每晨起焚香，拜天流涕以禱。族兄夢臯貧，嘗乏食，母周之，一日來，母方借米一斗，分其半予之。」偶舉此一二《行略》所未及者，則母之行，能爲人所難能，未可更僕數也。徐君詩文皆有成立，既自能傳其母，而猶惓惓乞文以傳之。觀其心神，都不在應舉業，直以想像母之行事爲其終身職志者。視其文尾，則明日即母諱辰，急書此於後，以慰君意。金石可裂，風雨欲來。誰實有以致之？❶性情何物，至於如此！

予既書楊孺人《行略》後，夜不能寐，忽若濤瀾變眩、震懾怵慄者。即如後段中：「女兄某氏退而言也，某月日，母禱姑疾，弗差。夜隔寗視之，燈熒熒，淚注案，左袒臂，右持刃欲割。急以姑命唤之，乃止。旦曰恨吾止之，無以成其孝也。」翁子曰：殆非也。割股非禮也，惡其專而遂之也。遂則亦弗諫矣，君子不忍罪其專也。然情之所動，無所假以止之，一往而不可遏也。無權度則不中，待權度則不誠。不中，於義歉；不誠，於仁虧。仁至義盡者，聖人之所難也，而可望之婦女乎哉？然則其一聞姑唤而即止者，義足而仁全矣。是止之者乃所以成其孝也，復何恨女兄某氏者？第無意中自述耳，非固欲表母之行也。孰知學問之事，體道之深所未能曲中者，忽於闈幃數語得之。此經訓之義疏矣！因併記此於後，他時以附入《孟子》《小戴記》條下也。

❶「誰」，稿本作「皆」。

題邵思魯窒廬

同年邵蔚田侍讀，自名其廬曰「窒」，取《損》大象傳義也。侍讀既歿七年，厥嗣思魯來就京兆試，求予書，且告之曰：窒，《釋文》或作恎、懫，塞也，止也。凡人始奮者窒易，承基者窒難。傳曰：損，先難而後易。子於斯廬也，思過半矣。

跋昔緣帖

宋人《贈南岳夢英詩》三首：「其乘舟南去」七絶，是禮部侍郎、參知政事蘇易簡送英公二首之第一首也。「悟解真空」七律，是朝請大夫、尚書司門郎中韓傳奉揚英公詩匠作也。「三事天衣」七律，是康州刺史、知同州軍州事陳文灝喜英公相訪作也。石刻於咸平元年正月三日，其書似柳誠懸，蓋即英所書也。坊賈有摹此三詩刻石，後題曰柳公權書者。予兒時初學書，輒臨寫焉。予室韓宜人幼習書史，亦從是帖始。宜人來歸予，已年逾二十，相與追惟幼學，適相印合。竊訝天假之墨緣也！而其帖失去久矣。今又三十年，吾二人年皆五十，予始得見此石真本，知爲夢英所書。追想疇昔之事，裝爲此册，以其中間有「昔緣」二字，題之曰「昔緣帖」，以供宜人晴窻展翫，恍如兒時風味焉。嗟乎！予家寒素，無片紙之儲。歲庚申，予甫八歲，一日先母往外家，攜此帖歸。予啟篋，欣然，自此始知臨書。今積金石文至於二千卷，而獨惓惓於此者，不忘舊物也。附系二詩，題於帖尾。

自跋提要舊草

此二十年所寫提要艸藁。爾時凡遇金石著録諸書，予輒擬作提要，亦有舊日所爲題跋之語，借提要以發之者。錢辛楣自裒輯所作金石題跋，彙成數帙，有欲借看者，辛楣輒曰：「不可借出，恐公等摘取入提要，即不得爲我有耳。」一時同人譃語如此。今辛楣在數千里外，偶值舊拓本不得共几攷析，輒念此語也。象庭裝予此紙來屬題，❶輒縷縷書於後。適得黄秋盦札，秋盦大病甫愈，猶能手剔從來未著録之漢碑，兼手艸以見寄。恐從前談金石諸家，無此精力！附書於後。

書引達彌月諸册

桂未谷題予《彌月册》云：「所贈皆鈴鎖鞻襪等，非書籍文字也，而覃溪能自致於科名！」此固其過譽語，然吾今欲借以題此者，小孫引達彌月之贈，則有古泉、古墨、漢畫、祥瑞石刻、宋織魁星軸諸品，視昔十倍過之。吾家本寒素，豈敢以科第仕宦爲榮誇乎！自今更當篤根本，安樸陋。約舉數者：即如首飾勿用黄金，童髫勿衣裘服，蔬勿兼味，筵勿象箸之類；即如戒飲酒，戒殺生，戒博簺彈唱，敬惜字紙之類。即如講經術勿畔程朱，講攷訂勿嗜岐異，講詩文才華勿涉浮艷之類，期於時刻兢兢畏懼，檢點心田，勿奢侈，勿放逸，

---

❶ 「象庭」下，稿本有「世兄」二字。

養厚福，留有餘，克己省身，防微慎始，庶其可長守乎！

跋新城陳氏家訓卷

昔王文成戒子弟語，揭諸客坐，題曰「私祝」，實則家訓耳。吾見士大夫家多刊其文以銘坐者。其論固甚正矣，然於訓子弟之法戒損益，尚未嘗詳盡之。吾每思《顔氏家訓》一書，既爲考訂家所資矣，而我國朝《朱子家訓》，於日用事爲頗極切要，此是康熙初崑山朱柏廬名用純所作，世乃訛傳爲朱文公家訓，竟不知柏廬矣。三十年前，嘉興王若農尚珏以其父惺齋啟元手書家訓裝卷，屬題。中多可法可傳語，惜未備録之也。今得見陳石士編修以其祖凝齋先生家訓裝卷屬題，其詳密諄切，更過於王氏卷。蓋此有二義焉：一則其庭聞之篤實爲有益也；一則其子孫之寶藏勿失，知其必能承訓而光大之，尤足風也。後有焦弱侯之輩，有志讀《經籍志》者，竟當於文集、説部、箴銘、格言之外，特立家訓一門，其於士習人心風俗，所裨爲匪淺也，豈專爲我友一家之言計乎！

復初齋文集跋

李以烜

右大興翁覃谿先生《復初齋文集》三十五卷，先大夫編校未竟，身後刊成，今據先生手槀暨先大夫原校殘帙，重加參改本也。先大夫官中書日，從先生受詩法，稱蘇齋入室弟子。嘉慶戊寅春，先生殁，先大夫謀鈔定遺文。是秋奉典試江右之命，冬遭先大父喪，里居數年。及辛巳入都，則先生文槀已轉徙不可蹤迹。逾十年，得副墨，會自思恩備兵常鎮，簿書之暇，手自校勘。既鈔前十卷命梓人，遽於道光丙申夏五月厭世，時以烜蒙稺，遺命門下士續爲之，其前後無序跋以此。

比以烜稍長，閒取涉獵，乃知全書編次之羼錯，字句之失讎，時時有之。顧求原本校正，惟第一册前三卷勴存。卷一、二敍次與刻本同。卷三序漁洋各種，以類相附，皆篇各爲葉，無《中州文獻册跋》。按原刻是跋與卷十七一首略同，今以重出，删去。別從手槀補入《花王閣賸槀序》。以烜頗就家藏先生手蹟、石刻及他所篹箸，參攷異同，疏記其下，蓄蓄疑於心廿年矣。

往歲晤仁和魏稼孫鹺尹錫曾，知先生詩文手槀三十六巨册，舊藏其鄉孫氏，由孫入范，今爲丁竹舟廣文申、松生明府丙所得。以烜輒介稼孫鄭重寓書，懃請借校，於今春自杭州寄至。按手槀多未刻文，其已刻者，先生皆手書「存」字其上。凡已刻文，槀存者什七，槀佚者亦什三。遂與稼孫竭數月之力，從一再塗乙中辨別點畫，據正原刻譌奪倒衍五百七十餘事。其中原刻義長者，審是定本，不當參手稾。手稾不存，遇顯然譌字，前三卷謹據先大夫校本，餘則益以以烜舊校。今更旁證他書，慎改一二，又得一百八十餘事。稾佚各篇，如《焦山鼎篆銘攷》「鋻勒」字，據原册墨蹟改。《跋甘泉山石刻》「廣陵」字，據揚州石本改。《十二圖自記》「攻疢」字，據《復初齋詩集》改。《書李陵答蘇武書後》「李緒」二字，據《漢書》李傳補。《跋脩内司帖》兩「之」字，據《閣帖攷正》改。又如李北海、殷令名、李元靖、吴傅朋、党、趙、宋沈奮解、朱彝尊、江聲、王石臞，徑改姓名誤字之類。或涉疑似，閒加按語，不敢臆定，蹈專輒之愆。至前後序次，於文義無涉，不復更易。

竊念先生以魁儒碩學，年躋大耋，一時景附如韓、歐陽。其論學以攷訂爲宗，詩文以質厚爲本，大指具存集中。末學疏譾，罔綴一辭，兹於卷末附述雕板、改字原起如此。俾世之讀是集者，知先大夫篤念師承，臨歿惓惓，且誌丁、魏數君子樂成人美之盛心云。光緒三年丁丑秋九月，侯官李以烜謹識。

復初齋集外文卷第一

大興　翁方綱　正三

夏小正傳箋序己酉閏五月

有學焉而自喻者，有學焉而求共喻者，孰是乎？曰：皆是也。昔人嘗苦《大戴記》多舛矣，中間勘正非一家，而往往不盡傳者，祇求自喻而已，或求自喻而不必皆自信者也。往者海寧陳上舍立三、曲阜孔翰林衆仲皆從事於此，其書垂就而未行於世，是皆自喻而兼求共喻者也。高郵王侍御念孫每來吾齋語及此，深以校讐之急爲言，甚矣，求自喻者之難也。

金谿王君仁圃教授建昌郡，去年予來試士，與仁圃尋治經之緒，間及是書。今年復以科試來，而君所爲《夏小正傳箋》四卷裒然成帙，録以示予，并附考《公符篇》於其後。其於諸家之説博觀而慎擇，深思而詳説，皆有以得其實，庶幾勤而知要者歟。建昌人文之秀，甲於諸郡，而近日士子益知研貫經術者，仁圃之力爲多。予既喜仁圃之博聞善誘，而尤服其虚懷商訂，每一名義，斟酌尋繹而出之，不以泥古爲名，而以適用爲務，則雖使窮年穿穴於此書，深知自喻之難者，亦無以過之矣。

春秋左傳隸事序乙巳十二月

昔人嘗謂徐晉卿《類對賦》當入類書家，不應入之經解，是以晁、陳諸目皆弗之及也。吾友曹研齋熟精《左氏》，撰爲隸事之文，凡二十篇，爲上下二卷，蓋能摭經之藴，抒傳之緒，非特所謂引辭簡句者而已也。以是流傳蒙塾，庶有裨於學徒，視浙湝陳氏《左典》之刊，義尤備矣。予既喜其用力之勤，爰爲題其書首。

汾陽曹氏族譜序丁巳三月望日

家之有譜，一家之史也，所以傳信，所以教孝，所以睦族也。睦族故系次必詳焉，教孝故敍述如生焉，傳信故詳其所知而略其所不知，舍此義而泛言譜者皆侈詞矣。汾陽曹宗丞慕堂先生，律身以道，治家以禮，教子孫以義方，因以家譜之修勖其嗣君受之兄弟，於是就祖墓之可考者，自九世以來本支世系釐然備具。今迨其諸郎且十世、十一世矣，附以碑志家傳於後，其未居汾陽以前則姑闕焉。蓋詳其所不得不詳，以示子孫，而闕其所不可知，以志敬慎。吾見曹氏後人展此編，而肫然興起者，踵相接也，益以見宗丞公之詒澤深長，而侍御兄弟所以承先而翼後者，不啻與合族精神日相對几席間也。故書之以爲序。

西齋雜著二種序庚申五月

西齋洗馬所著《偶得》三卷，《鳳城瑣録》一卷。其《瑣録》内攷正《明詩綜》第九十五卷諸條，予嘗借録之矣。西齋姓博爾濟吉特氏，祖邵穆布，總督兩江。西齋少承家世舊聞，加以博學强識，精熟掌故，其於經史詩文、書畫藝術、馬步射、繙譯國語源流，以及蒙古、唐古忒諸字母，無不貫串諳悉。西齋與予生同里，乾隆丁卯同舉鄉試，壬申同中會試，同出桐城張樹彤宫允之門，又同選庶常，同授編修，同直起居注，同修《續文獻通考》，同教習癸未科庶吉士，同官春坊中允。其後予視學粵東，西齋觀察粵西，予寄詩有《十同》篇之詠，蓋知西齋者莫予若也。而西齋之卒，予適出使江西。西齋以所著此二帙，手託同里邵楚帆給諫爲之訂正。今又十餘年，給諫將爲付梓而屬予序之。給諫既以《瑣録》更寫净本，而於《偶得》一編詳加分卷，惓惓致慎，以俾其可傳，深足感也。予篋中之所録校正《明詩綜》數條，尚有與此稍揩柱者，就其要者略增數字耳，亦可以見西齋撰著之精博，當必不止於此。即以厲樊榭詩所載「賣元人詩」一律，西齋尚能舉其家世來歷，而予今忘之矣。

憶嘗同直館下，十餘年間讌談諧笑，❶若筆之於册，皆典故也。而今僅於此雜著二種系之，又良足悲也！西齋外任雲南迤西道，内官兵部郎中，❷而其在詞垣最久，故仍稱西齋洗馬，以志感舊之思云爾。

---

❶「笑」，原作「歎」，今據稿本改。

❷「内官」二字，原作「由」，今據稿本改。

唐楷晉法表序甲子

楷有法乎？曰：凡書皆法也。書法篆爲正，隸、楷則通矣，然其通也，何非法乎？楷法獨以晉言之，何也？曰：隸之變楷也，當在漢魏間，而晉則楷之始也，南北六朝之際，楷法蕩然矣，至唐乃稍節制而整齊之，而其原出於晉也。自羊、薄以來，並師王氏，所謂江左字體也。歐陽子乃薄鍾、王、虞、柳非君子所務，而謂點畫曲直皆有準則，因以毋母、彳亻之類舉之，歐陽此語特以規正石徂徠云爾。且以此爲法，則顔氏《干禄字書》、張氏《五經文字》盡之矣，此由《玉篇》以溯《説文》，書學也，非書法也。若於書言法，於楷言法，則由唐溯晉，豈得目爲藝術而薄之。岳珂氏謂米芾死而六書亡，此則直以書法爲書學，又未免太過矣。若歐陽子所言鍾、王、虞、柳者，蓋本欲言虞、歐，而易爲柳耳，柳未能當也，然即使不言歐，亦當言虞、褚。歐陽子作《集古録》，宜於唐碑分寸豪釐計之，審矣。而豈果等於嗜茗飲者之爲哉！

吾每深服趙子固舉唐楷之存晉法者，曰《化度》，曰《廟堂》，曰《九成》，此千古不易之論也。曩嘗次列唐碑，自《化度》以下凡六十種，可以問津晉人者，然其大要不出趙子固之言。故今驫列一表於前，而獨詳此三碑，别爲卷附於後焉。

宋人不專楷法，元、明人書石本不足傳，惟賴墨蹟以行，而墨蘽亦行草爲多。昔竇氏《述書賦》，言右軍正書世上稀絶，唐世尚言稀絶，則王氏楷法欲問無由也，不得已而言晉法，庶幾乎仰而思之。

篆刻鍼度序丙午二月望日

海寧陳子目畊精於摹印，著書八卷，名曰《篆刻鍼度》，取元遺山《論詩》絶句「不把金鍼度與人」之句也。始自篆體，詳諸譜式，以及器具之用、選石之目，無不賅備。深其義可以觀道焉，溯其本可以言學焉，於是印學之書爲能彙其全，而陳子之於斯事爲已勤矣。其曰「鍼度」者，謂盡言無隱也，是故詞取其易曉，衷諸心得而已。語又有之「良工不示人以朴」，夫言豈一端而已，言固各有當也。

銅鼓書堂藏印序己未八月朔

篆仙觀察博雅篤古，尤精研篆刻。自尊甫儉堂先生鑒藏古印有年，觀察雅承先志，輯爲藏印四册，而屬方綱序之。

予嘗謂古今著録家言篆印者，其類不同，若王子弁《嘯堂集古録》、郎仁寶《七修類稿》，皆偶記所見，非專言篆印也。至若《印典》《印藪》諸作，雖專言印，然特以爲談藝者所取資而已。今讀儉堂先生跋友人印譜，援唐竇尚輦「生動神憑」之語，又有專尚質樸，於拙處求古人之論，斯則藏印之輯，先生固已自爲之序矣。黄文節公云「以古人爲師，以質厚爲本」，蓋於體物造耑，研經講藝之理一以貫之。

先生敭歷封疆，勳名在青史，丹誠流露於文字。而篆仙克承家學，過庭之訓，忠孝淵源，即玆鑒藏品藻之閒，莫非心畫所形，渾乎粹氣，當與先生遺稿同觀可也，而豈僅爲術藝家賞翫之資已乎？予昔撰輯兩漢金石，以漢官印始之，貴其質也。故於斯編，推闡查氏家學之深，本原之厚，所以式茲來學者，庶觀者有攷焉。

董小池宋元印譜序壬戌八月朔

摹印家仿古爲譜，蓋皆周、秦、漢印也，魏、晉、六朝或間及之，唐則罕矣，况宋、元乎？山陰董小池以金石、六書之學名於時，既精摹漢印矣，又舉其所見宋、元諸家印摹爲帙，而明印附焉。以力追秦、漢手而爲宋、元、明印，其神境何如矣？吾則以爲是有利焉，有弊焉。凡昔之摹古印者，大都不詳其何許人也，摩挲愛玩而欲傳之，尚有未定爲某字者，今一旦暢然，復覩米、趙、倪、黄之輩，爛然寶氣之溢目也，奚翅起諸公而覿晤之。此皆董氏雅好之緣也。然而近世僞作書畫者，往往苦鐵筆弱弗稱，今小池此石一出，其精神足以振而張之，則吾恐自茲以往，作僞者益得有所倚借矣。

然則爲之奈何？曰：昔長安薛氏之摹定武《蘭亭》也，嘗鑱損五字以爲驗，以予攷之，「羣」字蓋舊已損，薛所鑱字四字耳。今小池摹鐫諸石，何不略采此義以别記之，庶使人享其利而絶其弊乎？趙氏子昂一印，上邊微缺一黍，即此志也。遂書此以爲序。嘉慶壬戌八月朔日，北平翁方綱。

周小亭印譜序甲辰四月八日

予夙不喜爲人作印譜序，曲阜桂未谷續吾子行作《三十五舉》，予第述其鋟板之概而已。壬寅冬，祥符周君小亭以所篆印譜寄示，予嘗論君家減齋作《印人傳》，初不拘拘漢法也，第以古厚得漢意而已。今小亭之篆，其庶幾乎！六書繆篆，遞爲傳緒，然其通會處，非曉人弗悟也。當與小亭千里遥質耳。

小亭嘗篆六面印，刻予名其上，予深媿之，書此以當異日息壤也。

鄱陽集序戊辰十月朔

宋洪忠宣《鄱陽集》十卷，今存四卷者，史館所輯《永樂大典》本也。忠宣使金不屈，茹苦十五年始歸國，當時以蘇武比之。顧蘇武在漢所傳五言詩，説者或謂出於後人依託爲之，蓋惟忠義之氣，常自軒軒於天地間，雖當時無所著述，後之興慕者猶欲代爲傳之，何況鄱陽此集，史載之，子适跋之，陳振孫述之，今雖間有闕，而得史館編輯之，邀御定而登祕笈者哉！

忠宣裔孫占銓官翰林，有文譽，得讀中祕書，手録斯帙而鋟諸家廟，豈惟漢蘇氏所不及，抑亦足以申大節而勵後賢，不僅作文字觀也。占銓既恭録御識《容齋三筆》之語以光家乘，復爲文集搜遺於後，并録《四庫書提要》以著編輯之由。不特洪氏子孫永守勿替，而凡在士君子讀斯集，皆凛然於立言所以不朽者其來有自。

忠宣名「日」旁，當據其家乘以證史籍「白」旁之誤，亦學者所宜知也。

道園詩序

元虞文靖公《道園學古録》五十卷，曰《在朝藁》，曰《應制録》，曰《歸田藁》，曰《方外藁》。《方外藁》皆文，無詩。又有《道園遺藁》，則皆詩也。

方綱幼而嗜讀先生之詩，嘗手自抄撮，合爲十卷。因爲先生輯年譜，遂摭金石碑板之文補入，此録者未悉著於目也。及來江西，既合《山谷詩》任、史三注刊之，而此録久闕鋟板。韓、蘇集既皆以詩專行，則先生詩若必俟合文全刻，恐益難之。是以就此十卷寫出，以識區區瓣香嚮往之意。乾隆己酉九月朔，書於南昌使院。

張氏四世講筵紀恩詩序甲寅二月望日

國家重熙累洽，聖聖相承，謨烈文章，光被於海寓。而親炙聖學，身依訓命者，文學侍從之臣，惟日講官爲最切。故事，講官缺，自掌院學士兼充外，則若詹事以下，迄於編修、檢討，皆得入選。然有官歷坊局而不得一充講官者。故仕宦以詞臣爲榮，而詞臣又以講官爲尤榮也。其有一家之中父子兄弟相繼爲之者，斯稱難矣！至於祖孫父子四世相繼爲之者，則今桐城張氏。自大學士文端公、少宗伯葯齋公、侍講中畯公、少詹事檀庭公接踵入直，爲自古罕有之盛矣。詹事弟蠡秋以所輯《四世紀恩詩》授予讀之，蓋予受業於侍講公之門四十餘年，而與詹事公共事講筵又三十餘年矣。起居注館在太和門右垣之南，與内閣相向，凡載筆恭記事略，一以內閣記簿相校，而直講諸公分卷纂記，於體例之詳略次第，往往互有諮質者。詹事公辰入西出，與諸公貫析條件，校核無所訛闕，一時無不服其精敏。予因以暇細叩之，則皆從家學淵源詳審講習而得之者。自方綱備員館職以來，所見館下前後輩精意校讐者，詹事公之力爲多，此豈一二詩篇所能盡者乎？特以此集志其概而已矣。

嗚乎！張氏世受國恩，敭歷詞垣，百有餘年矣。繼自今爲文端後人者，益當誦此矢音，勵乃心，篤乃忠孝，以寤寐勿忘也。而蠡秋編輯之勤，又所宜闡述者。己酉十月，予自江右旋役，遇宿州，諾爲之序。今又四年而始克爲之，益增惶汗而已。

續六客詩序甲辰二月十三日

昔張子野、蘇子瞻各有《六客詞》。予同年吉渭厓學士主講席於揚州，爲前、後《六客詩》，寄來京師，俾同人和之。其曰「前六客」者，盧抱經學士、蔣春農舍人、秦序堂觀察、張松坪、吴涵峰兩編修與渭厓也。其曰「後六客」者，抱經去而錢籜石宗伯復至也。抱經自山右歸杭，籜石自京歸嘉興，其過揚州，偶有先後耳，非有意不相值也。而渭厓詩序有「錢、盧近多議論齟齬」之語，又云「覃溪以抱經爲是」。方綱在同年中年最少，凡事多請益於諸兄，抱經長於攷據，籜石長於詩，皆益友也，無所謂伸彼而抑此者。然渭厓此言，特欲以重申吾同岑相與之誼，而勉其將來之益加厚焉，尤可感也！

時在京師者博西齋、永慮軒兩武部，范邁亭明府、張晴溪吏部、胡書巢太守及方綱，恰亦合六人之數，於是置酒於晴溪之貫經堂，而屬和焉，併書於册以寄渭厓。雖千里之遠，無殊曩日京邸比鄰之樂也。

曹州牡丹譜詩序甲寅十月望

昔歐陽、陸、張諸家作《牡丹譜》，而皆無著録之詩。予屬余伯扶撰譜，並爲三詩，門人安雲亭亦題詩於卷，一時屬而和者數家。今歲餘矣，而和者又踵至，於是雲亭輯而成編。予惟自昔詠牡丹者多矣，❶若白居易、吴融專賦白牡丹，殷文珪賦紅、白牡丹，党懷英賦粉紅雙頭牡丹，楊萬里賦青緑牡丹。其隨處即事者，若韓琦賦晝錦堂牡丹、宋褧賦朝元宫牡丹，未有一色著稱而聚成卷帙者。即洛花雖以歐陽詩得名，❷然予獨不解歐陽子何以疑地産而併疑土中之説，則當日未有著賦者，俾色揣稱以爲之説，而又無裒集之人爲之既其實也。

予初至曹州，采風問俗，尚未及詳攷物宜，爲之疏析其義。而雲亭司牧之暇，值伯扶之能述，與諸家之綺麗，薈萃一時，可不謂盛歟！今雲亭又當之官東郡，彙刊諸作，附於譜帙，海内品藻，名流踵而和之，又當日起而增韻勝焉，豈特補前人所未及而已乎！善俗之方，導民之術，皆於是寓之矣。

❶「多」，原脱，今據稿本補。
❷「詩」，原脱，今據稿本補。

四知堂文集序丙寅八月

方綱生也晚，不及多識前輩，顧於東坡所云「讀范文正碑而流涕」者，猶及見二公焉：一則海昌陳文勤，一則清江楊勤慤也。二先生皆以理學名臣著聞當代，海昌陳公則吾師也。清江楊公，則方綱以年家子獲侍坐焉。温乎其容，粹然其氣，皆道德之腴也。後二十餘年，陳公諸孫來都，叩其家所存遺集，僅手輯《建中録》一編。欲借録之，而公孫以其藁未經繕完，遲遲有待，至今竟未得受而讀焉。又後二十餘年，方綱按試清江學，得楊公之孫懋恬貢於成均，方慨然於先正名賢之後世有雋才矣！又後十年，而懋恬官京師，出其家刻公集三十六卷，屬爲之序。

公之文本不借序以傳，而今得三復公之緒論，悉其公忠不欺之素所流露，根柢儒先之藴所發抒，可法於人而有裨於世。嗚呼，是乃儒者之文也已！公之達於政體，勤於吏治，無事不與其言相符券。而集以「四知」名堂者，記聖訓有「不媿四知」之語也。方綱既以不獲序述陳文勤集爲憾，而幸得與楊公子有涵同中會試，又得公孫懋恬數十年後以遺文來屬序，視昔坡公之序范文正集者，更增厚幸焉。故爲具道其仰企前哲之由，而非敢以序公之文自任爾。

慕堂詩鈔序丁巳八月朔

汾陽曹慕堂宗丞易簀之後十年，其嗣君受之、申之以母服闋來官於京師，而鈔先生遺詩四卷，俾予爲之序。予之知先生深處，蓋不僅以詩；而即以詩論知之深者，亦莫予若也。夫詩之涉應酬者不必言也，即其工聲律者，亦非盡由己出也。若夫陶冶性靈，以恬澹閒適爲詩者，斯近於詩味矣。然而恬澹之中有寄傲焉，閒適之中有枯寂幽僻，則所以言志者，適所以高志已矣。先生之學晚益精於名理，蓋其見道切己，不爲文飾，故所發皆有用之言，而非所謂理過乎辭者也。先生嘗校刊《河汾諸老詩集》，與予往復商榷，皆中理要。其論古，其贈友，皆從一片心地静光中得之，❶而恬澹閒適之風味，自然納於懷抱，非夫摹仿格調以爲之者也。其《紫雲山房詩》一卷，予所見尚不止此，此蓋遺草之偶存者。《恭和詩》二卷，則原寫稿本，未嘗增删者也。故今之序，亦不爲虚譽之語，而質言其概，以復於令嗣二君如此。

慕堂文鈔序乙丑六月

汾陽曹宗丞慕堂先生所爲詩，予既序以行矣，厥嗣定軒給諫復裒集其疏草五、攷二、序三、跋一、碑三、墓表二、墓銘二、傳一、壽序二、書牘一、祭文三，凡若干篇爲一集，屬予爲之序。予受而讀之，蓋文之存者雖僅此，而先生數十年來居官、立身、言行之大端已略見於斯焉。凡在詞垣晚進、鄉曲後賢有仰企風規者，誦其言如見其人、登其堂，撫其嗣君所手鈔，而如奉先生杖屨也。夫豈惟一時一事之攸繫哉！予於論文夙不善諛言，而於先生之文更所當摭實書之，又非徒以序體自名而已。

---

❶ 「之」，原脱，今據稿本補。

吉太僕隨輦集序甲午

昔伯冏爲周僕正，王親命之，伯冏拜颺之語不傳，而召康公從王矢歌卷阿之上，其卒章曰：「君子之車，既庶且多。君子之馬，既閑且馳。」是詩也，序以爲求賢作也。朱傳以爲從王遊卷阿，蓋本《竹書紀年》之説。然《紀年》載王歌，而不載召公之歌。王歌在成之十八年，見於沈約注中，而正義不引，則詩所謂「車庶」「馬閑」者，特臣下推言之，非必與其君之詠相屬也。吾友太僕吉公，編其扈蹕諸什曰《隨輦集》。方綱受而讀之，竊見其中闡揚我皇仁孝之實，勤政愛民之本，淵深切摯，字無虚下。然後知僕臣迪德之懿，在承命之伯冏未必能自言之，而「車庶」「馬閑」之用，流露於臣民、綱紀間者，惟矢歌者能言之也。

抑又有説焉：君子、車馬，毛傳謂「上所錫」，朱傳謂「君所以待賢也」。今太僕方奉天子命視閩士學，將以此歌致「菶萋」而招「邕喈」焉。「紫庭之琴，有熏自南。」公與閩士詁經義、攷討論，詩書所由合，請於是乎始。

宋雲亭太守新疆詩草序壬子六月

丙申秋，吴門褚筠心學士手寫其所撰《西域詩》十二章，裝成册子，屬方綱題詩於後。其詩曰：「憶跋豐碑漢永和，往年館下共摩挲。輸君樂府成嘉頌，勒律天西采玉河。」蓋追記癸未夏筠心賦和闐玉事也。今又十七年矣，而始獲訂交於雲亭太守，得誦其《新疆詩草》一卷，文辭之美不減筠心，而注釋之詳實過之。雲亭與筠心同以詩稱吴下，又同賦新疆土俗，可資説部、備攷證。今幸際此聖化覃敷二萬里外，士各出其才藻，以掞抒當代實事，後之披覽者，將欣羡傳播於無既焉。而方綱皆得親見其人，聞其緒論，題記其編帙，能勿深快幸歟！

顧鄙人有嗜碑之癖，昔題筠心詩册，索其篋中，得《永和二年敦煌太守裴岑碑》，展玩考證，至於旬日不能釋手。今讀雲亭此草，復聞有紀河磧之漢碑，字多泐蝕，又恨不得覩其拓本，相與揣識而賞析之。併以附書於册，又應發誦詩者之一笑也！

惺齋王翁十圖壽詠序 甲辰十二月

嘉興王惺齋先生績學著書，厥子尚珏遊京師，將之官粵西，乞諸同人詩以壽先生。俾善畫者爲十圖，❶而分賦焉：曰玉山艸堂，曰津門書塾，未成進士前所寓也；曰玉華洞，官將樂令也；曰劍津，曰夾漈艸堂，曰詩話樓，前、後寓閩也；曰蘇門山，寓衛輝也；曰南池，曰莊生故里，曰大明湖，三寓於山東也。是十圖者，皆先生遊歷之區，蓋屢見於先生詩文中矣。而厥子繪且詩之者，非地能壽人，乃地之因人而壽也。夫壽莫尊於道，道莫顯於文。先生今方退而家居，追憶平生，與門生故人載酒懷古，剔殘碑而訪遺蹟，以發揮胸中之所得，幽雅故正文字，非一時一地事矣。而厥子獨能蒐采志乘，述而傳之。此一介觥之樂，所係爲不細，予

❶「善」，原作「節」，今據稿本改。

故爲弁言於其首。

謝藴山詩序甲寅八月九日

昔漁洋先生與海内士大夫論詩，獨於蓮洋、丹壑二人發代興之歎，而先生平日拈取唐賢三昧，所謂「羚羊挂角，不著一字」者，遂以二子當之耶。夫漁洋論詩，上下千古之祕，蓋不得已而寄之於嚴滄浪。其於時輩也，蓋又不得已而屬之蓮洋、丹壑耳。予束髮爲詩，輒思與吾學侶共證斯義，嘗爲浮山張氏論次《蓮洋集》矣，《丹壑集》則欲删存其什一而未暇。蓋丹壑清詞秀韻，幾欲超蓮洋而上之，而其通集蕪弱者正復不少，不能無待於後人之重訂也。

予自己卯于役江西，得楊鈍夫、謝藴山二子，於詩才尤贍，時則意以鈍夫擬蓮洋，而尚未敢遽以藴山擬丹壑也。三十年來，鈍夫以老病遠客數千里外，不獲時通唱酬，其於蓮洋之詣未知何如。而藴山以講筵侍直，出守數大郡，又家居博綜者十年。既而由河庫道擢按察使，政務懃勩之際不忘舊業，歲時書問，必以詩相質。其詩亦屢變屢進，而清詞秀韻，視向昔精華初發時有過之無不及。予乃至今欲舉其詩與丹壑相次比矣！

夫詩，合性情卷軸而一之者也。每歎丹壑早陟詞場，篤承家學，師法深且厚，❶又經漁洋爲之手定，而

❶「法」，原作「友」，今據稿本改。

其所存僅僅若此。造物生才之難，天挺之才而能自立者尤難！才既成矣，而師友洗伐之功深摯而完粹者，難之又難也！蘊山詩鈔存者已千餘首，既自删之矣，予今又爲删存，財三百首而已。試舉以較《丹壑集》，其分刌節度究何如也？予於江西詩人，鈍夫之外，竊許姚雪門，而雪門身瘁於職業，不克竟其志。其後又得吴蘭雪，則能追吾昔日所目蓮洋之逸品矣。若丹壑之清詞秀韻，則蘊山而後，今竟無繼聲者。往者蘊山出守鎮江，予誡其十年勿爲詩。今蘊山荷聖主知遇，歘歷於外方，冀其壹乃心以慎刑察吏，豈暇言詩。而蘊山日夜惓惓見屬删存之意，則有不得不質言者，故書之以爲序。

謝蘊山詠史詩序丁巳

有才人之詩，有學人之詩，二者不能兼也。山谷云：「以古人爲師，以質厚爲本。」然吾嘗見山谷手蹟，薈萃史事，巨細不遺。自后山以下，得其隸事之法而所以學其學者，知者蓋罕矣！昔與南康謝子極論黄詩之所以然，謝子嘗以予所合校任、史注三集鋟於南昌。然吾觀謝子所以學其學者，不盡於此也。既而謝子殫前後十年之力，補魏收、魏澹之書，此非詩中所得力乎？然吾觀謝子所以學其學者，抑仍不盡乎此也。今又積數年而成《詠史詩》八卷，其於唐人，不襲胡曾之格調；其於山谷、后山以下，隸事之法亦不沿其面目。可謂勤且博矣！吾嘗與謝子研精七律之選，取劉考功之言名以志彀。今謝子之詩尚未全以付鋟，而先舉此以質諸學侣，吾知其必有得也。迴憶三十年前，城南風雪，翦燭細論者，半皆才藻中事耳。必合諸學之所得，則學即才矣。謝子方敬承聖主知遇，膺方面封圻之任。慎持經術，以壹乃心力，將必合知、能而一之，又豈特合才與學而一之也哉！

不易居詩鈔序乙卯

予於往日詩人，病其太近漁洋。而於近日詩人，則病其太詆漁洋。若松陵、平望諸家，推王梅沜似矣，而或者必以兀奡槎枒、貌杜體者爲勝，然乎？然又竊疑合肥李丹壑，於漁洋有代興之目，而清思逸韻猶有所未盡者，何也？桐城楊君米人，少負穎異之才，及壯遊南北，發爲詩歌，多傳誦於朋輩。今覩其所鈔《不易居詩》四卷，乃真能瓣香漁洋者。而清思逸韻，間見疊出，皆自抒藻采，不主一格。視往日之株守新城格調者，又自不同。夫多師以爲師者，別裁僞體者也；於詞必己出者，教人自爲者也。兼此二義以言詩，而後由此可以適道矣。予嘗往來龍眠、巖岫間，挹其粹氣，近如敍次吾師中畯先生集，蓋善學韓而不泥於韓。往者與姚夢穀郎中論此事，亦深采乎杜而勿襲杜。今於米人是鈔，雖近舉漁洋，而意亦不執乎是也。静研心得，淡對江山，若丹壑、梅沜之間，吾知米人必有以審所自處矣。故書此以竢之。

劉松嵐詩序庚午

三十年前，予於方坳堂齋壁見李少鶴兄弟詩而異之，其後得交松嵐，始見所爲《二客吟》者，又見石桐重訂《主客圖》。及松嵐官瀋陽，又爲黄仲則刊詩集於京師。然其所自爲詩，天機清妙，寄託深遠，初不限李氏兄弟之説，即於申轅故里，亦不主滄溟之格調，抑且不專執漁洋之三昧也。予於松嵐往復商略此事，迨今又將廿年矣，而其氣骨日益高，取法亦日益上。往者李滄雲視學盛京，予與別語，惟勖以與松崗研求作者之意。而去年李春湖爲刻石桐《續主客詩》二卷，予亦爲辨析，學唐音必求杜法之所以然，又深以未得與松崗面質爲感。今松崗自晉陽北來，宜有以對牀暢論者，而又悤遽不得備申也。故於其嶺外二集聊撮數語於簡端，他日再序其續卷，當必有更進於斯者矣。

帶緑艸堂遺詩序 丁巳正月

時帆祭酒手狀其母韓太淑人節行，復就所記憶太淑人遺詩三十餘章鋟諸木，曰「帶緑艸堂遺詩」。帶緑艸堂者，太淑人教子處，時帆所繪《雪窗課讀圖卷》即其地也。時帆由庶常躋學士，掌成均，自中祕之書、館垣之課、藝林之訓故，罔弗該記。而所最口熟不忘者，尤在此三十餘章，是則雨聲鐙影所不能傳，而教孝作忠之職志也。吾嘗謂周成均法，以樂語教國子，興道諷誦，言語必有真切情文，入人深處，❶非僅陳事喻物而已。而《内則》記雞鳴盥漱及學樂誦詩之節，必本於降德衆兆之教，則今日時帆爲諸生研經講藝，可謂知所本矣。誦斯集者，幸勿以尋常閨閣文藻例之乎！

❶「人」，原脱，今據稿本補。

玉延秋館詩畫卷序丁卯十月

昔爲夏邑彭學士題所藏吴匏庵《玉延亭卷》，石田圖已失去，而李茶陵篆書猶存。蓋其亭作於成化甲辰，而門下士毛澄爲之記，趙寬爲之賦，陳璚爲之詩，茶陵、守溪諸公屬而和之。玉延者，薯蕷之别名也，春生秋實，故今梧門學士以「玉延秋館」名此卷，而屬予序焉。予按：匏庵種玉延，在所居崇文街第之亦樂園，而篆題此卷者則茶陵也。今梧門居近西涯故阯，既以小西涯名齋，又爲茶陵訪墓、撰年譜，而此館適與匏庵同，豈非文字之締緣乎？匏庵官京師前後凡三十餘年，以清名長德照映一時，而獨於瓣香眉山之功最深。而梧門此卷，專屬記於蘇齋者，又豈意有合乎？夫萬物之氣，至秋而成熟。吾於蘇學獨取「真放本精微」一語，則所勖吾梧門敷華而就實者，胥視此玉延矣。趙寬之賦曰：「商飆飛兮實熟，抱至性而全正。」味斯二言者，即以題《秋館卷》可也，即以況吾所謂蘇學亦可也。凡我同志爲此卷詩者，諒皆不出乎此，遂書此以爲序。

重刻金剛經石注序甲辰

納蘭曉楓少詹以所得《金剛經》石注本付鋟以廣其傳，而屬方綱爲之序，蓋以南唐道顒石本爲據者也。曉楓又得懷園王氏刻本，前有宋人題詞，謂丞相鄭清之嘗爲作《石本靈驗記》，則道顒本之足徵信可知也。然王刻之注不及石氏之詳密、具有條理，故曉楓重校而鋟之。其卷首辨異、發凡諸則，皆石注本之所舊有，今仍而不盡删者，蓋録寫之與受持，皆曰致一而已矣。明乎致一之理，則多而不爲繁，少而不爲簡也。佛氏之義，本不可以注見，若得其所以爲説者，則千品萬象皆注也。東坡居士謂以四句偈子悟入本心，灌流諸根，色相之外，炳然焕發。則曉楓方日奉春暉於慈竹壽萱之側，備温清而頌吉康，是經之光明具足，隨處昭見。顒師之校正，石氏之證解，圓瑩交集，而方綱之序，固挂漏不足道矣。

正信録序甲寅十二月十九日

世常謂文人晚年多溺於佛，豈其然哉？杜子美詠懷云：「本自依迦葉，何曾藉偓佺。晚聞多妙教，卒踐塞前愆。」夫必其實有前愆之可塞，而乃實有妙教之得聞也。❶東坡嘗爲正信和尚作塔銘，予未及見其石本，而予嘗於東莞資福禪院見坡公所爲銘者，曰：「古之真人，以心爲法，自一身至一世界，自一世界至百千萬億世界，如佛所言，皆真實語，無可疑者。故曰：此身性海一浮漚，心精妙明會九州。」蓋此義徧滿具足，拈起即是，而要皆以實信爲歸也。

羅子兩峰博學通識，以詩文翰墨馳騁藝苑者四十年矣。而其詣力所在，獨持正定，於三藏六部之大，洞見其所以然。故嘗筆其所得於古人語言文字外者，以淺顯得印證，以援據得指歸，無語録之幽深，而有詮解之微妙。積成上、下二卷，題曰《正信録》。吾友王子述庵既爲序之，而予尤以爲儒、釋之界域不必劃分，亦

❶「聞」，原脱，今據稿本補。

不必有意斡旋，致啟名義紛争之漸也。嘗謂至實之義，即是至虚，故曰無實無虚。此則杜公所謂「塞前慾」，而坡公所以銘正信者也。又奚序録之有哉？❶

朱仰山時文序己巳五月

乾隆己卯，予典江西試，得金谿周生肅文文，以冠多士，五家裔派也。其明年庚辰，江西舉首者金谿何飛熊，其文亦周之比。後三十年予視學江西，周生逝矣，何君尚秉鐸贛郡。予按試撫州，則亟索周生文，欲序而傳之。及試贛晤何君，又索其文，然皆不克如所願。而於金谿得朱生嗣韓之文，以爲周、何復出也。後十年，朱生成進士，官户部，時來吾齋研切經義，而制舉之文則不談久矣。今又十年，朱生殁於京師。其同年和平徐生，亦予在粤所得士也，手一册來曰：「此仰山手定制義六首，願爲序之。」憶自初使江西，爾時少年英氣，❷自負眼力能識五家真脈，與茶山錢侍郎擊節快論，倏已冉冉五十年矣。而所最心許者，至其後求數篇不可得。今得有心人爲鈔存此數義，雖不足以滿吾激賞西江文之初願，并不足以竟朱生平生之精詣，聊假以識其概焉耳。西江五家可傳處，蓋山川粹氣，猶餘歐、曾神理，於今後學，知者鮮矣！此數篇尚未能盡之，而姑借此以發之，此段曠懷，尚是磊磊軒天地也。

❶「有」下，原衍「之」字，據稿本删。

❷「爾」，原脱，今據稿本補。

粤東三子詩序 辛未

昔朱竹垞論粤東詩派，惟蘭汀小變，而歐楨伯、黎瑶石、區海目，皆仍南園五先生之遺音。此蓋爲有明一代前、後七子遞變，而爲公安、竟陵發也。予之論粤東詩則不然。我國朝經學攷訂之精，什倍於前明，詩文之盛亦倍之。居今日而言風雅通途，豈得執屈、陳、梁三家以區流派乎？予昔於藥洲上與諸賢論詩，大旨以杜爲宗，而所得士如馮魚山、張藥房輩，亦皆不專以三家自限也。厥後藥房歸里，自刻其詩，而魚山猶未有專集，近日其門弟子輩始爲鈔撮刻之，究之非其心也。然而涉河海者，必溯諸崑崙發源之處。當魚山嚮學之初，予與陸耳山、李南磵擊節稱賞於羊城，又與錢蘀石把卷交歎於都門，皆魚山早歲詩也。今又三十餘年，吾家門下士陳荔峰學士典試於粤，而得張南山、黄香石二詩人。又因南山而見譚孝廉康侯之作。粤中問學者將刊此三集，而屬序於予。

予方與南山往復論詩，又得見香石所著詩話，所持論皆正，故於南山之歸，書此以爲粤士告焉。士生此日，宜博精經史攷訂，而後其詩大醇。詩必精研杜、韓、蘇、黄，以厚其根柢，而後其詞不囿於一偏。此則於士習人心皆重有賴焉，豈僅不執三家流派而已。又因見香石論詩，而與之纚説杜五古及虞道園，則又偶舉一端言之耳。

復初齋集外文卷第二

大興　翁方綱　正三

李西涯論戊午十月

吾齋以舊藏西涯《種竹詩卷》，又得石田《移竹詩畫卷》，又貌西涯之像，而梧門以居近西涯，因畫《西涯圖》，又於西涯故阯集同人作西涯生日，又爲之圖。吾與梧門如是其締文字之緣於西涯者，則曷可以弗論？夫西涯之相業，有史法在，則弗論可矣。而西涯之詩，則曷可以弗論？鍾竟陵之品詩也，曰：「空同出，天下無真詩，真詩惟邵二泉耳。」蓋竟陵之所見如此。夫邵二泉爲明之真詩，則何以處夫徐昌穀、高子業矣？吾嘗以徐、高二家並論，若徐猶未真者。徐猶未真，而况邵乎？且詩果其必真之是求乎？必真之是求，於唐、宋、元諸家得之矣，而獨於明則不可。何者？明無真詩也。無真詩而必其真之是求也，則必沈石田而後爲真，則必陳白沙而後爲真矣。更無有人起而指目公安、竟陵爲真詩也。彼鍾竟陵者，則出一語曰「真詩惟邵二泉也」，嘻，二泉果真詩乎？且二泉若果真詩，二泉詩誰自出哉？則言明人真詩，莫西涯若矣。而特不聞以真詩目西涯，蓋西涯之詩究有氣格似空同處，此公安、竟陵之徒所深避也。然而當時論西涯詩者，❶至擬唐之少陵，隨州、香山，宋之眉山，元之道園，而於西涯、北地升降之間，爲文章氣運之所繫，則居然視空同爲真詩矣。伯敬不舉西涯而舉二泉者，慮人疑其近於空同耳。夫詩者何物乎？真詩者何境乎？西涯之詩，其果少陵、隨州、香山、眉山、道園乎？吾所不敢知也。然以空同、大復之流，號稱學杜，而有西涯在前，則猶見性情焉。梧門詩宗陶、韋，蓋不肯專言氣格，而亦不肯僅言真者。夫不專言氣格，而又不僅言真，則可以言詩矣。即借此以論西涯，奚不可也？

歐虞褚論辛酉九月二十日

虞，可以兼歐、褚也。歐，可以兼虞、褚也。褚，亦可以兼歐、虞也。竇尚輦曰：唐世蓋絶無右軍正書。吁，其邈哉！求右軍正書於唐，或虞、歐、褚三家時有之乎？然吾求之虞，則《廟堂》雖見，而猶未見也。求之褚，則《孟法師》雖見，而猶未見也。求諸歐，其惟《化度》乎！

抑人亦有言曰：嗣《蘭亭》者，《醴泉》也，吾則豈敢於《醴泉》求右軍。亶於《醴泉》求虞、褚可乎？然其近虞者終非虞，近褚者終非褚也。往者王良常學《醴泉》，既而語人曰「吾學褚」，是耶非耶？吾竟不敢以《醴泉》定虞與褚也。上下古今、規矩方圓之至，仍於《醴泉》求合《化度》而已。書此以正吾昔品《醴泉》前近

❶「詩」，原脱，今據稿本補。

虞、後近諸之語，猶未到耳。即以「口」字結構言之，《醴泉》「蹈」「靈」「歐」之類，口皆削窄。而《化度》「踈」字，渾忘削勢，「靈」内亦然，則《化度》超然更上，何疑乎？

與蔣辛畬論蔣仲和隸通書

承示仲和所輯《隸通》，欲俾弟爲之序。弟固喜論此事，況仲和之殷殷於弟者，意尤可感。重以大君子之言，豈敢辭勿爲。三五日冗碌，未暇開看，至今日纔取其書讀之，則鄙意頗不如此，并欲去仲和以爲不可如此。弟於朋友閒，惟恃寸心不欺而已。六書之學，篆深於隸，而今日之所難言者，隸甚於篆。何者？篆猶有《説文》之足憑也，隸則精密莫如洪氏，而洪氏所撰《續急就章》，弟嘗箋注之矣，未敢許其悉通也。

請約而言之。居今日而言隸之通，其道有二：曰必明其所以通，曰必辨其有不可通，如是則真通矣。辨其不可通者，魏、晉、六朝以下比比皆是也，然漢人亦又曷嘗盡可通？此不嫌於過嚴者也。至於明其所以通，則必上原六書之旨，中核字所從出，而下及諸家之論。吾嘗列其大目，有三：一曰從碑，二曰從洪，三曰從婁。某説則歸某説，吾弗任其功與過而已矣。若概刪原出處，而陳陳相因，纂而目之曰「通」，則一後生小子得以起而議之，而吾書立見瑕疵矣。顧南原苦心斯道而尚不免此失，今豈可復蹈其轍？況又盡本之，而去其菁華，拾其餘滓，不待識者而知其大不可也。往者嘉興曹六圃撰《隸通》一書，屢索其稿而未寄來。此事不易，竟須緩俟之。仲和通人，必不以此爲芥蒂爾。册一本并繳。

與程瑶田論方君任隸八分辨

伏承見示以方君任《隸八分辨》一卷，前有錢唐厲樊榭序。蓋爲是書者，固未嘗曉隸與八分之義也。隸者，通詞也。對大小篆而言，則漢人八分即謂之隸。對漢人八分而言，則晉唐鍾、王以下正楷又謂之隸。隸無定名也，八分可謂之隸，而隸不可概目爲八分也。篆之初變隸也，有横直而無波勢，此古隸。及其爲漢人八分，則分隸也。及其爲正楷書，則楷隸也。皆可名曰隸，而何可以譏歐、洪哉？

厲序又專主割篆二分之説，此尤非是。所謂割篆二分者，大略之詞耳，試問誰曾以尺度之哉？八分云者，言字勢左右生波，如「人」字之分布者也。試以《説文》解「八」字「分」字之旨詳之，則思過半矣。篆有漢篆、秦篆，隸有漢隸、唐隸，此自不待辨者。今執其一而分區别術，失之固矣。文字，古今之公言，僕何所私於其間哉？幸此書弗刊布以貽後學之蔽，可也。厲序亦非能擇言而出者，更所不當拜矣。

與謝蘊山論詠史詩

賢友示我新刻《詠史》七律一部，欲爲作序。此詠史詩，昨歲已於夏韻亭几上論之，以愚意原可不必作也。既作矣，則存之亦可，不必即刻也。既刻矣，已有吴穀人序，則愚序可以不作。蓋愚之序非穀人可比，不可涉一字華飾也。愚與吾賢非外間泛常之交也，每遇一事，必真切言之，所謂「論交無假之中，見吾心不欺之學」。此二語，愚凡論文皆然，而況於我二人，尤非待他人所可比耶。

古人已往，誰無應響、應指之處？若作史則不得已，不能曲爲諱矣。若非身當史局，而偶作詩以論之，則不必矣。且勿論其詞之工與否矣。唐人胡曾有《詠史詩》，頗爲論者所不許，後來更何庸踐其迹邪？今吾賢之作，則較胡曾之作更精工矣，愈精工則所指摘愈甚矣。所以愚於文學從來不爲史題、史論之作，嘗與錢辛楣言之，又與鄧生傳安言之。此錢公、鄧生皆能知愚意者，況於我二人之心知心，而賢可不知我乎？愚於作文，必取其真切，不取藻飾。如前所作尊詩序，前一首尚嫌其空，必如後一首方不空。然尚望吾賢更有進境，而再序之，則更真切矣。所以此《詠史詩》序，於理不當作，期欲子之知我也。若在他人，雖心實不願作，亦必塞白以應之。我二人則豈可乎？凡隨事隨時皆學問真境耳。

《詠史詩》一函，既已裝潢，愚雖不序，而兒輩已把愛登於架矣。蓋渠欲作《事類賦》看耳。

翰林院編脩蔣公墓誌銘

公姓蔣氏，諱士銓，字心餘，一字苕生，號清容，❶晚號定甫。其先爲錢氏，自浙之長興遷江西鉛山，始姓蔣氏。祖承榮，父堅，母鍾氏。公以乾隆丁卯舉於鄉，甲戌考授内閣中書，丁丑成進士，改庶吉士。朝考、館試皆第一，授編脩，充國史館、武英殿、方略館、《續文獻通考》館纂脩官，順天鄉試同考試官，記名以御史用，加四級，敕授承德郎，例晉奉政大夫。公在翰林前後三十年，中間再掌揚州安定書院、紹興蕺山書院，一

---

❶「號清容」，原脱，今據稿本補。

掌杭州崇文書院。❶其居鄱陽，歸葬父於鉛山，隻身風雪中走六百里，見者感涕。甲戌試禮部，報罷，有以公名應保舉者。適有友以母年八十不得薦，泣數行下，公立言於舉者，以其人代己。有駱秀才者，攜家入粤爲估客，卒，孤孀寄番禺，六櫬無歸。公一夜草十三牘，郵致知好，護之歸。其磊落氣節多此類也。

國朝詩人，若蒲州吴天章以仙才稱，嘉興朱氏父子暨陸聚緱輩以博贍稱，先生獨能兼之。蓋其天骨與格力相屬。自唐宋已後，學太白、常尉者，固遜其充實。而後人效江西詩派，執定山谷爲初祖，以問津杜法者，或又無其靈氣。先生之詩可以不朽矣，尤喜發微闡幽，表古今人名節。❷或變爲雜處歌曲，一以有裨人倫風化爲職志。蓋公之生平至性至行，核諸史法不勝書，❸而吾獨仿昔賢志杜子美、樊紹述墓例志之。

公生於雍正三年十月二十八日，卒於乾隆五十年二月二十四日，年六十有一。配張氏，封安人，例晉宜人。子男八：知廉，選拔貢生；知節，舉人；知讓，欽賜舉人；知永，早殤；知白、知重、知簡、知約皆幼。孫男七。

銘曰：磊磊之氣軒天地，六十年來蹤偶寄。鬱勃淋漓今古事，人倫日用非淑藝。七子七孫繼公志，有園一畝文百笥。此石此銘庶無媿！

❶「崇文」，原脱，今據稿本補。

❷「表」下，稿本有「揚」字。

❸「核」，原作「刻」，今據稿本改。

蔣度臣墓志

進，字度臣，金壇人。父鳴玉，崇禎丁丑進士，官兵科給事中。兄諱超，順治丁亥探花，官翰林院侍讀。退菴九歲能詩文，長以詩名，而性至孝，篤於兄弟。慷慨重然諾，善交遊，最愛高節義烈魁奇之士。嘗曰吾生平有快事二：一歲暮遊歸，出囊金作百餘封，貯之篋，奚童負之，徧詣親友，問何以卒歲，視所處多寡周之。又嘗客歙，歙有土豪，奪其宗子祠田，宗子貧儒懦，訟之官，官以賄，左之。宗子恚，不敢與較。予聞之，立言之郡守，却其賄，爲平反而置豪於法。是時退庵甫弱冠，而卓犖尚義如此。

事兄如父，凡訓誡之言，以錦囊佩之，雖逆旅孤舟，未嘗不三復自警。母孫宜人病幾危，刺指血寫佛經，寫罷即愈。後不起，乃於佛前劃臂，祈以身代。既卒，椎心泣血，死而復甦者再，伏地七日夜，勺水不入口。既而遊京師，數年不歸，交益廣，以濟急扶危爲己任，思有所建立，卒不遇。

癸酉冬十一月，夢登樓，梯半，力竭，暗中有人挈之上。上見月明如晝，左右皆佛像，孫宜人素衣挾蒲團立，見之，詫曰：「兒何爲來此？」佛前兩羅漢侍，拜其左，右以手招曰：「彼粥飯僧耳，何足爲汝師！」乃拜其右，❶禱未竟，忽一人答曰：「五載爲郎。」默思曰：我未爲郎也。復自續一語，云：「萬事在心。」羅漢乃命撿一蒲團隨宜人去。寤，意忽忽不懌，作佛前自懺詩五章。退庵生於順治己丑二月廿七日，以廩生遊太學，得

---

❶「拜其左」至「乃拜其右」，「左」字，稿本作「右」；二「右」字，稿本均作「左」。

年四十有五。所箸有《勞人草》《此山中詩餘》各一卷，古今體詩四卷，輯經文百家事類，名《墨農》，數十卷。娶李氏，子三：岱生、嵩生、漸生，俱廩生。孫一，尚幼，名麒。

謝元誠墓志

昔歲辛巳，君次子啟昆官庶吉士，以省親假乞歸，而予獲備聞君之行誼。及甲申予奉命視學粤東，道出南康，而獲承君之道範。壬辰以後，啟昆守潤、守揚，君來廨宇觀政，而予益知君之貽訓也。去年秋，予奉命典江南省試，出闈，晤啟昆，聞君道益腴，神明彌茂。而予北歸後，聞君訃至。啟昆以書泣告，俾志君墓狀。

君諱元誠，又諱恩薦，去浮，其字也。先世受封於謝，因氏焉。明成化間始家南康縣，傳七世而至君父希安，靖安訓導。君少績學能文，補增廣生，貢太學，晚充鄉飲正賓。而一生精力尤在爲善於鄉，敦睦於族，篤志於教子。其所受先人遺産將三百畝，君積儉而裒之至千畝，皆以贍宗黨貧者。君次兄無子，以子啟勖嗣之，而以遺産分給伯兄子。伯兄之子獨子，不得嗣故也。其居揚州廨也，啟昆將爲君稱壽，適黔中某令運官銅艘被溺，乏資，無以自前。君教啟昆曰：「燕壽，虛文也。若盍貸此急乎？」啟昆即捐廉貸其人。僚屬皆聞而佽之，爲君稱德。凡其爲行多此類。里居恂恂謙退，歲時與鄉人爲真率會。芒鞋竹杖，翛然如雲鶴寄泉石間。故其諸子爲政之清，爲學之淳，氣恬而韻遠。他時敘江東諸謝者，必於南康門第始矣，君之澤孔長哉！

君生於康熙五十一年六月十四日，卒於乾隆四十四年八月二十日，年六十八。娶王氏。以次子啟昆貴，贈並如其官。子男三人：啟晟，郡學生；啟昆，乾隆己卯舉人，庚辰進士，日講起居注官，翰林院編修，授朝議大夫，江南揚州府知府；啟勛，廩貢生。女三人。孫男六人，孫女二人。曾孫男四人，曾孫女二人。

銘曰：肅肅庭階兮，繪君之勤也；湛湛江水兮，寫君之神也。顥氣澄空兮，君子行與文也。吾銘何足以傳兮，恃知君之真也。

許扶岡墓志

昔詩人歌《棫樸》、賡《旱麓》，而福禄之單厚與作人之壽考必合言之。蓋上有久道化成之美，則下之受祉者多，而助化者長也。今天子錫綏福之極，光被於九圍八埏。重以聖教覃敷，沕穆曼衍，凡在霑沐膏沃者，無不浸昌浸熾，胥遊於化日舒長之宇。而南極珠斗之氣，直照徹於大瀛表裏，凡願庶僚庶士，曰攸好懿德，曰時凜於訓行，以弗敢逸怠。其所以致祥和而臻戩穀者，所由來深遠矣！方綱嘗於瓊州許氏一門之積厚驗之，而今於扶岡太翁之慶筵，有以闡斯義也。

方綱按試於瓊郡，則聞諸州邑宰牧，皆以許氏孝弟力田、學行交勵，津津共道矣。比方綱于役之明年，而太翁以優廩生授潮陽學司訓。後七年，而其長孫敦仁以選拔貢生，司訓翁源。今其嗣君純甫又膺司鐸之職，將捧檄而歸，舞綵於二人之前，俾一言爲侑觴之藉。夫孝友睦婣之實，所以體信而達順也。詩書禮樂，教子若孫，以成其積祐者，所以引申而延慶也。至於黌序庠塾之際，鏗鏜鼓而式尊罍，其率教秉德者非一人，其淑己植本者非一族。其書疏證，倍蓰過之。前二年予表君父□垣先生墓，著其闡述真□曹氏躬行實踐之學。今復爲君志墓，而始得讀《尚書考辨》諸書，綱領節目，無忝前賢。條山涑水之間，可以妥精靈而傳百世矣！

君生於雍正二年十二月二十日，卒於乾隆四十四年正月十九日。配崔安人。子男四：□淳，優貢生；含淳、體淳，並庠生；育淳。女三。孫男二，女三。

銘曰：無負貞符乎，勤與廉也。施政家居乎，仕與潛也。括近代諸儒乎，曰惠與閻也。

顔懋企墓志

君姓顔氏，諱懋企，字幼民，又字庶華。考功郎中光敏孫，行人肇維子。孝友温惠，沈極雅。❶以乾隆十三年恩貢太學，贈文林郎，四氏學教授。生於康熙五十年十二月廿八日，卒於乾隆十七年十二月廿四日，年四十二。娶朱氏、趙氏，並贈孺人。子崇槼，舉人，四氏學教授。

君於學無所不窺，自經史四部百家之言，以暨金石圖譜藝能無所不精。著《顔氏史傳》二卷，《覆瓿集》一卷，《西郛集》一卷，《詩格》一卷。圖繪《名家考》，又《喻麋攷》《端石攷》《古印攷》等，凡筆記十餘種。西郛居士，其自號也。曲阜顔氏，忠孝之門，自君曾祖孝靖先生至君凡四世，皆有著述。君之諸父以文章名天下者，世所稱三顔公也。及君之世，兄弟四人並以詩文著，而君尤以博學强記聞於時。君嘗患瘍，劇甚，朱孺

❶ 此句疑有缺字。

人刲臂肉爲羹以進，君遂得愈，然孺人終不自言。孺人先君五年卒，年三十八。時崇棨甫八歲，趙孺人撫如己出。趙孺人後君廿三年卒，年四十三。合葬於考功公之墓東。又後六年，而崇棨乞予爲文，表於墓道，質直無諛辭，庶可以久。

黄忠恪公傳

黄忠恪公諱梧，字君宣，漳之平和人也。生而岐嶷，倜儻有大節，饒智勇，喜任俠。當鼎革初，八閩雲擾，海氛方熾，公時以數萬人保海澄。海澄南據山，三面皆海，爲海島咽喉，賊恃以出没縱横。王師環攻六載，殺傷士卒以萬計，不能下。公獨率先歸誠，納土地，籍府庫，獻倉米三十七萬四千餘石，火藥四十一萬斤，戰艦、礮甲、軍械數百萬，迎王師鎮撫焉。自是島寇勢孤，嚮義者踵至，自公倡之。世祖章皇帝嘉乃丕績，特封海澄公。時順治十三年九月也。沿海皆賊盤踞，三山道梗。公率所部奪烏龍江、羅星塔，通南北路，以兵護定遠大將軍和碩簡親王固山貝子福公喇塔還京師。十四年，同固山額真圖公賴復閩安鎮，躬冒矢石，斬獲最多。賜蟒袍玉帶、貂裘、鞍馬雕弓。十五年，統標員副將施公琅等大破賊於雲霄港，梟僞伯張進、陳璋等，賊大創。復捐造戰船一百艘，益募習水軍，屢出奇敗賊。十七年，與大將軍達公素攻厦門，破浪前進，擒斬僞閩安侯周瑞。賊有驍將蔡禄、郭義，據銅山，爲閩粤邊害。公遣使示以威信，禄、義率二萬人卷土歸附，賊勢愈蹙。事聞，晉太子太保，錫賚有加。康熙二年，公令諜者招降僞伯黄廷、陳輝、周全斌，僞統領林順、陳昇、許貞、何政、李思忠、顔立勛、黄昌、陳蟒、林明等五萬餘人，收其樓船戰艦五百餘號。有旨，選精鋭七千人，分隸麾下五標，餘悉移駐江西、河南等省，安插歸農。遂疏請大蒐三島。聖祖仁皇帝命同閩浙總督李公率泰、固山額真郎公賽，率所部前進，連破厦門、金門等島，餘孽遠遁。時瘡痍未復，輸餉不易，公令部曲分屯，兵不弛而食裕，軍費以紓。諸島悉平，策勛第一，晉一等公，世襲十二次。時康熙六年十一月也。公由是開府漳州，益簡卒伍，謹烽堠。間有伏莽未靖，遣標員分捕，破茶仔畬賊，擒其魁余角、楊古姐等。或勦或撫，紓朝廷南顧憂，十餘年間寇賴以弭，屹然海邦鎖鑰焉。康熙十三年，會滇黔叛，閩耿精忠陰蓄異志。公時患癰疾甚，策其必反，呼公長子芳度，泣曰：「吾病殆不可爲，恨不能捐軀報國，脱叵測。精忠必通海寇，則漳危矣！亟宜密疏朝廷，預籌其變。」亡何，精忠果據閩叛，傳僞檄至漳。公聞變大怒，投袂起，癰迸裂。急召芳度曰：「守城拒賊，以死繼之。孺子勉矣！」言訖癰潰，遂薨。軍中皆感泣。及賊平，上特詔優卹，遣官諭祭二壇，賜金營葬，加贈太保，謚忠恪。

公治兵嚴而有恩，與士卒同甘苦，人樂爲用，故所向有功。善任使屬將，如施公琅、許公貞，皆爲世名臣。性孝友，母吴太夫人年逾耄，朝夕視膳惟謹，下堂扶掖，必躬親不假侍婢。痛贈公早背，每祭，嗚咽不已。待二兄怡怡和敬，分俸賜以贍族子三黨，藉以舉火者數百家。公之曾祖、祖父，俱贈如公爵，妣皆一品夫人。元配鄧夫人、繼配王夫人、趙夫人，俱封一品夫人。趙夫人康熙十四年城破殉節，賜同公祭葬。子三：長芳度，嗣爵，守城殉節，追封忠勇；次芳聲，廕授員外郎，殉節，贈太常寺少卿；三芳祐，幼殉節。初，公七世祖應元公始居新安里，隱不仕。葬之日，舁至獅山半嶺，會大風雨，衆奔避。既霽，視之，沙壅成墳，則石獅鈴處也。形家目爲玉鉤金鎖，至公而大顯，故至今傳黄氏發祥獅鈴云。

黄忠襄公傳

少保忠襄公諱芳世，字周士，忠恪公兄子也。幼讀書，補郡庠生。忠恪治兵於漳，表公代覲，授二等侍衛，尋擢一等侍衛，階資議大夫。出入禁廷十二載，小心勤勞，深被恩遇，凡行圍遊燕必從。康熙十三年，耿逆連海寇爲亂，七閩相繼陷，忠勇王在漳被圍，援絶。聖祖仁皇帝授公福建中路總兵官，提師由粤入援。適弟芳泰自漳突圍至粤，遂會師前進。時汀州已爲賊據，公所向披靡，道出永定，賊乘城將邀公師，公一鼓拔之。倍道至梅壠，距漳二百里，聞城陷，忠勇王闔門殉難，公母及弟并二子死焉。公進無可援，餉運復險遠不繼，乃退屯惠州。未幾粤亦告變，公蹤跡孤危。或有言公從逆者，上獨深信不疑。久之，間道歸朝，備陳城破家亡、流離閩粤間狀及賊中事宜。上爲垂涕，命襲海澄公爵，晉太子太保，提督福建水師，駐劄漳州，兼轄汀、邵。賜王令十三桿，得提調天下兵馬，賜戴雙眼孔雀翎，如外藩王例。時差家人進京請安，賜宴，賜五爪蟒袍褂、朝衣貂帽、内緞韡韈，又賜金盔甲、寶石玲瓏撒袋、雕弓金鏃、雕翎箭、鍍金刀、黄坐褥鞍韉，并御馬一匹。陛辭，復賜宴，賜白金二千兩。太皇太后賜宴，賜白金一千兩。瀕行，又賜御服織金蟒袍、御用鞍馬，馳驛莅閩。在軍中，上時加眷念，馳賜服御無虚月，賜玄狐帽一頂、玄狐袍一件。時漳、泉寇盜充斥，公日夜簡練士卒，招服賊黨，計一舉撲滅。

十七年二月，賊攻陷石碼，復進圍海澄。二十四日，鎮守總兵黄藍飛書告急，公即遣正藍旗夸蘭大等將滿兵，督標中軍副將朱志麟、本標前營參將吕孝德等將緑旗兵，即日赴援。遇賊於彎腰樹，衝擊之，賊退屯觀音山。明日，公自與副都統孟公安等將滿漢官兵抵山下，僞鎮陳福等以萬餘人市山而陳。公麾軍擊之，賊大敗，陣斬及溺水死者不計其數。追至下滸堡，會日暮，收軍。二十七日早，遣人間道趣黄藍軍夾擊，仍以滿漢官兵分三路翼而進。至祖山頭，遇統領劉國軒等二萬餘人，列陣迎敵，公親冒矢石督戰。大敗之，斬獲無算，賊僅餘數百騎遁歸石碼。石碼賊出援，又擊敗之，遂解海澄之圍。天子下詔褒美。公復率滿漢兵攻石碼栅，連勝，擒斬賊黨，獲軍械戰船甚夥。栅垂破，白頭賊蔡寅者僞稱朱三太子，聚衆數萬人，與海逆連，距漳城二十里許，結寨於天寶山官津崙，分踞蜈蚣、天寶市，絶西溪來漳糧道，將薄漳城，勢張甚。公乃使總兵黄藍等守海澄，并留兵守祖山頭，而自以精騎數千還漳勦之。閏三月朔，抵天寶後塘。賊悉衆拒敵，公出奇兵夾擊之，斬僞提督楊寧等十四人，殺傷賊兵無數，遂奪天寶市栅。賊陳順以數千人來援，公奮勇大呼馳擊，斬順等十七人，賊衆四竄。明日，分兵四路直擣蔡寅老營，賊大潰，追斬僞將軍李榮等十人，生擒僞軍師張俊，寅走死，餘黨悉平。復擊敗叛賊吴淑於天成寨，奪其軍。於是引兵屯海澄、祖山頭，扼水陸衝，與賊接壘，攻勦無寧晷。公遂積勞成疾矣。或有勸之休息者，則曰：「吾欲上報國恩，下雪家仇。叛賊未滅，何以身爲也！」猶日派兵力戰，疾益劇。遺疏請安插投誠官員，厚給俸餉，以示招徠。又言閩民自變亂以來，疊遭蹂躪，漳民更甚。請飭有司加意撫綏，輕徭薄賦，以紓元氣。又言臣一子纔九歲，請以從弟芳泰襲公爵。乞簡賢能任提督水師重寄。遂薨於軍。上悼焉，加贈少保，謚忠襄。遣官諭祭二壇，御賜碑文。

公入備宿衛，出典海疆，整理戎旅，各有條次。任使皆盡其力，能在軍中與士卒均苦樂，雨不張蓋，勞不坐輿，是以人思自効。及薨，朝野惜之！考諱桓，忠恪公伯兄，早卒，以公貴，贈如公爵。母汪太夫人，城破，自經死，贈一品夫人，遣官諭祭。夫人張氏，誥封一品夫人。子溥、博，俱襲，拜他喇布勒哈番，早卒，以從子應緜嗣。

黄襄慤公傳

太子太保襄慤公諱芳泰，字和士，亦忠恪從子。質性醇篤，少治舉子業，爲諸生。習韜略，精技勇騎射。賊之寇漳也，公傾貲募兵，佐忠勇王守城。洎圍急，王謂諸將：「孰爲我出請援者？」公奮曰：「男兒死疆場，此其時矣！」乃躍馬潰圍馳出，殺僞鎮黄鼎臣等十餘人，所過山寇寨柵，揮戈直前，皆望風辟易，無敢攖其鋒者。至粤，與忠襄遇，遂會師來援。倍道疾驅，未至漳而城陷，公父母妻子皆遇害，乃退次惠州。

當是時粤變並作，所在盜起，海寇劉國軒猖獗惠、潮諸郡，索公兄弟急。公以計脱忠襄，使間道歸朝，獨提孤旅播徙肇慶、廣寧間。會疫作，軍無見糧，瀕危者數。公以忠義激勵將士，軍得不潰。復勦平老鴉、江山賊，破叛將謝闊扶，復順德縣。又拒逆將馬雄於肇慶，以兵迎將軍莽公依圖入定粤省。瘴嶺蠻煙，崎嶇徧歷。初，公至粤，承制授福建右路總兵官。尋奉旨：「黄芳泰效力行間，家屬盡皆殉難，忠貞可嘉！給與拜他喇布勒哈番，準襲二次。」及粤平，奉命還閩，佐忠襄公治兵海上，共圖滅賊。已而授都督僉事、江南京口總兵官。會忠襄公卒，上命公襲爵，總管所屬官兵，一依忠襄故事。公兩疏讓爵於忠襄公子溥，不許。有旨以所給世襲拜他喇布勒哈番令溥承襲，公乃起，就職視事，重申號令，壁壘一新。三閲月，屢勦賊寇，收復平和、漳平諸縣。康熙十八年疏請入覲，命文武大臣官員出郊迎接，遣一等公佟舅舅賜茶彰儀門，温旨慰勞，賜宴禁中。

公以國恩未報，叛賊未滅，上疏請自効，其略曰：「督臣姚啟聖等以臣一日在漳，吴淑等一日不敢投順。竊臣未離漳時，僞總兵陳愷會同吴淑謀獻漳城，後帶眷屬數十人來歸。臣仰體朝廷招徠德意，倍加撫慰。若吴淑果能革心效順，臣安敢以私廢公。臣自二月離漳，四月至汀，八月進京，計今已十閱月，未聞淑等有投誠之舉。且賊首劉國軒與臣並無私讐，亦奚忌於臣而不敢來？是賊之順逆，非關於臣之去留明矣。竊計全家殉節，無如臣家之慘，即一心報國，亦無如臣叔、臣兄、臣弟之矢志不貳。臣久歷行間，備嘗險阻。今臣年三十有三，齒已及壯。當此海疆未靖，聖主宵旰不遑之時，正微臣竭力圖報之日。臣雖蒙恩保全，而逆賊未殄，誼不共戴！若使縻禄養安，銷磨歲月，上既不能仰答高厚，下又不能繼成臣叔、臣兄、臣弟報効之志，是臣忠孝兩虧。所以朝夕飲泣，不得不瀝陳於君父之前者也。」

同日，復密陳滅賊機宜六事曰：一，分兵攻勦，以蹙賊勢也。逆賊以厦島爲巢穴，侵踞海澄各處水汛，近復上自陳洲，下至江東沿河一帶，屯營築壘，日夜與我師相持。計在漳新添緑旗及調集官兵不下十萬，而與二萬餘之賊衆咫尺支吾，不能尅期取勝，則狃於招撫之説。彼且陽順以緩師期，乘間以備戰具，老師糜餉，奏凱無日，非策之得也。臣謂蕩平海寇，勦先於撫。若不分路大舉，誰肯畏威順命？今亟當分撥精鋭，攻取要汛，仍調的當土著將領以爲嚮導。凡賊所據邊地，馬步可通之處，不時進發攻勦，復多張疑兵，使賊顧此失彼，則賊勢窮蹙，就撫者日多，元憝不難成擒矣。

一，覈撫真寇，以散賊黨也。海逆之衆不過二萬有奇，今日報撫以百計，明日報撫以千計，而賊黨未滅者，究其來歷，非姦宄則窮黎，往往假冒投誠，希邀官賞。而未聞海上巨魁僞鎮，有率其大夥來歸者。甚至指少爲多，或逃去復來，費金錢，濫名器。臣愚以爲宜加辨識，照前年欽差户、兵二部專責撫事。又選海上投順質實之員，誠認察覈，分别賞罰，則假者難於希冒，真者倍加感激。賊黨日散而海氛可靖矣。

一，速據險要，以迫賊穴也。逆賊尚敢占踞内地者，以我師未據賊險之故。欲平海逆，先奪厦島窟穴，則海澄各處汛嶼不攻自潰。厦門雖四面阻海，尚有對岸水狹之處，八槳快船可渡，如同安劉五店、潯尾及龍溪、排頭、嵩峙等處。康熙二年，大兵進擣厦門，皆由於此。今當調發勁旅，出其不意，速踞要區，屯劄大營，以示欲渡。復令水師大小般隻沿邊相爲犄角，相機進勦，賊必驚怖靡寧，潰敗之不暇，安敢復肆侵犯？

一，操調八槳，以擾賊巢也。戰艦之設，閩省原有額配，但大船須待風信，兼防擱淺，惟八槳快船旋轉便利，操練易習，造費省而工程捷。今之賊勢鴟張，以我舟師未集，倚水爲險，連艅入犯，毫無顧忌。而我陸師不能飛渡，但立視其隨潮來往剽掠耳。此大弊也。前提臣施琅督視舟師，操習八槳，選募水性順利之人配爲水軍，不時出没島中，攻其無備。賊環顧靡寧，既有成效可覩。爲今之計，請敕各官隨力捐造八槳船，分布要汛，配兵調操，輪番出哨，則賊自顧不暇，豈敢肆横内港？俟水陸大舉之時，雖大船足用，亦當用小船配兵隨勦，追逐尤爲快捷。此平賊要著也。

一，嚴查保甲，以清賊藪也。自古保甲之法，承平無事，奉行惟謹，況多事之秋乎？海賊之衆，率多内地良民失身入夥，其中不無父兄眷屬尚在内地者。請敕有司，令地方約保編設家甲，互相稽察，如從前投入賊夥者，見有父兄眷屬，勒限聽其招回。或有新投入夥者，約保立行舉首，徇隱者坐之。此法通行，尤須嚴禁挾私擾害等弊。保甲既清，姦匪屏跡。即如前來投順弁兵，告歸原籍歸農者，亦皆有著落安插，可以稽查。而鄉閭族黨自相勸誡，無有來而潛去、去而復來者，則內地民人無句連之慮矣。

一，綏集殘黎，以弭賊源也。閩地經播亂之後，驚鴻未集，皮骨僅存。重以逆賊未殲，軍興驛騷，而漳州一府疲憊尤甚，飢寒交迫，鋌而走險，以爲一日入賊便可一日飽煖，是以法不能禁。請敕地方有司加意撫綏，除額外之差徭，禁胥吏之剥削。如軍需孔亟，權宜采買，尤須小民得霑實惠。皇上不時遴遣廉能内臣，巡問訪察，據實入告，則地方官益知惠下，而民安本業，姦宄之源永杜矣。

疏入，上嘉納之。逾年賊平，皆如公策焉。

二十二年三月，疏請回漳營葬殉節骸骨。上許之。四月，自京回籍。二十七年，進京謁太皇太后梓宮，賜宴於暢春苑，傳命海澄公中坐，陛見諸提鎮皆旁坐。時有副將何應元於上前演藤牌，上問藤牌有破法否？公奏用長刀可破。即命公試之，須臾三中其臂，上大歡笑。尋請歸。二十九年，以疾薨於里第。四十九年，追贈太子少保，賜祭葬。乾隆三年，加贈太子太保，謚襄慤，御製碑文。

初，忠勇王既殉節，無後。公之疾革也，合其族而告之曰：「爵，忠恪公之爵也，惟忠勇王繼忠孝以殞其家。其忍令二勳無嗣！」乃立長子應纘爲王後，遺疏請於朝而歸爵焉。公爲人敦樸，平生疏食澣衣，不喜車裘之飾。居鄉愛賢禮士，以謙謹自持，出屏騶從，曰：「吾不欲以富貴加桑梓也。」親故雖單寒者，握手極歡洽，周窮振乏，傾囊無吝。姚制府啟聖嘗議削公柄，而公在上前屢稱其能，制府聞而歎曰：「黄公可謂公爾忘私者矣！」有郡佐嘗以事忤公，及罷職，貧，公假之館，月給糈，厚贈歸之。其寬厚長者類如此。

考諱樞，忠恪公仲兄。漳之陷殉節，贈按察使司僉事。後以公貴，晉贈如公爵。母董太夫人暨夫人李氏俱殉節，贈一品夫人。夫人萬氏，誥封一品夫人。子均功、視霽皆幼殉節。又生子六：長應纘，嗣忠勇王後，是爲温簡公；次應甲，以僉事公殉節，廕授知縣，未及仕；三應政；六應緜，嗣忠襄公，以温簡公廕授治中，即今嗣公仕簡本生父，贈光禄大夫、一等海澄公；四應安、五應覃，早卒。

跋黄松石書集古研銘

右錢唐黄松石書集古研銘，凡十有一，自周漢迄於元明，而古文篆、隸、正、行、草、章備焉。兩峰羅子得之，屬予題後。予不及見松石，而得交其令嗣小松，以小松之精考金石，即松石可知也。兩峰其持是卷以眎小松，小松必當重其先人手澤，以銘心絶品易之。予言將爲之息壤矣！庚子初冬，北平翁方綱。

趙渭川杏林春燕硯銘

得墨飛鳴而高舉，燕燕羽，杏花雨。

景星慶雲研銘

雲間一星，潭下一星。或赤或青，璜也夢得之，覃溪作銘。

筠樓進士硯銘

對策大廷，歸而研經。宜徐潭之小舲，宜漱芳之西廳，宜覃溪之銘。

又

此吾家之清芬，故膚寸而吐雲。

沈匏尊井田硯銘

田則畫而課有牛，硯則磨而歲有秋。

井田硯背爲琫復爲之銘

于胥斯原，捧持勿諼。

沈匏尊暖硯銘

金石相澤，水火相得，其占爲發墨。

桂未谷暖硯銘

不冶其凌，於陽之升。墨雲如篆，其氣如蒸。蛟龍纏之，來自怡亭。以未谷善篆，故銘之曰陽冰。

周駕堂編修澄泥大硯銘長六寸四分，寬五寸，厚一寸四分。

觀乎印泥之封，恢乎切玉之鋒，❶曰歸乎煮石之公。❷

汪秀峰楊姬瑞雲遺研銘

識奇文，伴子雲。

寶蘇室硯銘❸

公蹟嵩陽，公集淮倉。私淑方綱，稽首焚香。

---

❶「鋒」，原作「峰」，今據稿本改。

❷「公」，稿本作「農」。

❸「室」，原作「寶」，今據稿本改。

沈匏尊璞玉硯銘

璞不彫，英瓊瑶。汲者井，潤者蕉。益者三友，匏尊交。沈子以所藏井田研、蕉葉研與此名其齋，曰三研。

吉渭崖河洛研銘

龜邪馬邪？圖與書。玉邪石邪？俞與朱。渭崖藏河洛研，予以朱竹垞所舉石澗道人語銘之。

孔雩谷明府研銘

孔君山館研爲田。宋子繪圖當研箋。覃溪銘之宋子鐫。

雩谷雲研銘

琢弗以斤，虚石作雲。

羅兩峰缺角研銘

研非由琢，畫非由學，作遠山一角。

朱籍山鶩研銘

右軍、杜陵皆愛鶩，❶黄庭書邪對酒歌，締此石交永不磨。

兩峰松皮研銘

石骨青，覃溪銘。

兩峰畫梅研銘

此兩峰道人畫梅之研乎？乃「水墨雲山粥飯僧」之一變也。❷末七字，是冬心自銘寫經研語也。以此語銘此研，正是梅花心事。

爲周松崖摹文山琴研銘

青原遺迹，千秋片碧。

---

❶「愛」，原作「受」，今據稿本改。

❷「飯」，原作「館」，今據稿本改。

陳瘵夫贈楊己軍硯銘

楊己軍用此數十年臨池。江寧陳瘵夫得之，以贈覃溪。是爲乾隆戊子初冬，得坡公帖時。

朱艸詩林半研銘

一半化機，不可刻畫。一半付之妙墨。

王若農尚珏井田研銘

服田力穡，越有黍稷。

周松崖端研銘

一手三硯，蜀人之志也。一手二硯，周子之事也。君何居乎？兼斯義也。

潘稼堂七星研爲劉青垣詹事銘稼堂銘後自題云：此先大夫寶研，遺付瞻泰，藏之拜經堂。

劉子校經，太乙降精。其光熒熒，化爲七星。影入硯屏，來乞我銘。我與青垣，眼俱青。

夢因居士硯銘

因石以爲形，因墨以爲銘，夢因居士眼共青。

王季重研爲陳目畊銘

季重之詩，推爲别派。山陰墨池，石盟猶在。

陳其年手卷研爲陳目畊銘

前日陳髯，自琢新詞。今逢鐵筆，重寫烏絲。

兩峰爲東谷畫竹帳銘

温公布衾，銘於别紙。今此筠盟，寸心萬里。敢告從者，勿裝襆被。

祭朱笥河先生文

嗚呼！先生詞林之英，文苑之楨。人師是程，人友是盟。故其疾也，群憂以怦。而其殁也，涕淚交横。識與不識，皆哭失聲。然獨鄉人，尤感衷情！君家群季，妙譽早成。聯翩科第，突兀峥嶸。先生於中，最先得名。及見老宿，臨川、桐城，古文巨手，相許不輕。吾鄉黃氏，對宇望衡。萬卷儲藏，映此閈閎。遂躋宮贊，班陟蓬瀛。禮闈鄉賦，秋鹿春鶯。玉鑑冰壺，霜空月明。閩嶠瓜期，循環棣榮。藜、光二星，曰弟與兄。海内聞者，歎羨交并。特達主知，命典書宬。前惟朱十，著録帝京。劉、孫志略，薈萃葩菁。析津耆舊，冀北名卿。前史所垂，琬琰簪纓。次其著述，案而弗評。此稿熒熒，寄牆與羹。此心耿耿，在几與檠。嗚呼先生！九原精誠。必發奇氣，爲琳瑶瓊。爲松千尺，爲芝九莖。俾我枌榆，瑰奇發萌。祐我梓里，徧及髫嬰。元氣渾渾，斯文粹精。儻接前賢，以牖後生。鄂華椒華，寂寞兩楹。雲氣往來，眷焉迴縈。旦莫飄然，大海騎鯨。西峰青峭，飲此一觥。

祭宋太翁文

嗚呼！公之學詣，誠符素履。公之政事，經術根柢。河汾世澤，早聞閭里。洎乎通籍，聲譽日起。歲歷丑辰，爲名進士。職歷冬官，爲名御史。初涉臺垣，歲維己巳。表表十年，柄持風紀。階有蘭玉，堂有詩禮。道藝之光，以貽厥子。厥子伯仲，中外筮仕；後先敭歷，以篤公祉。仲也承歡，登瀛伊始。公每退食，顧之色喜。凡我同譜，謁公於邸。金石琳瑯，書册宛委。皆承提命，聲猶在耳。公於書學，最極涯涘。永興之傳，山陰嫡髓。近則長洲，脱略蘇、米。維公生平，服膺文氏。妙合停雲，款稱文水。暮年造極，淡而彌旨。歸臥家山，靈光巋峙。群公蒼蒼，大河瀰瀰。通德門牆，經神筵几。□□滎陽，信如掌指。杓衍莆陽，淵乎神理。況我同人，瞻同岵屺。白雲秋空，霜濃有泚。公之貽休，式垂奕禩。靈風珊環，鑒兹簠簋。尚饗！

祭丁氏李太孺人文

維乾隆四十有六年，歲在辛丑，夏六月壬申朔，越十日辛巳，誥授奉直大夫，賜進士出身，司經局洗馬掌局事、兼翰林院脩撰，前日講起居注官，文淵閣校理，翰林院侍讀學士、國子監司業，加四級，忝姻愚表甥大興翁方綱，謹以清酌庶羞之奠，致祭於皇清例贈孺人丁九舅母李太孺人之靈。曰：嗚呼！溯吾母家，中表於張。涿鹿之丁，籍隸大房。惟我諸舅，才傑相望。惟六舅氏，尤擅文章。與我先人，同著膠庠。是以吾母，勖我毋忘。每述母譽，聞之特詳。幼而同學，母訓是匡。曰惟九弟，弗敢怠荒。中表門風，茹苦共嘗。對榻論心，城北二楊。九弟於學，殫心就將。話母勤劬，遂閲星霜。舅氏司訓，洺水載揚。我時南望，以祝日康。舅氏之逝，我在五羊。不得一哭，親奠椒漿。洎我北來，蘭砌成行。九弟成名，策射東堂。季也蔚起，諸孫琳琅。兩家世好，子女之祥。我之兩兒，俱忝東牀。雪霽城陰，纏紅獻觴。慈顔喜氣，益慶春長。轉瞬屺思，行役心傷。萬里之外，幸覩歸裝。胡然遘痛，涕淚浪浪。戚族同悲，于里于鄉。孝慈儉勤，貽後克昌。賢母遺徽，銘之丁莊。靈輀載留，旌旗彷徨。雨泣秋初，雪滿明梁。嗚呼哀哉！尚饗。

祭許太夫人文

嗚呼！汝南世望，垂聲既久。東海揚芬，積祉既阜。内則内訓，萃於賢母。寔孝寔慈，以仁以壽。昔共膝前，拜獻春酒。母教敬聆，曰篤爾後。庭階芝蘭，蔚爲文藪。伯也登瀛，佩鏘瓊玖。持節武林，司衡桂、柳。温清朝夕，以旨以滫。曰奉板輿，以祝耆耇。溯惟大嵩，貽澤孔有。飲冰堂詩，載炙人口。芸閣柏臺，績均不朽。魯庭詩禮，于子于婦。北堂舍蘐，是虔是守。曷意蘭摧，早痛我友！蓼莪傷心，折萲在手。白髮雙皤，几筵堂牖。往事迴思，豈敢追剖。嗚呼陶湛，春風翦韭。感慕范、張，登堂無負。今昔迴環，愴乎噎嘔。桃李之實，空佇薪槱。寸艸之暉，空瞻隴畝。即今鯉庭，靈光巋嶁。仲也佩韍，季也綰綬。一門豐蔭，頌徧童叟。海濱泱泱，靈風呦呦。保艾後人，式穀克受。春雪留留，采彼王蒷。薦此椒芬，于尊彝卣。嗚呼哀哉！尚饗。

銅柱考見《湖海文傳》

銅柱之字，人無知者。考之傳記，《水經注》云：「馬文淵建金標，爲南極之界。」《林邑記》云：「建武十九年，馬援植兩銅柱于象林南界，與西屠國分，漢之南疆。銘之：銅柱折，交阯滅。交阯人至今怖畏。有守銅柱户數家，歲時以土培之，僅露五六尺許。」《道里記》云：「林邑大浦口有銅柱，《水經注》云銅柱在林邑。其在欽江者，唐節度馬總所植也。」

按史，元和中馬總爲安南都護，立二銅柱於漢故處，鑱著唐德。《廣東新語》云：馬援所立在林邑。則分茅嶺銅柱，必馬總之遺也。據此，則分茅嶺銅柱，又當有唐刻字矣。嶺在欽州西三百里，《州志》云：「在州治之西貼浪都古森峝，明萬曆間，有貼浪峝民曾至分茅嶺，親見之。嶺上茅南北分披，嶺去銅柱半里許，交人年年以土培之，今高不滿丈，大不知幾許。柱上字蹟莫識。問其路所由，則曰自貼浪扶隆行七日，至八尺石橋，尚行八日方抵其處云。」

復初齋集外文卷第三

大興　翁方綱　正三

考古圖續考古圖跋

内府藏本《考古圖》十卷，《續考古圖》五卷，《釋文》一卷。宋吕大臨撰。大臨字與叔，藍田人，元祐中官祕書省正字。錢曾《讀書敏求記》云：北宋鏤板，得於無錫顧宸家，後歸泰興季振宜，又歸崑山徐乾學。曾復從乾學借鈔，「其圖亦令良工繪畫，不失毫髮，紙墨更精於槧本」云云。此本勘驗印記，即曾所手録。以校世所行本，卷一多《孔文父飲鼎圖》一圖，銘十四字，説五十一字。卷三《邿敦圖》多一蓋圖。卷四《開封劉氏小方壺圖》乃《祕閣方文方壺圖》，《祕閣方文方壺圖》乃《開封劉氏小方壺圖》，今本互相顛倒。卷六目録多標題「盤匜盂弩戈削」一行。卷八多《玉鹿盧劍具圖》三，説一百一十五字，又多《白玉雲鉤》《玉環玉玦圖》各一。卷九多《京兆田氏鹿盧鐙圖》一，説四十七字，又《犀鐙》第二圖與今本迥别，又《内藏環耳鼒》多一蓋圖。卷十《新平張氏連環鼎壺》無「右所從得及度量銘説皆闕失無可考惟樣存於此」二十字，又多《廬江李氏鐎斗圖》一；又《獸鑪》第二圖後，有説三十五字。又卷末多《卭州天寧寺僧捧敕佩圖》二，説四十六字。卷首大臨自序，大題曰「後記」，附載卷末。其餘字句行款之異同，不可縷舉，而參驗文義，皆以此本爲長。

《續圖》卷一，二十器。卷二，二十二器。卷三，二十六器。卷四，二十器。卷五，十二器。先後不以類從，蓋隨見隨録，故第五卷所載獨少。其收藏名姓，皆載圖説之首，云：「右某人所得。」與前圖注名姓於標目下者，例亦小殊。

《釋文》一卷，前有大臨題詞，以《廣韻》四聲編其字云。吾衍《學古編》稱：「此圖有黑、白兩樣，黑、白皆謂所刊款識。黑字者，後有《韻圖》，欠《璊玉璏》。白字者，博山鑪上雞畫作人手。」此本銘文作白字，然《博山鑪圖》無所謂人手，亦無所謂雞。其《釋文》一卷依韻排次，當即衍所謂《韻圖》。然八卷實有《廬江李氏璊玉璏》，知衍所見本亦不及此本之完善。

是書作於元祐壬申，在《宣和博古圖》之前，而體例謹嚴，有疑則闕，不若《博古圖》之附會古人，動成舛謬。其「郝敦」一條，胡安國注《春秋》「成周宣榭火」，乃引以詁經，信其説之可據矣。然前《圖》十卷，器之有銘者，繪其圖必摹其銘，摹其銘必釋其文。今此《續圖》五卷，則有有銘而不摹其文，摹文而不釋其讀者，不特收藏姓氏標目之例與前十卷殊也。又如第二卷，引「吕與叔」云云、「考古」云云。而第三卷有紹興壬午所得之器。壬午，是紹興三十二年，則此《續圖》五卷成於南宋，非吕大臨所撰無疑。錢氏概目以北宋板，亦未之詳考也。至其後《釋文》一卷，則所舉諸器皆是前圖所載者。其釋「榭」字、「枏」字，亦與前卷相合。惟「弡中医」「弡」字，前圖釋作「張」，而此從闕疑。然張仲之文，薛尚功《鐘鼎款識》，但引歐説而不及吕，則前圖之釋「張」，恐非吕氏原本。且今刻本《考古圖》有引「薛釋某」者，薛尚功南宋人，定是後人附益者爾。則此《釋文》一卷，當是大臨原本也。文淵閣校理、翰林院編修、四庫全書纂修官翁方綱謹記。

此書僅得見館寫副本，或謄録手寫多誤，抑或錢氏影寫原本有誤，皆未可知也。其確可定者，方綱校勘之次亦即改寫，而其未改者尚極多。然此猶以楷文言之，若篆則古文本無定本，實不敢以臆斷，故多有仍其樣書之者。至於同一引《説文》，而忽楷忽篆，或與今《説文》本合，又或不盡合。凡若此類，亦皆依其舊書之，將以待考云爾。方綱又記。

又按：此書内標題，如寶敦、三卷。公□鍾、吉金敦、寶鼎並四卷。之類，此皆與文義未協。虔敦、旅車敦並四卷。分爲二卷，亦未善也。《釋文》云「簋」字不同，然三象馨香之氣，特蓋與器左右向背，非寫法不同也。又以「徒」下从「止」，是未知「止」乃「辵」之下半，而非「止」也。凡此皆與六書乖者，附記於此。三月十日。

昔人云：書有誤，寧改汙，勿挖補。方綱書雖不工，然鈔寫是書，竊存此意。

宋翟耆年《籀史》下卷，有趙九成著《吕氏考古圖説》。據此則《釋文》一卷，是趙九成撰，其卷前題詞，蓋九成所爲也。壬寅夏六月六日，方綱識。

書淮南天文訓補注後

溉亭進士以所著《淮南天文訓補注》上下二卷見示，予讀而歎其該博融貫，今世所少也。其曰「臣許慎記上」者，從《道藏》也。予曩於《道藏》見是文而疑之，既而證以晁、陳二家之書，則晁云：「慎標其首，皆曰間詁。」陳云：「序言『誘少從同縣盧君受其句讀』，盧君者，植也。與同縣，則誘乃涿人。又言『建安十年，辟司空掾，東郡濮陽令。十七年，遷監河東』，則誘，漢末人也。」是皆與許叔重不合。予又嘗以《昭明文選》李善注所引高誘《淮南注》校之，即今所傳《道藏》注本。又即以此卷□野一條即《吕覽》文，而高誘注雖稍有詳略，究無異旨。然則「許慎記上」之文，恐當闕疑矣。溉亭且存此説，他日有所考定，幸以寄示。

跋張瘦銅漢印三十二例

吾友曲阜桂未谷有《續三十五舉》之作，今瘦銅又作《漢印三十二例》。其以漢隸喻漢印，尤得上下位置之宜，且皆舉其所目見者。予嘗謂輯漢隸者，不當襲洪氏、劉氏之書，❶正此意也。録成帙，未谷已出都，因屬予識其後。辛丑三月，大興翁方綱。

跋王述庵金石萃編

石鼓　「角」誤釋「卤」。「隮」失下片「女」。尚不止此。　西魏大統十一年十月無丙申，此引近人海寧俞思謙語，可從。

嵩山三闕，皆不全之本。

禮器碑　不載「山陽金鄉」一行。且既引予《兩漢金石記》「熹平三年項伯脩」字，而又不具著，此竟未細

❶「劉」，稿本作「婁」。

看此跋，而小史鈔之。

四楊碑是僞本。

夏承碑即明朝翻本。　銘内「積德勤約」訛作「紹」，「幽」訛「函」。

石經殘字　《大射儀》第三行「洗」下「廾」，足正錢摹之失，然不知其從何處得來。　端字，與劉韻合。

無「學而」一段。

鄭季宣碑　所録予跋亦未盡，竟是小史鈔撮者，無怪其不知下截升高之事。　《山左金石志》云：十一行有「寧」字，十二行有「真」字，十四行有「葬」字。　故字宜細看。

武梁祠像　「孚」不誤。

保母甎　跋全對否？再細查。　此甎援及《戲鴻堂帖》，則《蘭亭》何以不入？

瘞鶴銘　「厫」字内右半誤。❶　「前固重」，「重」字下半誤。

北齊乾明元年孔廟碑　不知是樊遜。

姚辯墓誌銘　翻本。　文尾「祀掩」二字，另一行。

智永千文　文不録。　載前人諸跋，而無辨證。

廟堂碑　王彦超再建，是太祖初年，建隆、乾德時。

---

❶ 「半」，原脱，今據稿本補。

昭仁寺碑　歐陽《集古》等跋，皆刻碑陰。

房彦謙碑　碑側「太子中允□□彳扌」誤。❶

裴鏡民碑　裝本。

伊闕佛龕碑　不言諸款。

太宗哀册文　亦是從雜帖録之，而不及《蘭亭》，何也？

懷仁集聖教序　自宜另起録之，今即附于褚書後，不成體式。

昇仙太子碑　陰字不知是辥稷書。

吴文碑　顧亭林、錢辛楣皆沿「吴」字之誤。

王述菴《金石萃編》百六十卷，可謂博而勤矣。然於體例未善者，不應忽篆、忽隸、忽楷之歧出也。洪氏《隸釋》專載隸碑，然亦止略見其字勢之概耳，非必一一摹肖也。今通記古今碑，自應一律用楷書之。且如漢隸，一碑中有數字篆者，即唐碑楷書内，亦有一二用篆者，此則何以處之乎？況此所摹篆隸，又不盡合乎？晉以後北碑多，南碑少，然如江總、栖霞之類，尚有存者。且如唐之太宗哀册、魯公與郭僕射書，皆後人所刻帖耳，既載此等，則《蘭亭》《樂毅》《黄庭》等，何以轉不載乎？凡碑後録前人跋者，欲以證其碑也。若四楊碑、《智永千文》，「天地」句、「桓公匡合」句，皆宋初諱，闕筆。而恆、岱，真宗諱，不闕筆。故知宋初人書。僞作也，而

❶「誤」下，稿本有「太子左庶子安平男李百藥撰」。文末有「歐陽詢書」。

其所録皆真本之跋。《化度寺邕師銘》，俗翻僞本也，而亦采真本之跋附之。則何賴乎《萃編》爲矣？《懷仁集聖教序》自當另録，而附於褚書碑後，可乎？蓋欲彙輯古今石刻，以博贍爲主，而不知其不詳考耳。五十年前與竹君、辛楣、述菴時相過從，研究此事。竹君既未得成書，辛楣則專以考訂史家同異爲務，而述菴欲裒萃其全，轉不及辛楣之有益矣。輯成一書之難如此！

跋鄭耘門所藏張遷碑

是册前有金孝章題簽，後有戊子閏月滁陽顧譽書釋文。戊子是順治五年，時孝章年四十七。蓋王昌谷舊藏本，金孝章購之，屬云美爲釋，而後遂歸之云美耳。有「王勤中印」「汪季青扆研齋印」。予嘗見「焕」字闕脚者，已是數十年前搨本，則此「焕」字具全，是明代拓本無可疑者。

鄭耘門太史所藏王百穀本，「焕」字具全，有金孝章題簽、顧云美書釋文者已是明朝拓本，則此似是宋拓矣。《金石文字記》引《山東通志》云「近掘地得之」。然地志所載金石，其系述久近亦不盡可憑，安知非宋時已出，而洪、婁未之見耶？因臨其簽、跋，於此併識。

跋唐公房碑❶

右「仙人唐君之碑」六字隸額，碑文十七行，行三十一字，皆尚隱隱可識。其第一行，惟存「故能」二字。末銘一行，惟存「浮雲」二字。中間略可辨者，尚可數十字。惟第十三行「百谷收入，天下莫知」，「知」字，石本實無之，不解洪氏《隸釋》何緣增入。蓋以文義度之，當有「知」字，而洪跋亦未明言也。婁彦發《字原》云：「《集韻》房，古作⿰户方。故隸法『户』在側也。」圭首偏右，而穿仍在中。第八行首「頃」字正□中穿之右，❷今《隸續》本亦摹誤也。碑額「唐」字，篆體分明，而今《隸續》本亦筆誤。歐陽《集古録》則謂「不載其姓」，豈未見其額乎？

華嶽廟碑長垣本跋

《西嶽華山碑》唐宋題字，小歐陽猶及見之，今則無知者矣。因商丘藏本有宋題字，故爲臨唐題於此。嘗與吾友錢辛楣詹事共論唐文宗年號，「大和」是「大」字，非「太」字。今見四明范氏所藏《延熹華岳碑》額，旁題三段，皆作「大」，益信。

---

❶ 「公」，原作「君」，今據稿本改。

❷ □，《復初齋文集》卷二十《跋唐公房碑》作「逼」。

范氏此碑，即豐南禺所藏本，見於《鮚埼亭題跋》者雖亦有宋元豐題字，而「元」字已泐矣，足徵商丘此本更拓在前耳。因爲伯恭臨唐人題字，并附識此。方綱。

華嶽廟碑四明本跋

乾隆庚戌秋八月望後，嘉定錢竹汀持此未裝大幅來都，借留几間旬日，周山茨、陸掔士、羅兩峰同看，至今二十年矣。嘉慶庚午春三月十八日，北平翁方綱記。

是秋七月望，因校揚州新刻《隸韻》，復借至蘇齋，諦審明白，并前雙鉤數行，皆無差舛矣。「圭」字，是作上、下二層，其中間直畫正中不相連，而亦不多空。今日重刻本，或有中直相連。又婁氏《字原》，於中太過空者，皆未得其真耳。方綱又書。

跋魏受禪碑

右《魏受禪碑》，小歐陽《集古録目》云「不著所立年月」。今按：辛未，是黄初元年之十月晦也。洪所未釋者，「機」即「璣」字，「鹿」即「麓」字，「照」即「昭」字。至若「乏」字上作横畫，尤於反正之旨相合。此最有益於六書者，而婁氏《字原》不收，近日顧氏《隸辨》收之，乃訛作上撇，何也？《古文苑》載聞人牟準《魏敬侯碑陰》云：「魏羣臣上尊號奏，鍾元常書《魏受禪表》，衛覬金鉞八分書。」按此二碑，實出一手，蓋純取方整，開唐隸之漸矣。碑中「有熊、夏后」云云，蓋皆出於讖記。東漢之儒，競言讖緯，卒致三分之際，曹魏《受禪》，孫吴《國山》，皆託讖以爲文，慨夫！

跋魏王基殘碑

是碑「荆」「形」「荆」俱從井。按《説文》：荆，從井，罰辠也。刑，從幵，剄也。《玉篇》則俱收入刀部，云「荆」與「刑」二字同。至「形」「荆」，《説文》俱從「幵」，而「荆」字下云：「从艸，刑聲。」是所从之「刑」乃「刑」，而非「荆」也。不審《玉篇》何以删去井部之「荆」，併歸入刀部之「刑」？此在六朝魏晉間不知何時省併，無由臆斷矣。以理度之，則「刑」者一成不變，似从「井」義爲合，亦不僅从聲也。然《説文》从「幵」聲之説，終自不可輕議。今因漢魏書勢，以附記於《説文》之後則可，若據漢魏之隸以疑《説文》則不可耳。

跋孟法師碑

予昔讀孫退谷《庚子銷夏記》云：「吴太□國華讀《何元朗集》，謂此碑之妙，生平止於無錫秦氏見一本。吴乃使人往物色，得之。」壬辰春，於趙六一齋見所藏《孟法師碑》舊本，前有退谷手書，即此跋也。甲午冬，又於朱竹君齋見一本，與退谷藏本同，有康熙十年錢塘倪燦闇公手跋，後題云「錢塘倪氏珍藏宋搨舊本」。予既見此二本，手摹一册藏於篋。然每疑王虚舟《孟法師碑跋》謂退谷所藏是翻本，何義門亦言退谷所題者是摹本。後見陸謹庭，始知真本今在吴門繆氏，聞其索值千金而不可得見也。壬子夏，金匱錢梅溪訪我於濟南，乃知繆氏本尚未售去。又聞其有摹刻本，因託梅溪覓之。至今丙辰冬，梅溪爲我覓其本以見寄，於是，去始見退谷本時廿有五年矣！是碑世所罕見，虚舟昔歎孫、梁二家藏本之非真，予今感歎趙、朱二齋之未聞斯真本也！即一碑而迴環興慨，歷廿五年之久而始見其真影，可勿記乎！

王弇州跋是碑云「以舊翻本證之」，蓋弇州所云舊翻本者，即退谷本也。弇州又云：「褚公以貞觀十六年書，時尚刻意信本，而微參以分隸法。」昔趙文敏跋其自書《千文》云：「數年前，學褚河南《孟法師碑》，故結字規模八分。」今以此本與趙文敏、王弇州之言證之，信不誣矣。

乃虚舟題跋云：「貞觀十六年，褚公年四十七。其書《聖教》在高宗永徽四年，年五十八，後於《孟法師碑》十有六年。此當云十有一年，不當云十有六年。是時河南書法專師《漢禮器碑》，形神畢肖，故融釋脱落，幾似筆不著紙。回視《孟法師碑》，猶未免有筆痕墨跡。而鳳洲不書時序，❶横生議論，以爲絶似率更，實未見一毫似處也。」愚按此條，則弇州之言是，而虚舟之言非也。河南《聖教》，是晚年老境漸熟，即廣川所謂「漢銅甬書」者，❷非必執定《禮器碑》也。若《孟法師碑》，雖其中年作，然歐、虞菁華，至是合爲一手；分隸真楷之能事，亦全聚於一時。是正書之極則，當與《化度》《醴泉》《廟堂》並臻極勝。吾不以彼而易此也。是碑於率更之似，不以形而以神，故弇州云「刻意信本而微參以分法」。信知言之選矣。若虚舟見其轉折稍

❶「書」，稿本作「考」，當從。

❷「廣川」之上，稿本有「董」字。

腴，而謂《同州》刻手準之；見其形勢稍圓，而謂「刻意信本」爲失之，皆所謂以目皮相者也。

綜而論之：舊翻本似虞，真本似歐。其似虞者，却與隸遠；其似歐者，乃與隸近。所以松雪、弇州二公之言，允爲此碑定品也。而虚舟又謂「字裏金生，行間玉潤」，援山谷詩「孔廟虞書貞觀刻，千兩黄金安可得」之句以擬之，此則洵爲不妄。今繆氏懸千金於市者，此也。褚楷最奇偉者，無過《三龕記》，然於分隸則近矣，而於後人師楷之正路微有俟焉。若《房玄齡碑》與《雁塔》《聖教》，皆在《同州》之上，然於古則近矣，而於楷法究非得中。至若《薛少保昇仙碑陰》，真所謂菁華却信者！然於楷法準合古今之正，自必讓《孟法師》矣。趙子固論唐楷，以《化度》《九成》《廟堂》三者爲最上，若《孟法師碑》，其必同斯品者矣。吾雖未得繆氏真本，而得此摹本，其勝於退谷所藏摹本也，更何疑乎！❶

道，以「中庸」爲至，故曰過猶不及。褚公晚年書《聖教序》，準以至中之矩，則可謂過也歟！若《孟法師碑》，酌劑歐、虞之法，約古今之宜，在隸、楷之間，信可謂中和之極詣也矣。❷薛題《昇仙》陰之正書，則專於朗暢，是以其今多而古少也。虚舟先生徒以「朗暢」目率更，止見率更之末耳。至論書道之至極處，乃謂是

❶「疑」，原作「難」，今據稿本改。

❷「極」，原脱，今據稿本補。

碑不及《聖教》，則是又淩越中道而陳義過高。其必舉安陽貨布之文，以概正楷之準式乎？其然？豈其然乎！

孫退谷跋舊摹本，謂「斷落僅二三字」者，蓋其本中間僅空紙三格，故云然耳。以此真本驗之，又已多出百四十餘字，乃幾千言，惟闕「北」下一字耳。然退谷所跋本，自弇州時已云有舊翻本，其筆法却深得永興《廟堂》之妙，不知出何時、何人手。而自何孔目已致賞歎，則亦當是宋人所摹。又不止於《廟堂》有西安、城武二本之摹法微異者比矣。然而《孟法師》之真本，則最爲罕見，亟宜珍此摹本以定指南，非特千金馬骨之喻而已。

始予見退谷所藏舊摹本，不知其爲僞也。既而讀其文「寢」「刃」二字倒置，乃疑其非真。而其後乃聞吴中有此真本耳。今既見真本，則「寢」「刃」二字仍復倒置，豈彼舊摹本之誤竟是從此本沿誤者耶？❶而中間却又少百四十字，則又非從此本出者。此須見繆氏所藏原本而後考之。至於楷法之妙，以松雪、弇州、虚舟三先生所稱證合之，則即是此本無疑者矣。

---

❶ 「摹」，原脱，今據稿本補。

予聞此帖摹本久矣，因屬友人覓之，久未得也。予在南昌院廨後堂，扁曰「雙清」，時方購得吴仲圭山水小軸，有「雙清館」印，輒思以「雙清」顔其書室而未果。昨冬得坡書《偃松屏贊》，又得石田畫《移竹圖》，與舊藏李西涯《移竹詩卷》恰合，因自顔曰「松竹雙清書屋」。而今此帖適來，乃知繆氏藏此帖所居名「雙清堂」。文字之有緣如此！

《孟法師碑》，廟諱三個字，❶前一字，末有點；後二，無。御名上一字，❷末點，紙有孔。此三字，對舊摹油素本，皆有點。此一字，舊摹所無。

凡舊翻本之與此真摹本异者，「亦既來儀」「儀」字，是否同異？應皆記出。是彼一本所遇石泐處否？

跋陸謹庭化度真本

予去年得《化度》真本，吴門陸謹庭孝廉見而歎爲希有，因説其小時於吴下見賈人持一本，字更少于予本，後有虚舟跋，墨色古香，至今在目也。及今春，謹庭復北來，云去年冬於其友人齋中見一本，有陸子淵、

❶「廟諱三個字」，當指碑中三「玄」字。

❷「御名上一字」，當指「弘曆」之「弘」字。

胡孝思二跋者，尚不及予所得本及賈人本，然亦真本也。予按其言，即弇州所得第二本，則知虚舟所見之本，不盡是翻本明矣。然則虚舟不以《化度》勝《醴泉》之説爲是者，蓋其病先中在「長庚芒角」一語。夫歐書之藴藉者，蓋莫如此二碑矣。即《醴泉》且不當以芒角賞之，況《化度》耶？此所謂不揣其本而齊其末者也。且二碑皆出自《蘭亭》，而《蘭亭》全用退筆，此其不當以芒角見長，尤爲可信。然則虚舟直未解歐書者耶？虚舟論諸書出《禮器碑》，其論隸最不直鄭汝器，可謂於書道有獨得者。豈他書皆有所得，獨於歐書祇效其皮膚耶？凡今之士，宜務含蓄以養氣質而已，不止書法一藝也。若虚舟此跋入於人心，將使學率更者墮入異趣。所關非細，故不得不再三辨之。

跋同州聖教序

此碑爲當日重摹上石無疑，試以雁塔本對看，則筆意了然明白，不必從而爲之辭也。「龍朔」云云，特立石之歲月，摹手學作褚書耳。顧摹手雖殊，而此本亦自有妙處，未可盡以雁塔本繩之矣。昔董逌嘗謂褚河南書以銅□，予亦謂同州本以銅刀筆。此言以爲重摹者解嘲，世有知者，定相視而笑也。

跋唐郭君碑 丁酉

《唐郭君碑》，失其名及撰書人。其遷窆在乾封二年十一月。父嵩，子弘道，嘗從太宗征霍邑，又從李仲文征劉武周，從李勣征頡利。然云授上柱國，而無封邑。新、舊《書》，歐、趙《録》，皆不之及。朱竹垞《曝書亭集》云：「據其額，曰郭君碑。」顧亭林載之《金石文字記》，即據朱跋録之也。其行楷純用褚法，至爲可寶。

跋美原神泉詩癸卯

右《美原神泉詩》，在富平。凡二面，其一面篆額云「大唐裕明子書」，其下爲垂拱四年，徐彦伯序，尹元凱、翁念、李通三人爲賦五言六韻詩。而元凱，篆書者也。彦伯、元凱皆一字字。其三詩皆訪韋烜而作，非專頌神泉也。其一面隸額云「美原神泉詩序」，其下爲「夏日游神泉序，美原縣尉□□旦字□□」。序後有主簿賈言淑詩，詩二首，亦皆五言六韻。篆書、刻手皆不工。詩既不載於《唐籤》，篆亦不著於碑録，亟宜録之。并闕其泐者數字，以備考焉。

跋唐明皇賜張敬忠敕戊午

唐明皇敕益州長史張敬忠，行書六行，後有飛白「敕」字、前後題及年月、系銜。以《輿地碑目》考之，皆常道觀主甘遺榮八分書也。此碑，宋人《寶刻類編》及趙明誠《金石録》皆不載，惟王象之《輿地碑目》云：「《延慶福觀手詔碑》，在延慶觀後絶壁上石龕中。唐開元十二年立。」當即此碑。蓋常道觀後爲延慶，而今地志並無此觀之名矣。明皇又有賜張敬忠手詔，則又在此後六年也。行書遒逸，與《鶺鴒頌》正相似耳。

跋唐張長史郎官石柱記

昔孫月峰嘗跋《郎官石記》，然月峰未嘗見真本也。董香光摹勒此記於《戲鴻堂帖》，然香光亦未嘗見真本也。今陝西碑林尚存《郎官題名》數石，雖皆精楷，然諦審之，其下尚有初刻一層，字較大，而今皆磨滅。則此拓本後諸人姓名亦所當珍者，而況其序文乎？王敬美所藏舊拓，相傳海内止有一本，聞今尚在山東人家，屢訪求不可得見。恨不能與此同几細校、精研其所以然也！長史筆法得之褚河南。世所傳顏魯公親授受於長史者，凡口訣十二意，雖難遽以轍迹相尋，然褚公之用筆、二薛之精能，善學者尚或於此問津焉。

己未冬十有一月望，北平翁方綱識。

《張長史郎官石記序》，都南濠所藏宋拓，世無二本。山谷謂「唐人正書無能出其右」者，山谷此語，蓋深探草法之原，謂其正書在唐人中無多讓，所以草書無轍迹可尋，特揭出其正書矩度，使人善會其草書之根柢耳。而弇州過泥此言，遂謂《化度》《九成》《廟堂》皆爲之退三舍。此猶之敬美誤讀山谷跋，以爲其正書無轍迹可尋也。敬美又舉「容」字、「極」字取法《廟堂碑》，且謂以今日所見王彦超本，張書有出藍之觀。此則實非確見。唐賢諸名蹟炳在天壤，千古自有定論耳。愚按：長史此書，實由褚中令上溯王大令，不必援《化度》《廟堂》始爲增價也。而其用筆之妙，則是由唐人問津晉法之正路。況原石久亡，此本在世，真景星鳳凰矣！愚題跋後閲月，知此在雲谷農部友多聞齋，將選石重勒，精意橅傳，庶足以訂正華亭董氏戲鴻堂刻之失。蓋褚書《東山帖》後，推此爲無上神品矣。嘉慶十年乙丑，夏六月廿日，北平翁方綱識。

張長史書《郎官石記序》，予寤想真本四十餘年矣！昔有持一舊本相示者，碑尾有「河南屈集臣鐫」，又有史芝以下廿有一人題名。其字或楷、或行、或隸，或於名下注云吏郎、工郎、左司，又或僅注「吏」字、「兵」字。其碑字峭潔，與董華亭《戲鴻堂帖》所摹刻迥不相似。碑内「不朽者矣」，「矣」作「也」。其人持帖來，亦珍祕之至，予亦未敢輒定爲僞也。今見此本與華亭所摹正同，但華亭未親見此拓本，特據陳仲醇手摹之本，尚有數處誤筆耳。今此帖前尚有仲醇印也，詳此内王文恪及元美、敬美跋，即是都南濠録入《金薤琳琅》之本也。但南濠亦不能斷其是京兆石或是吴郡石耳。朱竹垞《曝書亭集》跋，亦援宋龔明之《中吴紀聞》「石刻在蘇州學」，又引元商德苻云「石在京兆」，而竹垞亦未嘗言此宋中丞所藏是京兆本、是吴中本也。予既目見前本，而今又得見此本，則平心論之，此實是京兆石本無疑也。何以言之？京兆郎官石柱，六面，今尚在也。其拓本每石一面，郎官名以百數，合六面蓋以千計。而彼一本後僅列廿有一人，則京兆石刻是其本廳之原書人名，而吴中重刻乃約存其數人耳。考之趙明誠《金石録》目，第一千一百七十七《唐尚書省郎官石記》，張旭正書；第一千一百七十八《唐郎官題名》上；第一千一百七十九《唐郎官題名》下。合此三卷，其前一卷即此序，其下二卷，則是郎官石柱六面人名。以千計，故分上下二卷，豈有僅寥寥數十人附列於序文後，而名下注某官者乎？又宋人《寶刻類編》亦云是碑在京兆，不云在吴中也。是此刻爲當日長史所書之原本，無可疑者矣。惟是弇州跋云：「以《化度》《九成》《廟堂》諸碑並觀，皆退避三舍。」又援山谷云「唐人正書無出其右」。予廿年前在直廬夜宿，與梁瑶峰前輩論書，語及山谷、弇州此跋。瑶峰意頗不以爲然。蓋乍聞之，似乎推許太過者。而予今又有説焉：此非山谷、弇州之必舉此碑以壓唐賢也，此正是其企想晋人之意甚深耳！猶之李滄溟論詩云：「唐無五言古詩，而有其古詩。」豈果唐無五言古詩歟？後學勿以辭害意可矣。至敬美跋，謂此碑内「容」字、「極」字皆取法虞永興《廟堂碑》，此是臆撰之説，不足爲據耳。且長史本以草聖著名，諸君子之論皆對其草書而言，故不嫌於多爲舉例。豈其推許之過乎？但今世所習見者，惟董文敏《戲鴻堂帖》，弟就陳仲醇摹本鉤勒入石，則弱劣實甚，適足以爲此碑之累。若有能精意傳神、選工重勒者，審酌於筋脈骨肉之際，使吴中僞本不得以岐相炫，是則藝林大快事矣！嘉慶十年歲在乙丑，仲夏朔旦，北平翁方綱識。

昔文衡山贈友人云：「此行得見褚書《西昇經》，其樂何減於登第耶！」宋子芝山今年北來，得此神物，故移此語贈之。蘇齋小窗，日日展翫此帖，何啻爲我有耶！

借臨《長史郎官石記》，既題其後矣，今晨展翫，再題四詩：

六幅觚旋爛裔雲，仙郎列宿接香薰。西臺若準題名石，獨冠昇卿寫八分。

岑銘觀主闕伊龕，王謝東山辨一函。江岸平沙錐畫處，專精故在褚河南。

樂圃不名吴郡刻，南濠翻闕陝碑題。蘿賓園借秦雲影，烏鼠山人篆印泥。胡孝思篆首。

唐臨晉帖趙彝齋，可許弇州曠古懷。小水晶宫寞篆在，郭周仇白孰津涯。帖前有趙子昂印，後有郭天錫、周景、仇遠、白珽諸家印。乙丑端午日書，方綱。

予既於後跋辨王敬美仿虞之説，而其説亦非盡無因也。爰綜合月峰、定遠諸家之言，作《長史正書論》。暇日録寄芝山，或能謀上石時附於後也。方綱又識。

二頁前一行：綱此字内有失處，不能補。

前三行：被此末一筆「乀」，是小捺，非點。

前四行：睿内上一横間二筆起處，皆微穿上。

三頁前二行：罄中間「缶」上，是小撇。

四頁後一行：揔「怱」内有横點。

五頁前四行：義末一點，實不可見。

後三行：藍「臣」下有小横，甚微。

七頁前三行：辯右上多一小横。

題小跋訖，復取白香山語書於胡公篆幅之側，欲得解人，下一轉語。

十二年後復借觀，竟無人爲作轉語。是以復題一詩於後。丁丑八月十七日，又書。

跋唐沈傳師羅池廟碑

唐碑篆額多不逮其正書，惟此碑篆額，未被沈書所壓耳。陳諫、鄭承規書，與此碑參之。己未三月廿日。

沈子言：「登第在貞元之末。」然其時書派，以歐合柳者有之，以虞合柳者罕矣。方綱。

跋唐淩煙閣功臣像殘石本辛丑

林同人《來齋金石考》云：「麟遊縣學有吴道子畫《淩煙閣功臣像》石刻，今止存魏徵、王珪、李勣、侯君集四像。」按《唐書・太宗紀》，淩煙閣功臣二十四人圖形，事在貞觀十七年，其後不聞吴道子畫事。杜工部《贈曹霸》詩「開元之中常引見」「淩煙功臣少顔色」云云。蓋開元時，或有重摹圖像之事，而不聞出道子筆也。今觀此殘石本，其爲何時所畫，固不可知。然其上刻吕温讚，温，元和間人，則此刻非出開元中可知。又按：温所作《淩煙閣二十二勳臣贊》本無王珪，又删去侯君集、張亮。今乃有王珪、侯君集，侯贊又非温作，而王珪之贊乃係宋國公蕭瑀贊。且其中云「開國有宋」，又云「巍巍宋公」，又將「宋公」「宋」字改作「永」字。「永公」本不成語，而況王珪乃封永寧縣男，進爵郡公，是宜書曰「禮部尚書、永寧郡公」。今又書曰「禮部侍郎、永興公」，訛謬極矣！書銜與贊既訛謬如此，則其圖像非出當日所刻，固無疑者。❶因拓其文，而考其誤如此。

跋後漢剛城村佛經乙未

碑首云「大漢國兖州龔丘縣万歲鄉剛城村孤子孟知進，爲三代先亡及父母造石一所，及妻李氏同意發願」云云。石一面，兩側皆刻佛經。上有大方空，如漢碑孔，而上鋭下方。其上，左刻「乾祐三年造」，右云「孤子孟進疏記」。乾祐，是後漢隱帝年號，是年庚戌，十一月漢亡，此碑蓋十月以前造也。村之名起于隋唐，龔丘，是時沿唐制，隸泰寧軍節度。《九域志》云：「兖州，縣七：上龔丘縣，北四十五里，二鄉，万歲，其一也。」攷是年三月甲寅，詔營寢廟於高祖長陵、世祖原陵，以時致祭。有司以費多，寢其事。以至國亡，二陵竟不霑一奠，曾不若此村民得爲其先立石祈福。有國者可不戒乎！

跋朝鮮靈通寺大覺國師碑

是碑立於乙巳，在宋宣和七年。所云大覺國師，即坡公詩「三韓王子西求法」者也。此正楷專師歐陽率更，結體逼肖中華石墨。唐宋書家，如此純用歐法者罕矣！即如《化度碑》，第三行「勝」字，右横用行筆帶

---

❶「固」上，原衍「則」字，今據稿本删。

下;又如《虞恭公碑》,第卅一行末「獻」,右頂低下,皆人所未及知。得此證之,知東國舊本尚存遺意,豈可不記? 嘉慶乙亥正月,蘇齋。

復初齋集外文卷第四

大興　翁方綱　正三

跋定武蘭亭

庚子春，商丘陳約恭編修收得《定武蘭亭》，卷後有孫退谷、許樵潁二臨本。退谷臨本後自識云：「乙巳七月四日，病起。雨中看元人所藏《定武禊帖》，遂臨此紙。」予按：退谷跋所藏鈔敬仲本云：「康熙四年夏，得元人陳直齋本。五字亦損，而搨本不及鈔本，是趙文敏諄諄求之而不可得見者。」今此卷後，有乙巳七月退翁識語，謂是元人藏本。康熙四年正是乙巳，則是本即退谷所謂陳直齋本也。《王弇州集》所云陳直齋本，當是另一本。其云搨法不及鈔本者，鈔本墨淡，此本墨濃；鈔本字瘦，此本字肥。俞壽翁《蘭亭續考》云：「聞諸前輩，此石當日急於椎拓，用三重紙疊其上拓之。在上者字微瘦。」據此，則肥者爲得其真，且墨濃而能肥，此亦可見肥之勝瘦矣。抑又有不僅此者，王文簡《居易録》至謂古定武也。曾宏父《石刻鋪敍》亦謂字微帶肉者，是唐古刻。據此數條，則肥者真而瘦者僞矣。況趙文敏云：「《蘭亭》，是已退筆至圓渾者爲真耳。」假若必無解於瘦本之説，則謂瘦本亦有真者，不過以爲孫退谷所藏鈔本，可與趙子固落水本相配，自謂宇內秀氣，悉在吾几上。是鈔本之瘦，居然真本乎？予今乃知其大不然也。退翁《庚子銷夏記》云：「余未見趙鈔敬本之先，至以紅筆記之，聊當草稿一幅耳。不敢效虛舟先生，所謂用白宋牋精摹一本，細對無毫髮差者也。」

跋神龍蘭亭

右《神龍蘭亭》，項墨林題曰：「馮承素摹。」其源委略具於文文水跋中。長樂許悔至仇伯玉，元豐五年凡七跋，皆與卞氏《書畫考》所載神龍本相同。而其下諸跋，卞所載者則有二本，其一本與朱性甫《鐵網珊瑚》所載諸跋悉同。卞注云：「以上皆搨本，以下皆墨蹟題跋。」可見此七跋真迹，在唐拓墨本中無疑矣。至其後「天曆二年四月十日閱于顧學齋」，❶至「至正丁亥□識」，凡四條，皆吴彦暉跋。則又與朱性甫所録之後半墨跋相同，而性甫所録顧學跋，尚有前後三條，則此内無之。今第就其必須記者摹書於此，以備考證。

又有鬱岡齋所刻馮承素本，王虛舟謂「如游絲裊空」者。「歲」字中小横上多一點。「領」字左「令」之末點，「絲」字右「糸」之末點，皆多出一折。其餘皆是從褚影出者，而多旋折，以取異態者。虛舟之云，非真鑒也。附記於此。

❶ 「顧」，原作「顛」，今據稿本改。

跋褚臨蘭亭

右《褚臨蘭亭》，蘇太簡藏本，宋元諸人題跋甚多。明景泰間，歸吴中陳祭酒緝熙。陳搨數本，分綴諸跋，以售利於人，而原本真迹特自珍祕。後有范文正、王堯臣、米元章父子等跋者是也。明季歸董文敏，文敏後以五百緡質於海寧陳氏。掣去盛字、至字二板，凡三十五字，并割元明人五跋及文敏自跋二段，以示必收取之意。後不果取，此帖竟缺二板。陳氏遂以入石，即今所傳世「渤海藏真割本」是也。先是，宋張徵有石刻本，所謂循王家藏本也。❶又王弇州以三十千收得一本，則陳祭酒所搨別本也。又孫月峰云：「管子安臯副購有《褚摹蘭亭》真跡者，是方册，截一行作二行，每方四行，内觀宇宙兩幅失去，以墨刻補之。」此則未知即係董所質者否也？王虚舟云：「玉煙堂所刻闕六行，海寧查氏重摹一石，以他本補之。」又云：「康熙間，東藩劉孟倬借此册，重刻一石，别取他褚本補之。」劉孟倬者，名皚。❷康熙壬午，查聲山爲鉤摹勒石，跋之云：「尤子天錫從恆山來，攜梁相國所刻《褚摹禊帖》，與此本無異。爲鉤摹前缺，補以上石，而此本遂爲完璧矣。」據此，則月峰所云「以墨刻補觀宇宙」云云者，當又是一本。第思董氏既掣留三十五字之二板暨元明五跋、董二跋，而何以遂終湮不見稱也？今此真本已歸内府，刻入《三希》八柱法帖，琬琰增輝矣。但未

❶「循」，原空闕，今據稿本補。

❷「皚」，原空闕，今據稿本補。

知董所掣者，何人之跋耳？米跋并贊暨小米跋，則此内無之，而幸所藏劉刻一石有之。其小米跋，多出前行，後又有臨池者三跋，董、陳各題一行。又王横雲、查聲山諸跋，今皆附摹於後，以備考證。此外，惟米元章《書史》一條，與此有關，附録於此。

跋劉孟倬刻蘭亭序

此本即王虚舟所云劉孟倬刻本，其「盛」字以下六行，乃取梁蕉林所藏褚本補入者。虚舟賞其刻法媚秀，當是未曾徧觀褚本耳。不覩千川，安知一月哉！辛丑中秋夕，方綱題。

梁蕉林所藏褚本，似當即是秋碧堂本矣。然以此「盛」字三行對之，如「一詠」「一」字，末作分隸勢，從來所無，不特與秋碧殊也。「觀」字、「類」字皆同。則此一字，似是轉筆之誤。尤子所以名鐵筆者，安在乎？

秋碧、餘清、戲鴻三刻之張金界奴本，皆一本也。而刻法互有不同，秋碧第一，餘清次之，戲鴻爲下。

跋程松圓藏宋搨蘭亭

程松圓藏本，今在畢秋帆中丞處。王虚舟云：「此《宋搨蘭亭》九字損本。」松圓鑒爲《定武》正本，義門何太史亦據以爲信。余從儼齋司農處得趙子固《落水蘭亭》，細意相校，始知此本猶非真正《定武》，乃是南宋覆刻，桑澤卿《蘭亭博議》所謂「九字損本」者是也。嘗見楊東有所藏《蘭亭》四種，以金華鄭清之本居首，與此正同，而氣象之雄厚，筆力之古雅，不逮遠甚。乃知此爲鄭氏祖本。其重摹者尚足淩跨一切，況祖帖乎？此帖去《定武》未達一間，當爲諸本之冠云。又云：程孟陽所藏本，雖剥蝕已多，而再三研玩，妙不可尋。字中有骨，字外有神，腴而不膩，清而不浮，變而不佻，莊而不滯。余臨之，五易紙，猶未肖其髣髴。信《定武》爲天下妙也！

此中丞勒石時鉤摹底本，瘦銅攜入京，以贈丹叔詹事。詹事以余喜摹《蘭亭》，舉以相贈。蓋此鉤摹之手本係庸工，❶又以石紋泐勢參錯其間，❷遂致失誤滿幅。此係鉤本之過，非原拓之誤也。惟「脩」字，下半左直，作波向外，則非鉤摹所致。此亦即其非出《定武》真石之一驗矣。乾隆辛丑八月五日，詹事廨端範堂識。

程孟陽本，每行分寸較《定武》原本有合，有不盡合。其不合，亦不過在銖黍間。然有微過者，有微不及者，則非《定武》原石可知矣。

---

❶「此」下，稿本有「本」字。

❷「錯」，原脱，今據稿本補。

跋宋搨蘭亭

退谷《庚子銷夏記》云：「南宋游丞相所集《蘭亭》百餘本，今西川胡菊潭先生所收二三十本，後皆有手題，用景仁及克齋印。其中有御府嶺字从山本，極爲精采。余手摹之，刻石，置研山齋。」按：此即知止閣刻本也。以對快雪堂所刻褚臨絹本，則絹本實从三米本鉤摹，而形神全失，加以纖媚，而適蹈於訛謬。馮氏不知而刻石耳。其絹本，數年前尚在京師，索價甚高。予嘗借摹，前有唐太宗題字，後有柯敬仲、董文敏跋，皆真。乃取他卷之跋裝入此，以冒真本也。然三米本，猶存《定武》遺意，且可與潁上本相印證，信知三米與潁上，同出褚臨無疑。予今年新得借臨《落水定武》本，因用其筆意，合以潁上筆意，而臨此本。中如「蘭」字，廿下多一横畫；「取」字，耳内作三畫，必是響拓之誤。今既是《定武》真本，則逕改之。其餘以數本參合，取其適中。蓋既臨三米本，亦無全用《定武》歐法之理。而究必以《定武》爲圭臬，是爲潁上、三米二本合券之金鍼也！

跋宋搨漢夏承碑❶

虚舟跋所云見宋搨二本，一爲何義門本，一爲楊景西本。義門本即得之丹陽孫仲牆，剥損二十餘字者也。楊景西本，則即畢既明所雙鉤，有豐道生跋者也。今予得見吴門陸氏所藏宋拓本，古氣渾淪，真希世之

❶ 篇題，稿本作「跋王虚舟雙鈎本」。

珍！後果有豐道生手跋及畢既明、楊景西印。既明一字季明，名宏述。景西名繩祖，號仰山。其拓本筆筆有陰陽向背之勢，因復借此雙鉤本對看，乃知虛舟先生竟未得此碑之妙！併識于此，以見吾齋中精靈會合，如有神助爾。乾隆辛丑三月八日。

往甲午夏，曾摹吴山夫雙鉤本。戊午夏，又摹王虛舟雙鉤本。今乃得見豐道生手跋宋拓原本，有楊景西印、畢既明印，其爲山夫鉤本所從出無疑。然山夫第云是從宋搨影摹之本，則山夫未見此拓本也。景西即楊繩祖字，則虛舟所見即此本。而其補入中間三十字，究不知據誰所藏本，則虛舟自跋未詳之故也。虛舟雙鉤一本，遠遜山夫。然以山夫本對宋拓原本，則原本左右向背、陽開陰閉之妙，雙鉤本全未夢見！蓋是碑上承篆籀，下開正楷，爲古今書道一大關鍵。而或以奇怪目之，豈知言之選歟！因併摹豐、楊二跋，而記于後。乾隆辛丑春三月八日。

跋張瘦銅所藏宋搨争坐位帖乙未十二月

董文敏刻入《戲鴻堂帖》者，自言是宋搨精好者，然以較今陝本，曾無大異。予又見明王雙白藏宋搨本，❶神氣渾淪，然不過較今陝本，筆畫稍肥出耳。瘦銅此本亦較今陝本肥出，則題以宋搨，不爲過矣。然

❶「明」，原脱，今據稿本補。

予寧題以「舊搨」，而不指言「宋」者，吾輩文字以本實爲主，無取誇也。其或真是宋搨，而題以舊搨，何傷哉？時方與諸公論詩，謂吾輩寧過摘其病，毋輕揚其美。視此戲鴻堂本，七十七行固謬，然原本是六十四行，❶而著録家或以旁添之字誤入正行中，則往往紊其次。如卞氏《式古堂書畫考》所載，即坐此失也。

第二十一行「權」字旁，今陜本尚隱隱若半字，而戲鴻刻本與雙白宋搨本，皆絶無字。此本則隱隱有乚痕，蓋「亦」字也。

第四十四行「疑」字下是「恠」字，而《式古堂書畫考》竟作「佐」字，誤甚矣。今此本心旁尚可辨。

第六十行「咄」字，戲鴻本與《式古堂考》皆無「口」旁，竟成「出」字矣！此本「口」字甚分明。

第十八行末，「此」字之末乚筆，作挑上飛出之勢，極峻利。此本尚彷彿存其意，今搨本無此矣。

予向有《争坐位帖考證》一卷，右數條摘録於此，皆與此本有關係者。其論他本而不關此本者弗録也。❷

跋王儼齋家所藏宋搨閣帖 丙申六月十七日

此本後有儼齋跋，言舊在何蕤音家，竹垞謂是項氏物者。又云：相傳帖中硃書，是趙吴興筆。第六卷

---

❶ 「行」，原脱，今據稿本補。

❷ 文末，稿本有「乾隆乙未十二月四日爲瘦銅舍人書」。

有趙印，每卷前後，有項子長印、項篤壽、萬卷堂諸印。搨法懸虛，極爲得神。謂爲宋搨，當無疑者。第方綱所記内府本數處，皆不甚合，是則可疑耳。其朱書釋字，亦非趙吴興所爲，中間《大王帖》内「靈柩」「柩」字釋爲「樞」，即可見矣。又與内府本有不同數處，摹於别紙以俟考。

宋搨佛經殘字

「次付摩奴羅」云云，二百十五字，後有跋，云是薛稷書《涅槃經》。其書是學褚法，又用武則天所造字，宜其爲薛書矣。然薛書傳於世者，惟趙明誠《金石録》及《寶刻類編》皆無此目，❶不能定爲何碑。而於諸書，則形神畢肖，亦舊拓之不可多得者。

薛書，惟《寶刻類編》具詳其目，有《陀羅尼經》，在陝西，未聞《涅槃經》也。趙明誠所録亦無之。今此殘拓精妙，宋拓無疑。真褚法之息壤矣！

以褚書《房梁公碑》與《伊闕三龕碑》合此看之，乃深悟褚、薛之所以爲然。前年見魏栖梧書《善才寺碑》，深得褚法，未若此之形神俱到耳。

歐陽公最賞《三龕碑》，然吾謂《房碑》在《聖教》上也。《孟法師碑》更在其上。

騘，左從身。亦歐、褚法也。不知者若以例《蘭亭》褚本「聽」左耳下一筆，則非矣。

---

❶ 「編」，原誤作「篇」，今據稿本改。

跋宋清邊弩手指揮印記

宋鑄官印一，修廣各寸五分，陽文，曰「清邊弩手第五指揮第五都朱記」。背紐，紐兩旁鐫「皇祐五年少府監造」八字。姚遊擊枺得于山西汾州石樓，❶今失去。按《宋史·兵志》：「寶元初，選陝西、河東廂軍之伉健者置以弩手名，指揮四十三。太原九，秦五，涇四，河中、隴各三，永興、代、潞、晉各二，慶、環、滑、同、坊、鎮戎、慈、丹、隰、汾、憲各一。熙寧六年，併鳳翔四爲三。八年，吉陽併宣毅一來隸。九年，併秦州四爲三。元豐三年，以河間中清邊弩手將兵一隸本府伉健清邊弩手。」此印云「皇祐五年」，則在熙寧未增併之前云。「第五指揮」則在四十三指揮中，屬「太原九」之第五無疑矣。未谷屬題，爲攷其實而詩之。乾隆庚子冬十月十七日，北平翁方綱。

辛未秋，未谷四兄得此印於洛陽，裝册寄京師。諸同人屬爲題跋，方綱與辛畬、魚門、瘦銅、穀人各爲跋著詩。小山、載軒二君謙遜，未遽題入，然亦實無他條可資攷索耳。時椶亭已旋全椒，而竹君歸道山，不及見矣！將致書於未谷，還其册，因書此記於同人題跋後。不勝泫然！是歲九月望日也。

---

❶「枺」，原字殘缺，僅「木」旁可辨，今據稿本補。

跋元周伯温臨石鼓文墨迹卷

第一鼓：《石鼓考》七十六字，薛尚功本六十三字，今拓本五十八字。

周此卷僅十八字，[illegible]之上，多出[illegible]二字。

第二鼓：《石鼓考》、薛尚功本俱六十一字，今拓本四十二字。

周此卷僅十六字，[illegible]字寫作[illegible]字，實無此字。

第三鼓：《石鼓考》六十一字，薛與今拓本俱六十字。

周此卷僅十九字，中間多將原文之字顛倒抽換寫之。又非集句，復不成文。

第四鼓：《考》與薛本俱五十三字，今拓本四十五字。

周此卷僅廿二字，又於中間「六轡」下增「沃若」二字。

第五鼓：《考》五十二字，薛四十九字，今拓本十五字。

周此卷二十八字，章首「靈雨」上增「我來自東」四字。

第六鼓：《考》四十二字，薛與今拓本俱四十一字。

周此卷四十一字，與薛本、今拓本並同。

第七鼓：《考》與薛本俱三十字，今拓本六字。

周此卷十四字，[illegible]下多出[illegible]字。

第八鼓：《考》與薛本俱十三字，今拓本無一字。

周此卷無字，與今拓本同。

第九鼓：《考》四十九字，薛四十三字，今拓本五十字。

周此卷四十九字，數與《石鼓考》同，但中間之字，皆倒換錯亂。至於[篆字]之改[篆字]，[篆字]之改[篆字]，則實無説。

第十鼓：《考》三十八字，薛三十六字，今拓本五字。

周此卷十九字，[篆字]又改爲[篆字]。

後跋云：「右周宣王岐陽石鼓文，史籀所書也。今在京師國學孔廟。三代石刻，惟此而已。泐食無幾。暇日，臨其可考者爲一卷。略可成誦者，空其缺，餘[篆字]殘文萃云。❶凡三百八十七字。至正壬寅孟冬，鄱陽周伯温書。時年六十五歲，僑居中吴。」

潘司業迪作《石鼓音訓》，在後至元五年己卯。今此卷是伯温被留張氏時所書，至正二十一年壬寅，❷距潘《音訓》時甫二十四年。潘《音訓》本止存三百八十有六字，則此跋自謂「凡三百八十七字」者，尚相去不

❶「餘」至「萃云」，清陸心源編《穰梨館過眼續録》卷四所收周伯温跋作「餘殘文萃之」，當是。

❷ 查壬寅乃至正二十二年。

遠。第四鼓增四字，亦與潘本同。顧以周所臨字計之，實共二百二十六字，其數不合。且周所臨者，較今時搨本反少九十六字，而中間又多顛倒錯互，及多出不經見之字，斯亦奇矣！若謂周所見者非全本，則不應反多出各本所無之字。又其成文義者，若謂轉取鼓字集成之，則又不應轉無句法文義。第四鼓「六轡」下增「沃若」二字。第五鼓「靈雨」上增「我來自東」四字。與今所傳楊升庵本合。第升庵之本，初無所據，朱竹垞以爲升庵所增益耳。今伯温所臨在升庵之前，審如此，則升庵之本不爲臆創，有先升庵而增之者。然升庵本多至七百有二字，而伯温所臨，又不應反至如此之少也。乾隆壬辰十月十三日，借觀於燕譽居之得月寮，漫記。

跋左忠毅公六印丁酉三月二日

右桐城左氏所藏忠毅公六印，朱、白文各三。謹按：公中萬曆丁未會試十一名，殿試三甲九十一名，賜同進士出身。此云大魁，蓋指會試魁一房而言之。又按公《年譜》：公生於萬曆三年乙亥九月九日丑時，其時月當大斗，火光繞室。鄰人望之，以爲火灾，救輒無有，如是者數四。遂以命名，字共之，又字遺直。故其印曰「月當大斗」，又曰「古遺直氏」也。其曰「紫薇太薇閒人」者，公以天啟五年乙丑六月二十七日鎮撫司獄。是年三月十三日，月入太薇垣，犯左執法。或曰禍在璫。璫，執法也。占者曰：「非也。璫小臣，不入紫微垣，不列二十八舍，第天市微星耳。其禍最毒，楊、左諸君其當之乎！」踰月而六君子逮獄，至七月二十四日戌時，公卒。其夜白氣如匹布，長數百丈，起尾箕間，貫紫宮，掩天樞五星。又公里中星隕，光灼灼大如斗。是皆與公名相應。而此印云云，則或後人所篆，爲公紀實者也。公六世孫燽鈐於册，以遺筤谷周君，君屬方綱題其後。

左忠毅公六印 公六世孫燽藏

朱文

白文

白文

朱文

白文

朱文

跋朱野航手柬

右明吴門朱野航先生手柬，并李少卿致野航柬。陸孝廉謹庭恭所藏。云：野航之子諱孟者，贅於陸，因姓陸氏，謹庭其後也。按文衡山志野航墓，載其二子，長延，次建。不知孟爲誰也？野航卒於正德癸酉，年七十。❶而李少卿之卒，文温州尚在，其歸田後與吴原博、史明古遊陽山，聯句，在成化戊戌。蓋野航居吴郡城東時，正少卿歸田日也。今自《鐵網珊瑚》一編外，如《野航漫録》《鶴岑隨筆》《吴郡獻徵録》諸書，皆無傳者，獨此手迹片楮，與少卿之筆同裝軸，藏之，可不寶諸！乾隆庚子九日，北平翁方綱識。

跋王元美敬美自書田園詩

右明太倉王元美、敬美兄弟墨迹，皆自書田園詩，其自跋皆有不忘田廬之思。元美書在隆慶戊辰，時年四十。敬美書在壬申，時年三十七矣。二人伏闕訟父冤，在隆慶元年丁卯。於時家難甫抒，宜興意在田居也。元美跋云：「前十絶句，甲子避暑作。」中有「殘暑將爲客」之句，蓋是時當廬江小吏之篇，已有成稾於胸爾。丁酉三月爲芝山題。

附録：

❶「七十」下，原衍「四」字，今據稿本删。

吾友安邑宋芝山，自家入都，道經上谷。探其行篋，得觀是册。覺江鄉風景，宛在目前。二美寫作之精，洵堪競爽也。强余跋後，爲識歲月。乾隆丁酉初春，陳焯。

瑯琊昆仲，石渠天禄閒人，而此詩與書，無長安點塵繞筆端，宜芝山先生懷若拱璧也！余在上谷吏牘堆中見此妙跡，不勝欣幸！丁酉二月三日，黄易。

跋史閣部詩蹟

逸氣豪情豈易降，試評今古有誰雙。近來學得持雌訣，鎮日無言獨對江。史可法長軸，行艸，三行。前引首紅文印「敬誠堂」三字。後一白文名印，下一印，紅文「祈山」二字。葉雲谷藏。

此詩第三句「持雌」，即老子「守雌」也。《家語》亦云「執雌持下」。「持」字非臆撰以就平仄也。公前後官南土非一日，然味「持雌」句及末句，當是後來爲馬士英等所忌之時。即此一絶句，如見其聲淚交集，非復其前巡安慶督漕運時也！正無俟詳著歲月耳。

跋盧忠肅公手札

宜興盧忠肅公致其岳翁手牘，云：「三載曹郎，兩年郡守，凡事只從天理王法、公道良心作去。身家之計，夢中亦弗敢與聞。自元旦以迄歲終，刻刻在行間。年來流寇奔突畿南一帶，提懸軍而扼南北之衝，費盡心血。」

十一通，凡卅一葉。南石儀部所藏。是崇禎初年以右參政備兵天雄及以右僉都御史撫鄖陽時。

跋諸城劉文正公手記

右諸城劉文正公手記，内自内閣部院，外自督撫提鎮，以至道府直隸州，具書見官姓名。其曰六月十日、七月十日，皆乾隆三十七年壬辰事。後一條作壬申，涉筆偶誤也。小摺二寸許，蓋以便於出入手攜。大臣精心敬事，不敢一刻忘，於兹見之！方綱是歲春自廣東學政役竣還京，明年三月，奉詔旨纂《四庫全書》。九月，蒙恩再入翰林。故事，翰林官姓名，館中裝册，顔曰「玉堂譜」。而是時館下諸君相傳，文正已改呼曰「官單」。方綱初不之信，因語館人，以舊曰玉堂譜，乃復裝改題舊名，至今仍之。今見此摺，乃知文正特偶自書於摺，因通内外庶職言之，或遂呼曰官單，而初非文正有改稱翰林爲官單之事也。因記一事，附書於此。方綱。

壬申，進士改庶吉士者四十一人，時文正爲館師。文正初入館日，庶常謁于翰林後堂實善亭，亭中設大牀一，諸生席列左右。文正曰：「吾與諸君，師生也。宜共坐一榻，細論文。」於是庶常四十一人者，更迭坐於牀左，文正坐牀右。文水部、鄭東侯邸寓，與文正對宇，而文正未識也。及東侯自言姓名，文正厲色曰：「若豈對門鄭庶常耶？前輩爲館師，而不余謁，豈余不足教若耶！」復娓娓申警數十百言。其莊詞毅氣，甚于塾師之訓童子。而鄭則居然與文正並榻坐，踢蹐尤甚。蓋館師之於新詞林，嚴其訓課而敦其體貌，並行不悖如是。是豈有改稱翰林爲官單之事？亦可見傳述之言不足信矣！刑部主事方君，公鄉人也，得此蹟，屬爲跋。

跋寶嚴二字

春臺先生昔夢「寶嚴」二字，因以自號，久屬予書。按：元王秋澗、郝陵川二集，俱有《登昊天寺寶嚴塔詩》。❶ 塔舊在京師宣北坊，遼時所建也。去年秋，先生旌節莅黔，擬書此贈行而未果。今始得書之，併識如右。異日先生位躋台鼎，北來訪舊，當爲先生重賦之，不減高、岑、薛、杜唱酬故事耳。乾隆辛丑春仲，北平翁方綱。

跋馬和之畫毛詩卷

第一幅：絹高八寸二分弱，横長一尺八寸五分。畫一車，駕牛，車卷幔。中坐一人，御者一人，後隨一人，背負圖包。前有山，一人前行，肩擔二物。前似架下有花葉，上有圓堆如覆草黑囤狀。其擔後所挑，則似衣服，作大、小二長裹者。人物、衣服皆作馬蝗描。前有「御書之寶」、紅文。「彭城世家」、紅文。「侍講學士之章」、白文。「三峰高處」紅文。四方印。又二方印，模黏。

第二幅：絹高八寸二分，横長一尺三寸七分。畫一人坐於方竹簟之上，面向右。其後一人侍立。後有

❶「嚴」，原脱，今據稿本補。

窠石，石上細竹數竿。前有「元和」、紅文。「趙楫」白文。二方印。

第三幅：絹高八寸一分五釐，横長一尺六寸八分。畫一山，前臨水，水有蘆葦。山際亦有小草，披風而前，皆向右。一人臨水，面右立而佇望。後有「張伯雨印」、紅文。「錢氏翼之」白文。二方印。

第四幅：絹高八寸二分，横長一尺六寸四分。畫一車，駕二馬，向右狂奔。中坐一人，車幔卷風而起，作狂趨下阪之狀。車後一僮，亦狂奔追車。其後草樹，亦作大風之勢。末署「臣馬和之進」五字。後有「仇氏仁父」、白文。「楳華盦」、紅文。「内府□□」、紅文。「侍講學士之章」白文。四方印。

跋丁小雅摹鄭芷畦像

是像，吴興丁小雅進士自摹其鄉鄭芷畦畫卷，而小雅之意，則尤在表章芷畦也。小雅每來吾齋，見此摹本，則拳拳語予曰：「吾鄉芷畦鄭先生，著《湖録》《行水金鑑》諸書，世或不盡知之。《湖州府志》載鄭元慶《禮記集説參同》八十卷，又《官禮經典參同》若干卷、《家禮經典參同》若干卷。甬上蔣孝廉學鏞者，曾見芷畦所著《禮記緝注》，薈萃元明諸儒之説，蓋以續衛正叔之書也。已託蔣君訪之，未知何日得見也！」蓋小雅裒集其鄉先生著述之意勤矣！小雅爲予録盧、蔣二詩，因書小雅之語於此。有好學深思、表章前哲者，庶一鑒此精誠爾！

問禮圖跋一

黄帝順下風，膝行再拜，而問廣成子。此莊周之言。至於孔子適周見老子之儀容，則未有明文。何李公麟作畫乃一抗一卑乃爾。且畫莫古於漢，洪氏《隸續》第十三卷云：「孔子見老子畫象，人物七，車二，馬三。」「孔子面右，贄雁。老子面左，曳曲竹杖。中間復有一雁，一人俛首，在雁下。一物拄地，若扇子狀。」「侍孔子者一人，其後雙馬駕車，車上一人，馬首外向。老子之後一馬駕車，車上亦一人。車後一人，回首向外。」是據《史記》魯昭公予孔子一乘車、兩馬、一豎子，同南宫敬叔適周問禮事。按此作賓主相見禮，甚合，且有敬叔在焉。公麟曷不據此耶？

問禮圖跋二

方綱既據洪适《隸續》所釋畫象碑辨公麟此圖之誤，然又竊怪莊周謂老子呼夫子而名之，又曰孔子年五十一而不聞道者，皆謬也。《史記》載問禮事，在周景王之季年，時孔子二十餘歲耳。至爲關尹著書事，史載又在後。而晁氏《讀書志》則謂在平王四十二年，是相去二百餘年矣。司馬遷之言與莊周已不相符如此！

且遷所述老子之言，世亦莫得其故也。禮原於太一者，非所謂浴神玄牝、太一紫房之太一也。天地者，性之本也；先祖者，類之本也；君師者，治之本也。本是之謂貴，本以親國隆，文以復情已矣。三代聖王，遞損益，至於衰周陵夷，寖不講郊社之所、明堂之則、廟朝之度，所以必就故府柱史而訪之。南宫敬叔，魯公之孫也。魯，秉禮之國，而周公之裔也。孔子志東周而不得爲，徒使孟僖子歎傴僂之鼎銘，則戚矣。是以學於郯子，而曰天子失官也。適周，而曰吾乃知周公之聖，與周之所以王也。

然則孔子學禮於老子乎？學禮於周公而已矣。禮者，非聖人所以獨美其身也，所以經世也。孔子之學禮，學此而已焉！有發憤閔俗之志，不稍見於顔色者，此老子所深忌也。老子之爲學也，見詘而不見信，貴柔而不貴剛；畏明之易闇也，故寄守昏；畏寵之易失也，故不辭辱；畏直之易挫也，故甘致曲。然則老子之所謂驕與慾者，正與此相反者矣。是故臨別之頃，專以危身有己爲誡。遷所述二篇之語，即邊韶所謂「遺以仁意」者，是皆與問禮非一時之言。且此言自爲處世而發，與學禮之實初不相礙。而老子之爲老子，則固如繪矣。天下莫柔於水，而攻堅强者莫勝於水，此亦尺蠖神龍之喻也。吾夫子，天也。水可以納百谷，而地載之。龍可以發揮六爻，而天受之。其理一也。

自遷作《史記》，以史儋、老萊之屬疑之。而傳列仙者，又加以傅會。魏晉以下清談玄妙者，皆援爲宗，主蟬蜕度世之説。遂與儒者分抗不相下，而反致儒者援班史《古今人表》，斥爲異端，皆讀書不求其端者之過也！遷之文，又每多事外遠致，其不敍問禮正文，反及此等語，亦爲文之勢必應爾。而後人遂以謂老子之所告孔子者止此。然則爲文之向背虚實，又可忽乎哉！

題時帆司成所裝庚子三鼎甲手迹册

時帆司成裝其同年庚子一甲三人手迹爲册，索予題識。此三君者，儀徵江君，爲吾己亥所得士。其尊人蔗畦郡守，循廉之聲最著。皆精於鑒藏，所儲金石舊跡亦最多，今皆散佚矣。新安程君，昔與其宗人易田孝廉從游甚密，故易田在京，時時爲我説其學業甚敏。嘉興汪君，則予及與其尊人厚石常論詩於錢獐石齋。厚石詩集，獐石所手定。一日，獐石抱其草稿數大束來吾齋，曰：「吾定故友之集，一氣貫注，到極用心時，兩手爲之交顫。子盍助我乎？」於是予與獐石同商定之，即今所刻本是也。今見汪君此札内與時帆論詩，恍然追憶十餘年前事也。昔昌黎志殿中馬君墓，有三世論交之歎。今蔗畦、獐石、厚石皆已下世，而易田亦引年家居，其所稱少年俊才者，又皆淪逝若是。是皆可感也！故因感并時帆裝册之意，爲識於此。

附逸文目録

寶蘇室研銘
正齋銘
榮荆草堂銘
漢璜銘
筆櫝銘
扇銘示兒
北學齋銘
張伯皋孝廉儵蘇閣銘
常熟趙氏祭田碑銘
方坳堂眼鏡銘
春田黄端研銘
兩峰爲東谷畫竹帳銘
真率集四老圖贊
蓮洋山人象贊
兩峰畫氈笠折梅東坡象贊
蘇齋奉坡公小象贊集瘞鶴銘字

嘯堂集古録跋
書兩漢策要後
書舊搢紳後
跋馮振鷺集後
跋朱竹垞文藁
跋徐崑山所評滄浪詩話後
商距末銘跋
跋建武泉笵與刻本卷十九者不同
跋元康鐎斗
跋子魚印
跋銅虎符
跋石鼓舊拓本後
跋三公山碑
跋漢繁陽令楊君碑
跋漢沛相楊君碑
跋運生所藏舊搨鄭季宣碑陰

跋宋芝山藏聖教序後

跋蘇德水藏聖教序後

續跋化度寺碑

化度碑十三跋

跋張涵齋所藏宋拓虞恭公碑

跋宋拓李昭公碑

跋舊本塼塔銘

跋虞恭公碑三篇非十二卷所載

又跋塼塔銘

跋唐狄知遜碑

跋紀信碑

跋鄜州寶室寺鍾銘

跋唐道德經

跋蜀石經殘字

跋大中祥符泰山碑

跋魚山所藏蘭亭

復初齋集外文跋

劉承幹

《復初齋集外詩》二十四卷，《文》四卷，翁方綱撰。方綱字正三，大興人。乾隆壬申進士，選庶吉士，授編修，官至内閣學士，降調鴻臚寺卿，休致，年八十有六。名滿天下，著書甚多。《復初齋詩》七十卷，自刻六十六卷，門人侯官李觀察彦章刻四卷；門人漢陽葉封翁志詵又重刻七十卷於廣東。前後兩刻，而流傳甚少。《文集》三十六卷，亦李觀察所刻，至同治六年始印行，海内學人羣推奉之。晚年頗窘，殁後，僅存一子，諸孫幼弱。門人杭州孫侍御烺賻以千金，完厥葬事。所藏精拓及手藁均歸之。手藁四十鉅册，按年編次，内缺十餘年詩文聯語，筆記全載。後歸績語堂魏君稼孫，再歸之藝風堂繆丈小珊。藝風鈔出集外詩二十四卷，承幹已鋟之木。文定目一百餘篇，未鈔，爲人易去，僅存一目。今得魏氏績語堂鈔本，文止一百二十一篇，分爲四卷，而附其目於後。他日或能得之，當爲全刻。書此以當息壤。歲次强圉大荒落皋月，吴興劉承幹跋。

《儒藏》精華編選刊即出書目（二〇二三）

白虎通德論
誠齋集
春秋本義
春秋集傳大全
春秋左氏傳賈服注輯述
春秋左氏傳舊注疏證
春秋左傳讀
道南源委
桴亭先生文集
復初齋文集
廣雅疏證

龜山先生語録
郭店楚墓竹簡十二種校釋
國語正義
涇野先生文集
康齋先生文集
孔子家語　曾子注釋
禮書通故
論語全解
毛詩後箋
毛詩稽古編
孟子正義
孟子注疏
閩中理學淵源考
木鐘集
群經平議

三魚堂文集　外集
上海博物館藏楚竹書十九種校釋
尚書集注音疏
詩本義
詩經世本古義
詩毛氏傳疏
詩三家義集疏
書疑　東坡書傳　尚書表注
書傳大全
四書集編
四書蒙引
四書纂疏
宋名臣言行録
孫明復先生小集　春秋尊王發微
文定集

五峰集　胡子知言
小學集註
孝經注解　温公易説　司馬氏書儀　家範
曌經室集
伊川擊壤集
儀禮圖
儀禮章句
易漢學
游定夫先生集
御選明臣奏議
周易口義　洪範口義
周易姚氏學